Kein Ziel ist das Ziel

- Auf Umwegen von Alaska nach Rio de Janeiro mit dem Campervan -

von Svenja Reidelbach

Kein Ziel ist das Ziel

- Auf Umwegen von Alaska nach Rio de Janeiro mit dem Campervan -

Impressum

1. Auflage 2021

Autorin:	Svenja Reidelbach
Herausgeber:	Svenja Reidelbach
	Wallenburger Straße 40, 83714 Miesbach
	svenja@work-travel-balance.de

Lektorat:	Peter Reidelbach
Bilder & Covergestaltung:	Svenja Reidelbach
ISBN:	9798727387016
Druck:	amazon

Weitere Tipps und Reiseberichte auf www.work-travel-balance.de

Vorwort

Auf unseren 30.000 Kilometern im Campervan haben wir unzählige Reisetagebücher als Hörbuch gehört. Dabei haben wir festgestellt: Die Grundzutaten einer guten Reisegeschichte scheinen folgende Anekdoten und Erlebnisse zu sein: Visums- und Einreiseprobleme, Krankenhausaufenthalte in Ländern mit fragwürdigen Hygienestandards sowie in Ländern mit Todesstrafe auf Drogenkonsum bei eben diesem erwischt zu werden. Ich kann vorab versprechen, zumindest zwei dieser drei Kriterien zu erfüllen – und wir haben eine Menge anderer Geschichten mit im Gepäck. Vom Vanlife zwischen Alaska und Rio de Janeiro. Von wilden Bären und ebenso wenig zahmen Grenzbeamten. Von Straßensperren und Lkw-Unfällen. Sowie von vielen tollen Begegnungen, die diese Reise für uns zu etwas ganz Besonderem gemacht haben.

+++

Um die Druckkosten und damit den Verkaufspreis dieses Buches möglichst gering zu halten, habe ich bewusst auf farbige Fotoseiten verzichtet. Dennoch sollst du nicht auf Bilder verzichten müssen. Fotos zum Buch sowie unsere Reiseroute im Überblick findest du auf unserer Website unter:

www.work-travel-balance.de/bilder-zum-buch

Dort findest du auch zahlreiche Reiseberichte mit detaillierten Infos und Tipps für deine eigene Reise sowie unsere Online-Vorträge.

Viel Spaß beim Lesen und Fernträumen!

Now or Never

Ordnung, Disziplin, Fleiß, Pünktlichkeit. Eigenschaften, die uns Deutschen überall auf der Welt nachgesagt werden. „Was du heute kannst besorgen, das verschiebe nicht auf morgen", ist eine Weisheit und Lebenseinstellung, die man hierzulande nicht selten zu hören bekommt und die wohl ebenfalls irgendwie typisch deutsch ist. Aber ist dir mal aufgefallen, dass dieser Spruch immer nur gebracht wird, wenn es um unangenehme, ernste Dinge geht? Um Pflichtaufgaben? Hat dich jemals jemand auf diese Weise ermahnt, als du dabei warst, deine verrückten Lebensträume vor dir herzuschieben? Warum gilt diese deutsche Tugend nicht beim Erfüllen eigener Träume? Warum mit dem Reisen auf den Lottogewinn oder die Pensionierung warten? Denn „Das Beste kommt zum Schluss", setzt voraus, dass man den Schluss auch erlebt. Wer weiß schon, ob wir im Rentenalter noch fit genug für solch eine Reise sind? Oder ob wir überhaupt so alt werden? Ist „erst die Arbeit, dann das Vergnügen" wirklich sinnvoll? In vielen Angelegenheiten sicherlich schon, aber in diesem Fall für uns nicht. Wir wollen das Dessert zuerst.

Wir wollen nicht mehr, dass Tag für Tag und Woche für Woche das Leben an uns vorbeirast, während wir im Büro sitzen und uns Unternehmenszielen widmen, die uns persönlich herzlich egal sind. Es ist deprimierend zu realisieren, dass ich einen Großteil des Tages damit verbringe, in unserer Überflussgesellschaft Menschen Dinge anzupreisen, von denen sie eigentlich bereits genug haben. Oder in Peters Fall geringere Preise auszuhandeln, damit noch kostengünstiger produziert werden kann. Das ist vielleicht sehr einseitig-negativ und viel zu vereinfacht ausgedrückt, aber wir haben die begründete Hoffnung, dass das Leben noch mehr Abenteuer zu bieten hat.

„Irgendwann mache ich eine Weltreise", hört man die Leute oft sagen. Doch wann genau ist „irgendwann"? „Irgendwann" können wir im Kalender nicht finden und so beschließen wir, nicht länger darauf zu warten. Das Leben kann schließlich kurz sein. Seit locker zwei Jahren reden wir immer wieder mehr oder weniger konkret davon, unsere Jobs zu kündigen, um für eine Zeit lang auf Reisen zu gehen. Und seit zwei Jahren findet abwechselnd einer von uns regelmäßig eine Ausrede, warum gerade jetzt nicht der richtige Zeitpunkt dafür ist. Mal ist es Peter, mal bin ich es, die die Reise hinauszögert. Aber nun sind es wir beide, die es wirklich wollen.

Und so finden Peter, ich und eine äußerst gute Flasche Rotwein uns eines Abends vor der Weltkarte in der Küche ein. Jeder schreibt zunächst seine ganz persönlichen Sehnsuchtsorte auf. Dann kategorisieren und priorisieren wir sie. Ganz analytisch.

- „Nach Botswana könnten wir auch irgendwann als 3-Wochenurlaub"
- „Und Europa können wir auch noch bereisen, wenn wir alt sind oder Kinder haben"
- „Alaska mit einem Campervan dauert auf jeden Fall zu lange, um es in einen normalen Urlaub zu packen und wenn wir alt sind, dann ist uns das vielleicht auch zu unbequem"

So landet Alaska weit oben auf der Liste, Europa und Botswana werden dagegen vorerst depriorisiert. So geht es eine ganze Weile lang weiter. Am Ende des Abends bestehen Alaska, Hawaii, Mexiko, Lateinamerika, Australien, der Jakobsweg, die Fahrt mit der Transsibirischen Eisenbahn und die Südsee den harten Auswahlprozess. Planen und Träumen ist das eine, Machen das andere. Und so kündigen Peter und ich unsere sicheren Jobs und die Wohnung und buchen einen Flug nach Alaska, bevor wir es uns nochmal anders überlegen können. Damit ist unsere Reiseroutenplanung beendet.

„Und welche Route habt ihr euch überlegt?", ist mit Bekanntwerden unserer Pläne eine der Fragen, die wir wohl am häufigsten gestellt bekommen. Antwort: Keine. Fest steht lediglich, dass es zuerst nach Alaska gehen soll und wir dort einen Campervan kaufen wollen. Danach sollen möglichst viele Ziele der „Kategorie A" folgen. Bis uns irgendwann Lust oder Geld ausgehen oder das Schicksal die Reise beendet. Die Liste ist keine „Bucket List" und darf auf keinen Fall zur To-Do-Liste verkommen, die man abarbeiten muss. Sie dient nur zur groben Orientierung, Abschweifungen sind erlaubt und erwünscht. Es ist teilweise mühsam, glaubhaft zu erklären, dass wir kaum etwas geplant haben und genau das der Sinn der Sache ist. Einfach mal machen und im Moment leben. Viele unserer Arbeitskollegen, Bekannten und Freunde können sich zwar vorstellen, eine ähnliche Auszeit zu nehmen, aber vorab keinen detaillierten Plan zu schmieden geht denn meisten dann doch zu weit. Und auch wenn die Leute mit der typischen Frage Nummer 2: „Und warum zuerst Alaska?", weiterbohren, kann ich nicht wirklich mit einer zufriedenstellenden Antwort dienen. So ganz genau lässt sich das einfach nicht mehr rekonstruieren. Es war wohl eine Mischung aus passender Jahreszeit, Bauchgefühl und Rotwein im Blut.

„Brauchen wir eigentlich nicht auch eine Mission? Mit dem Fahrrad um die Welt oder sowas?", wendet Peter ein. Gute Frage. Die Reisegeschichten werden tatsächlich immer verrückter. In jeder Reisedoku versucht man, Rekorde zu knacken. Es muss ein ausgefallenes Ziel sein, eine gefährliche Route, ein skurriles Verkehrsmittel oder eine ganz spezielle Mission. Peter und ich haben allerdings keine Mission. Wir haben keine austüftelte Reiseroute, keine spannend klingende Challenge, keinen detaillierten Plan. Wir wollen einfach nur das machen, worauf wir Lust haben. Und worauf wir als nächstes Lust haben, entscheiden wir jedes Mal neu, wenn es so weit ist. Solange bis wir auf nichts mehr Lust haben. Damit lautet das oberste Ziel der Reise, kein weiteres Ziel zu haben: „Kein Ziel ist das Ziel".

Aber wer sind „wir" eigentlich? Wir, das sind Peter (31 Jahre) und ich, Svenja (29 Jahre). Peter und ich haben uns vor acht Jahren im Auslandssemester in Budapest kennengelernt und sind seitdem ein Paar – seit einem Monat sogar ein Ehepaar. Wir wohnen in Düsseldorf und arbeiten im strategischen Einkauf (Peter) und Marketing (Svenja). Wenn man die Standard-Ansprüche eines guten Lebens in Deutschland anschaut, wären die nächsten Schritte nun wohl eine Wohnung oder ein Haus zu kaufen und Kinder zu bekommen. Und natürlich weiter Karriere zu machen. Das alles gilt scheinbar noch immer als der angesehene, erstrebenswerte Lebensweg. Und dennoch fühlt dieser Weg sich für uns nicht hundertprozentig gut an. Wir wollen etwas Anderes: Welt erkunden und Abenteuer. Denn (und damit schließe ich vorerst meine Zitatsammlung, versprochen!): „Das Schlimmste wäre zu sterben, ohne vorher richtig gelebt zu haben." (Rüdiger Nehberg)

Wir sind nicht auf einem Selbstfindungstrip. Genauso wenig suchen wir das ganz große Glück oder gar den Sinn des Lebens. Wir sind auch nicht unterwegs, um endlich herauszufinden, was wir mit unserem Leben machen wollen. Im Gegenteil: die Reise ist das, was wir mit unserem Leben machen wollen – zumindest jetzt und für eine gewisse Zeit. Wir wollen einfach nur unsere ganz persönlichen Träume und Ziele im Leben verwirklichen. Und fünf Tage pro Woche mindestens acht Stunden im Büro zu verbringen, um irgendwelchen Unternehmenszielen hinterherzujagen, bringt uns unseren persönlichen Zielen kein Stückchen näher. Aber es hat für das nötige Startkapital gesorgt. Und das ist nun ausreichend angewachsen, um uns endlich an die Erfüllung unserer eigenen Träume zu machen. Denn obwohl wir in Deutschland eigentlich alles haben, fehlt uns dennoch ständig das Wichtigste: Zeit. Wir waren also auf einem guten Lebensweg. Bis wir uns auf einen viel besseren gemacht haben. Und dieser Weg startet am Lufthansa-Schalter des Flughafens Düsseldorf.

Eigentlich hatten wir uns um alles rechtzeitig gekümmert und lagen gut in der Zeit, aber auf den letzten Metern stauen sich die To-Dos dann doch: Letzter Arbeitstag,

Auszug aus der Wohnung, ummelden, Umzugskisten bei meinem Opa in Keller und Garage einlagern, letzte Verträge kündigen, Koffer für die Reise packen. Wieder zurück zur alten Wohnung, denn die Hausverwaltung bemängelt, dass die Ritzen der Fensterrahmen nicht ordentlich genug geputzt wären und verweigert andernfalls die Kaution. Vielleicht ein gutes letztes Erlebnis, damit wir Deutschland ein klein bisschen weniger vermissen werden.

Dann stehen wir plötzlich auch schon vollbepackt am Check-In. Es dauert ein Weilchen und erfordert einige Dackelblicke und strategisches Umpacken, bis die strenge Lufthansa-Frau sich dazu durchringt, unser Übergepäck ohne Aufpreis zu akzeptieren. „Das wird Ihnen aber auch nichts bringen", versichert sie uns gleich mehrfach, „denn in Newark müssen Sie Ihr Gepäck bei United neu einchecken. Und die Amerikaner lassen Sie jedes Gramm bezahlen." Selbstverständlich interessiert sich in Newark kein Schwein für unser Gepäck und so steigen wir zehn Stunden später ohne erneute Diskussion in den Anschlussflieger nach Seattle. Deutsche Gründlichkeit adé. Doch nicht nur unser Gepäckproblem ist Vergangenheit. Beim Umstieg sind wir in die USA eingereist. Der frische Einreisestempel im Pass hat uns soeben offiziell zu Reisenden gemacht. Von nun an sind wir wirklich unterwegs!

Nach 20 Stunden Flug kommen wir am frühen Abend in Seattle an. Wir nehmen die Bahn zu unserem airbnb und beeilen uns, so schnell wie möglich in die Stadt zu kommen. Es ist 4th of July, der amerikanische Nationalfeiertag, und Peter und ich hoffen, noch etwas vom Feuerwerk sehen zu können. Nach kurzer Planlosigkeit gepaart mit Übermüdung durch die Zeitverschiebung schaffen wir es schließlich noch gerade rechtzeitig, an den Ort des Geschehens zu gelangen und zumindest die letzten Minuten des großen Feuerwerks zu erleben. Was für ein symbolträchtiger Start in unsere Reise! Schließlich ist heute nicht nur der *Independence Day* der USA, sondern auch Peter und ich feiern den ersten Tag unserer frisch errungenen Unabhängigkeit.

Typisch für den Jetlag in diese Flugrichtung sind wir am nächsten Morgen sehr früh wach. Startklar, um Seattle bei Tageslicht zu erkunden. Die Sonne scheint und so machen wir uns erstmal auf zur Strandpromenade, bevor wir die berühmten Sehenswürdigkeiten der Innenstadt abklappern. Schnell entpuppt Seattle sich als ziemlich tolle Stadt! Sie vereint quasi alles, was man sich nur wünschen kann. Großstadtmetropole trifft Berge, trifft Meer. Generell sind Peter und ich positiv überrascht. Wir beide hatten die USA von vorherigen Reisen deutlich restriktiver in Erinnerung. Restriktiver im Sinne von 1000 Regeln und ständiger Bevormundung: Kein Alkohol in der Öffentlichkeit, diverse Sicherheitshinweise und Verbote für Dinge, die in Europa als selbstverständlich und gesunder Menschenverstand gelten. Oder die Diskriminierung gegen Menschen, die das Leben lieber ohne Shirt und Schuhe genießen: „No shoes, no shirt, no service", prangt für gewöhnlich an den Eingängen zu Bussen und Supermärkten. Doch hier und jetzt wirkt alles ganz entspannt. Selbst die Busfahrerin nimmt uns kostenlos mit, als wir nur Scheine statt Münzen dabei haben (ein Glück, dass wir zumindest Shirt und Schuhe tragen).

Uns fällt außerdem auf, dass zumindest im hippen Seattle die Leute gar nicht so übergewichtig sind, wie das USA-Klischee verspricht. Viele sind überaus schlank und sportlich. Jedoch fallen uns dafür die Extreme auf: die, die übergewichtig sind, sind nicht nur ein bisschen moppelig, sondern oft gleich richtig fett. Einige sind sogar so enorm, dass sie nicht mehr eigenständig laufen können und wegen ihres Gewichts im Rollstuhl sitzen. Auch Obdachlose sehen wir deutlich häufiger als in Deutschland. Viele schlagen ihr Zelt einfach am Straßenrand, in Grünanlagen oder in Parks auf. Das Ganze wird mal mehr, mal weniger geduldet. So oder so ist es weder für das Stadtbild, noch für die Menschen in den Zelten eine ideale Situation. Doch das alles ist nicht das einzige, das uns gleich am ersten Tag auffällt: Selbst tagsüber sind insbesondere in Downtown nicht wenige Drogenzombies unterwegs. Bereits am Vorabend waren Peter und mir die vielen Junkies aufgefallen. Es scheint, als lungerten überall in der Innenstadt Zombies herum – wie in einem alten Gruselfilm. Nicht, weil sie die Arme beim Laufen nach vorne strecken, sondern es ist der verrückte Blick in den rot unterlaufenden Augen gepaart mit Verwahrlosung und braunen Zähnen, der sie wie Untote erscheinen lässt. Viele sitzen leicht apathisch irgendwo in der Ecke und stoßen in unregelmäßigen Abständen Schreie aus, was unseren Eindruck nur verstärkt. Andere laufen unkontrolliert in der Gegend herum. Wir brauchen nicht lange zu raten, woher die vermeintlichen Zombies kommen. Es ist nicht etwa ein mutierter Virus à la Hollywood-Apokalypse, der sie zu solchen gemacht hat, sondern schlicht und einfach Methamphetamin. Besser bekannt als Crystal Meth. Karies und Zahnausfall, graue Haut sowie Wahnvorstellungen gehören zu den langfristigen Nebenwirkungen. Seattle hat ein immenses Drogenproblem – und insbesondere das hochgradig abhängig machende Crystal Meth gilt als Verkaufsschlager. Gegen Downtown Seattle bei Nacht wirkt jeder deutsche Hauptbahnhof wie ein Kindergarten.

Fazit Seattle: Eine schöne Stadt am Meer mit den Bergen direkt vor der Haustür. Leider gibt es jedoch neben toller Natur auch diverse Probleme vor eben dieser Haustür.

The Last Frontier

Die Tage in Seattle vergehen schnell. Wir erkunden Stadt und Strand und genießen unsere neu gewonnene und noch ungewohnte Freiheit. Dann geht es auch schon nach Anchorage, der größten Stadt Alaskas. Der Flug ist angenehm. Wir haben eine wunderbare Aussicht auf die Berge unter uns und bekommen einen ersten Vorgeschmack auf die uns bevorstehende Zeit im hohen Norden. Alaska, Spitzname: „The Last Frontier".

In Anchorage angekommen, regnet es leicht. Wir rufen uns ein Uber-Taxi, um zu unserem airbnb zu gelangen. Das haben wir für eine Woche gebucht. Genau die Zeit, die wir uns selbst geben, um einen Campervan zu finden und wenn nötig noch schnell umzubauen. Der Weg zum airbnb führt über typisch amerikanische Highways. Breite Straßen mit gesichtslosen rechteckigen Gebäuden, angeordnet wie auf einem Schachbrett. Alles wirkt wie ein riesiges Gewerbegebiet. Auch die Restaurants am Wegesrand sehen allesamt nach 0815-Fastfood-Läden aus. Ohne jeglichen Charme oder Individualität und damit ganz anders als das architektonisch interessante Seattle. Unser airbnb liegt hingegen in einer Wohngegend mit freistehenden Einfamilienhäusern. Ich hatte gehofft, mehr Downtown zu sein, denn bisher haben wir ja kein eigenes Auto und mein erster Eindruck von Anchorage sagt mir, dass der öffentliche Nahverkehr hier keinen Preis gewinnt.

Das airbnb ist zunächst ein kleiner Schock. Stell dir vor, du machst den Fernseher an und auf VOX läuft gerade eine Reality-Sendung im Nachmittags-TV. „Raus aus der Messie-Bude" oder so ähnlich heißt sie. Das ist unser airbnb. Überall steht Zeug herum. Im gesamten Haus befinden sich mindestens 50 große Aufbewahrungskisten in der Größe von Umzugskartons. Leider hat man nur vergessen, das ganze Zeug da auch reinzupacken. Überall hängt massenhaft verstaubte Deko, die Regale stehen voller DVDs, dazwischen ist irgendwo noch ein Indoor-Teich mit Schildkröten. Die armen Tiere! Auf einem Bügelbrett im Wohnzimmer hat jemand angefangen, Blumen umzutopfen und Erde verschüttet. Wer auch immer das wann auch immer war, bis zum Ende unseres Aufenthalts beendet er diese Tätigkeit nicht. Auch mit der Weihnachtsdeko kann man ja nie früh genug anfangen. Haben bei uns manche Supermärkte bereits ab September Spekulatius und Adventskalender im Angebot, so dekoriert man in unserem airbnb bereits im Juli für das große Fest. Wobei die Dichte der Staubschicht darauf hinweist, dass es sich eher um ein „noch" handelt. Schätzungsweise von 1996. Es herrscht das reinste Chaos. Das einzige, das es in dieser Ansammlung von Hausrat nicht zu geben scheint, ist ein funktionierender Staubsauger.

Ironischer Weise bittet man Peter und mich, unsere Schuhe am Eingang auszuziehen. Vielleicht zum Schutz der Schuhe, damit sie nicht dreckig werden? Zum Glück gehen meine Flipflops als Hausschuhe durch, denn der flauschige Flusen-Teppich beherbergt sicherlich noch einige sechsbeinige Mitbewohner. Generell ist das Haus eine interessante WG. Bis zum Ende unseres einwöchigen Aufenthalts überblicken wir nicht komplett, wer alles im Haus wohnt und in welcher Konstellation. Es gibt Richard, dem das Haus gehört. Dann gibt es airbnb-Gäste wie uns sowie schätzungsweise 6-10 Mitbewohner sämtlichen Alters. Manche davon sind erwachsene Kinder von Richard, andere einfach nur Mitbewohner. Und dazu kommen immer wieder Couchsurfer, die in einem der Erdgeschossräume wie in einem Hostel-Dorm kostenlos in Etagenbetten hausen. „Als Gegenleistung halte ich die Küche sauber", erzählt einer von ihnen ohne jegliche Ironie in der Stimme.

Die Haustür steht rund um die Uhr offen, jeder geht ein und aus. Wenn neue Gäste kommen, wird ihnen erklärt, dass sie sich einfach am Kühlschrank bedienen können. Jedem gehört alles. Dummerweise hat nicht jeder verstanden, dass man in etwa die gleiche Menge selbst beisteuern sollte, die man sich auch aus dem Kühlschrank rausnimmt. Insbesondere beim Bier ist höchste Diebstahl-Vorsicht geboten – und das liegt nicht an der rund um die Uhr weit offen stehenden Haustür. Daher verstecken wir nach den ersten Erfahrungen unsere Einkäufe tief in den hintersten Ecken des gigantischen, überfüllten Kühlschranks. Eingehüllt in unscheinbare Plastiktüten. Doch das bringt in der Kommune nur bedingt viel. „Mmh... Das riecht aber lecker! Ich liiiebe Champignons. Darf ich das bitte, bitte probieren?", fragt eine mutmaßliche Mitbewohnerin, während sie bereits mit der Gabel in unserem Abendessen rumstochert.

Trotz Chaos sind wir froh, in dem airbnb gelandet zu sein. Ein Hostel ist meist auch nicht gemütlicher und da wir auf der Suche nach einem Campervan sind, können wir uns hier schon mal umhören. Und in der Garage findet sich genug Werkzeug, das wir für den Umbau ausleihen können. Zudem ist es nett, gleich Anschluss in unserer Kommune zu haben. Abgesehen vom allgemein akzeptierten Lebensmitteldiebstahl sind alle durchweg freundlich und hilfsbereit.

So auch Greg und Mark. Greg geht auf die 60 zu und lässt sich wohl am diplomatischsten als Lebenskünstler beschreiben. Mark ist Ende 20 und einer der diversen Couchsurfer. Was genau Gregs Arrangement ist, bleibt bis zuletzt unklar. Doch auch sein Wohnprivileg, scheint nicht an die Zahlung von Miete geknüpft zu sein. Gregs Geschichten erwecken den Eindruck, dass er obdachlos geworden und mehr oder weniger auf

Jobsuche ist und hier Unterschlupf gefunden hat. Bis auf weiteres. Mark dagegen bezeichnet sich als Reisenden, der angeblich aus Kalifornien stammt, wobei ich ihm das bei seinem Akzent nicht so recht abkaufe. Später überhöre ich zufällig ein Gespräch, bei dem Greg ihn als „Kid from Germany" bezeichnet. Aber wenn Mark gerne die Rolle des nichtdeutschsprechenden Kaliforniers spielen will, soll es mir recht sein. Was uns viel mehr nervös macht: Auch er ist auf der Suche nach einem Campervan. Bei dem limitierten Angebot in Alaska ein ungern gesehener Konkurrent beim Autokauf. Greg hilft ihm bei der Suche und scheint insgeheim darauf zu spekulieren, als Dank mit auf große Tour gehen zu dürfen. „Auf gar keinen Fall", wie Mark uns lachend im Vertrauen versichert.

Mein zweiter Eindruck von Anchorage ist wie der erste: Die Stadt ist grau und trostlos und erscheint nicht besonders lebenswert. Mir fallen keine auch nur halbwegs relevanten Sehenswürdigkeiten oder nette Ecken mit Bars oder Cafés auf. Nur gesichtslose Fastfood-Ketten am immer gleich aussehenden Straßenrand. Anchorage ist eine absolut klischeehaft amerikanische Autostadt mit schachbrettförmig angeordneten Highways. Es gibt zwar Gehwege, aber eigentlich sind zu Fuß nur diejenigen unterwegs, die sich kein Auto leisten können. Und wir. Wir, die inständig hoffen, bald in die andere Kategorie der Autobesitzer zu fallen. An den Kreuzungen sehen wir regelmäßig Menschen stehen, die mit Pappschildern um Almosen betteln. „Anything helps" steht da mit Edding drauf geschrieben. Die meisten dieser Bedürftigen sind Inuits oder Angehörige anderer First Nations, was die Sache besonders traurig macht, denn schließlich war das hier mal ihr Land. Zugleich überrascht es leider nicht wirklich. Auch wenn es immer wieder Programme und Bemühungen gibt: die Ungleichheit von ethnischen Minderheiten und Ureinwohnern ist leider noch immer allgegenwärtig.

Am nächsten Tag fährt Peter früh morgens mit dem Bus nach Downtown, um uns einen Mietwagen zu besorgen. Ohne Auto kommt man in Anchorage nicht weit, Fußgänger sind im Stadtbild nicht vorgesehen. „Ich glaube ich war der einzige im Bus, der nicht obdachlos war", resümiert Peter seinen Ausflug. Wobei streng genommen, sind wir das ja sogar irgendwie. Wie auch immer. Mit dem neu erstandenen Mietwagen geht es für uns mit der Campervan-Suche los. Auf diversen Portalen haben wir bereits in Frage kommende Verkäufer angeschrieben und Besichtigungstermine vereinbart. Das erste Auto gefällt uns auf Anhieb ganz gut. Dave fährt mit seinen beiden Söhnen in einem blauen VW Eurovan am verabredeten Baumarkt-Parkplatz vor. Technisch wirkt der Wagen gut in Schuss. Die Innenausstattung hat dafür schon umso mehr mitgemacht. Die Sitze sind versifft, teilweise ist die Verkleidung abgerissen, alles riecht penetrant nach nassem Hund. Und auch von außen hat der Bulli den einen oder anderen Kratzer abbekommen. Dennoch sind wir eigentlich ganz angetan. Dave wirkt vertrauenswürdig und der Preis ist durchaus in unserem Budget – selbst wenn wir noch etwas in den Umbau stecken müssen. Die beiden Jungs sind von ihrem Papa offenbar gut gebrieft und antworten auf Nachfrage brav, dass dies ein ganz tolles Auto sei. Der Eurovan T4 ist zwar keiner dieser hübschen alten Campervans, wie man sie von Instagram-Bildern kennt, aber das Angebot in Anchorage ist sehr beschränkt, wie wir schnell feststellen. Dazu kommt, dass die Autos hier oben vergleichsweise harte Winter mitmachen und ein Fahrzeug ohne Rost für die Einheimischen wie eine verrückte, weithergeholte Fantasievorstellung klingt. Nach einer kurzen Testfahrt vereinbaren wir mit Dave, uns am nächsten Tag wieder zu melden.

Für das zweite Auto fahren wir mit unserem Mietwagen extra eine Stunde bis in die Kleinstadt Wasilla. Dort wollen wir uns einen Pick-up Truck mit Kabine anschauen. Solche Kabinen sind vergleichbar mit einem Wohnwagen und in den USA recht häufig auf der Ladefläche von Pick-ups zu sehen. In Wasilla angekommen, ist am vereinbarten Ort zunächst niemand da. Es handelt sich offenbar um einen Gebrauchtwagenhändler, statt wie behauptet eine Privatperson. Auf dem Grundstück direkt am Highway stehen knapp 30 Fahrzeuge zum Verkauf, aber weit und breit ist kein Verkäufer in Sicht. Wir klopfen an die Tür eines schäbigen Wohncontainers, der dazuzugehören scheint. Eine Mitte Frau Mitte 20 öffnet. Schlecht gemachte Extensions, der mit Strass beklebte Jogginganzug sowie die Kippe im Mund sorgen dafür, dass ich mir schon wieder wie mitten im Reality-TV des Nachmittagsprogramms vorkomme. Es heißt, Mike sei noch nicht da, wir sollen später wiederkommen. „Wir waren aber um diese Uhrzeit verabredet und sich extra aus Anchorage gekommen“, wenden wir irritiert ein, als ob Mike durch diese Information plötzlich auftauchen würde.

Als wir uns den Wagen zumindest kurz von außen ansehen wollen, kommt plötzlich doch noch jemand angelaufen. Es ist ein Freund von Mike, der uns das gute Stück zeigen will. Bis er uns eingeholt hat, haben wir bereits alles gesehen, was wir sehen müssen, um zu entscheiden, dass dieses Auto nicht unseres wird. Alle vier Reifen sind platt, das ganze Ding wirkt runtergekommen. Noch dazu soll es 11.000 Dollar kosten. Wir lassen uns trotzdem kurz die Kabine aufschließen und werfen einen Blick hinein. „Wir verkaufen den Wagen für eine ältere Dame, die ihn mit ihrem Mann gekauft und aufgemotzt hat“, erklärt Mikes Freund. Dann sei der Mann jedoch krank geworden und nicht mehr in der Lage zu reisen. Man versichert uns immer wieder, dass alles top in Schuss sei und wie viel Mühe in den Camper gesteckt worden sei. Interessant, so kann man es also auch sehen! Peter und ich erklären, dass wir doch nach etwas anderem suchen, bedanken uns und weiter geht's.

Am Abend schauen wir noch ein kleines Wohnmobil an. Mit seiner Teppich-Innenverkleidung hat es definitiv 70-Jahre-Charme. Ein Wohnmobil wäre schon komfortabel: Man kann darin stehen und sich bewegen – und so auch mal einen Schlecht-Wetter-Tag gut überstehen. Das könnte im Bulli zumindest nach mehr als einem Regentag nervig werden. Dennoch: Ein Wohnmobil ist uns irgendwie zu viel Verantwortung. Es kostet nicht nur deutlich mehr in der Anschaffung, sondern es gibt auch viel mehr Technik, die kaputtgehen kann. Und nicht zu vergessen: der höhere Spritverbrauch. Außerdem wollten wir ja eigentlich auch einen Campervan haben – allein des Lebensgefühls wegen. Nein, ein Wohnmobil holen wir uns irgendwann, wenn wir älter sind. Noch können wir auf den Komfort verzichten, hoffen wir zumindest ganz optimistisch.

Während wir diese Entscheidung treffen, halten wir noch Small-Talk mit Marianne und ihrem erwachsenen Sohn und erkundigen uns über Bärensicherheit beim Campen. Wie schon viele Leute zuvor, versichert auch Marianne uns, dass wir und unsere Lebensmittel im Wohnmobil normalerweise nichts zu befürchten hätten. Das wirkt allerdings nur wenig beruhigend, als sie kurz drauf von einem Schwarzbären erzählt, den sie erst heute Morgen wieder bei sich im Garten hatte. Sie holt ihr Handy raus und zeigt uns das eindeutige Beweisvideo. Darauf sieht man zunächst einen Bären, der in der Mülltonne wühlt, dann einen aufgebrachten kleinen Hund, der sich seiner geringen Körpergröße offenbar nicht bewusst ist, und laut kläffend den Bären verjagt. Wenige Sekunden später dann Mariannes Sohn, der wiederum seinem Hund hinterher sprintet. Wie die Hetzjagd ausgeht, zeigt das Video nicht, aber zumindest der in diesem Moment neben uns stehende Sohn hat das ganze offenbar unbeschadet überstanden. Dennoch: Das Thema Bärensicherheit sollten wir definitiv nochmal auf unsere Agenda setzen.

Nach einer Nacht „drüber schlafen" kaufen wir den blauen VW-Bulli, den wir als erstes angeschaut haben. Das Angebot hier in Anchorage ist einfach zu klein und wir möchten nicht länger Zeit mit der Suche nach etwas vermeintlich Besserem vergeuden. Also treffen wir Noch-Besitzer Dave am nächsten Tag zur Übergabe. Zuvor schließen wir eine Versicherung sowie eine AAA-Mitgliedschaft ab. Das ist quasi der amerikanische ADAC. So wollen wir sicherstellen, auch aus dem tiefsten Alaska abgeschleppt zu werden, falls sich unsere Kaufentscheidung doch mal als Reinfall entpuppen sollte. Außerdem müssen wir unser Auto neu anmelden. Das geht eigentlich ganz schnell und einfach beim *Department of Motor Vehicles.* Dort angekommen ziehen wir eine Nummer und füllen ein

Formular aus. Mangels Alternativen nennen wir als Adresse die unseres airbnbs in Anchorage. Da wohnt schließlich fast jeder. Wir werden aufgerufen und können als Ausländer ohne Visum oder dauerhafte Aufenthaltsgenehmigung problemlos unseren neuen Bulli registrieren. Nur beim internationalen Führerschein wird die Dame stutzig und muss erst mit ihrem Manager Rücksprache halten, ob man diesen merkwürdigen Wisch akzeptiert. Tut man schließlich – allerdings nicht, ohne uns darauf hinzuweisen, dass die Polizei das möglicherweise anders sehen wird. Ich muss ihr schon irgendwie Recht geben. Dass ausgerechnet der internationale Führerschein in deutscher Sprache ausgestellt ist und an meinen alten Schülerausweis mit selbst eingeklebtem Foto erinnert, macht nicht den besten Eindruck. Wir belassen es aber dabei, mit ihr darüber Witze zu machen, denn in der Zwischenzeit ist mir aufgefallen, dass ich außer genau diesem internationalen Führerschein auch nichts anderes dabei habe. Meinen „normalen" Führerschein muss ich wohl in Deutschland vergessen haben. Beim nächsten Mal, wenn ich im Ausland ein Auto kaufen und auf einen Roadtrip gehen möchte, werde ich dran denken!

Auch Mitbewohner Mark ist inzwischen fündig geworden und ist bei all den bürokratischen Angelegenheiten mit von der Partie. Er hat sogar gleich zwei Fahrzeuge gekauft. Eins, dass er bei einer Online-Auktion ersteigert hat. Zustand: Nicht fahrtüchtig. Das zweite ist ein altes Winnebago-Wohnmobil, in dessen Kauf Althippie Greg ihn reingequatscht hat. Auch das hat bereits auf der Rückfahrt vom Abhol-Ort nach Anchorage den Geist aufgegeben und musste zur Werkstatt abgeschleppt werden. Nun sind die beiden daran, von der gewonnenen Auktion zurückzutreten und das Wohnmobil wieder fit zu machen, denn nicht nur die Technik ist wartungsbedürftig, auch innen drin ist alles vergammelt und vermodert.

Auch für Peter und mich steht in den kommenden Tagen der Umbau unseres Bullis an. Verkäufer Dave entpuppt sich als richtiger Auto-Freak und bietet uns freundlicherweise seine Hilfe und sein Grundstück als Werkstatt an. Teil des Deals mit ihm ist, dass er die Bremsen am Wagen erneuert, bevor wir ihn übernehmen. Während er das in seiner äußerst gut ausgestatteten Garage tut, baut Peter die hinteren Sitzreihen aus und ich versuche, den penetranten Geruch von nassem Hund irgendwie zu beseitigen. Oder zumindest zu mildern. Keine leichte Aufgabe. Generell gibt es einiges zu schrubben. „Ja, die Kinder vom Vorbesitzer waren ganz schön wild", klärt Dave uns beiläufig auf. Ja, so kann man es auch formulieren, wenn man seinem Kind durchgehen lässt, überall im Auto Klebesticker und Kaugummis anzubringen oder auf die Verkleidung zu kritzeln. Am Ende des Tages haben wir zumindest vorne schon mal neue Bremsen, alle hinteren Sitze sind ausgebaut und das Auto ist im Rahmen seiner individuellen Möglichkeiten sauber.

So geht es die nächsten drei Tage weiter. Peter baut weiter den Bulli um, während ich mich über die Prävention von „Autoeinbruch durch Bären“ informiere. Erst gestern war uns auf dem Weg zu Dave ein Schwarzbär über die Straße gelaufen. Und da wo wir hinwollen, gibt es sicherlich noch weitaus mehr davon... Im Internet finde ich zahlreiche mehr oder weniger nützliche Dinge zur Bärenabwehr beim Camping. Von bärensicheren Aufbewahrungsboxen, die man an Bäume hängt, bis hin zu Elektrozäunen rund ums Camp ist alles dabei. Aber ist so ein Aufwand wirklich notwendig? Das World Wide Web ist sich uneinig und so rufe ich die Nationalparks in der Umgebung an, um mich direkt beim Ranger über die notwendigen Sicherheitsvorkehrungen beim Camping im Park zu informieren. Es stellt sich heraus, dass wir uns als Bulli-Camper das ganze Zeug sparen können. Die Bären in Alaska können nicht in Autos mit Hardtop einbrechen. Diese spezielle Fähigkeit haben nur ein paar Bären im weit entfernten Yosemite Nationalpark in Kalifornien. Bis Alaska hat sich der Trick, wie man als Bär Autos aufbricht, noch nicht rumgesprochen und so fliegt die bärensichere Essensbox wieder von der Einkaufsliste. Ein Glück! Die wäre nicht nur teuer, sondern auch äußerst sperrig gewesen.

Peters 24/7-Einsatz lohnt sich: Der Umbau nimmt Form an und so geht es an die Details. Wir klappern diverse Läden doppelt und dreifach ab: Hypermärkte wie Target und Walmart, Baumärkte und diverse Outdoor-Geschäfte. Wir informieren uns, vergleichen, kaufen und tauschen wieder um, weil es wo anders doch noch etwas Besseres gibt. Oder das gleiche in günstiger. Laminat-Reste für den Boden, Vorhänge für die Fenster und ein paar andere Kleinigkeiten bekommen wir günstig gebraucht oder sogar geschenkt. Holz für das Bettgestell und die Küche erhalten wir kostenlos von Dave, unserem freundlichen Autoverkäufer. Er baut zufällig gerade seine Küche um und spart sich so die Entsorgung der Holzreste.

Ziel ist es, nach einer Woche startklar zu sein, denn nur so lange ist unser airbnb gebucht. Und tatsächlich: Nach einer Woche hat Peter uns ein durchaus gemütliches Heim auf Rädern gezaubert. Mit Küche, Bett und allem Drum und Dran. Nur das mit der pünktlichen Abfahrt schaffen wir dennoch nicht ganz: Wir schlafen zwar pünktlich ab Tag 8 im Bulli, allerdings immer noch in Anchorage. Denn mehrere Kontrolllampen im Auto-Cockpit leuchten immer wieder auf, obwohl ein Sensor bereits frisch ersetzt worden ist und alle Fehler ausgelesen und gelöscht wurden. Also müssen wir nochmal in die Werkstatt, aber die hat am Wochenende geschlossen. Und auch am Montag haben die Mechaniker keine Zeit, um sich unsere Bärtha anzuschauen. Bärtha ist der Name, auf den Peter unseren Bulli zwischenzeitlich wegen des Bären auf dem Kennzeichen getauft hat.

Wir bekommen einen Termin für Dienstagfrüh um 7 Uhr. Das bedeutet nicht nur, dass wir noch einen Tag in Anchorage verbringen, sondern der Termin passt auch so überhaupt nicht zu unserem Wachrhythmus, den wir uns in Alaska angewöhnt haben. In Alaska ist es nämlich jetzt im Juli ähnlich wie im nördlichen Skandinavien bis spät in die Nacht hell. Das ist irritierend, denn man kann sich kaum am Tageslicht orientieren, um die Uhrzeit einzuschätzen. Regelmäßig passiert es uns, dass wir ganz überrascht sind, dass es plötzlich bereits 22 Uhr ist und wir noch nicht zu Abend gegessen haben – und dass Peter noch fröhlich laut Holz sägt oder bohrt. Wir hatten gedacht, es sei erst früher Abend, denn die Sonne scheint ja noch! Dementsprechend gehen wir meist erst mitten in der Nacht ins Bett und schlafen morgens bis in die Puppen. Um 7 Uhr bei der Werkstatt zu sein, erscheint unmöglich. Aber es nützt nichts, also stellen wir den Wecker.

Als wir ankommen, macht die Werkstatt gerade erst auf. Wir sind wohl nicht die einzigen, die mit der Helligkeit nachts im Sommer nicht klarkommen. Grund genug für mich, mich hinten noch einmal hinzulegen bis es losgeht und ein Nickerchen zu machen. Als ich kurze Zeit später aufwache, finde ich mich ein paar Meter weiter oben auf einer Hebebühne wieder. Niemand hat mich bemerkt. Peter filmt amüsiert von draußen, ich mache wieder die Augen zu, schließlich bin ich nun vorerst sowieso gefangen. Der Mechaniker guckt etwas verdutzt, als er mich beim Runterfahren plötzlich im Auto entdeckt. Der Meister hingegen hat nichts bemerkt – vielleicht auch besser so. Jedenfalls bin ich nun ausgeschlafen und startklar für unseren Roadtrip. Und der geht mit Begleichen der Werkstattrechnung endlich los!

Into the Wild

Als erstes Ziel steuern wir Cooper Landing auf dem Kenai Peninsula an. Diesen Ort hatte Autoverkäufer Dave uns wegen der atemberaubenden Farbe des Wassers empfohlen. Als wir ankommen, ist davon zunächst leider nicht viel zu sehen. Es ist bewölkt. Der Plan, einem Fischer einen Fisch abzukaufen und diesen abends auf dem Feuer zu grillen, geht mangels Fischern ebenfalls nicht auf. Zu diesem Zweck hatte Dave uns extra noch weitere Holzreste zum Verfeuern mitgegeben. Aber nicht schlimm, wir werden nicht verhungern. Über eine holprige Schotterpiste, von deren Befahren ein Schild eindringlich abrät, gelangen wir an einen wunderschönen und dazu kostenlosen Schlafplatz direkt am See. Während wir das schlechte Wetter aussitzen, bekommt unsere Innenverkleidung derweil einen türkisfarbenen Anstrich verpasst. So sieht es gleich viel wohnlicher in unserem neuen Schlaf-/Ess-/Wohnzimmer aus.

Abends kochen wir dann das erste Mal in unserer neuen „Küche". Dafür muss man zunächst den Kofferraum öffnen und kann dann eine Tischplatte unter dem Bett nach draußen hervorziehen. Mit Gas wird auf zwei Platten unter der geöffneten Heckklappe gekocht. Da sich kein Angler mehr gefunden hat, gibt es stattdessen Nudeln. Es ist zwar nicht die erste Nacht im Camper, aber die erste Nacht unterwegs. Und die erweist sich trotz Bewölkung als super Start ins Bulli-Leben.

Der nächste Morgen startet mit Sonnenschein und bringt die Farben des Wassers endlich in voller Pracht zum Vorschein. Dave hat nicht zu viel versprochen – es ist wunderschön. Nachdem unsere Van-Küche bereits den Praxistest bestanden hat, wird es Zeit, um auch unser Bad einzuweihen. Dieses Bad besteht neben einem Wasserkanister mit Hahn aus einer Campingdusche – quasi ein Kunststoffbeutel mit einem Schlauch. Fünf Gallonen Wasser passen hinein. Den schwarzen Beutel legt man in die Sonne, sodass sich das Wasser darin erwärmt. Nach einiger Wartezeit hängt man ihn dann an einen Ast und kann mit Hilfe des Schlauchs eine hoffentlich warme Dusche genießen. Ob die Sonne in Alaska wohl stark genug ist? Es ist zwar bisher ein ganz netter Tag, aber Badewetter ist irgendwie anders. Doch es nützt ja nichts. Wenn wir nicht wie Stinktiere durch die Gegend laufen möchten, wird uns früher oder später nichts anderes übrig bleiben. Außerdem soll sich das Investment von 30 Dollar für den Duschsack ja gelohnt haben. Ich wage es und hüpfe unter die Dusche. Die Sommersonne Alaskas erweist sich als stark genug, um zumindest lauwarmes Wasser zu produzieren. Und auch wenn ich schon besseren Wasserdruck erlebt habe – zum sauber werden reicht es. Ein weiterer Meilenstein für unsere Unabhängigkeit von der Zivilisation auf dieser Reise!

Am Mittag fahren wir dann nach Anchorage zurück. Im ehemaligen airbnb liegt laut Vermieter Richard ein Brief für uns und außerdem wollen wir noch schnell eine kleine Änderung am Bett vornehmen, wozu wir einen Akkuschrauber leihen müssen. Der Abstecher nach Cooper Landing war nicht nur landschaftlich wunderschön, sondern auch sinnvoll. So konnten wir testen, was uns zum möglichst autarken Vanlife fehlt, um es dann auf dem Rückweg noch schnell in Anchorage zu besorgen, bevor wir dann etwas länger keine richtige Stadt mehr zu sehen bekommen. Außerdem wollen wir kurz ins WLAN, denn wir hatten noch immer keine Gelegenheit, unsere Reiseroute durch Alaska zu planen. Vor der Abreise von zuhause war einfach zu viel anderes zu tun und die Tage in Anchorage gingen für Autosuche und Umbau drauf. Auf Reisen haben Peter und ich eine relativ klare Aufgabenverteilung. Ich bin für die Navigation & Orientierung zuständig, für Französisch sprechen, die Detailplanung bei Städtetrips (Restaurants, Cafés, etc.) sowie Fotos machen und bearbeiten. Zudem bin ich Head of Security und somit dafür zuständig, Peter all das auszureden, was zu gefährlich ist. Wildcamping ohne Bärenschutz in Alaska zum Beispiel. Peter hingegen bucht Unterkünfte und Flüge und kümmert sich um die grobe Routenplanung. Normalerweise.

Da Peter in Anchorage mit dem Autoumbau beschäftigt gewesen ist, ging seine Routenplanungsaufgabe stellvertretend an mich über. Wie das meistens bei Aufgaben ist, die man nur als kurzzeitige Vertretung übernimmt: Man macht sie eher halbherzig. In meinem Fall bedeutet das, ich lese einen Blogartikel, den ich auf Pinterest gefunden habe. Da sich alles vernünftig und vielversprechend anhört, beschließe ich, die dort vorgeschlagene Route einfach nachzureisen. Doch leider konnten wir uns in Cooper Landing nicht mehr genau an die einzelnen Stopps erinnern und ohne Handyempfang nicht nachschauen. Daher nun erneute Recherche in Anchorage. Wieder stoße ich auf denselben Artikel. Und da steht es plötzlich schwarz auf weiß: Highlights in Alaska sind laut der Blogautorin der Denali Nationalpark und diverse Orte auf der Kenai Halbinsel. Mist. Den Denali Park hatte ich auf dem Schirm, aber die Halbinsel als Highlight Alaskas hatte ich nicht in Erinnerung. Genau da kommen wir doch gerade her! Was machen wir nun? Die angeblichen Highlights links liegen lassen? Oder die ganze Strecke wieder zurückfahren? Ist das eine Option?

Nach langem hin und her überlegen und abwägen der Optionen entschließen wir uns für „ja". Schließlich sind wir hier, um Alaska zu erkunden. Da wäre es doch dumm wegen ein paar Hundert Kilometern Umweg einen Großteil der Highlights zu verpassen. Also geht es wieder auf die Straße, über die wir gerade erst gekommen sind, zurück in Richtung Kenai Peninsula. Da Peter die Strecke bereits am Morgen gefahren ist, bin ich nun dran. Während der Erledigungen in Anchorage ist er die ganze Zeit gefahren und ich war Beifahrer. Nun fahre ich also das erste Mal unser Auto. Mein erstes eigenes Auto. Zumindest zu 50 Prozent. Aber immerhin, denn in Deutschland habe ich noch nie mehr als ein eigenes Fahrrad besessen. Und außerdem ist das ja nun nicht nur irgendein neues Auto, sondern für die kommenden Monate auch unser neues Zuhause.

Etwas Positives hat die Sache: Nun fahren wir die gleiche Strecke nochmal bei wolkenfreiem Himmel kurz vor Sonnenuntergang statt bei grau und Regen. Ich bin diesmal von der Landschaft, die wir passieren, richtig beeindruckt. Und überhaupt: Auf jeder Reise passiert einem früher oder später irgendwas Dummes. Haben wir das vielleicht damit schon abgehakt? Wir trösten uns mit dem Gedanken, dass insgesamt sechs Stunden unnötiger Umweg hoffentlich der dümmste Teil dieses Trips bleiben werden. Damit könnten wir gut leben. Kleiner Spoiler: Es wird selbstverständlich nicht das Dümmste bleiben, was wir während der Reise getan haben...

Spät abends kommen wir todmüde an. Dass es wirklich spät ist, erkennen wir auch ohne Blick auf die Uhr daran, dass es trotz alaskischen Sommers dunkel ist. Wir übernachten in einem Waldstück etwas abseits der Straße und gerade so weit vom Nationalpark entfernt, dass Wildcamping nicht verboten ist. Am nächsten Morgen kommen wir, wie zu erwarten war, erst super spät los. Wir schlafen ewig und machen uns dann direkt auf zum Exit Glacier Nationalpark, um noch einen Parkplatz zu ergattern. Später hätten wir echt nicht kommen dürfen, denn auch in Alaska ist Hochsaison und binnen der nächsten Viertelstunde sind alle Plätze belegt. Bis wir endlich gefrühstückt und alles wieder im Camper verstaut haben, ist es bereits 13 Uhr. Gar nicht mal so früh, um es auf den Gipfel des Exit Gletschers und zurück zu schaffen. Aber offenbar sind wir besser im Training als gedacht. Und wieder einmal unterschätzen wir, wie sehr uns die Nähe zum Polarkreis zu dieser Jahreszeit in die Karten spielt. Es ist kein Problem, noch abends um 20 Uhr auf dem Wanderweg unterwegs zu sein. Bis es dunkel wird, dauert es noch Stunden und so besteht kein Grund zur Eile. Im Gegenteil: es ist sogar die beste Zeit, denn die meisten anderen Menschen sind weg, Sonne und Tageslicht aber noch lange nicht. Die Entscheidung, auf die Halbinsel umzukehren, erweist sich als goldrichtig. Der Exit Glacier ist und bleibt ein absolutes Highlight der gesamten Reise. Die Landschaft lässt während der Wanderung nicht auch nur eine Minute Langeweile aufkommen. Endlich kommen das Gefühl „unterwegs zu sein" und richtige Reiseeuphorie auf! Manchmal sind Umwege wohl die besten Wege.

Nachdem wir von nun an lieber auf Nummer sicher bei der Routenplanung gehen und auch die anderen Wandertipps aus dem Reiseblog brav befolgen und für gut befinden, beschließen wir, bis Homer am südwestlichen Zipfel der Kenai Halbinsel weiterzufahren. Homer ist eine kleine, hübsche Küstenstadt an der Katchemak Bay. Touristisches Zentrum ist das sogenannte Homer Split – eine mehrere Kilometer lange Landzunge, kaum breiter als eine Straße mit Häuserzeile und Strand zu den Seiten. Man kommt sich vor, als ob man über eine ewig lange Brücke fährt. Der kleine Ort wirkt sehr touristisch. Doch aus irgendeinem Grund, stört uns das weniger als sonst. Vielleicht, weil es sich vorwiegend um „einheimische Touristen" – also in dem Fall Amerikaner – handelt. Nicht wie sonst überall Deutsche. So fühlt es sich immer noch an, einen Ort zu erkunden, den daheim nicht jeder zweite auch schon besucht hat.

Wildcamping ist in Homer überall verboten und so schlagen wir unser Camp ausnahmsweise mal auf einem offiziellen Campingplatz auf (das erste und einzige Mal in Alaska) – und zwar direkt am Strand. Am Abend machen wir zum ersten Mal ein Lagerfeuer. Endlich, denn die sperrigen Reste vom Bauholz fahren nun schon seit Tagen planlos mit uns durch die Gegend. Dazu gibt es Stockbrot und Bier – was will man mehr? Begleitet vom Meeresrauschen und Knacken des Feuers geht die Sonne irgendwann kurz nach Mitternacht ins Meer unter. Schöner könnte es kaum sein!

Am nächsten Morgen wache ich auf und fühle mich instinktiv in meine Jugend zurückversetzt. In die Zeit, als man in Bars und Diskotheken noch rauchen durfte und dann am nächsten Morgen Haare und sämtliche Klamotten vom Vorabend waschen musste. Ungefähr den gleichen Effekt hat ein Lagerfeuer. Generell wäre es langsam mal wieder an der Zeit für ein Bad. Leider ist die sanitäre Ausstattung des Campingplatzes auf Plumpsklos begrenzt, weshalb ich trotz der Temperaturen ernsthaft die Camping-Dusche in Betracht ziehe. Immerhin ist es einigermaßen sonnig draußen. Aber auch ganz schön windig. Um die kalte Dusche etwas erträglicher zu machen, ziehe ich kurzerhand meinen Bikini an und bevor ich das ganze richtig durchdenken kann, laufe ich zum Meer und tauche in die nächste Welle ein. Der Golf von Alaska ist eisig kalt. Kein anderer Mensch ist im Wasser. Aber die Sache erfüllt ihren Zweck. Bereits auf dem Weg zurück zum Bulli kommen mir Luft und Wind direkt viel wärmer vor. Und die kalte Dusche wirkt plötzlich fast schon angenehm – eine willkommene Abwechslung zum eisigen Pazifik. Man muss eben nur mit dem richtigen Maßstab messen.

Den Rest des Tages verbringen wir damit, uns über Rundflüge mit einem Wasserflugzeug zu erkundigen. Überall haben wir diese stehen sehen und ein solcher Flug steht bereits seit Jahren auf meiner Wunschliste. Die Katchemak Bay soll wunderschön sein und die Beschreibung der Rundflüge klingt nach einer einmaligen Mischung aus Meer, Bergen, Vulkan und mit ein bisschen Glück sogar Wildlife. Leider hat aus genau diesem letzten Grund keiner Zeit für einen Rundflug, denn alle Piloten sind aktuell mit den lukrativeren „Bear Viewing Touren" beschäftigt. Es ist Spätsommer und damit die ideale Zeit, um Bären in freier Wildbahn zu beobachten, da die nun ihren Winterspeck anfressen müssen. Wir überlegen kurz, aber schnell kommt ein schlagendes Gegenargument zu Tage: Kosten für die Tour schlappe 750 Dollar pro Nase. Das ist dann doch ein bisschen mehr als unser Sightseeing-Budget vorsieht.

Dennoch lässt uns der Gedanke auf der Weiterfahrt nicht mehr los: Ist das unsere große Chance, Bären aus nächster Nähe in freier Wildbahn zu sehen? Die Bilder auf den Flyern der Anbieter sahen mehr als vielversprechend aus. Mit Bären, die gerade Lachs aus dem See fischen. Was, wenn wir auf unserer weiteren Reise keine Bären mehr sehen und das unsere einmalige Gelegenheit gewesen wäre, die wir nun verpassen? Vermutlich sind wir nur einmal im Leben in Alaska. Und angeblich kann man bei den Touren sogar Grizzlybären beobachten. Bisher habe ich live nur Schwarzbären gesehen. Auch der Bär, der uns neulich in Anchorage über den Weg lief, war „nur" ein Schwarzbär, der auch schon wieder im Gebüsch verschwunden war, bevor wir richtig gucken konnten. Eine schwierige Entscheidung, weil wir ja noch ganz am Anfang unseres Trips sind und nicht wissen, was noch kommt. Doch Google hilft wie immer. Wir stoßen auf einen Anbieter, der ebenfalls Bärentouren mit Wasserflugzeugen anbietet. Zwar nicht an der Katchemak Bay, dafür aber zum halben Preis. Ich überlege kurz, ob ein Zusammenhang zur Qualität der Flugzeuge oder Piloten bestehen könnte, verwerfe den Gedanken aber schnell wieder. Wir wollen uns ja schließlich nicht selbst im Weg stehen. Da die Touren für den nächsten Tag bereits ausgebucht sind, stehen wir zwei Tage später pünktlich auf der Matte. Startklar zum Abflug.

Wir haben Glück: der günstigere Preis hat nichts mit den Flugkünsten unseres Piloten zu tun. Pech haben wir allerdings mit dem Wetter. Es schüttet in Strömen. Wir wollen aber nicht undankbar sein und genießen dennoch jeden Moment im Wasserflugzeug. Das Flugzeug gleitet wie bei Captain Balu kurz über den See und zack sind wir in der Luft. Nach einer halben Stunde Flug mit Extraschleife über einen Gletscher landen wir tief in der Wildnis auf einem See. Bärenbeobachter Derek steht bereits mit einem Boot parat und so wechseln wir das Verkehrsmittel. Das Wetter hat sich während des Flugs nicht gerade verbessert, aber es gibt ja bekanntlich kein schlechtes Wetter, sondern nur unpassende Kleidung. Deshalb wurden wir vor Abflug vorsorglich mit sehr stylischen Gummistiefeln, gelber Gummihose und grüner Gummijacke ausgestattet. Wir sehen aus wie das wandelnde Klischee eines Anglers. Um die Illusion perfekt zu machen, hält Derek tatsächlich eine Rute ins Wasser. Ist ja schließlich Lachssaison. Und genau aus dem Grund sind wir ja auch hier. Denn auch den Bären ist das Lachs-Spektakel nicht entgangen.

So dauert es keine fünf Minuten bis aufgeregte Hektik in unserem kleinen Boot entsteht. Und tatsächlich: Das, worauf alle warten und hoffen, wird bereits in den ersten Minuten unserer Bärenbeobachtung Wirklichkeit: Eine Grizzlybär-Mama läuft mit ihrem Jungen am Ufer entlang. Kaum mehr als sieben Meter von unserem kleinen Bötchen entfernt. Es ist unglaublich! Alle fotografieren und filmen sofort wild drauf los. Die Bären-Mama und ihr Nachwuchs lassen sich davon nicht beeindrucken. Unbeirrt laufen sie weiter, immer gut für uns sichtbar entlang des Ufers. Es ist wie National Geographic Channel schauen, nur in live. Eigentlich könnten wir unseren Ausflug an dieser Stelle abbrechen und jeder wäre zufrieden. Was soll in den kommenden fünf Stunden noch besser werden?

Tatsächlich nichts. Aber es bleibt auf dem gleichen, extrem hohen Niveau. Nachdem sich die freudige Aufregung wieder etwas gelegt hat, passiert die nächste Viertelstunde erstmal nicht viel. Bis plötzlich auf der anderen Seite des Sees ein Schwarzbär die Böschung herunterklettert. Dass es sich hier um einen Schwarzbären handelt, erkennt man nicht zwingend an der Farbe des Fells. Denn wir lernen von Derek, dass auch Schwarzbären braunes Fell haben können, genauso wie umgekehrt Braunbären schwarzhaarig sein können. Und auch die Körpergröße ist kein eindeutiges Merkmal und von Bär zu Bär individuell unterschiedlich. Ein zuverlässigeres Merkmal ist dagegen die Form der Schnauze sowie des Nackens. Wer denkt, dass dies in die Kategorie „Unnützes Wissen" gehört, der irrt. Zu erkennen, ob es sich um einen Schwarzbären oder einen Braunbären handelt, ist nicht nur wichtig, um stilsicher klugscheißen zu können, sondern auch, weil man sich im unwahrscheinlichen Falle eines Angriffs unterschiedlich verhalten muss. Einem Braunbären sollte man zu verstehen geben, dass man sich unterwirft, während man dieses Verhalten im Kampf mit einem Schwarzbären auf keinen Fall zeigen sollte. Hier gilt es zurückzuboxen. Vorzugsweise auf die empfindliche Nase, an deren Form wir unser Gegenüber zuvor hoffentlich korrekt identifiziert haben.

Für heute bleibt all dieses Wissen allerdings dann doch in der Schublade mit unnützem Wissen, denn unser Schwarzbär – ein schwarzer Schwarzbär um genau zu sein – kämpft lediglich mit Lachsen. Zumindest versucht er das. Es ist ein erbärmliches Schauspiel. Er ist inzwischen im Wasser angekommen und paddelt ungeschickt durch die Gegend. Das Ganze wirkt auf mich eher planlos als wie eine gezielte Jagd. Kein Wunder, dass er so mager erscheint! Bei seinem Angeltalent... Zwischendurch blickt er immer wieder nach links und rechts, als würde er hoffen, sich irgendwo einen Tipp abgucken zu können. Aber weit und breit ist er im Moment der einzige Bär auf Lachsfang.

Ebenfalls auf Lachsfang ist dafür ein Boot mit einer Gruppe Angler ganz unmittelbar in seiner Nähe. Zu seiner Schande ziehen sie im Minutentakt Fische aus dem Wasser. Der Bär hat weniger Glück. Man möchte den Anglern zurufen, dem armen Bären doch einen Lachs zuzuwerfen, doch genau das sollte man auf keinen Fall tun. Wir sind hier, um die Natur zu beobachten, nicht um in sie einzugreifen. Einen Bären zu füttern, wäre ein fataler Fehler, der im schlimmsten Fall tödlich enden kann. Für Mensch wie Bär. Sobald ein Bär erst einmal Menschen mit Futter assoziiert, wird er zur Gefahr und somit zum sogenannten Problembär erklärt. Und ein Problembär auf Bewährung, der erneut dadurch auffällt, dass er Menschen ohne Scheu bedrohlich nahe kommt, landet nicht selten auf der Abschussliste. Im wahrsten Sinne des Wortes. Daher bleibt uns allen nichts anderes übrig, als dem armen Tollpatsch die Daumen zu drücken. Doch auch nach 20 Minuten hat sich unser Freund zwar immer wieder beherzt ins Wasser geworfen, aber trotzdem keinen einzigen Fisch für sich beanspruchen können. Die Angler aus dem Boot haben in der gleichen Zeit locker zehn Lachse gefangen. Es ist der blanke Hohn. Der Mensch ist dem Tier in diesem Falle haushoch überlegen. Wir warten auf den Moment, in dem dem talentlosen Bären seine jämmerliche Darbietung zu viel wird und er einfach die Beute des Bootes kapert. Aber der Moment kommt nicht. Kläglich versucht er es noch ein paar Mal und zieht irgendwann genauso hungrig wie er gekommen ist, von dannen. Das arme Tier!

Auch wir versuchen im Laufe des Tages unser Glück mit dem Fischen, denn langsam werden wir hungrig. Mit uns auf dem Bären-Trip sind auch Matt und Sandy aus Texas. Die beiden sind für eine Woche in Alaska im Urlaub. Irgendwie sind sie ein ungleiches Paar. Matt sieht mit seinen langen, blonden Haaren eher aus wie ein australischer Surfer, aber vielleicht rede ich mir das auch nur ein, weil er nach eigenen Angaben eine Kängurufarm in Texas betreibt. Auch Sandy wirkt mit ihren langen French-Manicured Fingernägeln und den Fake-Wimpern eher nicht wie die potenzielle Ehefrau eines Farmers. Sie schlägt sich aber überraschend gut und fängt sogar einen Fisch, den sie tapfer lächelnd für ein Foto hochhält. Im Laufe des Tages bestätigt sich mein anfänglicher Verdacht in Bezug auf die Wahl des Reiseziels der beiden: Sandy gibt zu, dass sie eigentlich lieber nach Hawaii wollte.

Während wir uns gegenseitig kennenlernen, angeln wir so lange, bis jeder von uns mehr oder weniger selbst einen Lachs gefangen hat. Den ersten verspeisen wir noch an Ort und Stelle. Einen Teil sogar roh als Sashimi – frischer geht es schließlich nicht. Für den übrigen Teil zaubert Derek einen kleinen Grill aus einer Truhe hervor. Kurzerhand wird der Lachs gekonnt ausgenommen, gewürzt und kommt aufs Feuer. Ein wahres Festmahl mitten auf dem See! Viel wichtiger ist aber, was mit der restlichen Beute passiert. Derek hat die Tiefkühltruhe zuhause schon voll und die Texaner im Hotel keine Küche. Damit bleiben Peter und ich. Wir lassen wir uns nicht zweimal bitten und packen den Fisch dankend kiloweise ein. Die Mahlzeiten der kommenden Tage sind gesichert. Lachs zu jeder Tages- und Nachtzeit. Ob die Bären in Alaska tatsächlich nicht in Autos einbrechen können, wird nun endgültig auf die Beweisprobe gestellt.

Bei unserem Bootstrip wird uns mal wieder verdeutlicht, was uns schon seit Wochen auffällt: Gefühlt besitzt jeder Mensch in Alaska wahlweise ein Wohnmobil, ein Boot oder ein Flugzeug. Oder gleich mehreres davon. Gerade Wohnmobilbesitzer ziehen oft ein Boot oder wenigstens ein Quad auf dem Anhänger hinter sich her. Und auch die Hobbies der Alaskaner sind eher robuster Art: Fischen und/oder Jagen. Gern in Kombination mit besagten Männerspielzeugen. Man versorgt sich so zu einem Großteil selbst und ist unabhängig. Harte Kerle eben hier am Polarkreis. „Was macht man denn in Deutschland so zum Spaß?", will Derek plötzlich und unvermittelt von uns wissen. Wir haben uns in der letzten halben Stunde beim Fachsimpeln über Wild- und Fischbestände auffällig wenig beteiligt. Die Frage kommt dennoch unverhofft und so fällt mir in dem Moment wirklich nicht ein, welcher Aktivität wir am Wochenende regelmäßig nachgehen. Essen gehen? Sport machen? In Cafés und Bars rumlungern? Oder auf Streetfood-Märkten? Freunde treffen? Was ist unser Pendant zu „mit dem Wasserflugzeug zum Lachsangeln fliegen"? Leider verkaufen wir uns und unsere Heimat wohl zu Unrecht schlechter als verdient. Ich nehme mir fest vor, die kommenden Monate auch dafür zu nutzen, eine bessere Antwort auf die Frage unserer Freizeitaktivitäten zu entwickeln.

Nachdem wir gestärkt sind und noch ein paar Braunbären beim Raufen im Wasser beobachtet haben, geht es zurück. Da wir uns inzwischen trotz Regenkleidung nicht mehr richtig warm und trocken fühlen, ist das genau der richtige Zeitpunkt. Das Wasserflugzeug sammelt uns mitten auf dem See wieder ein und zurück geht es in die Zivilisation. Also, sofern man in dieser Region der Welt davon sprechen kann. Auf dem Flug sehen wir noch ein paar Elche aus der Luft. Trotz übelstem Wetter ein rundum gelungener Tag!

Nachdem wir nun endlich eine Reiseroute für Alaska ausgetüftelt haben, wissen wir, dass unser nächstes Ziel der Denali Nationalpark sein soll. Er gehört zu den Highlights Alaskas, ich freue mich bereits seit Tagen darauf.

Als wir ankommen, fällt uns direkt auf, dass der Park für Alaska-Verhältnisse nicht nur sehr kommerziell aufgemacht, sondern auch deutlich voller als gedacht ist. Etliche Touristen drängen sich am Visitor Center und sämtliche Campingplätze sind belegt. Zu diesem Zeitpunkt wissen wir noch nicht, was uns in den kommenden Wochen und Monaten an Massentourismus alles noch bevorsteht und welch eine idyllische Einsamkeit Denali dagegen bietet. Doch erstmal suchen wir uns außerhalb des Parks an einer Abzweigung vom Highway ein lauschiges Plätzchen für die Nacht. Diesen Ort hat auch eine Familie im Wohnmobil auserkoren, doch von denen nehmen wir kaum Notiz. Man bleibt unter sich in der Wildnis. Nur ihr Stromgenerator lässt uns nicht vergessen, dass sie da sind. Übrigens kein seltenes Phänomen. Wildcampen ja, aber Hauptsache der Fernseher kann trotzdem laufen. Ruhe in der Natur ja, aber bevor man auf Komfort verzichtet, läuft der Generator im Zweifel lieber die ganze Nacht durch. Wie das Rauschen der Meereswellen oder das Zirpen der Grillen, nur irgendwie anders.

Am nächsten Tag fahren wir mit dem Bulli die ersten Meilen in den Park und machen ein paar kleinere Wanderungen. Weiter kommen wir nicht und das ist ein zusätzlicher Grund, warum wir außerhalb und nicht im Park schlafen. Ab Meile 15 ist die Straße nur noch für Shuttle-Busse geöffnet. Und damit automatisch alle hinteren Campingplätze nur für Zelte geeignet. So will man den Verkehr auf ein Minimum begrenzen und den Einfluss auf die Natur so gering wie möglich halten. Macht Sinn. Ein Ticket für den Shuttle-Bus kostet stolze 40 Dollar, aber man darf zwischendurch so oft ein- und aussteigen wie man möchte. Beziehungsweise so oft man kann. Denn die Fahrt bis zu unserem Ziel, dem Eielson Visitor Center, dauert allein schon vier Stunden. Einfach. Für 100 Kilometer. Der Bus tuckert eher gemächlich durch die Gegend.

Wir haben Glück – denken wir zumindest am Anfang noch naiv. Unser Shuttle-Busfahrer Ben ist eigentlich Guide für die noch kostspielerischen geführten Touren und heute spontan für diese Nicht-Tour als Busfahrer eingesprungen. Wir haben zwar nicht dafür bezahlt, aber scheinbar aus Gewohnheit erzählt er über Mikrofon alles über den Park. Das ist zunächst echt nett, denn Busfahrer Ben ist lustig und wir erfahren einiges über Denali und die hier lebenden Tiere. Busfahrer Ben beginnt zunächst mit den in den USA üblichen Aufwärm-Fragespielchen. „Wer kommt woher?“, lautet die erste Runde und stillt den unendlichen Drang der meisten Amerikaner, sich mitzuteilen. Die Regeln sind einfach: Der Guide oder in dem Fall Busfahrer stellt Fragen, meist beginnend mit dem Herkunftsort der mitfahrenden Touristen. Diese rufen oder jubeln aufgeregt, sobald ihr Heimatstaat genannt wird. In der Erweiterungsversion erklären sie dann auch noch, wo genau sie dort her sind und mit wem sie heute den Denali Nationalpark besuchen und warum. Bei der heutigen Busfahrt sind gleich ein paar besonders eifrige Spieler am Start. „Anyone from Rhode Island?“, ruft der Busfahrer übers Mikro in die Runde. Niemand aus Rhode Island an Bord, dafür erklingt ein aufgeregtes „New Hampshire!!“ „Anyone from Maine?“, versucht es der Fahrer weiter. Ein paar Maine-Bewohner machen sich bemerkbar, jedoch übertrumpft vom lauten „New Hampshire! New Hampshire!“ So geht das Spiel noch eine Weile weiter. Unsere Mitfahrer aus New Hampshire tragen übrigens alle das gleiche gelbfarbige Familienausflugs-T-Shirt, das sie als „Tailor Family“ identifiziert. Das sollte Beschreibung genug sein, um das passende Bild im Kopf zu erzeugen.

Irgendwann haben wir schließlich geklärt, wo jeder in diesem Bus herkommt und auch die die Tailors aus New Hampshire verstummen langsam. Wir können uns wieder der Landschaft widmen. Denken wir. Doch Busfahrer Ben scheint vergessen zu haben, dass er heute nur Fahrer und kein Guide ist. Also erzählt er noch ein bisschen mehr über den Park und die dort lebenden Tiere. Das ist auch wirklich interessant, aber aus irgendeinem Grund scheint Ben nicht dazu in der Lage zu sein, mit dem Reden aufzuhören wenn alles gesagt ist. Ist er so in seiner Routine drin, dass er sich nicht erinnert, was er dieser Gruppe heute schon erzählt hat und was bei der Tour davor?

Jedenfalls fängt er einfach wieder von vorne an. Nur ohne erneutes Kennenlernspiel. Er redet und redet und redet. Und beginnt am Ende abermals von vorne. Und erklärt uns nochmal, dass wir gleich eine Pause machen und wir dort zur Toilette gehen können. Wo genau auf dem Parkplatz sich die Toilettenhäuschen befinden. Ob an dieser Raststation die Toiletten unisex oder nach Männlein und Weiblein getrennt sind. Dass wir beim Aussteigen aus dem Bus aufpassen müssen. Ob es hier auch einen Souvenirladen gibt und was man dort alles käuflich erwerben kann. Dass wir Busnummer 14 sind und er Ben heißt. Und zur Erinnerung nochmal, wo die Toiletten sind (nein, sie sind nicht so schwer zu finden, wie man nun denken könnte). Und so weiter und so weiter. Es ist, als wäre er unter Folter dazu gezwungen, durchweg zu reden. Vier ganze Stunden lang. Optional auch acht, falls man nach der obligatorischen halbstündigen Fahrpause am Visitor Center auch direkt mit ihm wieder zurückkehren möchte. Wir entscheiden uns stattdessen lieber für eine Wanderung. Nicht nur, weil unsere Ohren Pause brauchen, sondern weil wir einen Nationalpark nicht nur aus dem Bus heraus erleben möchten. Ben stoppt zwar jedes Mal für Fotos, wenn irgendwo ein Tier oder eine schöne Aussicht zu beobachten ist, aber es ist einfach nicht das gleiche. Und so marschieren Peter und ich los, während Tailor Family und Co. wieder zu Ben in den Bus steigen.

Die Wanderwege im Denali Nationalpark erkennt man daran, dass man sie nicht erkennt. Es gibt meistens nämlich keine. Querfeldein zu laufen ist im Gegensatz zu den meisten anderen Nationalparks nicht nur erlaubt, sondern ausdrücklich erwünscht. Wer eine Spur erkennt, soll ihr <u>nicht</u> folgen, um erst gar keine Wege in der Wildnis zu etablieren. Wir halten uns gerne daran, bleiben vorsichtshalber aber doch lieber in Sichtweite der Straße und des Ranger-Hauses. Zu frisch ist der Eindruck der beiden Grizzlybären, die wir aus dem Bus raus irgendwo hier in der Gegend beobachten konnten. Der übrigens blonden Grizzly- beziehungsweise Braunbären. Braunbären können nämlich nicht nur entgegen dem, was ihr Name verspricht, auch schwarzes, sondern eben auch sehr helles Fell haben. Das ist im Denali Nationalpark nicht unüblich und wird mit ihrer vorwiegend vegetarischen Ernährung erklärt. Das leuchtet ein. Auch ich bin blond und ernähre mich vorwiegend pflanzlich. Ich notiere mir die Information im Hinterkopf, dass ein ordentliches Steak statt einer chemischen Färbung ausreichen sollte, falls ich jemals lieber brünette Haare hätte.

Die Rückfahrt später verläuft etwas weniger unterhaltungsreich. Wir sitzen auf der richtigen Seite, um während der Fahrt Fotos zu machen und das Wichtigste: Fahrer Justin ist stumm wie ein Fisch.

Bevor es zurück zu unserem Wildcamping-Spot geht, wollen wir uns die Annehmlichkeiten des Nationalparks gönnen: warme Duschen und eine Waschmaschine. Natürlich ist auch im Nationalpark nichts umsonst: ein paar Minuten warmes Wasser aus dem Hahn kosten gleich vier Dollar. „Acht Dollar sind aber ganz schön viel nur für schnell duschen. Meinst du, wir können uns eine Dusche teilen?", überlegt Peter. Die Antwort ist theoretisch eindeutig, denn die Waschräume sind nach Männlein und Weiblein getrennt. Grundsätzlich kein Problem und durchaus im Rahmen der für uns akzeptablen Kleinkriminalität, aber momentan ist relativ viel Betrieb. Sich hier unbemerkt beim anderen Geschlecht rein zu schmuggeln ist riskant. Schließlich sind wir hier immer noch in den prüden USA.

Peter sieht das weitaus weniger kritisch und ich merke, wie er zusehends genervt ist von meinem Zögern. Nachdem wir im kleinen Laden nebenan ausreichend Münzgeld für zumindest eine Dusche kleingemacht haben und ich beim Betreten des Damen-Waschraums merkte, dass dieser gerade leer ist, gebe ich Peter ein Zeichen, mir schnell in eine der Kabinen zu folgen. Vier Dollar sind schließlich vier Dollar. Im Zu-Zweit-auf-Zeit-Duschen sind wir glücklicherweise erfahrene Profis. Person A macht sich nass, während Person B kurz wartet. Nach etwa zehn Sekunden findet er erste Wechsel statt. Nun darf B sich nass machen, während A sich ein-shampooniert. Dann wieder Wechsel. A wäscht sich das Shampoo aus, B folgt. Und so weiter. Als eingespieltes Team schaffen wir das notfalls auch exakt getimt in einer 2-Minuten-Dusche. Diese hier gibt uns jedoch sogar deutlich mehr Zeit. Ganze sechs Minuten hat man hier in Denali für das Säuberungsritual. Sehr antidiskriminierend, denn so hat auch der wohlbeleibteste Nationalparkbesucher genug Zeit, den üppigen Körper einzuseifen.

Auch wir sind nach Ablauf der sechs Minuten so frisch und sauber wie seit Tagen nicht mehr. Doch wir haben ein anderes Problem: Eine Frau ist ebenfalls mit dem Duschen fertig und steht nun im Durchgangsbereich am Waschbecken um sich die Haare zu kämmen. „Sei ruhig und warte", flüstere ich Peter gerade noch hörbar zu. Mucksmäuschenstill warten wir in der Kabine. Aber auch zehn Minuten später kämmt die Gute sich immer noch ihre Haare, beobachte ich durch einen Minispalt der Duschwand. Wir warten weitere fünf Minuten ab, doch die Situation bleibt unverändert. Wer bitte kämmt sich so lange die Haare? Ahnt sie etwas und zieht ihr Beauty-Ritual künstlich in die Länge, um uns auf frischer Tat zu ertappen? Die Folge *How I met your Mother*, bei der Lilly beim Wildpinkeln im Gebüsch erwischt wird und von Marshall aus dem Knast abgeholt werden muss, kommt mir plötzlich in den Kopf.

Peter geht die Geduld aus und so entscheiden wir, dass er als erster allein einfach schnurstracks aus der Kabine nach draußen läuft. In der Hoffnung, dass er ihr gar nicht so schnell auffällt. Mit einem Handtuch um den Kopf gewickelt wagt er sich todesmutig aus der Kabine, ich bleibe zurück. Es dauert keine drei Sekunden bis die Haarkämmerin an die Decke geht. „Are you serious?", zetert sie in schrillem Tonfall los, „This is inappropriate!" Ich verfalle in Schockstarre und sehe vor meinem inneren Auge bereits den Streifenwagen, mit dem wir wegen Erregung öffentlichen Ärgernisses abgeführt und in eine Zelle verfrachtet werden. Eine Zelle, aus der uns niemand gegen Kaution rausholt, denn wir kennen hier ja niemanden außer der hysterischen Ziege vor uns. Was soll ich tun? Sie bitten, nicht die Polizei zu rufen? Und auch nicht den Ranger, da wir unbedingt noch den Trockner für unsere sich gerade in der Waschmaschine befindliche Wäsche benutzen müssen, bevor wir des Parks verwiesen werden? Aufklären, dass wir wirklich nur aus Knausrigkeit gemeinsam geduscht und wirklich keinen Sex in der Kabine hatten? Ganz großes Indianer-Ehrenwort! Oder vielleicht darauf hinweisen, dass wir verheiratet sind und damit eh alles halb so wild ist? Meine Gedanken überschlagen sich. Ich stammele eine Entschuldigung vor mich hin und verlasse fluchtartig den Raum. Im Nachbarraum vor der Waschmaschine holt sie mich ein und bringt erneut ihre Entrüstung über den Vorfall zum Ausdruck. Ich hingegen sehe mich selbst nur noch hinter schwedischen Gardinen.

Nachdem ich trotz allem die Wäsche von der Waschmaschine in den Trockner verfrachtet habe, laufe ich möglichst unauffällig mit tief ins Gesicht gezogener Kapuze zurück zum Bulli. Peter steht schon da und räumt in aller Seelenruhe unsere Sachen zurecht. „Spinnst du?", fahre ich ihn an. „Wenn die dich hier am Auto sieht, kann die direkt unser Nummernschild beim Ranger durchgeben. Setz das auf und versteck dich." Ich reiche ihm Sonnenbrille und Kappe und verziehe mich selbst unter die Bettdecke. „Da ist sie!", gerate ich erneut in Panik. Eine Frau verlässt soeben den kleinen Shop. Hat sie darin gerade dem Ranger Bescheid gegeben? „Ne, das war die nicht, die sah anders aus", meint Peter. Auch ich bin mir nicht ganz sicher. In meiner Aufregung habe ich mir das Gesicht und ihre Kleidung nicht richtig einprägen können. Einzige Anhaltspunkte: Sie war groß und schlank, etwa um die 40 und sah aus wie jene gestressten Großstadtzicken, die sich selbst für super entspannt halten, weil sie Yoga machen und Smoothies mit Spinat trinken, dann aber doch direkt in die Luft gehen, weil der Soja Chai Latte versehentlich mit Kuhmilch serviert wird. Oder eben weil ein Mann in der Damentoilette aufkreuzt. Und sie hatte definitiv zu kurze Haare, als das zehn Minuten kämmen notwendig wären. Sie hat wohl wirklich nur auf uns gewartet, um uns zusammenzufalten. Aber auch um uns zu verpfeifen?

Peter hält das Ganze für übertrieben und setzt sich an einen Picknick-Tisch. Vielleicht erinnert er sich nicht mehr so gut an die *How I met your Mother*-Folge. Ich jedenfalls bleibe unter der Decke versteckt, bis unsere Wäsche fertig ist. Als der Trockner durch ist, wage ich es und schleiche mich in einem neuen Outfit und mit anderer Frisur zurück in den Waschraum. Von der aufbrausenden Petze keine Spur. Vielleicht haben wir doch nochmal Glück gehabt. Dennoch fahren wir lieber weiter. Sicher ist sicher.

Nur wenige Meilen nördlich vom Denali Park erwartet uns noch eine kleine Attraktion: Der berühmte „Into the Wild"-Bus. Inbegriff für Abenteuer, Wildnis und Freiheit. „Into the Wild" ist die Erzählung (und Verfilmung) von Christopher McCandless' Ausbruch aus der Gesellschaft, eine wahre Begebenheit. Nach Abschluss seines Jura-Studiums spendet er all sein Erspartes und macht sich auf, um ein Leben jenseits unserer materialistisch geprägten Gesellschaft zu führen. Nach einigen Jahren Vagabundenleben, zieht es Chris alias Alexander Supertramp in die Wildnis Alaskas, um dort vollkommen autark und allein in scheinbar grenzenloser Freiheit zu leben. Er findet einen alten zurückgelassenen Bus, der fortan sein zuhause ist, der Magic Bus. Zumindest für eine Weile. Denn nach einigen Wochen hat Chris sich selbst ausreichend bewiesen, dass er allein und unabhängig in der Wildnis überleben kann und will wieder zurück.

Seit seiner Ankunft im April ist jedoch der Fluss, den es auf dem Weg zurück in die Zivilisation zu überqueren gilt, so sehr durch das im Sommer schmelzende Gletscherwasser angestiegen, dass er festsitzt. Seine mangelhafte Ausstattung ohne entsprechendes Kartenmaterial erlaubt ihm keinen Ausweg aus dem selbstgewählten Exil. Völlig abgemagert und am Ende seiner Kräfte wartet er vergeblich auf Hilfe: „Attention possible visitors. S.O.S. I need your help. I am injured, near death, and too weak to hike out of here. I am all alone, this is no joke. In the name of God, please remain to save me. I am out collecting berries close by and shall return this evening. Thank you. Chris McCandless, August?" Als Wanderer durch Zufall die verzweifelte Nachricht an seinem Bus entdecken, ist es für Chris zu spät. „I have had a happy life and thank the Lord. Goodbye and may God bless all!", lautet seine letzte Aufzeichnung.

Der Bus, der wie ein kleines Museum mit Chris' Notizen vor einer Brauerei steht, ist allerdings nicht der Originalbus, sondern der Nachbau für den Film. Immerhin. Der echte Magic Bus steht zwar gar nicht so weit von der Hauptstraße entfernt, doch jetzt im Juli würde uns vermutlich das gleiche Hindernis im Weg stehen, wie damals bei Chris: Der mit geschmolzenem Gletscherwasser gefüllte Fluss.

Nachtrag: Der Original-Magic Bus wurde Anfang 2020 per Helikopter entfernt, um weitere Fans von der Wanderung, die nicht selten in einer Rettungsaktion endete, abzuhalten. Der Bus soll zukünftig in einem Museum ausgestellt werden.

War es im Denali Nationalpark noch angenehm warm und bisweilen abends für Hochsommer sogar ganz schön kühl, so wird es überraschenderweise immer sommerlicher je näher wir dem Polarkreis kommen. In Fairbanks, der zweitgrößten Stadt Alaskas, ist es mit über 30 Grad Celsius sogar richtig heiß! Uns bleibt nichts anderes übrig, als den nächstbesten Badesee anzusteuern. Das haben sich außer uns auch eine Reihe anderer Menschen gedacht. Abgesehen von der Schlange am Denali-Shuttlebus habe ich in Alaska noch nie so viele Menschen auf einem Fleck gesehen. Alle wollen ins kühle Nass. Gut, für die armen Alaskaner muss das Ganze noch krasser sein als für uns. Schließlich befinden wir uns nur noch wenige Hundert Kilometer von Gefilden entfernt, in denen Eisbären leben. Wir tun es also den Locals gleich und chillen den Tag über am See und trinken heimlich Bier, das wir wie zu Schulausflugszeiten in anderen, nicht-alkoholischen Gefäßen verstecken müssen. Nur leider dürfen wir am See nicht schlafen – egal ob mit oder ohne Alkohol. Und eigentlich waren wir ja echt nicht nur zum Baden, sondern vor allem zum Lebensmittel einkaufen nach Fairbanks gekommen. Seit Anchorage haben wir nämlich keinen richtigen Supermarkt mehr gesehen und so langsam neigen sich die ersten Vorräte dem Ende zu.

In einem Park füllen wir unsere Wasservorräte auf und machen uns dann auf zu Walmart. Nicht unbedingt unser Lieblingssupermarkt, aber im kostspieligen Alaska eine valide Option, um sich beim Lebensmitteleinkauf nicht hoch zu verschulden. „Wo wollen wir denn nun übernachten?", überlege ich laut, als wir vollbepackt den Laden verlassen. „Mmh. Viele Leute übernachten ja angeblich auf dem Walmart-Parkplatz", Peters Tonfall gibt zu erkennen, dass er zwar noch unsicher ist, dieser Option aber auch nicht gänzlich abgeneigt wäre. Auch ich überlege das gleiche. Walmart ist unter Campern bekannt dafür, Übernachtungsgäste auf dem Parkplatz zu dulden. Zwar kann ich mir idyllischere Orte vorstellen, aber wenn nun mal gerade nichts Besseres in der Nähe ist, dann ist diese Variante wenigstens kostenlos und legal. Und ein Riesenvorteil: es gibt rund um die Uhr Toiletten. Ein Blick auf die Uhr verrät, dass die Sommersonne Alaskas uns wieder einmal an der Nase herumführt und es bereits kurz vor Mitternacht ist. Also sinken unsere Ansprüche spontan eine Stufe tiefer und wir machen es uns unter einem Baum am Rande des Parkplatzes bequem.

Die Entscheidung: „Walmart-Parklatz-Übernachtungen: ja oder nein", ist nicht die einzige, die wir in Fairbanks treffen müssen. In Fairbanks befindet sich auch die Abzweigung, an der wir entweder weiter Kurs auf Norden und das Polarmeer halten oder in Richtung Südost abbiegen und damit langsam, aber sicher auf Kanada zusteuern. Das Polarmeer zu sehen, wäre sicherlich cool und den Polarkreis zu überfahren umso mehr, aber was dann? Die Chance auf Eisbären tendiert ohne einen weiteren Flug mit Buschpilot gegen Null. Alles, was uns für die knapp 1600 Kilometer Umweg entschädigen würde, wäre ein Beweisfoto, dass wir da waren. Und nur bis zum deutlich weniger weit entfernten Polarkreis fahren und dann umdrehen? Klingt im ersten Moment nach einem guten Kompromiss, erweist sich bei genauerer Überlegung aber schnell als noch viel bescheuerter. Mehrere Hundert Kilometer Umweg bei sengender Hitze, nur damit man sagen kann, am Polarkreis gewesen zu sein? Denn selbstverständlich ist die Polarlinie keine sichtbare oder in sonstiger Weise spektakuläre Grenze, die man sehen und bestaunen könnte. Wir entscheiden uns also gegen die polare Expedition und biegen gen Südosten. Denn nur wenige Kilometer südöstlich von Fairbanks wartet dafür ein ganz anderes Highlight auf uns: der Weihnachtsmann. Im nahegelegenen North Pole wohnt nämlich ganz offiziell Santa Claus. Und den werden wir nun besuchen.

Das *Santa Land* im Örtchen North Pole ist wohl das US-Pendant zum Käthe Wohlfahrt Weihnachtsladen in Rothenburg ob der Tauber. Dank einer riesigen aufblasbaren Weihnachtsmann-Figur ist das Haus vom Weihnachtsmann schon von weitem nicht zu übersehen. Wir parken unseren Bulli im rechten Bereich des Parkplatzes, denn links ist für Schlitten reserviert, informiert uns ein Schild. Auf dem Gelände befindet sich neben einem riesigen Schlitten für Erinnerungsfotos eine kleine Rentierfarm, eine Art Museum und das wichtigste: ein Souvenir-Shop. Hier kann man alles kaufen, was das Weihnachtsherz begehrt. In sämtlichen Abstufungen des Kitsches. An einer Wand hängen Briefe, die Kinder an Santa geschickt haben. Besonders gefällt mir der von Britney. Sie wünscht sich ihrem flehenden Brief nach von Herzen eine zweite Elfe (ich habe extra nachgeschlagen, aber „elf" wird tatsächlich lediglich mit „Elfe" übersetzt). Bisher hat Santa wohl jedoch keine Regung gezeigt, denn dies ist Britneys Ausführungen zufolge bereits ihr sechstes Schreiben und langsam wundert sie sich, ob der Weihnachtsmann ihre Post überhaupt bekommt. Die Frage kann ich mit „ja“ beantworten – der Brief hängt ja hier in North Pole. Warum sie dennoch nicht belohnt wird, bleibt mir ein Rätsel, denn ihre Argumentation ist durchaus schlüssig. „I feel like I deserve a second elf because I have gotten good grades on my report card. I also love seeing the elf hide and finding him.“ Der Brief schließt mit einer Aneinanderreihung verzweifelter Bitten. Ich hingegen frage mich, woher das Mädchen überhaupt die erste Elfe hat. Vielleicht wünsche ich mir bei Gelegenheit auch einfach mal eine Elfe zu Weihnachten.

Die Weiterfahrt in Richtung Chicken – dem letzten auf der Karte verzeichneten Ort vor Kanada – zieht sich. Aber das macht nichts, denn die Landschaft ist wunderschön. Das findet auch der Schwarzbär, der in Sekundenschnelle die Fahrbahn kreuzt und wieder in den Weiten verschwindet. Weniger schön ist die Fahrbahn selbst, die in diesem Teil der Erde nur noch eine Schotterpiste mit gelegentlichen Schlaglöchern ist und dennoch ganz offiziell die Bezeichnung „Highway“ trägt. Manchmal können wir es kaum glauben, dass dies die USA sein sollen.

Spät am Abend, aber dennoch bei Sonnenlicht finden wir einen geeigneten Schlafplatz kurz vor der Hühnchen-Stadt. Wir bauen unser Nachtlager auf und zünden ein Lagerfeuer. Zu Abendessen gibt es heute Stockbrot mit Walnüssen und Käse. Sehr zu empfehlen! Am nächsten Morgen riecht unsere Kleidung allerdings auch wieder wie ein Schornsteinschlot, sodass wir uns gezwungen sehen, sie im Fluss neben unserem Camp zu waschen. Spätestens jetzt ist der Moment erreicht, in dem wir vollkommen ins Vanlife in der Natur eingetaucht sind. Ein wunderbarer Meilenstein unserer Reise!

Ein paar Stunden und wenige Kilometer über den buckeligen Highway später erreichen wir dann den Ortskern von Chicken. Die wichtigsten Highlights sind schnell erkundet: ein ikonischer Saloon, ein Gemischtwarenladen und Alkohol verkaufender Liquor Store, ein Café, ein Postamt, ein Campingplatz und eine Tankstelle. Dazu diverse überdimensional große Hühner-Statuen. Und nicht zu vergessen: ein Schürfkübelbagger, mit dem gelegentlich sogar noch Gold geschürft werden soll. Gold ist auch so ziemlich der einzige Grund, warum Chicken überhaupt existiert. Bis zu 400 Goldsucher hielten sich hier im späten 18. Jahrhundert auf der Suche nach plötzlichem Reichtum auf. Nun sind es wir, zwei oder drei weitere Wohnmobile sowie laut Wikipedia sieben ständige Einwohner.

Unsere spontane Vermutung, dass Chicken seinen Namen daher hat, dass hier deutlich mehr Hühner als Menschen leben, stimmt übrigens nicht. Also sicherlich ist die Aussage inhaltlich korrekt, aber eben nicht der Grund für die Taufe. Tatsächlich waren die in der Region vorkommenden Alpenschneehühner, zu Englisch „Ptarmigan", Hauptnahrung für die damaligen Goldschürfer. Da „Ptarmigan" jedoch dem einen oder anderen Goldschürfer Probleme bei der Aussprache bereitete, hat man sich alternativ auf das phonetisch leichtere „Chicken" geeinigt. Unser Besuch im Alpenschneehuhn-Dorf bleibt allerding ein kurzer. Für den Saloon ist es doch etwas früh am Vormittag und getankt haben wir gestern schon. Und so verlassen wir die letzte Ortschaft vor Kanada. Das bedeutet für uns das Ende von Alaska. Zumindest vorerst.

„Where are you guys from?", will der Grenzbeamte wissen und sammelt unsere Pässe ein. Dann fragt er, wem das Auto gehört. Uns. Haben wir in Alaska gekauft. Ob wir es wieder nach Alaska zurückbringen. Nein, aber nach Montana. Die Frage ist relevant, da wir andernfalls in Kanada Einfuhrzoll bezahlen müssten. Ob wir sonst irgendwas in Kanada lassen werden und wie lange wir bleiben wollen. Nein und etwa drei Wochen. Das war's. Wir bekommen unsere Pässe inklusive Stempel für Kanada zurück. Das war einfach.

Larger than Life

„Yukon – Larger than Life", begrüßt uns ein riesiges Schild, als wir die Grenze passieren. Wir erkundigen uns beim Grenzwächter, wo denn das Alaska-Pendant zu finden sei. Das hatten wir auf der anderen Seite gar nicht mehr gesehen und wir würden gerne ein Alaska-Erinnerungsfoto schießen. „Das wurde geklaut", lautet die überraschende Antwort. Geklaut? „Letzten Winter muss es vom Schnee umgekippt sein. Dann hat es wohl irgendwer auf seinen Truck geladen und mitgenommen", führt er emotionslos weiter aus. Klingt plausibel: Der Grenzübergang ist im Winter mehrere Monate gesperrt und damit unbewacht. Da kann man so ein Souvenir schon mal für sich beanspruchen. Naja, dann muss eben das Yukon-Schild herhalten.

Im Yukon gilt auch eine andere Zeitzone. Statt zuvor zehn sind es jetzt nur noch neun Stunden Zeitverschiebung nach Deutschland. Das bedeutet aber auch, dass unser merkwürdiger Tagesrhythmus noch weiter in die Nacht verschoben wird, denn somit ist es im Yukon – zumindest im Westen des Territoriums – abends eine weitere Stunde länger hell. Also werden wir von nun an abends wohl noch später essen, noch später ins Bett gehen und morgens noch später aufstehen...

Wir beginnen den Kanadaabschnitt unserer Reise auf dem berühmten Top-of-the-World-Highway. Also zumindest hier oben im dünn besiedelten Yukon Territorium ist der Highway berühmt. Die Strecke ist schön und das Wetter sommerlich und sonnig. Um dem berühmten Highway die gebührende Ehre zu erweisen, fahren wir rechts ran, um eine kurze Strecke mit der Drohne zu filmen. Da es bereits das dritte Mal ist, dass wir die Drohne benutzen, fühlt Peter sich quasi als Profi. Somit bleibt er nicht wie sonst am Straßenrand stehen, um das Ding zu steuern, sondern bedient die Drohne während der Fahrt vom Beifahrersitz aus. Ich fahre mit 10 bis 20 Kilometer pro Stunde über den Highway, andernfalls kommt die Drohne nicht mit. Nach ein paar Hundert Metern halten wir an. Das sollte für eine kurze Videofrequenz reichen und außerdem ist der Akku bald am Ende. Da der Top-of-the-World-Highway etwas weniger frequentiert ist als eine deutsche Autobahn, läuft Peter zu Fuß zurück, um die Drohne an ihrem Landeplatz einzusammeln. Ich warte solange im Auto und blättere in den Prospekten und Broschüren aus dem Visitor Center.

Während ich mir so die Zeit vertreibe, fällt mir irgendwann auf, dass sicherlich bereits zehn Minuten vergangen sind. Warum braucht Peter so lange? Wir waren doch kaum 300 Meter gefahren?! Ich steige aus und schaue mich um. Nirgendwo kann ich ihn erblicken. Komisch. Der Platz, an dem wir gestartet sind ist von hier aus gut einsehbar. Ich rufe ihn. Keine Antwort. Ich rufe nochmal. Und nochmal. Und nochmal. Keine Spur von Peter. Nach einer kurzen Weile entschließe ich mich, zu wenden und zurückzufahren. Wo kann Peter nur sein? Wir befinden uns am Ende der Welt auf einem Highway. Abzweigungen gibt es nicht, links und rechts ist Gebüsch, sonst nicht viel. Wo könnte er sein? Langsam steigt Panik in mir auf. Peters Orientierungssinn hat sich immer wieder als äußerst fragwürdig erwiesen, aber hier? Die einzige Entscheidung, die er hätte treffen müssen, um zum Auto zurückzufinden, ist: vorwärts oder rückwärts laufen?

Ich gehe daher im Kopf alle verbleibenden Optionen durch: Möglichkeit 1: Ein Bär hat ihn angefallen. Möglichkeit 2: Er ist in den Graben gefallen und liegt dort. Möglichkeit 3: Er wurde von einem Vorbeifahrenden ins Auto gezerrt und entführt. Möglichkeit 4: Er hat seine Flucht bereits von langer Hand heimlich geplant und ist durchgebrannt. Mmmh. Ich weiß nicht, was ich am wahrscheinlichsten finde. Erst gestern haben wir einen Schwarzbären mitten auf dem Highway gesehen und Peter hat kein Bärenabwehrspray dabei. Dennoch eher unwahrscheinlich. Ich habe zumindest keine Schreie gehört. Um auch Option 2 auszuschließen, fahre ich extra langsam am Graben vorbei, aber Peter ist nicht zu erspähen. Ich überlege den Graben auch zu Fuß abzulaufen, aber solange die Bärenoption nicht gänzlich ausgeschlossen werden kann, ist mir das zu heikel.

Vorsichtshalber schaue ich mich nochmal um. Nicht, dass Peter doch in der Nähe war und ich ihn beim Wenden überfahren habe. Das ist zwar die unwahrscheinlichste Variante, aber ich gehe lieber auf Nummer sicher. Aber nein, Peter liegt nicht plattgefahren auf der Straße. Schließlich komme ich zurück an die Stelle, an der wir gestartet sind, und halte an. Auch hier ist keine Spur von ihm. Die Unruhe in mir wächst. Peter ist nun seit 20 Minuten weg, um eine Drohne einzusammeln, die 300 Meter entfernt liegt. Ich klettere aufs Autodach und rufe ihn erneut so laut ich kann. „Peter, wo bist du?“, brülle ich immer wieder in alle Richtungen. Keine Antwort. Was soll ich tun? Ich ermahne mich selbst, ruhig zu bleiben und gehe sämtliche Szenarien noch einmal durch. Option 3: Entführung. Ich stelle mir vor, wie Peter von Unbekannten in ein Auto gezerrt wird, das dann mit quietschenden Reifen unter einer Staubwolke davonrast. Wer sollte das tun? Und warum? Wir sind immerhin in Kanada und nicht im Nahen Osten. Und warum habe ich die Staubwolke nicht bemerkt? Das ergibt wenig Sinn. War es vielleicht doch nicht erlaubt, hier eine Drohne zu starten und er wurde von mir unbemerkt verhaftet und mitgenommen? Oder von einem verrückten Farmer abgeknallt? Nein, auch Schüsse habe ich nicht vernommen. Bleibt die Option „durchgebrannt“.

Wir haben erst vor wenigen Wochen geheiratet. Das wäre wirklich sehr frühzeitig. Im Kopf gehe ich das Für und Wider durch: Ich bin tatsächlich ein bisschen faul beim Frühstück machen und Geschirrspülen, aber würde er deshalb an einer für ihn so ungünstigen Stelle abhauen? Und überhaupt: Alle seine Sachen inklusive Geld, Gepäck und Pass sind noch bei mir im Bulli. Das erscheint mir ein wirklich hoher Preis. So verzweifelt kann er nicht sein. Aber wo ist er nur? Und was in aller Welt soll ich tun? Sein Handy hat er zwar dabei, aber weit und breit ist kein Empfang. Ich beschließe, das nächste vorbeifahrende Auto anzuhalten und um Hilfe zu bitten. Ich habe zwar keine Ahnung, welche Art von Hilfe ich genau brauche, aber etwas Besseres fällt mir nicht ein. Bis dahin werde ich weiter rufen.

Da in den nächsten Minuten kein Auto kommt und ich mit meinen Suchrufen auch nicht weiterkomme, beschließe ich, den Highway langsam zurück in Richtung Grenze zu fahren. Man kann es drehen und wenden wie man will, am Ende landet man bei allen Optionen doch wieder bei Peters schlechtem Orientierungssinn. Ist es möglich, dass er nach 300 Metern Gehweg vergessen hat, aus welcher Richtung er kam?

Als ich Bulli Bärtha gerade wende und in die andere Richtung losfahren will, taucht plötzlich wie aus dem Nichts eine geistartige Gestalt auf der Straße auf, die eine gewisse Ähnlichkeit mit Peter aufweist. Ich halte an. Er sieht fix und fertig aus, als hätte er gerade einen Geist gesehen. Sein Gesicht ist ganz bleich, von Kopf bis Fuß ist er durchgeschwitzt. Als ich ihn in den Arm nehme, merke ich, dass sein Körper trotz der Mittagshitze ganz kalt ist. Kalter Schweiß. Was ist bloß passiert?! Als ich ihn das frage, rennt Peter auch schon wieder wie von Sinnen los. In der Hand hält er die Fernbedienung der Drohne. Dann bleibt er stehen, fuchtelt wild darauf herum und läuft wieder los. Bleibt wieder stehen und läuft wieder zurück. „Ich hab' die Drohne verloren. Die ist irgendwo abgestürzt", schnauft er verzweifelt. „Der Akku ist während des Flugs leer gegangen, die ist irgendwo notgelandet. Die Fernbedienung zeigt mir ständig einen anderen Standort". Normalerweise fliegt die Drohne, wenn ihr Akku leer ist, automatisch zu ihrem Startpunkt zurück. Normalerweise. Selten habe ich Peter so in Panik gesehen. Wenn ich mal weg bin, merkt er das meist noch nicht einmal. Aber wenn die Drohne verloren geht... Blödes Ding! Ich will ihm trotzdem helfen.

Doch das ist gar nicht so einfach. Ständig läuft er in eine andere Richtung zum vermeintlich neuen Absturzort. Ich komme kaum hinterher. „Da vorne muss sie irgendwo sein", ruft er und läuft querfeldein ins Gebüsch. Ich hinterher. Kurze Hose und Flipflops stellen sich schnell als die nicht ganz ideale Kleidung für diese Art von Wildwanderung heraus. Innerhalb weniger Meter sind meine Beine überall von den dornigen Büschen zerkratzt. „Gib mir bitte mal die Fernbedienung", rufe ich ihm hinterher. Einige Bitten später bleibt er endlich stehen und reicht mir die Fernsteuerung. „Der Akku ist leer. Jeden Moment kann das Signal ausgehen, dann ist es vorbei", teilt er mir verzweifelt mit. Auf dem Display sind drei Punkte zu sehen. Einer stellt den Startpunkt dar, ein anderer den aktuellen Standpunkt der Fernsteuerung und ein grüner Pfeil zeigt an, wie weit die Drohne bei der Landung ihren ursprünglichen Startpunkt verfehlt hat. Das Dumme ist, dass die Punkte dauernd springen. Jedes Mal, wenn man denkt, man sei ganz nah dran, berechnet das Ding den Standort neu. Das erklärt Peters ständige Richtungswechsel. Deshalb war er mehrere Hundert Meter den Highway entlang zurück gerannt – in der Annahme, dass die Drohne dort irgendwo gelandet sein müsse. Vielleicht waren die Koordinaten des Startpunkts falsch berechnet?

Wir geben nicht auf, schließlich ist die Drohne brandneu und die Videos noch nicht gesichert. Die teure Elektronik einfach im Gebüsch liegen zu lassen, ist keine Option. Wir versuchen, das ganze logisch und strukturiert anzugehen. Es ist ungewohnt, dass ich diejenige bin, die ruhig und cool bleibt, während Peter in Panik verfällt. Da ich mir in dieser neuen Rolle aber ganz gut gefalle, gehe ich mit der Fernbedienung in der Hand betont cool zurück zum Startpunkt und versuche die Suche nochmal logisch von vorne zu beginnen. Und plötzlich sehe ich sie vor mir! „Ich hab' sie!", rufe ich aufgeregt.

Die Drohne hängt direkt vor mir auf Bauchnabelhöhe in einem Gebüsch fest. Etwa fünf Meter von ihrem Startort entfernt. Sie ist sogar noch heile. Peter, der immer noch wie ein Irrer durchs Gebüsch streunt, kommt ungläubig angelaufen. Es ist nicht schwer zu erkennen, wie viele Steine ihm vom Herzen fallen.

Mit Drohne im Gepäck kommen wir am Nachmittag in Dawson City an. Der kleine Ort wirkt wie der Goldgräber- und Wild-West-Teil im Phantasialand. Die Häuser haben bunte Holzfassaden und Verandas. Man wartet nur darauf, dass jeden Moment die Goldgräber von der Arbeit zurück in die Stadt kommen und ihre Pferde draußen anbinden, um im Saloon das gefundene Gold des Tages in Bier oder Whiskey einzutauschen. Man kann sich kaum vorstellen, dass Menschen wirklich an diesem Ort wohnen und ein Alltagsleben führen. Auch wir finden einen schönen temporären Wohnort an einem Aussichtspunkt auf einem Berg. Mit Blick über die Stadt stoßen wir auf unseren gelungenen Kanada-Start an.

Von Dawson City geht es weiter gen Süden. Wir wollen nach Whitehorse – die Hauptstadt des Yukon. Doch zunächst machen wir einen kleinen Abstecher zu einer aktiven Goldmine. Tatsächlich wird hier bis heute noch Gold gesucht. An einem kleinen Abschnitt ist es jedermann erlaubt, sein Glück zu versuchen. Mein Interesse ist begrenzt, aber Peter ist hochmotiviert und direkt dabei. Unentwegt redet er irgendwas von Dagobert Duck, der laut Comic-Heft genau hier seinen Reichtum fand. Insgeheim scheint jedoch auch Peter nicht wirklich an seine Mission zu glauben, denn in die Leihgebühr einer entsprechenden Schale zum Goldschürfen will er lieber doch nicht investieren. Also stehen wir kurz drauf mit Müsli-Schälchen bewaffnet im Fluss auf der Suche nach Gold. Tatsächlich findet Peter ein paar Mini-Teilchen, die mit viel Fantasie Edelmetall sein könnten. Die Größe seines Funds ist allerdings eher übersichtlich und reicht noch nicht mal für einen Kettenanhänger oder Ohrring. Der große Reichtum bleibt vorerst aus.

Die lange Fahrt nach Whitehorse verläuft relativ ereignislos. Der Blick aus dem Fenster birgt weder große Abwechslung, noch eine besonders spektakuläre Aussicht, wie wir es noch aus Alaska gewohnt waren. Auch das Wildlife hat sich offenbar an landschaftlich spannenderen Orten niedergelassen. Oder an kühleren. Denn obwohl wir uns in ziemlich nördlichen Breitengraden befinden, ist es ganz schön heiß. Am frühen Abend müssen wir feststellen, dass es bis Whitehorse immer noch 250 Kilometer sind und wir die Strecke lieber für die Nacht unterbrechen sollten. Wir finden einen ehemaligen Campingplatz, von dem nur noch ein paar zerfallene Hütten übrig geblieben sind. Neben einem Bären, der laut Warnschild hier sein Unwesen treibt, sind wir die einzigen. Der Bär lässt sich allerdings nicht mehr blicken.

Aber auch allein in der Wildnis können wir uns die Zeit gut vertreiben. Am Abend experimentieren wir mit einem Gericht, dessen Idee uns vor ein paar Tagen am Lagerfeuer kam. Ein Rezept, das sich in den kommenden Monaten zu unserem absoluten Favoriten entwickeln soll: Die Campfire-Pizza. Das Rezept ist so simpel wie genial. Man macht erstmal alles wie gewohnt: Teig anrühren und ausrollen, mit Tomatensoße beschmieren, Zutaten nach Wahl sowie Mozzarella obendrauf. Dann der Camping-Clou: Die Pizza wird in einer Pfanne platziert und mit einem umgedrehten Kochtopf abgedeckt, um einen Ofeneffekt zu erzielen. Das Ganze stellt man dann ins Feuer und wartet ab. Fertig. Kaum zu glauben, aber die Pizza schmeckt ausgezeichnet. Feinste italienische Kochkunst mitten in der kanadischen Wildnis.

Nach einer ruhigen Nacht im Wald heißt es am nächsten Tag weiter Kilometer zu schrubben. Die Distanzen im Yukon sind deutlich weiter als sie auf der Karte wirken und die eintönige Landschaft trägt nicht dazu bei, dass die Zeit wie in Flug vergeht. Heutiges Highlight: Ein Elch, den wir bei einer kurzen Rast von weitem beobachten. Ansonsten nur endlose Weiten und Hitze bis wir spät abends in Whitehorse ankommen. Es ist so spät, dass es tatsächlich bereits dunkel wird. Krasse Sache, das sind wir schon gar nicht mehr gewohnt. Jedoch verabschiedet sich die Sonne mit jedem Tag und jedem Kilometer nach Süden ein paar Minuten früher.

Die Erkundungstour am nächsten Morgen fällt allerdings kürzer aus als erwartet. Der Titel „Hauptstadt" täuscht. Whitehorse ist ein verschlafenes, kleines Nest und die Sehenswürdigkeiten schnell abgeklappert. Viel wichtiger sind für uns sowieso die Versorgungsmöglichkeiten in Form von Lebensmitteln, Trinkwasser, Benzin und unserem größten Engpass: Internet. Zwar haben wir ausreichend mobile Daten auf dem Handy, doch beim Bau von Mobilfunkmasten wurde der dünn besiedelte Yukon wohl bisher noch nicht priorisiert. Und spätestens nach drei Stunden am Laptop verabschiedet sich eine noch viel knappere Ressource: Elektrische Energiezufuhr aka Strom. Daher entscheiden wir uns, den Löwenanteil unserer Zeit in Whitehorse im örtlichen Starbucks zu verbringen und uns mit billigem Filterkaffee die Nutzung der dortigen Infrastruktur in Form von bequemen Sesseln, WiFi und Steckdosen zu erkaufen.

Am Nachmittag ist alles Wichtige erlegt und damit unsere Stippvisite in der Zivilisation beendet. Wir machen uns wieder auf in die Wildnis. Es geht zum Wandern in den wunderschönen Kluane Nationalpark und schließlich weiter nach Alaska. Alaska? Ja. Fahren wir im Kreis? Nein. Ein genauerer Blick auf die Karte verrät, dass das sogenannte Alaskan Panhandle sich westlich von Kanada an der Küste entlangzieht. So wie Italien auf der Karte ein Stiefel ist, ist Alaska eine Bratpfanne. Auf dem Alaskan Panhandle befindet sich auch Alaskas Hauptstadt Juneau. Um diese zu erreichen, muss man allerdings nicht nur durch Kanada durch, sondern dazu mit einer Fähre fahren, denn der Griff der Pfanne ist ein wahrer Flickenteppich aus Inseln und Fjorden. Oder man fliegt direkt. Da Bärtha uns die Option mit dem Fliegen deutlich erschwert, entscheiden wir uns für die Land-Wasser-Kombination. Aber auch die Fährfahrt nach Juneau stellt sich als kompliziert und ziemlich kostspielig heraus und so lautet unser Alternativziel auf dem Panhandle: Haines. Das kleine Örtchen aus unserer Richtung ganz einfach auf dem Landweg zu erreichen.

So reisen wir also kurzerhand zurück in die USA ein. Auch in diese Richtung ist der Grenzübertritt unkompliziert. Wir halten an, reichen unsere Pässe durchs Fenster und warten auf weitere Anweisungen. Soweit nicht viel anders als im McDrive. Wo wir zuerst in die USA eingereist seien, will der Grenzbeamte von uns wissen. „Habt ihr Obst, Gemüse oder Fleisch dabei? Oder Alkohol in Kanada gekauft?“, fragt er weiter mit einer Mischung aus Desinteresse und betonter Coolness. Ich deklariere eine Zucchini und Äpfel. Das geht in Ordnung. Wein und Rum lassen wir hingegen unerwähnt, denn die Frage lautete „in Kanada gekauft“ und Wein und Rum haben wir schließlich bereits aus Deutschland mitgebracht. Selbst schuld, wenn der coole Typ seine Frage so explizit eingrenzt. Nachdem geklärt ist, dass wir außer Bärenabwehrspray keine weiteren Waffen dabei haben, und der Grenzbeamte einen Lachanfall darüber unterdrücken muss, dass wir selbiges für eine Waffe halten, dürfen wir erneut ins Land der unbegrenzten Möglichkeiten. Nur dass uns die Möglichkeiten in diesem Teil der Vereinigten Staaten doch nicht ganz so unbegrenzt erscheinen. Im schnuckeligen Örtchen Haines herrscht nämlich tote Hose.

Es ist Sonntag und das Highlight der Stadt, das Hammermuseum, ist heute geschlossen. Ich bin kurz unsicher, ob ein Hammermuseum wirklich das ist, was ich denke, aber die überdimensional große Skulptur eines Werkzeug-Hammers vor dem Eingang deutet darauf hin, dass es hier nicht nur allgemein um hammermäßig krasse Exponate, sondern tatsächlich um Hilfsmittel zum Befestigen von Nägeln geht. Und zwar gleich über 1400 Stück davon. Sensationell! Um nicht zu sagen: der Hammer! Eine kurze Stadterkundung bestätigt, dass das Hammermuseum wirklich das größte und einzige Entertainment-Highlight in Haines bleibt. Dafür ist das Panorama umso interessanter, denn wir sind zurück an der Küste. Adler kreisen ihre Runden über das Meer, beim Blick in die andere Richtung sehen wir Berge und Wald. So lassen wir den Rest des Tages entspannt beim Sound des Wellenrauschens ausklingen und machen das, wofür wir gekommen sind: Pures Vanlife in schönster Naturkulisse. Was will man mehr?

Noch bevor das Hammermuseum am nächsten Morgen öffnet, nehmen wir die Fähre nach Skagway. Auch Skagway ist als alte Goldgräberstadt bekannt, die noch immer den Charme der goldenen Zeiten versprüht. Das wollen wir uns nicht entgehen lassen und investieren diesmal in die 45-minütige Überfahrt, um uns einen riesigen Umweg über Land zu ersparen. Mit uns warten zwei ältere Paare aus Texas am Fähranleger. Neben ihren Wohnmobilen wirkt unsere Bärtha wie ein Spielzeugauto. Die Länge ihrer Fahrzeuge liegt im Bereich von Reisebussen. Gelenkreisebussen. Von einer solchen Wohnfläche kann der Durchschnitts-Londoner oder New Yorker nur träumen. Dazu zieht jeder von ihnen noch einen Kleinwagen über die Anhängerkupplung hinterher. Bei dem Spritverbrauch macht es den Braten sicherlich nicht mehr fett, dass sich der Preis für die Fähre nach der Fahrzeuglänge richtet und wir mit der kleinen, feinen Bärtha bereits 125 Dollar berappen müssen. Da alle Fahrzeuge seitlich über ein kleines Tor auf die Fähre geladen werden, ist das Beobachten des Einparkens auf dem Autodeck der Fähre pures Entertainment. Es ist ein einziges vor und zurück. Millimeter für Millimeter. So viel Spannung bietet bestimmt noch nicht mal das Hammer-Museum! Gefühlt ist die gesamte Fährbesatzung ins Rangieren und Einwinken der Kolosse involviert. Ganze 15 Minuten dauert es, bis gerade mal das erste Monster-Wohnmobil verladen ist. Bärtha, der Smart unter den Reisemobilen, fährt hingegen einfach auf die Laderampe und parkt. Fertig.

Die Fährfahrt durch das nördliche Ende der sogenannten Inside-Passage mit ihrer dramatischen Landschaft ist wunderschön und versprüht ein Gefühl von Abenteuer und Wildnis. Der Wind, der einen fast von Bord fegt, bekräftigt das Gefühl, in diesem Teil der Erde der Natur völlig ausgeliefert zu sein.

Goldgräber-Feeling hin oder her – mit Ankunft in Skagway ist das Gefühl von Abenteuer und Einsamkeit allerdings erstmal schlagartig vorbei. Wir sind nicht das einzige Schiff, das heute anlegt. Neben unserer Fähre ankern zwei Kreuzfahrtschiffe, deren Tausende Passagiere sich im vermeintlich beschaulichen Skagway tummeln. Doch trotz des Trubels bin ich beeindruckt. Der komplette Ort wirkt wie die Kulisse eines Westernfilms. Mit Holzfassaden, Holz-Gehwegen, Saloons und einer alten Eisenbahn. In den Straßen weht dazu ein eisiger Wind. Hatte mich zuvor bereits Dawson City ans Western-Abenteuerland im Disneyland erinnert, so übertrifft das historische Skagway diesen Eindruck nochmal um ein Vielfaches. Schnell wird Peter und mir klar, woran das liegt: am Kreuzfahrt-Tourismus. Auf den ist man in Skagway nämlich bestens vorbereitet: Jedes der hübschen Häuschen auf der Main Street beherbergt im Untergeschoss ein Ladenlokal, das wahlweise Souvenirs, Schmuck aus einem der in der Region abgebauten Edelsteinen oder aufdringlich riechende Süßigkeiten wie Zuckerwatte und Popcorn verkauft. Skagway sieht also nicht nur aus wie ein Freizeitpark, sondern es riecht auch so. Trotz der kommerziellen Ausschlachtung gefällt mir der Charme der alten Goldgräberstadt. Wir überlassen die Shopping-Eskapaden dann allerdings den Kreuzfahrt-Touristen und belassen es selbst bei einer Erkundungstour zu Fuß durch die alten und vom Wind eisigen Gassen.

Als wir ein paar Stunden später den Trubel Skagways hinter uns lassen, ist unser kleiner Alaska-Abstecher auch schon wieder beendet. Es geht zurück nach Kanada. Der Weg zur Grenze führt uns über einen der schönsten Highways der ganzen Reise. Trotz grauen Himmels und Regen ist die Kulisse, die sich uns bietet, einfach traumhaft! Wir fahren entlang von Seen, die sich wie Flüsse durch die Felsformationen schlängeln und von Wildblumen umringt sind. Auf der anderen Seite des Wassers ragen Berge empor. Wir können uns kaum sattsehen. Trotz des Regens werden wir in der Ferne auf der anderen Seite des Wassers an einem Berghang das erste Mal mit etwas konfrontiert, das uns in den nächsten Wochen noch oft einen Strich durch die Rechnung machen wird: Waldbrände. Flammen und dunkler Rauch steigen den Berghang empor und vernebeln zusätzlich zum Wetter die Sicht. Waldbrände im Sommer sind in dieser Region an sich nicht ungewöhnlich, aber dennoch sind wir froh, die Wassermassen zwischen uns und dem Feuer zu wissen.

Der Grenzübergang gestaltet sich erneut äußerst angenehm und einfach. Der gut gelaunte Beamte will wissen, ob wir a) irgendetwas haben, das wir in Kanada lassen werden, oder b) Waffen dabei haben. Nein und nein. „Habt ihr denn kein Bear-Spray?“, hakt er etwas irritiert nach. „Doch, das schon“, korrigieren wir schnell unsere Aussage. Nachdem sein amerikanischer Kollege uns zuvor mitleidig ansah, als wir Bärenabwehrspray als Waffe kategorisierten, hatte ich es diesmal nicht erwähnt. Aber das Bärenabwehrspray ist ok. „Bis wohin fahrt ihr denn heute noch?“, erkundigt sich der kanadische Grenzwächter anschließend. Nachdem ich beim Bear-Spray schon ins Fettnäpfchen getreten bin, versuchen wir, eine möglichst korrekte und gleichzeitig Grenzbeamten-geeignete Antwort zu geben, die nicht direkt zu erkennen gibt, dass wir planlose Wildcamper ohne Hotelreservierung sind. Man weiß ja nie, ob er uns nicht doch noch die Einreise verwehrt, wenn er merkt, was für wenig lukrative Touristen wir für sein Land sind. Also antworten wir einsilbig mit „Whitehorse“. Die nächstgrößere Stadt.

„Das sind noch etwa zwei Stunden Fahrt von hier“, beginnt er seine Auskunft, gefolgt von Tipps für die besten Routen und Übernachtungsplätze. Erst jetzt dämmert es uns langsam. Es geht schon längst nicht mehr um Formalitäten. Wir sind bereits beim

Smalltalk angekommen. Der Mann hat Langeweile und will sich einfach nur kurz mit uns unterhalten. Die Kanadier sind einfach die freundlicheren Grenzwächter. Wir plaudern noch ein wenig und verabschieden uns mit dieser Erkenntnis diesmal nun wirklich von Alaska.

Nach ein paar weiteren Tagen in Indianerdörfern und der kleinsten Sandwüste der Welt steuern wir auch im abgelegenen Yukon Territorium unser letztes Ziel an: Den Signpost Forest am Watson Lake. Der Schilderwald ist ganz im Wortsinne ein Wald aus Schildern und damit ein recht verrückter Anblick. Während des Zweiten Weltkriegs war hier am Alaska Highway ein heimwehkranker Soldat stationiert, der sich von einer Verwundung erholte. Ihm wurde aufgetragen, einen Wegweiser zu reparieren. Das tat er auch - allerdings nicht ohne seine Arbeit ein bisschen kreativ zu personalisieren. Kurzerhand fügte der Heimwehgeplagte dem Pfahl ein Schild hinzu, das in die Richtung seines Heimatorts deutete: „Danville, Illinois. 2835 Miles". Seinem Beispiel folgten Weitere und inzwischen hängt ein ganzes Areal voll mit mehr als 80.000 Schildern aus aller Welt: Ortsschilder, Autokennzeichen, Schilder mit „Willkommen in ...".

Erneut zeigt sich, wie schlecht Peter und ich unseren Trip vorbereitet haben. Hätten wir vorab von dieser Tradition erfahren, hätten wir selbstverständlich keine Kosten und Mühen gescheut, ebenfalls in einer Nacht- und Nebelaktion unser Ortseingangsschild für diesen noblen Zweck zu entwenden. Oder hätten wenigstens alte Nummernschilder mitgebracht. So stehen wir nun zwar mit großen Augen, aber leeren Händen an der Sehenswürdigkeit. Andere Deutsche waren deutlich besser vorbereitet: Menden im Sauerland, die Stadt Esslingen am Neckar, der Markt Gaimersheim, die Kreisstadt Pinneberg, Rothschönberg im Kreis Meißen und Zwönitz im Kreis Stollberg sowie ein paar andere Städte sind um ein Ortseingangsschild ärmer wohl nun schwieriger zu finden. Und auch bei der Feuerpolizei des Kantons Zürichs muss wohl dank eines Reisenden mündlich darauf hingewiesen werden, dass der Notausgang freizuhalten ist.

Doch für Fälle wie unseren ist vorgesorgt. Pinsel und Farbe stehen bereit, damit auch die Unvorbereiteten sich im Signpost Forest verewigen können und so sind wenige Minuten später auch unsere Heimatorte mit von der Partie.

Cowboys und Indianer

Auf dem Highway Richtung Süden zeigt sich das viel versprochene Wildlife endlich zahlreicher. Kaum unterwegs werden wir von einer Herde Bisons auf dem Highway ausgebremst. Locker 20 dieser nach Steinzeit anmutenden Viecher grasen genüsslich links und rechts vom Highway. Oder wechseln auch gerne mal ungeachtet des Verkehrs die Seite. Auch bei Bisons scheint das Gras auf der anderen Seite wohl immer grüner zu sein. Aufgeregt und erfreut beobachten wir die gewaltigen Riesen eine Weile aus nächster Nähe. Doch Kanada trumpft heute noch einiges mehr auf.

Wir haben gerade erst einen beeindruckenden Wasserfall bewundert, da lauert schon das nächste Highlight am Straßenrand. „Da! Da! Bär!“, rufen Peter und ich völlig aus dem Häuschen simultan wild durcheinander. Ein Schwarzbär hockt direkt vor uns am Straßenrand. Noch bevor ich nach der Kamera greifen kann, läuft er blitzschnell quer über die Fahrbahn und auf der anderen Seite die Böschung hinab. „Boah, ist der schnell!“, entfährt es Peter ungläubig. Ich bin erleichtert. Endlich glaubt Peter mir, dass wir im Falle eines Zusammentreffens mit Bären im Camp wohl eher keine Zeit haben werden, um in aller Ruhe unsere sieben Sachen zusammenzupacken und gemächlich in den Bulli zu flüchten. Eine Sorge weniger.

Im beschaulichen Fort Nelson legen wir eine Pause ein und campen in einem ausgetrockneten Flussbett. Diese idyllische Szenerie lockt nicht nur Wildcamper wie uns, sondern ist gleichzeitig ein ausgezeichneter Spot, um das hiesige Wildlife zahlreich und hautnah zu erleben. Also zumindest wenn man Mücken und Moskitos als solches versteht. Hautnah ist dabei wörtlich gemeint. Früher als geplant flüchten wir hinter verschlossene Türen und Fenster in den Campervan. Statt Schafe zu zählen, ist Stiche zählen heute die Einschlafhilfe der Wahl.

Wir bleiben einen Tag im unspektakulären Fort Nelson. Und zwar genau aus dem Grund, weil es so unspektakulär ist. Unsere Köpfe brauchen Pause, um all das Gesehene und Erlebte der letzten Wochen zu verarbeiten. Und da das Visitor Center nicht nur das Nachfüllen von Wasserkanistern, sondern auch Arbeitsplätze mit Strom und Internet in klimatisierten Räumen anbietet, wird der Tag kurzerhand zum Büro- und Orga-Tag erklärt. Das hat nicht nur den Vorteil, dass wir mal wieder unseren Blog füttern und Fotos sichern können, sondern wir erfahren in unseren Pausen vom Personal, was rund um Fort Nelson so abgeht. Und zwar ein Indianerfest in einem Reservat außerhalb der Stadt.

Also packen wir irgendwann doch wieder unsere Sachen und machen uns auf zum großen Pow Wow.

Als wir ankommen, ist es bereits Abend und das Hauptspektakel vorbei. Doch in einem Tipi-Zelt mit Zuschauertribüne wird noch getanzt und gesungen. Der Tanz ist eine Art Spiel. Zwei Männergruppen sitzen sich auf dem Boden gegenüber. Über ihren Händen ist eine Decke ausgebreitet. Unter der Decke geben sie sich unter Gesang und Tanz etwas für unsere Augen nicht sichtbares weiter. Manchmal wird gestoppt und es wirkt für uns, als müsste der jeweils Gegenüberliegende raten, in welcher Hand sich der Gegenstand nun gerade befindet. Wir verstehen nicht ganz, worum es geht, aber das Ganze erinnert an eine Mischung aus Stopp-Tanz beim Kindergeburtstag und Trinkspiel. Noch eine Weile schauen wir uns die unterschiedlichen Darbietungen an und freuen uns, bei einem so untouristischen Fest dabei sein zu dürfen.

Schweren Herzens reißen wir uns dennoch irgendwann los. Wir müssen heute Abend nämlich noch ein ganzes Stück fahren. Denn wo Indianer sind, sind auch Cowboys nicht weit. In der Touristeninformation hatten wir nicht nur vom Pow Wow der First Nations erfahren, sondern auch von einem Rodeo. Und das findet schon morgen wenige Hundert Kilometer südlich statt. Die Gelegenheit wollen wir uns natürlich nicht entgehen lassen und so schrubben wir ein paar Extrakilometer.

Erst spät am Abend erreichen wir unseren anvisierten Schlafplatz. „Es wird übrigens wieder vor Mitternacht dunkel", stellt Peter beiläufig fest, während ich auf dem Campingplatz ein noch freies Fleckchen suche. Der Platz ist kostenlos und somit gut besucht. „Licht aus! Schnell!", ruft Peter plötzlich ganz aufgebracht, als ich gerade in eine letzte kleine Lücke einparken will. „Wo ist die Kamera?", will er wissen und wühlt hektisch in meiner Handtasche. Der Grund für seine Aufregung wird mit Erlöschen der Frontscheinwerfer offensichtlich: Nordlichter. Außerirdisch anmutend erhellen die grünen Strahlen den Nachthimmel über uns. Wow! Was ein unerwartetes Glück. Normalerweise sind die Polarlichter nur in deutlich nördlicheren Breitengraden zu Sehen und vor allem nicht zu dieser Jahreszeit. Aber hier und jetzt sind sie für einige Minuten deutlich zu erkennen. Die Lichter kommen und gehen noch ein paar Mal. Zurück bleibt anschließend ein nicht weniger phänomenaler Sternenhimmel.

Gegen Mittag des nächsten Tages kommen wir am Rodeo-Gelände in Dawson Creek an. Wir wissen vorab nicht so recht, was uns erwartet, aber meine Beobachtungen lassen sich folgendermaßen zusammenfassen: Ein Rodeo ist in etwa das Äquivalent zu einem deutschen Schützenfest. Regionale Traditionen sind Vorwand dafür, dass sich die

Landbevölkerung in ihr schickstes Cowboy-Outfit wirft und neben dem eigentlichen Rodeo-Spektakel ordentlich an Fressbuden, Verkaufsständen und dem einen oder anderen Fahrgeschäft konsumiert. Die meisten Besucher sind im Westernstil gekleidet, manche der Damen modisch im rosafarbenen Fake-Leder-Cowgirl-Outfit. Und dann ist da noch das eigentliche Spektakel: die Rodeo-Show. Stand der Vorabend für Peter und mich im Zeichen der Indianer, sind es heute die waschechten Cowboys, die ihr Können zeigen. Klischeebehafteter könnte unser Kanada-Aufenthalt kaum sein. Das Rodeo ist quasi der Höhepunkt unseres Wild-West-Programms. Mehr Cowboy-Feeling geht kaum!

Bei Rodeo-Turnieren gibt es verschiedene Disziplinen. Es gibt die Zeit-Disziplinen, bei denen die Teilnehmer um die schnellste Zeit reiten und die Punkte-Disziplinen, bei denen um die höchste Punktzahl geritten wird. Bei letzteren muss sich der Reiter acht Sekunden auf dem Tier halten, ohne sich selbst, das Tier oder seine Ausrüstung mit der freien Hand zu berühren. Während dieser acht Sekunden werden der Reit-Stil und der Schwierigkeitsgrad des Tieres von den Preisrichtern bewertet. Selbstverständlich sind auch das Cowboy-stereotypische Einfangen von Kälbern mit dem Lasso sowie das Reiten auf Pferd und Bulle ohne Sattel Teil des Turniers. Wir schauen uns einige Durchläufe verschiedener Disziplinen an. Mal mit Pferd, mal mit Stier, mal mit beidem. Es ist interessant, aber zugleich ziemlich fragwürdig, weil nicht gerade die tierfreundlichste Sportart. Ob die Reiter Spaß daran haben, wenn sie sich nicht im Sattel halten können und im hohen Bogen abgeschüttelt werden, bleibt dahin gestellt. Dass es für die Tiere jedoch brutal ist, wenn sie beispielsweise in der Schlinge des Lassos hängen, steht außer Frage. Zumindest für Peter und mich. Die eingefleischten Rodeo-Fans scheinen da weniger zimperlich zu sein.

Nach den Rodeo-Disziplinen am Vormittag, lautet der Programmpunkt am Nachmittag: Wagenrennen. Jockeys mit mehr oder weniger sportlich anmutenden Pferdekutschen fahren im Kreis um die Wette. Was im ersten Moment nicht sonderlich spannend klingt, erweist sich auch im zweiten Moment nicht als atemberaubend. „Willst du das wirklich noch weiter sehen? Wollen wir nicht Kaffee trinken gehen?", nörgele ich nach der zweiten Runde. Nur wenige Wagenrunden später gibt Peter überraschend schnell nach. Auch er ist ganz offensichtlich nicht von dieser Sportart gepackt worden. Spannender als die Wagenrennen sind fast die Werbepausen. „We did not choose this life. We were born into it", lautet der fast schon Mantra-artig ständig wiederholte Slogan einer Firma, die Jeans für waschechte Männer herstellt. Das klingt – begleitet von monumentaler Musik und bedeutungsvoll von einer sehr männlich-tiefen Stimme aufgesagt – im ersten Moment ziemlich melodramatisch und patriotisch. Wenn ich länger drüber nachdenke, sagt es aber eigentlich nur aus, dass niemand freiwillig hier ist, sondern einfach am falschen Ort geboren wurde. Man kann es sich eben nicht aussuchen. Auch ich habe dieses Cowboy-Leben nicht gewählt, bin aber glücklicherweise auch nicht dort hinein geboren. Daher schauen Peter und ich uns zwar am Abend noch das große Abschluss-Feuerwerk an, aber lassen die eingeborenen Cowboys am nächsten Tag doch erstmal hinter uns. Es war ein interessanter Einblick in eine Welt, in die wir wohl nicht so recht reinpassen, aber wir sind froh, dass wir auch sowas erleben dürfen.

Der Jasper Nationalpark und sein direkter Nachbar Banff gehören zu den Highlights jeder Westkanada-Reise. Bereits vor acht Jahren war ich als Backpacker dort. Für Peter ist es jedoch das erste Mal und da die beiden Parks ganz gut in unsere Route zu integrieren sind – schließlich führt der Highway(!) direkt durch sie hindurch – planen wir ein paar Tage dort ein. Wohlwissend, dass es deutlich touristischer wird, als wir es gewohnt sind. Wochenlang haben wir in den Weiten Kanadas eher selten Camping-Nachbarn gehabt. Hier in Jasper und Banff ist das eher unwahrscheinlich.

Trotz mentaler Vorbereitung fällt der Schock über den Massentourismus größer aus als erwartet. Das Städtchen Jasper im gleichnamigen Park ist eine Anreihung von Souvenirshops, Lodges, Restaurants und allem, was sich sonst noch zu Geld machen lässt. Waren in Alaska und im Yukon vor allem amerikanische und kanadische oder einfach gar keine Touristen unterwegs, hat man hier im Süden Kanadas die volle internationale Bandbreite: Überall tummeln sich Europäer, Chinesen und Inder. Und im Vergleich zu vor acht Jahren hat der Park auch in kommerzieller Hinsicht stark nachgerüstet. Vielleicht täusche ich mich, aber ich kann mich nicht erinnern, damals so viel Eintritt gezahlt zu haben. Oder dass es so viele Lodges und einen Skywalk über eine Schlucht gegeben hätte. Und vor allem waren vor acht Jahren – obwohl es damals wie jetzt Hauptsaisonmonat August war – bei weitem nicht so viele Menschen unterwegs.

Als wir ankommen, sind folglich sämtliche Campingplätze restlos ausgebucht, sodass wir die erste Nacht auf einem sogenannten Overflow-Campground verbringen. Das ist die etwas schlechtere Ausweichgelegenheit für genau solche Situationen und unbedachten Menschen wie uns. Man zahlt die gleiche Gebühr wie auf dem richtigen Campingplatz, nur dass einem quasi als Strafe für die nicht rechtzeitige Reservierung die Annehmlichkeiten einer Dusche, einer Feuerstelle sowie die Erlaubnis, Alkohol zu trinken verwehrt bleiben. In dem Fall kein Problem für uns, wir kommen erst spät abends und hundemüde im Dunkeln an und haben unterwegs bereits in heißen Quellen gebadet. Viel besser als jede Dusche!

Am nächsten Tag merken wir, dass die Waldbrände, die aktuell überall in Nordwestamerika wüten, auch in Jasper und Banff deutliche Spuren hinterlassen: Die Sicht ist trüb. Der Himmel wirkt durch all den Rauch grau und vernebelt. Schade, denn so kommen die wunderschöne Landschaft und die eigentlich spektakulären Farben der Seen nur bedingt zur Geltung. Der Himmel scheint, als müsste es jeden Moment regnen, nur ist von Regen – leider in diesem Fall – keine Spur. Es ist eigentlich sogar ein sonniger Tag, denn am Himmel erkennt man hinter den Rauchschwaden einen roten Ball. Wir können problemlos ohne Sonnenbrille direkt in die Sonne schauen, so wie sonst nur in den Mond.

Am Abend sind wir verabredet. Ein Fußballkumpel von Peter ist mit seiner Freundin im Kanada-Urlaub und momentan ebenfalls im Jasper Nationalpark. Im Gegensatz zu uns haben Jo und Lisa vorausschauend geplant und rechtzeitig einen Campingplatz gebucht. Daher freuen wir uns gleich doppelt. Nicht nur treffen wir endlich mal wieder Freunde zum Grillen, sondern für gewöhnlich passen auch zwei Campervans auf die großzügigen Plätze. Doch der Ranger macht uns einen Strich durch die Rechnung: „Es darf nur ein Campervan pro Platz sein", lautet sein ernüchternder Urteilsspruch. Ein Campervan mit Anhänger wäre allerdings ok. Ein riesiges Wohnmobil plus Zelt und Anhänger ebenfalls. Aber es darf nur ein Fahrzeug der Schlafwagen sein, egal wie klein die beiden Bullis sind. Als Besucher dürfen wir jedoch gerne bis 22 Uhr kommen und danach wieder auf unseren Overflow-Platz zurückfahren. Danke. Wäre es nicht sinnvoller für den schützenswerten Nationalpark, wenn wir nicht unnötig 30 Kilometer in die falsche Richtung zurückfahren und das fragile Ökosystem unnötig mit noch mehr Abgasen verpesten? Gerade jetzt, wo die Luft doch sowieso schon durch die Feuer genug belastet ist? Vielleicht denkt die freundliche ältere Dame an der Rezeption genau das gleiche, als wir es bei ihr mit der bewährten „Wenn Mama nein sagt, frag Papa"-Strategie versuchen und ihr unser Anliegen nochmal vortragen. „Die beiden haben also ein Zelt und ein Auto? Und ihr schlaft in dem Van? Dann ist alles ok. Es dürfen pro Platz drei Einheiten sein", erklärt sie uns freudig. Auf Hinweis von Peter korrigiere ich, dass ich doch nicht sicher bin, ob die beiden zelten oder vielleicht auch einen Campervan haben, in dem sie schlafen. „Auch gut, dann sind es ja sogar nur zwei Einheiten. Ihr dürft bleiben." Perfekt! Wir haben einen Schafplatz – mit warmer Dusche. Um sicher zu gehen, dass es sich keiner der patrouillierenden Parkwächter mehr anders überlegen kann und uns um 22 Uhr vertreibt, sorgen wir schnell für eine ausreichende Bier-bedingte Fahruntüchtigkeit aller Beteiligten. Schlafplatz hin oder her: Der Abend mit netten Freunden nach all der Zeit allein in der Wildnis wird wunderbar.

Und es soll nicht der letzte gewesen sein. Wir wandern gerade zu einem Wasserfall, als uns eine Vierergruppe entgegenkommt. Leicht irritiert bleibt Peter stehen. „Peter? Was machst du denn hier?“, fragt ihn sein Gegenüber genauso verdutzt. Daniel, ein alter Bekannter von der Uni, macht gerade mit Frau und Freunden Urlaub in Kanada. Spontan verabreden wir uns zum Abendessen und können unser Glück über so viele Zufallsbegegnungen kaum fassen! Wochenlang treffen wir selten überhaupt jemanden für länger als einen kurzen Small-Talk und plötzlich geht es Schlag auf Schlag. Naja, irgendeinen Vorteil muss der Massentourismus ja auch haben! Peter und ich haben unseren zumindest gerade erkannt.

Am nächsten Tag fahren wir weiter gen Süden. Den Highway 93, der durch den Park verläuft und nach Banff führt, habe ich als wunderschön in Erinnerung. Alle paar Kilometer gibt es ein neues Natur-Highlight in Form eines Wasserfalls oder eines besonderen Ausblicks auf Berge, Gletscher oder Seen. Das war vor acht Jahren so und ist auch immer noch der Fall - nur leider ist die Zahl derer, die diese Attraktionen bestaunen um ein Vielfaches gestiegen. Teilweise ist es schwierig, an den Aussichtspunkten überhaupt einen Parkplatz zu ergattern. Überall werden Menschen aus Bussen ausgekippt, die schnell zur ersten Aussichtsplattform laufen, eilig Fotos schießen und wieder zurück in den Bus verschwinden. Dann fährt der nächste Bus vor und das Schauspiel wiederholt sich. In Endlosschleife. So viel Massentourismus sind wir von den letzten Wochen wirklich nicht mehr gewohnt. Hoffentlich ist das alles hier kein Vorgeschmack auf die nächsten Wochen und Monate in den USA! „Bald ist September und die damit Hochsaison vorbei“, reden Peter und ich uns gegenseitig gut zu.

Trotz unseres Fluchtinstinkts, halten wir auf der Weiterfahrt noch am Athabasca Gletscher. Der sah vor acht Jahren irgendwie auch noch anders aus. Größer, um genau zu sein. Wie fast alle Gletscher dieser Erde wird auch er stetig kleiner. Nicht nur die Waldbrände machen sich bemerkbar, auch der Klimawandel verändert die Natur im Park unweigerlich.

Während der kommenden Tage hoffen wir so sehr auf Regen, wie selten sonst. Vergeblich. Wegen der Feuer ist die Stimmung ähnlich getrübt wie die Aussicht. Der Rauch verzieht sich einfach nicht. Man kann die Umrisse der Berge lediglich erahnen. Unsere Lust zu wandern ist wegen des Rauchs gering. Normalerweise motiviert uns, wenn wir stundenlang einen Berg hochkraxeln, das Wissen, oben mit einer spektakulären Aussicht belohnt zu werden. Im Moment ist man jedoch lediglich oben. Aussicht: Fehlanzeige. Mit etwas Glück kann man vielleicht schemenhaft Berge erkennen. Meist aber einfach nur eine graue Wand. Postkartenmotive sehen anders aus. Zudem bekommt man durch den Rauch kaum Luft und ausreichend Sauerstoff, sobald es anstrengend wird. Wie sehr wünschen wir uns Regen herbei! Die Feuer tun mir nicht nur leid für Tiere und Natur, sondern auch für Peter. Er war ja noch nicht zuvor hier, scheint aber wenigstens nicht allzu enttäuscht. „Ich sehe ja noch genug anderes!", tröstet er sich.

Die nicht enden wollende Touristenmasse erreicht ihren Höhepunkt schließlich im Örtchen Lake Louise. Hier sind die beiden Highlights des Banff Nationalparks gelegen, die auf keiner Kanada-Postkarte fehlen dürfen: Der dem Ort seinen Namen gebende Lake Louise sowie der in meinen Augen noch schönere Moraine Lake. Die beiden Seen zu Gesicht zu bekommen, ist allerdings gar nicht so einfach. Das liegt nicht nur an der immer noch trüben und verrauchten Luft, sondern vor allem an der schieren Masse an Menschen aus aller Welt. Bereits am frühen Morgen sind die Zufahrtsstraßen zu den Seen wegen Überfüllung der Parkplätze komplett gesperrt. Menschen in orangefarbenen Westen tun ihr Bestes, um den Verkehr zu regeln und die Autofahrer daran zu hindern, trotzdem auf die gesperrten Straßen zu biegen. Die Straßen platzen aus allen Nähten und man vergisst schnell, dass man sich in einem Nationalpark befindet. Autofahren wird hier plötzlich nerviger als zur Rush Hour in der Großstadt. Ruhe findet man in der Natur so sicherlich nicht. Wohlwissend, dass auch wir beide durch unsere pure Anwesenheit Teil des Problems sind, beschließen Peter und ich, den Park und die Feuer schnell hinter uns zu lassen und machen uns auf in Richtung Canmore. Zwei Menschen weniger im Massentourismus.

„Willst du an dem Aussichtspunkt da rechts noch anhalten?", tönt es vom Beifahrersitz. „Ja warum nicht? Aber das ist dann wirklich der letzte", lautet die Antwort. Ich setze den Blinker und gehe vom Gas. Abrupt wir Bärtha langsamer als gedacht. Ich drücke doch noch mal aufs Pedal, aber schneller wird sie nicht mehr. Und vor allem dreht sie irgendwie nicht nach rechts, stelle ich entsetzt fest. Was ist hier los? Das denkt wohl auch der Busfahrer, der gerade rechts aus der Straße gebogen kommt. Entsetzt schaut er mich an, als ich genau auf ihn zusteuere, anstatt abzubiegen. „Bieg ab!", brüllt auch Peter nun. „Ich versuch's ja!", brülle ich verzweifelt zurück, während ich genau das versuche. Erst dann stellen wir simultan fest, was das Problem ist: Unser Motor ist aus – und damit auch die Servolenkung ausgefallen. Mit hektischer Kurbelei am Lenkrad schaffen wir es haarscharf, vorbei am hupenden Bus in die Straße einzubiegen. Dann kommt Bärtha endgültig zum Halten.

„Warum geht mitten während der Fahrt der Motor aus?", will ich von Peter wissen. Und vor allem: Warum geht er nun nicht wieder an? Mit noch immer erhöhtem Puls von der Schocksituation überlegen wir, was zu tun ist und ob wir uns abschleppen lassen müssen. Mit viel gut zureden lässt der Motor sich schließlich doch irgendwann wieder starten. „Du fährst weiter!", bestimme ich, immer noch total geschockt, und mache den Fahrerplatz frei. Dass man den Motor beim Anfahren abwürgt, ist ja nicht ungewöhnlich, aber bei voller Fahrt und noch dazu auf dem Highway? Außerdem hat Bärtha ein Automatikgetriebe. Sensibles Kupplung kommen lassen ist nicht erforderlich. Mysteriös. Wenige Minuten später rollen wir vorsichtig auf den Parkplatz des Aussichtspunkts. Doch als Peter gerade in eine frei gewordene Lücke einparken will, wiederholt sich das Spiel. Unmut macht sich bei den Autofahrern hinter uns breit, als wir den kompletten Parkplatz blockieren. Doch es nützt nichts: Bärtha ist manövrierunfähig. Ein Umdrehen des Schlüssels im Zündschloss, ist für unseren Bulli aktuell kein Grund, den Motor zu starten. Erst nach einer Viertelstunde beendet sie ihre bockige Phase und lässt sich endlich in die Lücke einparken. Dennoch: Wir müssen dringend in eine Werkstatt. Doch im Moment sind wir zu weit von der Zivilisation entfernt. Bärtha wird sich bis Calgary gedulden müssen.

Zurück in der Zivilisation

Bis Canmore am südlichen Rand der Nationalparks bleibt Bärtha brav und hat keine weiteren Ausfälle. Ein Glück! Dennoch nehme ich vorerst nur noch auf dem Beifahrersitz Platz. In Canmore haben wir eine Couchsurfing-Gelegenheit organisiert. Nicht, weil wir es satt haben, im Bulli zu schlafen, sondern der Gesellschaft wegen. Auch wenn es in der Wildnis wunderschön ist, wollen wir gerne häufiger unter Leute kommen. Es ist zwar leicht, mit Amerikanern in Kontakt zu kommen – unser Alaska-Nummernschild ist ein wahrer Eisbrecher und sorgt locker dreimal pro Tag für eine neue Bekanntschaft. Nur haben diese Bekanntschaften meist ein sehr kurzes Verfallsdatum von der Länge eines Smalltalks. Und so sind wir nun in Canmore zu Gast bei Silvie und Anna, um mal wieder richtig Anschluss zu finden.

Silvie und Anna kommen eigentlich aus Chile und Argentinien und sind ein lesbisches Pärchen. Die beiden sind mit Working Holiday Visa in Kanada und arbeiten – weit unter ihrer eigentlichen Qualifikation – als Zimmermädchen in einem der schicken Hotels. Mit in ihrer WG wohnen noch zwei Tschechinnen, die ihr Geld ebenfalls für ein paar Monate auf diese Weise verdienen. Doch der Job bringt nicht nur Geld. Fast das gesamte Essen in der Wohnung sind Übrigbleibsel aus den Hotelzimmern. „Alles, was weniger als zehn Euro Wert hat, dürfen wir behalten. Alles darüber nur, wenn sich der

Gast innerhalb von zwei Wochen nicht gemeldet hat", erklären sie und führen uns stolz ihre Ausbeute vor. Die besteht vorwiegend aus Kaffeepulver und Olivenöl sowie Salz und Pfeffer. Also die typischen Grundnahrungsmittel, die jeder Gast der Apartments mit Küche am Anfang seines Aufenthalts kauft, aber nicht verbraucht und am Ende stehen lässt. Die vier haben so viel davon, dass selbst Peter und ich noch etwas abstauben. „Neulich hatte ein Gast so leckere Chips, da habe ich einfach ein paar von gegessen", plaudert Anna lachend aus dem Nähkästchen der Work & Traveler. Ich mache mir eine mentale Notiz, meine Leckereien zukünftig immer in den Hotelsafe zu sperren. Gut, dass mir als Camper so etwas nicht passieren kann!

Canmore ist ein wirklich schöner Ort, obwohl wir immer noch stark vom Rauch der Waldbrände beeinträchtigt sind. Die eigentliche Bergkulisse kommt nur sporadisch – und dann auch nur sehr schwach – zum Vorschein. Trotzdem geht von dem Ort ein guter Vibe aus. Die Anzahl der Touristen ist auf ein erträgliches Maß geschrumpft, dafür grasen ab und an Elche auf einer Wiese am Fluss. Die Läden verkaufen lokal Produziertes statt China-Massenware, es gibt nette Cafés. Ich könnte mir gut vorstellen, länger zu bleiben. Also zumindest, wenn wir hier arbeiten würden. Denn wie überall in Kanada, ist auch Canmore unglaublich teuer. Da Peter und ich allerdings lieber nicht in den Chips-klauenden Putztrupp eintreten wollen, ziehen wir nach ein paar Tagen mit unserer Bärtha weiter.

Und zwar nach Calgary. Die erste richtige Großstadt seit Anchorage. In Großstädten ist es mit dem Wildcamping etwas schwierig – nicht zuletzt, weil wir keine eigene Toilette im Campervan haben und draußen duschen. In der Wildnis kein Problem und zumindest sind die Kanadier nicht so prüde wie die Amerikaner, aber wir versuchen es dann doch lieber erneut mit Couchsurfing. Eine Couch zum Übernachten finden wir auf die Schnelle zwar nicht, aber Couchsurfer Alvin bietet uns immerhin sein Badezimmer inklusive Dusche an. Sein Gästezimmer ist bereits mit zwei Russinnen belegt. Aber nicht schlimm, unser Schlagwort ist die Dusche mit warmen Wasser! Das lassen wir uns nach einer Nacht auf dem Walmart-Parkplatz nicht zweimal sagen.

Alvin ist Amerikaner und lebt seit zwei Jahren in Calgary. Witziger Weise kennen wir uns bereits mehr oder weniger. Als ich ihm bei Couchsurfing eine Nachricht schreiben will, stellt sich heraus, dass wir bereits vor Jahren mal wegen eines Besuchs in North Carolina in Kontakt standen. Der Besuch dort hat letzten Endes niemals stattgefunden, aber dafür treffen wir uns nun fünf Jahre später in Kanada. Kleine Welt! Nachdem wir dank Alvin wieder sauber und vorzeigbar sind, gehen wir gemeinsam zu einer Comedy-Show im Pub um die Ecke. Das erste Mal seit Wochen, dass wir eine Kneipe von innen sehen! Keine Ahnung, ob es an der Euphorie darüber liegt, aber die Show ist super! 15

verschiedene Comedians treten je fünf Minuten auf. Peter, Alvin, sein Kumpel und ich trinken Bier und essen typisch kanadische Poutine. Quasi Pommes mit Bratensoße und allem, was sonst noch zu frühzeitiger Gefäßverstopfung beiträgt. Eine perfekte Grundlage für noch mehr Bier. Die russischen Couchsurferinnen kommen übrigens nicht mehr, und so geht das nun freie Bett doch noch an Peter und mich. Jackpot! Was ein gelungener Auftakt zurück in der Zivilisation der Großstadt!

Ausgerechnet am Morgen nach dem Pub müssen wir früh aufstehen, denn Bärtha hat einen Termin beim Mechaniker. Nach dem Vorfall mit dem Motorenstopp bei voller Fahrt und den zahlreichen Motorstartproblemen, halten wir einen Werkstattbesuch für unumgänglich, bevor es wieder in abgelegene Regionen geht. Und eine Großstadt wie Calgary macht Hoffnung auf Ersatzteilverfügbarkeit – denn mit dem VW Eurovan sind wir nicht unbedingt kanadischer Massenmarkt. Ein alter Bekannter von mir ist zwar leider gerade nicht in der Stadt, um sich mit uns zu treffen, verweist uns aber an die Werkstatt seines Vertrauens. Dort liefern wir Bärtha bei Mechaniker Colin ab. Solange wie sie hoffentlich wieder fit gemacht wird, gehen Peter und ich Kaffee trinken. Es ist ungewohnt, in einer Auto-Stadt wie Calgary ohne Auto unterwegs zu sein. Ich komme mir etwas aufgeschmissen vor. Zeitgleich sind wir ganz schön nervös. Was machen wir, wenn die Reparatur länger dauert und uns somit nicht nur unser fahrbarer Untersatz, sondern auch unser Schlaf- und Wohnort genommen wird? Wo sollen wir hin, falls Bärtha länger in der Werkstatt bleiben muss? Und all unsere Sachen sind auch im Wagen. Und wie teuer wird das Ganze wohl? Kanada ist ja nicht gerade ein Billiglohnland. Etwa eine Stunde lang versuchen wir diese Gedanken zu verdrängen, bevor wir für ein erstes Feedback in die Werkstatt zurückgerufen werden. Und es sieht gut aus. Glaube ich zumindest. Peter berät sich zwar noch lange mit den Mechanikern über diverse Details, aber die Quintessenz ist: Die Fehler sind ausgemacht. Nun warten wir auf ein Ersatzteil, das bereits bestellt ist und innerhalb der nächsten 20 Minuten geliefert werden soll. Dann muss es nur noch eingebaut werden. „Ihr könnt solange in der Kunden-Lounge warten. Wir haben gratis WLAN und einen Wasserspender", schlägt Colin vor. Super Sache! Eine Stunde später und 500 Dollar ärmer verlassen wir die Werkstatt. Inklusive Bärtha! Unser Bulli brummt nun in einem deutlich gesünder klingenden Ton vor sich hin. Eins der vier Warnlichter ist allerdings noch an: „Das EPC-Modul ist immer noch defekt. Allerdings ist das kein größeres Problem und kann warten, bis wir das nötige Ersatzteil zu einem günstigen Preis auftreiben können", erklärt Peter mir. Naja, ein orangefarbenes Stimmungslicht mehr trägt wenigstens zu einer gemütlichen Atmosphäre im Campervan bei.

Glücklich darüber, dass Bärtha wieder fit ist, chillen wir den Rest des Tages in Calgary und machen uns erst am darauffolgenden Tag auf in Richtung US-Grenze. Je näher wir dieser kommen, desto stärker wird wieder der Rauch in der Luft. Ich googele die neusten Updates zur Wildfeuer- und Rauchentwicklung. Die machen wenig Hoffnung: Mehr als die Hälfte des Glacier Nationalparks ist wegen Waldbränden gesperrt und evakuiert. Angeblich ist die Rauchwolke der Waldbrände hier im Norden sogar bis nach Texas zu spüren. Keine guten Nachrichten...

The Land of the Free

Nachdem wir einen letzten Tag in Kanada in einem Nationalpark nahe der Grenze verbringen, machen wir uns am späten Abend endlich auf in die USA. Es ist bereits dunkel als wir die holprige Schotterpiste entlangfahren und uns letzte Gedanken darüber machen, ob wir wohl noch verbotene frische Lebensmittel oder Alkohol oberhalb der Freigrenze dabei haben. Eine halbe Stunde vor Grenzschluss kommen wir schließlich gut gelaunt am runtergelassenen Schlagbaum an. Wir halten wie vorgesehen am Stoppschild und zwei Beamte – nennen wir sie John und Heather - kommen aus ihrem Häuschen spaziert. Routiniert postieren sie sich links und rechts der Haltebucht und winken uns heran. Als erstes wird unser Alaska-Nummernschild wertschätzend zur Kenntnis genommen. So eine weite Fahrt bis hierher!

Danach das Übliche: Wo lebt ihr? Wo wollt ihr hin? Habt ihr Waffen dabei? Hohe Summen Bargeld? Frische Lebensmittel? Neu im Repertoire: „Habt ihr in Kanada etwas gekauft?“ – „Ja, Schuhe und eine Kappe“, untertreiben wir, denn außerdem gab es in Calgary neue Flip-Flops, Unterwäsche, eine praktische Schneidebrett-Messer-Kombi sowie eine äußerst stylische pinke Flamingo-Deko-Lampe für unseren Van. Doch wir wollen keine Verwirrung stiften. Die Antwort „Schuhe“ löst bereits größeres Erstaunen aus als erwartet und selbst der weiblichen Beamtin fällt als Erklärungsversuch für ihren Kollegen lediglich: „Maybe she needed better hiking boots?!“, ein. Wir sind offenbar im hinterwäldlerischsten Part der USA angekommen. Weit weg von jeder Metropole.

Während der Inquisition spaziert Grenzwächterin Heather um unsere Bärtha und öffnet ungefragt Kofferraum und Seitentür. Etwas befremdlich, dass sie einfach überall rumschnüffelt ohne vorher zu fragen oder uns höflich zu bitten, die Türen zu öffnen. Auf diese Art wird uns subtil, aber unmissverständlich deutlich gemacht, wer hier die

Hosen anhat. Als wir zurück beim Thema Essen sind, darf ich die schwere Kühlbox allerdings doch selbst rausholen. Wie nett! Heather sieht die Sachen durch. Bananen und Zucchini sind ok, eine Tomate und ein Apfel, bei denen wir nicht eindeutig beweisen können, dass sie nicht möglicherweise aus Mexiko stammen, werden beanstandet und ohne Gnade einkassiert. Ich zeige ihr noch meine neuen Schuhe, damit sie beim nächsten Reisenden nicht mehr so unbeholfen reagiert. In ihrem Blick erkenne ich nichts außer Unverständnis.

Während Officer Heather und ich unser Essen inspizieren, ist zwischen Officer John und Peter eine Diskussion über unsere Visa entstanden. Beziehungsweise unsere nicht vorhandenen Visa, denn wir sind mit dem Visa Waiver Program in den USA. Das bedeutet wir haben kein Visum beantragt, sondern uns nur einer elektronischen Datenüberprüfung unterzogen. Da wir bei dieser angegeben haben, weder kriminell zu sein, noch terroristische Anschläge in den USA zu planen und auch nie in einem bösen, bösen Land wie dem Irak gewesen zu sein, gelten wir als tadellos genug, um uns 90 Tage lang als Touristen ohne Visum im Land aufhalten zu dürfen. Bisher sind wir inklusive unserer Zeit in Kanada keine zwei Monate auf dem Kontinent und in weniger als vier Wochen werden wir nach Deutschland ausreisen. Denn dort warten eine Hochzeit und Peters bis dahin frisch geborene Nichte auf uns. Nach zweieinhalb Wochen in Deutschland soll es zurück nach Seattle gehen, wo unsere Bärtha solange auf uns warten wird. Dann starten wir eine zweite Runde mit 90 neuen Tagen. So erklärt Peter es auch dem strengen Officer.

Doch Officer John sieht das anders. Dass wir als Touristen ein Auto besitzen, hat ihn stutzig gemacht. „Das geht so nicht. Ihr dürft ohne Visum nur 90 Tage in den USA sein", erklärt er oberschlau, als hätten wir den Stempel in unserem Pass noch nie gesehen. „Genau. Deshalb reisen wir pünktlich vor Ablauf der 90 Tage nach Deutschland aus und kommen anschließend nur wieder, um nach Mexiko zu fahren. Nachdem wir in Deutschland waren, dürfen wir doch noch mal 90 Tage bleiben", versucht Peter das Missverständnis aufzuklären. Dass eine Ausreise nach Deutschland ausreichend ist, um die 90 Tage erneut zu aktivieren, hatte er extra vorab recherchiert. Oder nicht? Ist das hier ein einfaches Missverständnis oder haben wir etwas verpeilt? Langsam werde ich etwas nervös. Und auch Peter redet inzwischen sichtlich angespannt auf den Officer ein.

„Bleib mal ruhig! Nicht, dass der uns gar nicht mehr rein lässt!", zische ich ihm zu. Wir starten noch ein paar Erklärungsversuche. Mit dem einzigen Ergebnis, dass Officer John uns ebenso oft erklärt, dass das alles nicht geht und wir unbedingt ein Visum beantragen müssen. „Ihr könnt nicht ohne Visum wiederkommen. Zwischen zwei Aufenthalten müssen mindestens sechs Monate liegen, andernfalls muss ich davon ausgehen, dass ihr heimlich und illegal in den USA lebt. Aber ein Visum ist sowieso besser für euch, das gilt dann gleich sechs Monate", lautet die immer gleiche Antwort. Warum wir mit einem sechsmonatigen Visum weniger den Eindruck erwecken, heimlich in den USA zu leben, leuchtet mir spontan nicht ein. Aber John bleibt hart und auch wenn sein Ton nicht unfreundlich ist, wird deutlich, dass weiterer Widerspruch unserer Situation nicht zuträglich ist. Wir dürfen zwar jetzt für drei Wochen einreisen, aber danach ohne Visum so schnell nicht wiederkommen. Andernfalls wird man uns laut Officer John an der Grenze abweisen und wieder in den Flieger nach Hause setzen.

Ein Visum können wir allerdings nur außerhalb der USA beantragen. Mist – wir haben Kanada gerade verlassen und in Deutschland kaum Zeit. Und das nächste Konsulat ist in Frankfurt. Dort war ich mal vor ein paar Jahren, um ein Studentenvisum zu beantragen. „Mal eben", oder „einfach und schnell" sind keine Worte, die ich in einem Erfahrungsbericht darüber verwenden würde. Was sollen wir tun? Alle Flüge sind bereits gebucht. Ohne Gepäck, denn eigentlich wollten wir fast alles in Seattle im Auto lassen. Was aber, wenn man uns dann nicht wieder einreisen lässt?

„Willst du darüber einen Report schreiben?", fragt Heather ihren Kollegen so laut, dass auch wir es hören sollen, und reißt mich damit aus meinen Gedanken. John bejaht. Man lässt uns noch hochoffiziell wissen, dass der Vorfall in irgendeinem System vermerkt wird und dort nun stünde, dass man uns über die Notwendigkeit eines Visums unterrichtet hat. Die beiden raten uns noch ein letztes Mal dringend davon ab, es ohne ein solches zu versuchen. „You don't wanna overstay your welcome", wiederholt Officer John mit eindringlicher Stimme. Naja, willkommen fühle ich mich bereits jetzt schon nicht mehr so richtig. Unsere Pässe werden noch schnell kopiert und dann wünschen die beiden uns, die kommenden Wochen zu genießen – und danach bloß nicht das Visum zu vergessen! Mist. Einfach nur Mist. Unsere zuvor gute Laune ist längst verflogen, als Heather den Schlagbaum öffnet und wir die Grenze zu den Vereinigten Staaten überfahren. Das Land der unbegrenzten Möglichkeiten.

„Ich dachte du hättest das recherchiert? Dann hätten wir doch besser gleich beim ersten Mal ein Visum beantragt!", bombardiere ich Peter als wir wieder zu zweit sind. „Hab' ich doch!", verteidigt der sich. Verunsicherung klingt in seiner Stimme mit. Ich bezweifele stark, dass wir so schnell ein Visum organisieren können. Ganz davon zu schweigen, ob wir überhaupt eins bekommen. Denn dafür müssten wir nachweisen, dass wir an unser Heimatland gebunden sind und glaubhaft machen, dass wir auf keinen Fall planen, dauerhaft in den USA zu bleiben. Lass mich kurz überlegen: Wir haben keinen festen Job, keine Wohnung und auch ansonsten in den vergangenen Wochen und Monaten eher versucht, alle unnötigen Bindungen zu lösen. Ob das überzeugt?

In den Reisegeschichten, die wir beim Autofahren als Hörbücher hören, geraten die Protagonisten oft in ähnliche Situationen. Manchmal sitzen sie an Grenzen fest, wo ihnen die Einreise unnötig schwer gemacht oder ganz verwehrt wird. Manchmal vergessen sie Visumsanträge oder vermasseln irgendetwas aus purer Naivität oder mangelnder Planung. So wie wir scheinbar. Nur irgendwie klingt das in den Hörbüchern alles immer spaßiger und nach mehr Abenteuer als hier und jetzt bei uns am Grenzübergang in Montana. Zwar fragen sich die Betroffenen in den Büchern auch immer: „Ist unser Abenteuer hier bereits vorbei?", oder: „Wie konnten wir nur so naiv sein?" Jedoch gelingt es ihnen schließlich doch immer, mit einem blauen Auge davon zu kommen. Und zwar ohne dass ihr Abenteuer „bereits hier" endet – und dafür mit einer guten Story im Gepäck. Oft haben Peter und ich in den letzten Wochen gesagt, dass wir solche lustigen Geschichten noch gar nicht erlebt haben. Dies könnte also unsere große Chance auf eine „Wir haben alles falsch gemacht und es doch noch wieder hingebogen"-Story sein. Nur habe ich momentan die Sorge, dass Peter und ich stattdessen diejenigen sein könnten, deren Abenteuer tatsächlich „bereits hier" endet. Und die gute Story ist auch nur dann eine, wenn man am Ende nicht der Dummkopf bleibt, der alles falsch gemacht hat, sondern man sich irgendwie aus der Situation winden kann und doch noch weiterkommt. Andernfalls bleibt man einfach nur der Trottel, der zu blöd für eine Weltreise war, ausgewiesen und mit dem nächsten Flieger auf eigene Kosten heimgeschickt wird und dessen Bulli inklusive Gepäck irgendwo in Seattle vergammelt. Vermutlich bereits längst abgeschleppt oder gestohlen. Wir brauchen also dringend einen Plan!

Diesen Plan machen wir am nächsten Tag. Und stellen prompt fest, dass unser bisheriges Vorgehen in Bezug auf unsere Visumslosigkeit weder naiv, noch mangelhaft recherchiert war. Peter hatte Recht: Es gibt nämlich entgegen Officer Johns Aussage gar keine Regel, wie viele Tage zwischen zwei visumsfreien Aufenthalten liegen müssen. Es liegt allein im Ermessen des jeweiligen Grenzbeamten. Und ob dieser Grenzbeamte uns glauben wird, dass wir keine illegalen Einwanderer sind und das Land wieder fristgerecht verlassen werden. Egal ob legal oder illegal, dauerhaft in den USA zu bleiben, war nie unser Plan. Wird man uns das abkaufen? Und was genau meinte Officer John, als er von einem Vermerk im System sprach?

Peter und ich gehen alle unsere Optionen durch. Option A: Wir machen so weiter wie geplant und hoffen, dass alles gut geht. Wie geplant hieße zum Glacier Nationalpark in Montana fahren, danach weiter nach South Dakota, dann in den Yellowstone Nationalpark und schließlich via Idaho zurück nach Seattle, von wo aus in circa drei Wochen unser Flug nach Hause geht. Wo genau in Seattle wir das Auto während unserer Abwesenheit stehen lassen, wissen wir noch nicht. Ob wir es zwei Wochen später wieder selbst abholen können, ist seit gestern mindestens genauso unklar. Mir gefällt das Risiko nicht, unseren Bulli inklusive sämtlichen Gepäcks in einem Land stehen zu lassen, in das man uns eventuell die Wiedereinreise verweigert.

Aber Option B, ein Visum zu beantragen, ist nicht unbedingt risikoärmer, denn ob wir es in der kurzen Zeit in Deutschland logistisch überhaupt schaffen würden, eines zu erhalten, ist mehr als fragwürdig. Dazu müssten wir nämlich nicht nur ein Formular ausfüllen und 160 Dollar überweisen, sondern anschließend noch einen Termin zum persönlichen Vorsprechen beim Konsulat wahrnehmen. Ein To-Do, für das unser straffer Zeitplan in Deutschland wenige Möglichkeiten vorsieht. Der Termin müsste außerdem direkt zu Beginn unseres Heimaturlaubs stattfinden, da über das Visum nicht an Ort und Stelle entschieden wird. Man muss stattdessen seinen Reisepass im Konsulat lassen und bekommt ihn erst Tage später mit der Post zurück. Im Idealfall inklusive Visum. Im noch idealeren Fall bevor unser Flieger nach Seattle weg ist. Ich weiß, „ideal“ kann man nicht steigern, aber dass wirklich alles genau hinhaut, erscheint uns so unwahrscheinlich, dass wir ausnahmsweise sogar einen Superlativ bräuchten. Ich befürchte, ein Express-Versand ans Flughafen-Gate ist beim Konsulat nicht vorgesehen. Wäre in der Kürze der Zeit aber notwendig, denn die Chance, dass die Pässe erst ankommen, wenn unser Flieger bereits ohne uns abgehoben hat, erscheint größer als anders herum. Dennoch schaue ich interessehalber, ob es überhaupt noch freie Termine für die Vorsprache gäbe. Probeweise starte ich dazu unverbindlich den Visumsantrag. Wer auch immer die Infos auf der Website des Konsulats geschrieben hat, die Person hat Humor. Man solle doch bitte gut erklären können, warum man ein Touristenvisum beantragt, anstatt einfach das Visa Waiver Program zu nutzen. Ob die Begründung: „Weil Officer John das sagt“, wohl durchgeht?

Unsere dritte Option wäre, den USA zu zeigen, was wir von Ländern halten, die uns offenbar nicht haben wollen: unsere bisherigen Pläne über den Haufen werfen, sofort bis nach Mexiko fahren und das Auto während unserer Deutschlandzeit dort stehen lassen. Unseren Rückflug nach Seattle würden wir konsequenterweise verstreichen lassen und stattdessen nach Mexiko fliegen. Soll Amerika doch ohne uns great again werden! Variante C hat jedoch zwei entscheidende Nachteile: Zum einen verpassen wir fast alles, was wir außerhalb Alaskas in den USA noch sehen wollten. Denn auch wenn wir gerade ziemlich sauer sind, mögen wir die USA eigentlich sehr gerne. Zum anderen bekommt man, wenn man in Mexiko mit einem ausländischen Auto einreist, einen Vermerk darüber in den Pass gestempelt. Der soll sicherstellen, dass man mit diesem Auto auch wieder ausreist. Wenn man das nicht täte und Mexiko ohne sein Auto verließe, müsste man entsprechend Einfuhrzoll bezahlen. Und zwar 40 Prozent des Fahrzeugwerts. Also locker ein vierstelliger Betrag. Wie es sich verhält, wenn man ausreist und hoch und heilig verspricht, wiederzukommen, um das Fahrzeug wieder einzusammeln, verrät das Internet uns leider nicht.

Um eine vernünftige Entscheidung treffen zu können, schreiben wir dem US-Konsulat eine Email. Wir schildern unsere Situation und bitten um Rat, ob wir nun ein Visum beantragen sollen oder nicht. Bis wir eine Antwort erhalten, machen wir weiter wie geplant. Viel mehr bleibt uns auch nicht übrig, weist die Mexiko-Variante doch eindeutige Schwachstellen auf. Die Antwort vom U.S. Visa Service Desk erhalten wir zügig. Man schreibt, dass man versteht, dass wir wissen wollen, ob wir ein Visum für unsere Reise in die USA benötigen. Das haben sie schon mal richtig verstanden, sehr gut! Die folgenden Sätze bringen dann die Ernüchterung. Sie beinhalten vor allem die Worte „generally" (generell), „usually" (normalerweise) sowie wage Formulierungen im Konjunktiv („may be able to visit without a visa"). Bloß nicht festlegen. Schnell entlarven wir den Text als automatisierte Standardantwort. Er enthält exakt die gleichen Infos wie die Website, die mit dem Hinweis endet, mehr Informationen per Email erfragen zu können. „Mehr" heißt in dem Fall wohl eher „die gleichen". Mit keinem Wort wird auf unsere spezielle Situation eingegangen und so sind wir keinen Schritt weiter. Niedergeschlagen vertagen wir unser Problem erneut.

So unglücklich unser Grenzübertritt in die USA war, desto mehr Glück haben wir mit dem Wetter und der Rauchsituation in Montana. Auch der Glacier Nationalpark ist ähnlich wie seine nördlichen Nachbarn zwar zu mehr als der Hälfte wegen unkontrollierter Walbrände gesperrt, aber die Sicht ist durchaus in Ordnung. Am Logan Pass machen wir eine der schönsten Wanderungen des gesamten Trips. Bunte Wildblumen blühen in sämtlichen Farben in herrlicher Bergkulisse. Und auch am Abend haben wir Glück im Unglück Anderer: Spontan entscheiden Peter und ich, im Nationalpark campen zu wollen. Wohlwissend, dass August grundsätzlich nicht die beste Zeit für spontane Übernachtungen ohne Reservierung ist. Insbesondere auch deshalb nicht, weil wegen der Feuer nur die Hälfte des Parks für die gleiche Anzahl Touristen zugänglich ist. Aber ein Versuch kostet schließlich nichts. Als wir am späten Nachmittag am gewünschten Campingplatz ankommen, empfangen uns am Eingang drei Ranger. Mit besorgter Miene blicken sie drein. „Warum gucken die denn so komisch?", stellt auch Peter fest und kurbelt das Fenster runter. Freundlich erkundigen wir uns, ob es noch ein Plätzchen für uns gibt.

„Schlaft ihr in dem Bulli?", lautet die Gegenfrage der Rangerin. „Eigentlich sind wir ausgebucht. Aber ein Bär hat soeben ein Zelt überfallen", klärt sie uns auf. „Zum Glück war das Zelt leer, aber er hat die Kopfkissen zerrissen." Das ist schade für die Kopfkissen, aber gut für uns. Denn aus Sicherheitsgründen müssen nun alle Zeltcamper auf einen anderen Platz ohne Bären umziehen. So ist spontan Platz für Peter und mich frei. Die Ranger machen sich allerdings große Sorgen. Offenbar war in dem Zelt nichts drin, was Bären für gewöhnlich anzieht und die Attacke erklären würde. Keine Lebensmittel, keine interessant riechende Kosmetik oder sonstige parfümierte Dinge. „Wir können es uns nicht erklären. Das erreicht eine absolut neue Dimension im Bären-Management", fürchtet die Rangerin. Ich verstehe ihre Sorge, aber wir selbst fühlen uns in unserem Bulli gut aufgehoben und so schlagen Peter und ich, froh über den unerwarteten Schlafplatz, unser Lager auf. Stets mit wachsamem Blick auf unsere Umgebung. Nicht, dass der frisch erklärte „Problembär" doch noch mal um die Ecke schaut. Tut er zum Glück aber nicht. Dafür kommen regelmäßig Zeltcamper von ihren Wanderungen zurück. Je später der Abend, desto genervter die Camper, die nun erst erfahren, dass sie, statt schlafen zu gehen, ihre Zelte abbauen und den Platz verlassen müssen. Peter und ich sind froh, dass wir unsere bärensichere Bärtha haben! Auch wenn uns die Grenzgeschichte von gestern noch in den Knochen steckt, haben wir offenbar keine reine Pechsträhne.

Am nächsten Tag wird der Rauch dann doch wieder dichter, die Feuer sind stärker geworden. Daher beschließen wir, die weite Fahrt zum Mount Rushmore anzutreten. Das sind die vier in Fels gemeißelten Präsidentenköpfe, die man aus diversen Hollywood-Filmen kennt. Wir sind zwar beide nicht restlos sicher, ob vier Fels-Köpfe den Umweg von mindestens drei Tagen wert sind, entscheiden uns aber letztlich dennoch dafür. Unabhängig vom Ausgang unseres Visumsfiaskos werden wir sicherlich nie wieder in diese Gegend kommen. Und was sind schon drei zusätzliche Tage im Auto wenn man einen Roadtrip macht?

Die nächsten Tage verlaufen erwartungsgemäß eher eintönig. Wir sehen jede Menge Strohballen auf nicht enden wollenden Feldern. Die Orte, die wir zwischendurch passieren, sind bei Weitem nicht mehr so charmant wie die Goldgräberstädtchen im Yukon oder Alaska. Dafür erleben wir ein absolutes Highlight nach den letzten Wochen:

strahlend blauen, rauchfreien Himmel! Ich glaube, hätten wir nicht rechtzeitig genug Hörbücher runtergeladen, dann hätten wir die Fahrt nicht geschafft. Wir wären verrückt geworden! Zehn Stunden pro Tag lauschen wir also Podcasts und Geschichten und singen laut zu den größten Hits der Popgeschichte. Bis wir endlich an unserem Ziel ankommen. Das wurde aber auch Zeit!

Überraschender Weise ist es angenehm leer, als wir auf den Mount Rushmore zulaufen. Doch selbst als wir direkt vor dem Denkmal stehen, müssen wir feststellen: Die Köpfe sind deutlich kleiner als gedacht. Im Gegenteil zu dem, was Hollywood einem vorgaukelt, darf man auch nicht wie Richy Rich auf ihnen herumklettern. Es handelt sich eher um ein Betrachten und Staunen aus der Ferne. Zwischen uns und den ranghohen Persönlichkeiten ist ordentlich Platz. Wie in der echten Welt, soll man wohl auch den Präsidenten aus Felsgestein als Normalsterblicher nicht allzu nahe kommen.

Für den Abend ist eine Lichter-Show angekündigt. Das lassen Peter und ich uns natürlich nicht entgehen. Wir überbrücken die Wartezeit im Museum mit Souvenirshop, bevor wir pünktlich zu Anbruch der Dunkelheit auf der Tribüne mit direktem Blick auf die Präsidenten-Köpfe Platz nehmen. Ein Ranger sagt zunächst ein paar Worte zum Denkmal und seiner Entstehung, danach wird ein kurzer Doku-Film gezeigt. Wir erfahren, wie das Denkmal gebaut wurde, warum gerade diese vier Präsidenten gewählt wurden und eine Menge über amerikanische Werte. Allen voran Freiheit. „Haha, wie witzig. Ich fühle mich super frei“, flüstere ich Peter zu und muss an Officer John und Heather denken. Die Grenzwächter, die das Land hüten, das ausgerechnet von Einwanderern gegründet wurde. Ironischerweise sind es heutzutage genau solche Einwanderer, die den Grenzbeamten in Montana nachts den Schlaf rauben. Oder die man im Süden mit Mauern von der Einwanderung abhalten will.

Nach Ende des Films und in der inzwischen eingebrochenen Dunkelheit wird der Mount Rushmore in den Farben der amerikanischen Flagge angestrahlt. Dann werden wir gebeten, uns zu erheben, um die amerikanische Nationalhymne zu singen. Das lassen sich die Patrioten um uns herum nicht zweimal sagen: Laut und stolz wird losgeschmettert und das Vaterland gepriesen. Peter und ich schauen nur zu. Wir wollen uns ja nicht verdächtig machen und versehentlich so wirken, als würden wir dieses Land so abgöttisch lieben, dass man meinen könnte, wir wollten illegal einwandern. Nicht, dass irgendein Grenzwächter noch einen falschen Eindruck bekommt!

Anschließend wird es noch amerikanischer und patriotischer: „Ich bitte alle, die diesem Land treu gedient haben, auf die Bühne zu treten und unser aller Dank für ihre Dienste an unserem großartigen Vaterland entgegenzunehmen“, verkündet der Ranger theatralisch. Zahlreiche Männer machen sich auf den Weg, um Ruhm und Ehre entgegenzunehmen. Die meisten schätze ich vom Alter her auf Vietnam-Krieg. Auf der Bühne angekommen, bittet der Ranger sie, gruppenweise einen Schritt nach vorne zu treten. Nacheinander treten die US Coast Guards, die Navi, die Marines, die Airforce und die Army-Männer vor und ernten tosenden Applaus. Peter und ich klatschen nicht. Nicht, weil wir Amerika nicht mögen würden oder absichtlich aus der Reihe tanzen wollen, aber die vielen US-Kriege sehen wir wohl einfach in einem anderen Licht.

Noch immer leicht irritiert von der Darbietung machen wir uns nach Ende der Show auf die Suche nach einem Schlafplatz. In diesem grandiosen und freiheitsliebenden Land wird sich sicherlich etwas Schönes finden lassen!

Und so ist es dann auch. Wir schlagen unser Camp in einem idyllischen Waldstück auf. In der Zwischenzeit haben wir wegen unseres Visumsproblems auch von einer anderen Stelle Antwort erhalten und erhoffen uns eine eindeutigere Aufklärung, was für uns zu tun ist:

„Thank you for contacting the Traveler Communications Center. Please keep in mind that the admission of all visitors to the United States is ultimately determined by Customs and Border Protection Officers at the U.S. Port of Entry. Please contact CBP Traveler Communications Center at (202) 325-5120, if you require additional assistance, guidance or clarification on this requirement, Regards, Traveler Communications Center.“

Voller Hoffnung rufen wir sofort die Telefonnummer an. Eine Roboterstimme nimmt das Telefonat entgegen. Nach den bisherigen Erfahrungen mit echten Menschen in dieser Angelegenheit, muss künstliche Intelligenz nun erst mal nichts Schlechtes sein. Ist es allerdings doch. „Wenn Sie Visa-Informationen haben möchten, drücken Sie die 1.“ Peter drückt die 1. „Möchten Sie Informationen zu Zollbestimmungen, drücken Sie (…)“, verläuft das Telefonat die nächsten Minuten. Diverse Tastenkombinationen und erneute Anrufe mit anderen Tastenkombinationen später, sehen wir es ein: Egal, was wir tun, am Ende des Fragenbaums liest uns die Maschine Informationen vor, die so oder so ähnlich bereits auf der Website stehen. Eine Durchwahl zu einem echten Menschen findet niemals statt. Wir sind also keinen Schritt weiter. Die Website verweist auf die Hotline, die Hotline auf die Website. Es ist wie die sprichwörtliche Katze, die sich selbst in den Schwanz zu beißen versucht, aber letztlich nur im Kreis läuft.

Auch die deutsche Botschaft sieht sich nicht zuständig und wimmelt uns mit gewohnt deutscher Herzlichkeit ab: „Da können wir auch nicht helfen und haben auch keine Zeit.“ Aufgelegt. Sämtliche weitere Telefonnummern der Amerikaner enden in

Hotlines, die lediglich die Infos der Website vorlesen. Unser doch recht spezieller Fall wird leider nirgends genauer erörtert. Es bleibt also auch eine Woche nach unserer Belehrung durch Officer John und Heather unklar, ob wir nicht auch ohne Visum wieder zurück in die USA reisen dürfen.

Und wenn wir doch einfach eins beantragen? Doch Konsulat-Website und Hotline-Roboter sind sich einig: Bevor man den Visumsantrag startet, soll man sich gut informieren, ob man wirklich ein Visum braucht oder ob nicht einfach das ESTA reicht. In letzterem Fall, soll man dann nämlich bitte auch ESTA nutzen und nicht unnötig ein Visum beantragen. Also gut informieren! Haha, sehr witzig, liebe Grenzwächter!

Auf der Weiterfahrt durch Wyoming kommen wir durch kleine Örtchen, die jedes Cowboy-Klischee bedienen. Die Häuserreihen sehen aus wie im Westernfilm, auf den Weiden grasen Rinder und Mustangs und auf Billboards entlang des Highways wird das abendliche Rodeo angepriesen. Und auch die Menschen passen in die Westernstreifen-Szenerie. Im Supermarkt läuft vor uns ein Mann mit Cowboyhut und Knarre im Halfter. Nichts lässt darauf schließen, dass er Polizist im Dienst ist, aber niemanden außer uns scheint das zu irritieren. Freundlich plaudert er mit anderen Einkäufern. Auch auf dem Campingplatz, den wir für die kommende Nacht wählen, scheint es nicht sicher genug zu sein, um ohne Waffe herumzulaufen. Schräg gegenüber von unserem Platz läuft ein vierjähriger unter den Augen seines Vaters mit einer Pistole herum. Um den Glauben an die Menschheit nicht ganz zu verlieren, nehme ich an, dass sie zumindest nicht geladen war. Später sehe ich Vater und Sohn mit dem Rad über den Platz auf und abfahren. Selbstverständlich trägt nun auch der Senior gut sichtbar am Gürtel eine Waffe. Safety first...

Der einzige Grund, warum das Mitführen einer Schusswaffe auf dem eher harmlos wirkenden Campingplatz tatsächlich Sinn machen könnte, steht auf einem Warnschild am Eingang geschrieben. Ein Grizzly-Weibchen mit Jungen soll sich in der Gegend herumtreiben. Die älteren Camper vom Nachbarsplatz laufen daher nur noch mit Bärenabwehrspray durch die Gegend und warnen uns regelmäßig vor den Gefahren. Auch diesmal sind Zelte aufgrund der Bärensichtung aktuell nicht erlaubt. Peter und ich sind vorsichtig, aber machen uns nach all unserer Bärenerfahrung keine großen Sorgen. Vielmehr beunruhigen mich die Klapperschlangen, die es in dieser Region ebenfalls geben soll. Für Bärenbegegnungen sowie für Elche und Wölfe bin ich seit Alaska bestens gerüstet, aber was ich bei der Begegnung mit einer Schlange machen soll, hat mir niemand gesagt. Doch weder Schlangen, noch Bären begegnen uns abends am Lagerfeuer. Aber sie waren da:

Am nächsten Morgen liegt nur wenige Meter von unserem Camp entfernt frische Bärenkacke. Man kann die nur halb verdauten Waldbeeren noch gut erkennen. Auch unsere Camping-Nachbarn berichten uns von eindeutigen Beweisspuren in ihrer Feuerstelle, in der in der Nacht offensichtlich mit scharfen Krallen nach Essensresten gebuddelt wurde. Die eine oder andere Sorge des waffenvernarrten Teils der Bevölkerung ist also vielleicht doch gar nicht so übertrieben.

Irgendwann kommen wir dann endlich im Yellowstone Nationalpark an. Nicht nur einer der bekanntesten und beliebtesten Nationalparks der Welt, sondern auch der allererste. Yellowstone ist bekannt für seine Geysire, brodelnden Quellen sowie Wasserlöcher in den verschiedensten Farben dank geothermaler Aktivität. Und für die vielen hier lebenden Bisons. Der erste, dem wir begegnen, verursacht prompt ein kleines Verkehrschaos. Eine Straße wurde gebaut, um von A nach B zu kommen, das weiß wohl auch der Bison. Und so sieht er auch keinen Grund, warum er nicht eben diese extra geteerte Straße für seinen Spaziergang nutzen sollte. Gemütlich trottet das gewaltige Tier ohne jeglicher Spur von Eile einer immer länger werdenden Schlange von Autos vorweg. Die Menschen hinten im Stau werden immer ungeduldiger, während der Gegenverkehr seinen Spaß daran findet, das Spektakel fotografisch festzuhalten. Und so ist der Verkehr gleich in beide Richtungen lahmgelegt.

Der Amerikanische Bison ist jedoch nicht nur interessant, weil er ständig Verkehrsstaus zu verantworten hat. Er ist auch ein Stück weit mit für die Entstehung der Nationalparks verantwortlich und Symbol für die Verdrängung der einstigen Ureinwohner Nordamerikas. Etwa 30.000 Bisons leben heute wild in Nordamerika, davon je nach Saison bis zu 5500 im Yellowstone Nationalpark. Dabei waren sie einst fast ausgestorben. Die Geschichte, die uns Ranger Ron erzählt, ist so traurig wie typisch für die damalige und vielleicht sogar auch irgendwie für die heutige Zeit. Den europäischen Siedlern waren die Ureinwohner – die sogenannten Indianer – ein Dorn im Auge. Kriegerische Auseinandersetzungen über Land und dessen Nutzung findet man in den Geschichtsbüchern zuhauf. Bisons bildeten in vielerlei Hinsicht die Lebensgrundlage der Indianer: Man aß nicht nur ihr Fleisch, sondern nutzte Haut, Fell, Sehnen, Horn und Knochen zur Herstellung von Kleidung, Decken, Werkzeugen, Seilen, Trinkgefäßen und Geschirr sowie Schmuck und Tipis. Selbst der Mist der Bisons eignete sich noch als Brennmaterial. Das gesamte Tier war von Nutzen und höchster Bedeutung für die Indianer. Und so kam man unter den weißen Einwanderern irgendwann zu einem cleveren Schluss: Rottet man die Bisons aus, so entledigt man sich früher oder später auch automatisch der Indianer. So erzählt es zumindest Ranger Ron. Von da an waren Bisons zum Abschuss freigegeben.

Ihr Bestand ging von schätzungsweise 30 bis 60 Millionen auf weniger als 1000 Tiere im späten 19. Jahrhundert zurück. Nicht zuletzt die Entstehung des Nationalparks hat eine vollständige Ausrottung verhindert und dafür gesorgt, dass heute die Bisons im Park das Sagen haben.

Die Bisons sind übrigens nicht der einzige Grund für kilometerlange Staus im Nationalpark. Eigentlich kamen Peter und ich uns ziemlich schlau vor, den beliebten Park außerhalb der Ferien zu besuchen. Was wir nicht eingeplant hatten: einen amerikanischen Feiertag und somit ein langes Wochenende. Eine Blechkiste nach der anderen schlängelt sich daher an den Zufahrten zu den Aussichtspunkten und Wanderparkplätzen. Hat man es endlich geschafft, einen Parkplatz am Geysir zu ergattern, dann drängeln sich etliche Menschen dicht an dicht über einen Steg durch sumpfartiges Gebiet. Auch wenn es sicherlich ziemlich unangenehm und vermutlich sogar tödlich ist, in die brodelnden Wasserlöcher aus schwefelhaltigen Substanzen zu fallen, die größere Gefahr geht in diesem Moment eindeutig von Selfie-Sticks aus. Es ist ein regelrechter Hindernislauf. Ein Moment Unaufmerksamkeit kann einen den nächsten Schlag vor den Kopf kosten. Getoppt werden die Selfie-Sticks nur von den noch unberechenbareren Tablet-Filmern. Diese Gattung Tourist zieht es nicht nur vor, das Live-Schauspiel über das eigene Display zu verfolgen, nein, sie sind auch komplett im Tunnel. Also schon noch auf dem Steg, aber eben im Tunnelblick auf ihr Video. Nur um den Daheimgebliebenen später zeigen zu können, was sie selbst eigentlich auch gar nicht richtig gesehen haben. Oder zumindest nicht genießen konnten. Mit starren Blick aufs Tablet-Display bleibt ihnen keine Kapazität mehr für ihre Umwelt. Peter und ich machen uns schnell wieder vom Acker und weichen auf ruhigere Gefilde des Nationalparks aus. Dafür reicht es meist schon, weiter als bis zum ersten Aussichtspunkt zu wandern. Schlagartig trifft man dann kaum noch eine Menschenseele.

Da ich schon immer gerne ein echter Ranger sein wollte, informiere ich mich später beim Informationszentrum über meine Karrieremöglichkeiten. Gegen drei Dollar erhalte ich alle erforderlichen Lernunterlagen für die Prüfung zum Junior Ranger. Je nach Alterskategorie gilt es unterschiedliche Aufgaben und Rätsel zu lösen. Ich falle in die Kategorie „10 and older“ und muss somit das komplette Heft bearbeiten. Während Peter abends bereits am Schlafen ist, löse ich eifrig lustige Tierrätsel in meinem Heftchen, um mir mein Abzeichen zu verdienen. Und so merkt Peter nicht, wie die Erde unter uns plötzlich zu Wackeln beginnt. „Peter, hast du das gemerkt?“, frage ich aufgeregt, erhalte aber als Antwort nicht mehr als ein desinteressiertes Grunzen. Es rüttelt erneut, diesmal heftiger. Ein Geräusch, das ich nicht einordnen kann, ist ebenfalls zu hören. Ein Zischen, ähnlich wie das Laufen des Wasserhahns. Was ist das nur? Ich überlege fieberhaft, aber in meinem Junior Ranger Heftchen, stand nichts dergleichen geschrieben.

Was hatte Peter nochmal gesagt? Irgendwas von Supervulkan voller Magma unter Yellowstone? Und Weltuntergang? Oder um es in den Worten eines Artikels im Focus-Magazin auszudrücken: „Würde das Magmamonster ausbrechen, drohen uns Glutsturm, Ascheregen und nuklearer Winter.“ Ist es soweit? Bricht dieser Supervulkan gerade aus? Ist es ausgerechnet heute mit der Menschheit vorbei? Wenn dem so ist, sollten wir uns schnellstens vom Acker machen. Vielleicht schaffen wir es mit Vollgas noch? Das erkläre ich nun auch Peter. Auch er bestätigt, das Geräusch zu hören, aber seine Hauptsorge dreht sich lediglich darum, ob er jetzt, nachdem ich ihn geweckt habe, so schnell wieder einschlafen kann. An Schlaf ist für mich allerdings nicht zu denken. Was ist hier nur los? Ich steige aus dem Bulli. Mal schauen, was die anderen Menschen so tun. Warum versuchen sie nicht zu fliehen? Sind sie etwa schon tot? Wo bleiben die Sirenen und die Ranger, die uns evakuieren? Warum ist noch keine Panik ausgebrochen? Genau das, vielleicht in weniger dramatisch, fragt sich auch ein Ehepaar, das ich auf meiner Erkundungstour treffe. Die einzigen anderen, die sich ebenfalls sorgen. Das zischende Geräusch ist draußen um einiges lauter zu hören und noch immer habe ich den Eindruck, dass zwischendurch der Erdboden leicht ruckelt. Doch auch fünf Minuten später ist immer noch kein Rettungskommando im Anmarsch und so beschließen wir alle, zurück ins Bett zu gehen. Peter schläft inzwischen wieder tief und fest. Ich hingegen liege noch lange wach und warte auf den Weltuntergang.

Doch der kommt nicht. Als wir am nächsten Morgen aufwachen, ist die Welt noch da. Wir frühstücken und machen uns auf, um weitere Geysire und Thermalbecken zu erkunden. Beim Verlassen des Campingplatzes halten wir kurz beim Ranger. „Guten Morgen, wie geht's euch?“, werden wir freundlich begrüßt. „Habt ihr heute Nacht Steamboat gesehen?“, will er von uns wissen. „Ähm, nein, aber wir wollten fragen, was los war. Wir haben ein komisches Geräusch gehört und die Erde hat gewackelt“, erkläre ich ihm. „Ja, genau. Der Steamboat Geysir ist ausgebrochen. Eine wahre Sensation! Man konnte es sogar von hier sehen. Ihr hättet kommen sollen!“ Peter und ich schauen ihn ungläubig an. Wir hätten nur aufstehen und bis zum Eingang vorlaufen müssen, um eine der seltenen Eruptionen des größten aktiven Geysirs der Welt zu beobachten? Und wir haben es nicht getan? Schnellstmöglich machen wir uns auf zum Steamboat Geysir, doch bis auf Wasserdampf ist nichts mehr zu sehen. Egal, wir waren dennoch irgendwie dabei und ich für meinen Teil gefühlt mittendrin. Wir bestaunen noch etliche weitere Geysire und die farbenfrohsten Wasserbecken bis wir uns auf die Weiterfahrt machen. Nicht ohne einen weiteren Stopp beim Ranger, wo ich gegen Abgabe des korrekt ausgefüllten Heftchens offiziell die Auszeichnung zum „Yellowstone Junior Ranger“ erhalte. Was ein Meilenstein meiner beruflichen Laufbahn! Ein Highlight jagt heute das nächste!

Nur wenige Kilometer, nachdem wir den Yellowstone Park verlassen haben, nimmt die Touristendichte drastisch ab und es wird wieder merklich einfacher, spontan einen Schlafplatz zu finden. Auf einem kleinen, kostenlosen Campingplatz richten wir uns gemütlich ein und saugen die letzten Sonnenstrahlen des Tages auf. Ein gewisser Vorrat an Wärme ist ratsam, denn nachts fallen die Temperaturen inzwischen gerne mal unter den Gefrierpunkt.

Am nächsten Tag müssen wir nicht weit fahren, um zum nächsten Nationalpark zu gelangen. Der Grand Teton Park grenzt südlich an den Yellowstone Nationalpark und ist ebenfalls ein Paradies für Outdoor-Fans. Bei den Grand Tetons handelt es sich um eine Reihe von Berggipfeln, die sich malerisch aneinanderreihen. Zumindest glauben Peter und ich das, denn informiert haben wir uns vorab nicht wirklich und ein Reiseführer, der uns über die Region aufklärt, ist nicht mit an Bord. Wie so oft in den letzten Wochen fahren wir also einfach drauf los und halten dort, wo es uns gerade gefällt. Und die Grand Tetons gefallen uns. Nach den Menschenmassen im Yellowstone ist es ganz entspannt, mal wieder ein paar weniger Leute zu sehen und die Natur in vollen Zügen genießen zu können. Wir machen eine Wanderung um einen See, der doch irgendwie größer ist, als er auf den ersten Blick wirkt. Völlig ausgepowert kommen wir 16 Kilometer später von dem zurück, was eigentlich als kurzer Spaziergang gedacht war. Körperlich erschöpft, aber mental voller Energie von der wunderschönen Natur um uns herum.

In Idaho Falls, das sich nicht ganz überraschender Weise in Idaho befindet, legen wir ein paar Tage später einen Orga-Stopp ein: Internet, Telefonieren, Videos und Haare schneiden, Kleidung waschen, Lebensmittel kaufen und so weiter. Während wir unseren Alltagspflichten nachgehen, ist unser Zuhause für zwei Nächte der örtliche Walmart-Parkplatz. Das mag etwas merkwürdig und vielleicht sogar nach Absturz klingen, aber wenn man sich umschaut, sieht man, dass eine Übernachtung auf dem Walmart-Parkplatz nichts mit Geldproblemen zu tun hat. Das tun auch Leute mit ganz anderen Budgets: Der Supermarkt-Parkplatz ist voll mit protzigen Wohnmobilen in der Größe von Reisebussen. Die meistens von ihnen ziehen noch einen Pick-up-Truck auf dem Anhänger hinter sich her - oder gleich ein Boot oder Jet-Ski. Wir befinden uns somit in feinster Gesellschaft.

Wenn du von Idaho bisher noch nicht viel gehört hast, dann können wir dir das nicht verübeln. Es sei denn, du bist ein großer Kartoffelliebhaber. Dann sollte es bei „Idaho" wirklich bei dir klingeln. Denn Kartoffeln sind DER Exportschlager des unscheinbaren US-Staates im Nordwesten. Prangt auf Bärthas Nummernschild ein Bär als Wahrzeichen Alaskas und bei den New Yorker Fahrzeugen die Freiheitsstatue, so prahlt Idaho mit seinen Kartoffeln. „Famous Potatoes" steht auf jedem Kfz-Nummernschild, um auch unterwegs zu zeigen, dass Idaho in dieser Liga ganz oben mitspielt. Solltest du eher zur Low Carb-Fraktion gehören, dann werden du und Idaho vielleicht Startschwierigkeiten miteinander haben, denn außer Kartoffeln gibt es nicht allzu viele Attraktionen. Abgesehen vom *Craters of the Moon National Preserve.* Dort schlagen wir inmitten von Lavaformationen unser Camp auf. Die Landschaft sieht wahnsinnig surreal aus und passt zu ihrem Namen. Tags ist es unerträglich heiß, am Abend kühlt es prompt ab. Nachts hören wir einsame Coyoten heulen und sehen neben unzähligen Sternen einen besonders hell leuchtenden Himmelskörper, der sich als der Mars herausstellt. Trotz dieser magischen Momente beschließen wir, dass wir die letzten Tage vor unserer anstehenden Reisepause lieber an der Küste genießen möchten. Also machen wir uns auf den Weg. Wir lassen die Cowboys hinter uns, die Goldgräber, die Farmer und die bewaffneten Hillbillys und freuen uns auf das als Hippie-Staat verrufene Oregon.

Happy Hippie-Life

Auf Oregon habe ich richtig Lust und verspreche mir einiges von dem Küstenstaat nördlich von Kalifornien. Oregon gilt als alternativ und entspannt – Cannabiskonsum ist hier zum Beispiel bereits seit Jahren legal. Nicht, dass das für Peter und mich wichtig wäre, aber es ist immer ein guter Indikator, um einzuschätzen, wie konservativ die jeweiligen Staaten und ihre Bewohner sind. Wir starten morgens und fahren fast den kompletten Tag durch. Am Abend haben wir zwar Oregon erreicht, aber die Küste ist immer noch in weiter Ferne. Die unglaublich langen Distanzen in den USA werden uns einmal mehr vor Augen geführt. Werden wir uns je daran gewöhnen, dass alles viel, viel weiter ist, als es auf der Karte erscheint?

Am nächsten Tag passieren wir dann das Örtchen Bend. Ein kleiner Meilenstein, denn hier habe ich das erste Mal das Gefühl, in dem Oregon angekommen zu sein, das ich mir vorgestellt hatte. Nicht nur, weil wir uns der Küste tatsächlich nähern. Der Ort stellt allgemein einfach einen großen Kontrast zu unseren vorherigen Zwischenstopps da. Alles wirkt jünger und moderner als in Idaho, Montana, South Dakota oder Wyoming. Es ist grüner und wirkt irgendwie fortschrittlicher. Entlang der Straße werden überall vegane Produkte in Bio-Qualität angepriesen, dafür sehen wir keinerlei Werbung mehr für Waffen-Shops oder Rodeos. Von nun an ist auch Portland ausgeschrieben. Die Zivilisation hat uns wieder!

Kurze Zeit später kommen wir endlich an der ersehnten Küste an. Und zwar in Dunes City, wo es – Überraschung – riesige Dünen gibt. Es ist schön, zurück am Meer zu sein. Der erste Eindruck bestätigt meine Erwartungen. Oregon ist wirklich entspannt und gilt scheinbar zurecht als Hippie-Staat: Hätten wir es nicht bereits gewusst, würde uns spätestens jetzt auffallen, dass man sich für den Marihuana-Konsum in Oregon nicht verstecken muss. Doch nicht nur der Duft von Gras liegt des Öfteren in der Luft. Überall werden lokal produzierte Produkte angeboten, vom Craft Beer aus der Mikrobrauerei über die örtliche Kaffeerösterei bis hin zu selbstgemachten Marmeladen, die eine Oma an ihrem kleinen Stand an den Mann bringen will.

Als wir gerade unsere Lebensmitteleinkäufe ins Auto laden, werden wir von einem Althippie begeistert auf unseren Bulli angesprochen – übrigens bereits das dritte Mal seit wir in Oregon sind. Joey trägt ein mehr als nur leicht ausgewaschenes Nirvana-Shirt, etwas zerzauste, lange, graue Haare und einen fast ebenso langen Bart, der an den Nikolaus erinnert. Alles in allem sieht er irgendwie so aus, als käme er gerade vom Woodstock-Festival. Und als hätte ihm noch niemand gesagt, dass es schon seit einem Weilchen vorbei ist. Von Joey geht ein Duft von frischem Bier und Marihuana aus. Er selbst lebt auch im Bulli und will unseren unbedingt genauer anschauen. „You are so crazy, that you came all the way from Alaska! I can't believe it! So crazy. I love it!" Begeistert von unserem Trip verfällt in einen langen Monolog über Freiheit, Liebe und Frieden im Herzen. Oder so ähnlich. Joey ist nach eigenen Angaben vor Jahren aus dem immer teureren und reglementierteren Kalifornien nach Oregon geflohen. Gespannt lauschen wir seiner Lebensgeschichte. Bis es irgendwann sehr konfus wird und wir nicht mehr folgen können. Bevor das Eis, das wir uns gerade extra gekauft hatten, endgültig geschmolzen ist, verabschieden wir uns dahin, wo wir schon die ganze Zeit hinwollten: an den Strand. Dort genießen wir die letzten warmen September-Sonnenstrahlen und baden im nicht mehr ganz so wohlig warmen Pazifik. Life could be worse!

Auf der Suche nach einem Schlafplatz merken wir, wie restriktiv es an der Küste zugeht. Die Campingregeln sind alles andere als Vanlife-freundlich. Überall ist Wildcamping ausdrücklich verboten. Wie machen Menschen wie Joey das nur? Nirgendwo hat man versäumt, ein Verbotsschild anzubringen. Entweder steht ausdrücklich „No Camping“ oder „No Overnight Parking“ darauf oder die charmante Alternative: „Parkplatz-Öffnungszeiten“. Ein Schild mit der Aufschrift „All vehicles and equipment must be removed after 10pm“ lässt leider wenig Spielraum für Interpretation. Also geben wir uns geschlagen und steuern den nächsten Campingplatz an. Der ist zumindest wunderschön in den Ausläufern der Dünen gelegen.

Die Tage an der Küste Oregons vergehen schnell. Wir entschleunigen unsere Reisegeschwindigkeit und leben in den Tag hinein. Sogar zum Joggen finden wir seit langem wieder mal Zeit und an den breiten Stränden gute Gelegenheit. Die Energie dazu liefern uns jeden Tag kiloweise Brombeeren und Marionbeeren, denn die wachsen hier im Überfluss. Büsche stehen überall am Wegesrand. Man muss die Beeren nur abpflücken und in den Mund stecken. Keine Ahnung, wer sie da noch für sechs Dollar im Supermarkt kauft! Peter und ich sind jedenfalls voll im Love & Peace-Modus angekommen. Wir wildcampen zwar notgedrungen nicht mehr, aber dafür bekommen wir nun jeden Abend eine heiße Dusche auf den Campingplätzen. Das Highlight an der Küste von Oregon soll Cannon Beach sein – unsere gleichzeitig letzte Station am Strand. Und tatsächlich ist es traumhaft: Riesige Felsen ragen wie an der Great Ocean Road in Australien aus dem Wasser und bieten eine ideale Romantikkulisse für den Sonnenuntergang.

Zwar sind Peter und ich nach den Tagen am Meer tiefenentspannt, Bärtha aber dafür umso weniger. Ein schleifendes Geräusch ist zu vernehmen, irgendwo von vorne links kommt es her. Zunächst ist Peter zuversichtlich, dass es sich nur um ein Lager handelt, doch als es plötzlich nach verbranntem Gummi riecht, als wir uns einen Berg hochquälen, sind wir alarmiert. Sofort steuern wir die erstbeste und samstags geöffnete Werkstatt an. Außer unserem Bulli warten hier ausschließlich Monster Trucks auf ihre Reparatur. Der Mechaniker wirft dennoch einen kurzen Blick unter die Motorhaube und versichert uns, dass wir es aller Voraussicht nach noch nach Portland und wahrscheinlich sogar bis nach Seattle schaffen müssten. Das wäre super, denn erstens käme ein Keilriemenriss durchaus ungelegen und zweitens muss unsere Bärtha in Seattle sowieso zur Inspektion. Unsicher darüber, ob wir dem Urteil des Monster Truck-Mechanikers Glauben schenken können, versuchen wir unser Glück und machen uns auf in Richtung Portland. Bärtha surrt weiter vor sich hin. Zumindest ist es ein gleichmäßiges Geräusch. Das macht Hoffnung. Wir stellen uns einfach vor, es sei das Rauschen des Meeres, denn das haben wir soeben hinter uns gelassen.

Auf halber Strecke übernachten wir in einem Wald irgendwo zwischen Küste und Portland. Bereits als wir am Abend ankommen, fällt uns auf, wie dreckig es dort ist. Nicht nur leere Chips-Tüten und Getränkedosen, sondern vor allem Patronenhülsen liegen überall rum. Es ist, als wären wir mitten auf einem Schießplatz. Kein idyllisches Waldstückchen, dementsprechend früh verkriechen wir uns in den Bulli. Es kommt, wie es kommen muss. Bereits in den frühen Morgenstunden wachen wir auf, denn wir stehen unter Beschuss. Ununterbrochen knallt und hallt es um uns herum durch den Wald. Ich fühle mich wie mitten in einem Film über den Bürgerkrieg. Vorsichtig schleichen wir uns um die Ecke und bekommen die Bestätigung zu sehen: Auch der ein oder andere Oregon-Bewohner hat Samstagsmorgens offenbar nichts Besseres zu tun als in den Wald zu fahren, um wild in der Gegend rumzuballern. Peter und ich frühstücken noch schnell in nicht ganz so entspannter Kriegskulisse und machen uns auf die letzte Etappe nach Portland.

Portland ist zwar entgegen der allgemeinen Annahme nicht Hauptstadt von Oregon (das ist Salem), dafür aber DIE selbsternannte Foodie-Hauptstadt. Es gibt Hunderte von Mikro-Brauereien, hippen Restaurants, Food-Trucks und Cafés, die selbst frisch rösten. Seit feststeht, dass wir es vor unserer Deutschland-Pause zeitlich noch nach Portland schaffen, bemühen wir uns um eine Schlafgelegenheit. Jedoch vergeblich. Es ist Wochenende. Für Couchsurfing sind wir zu spät dran. Ständig bekommen wir die gleiche freundliche Absage, dass man uns gerne aufgenommen hätte, aber bereits ein anderer Gast da ist. Hotels und Hostels sind unverschämt teuer. Nichts ist für unter 100 Dollar pro Nacht zu haben und die verbliebenen Unterkünfte sind dann auch noch grottenschlecht bewertet. Die wohl am häufigsten genutzten Worte, als ich die Rezensionen überfliege, sind „Drogen“, „ekelig“, „Schimmel“ und „Prostituierte“. Verlockend! Wir entscheiden uns spontan gegen eine Buchung.

Allerdings: Was machen wir stattdessen? Walmart Portland gehört zu den wenigen Walmarts im Land, die Übernachtungen konsequent verbieten und der einzige infrage kommende Campingplatz ist zu weit außerhalb und sowieso ausgebucht. Können wir mitten in einer Großstadt wie Portland im Auto schlafen? In einer Großstadt am Straßenrand zu übernachten, kommt mir irgendwie komisch vor. Wir wissen nicht, ob es legal ist und viel wichtiger: wo wir morgens zur Toilette gehen sollen. In fast allen vernünftig wirkenden Wohngebieten gibt es zudem die typisch amerikanischen „Neighbourhood-Watch“-Schilder. Das heißt die Nachbarschaft passt aufeinander auf und meldet verdächtige Aktivitäten direkt bei der Polizei. Da kann ein unbekannter Bulli aus Alaska, der über Nacht am Gehweg parkt und in dem vielleicht sogar mal zwischendurch Licht an und ausgeht, schon mal Aufsehen erregen. Später erfahren wir, dass dies noch nicht mal ganz so paranoid ist, wie es zunächst klingt, denn angeblich wird vorzugsweise in alten Lieferwagen am Straßenrand Crystal Meth produziert. Zumindest so die allgemeine Annahme seit der Fernsehserie *Breaking Bad*. Da Portland logistisch günstig an der I-5 (der Hauptverbindung entlang der Westküste) liegt, ist es nicht gerade überraschend, dass der ein oder andere Portländer von Crystal Meth-Besteck in seinem Vorgarten berichten kann. Wir haben zwar weder Crystal, noch ein Rezept oder Zutaten für solches dabei, möchten aber dennoch ungern nachts von der Polizei geweckt werden.

Doch eine letzte Couchsurfing-Nachricht erreicht uns am späten Nachmittag. Carlos Gästezimmer ist zwar bereits belegt, doch der hilfsbereite Mexikaner bietet uns an, bei ihm zu duschen und schickt uns die Koordinaten einer Straße bei ihm um die Ecke, in der er häufig Campervans über Nacht parken sieht. Perfekt! Also eigentlich nicht wirklich, aber unter den gegebenen Umständen, sind wir froh über diese Not-Option. Da Carlo tagsüber arbeiten muss, stehen wir erst spät am Abend wie vereinbart bei ihm auf der Matte. Bewaffnet mit Bier als Dank für die Möglichkeit einer warmen Dusche. Wir unterhalten uns nett mit ihm und der Couchsurferin, die uns zuvor gekommen ist, und bekommen den einen oder anderen Portland-Tipp, bevor Carlo zwecks Frühschicht ins Bett muss. Und so stehen wir irgendwann frisch geduscht in der ruhigen Straße eines Gewerbegebiets, die er uns empfohlen hatte. Es wird eine unruhige Nacht, Großstadt-Camping ist eindeutig nicht unser Favorit und so steuern wir am nächsten Morgen für unsere Verhältnisse ungewöhnlich früh eines der vielen Frühstückslokale der Foodie-Hauptstadt an.

Dem Frühstück folgt das Mittagessen und von da rollen wir vollgefuttert weiter zum Kaffee und schließlich zum Abendessen. Portland hält, was es verspricht. Wir haben die Qual der Wahl zwischen dem kreativstem Streetfood aus aller Welt, frisch geröstetem Kaffee und leckerem Craft Beer. Sogar lokales Kölsch gibt es – auch wenn der Dom von hier beim Brauen eher schwer zu sehen ist. Fast drei Monate Campingküche haben uns hungrig gemacht nach all dem, das sich nicht an einem Lagerfeuer oder auf dem Gaskocher zubereiten lässt – und durstig sowieso.

Zurück auf Los

Wir haben Glück: Trotz der besorgniserregenden Geräusche von unterhalb der Motorhaube hält Bärtha bis Seattle durch. Eine wahnsinnige Erleichterung! Ein gerissener Keilriemen hätte einen wirtschaftlichen Totalschaden bedeutet und der wäre durchaus ungünstig für den weiteren Verlauf unserer Reise gewesen. Zu diesem Zeitpunkt wissen wir noch nicht, welchen Ausmaßes unser Glück wirklich gewesen ist, denn laut Mechaniker haben wir genau solch einen Keilriemenriss nur um Haaresbreite verfehlt.

In Seattle haben wir unser Couchsurfing-Glück zurück. Wir sind zu Gast bei Tim und Hayley, ein nettes Pärchen in unserem Alter. Ihr Haus ist sauber und das Bett so bequem, dass ich plötzlich nie wieder in den Bulli zurück möchte. Und das Wichtigste: wir lernen endlich mal wieder Leute kennen. Es ist wirklich kaum zu glauben, wie selten das in den letzten Wochen und Monaten der Fall war. In den USA sind einfach kaum Backpacker unterwegs. Natürlich sind wir irgendwo auch selbst Schuld bei unserem Reisestil. Schließlich lernt man andere Reisende vor allem im Hostel kennen und weniger in der Wildnis. Und auch auf den Campingplätzen waren meist eher Familien oder Rentner unterwegs. Reisende in unserem Alter sind uns nur selten begegnet und so genießen wir das Zusammensein mit Tim und Hayley.

Während Peter und ich unsere Reise in Seattle wie geplant kurz unterbrechen, um zuhause Hochzeiten beizuwohnen und neue kleine Menschenkinder kennenzulernen, ist für Bärtha ein ausgiebiger Werkstattbesuch geplant. Öl- und Luftfilterwechsel stehen an, außerdem muss das defekte ABS-Modul ersetzt und ein paar Kleinigkeiten gemacht werden. In alter Einkäufer-Manier hat Peter eine Benchmark-Analyse der Werkstätten in Seattle erstellt. Wichtige Checkpunkte neben dem Stundenlohn: Ist die Werkstatt bereit, unseren Bulli zwei Wochen lang bei sich auf dem Hof stehen zu haben? Und sind die Mechaniker damit einverstanden, Ersatzteile aus Deutschland, statt eigener, einzubauen? Denn unser Plan ist, dass wir den Bulli zwar jetzt in der Werkstatt abgeben, aber erst nach unserer Rückreise in zwei Wochen wieder abholen. So haben die Mechaniker genug Zeit, Bärtha gründlich durchzuchecken und zu schauen, welche Ersatzzeilen sie brauchen. Peter bringt diese dann aus Deutschland mit, sodass sie am Tag unserer Rückkehr eingebaut werden können. In Deutschland kosten die meisten Teile nämlich nur einen Bruchteil dessen, was in den amerikanischen Werkstätten veranschlagt wird. Der absolute Clou unseres Plans: Während unserer Abwesenheit parkt Bärtha sicher bewacht und kostenlos.

Tatsächlich findet Peter eine Werkstatt, die sich auf den Deal einlässt. Mit gemischten Gefühlen bringen wir Bärtha an unserem letzten Tag in Seattle zu den „Import Doctors“ und hoffen, dass alles gut geht. Denn letztlich lassen wir fast all unsere persönlichen Dinge im Wagen. Von Kleidung, über Küchenutensilien, Kosmetik und sogar ein paar Elektroartikel im Bulli-eigenen Tresor. Durchaus ein gewisses Risiko. Nicht nur, weil jeder in der Werkstatt Zugriff auf die Autoschlüssel hat, sondern vor allem, weil die Ungewissheit über unsere erneute Einreiseerlaubnis noch immer genauso groß ist wie damals in Montana. Was würde passieren, wenn man uns wirklich an der Grenze abweist? Was würde aus Bärtha und unseren Sachen? Da wir keine Antwort darauf haben, verdrängen wir den Gedanken und machen uns lediglich mit einem fast leeren Koffer auf nach Good Old Germany.

In Deutschland anzukommen, ist weniger irritierend als gedacht. Viele Reisende berichten davon, wie schwierig die Rückkehr für sie ist und wie fremd sie sich fühlen. Das Gefühl habe ich nicht. Vielleicht waren wir dafür noch nicht lange genug weg – schließlich sind gerade einmal knapp drei Monate vergangen. Jedoch ist es komisch, hier zu sein, ohne einen Alltag zu haben – und noch dazu ohne zu planen, einen solchen wieder aufzubauen. Wir haben keine Wohnung und kommen nur mit viel Aufwand an unsere Dinge, da alles noch in Umzugskisten verpackt und eingelagert ist. Es ist daher für mich eher komisch, nur zu Besuch in Deutschland zu sein.

Wir treffen Freunde und Familie, gehen auf Hochzeiten und lernen Peters frisch geborene Nichte kennen. Zwischendurch besorgt Peter allerlei Ersatzteile für den Bulli und findet auf dem Schrottplatz sogar eine der fehlenden Abdeckungen für Bärthas Innenverkleidung. Nach und nach kristallisiert sich heraus, dass wir wohl einen Koffer allein für Ersatzteile benötigen werden...

Die Zeit daheim vergeht schnell und eh wir uns versehen, bringen uns unsere Freunde Sarah und Philip schon wieder zum Kölner Flughafen. Wieder einmal sind wir etwas nervös. Oder besser gesagt: immer noch. Dass unser Gepäck nicht ganz den Vorgaben entspricht, ist nichts neues, aber diesmal wird der Flug von Sun Express durchgeführt. Billigflieger sind ja nicht unbedingt für ihre Kulanz bekannt...

Am Check-In-Schalter wartet bereits die erste Prüfung auf uns. Eine Flughafenmitarbeiterin kontrolliert unsere Pässe und stellt dabei scheinbar beiläufig Fragen zu unseren Reisegründen. Wir befinden uns sogar an einem separaten Schalter, speziell für USA-Reisende, abseits der Passaagiere mit anderen internationalen Zielen. Peter und ich betrachten das ganze daher lieber nicht nur als netten Plausch, sondern als erste unauffällige Befragung. Denn in unserem ach-so-beiläufigen Gespräch mit der Flughafendame geht es vor allem um unsere Pläne in den USA. Wir lassen uns unsere Nervosität nicht anmerken. Zweck unserer Reise ist Honeymoon. Das ist schließlich nicht falsch, denn wir haben tatsächlich vor nicht allzu langer Zeit geheiratet. Die Angestellte erkundigt sich, wie mein Hochzeitskleid aussah und wie das Wetter am großen Tag war, also zeige ich ihr ein Foto. Das scheint sie zufrieden zu stellen, wir dürfen zum Schalter vortreten. Oder sind wir inzwischen paranoid und die Frau wollte wirklich nur freundlich plaudern? Egal. Bei der Gepäckabgabe klappt ebenfalls alles wie am Schnürchen. Niemand zuckt auch nur eine Wimper wegen unserer Extrakilos auf der Gepäckwaage. Dabei ist nicht nur unser Aufgabekoffer zu schwer, sondern auch unser Handgepäck darf bloß niemand nachmessen, geschweige denn wiegen. Tut zum Glück auch niemand. Noch nicht mal in der Security-Kontrolle nimmt man uns das „größer als 100 Milliliter"-Pesto-Glas ab, das als Bestandteil unseres Mittagessens gedacht ist. Es ist fast schon unheimlich, wie problemlos alles funktioniert.

Dann steht die nächste Kontrolle an. Diesmal ist sie ganz offiziell als solche deklariert. Nachdem wir die Schengen-Zone verlassen haben, müssen sich alle USA-Passagiere in eine gesonderte Reihe stellen. Nun schauen sich echte US-Officer unsere Pässe an. Zumindest glauben wir das, denn sie tragen eine amerikanische Uniform und spielen ihre Rolle sehr glaubhaft. Wohlgemerkt: Auch wenn wir inzwischen im internationalen Bereich des Flughafens sind, sind wir letztlich immer noch in Köln. Danach ist die Bundespolizei noch dran. Es ist verrückt, welch ein Aufwand für einen USA-Flug betrieben wird. „Oh, Sie haben ja brandneue Reisepässe!", fällt den deutschen Beamten mit einem komischen Unterton auf. Seit einigen Monaten sehen deutsche Reisepässe nämlich etwas anders aus als zuvor. Noch bevor sie daraus irgendwelche falschen Schlüsse zieht und zur Befragung ansetzt, erkläre ich, dass wir kürzlich geheiratet haben und ich durch die Namensänderung einen neuen Pass brauchte. Das erklärt zwar nicht, warum auch Peter einen neuen hat, reicht aber, um uns vor weiteren Fragen zu bewahren. Ist ja schließlich nicht verboten, einen recht neuen Pass zu haben. Die Dinger laufen eben manchmal ab. Doch irgendwie werde ich das Gefühl nicht los, dass auch hinter dieser scheinbar beiläufigen Bemerkung mehr steckte. Kennt sie etwa den Vermerk von Officer John im ominösen System? Vielleicht bin ich in Bezug auf die USA-Einreise aber auch einfach etwas paranoid geworden. Wie auch immer – wir haben es vorerst geschafft und sitzen am Gate.

Als wir zwei Stunden später den Flieger betreten, sind unsere Bedenken, eine so weite Strecke mit einem Billigflieger zu fliegen, augenblicklich passé. So wie unsere Bedenken speziell über Sun Express. Über die Airline konnte uns zuvor jeder irgendeine Horrorgeschichte erzählen. Nur wir können das nicht. Unser Flug ist durchaus angenehm. Das liegt nicht zuletzt daran, dass der Flieger gerade mal zu etwa 20 Prozent ausgelastet ist. Klimatechnisch und finanziell für die Airline eine Katastrophe. Für uns in dem Fall äußerst praktisch. Denn jeder Passagier kann gleich mehrere Sitze belegen und fliegt somit platztechnisch fast so komfortabel wie in der Business Class. Nicht schlecht für 190 Euro. Wir sind weder wie Ölsardinen elf Stunden lang eingepfercht, noch nimmt man uns mit Wucherpreisen an Bord wie eine Weihnachtsgans aus.

Hektisch hatten wir vor Abflug literweise Wasser getrunken und für den Flug die leeren Flaschen am Waschbecken aufgefüllt. Und auch unsere mitgebrachten Snacks würden locker für eine mehrtägige Verspätung ausreichen. Beziehungsweise für den Rückflug, falls uns ohne Visum gleich die Einreise verweigert wird. Zumindest unsere großzügigen Wasservorräte stellen sich als vollkommen übertrieben heraus: Wasser wird selbst im Billigflieger kostenlos bereitgestellt. Sogar Kaffee bietet die Stewardess uns an: „Heute ausnahmsweise umsonst", schiebt sie mit einem Augenzwinkern hinterher. Ist halt nun mal gekocht und kaum jemand da, der ihn kaufen könnte. Endlich verstehen wir, warum niemand sich für unser Übergepäck interessiert hat. Vielleicht war es sogar gern gesehen, damit wir rein physikalisch überhaupt schwer genug zum Abheben sind oder sowas in der Art. Unsere Glückssträhne hört bisher jedenfalls nicht auf!

Nervös werden wir erst wieder, als irgendwo hoch über dem amerikanischen Kontinent die Einreisekarten ausgeteilt werden. In diese Karten trägt man seine persönlichen Daten ein und beantwortet einige Fragen für den Zoll. „Haben Sie Lebensmittel dabei?" – „Ja". Unsere vielen Snacks für den Flug. „Bringen Sie Bargeld im Wert von mehr als 10.000 US-Dollar mit?" – „Leider nein." „Bringen Sie Waren oberhalb der Freigrenze mit, die in den USA verbleiben?" Da wir den Koffer voller Ersatzteile für Bärtha haben und es widersprüchliche Aussagen zur genauen Höhe der Freigrenze für Nicht-Amerikaner gibt, entscheiden wir uns für „Ja" – also verzollen. Auf der Rückseite müssen wir noch angeben, was genau wir mit welchem Gegenwert mitbringen. Wir entscheiden uns für „Automotive Spare Parts" und runden mathematisch äußerst unkorrekt auf 350 Dollar ab. Hoffentlich schaut sich der Grenzbeamte, der über unsere Einreise entscheidet, den Zettel nicht genau an. Autoersatzteile klingen schon etwas verdächtig für Leute, die nur zum Honeymoon ins Land wollen.

Während der Landung wird mir schlecht. Nicht wegen der Flugkünste des Piloten, sondern vor lauter Aufregung darüber, ob wir gleich abgeschoben werden oder nicht. Im Flugzeug haben wir nochmal unsere Antworten geprobt und beschlossen, dass die Rolle des naiven, unschuldigen Mädchens wohl doch mir besser liegt und Peter folglich lieber nur lächelt und nickt. Nicht, dass wir uns andernfalls noch in Widersprüche verwickeln. Bei der Immigration angekommen, gibt es zwei Schlangen. Selbstbewusst reihen wir uns in die für Amerikaner, Visa-Inhaber und ESTA Returns. Wir fühlen uns schon ein bisschen geehrt und privilegiert, als ESTA Returns in einer Schlange mit echten Amerikanern stehen zu dürfen und schöpfen Hoffnung. Als wir dran sind, wartet zunächst jedoch kein Officer auf uns, sondern ein Self-Check-in-Kiosk wie man sie oft auch am Check-In vorfindet. Wir machen unsere Immigration also erst mal selbst. Die Maschine stellt keine Fragen, das ist gut. Wir geben dem Automaten unsere Fingerabdrücke, wählen „Entertainment" als Reisegrund aus der Liste und lassen ein Foto machen. Danach druckt die Maschine uns einen Zettel aus, mit dem wir dann doch noch zu einem Beamten aus Fleisch und Blut müssen. Drei stehen zur Auswahl. Während wir warten, schaue ich sie mir unauffällig an und erstelle in Gedanken ein Ranking mit absteigender Ordnung, zu welchem ich am liebsten möchte. Als wir dran sind, ist der Officer, der auf mittlerer Position meiner Präferenzliste steht, frei. Nun geht es um alles oder nichts.

Wir gehen zu seinem Schalter, grüßen freundlich und halten ihm Zettel und Pässe hin. Wie lange wir bleiben wollen, lautet die erste Frage. Ich erkläre, dass wir Ende November einen Flug von Fort Lauderdale haben. Einen günstigen „Ausreise-Beweisflug" haben wir vorsichtshalber tatsächlich gebucht. Ob wir mit einem Mietwagen nach Florida fahren, will er als nächstes wissen. Hier wird es tricky: Ich möchte nicht lügen, aber auch nur ungern freiwillig von unserem Auto berichten. Der Besitz eines eigenen Autos als Tourist hatte bereits Officer John irritiert. Also schraube ich meine Englischkenntnisse spontan drastisch nach unten und antworte mit dem stärksten deutschen Akzent: „Yes, car. We drive to Florida with a car." Das „th" betone ich dabei typisch Deutsch wie ein „z". Ob die One-way-Miete bis nach Florida nicht tierisch teuer sei? Mist. Jetzt wird es wirklich brenzlig. Hat der Officer doch irgendwelche Infos über uns im System und es handelt sich um eine Fangfrage?

Ich schlage Zeit raus, indem ich so tue, als hätte ich die Frage nicht verstanden und bitte ihn, sie zu wiederholen. Er stellt die Frage erneut. Mein Englisch wird der Situation angemessen immer gebrochener. Die Hoffnung: Je schlechter unser Englisch, umso unbeholfener und unschuldiger wirken wir. Zwei trottelige Deutsche haben sicherlich nicht die kriminelle Energie, illegal einzuwandern. Mit gespielten Wortfindungsproblemen antworte ich: „No rental car, is a …ähm… private car." Misstrauisch schaut der Beamte mich an und für ein Moment kommen mir die Sekunden wie eine Ewigkeit vor. Auch ihm scheint meine Antwort komisch und er fragt, ob wir hier Familie hätten. „No, only friends". Das scheint die Situation ausreichend aufzuklären. Oder vielleicht ist ihm auch einfach die Lust an den trotteligen Honeymoonern aus Tschörmeny vergangen. Der Beamte greift jedenfalls nach unseren Pässen und drückt lustlos den Einreisestempel auf eine freie Seite. Gültig für 90 Tage ab heute. Mit einem überfreundlichen „Zänk you", bedanken wir uns und laufen schnellen Schrittes mit unseren frisch gestempelten Pässen davon. Jetzt bloß nicht umdrehen oder sich freuen. Einfach weitergehen und cool bleiben.

Außer Sicht- und Hörweite können wir es kaum fassen! War es das bereits? Wir sind offenbar drin! Kurz überlege ich, den Grenzposten in Montana anzurufen, einfach nur „Ätschibätsch" in den Hörer zu rufen und wieder aufzulegen. Wir sind ganz aufgekratzt als die Anspannung langsam, aber sicher abfällt. Jetzt nur noch das Gepäck holen und durch den Zoll. Unser Koffer dreht bereits auf dem Band seine Runden. Er wirkt genauso schwer wie in Köln. Das ist deshalb keine Selbstverständlichkeit, weil eines der vielen „Automotive Spare Parts", die Peter mitgebracht hat, ein 5-Liter-Kanister Getriebeöl ist. Die Frage, ob man so etwas überhaupt ins Flugzeug mitnehmen darf, habe ich Peter erst am Gate gestellt – und wie sich herausstellte, er sie sich selbst vorher nie. Falls man es nicht darf, ist es zumindest niemandem aufgefallen, denn das Öl liegt immer noch im Koffer und glücklicherweise ist auch das Flugzeug nicht explodiert.

Wir gehen auf die Zollkontrolle zu und setzen abermals unser freundlichstes Lächeln auf. Der Beamte schaut auf unseren Einreisezettel. Von den etwa sechs Zoll-relevanten Fragen, haben wir zwei mit „Ja" beantwortet: Lebensmittel sowie Güter oberhalb der Freigrenze. Offenbar fällt ihm die Lebensmittelfrage zuerst ins Auge. Ohne Umschweife schickt der Beamte uns zum „Agriculture Check". Nervös macht uns das nicht wirklich, denn wir sind sicher, nichts Verbotenes dabei zu haben und zudem wäre der Verlust eines Tomaten-Pestos nach unserer bisherigen Glückssträhne verkraftbar. Doch so weit wird es nicht kommen. Brav zeigen wir unser Pesto und die industriell verpackten Pistazien vor und dürfen direkt weiter. Nun also nur noch zur Warenanmeldung für die Ersatzteile und hoffen, dass wir nicht saftig Einfuhrsteuer zahlen müssen. Allerdings: Wo?

Der Typ vom Agriculture Check schickt uns den Gang runter. Am Ende dieses Ganges stehen wir plötzlich in der Empfangshalle. Unsere Zollkarte immer noch in der

Hand. Kein weiterer Checkpunkt ist mehr dazwischen. Statt an einem weiteren Schalter, befinden wir uns auf einmal inmitten von wartenden Angehörigen und Taxifahrern mit Schildern, auf denen die Namen der abzuholenden Fluggäste zu lesen sind. Niemand hat eine Zolluniform an und will unsere Ersatzteile sehen oder Zoll kassieren. Sind wir falsch gelaufen? Nein, es gab nur diesen einen Gang. Und außerdem: Egal, wir und unsere Ersatzteile sind frei! Peter und ich können unser Glück kaum fassen! Es gab circa eine Million Dinge, die heute hätten schiefgehen können, aber nichts davon ist passiert! Übergepäck, Einreise, Zoll. Wir stehen in der Ankunftshalle mit all unseren Sachen, haben eine Aufenthaltsgenehmigung für die kommenden 90 Tage und mussten keinen Cent bezahlen. Ungläubig über unser unheimliches Glück machen wir, das Getriebeöl und die Ersatzteile uns schnell auf den Weg zur Bahnstation, bevor es sich jemand anders überlegen kann.

California, here we come

In Seattle kommen wir erneut bei unseren neuen Freunden Timmy und Hayley unter. In der Stadt ist es inzwischen herbstlich geworden und endlich sehen wir Seattle so, wie es sein Klischee will: Vernebelt und mit Dauernieselregen. Aber das stört uns nicht. Wir wollen ja auch authentische Erlebnisse auf unserer Reise. Große Pläne haben wir sowieso nicht, schließlich sind wir inzwischen zum dritten Mal in der Stadt und warten eigentlich nur darauf, dass Bärtha startklar ist und wir los können. Der leichte Jetlag spielt uns in die Karten. Wir sind außerordentlich früh wach und so überreicht Peter am nächsten Werktag in aller Herrgottsfrühe die Ersatzteile. Die Import Doctors zeigen Einsatz und so verabschieden wir uns noch am selben Nachmittag von den Mechanikern sowie unseren phänomenalen Gastgebern Timmy und Hayley. Bye Bye Seattle, Hello again, Bärtha!

Über die Werkstattrechnung reden wir nicht mehr, denn obwohl wir die meisten Ersatzteile günstig aus Deutschland mitbringen konnten, ist die bei einem Stundensatz von 125 Dollar noch hoch genug, dass Verdrängung die einzig sinnvolle Strategie für unsere Psyche ist.

Für uns geht es erstmal nach Süden, und zwar nach Portland. Die Stadt hatte uns so gut gefallen, dass wir eigentlich nochmal für ein paar Tage wiederkommen wollten. Doch wir haben einen straffen Zeitplan, weshalb es letztlich nur ein paar Stunden werden.

Straff deshalb, da wir bereits in einer Woche in Los Angeles sein wollen. Denn Peter hat das Unmögliche geschafft und uns Tickets für die Aufzeichnung der *Big Bang Theory* – eine unserer Lieblings-Sitcoms – besorgt. Eigentlich hätten wir gerne mehr Zeit für die Strecke gehabt, denn die Liste der Sehenswürdigkeiten unterwegs ist lang, aber man muss eben Prioritäten setzen.

Gleich in der zweiten Nacht zurück im Bulli, müssen wir diesen nachts allein zurücklassen. Temperaturbedingt. Der Crater Lake liegt so hoch, dass es Anfang Oktober nachts bereits friert. Da wir keine Standheizung haben, nehmen wir lieber ein Zimmer im Motel. Das „Budget Inn Motel Chermult" hat seine besten Jahre bereits hinter sich, bietet aber eine Heizung, eine heiße Dusche und WiFi. Und Hollywood-Feeling. Ich kann mir lebhaft vorstellen, wie Jason Bourne auf der Flucht hier für eine Nacht untergebracht wird. Weil hier „niemand Fragen stellt". Wir schlafen gut und sind froh über die Wärme der Heizung – noch unwissend darüber, dass dies vorerst die letzte Nacht ohne Erfrierungserscheinungen gewesen sein wird.

Unser Ziel, der Crater Lake Nationalpark, entpuppt sich als wahrer Geheimtipp und wird zu einem unserer Highlights in Nordamerika. Es bleibt zwar eisig kalt, doch das tut der Szenerie keinen Abbruch. Im Gegenteil. Eiszapfen und gefrorene Überreste des Morgentaus an den Blümchen tragen umso mehr zur spektakulären Kulisse des Vulkankratersees bei. Wir besteigen einen Berg am Rande des Sees und fühlen uns wie in einem Land vor unserer Zeit. Dem Panorama fehlen nur noch Flugsaurier, die kreischend durch die Szenerie fliegen. Ein Adler tut es jedoch auch. Einfach atemberaubend!

Trotz Winterjacke halten wir es allerdings nicht allzu lang außerhalb unserer Bärtha aus. Der eisig pfeifende Wind ist unerbittlich. Als wir mit schönstem Bergpanorama picknicken, entpuppt es sich somit als absoluter Quatsch, das Essen überhaupt zu erwärmen. Keine 30 Sekunden dauert es, bis die Nudeln wieder wie frisch aus dem Kühlschrank schmecken. Dafür funktioniert das Kauen ganz automatisch – so sehr bibbern und klappern die Zähne vor lauter Kälte. So schön der Nationalpark ist und so gerne wir ein paar Tage bleiben würden, entscheiden wir uns daher, weiter nach Süden zu fahren. California, here we come!

Wer nun denkt, Kalifornien sei ein Staat mit ganzjährig milden Temperaturen, der war noch nie in Nordkalifornien im Herbst. Auch wir erliegen zunächst dieser Illusion, werden aber schnell zurück in die Realität geholt, als bei unserer ersten Nacht in Kalifornien die Autoscheiben gefrieren. Von innen! Als wir morgens in etlichen Schichten von Thermounterwäsche, Jogginghosen, Pullovern, Fleece-Jacken und Daunenschlafsäcken halb erfroren aufwachen, können wir trotz Sonnenscheins von innen die Eisblumen vom Fenster kratzen. Erst als wir am Lake Tahoe an der Grenze zum Wüstenstaat Nevada ankommen, ähneln die Temperaturen langsam denen, die man sich unter „Kalifornien" vorstellt. Wir wagen uns sogar kurz ins Wasser, denn temperaturbedingt ist eine Dusche nicht mehr als eine vage Erinnerung von unserem Motel-Aufenthalt vor ein paar Tagen.

Die Tage vergehen und nachdem wir die Nationalparks und Seen im Schnelldurchlauf erkundet haben, geht es weiter nach San Francisco. Beziehungsweise erst einmal ins nahgelegene Silicon Valley. Beim Headquarter von Google sind wir mit Charlotte verabredet, einer Freundin aus meinem Auslandssemester. Fröhlich strahlend empfängt Charlotte uns, um uns über den Google-Campus zu führen. Doch erstmal gehen wir gemeinsam Mittagessen. Google-Mitarbeiter und ihre Gäste speisen selbstverständlich kostenlos in den Restaurants. Anschließend geht es mit den bunten Google-Fahrrädern, die überall herumstehen, zur nächsten Kantine zum Kaffeetrinken. Auch der ist natürlich umsonst. Es stellt sich heraus, dass Charlotte heute eigentlich frei hat, aber wegen uns und der vielen Freizeitaktivitäten am Google-Campus trotzdem gekommen ist. Denn als Mitarbeiter wird man nicht nur kostenfrei von Google verköstigt, sondern man kann am Campus auch jeden erdenklichen Sport treiben, Instrumente erlernen, an Spielkonsolen zocken und vieles mehr. Je länger wir über den riesigen Campus laufen, desto weniger haben wir den Eindruck, dass hier überhaupt irgendjemand ernsthaft arbeitet. Es scheint, als wären sämtliche To-Dos bereits an Algorithmen und künstliche Intelligenzen übertragen worden. Das Gelände wirkt wie eine Mischung aus Freizeitpark und Elite-Uni, wo man nur mal ab und zu alibimäßig in eine Vorlesung reinschaut. Nur, dass man hier von Google bezahlt wird und nicht am Wochenende für Prüfungen lernen muss. Wir behalten das mal im Hinterkopf für die Zeit nach dem Vanlife – wenngleich unser Einblick in die Google-Arbeitswelt wahrscheinlich nicht ganz repräsentativ war.

Am frühen Nachmittag verabschieden wir uns vom verrückten Silicon Valley, denn heute ist nicht nur unser erster, sondern zugleich unser letzter Tag in San Francisco. Viel zu kurz für eine der interessantesten Städte der USA, aber morgen müssen wir bereits für unsere Big Bang Theory-Aufzeichnung in LA sein. Also geht es nur schnell für eine Stippvisite rüber nach Downtown San Francisco. Zumindest waren wir bereits vor ein paar Jahren dort und somit ist es verkraftbar, dass wir diesmal nur kurz da sein werden. Wir haben San Francisco von damals in guter Erinnerung und manchmal, finde ich, sollte man es einfach dabei belassen. Andernfalls wird man bei einem zweiten Besuch möglicherweise enttäuscht. Diesem Motto folgend entscheiden wir uns für eine Sehenswürdigkeit, die wir bei unserem ersten Besuch nicht geschafft haben: Alcatraz. Mit dem Boot geht's quer durch die Bucht zur ehemaligen Gefängnisinsel.

Als wir schließlich vor die hohen Gefängnismauern blicken, beschleicht uns unwillkürlich ein beklemmendes Gefühl. Hier haben einst die gefährlichsten Schwerverbrecher und Staatsfeinde ihre Zeit und Strafen abgesessen. Wir erfahren viel über das Leben der Gefangenen: Die Haftbedingungen galten bereits damals als unmenschlich. Mini-Zellen von nur 1,52 Meter mal 2,74 Meter mit nicht mehr als einer Liege, einem Stuhl und einem Klo. Mit eisernen Gitterstäben zum Flur statt Wänden. Wie Tiere in Zookäfigen. Totale Überwachung und Langeweile, denn nicht einmal lesen oder reden war erlaubt. Bis zu 23 Stunden pro Tag verbrachten die Häftlinge so. Schlimmer als im „normalen" Zellentrakt wurde es nur im Block D. Eine Dunkelzelle ohne jegliches Tageslicht und dazu eisig kalt. Ein Wunder, wer da nicht wahnsinnig wurde! Im Speisesaal hingen Tränengas-Kanister an der Decke, um etwaige Eskalationen umgehend einzudämmen. Als einziges Gefängnis des Landes gab es in Alcatraz jedoch Warmwasserduschen. Wer nun an Luxus denkt, irrt. Das warme Wasser war Taktik, um die Häftlinge nicht gegen das kalte Meerwasser abzuhärten, durch das eine Flucht zwangsweise geführt hätte. Auch wenn ich mit Mördern grundsätzlich wenig Mitleid habe, kann ich gut nachvollziehen, dass man sich hier wohl kaum wohlgefühlt hat. Umso unvorstellbarer, dass auch die Familien der Gefängniswärter inklusive Kindern die Insel ihr Zuhause nannten. Einzig die vielen Vögel scheinen sich hier schon immer pudelwohl zu fühlen – Alcatraz steht heute nämlich nicht nur als Museum unter Denkmalschutz, sondern auch als Brutstätte unter Naturschutz. Und inzwischen sind die Vögel auch die einzigen, die auf der Insel leben. Alcatraz wurde im Jahr 1963 geschlossen. Übrigens nicht aus Gründen der Menschlichkeit, sondern wegen der enormen Kosten. Ich bin jedenfalls froh, als Peter und ich ein paar Stunden später wieder auf dem Festland San Franciscos und damit in der Freiheit zurück sind.

Am Bootsanleger wartet bereits Sarah auf uns. Auch sie kennen wir aus dem gleichen Auslandssemester wie Charlotte und seitdem haben wir uns bereits ein paar Mal gegenseitig besucht. Da es zu riskant wäre, unsere Weiterfahrt nach Los Angeles erst am nächsten Morgen anzutreten, Essen wir nur zusammen zu Abend und machen uns ein paar Drinks später auf den Weg nach Hollywood. Nicht bevor wir nicht in einer – wie Sarah versichert – dafür berühmten Bar noch einen Irish Coffee getrunken haben. Oder gleich mehrere davon. Die Kaffees nach irischer Art hauen mich nach dem langen Tag dermaßen um, dass mir nach kurzer Autofahrt nichts anderes übrig bleibt, statt auf dem

Beifahrersitz hinten im Bett mit über den Highway zu brausen. Während ich friedlich schlummere, schrubbt Peter Kilometer, bis auch er um zwei Uhr nachts eine Pause braucht und eine Raststätte am Interchange Highway ansteuert. Dort darf man laut Beschilderung ganz offiziell acht Stunden pausieren. „Idyllisch“ ist wohl nicht ganz der passende Ausdruck, um unseren Schlafplatz zu beschreiben. Der Mondschein und das Rauschen des Meeres wiegen uns langsam in den Schlaf. Beziehungsweise das helle Licht der Laternen und das Rauschen der vorbeifahrenden Trucks auf dem Highway direkt neben uns. Nicht der schönste Ort zum Übernachten, aber eine gute Einstimmung darauf, was uns beim Wildcamping in Kalifornien noch bevorsteht. Von nun an werden wir nehmen müssen, was wir kriegen können.

Acht Stunden später stehen wir noch immer unbewegt auf der Raststätte. Es ist tierisch heiß und ich habe einen leichten Kater vom Irish Coffee. Wir schwitzen und stinken. Bis nach Los Angeles dauert es noch locker vier Stunden und wir müssen unbedingt duschen. Trotz unserer auf Rekordniveau niedrigen Hemmschwelle entscheiden wir uns gegen eine Campingdusche inmitten der Lkw-fahrenden Zuschauer. Irgendwo werden wir sicherlich gleich einen netten Picknickplatz mit etwas mehr Privatsphäre finden. Zu diesem Zeitpunkt haben wir noch keine Ahnung, welche Herkulesaufgabe es werden wird, einen geeigneten Ort zum Duschen und Essen zu finden.

Doch zunächst werden wir mit einem Phänomen vertraut, das uns in den kommenden Tagen noch häufiger über den Weg laufen wird: Einsame, leicht verzweifelte Frauen. Die „Lonely Crazy Women“, wie Peter und ich sie taufen. Was wir damit meinen? Das erste Mal passiert es noch an der Raststätte: Beim Zähneputzen im Waschraum quatscht mich eine etwa 50-jährige Frau – ihrem künstlich wirkenden Gesicht nach zu urteilen, Stammkundin beim Plastischen Chirurgen – wiederholt von der Seite an. Was genau ihr Anliegen ist, bleibt mir schleierhaft. Eine nennenswerte Reaktion meinerseits benötigt sie jedenfalls nicht, um immer wieder ein Gespräch über Belangloses zu beginnen. Ein sehr einseitiges Gespräch. Ich putze mir schließlich gerade die Zähne und kann nur unverständliche Laute und Kopfnicken als Reaktion von mir geben. Als ich zurück zum Auto komme, hat sie bereits ihr nächstes Opfer gefunden: Peter. War eigentlich zu erwarten. Sie stellt uns Fragen zu unserer Reise, um dann letztlich von sich selbst zu reden. Dabei macht sie immer wieder übertrieben deutlich, wie toll sie alles findet. Unser Part im Gespräch bleibt eine Nebenrolle. Ab und zu ein neues Stichwort reicht ihr vollkommen aus, um eine weitere Anekdote von sich und ihrem aufregenden Leben ungefragt zum Besten zu geben. Irgendwann kennen wir ihre halbe Lebensgeschichte von Ex-

Männern, über Kinder und Karriere. Eine Hollywood-Karriere selbstredend. Keine Ahnung, wie genau sie von einem Punkt auf den nächsten kommt und warum sie uns das alles erzählt. Unser Eindruck verstärkt sich, dass – egal wie sehr sie versucht, uns vom Gegenteil zu überzeugen – sie ziemlich einsam und froh um jede Gesellschaft ist. Und seien es zwei Fremde auf der Raststätte. Es dauert eine Weile, bis wir es schaffen, mit Verweis auf die Uhrzeit und unsere Eile dazwischen zu grätschen, um uns auf die Weiterfahrt zu machen.

Die Fahrt nach Los Angeles zählt nicht zu den angenehmsten unserer Reise. Es ist heiß, wir haben seit Tagen nicht geduscht und durch den Sauna-Effekt des Bullis verströmt der Alkohol vom Vorabend einen zweifelhaften Duft. Die Landschaft ist öde, überall sehen wir halb vertrocknete Felder sowie Schilder mit Appellen von Landwirten, Wasser verantwortungsvoller zu nutzen. Kalifornien und insbesondere Los Angeles haben nämlich ein ernstes Dürreproblem. Wahnwitzig, dass ausgerechnet hier unter anderem wasserintensive Mandeln angebaut werden. Doch die Hitze ist nicht das Einzige, das uns zu schaffen macht. Uns bleiben nur noch wenige Stunden, bis wir im Fernsehstudio sein müssen und in unserem aktuellen Zustand können und wollen wir da nicht aufkreuzen. Doch der Blick in die Overlander-App bestätigt, was der Blick aus dem Fenster bereits seit Stunden erahnen lässt. Es gibt einfach nirgendwo einen Ort, wo wir in Ruhe anhalten könnten. Ein paar Mal fahren wir vom Highway ab und vergeuden wertvolle Zeit, um einen auf der Karte verzeichneten See zu suchen. „Da muss man doch irgendwo Pause machen können", bleibe ich optimistisch. Zu Unrecht. Es ist kaum zu glauben, aber wirklich überall stehen gut sichtbare Schilder, die anhalten und parken verbieten.

Wir befinden uns bereits in einem Außenbezirk von Los Angeles als wir endlich ein Hinweisschild für einen Wanderweg sehen und diesem folgen. Und tatsächlich: Nur wenige Hundert Meter entfernt, startet ein Wanderweg in die Hügel. Mit Parkplatz. Auch hier hatte man sichtlich Mühe, die gefühlt eine Million geltenden Nutzungsregeln auf das Verbotsschild an der Parkplatzeinfahrt zu drucken. Dementsprechend unsicher sind wir, ob wir uns hier kurz mit der Campingdusche abbrausen können. Dafür spricht, dass dem restlos vertrockneten Boden ein bisschen Wasser sicherlich nicht schaden könnte. Dagegen spricht: das Prinzip. Amerikanische Gesetzeshüter können wahre Meister im Prinzipienreiten sein. Und wer weiß, ob dieser Parkplatz nicht überwacht wird?

Tatsächlich dauert es nicht lange, bis ein Ranger-Fahrzeug in unsere Richtung gefahren kommt. Misstrauisch beobachtet der Ranger uns aus seinem Auto, scheint aber keinen Gesetzesbruch festzustellen. Doch es ist klar: er hat den blauen Bulli mit dem Bären-Kennzeichen aus Alaska von nun an im Visier. Als er irgendwann abdreht, nutze ich meine Chance, noch schnell die Haare zu waschen. Und dann ist auch schon wieder der Ranger zurück. Erneut schaut er mit Argwohn einen Tick länger als notwendig in unsere Richtung. Ich hoffe, ihm fällt die riesige Pfütze nicht auf. Sicherlich steht irgendwo auf der extrem langen Liste von Verboten, dass man sich hier nicht waschen darf. Ökologisch abbaubares Natur-Shampoo hin oder her. Andernfalls wird das Verbot wohl spätestens morgen hinzugefügt.

Auch wenn wir dem Ranger offensichtlich ein Dorn im Auge sind, ist ihm wohl kein triftiger Grund für einen Strafzettel mehr eingefallen. Endlich dreht er wieder ab. Das reicht, damit auch Peter sich schnell frisch machen kann. Ein Blick in unsere erbärmlich leere Kühlbox gepaart mit der Tatsache, dass schon wieder das Ranger-Auto um die Ecke kommt, sorgt dafür, dass wir unser Mittagessen noch einmal verschieben. Der Ranger kann aufatmen. Frisch geduscht geht es für uns auf die letzte Etappe. Ziel: Hollywood!

In Hollywood angekommen, sticht uns ein Supermarkt ins Auge. Mit Schattenparkplatz. Das lassen wir uns nicht zweimal sagen. Wir decken uns mit allen erdenklichen Leckereien ein und stellen erleichtert fest, dass es von hier aus gar nicht mehr weit bis zum TV-Studio ist. Die Rush Hour in LA war nämlich unsere zweitgrößte Sorge, gleich nach dem gelösten Duschproblem. Kurz vorm Verhungern machen wir uns noch auf dem Parkplatz ein Sandwich. Es gibt ofenwarmes Oliven-Baguette mit Spinat, Ziegenkäse, Tomaten und Himbeeren im Bulli-Bett. Ein Traum! Das denkt sich auch unsere Parkplatznachbarin. Nummer 2 der Crazy Lonely Women für heute. Sie ist haargenau der gleiche Typ wie unsere Freundin von der Raststätte heute Morgen. Um die 50 Jahre, übermäßig gestylt, mutmaßlich mehrfach operiert und sehr darauf bedacht, jung zu wirken. Wahrscheinlich überlebenswichtig im oberflächlichen Hollywood. Ungefragt steckt sie den Kopf in den Bulli, wo ich gerade mein Sandwich in mich hineinstopfe. „So cool! Amazing, guys! I loooove what you do!“, verkündet sie übertrieben lautstark und gekünstelt. Dann ist sie auch schon wieder weg.

Doch die Ruhe ist von kurzer Dauer. Keine zwei Minuten später steht eine weitere Frau ähnlichen Typs vor unserer Schiebetür. Typisch für ihre von uns definierte Gattung legt sie direkt los und erzählt uns von LA, wie aufregend es hier ist, gefolgt von ihrer eigenen noch aufregenderen Lebensgeschichte. Glücklicherweise gibt auch sie sich mit dem gelegentlichen „Oh“ und „Ah“ als Reaktion zufrieden. So können wir währenddessen zumindest unser Mittagessen verspeisen. Erst als sie dann noch immer nicht mit ihren Erzählungen fertig ist, entschuldigen wir uns höflich, aber bestimmt, nun wirklich weiter zu müssen. Sie wirkt ein klein wenig beleidigt, wünscht uns aber dennoch überschwänglich alles Gute. Genau wie sie aus dem Nichts aufgetaucht ist, ist sie auch wieder verschwunden.

Eine überraschend stadtstaufreie Autofahrt später steuern wir in die Tiefgarage der Warner Bros Studios. Peters Theorie, dass wir ruhig spät kommen können, da wir ja nicht auf der Warteliste stehen, sondern gesicherte Tickets haben, geht nur bedingt auf. Auch die „gesicherten" Ticket-Inhaber bekommen eine Nummer zugeteilt. In unserem Fall die beiden vorletzten. Nur ein anderes Pärchen kommt noch später. Und dann eben die ganzen Leute von der Warteliste, die sich bereits seit Stunden die Beine in den Bauch stehen, in der Hoffnung, dass jemand anderes nicht aufkreuzt und sie auf die Zuschauerliste nachrücken. Es dauert noch eine Stunde, während der wir alle in der Reihenfolge unserer zugeteilten Nummern im Wartebereich des Parkhauses rumsitzen. Eine Angestellte läuft indessen auf und ab. Regelmäßig fragt sie uns im Vorbeigehen, ob wir auch bloß kein Handy oder Aufnahmegerät und generell keine Handtaschen oder andere Gegenstände dabeihaben. Könnte ja sein, dass bei der zehnten Nachfrage plötzlich doch jemandem auffällt, dass er eine Tasche um die Schulter trägt. Um die Verpflegung müssen wir uns übrigens keine Sorgen machen. Hämisch lachend verkündet uns die Securityfrau, dass wir in der Drehpause alle „disgusting cold pizza", bekommen werden. Gut, dass Peter und ich gegessen haben.

Noch in der Warteschlange fallen uns zwei Frauen auf. Die beiden End-50erinnen sind nach eigner Aussage beste Freundinnen und auf einem Girls-Trip in LA. „Extra wegen der Big Bang Theory", erzählen sie jedem, der es nicht wissen will, dass sie heute Morgen mit dem ersten Flieger aus Texas gekommen sind. „Uns ist sowas Krasses passiert!", setzt eine von ihnen, die sich als Mary-Kate vorstellt, an und es ist klar, dass man ihrem Redeschwall so schnell nicht mehr entfliehen kann, wenn man jetzt nicht blitzschnell reagiert. Wir reagieren nicht so schnell. Es nützt eh nichts. Die beiden sitzen direkt neben uns und Mary-Kate ist der Typ Mensch, der einfach lauter spricht, wenn jemand ihr die Aufmerksamkeit entzieht. „Wir hatten unsere Handys dabei. Wir wussten nicht, dass wir kein Handy mitbringen dürfen. Dann kamen wir hier an und hatten ein Handy und eine Tasche mit. Wir wussten nicht, dass das nicht erlaubt ist. Also hatten wir ein Handy und so musste meine Freundin schnell zurück zum Hotel laufen und das Handy zurückbringen. So eine Aufregung! Und dann musste sie schnell wieder zurück. Ohne Handy", gackert es in Dauerschleife. „Ob sie wohl ein Handy dabei hatte?", fragt Peter mich. „Ich weiß nicht, frag sie mal." Das tut er wirklich. Ironie ist nicht jedermanns Sache und so startet Mary-Kate, entzückt über Peters scheinbares Interesse, von vorne.

Irgendwann setzt die Truppe sich dann in Bewegung. Auch Mary-Kate verstummt kurzzeitig vor lauter Aufregung. In kleinen Gruppen von 20 Leuten werden wir vom Parkhaus zum TV-Studio geführt. Am Eingang des Geländes wird mittels Metalldetektorschleuse überprüft, ob niemand bei der Frage nach dem Handy gelogen hat. Grund genug für die aufgekratzten Texanerinnen noch einmal ihre Handygeschichte lautstark Revue passieren zu lassen. Je näher wir dem Studio kommen, desto hibbeliger werden sie. Während wir dann vor der Studiotür darauf warten, dass die Gruppe vor uns ihre Plätze eingenommen hat, drehen sie komplett am Rad. „Guck mal, da ist der Parkplatz von XY!", ruft Mary-Kate entzückt. „Wow! Wie toll! Ich würde nun so gerne ein Foto davon machen! Aber ich habe ja kein Handy", bekräftigt die andere ihr Gefallen über den Parkplatz des mir gänzlich unbekannten Serien-Regisseurs, dessen Namen ich mir nicht gemerkt habe. Der Höhepunkt ihrer langsam an Hysterie grenzenden Aufregung ist erreicht, als sie bemerken, dass einige andere ihre Handys bis hierher reingeschmuggelt haben und diese nun unkompliziert für die Dauer der TV-Aufzeichnung sicher verwahrt werden. Welch gemeine Ungerechtigkeit! Dann ist es soweit und auch wir dürfen rein. Vor lauter Ehrfurcht verstummen kurzzeitig selbst die beiden Texanerinnen.

Drinnen wird es dann hektisch. Jeder will den besten Platz und da wir die vorletzte Gruppe sind, sind davon nicht mehr allzu viele übrig. Peter und ich finden zwei freie Sitze, die glücklicherweise weit genug von den beiden Schnattermäulern entfernt sind. Dann geht es auch schon los. Zur Einstimmung schauen wir auf den Bildschirmen die letzte Folge der Big Bang Theory. Die wurde erst vor ein paar Tagen gedreht und wir bekommen sie nun exklusiv vorab zu sehen. Damit will man uns Fans nicht nur schmeicheln, sondern wir sollen ja gleich bei der Aufzeichnung auch kräftig lachen. Und das geht nun mal besser, wenn man die Geschehnisse richtig einordnen kann. Dass wir brav lachen ist wichtig, denn unser Lachen ist nicht nur Indikator dafür, ob Gag-Variante A oder B besser ankommt, sondern wird mit aufgezeichnet. Also immer wenn das für Sitcoms so typische Gelächter bei Folge 7 der zwölften Staffel im Hintergrund ertönt, waren Peter und ich maßgeblich beteiligt. Und selbstverständlich Mary-Kate aus Texas.

Nachdem alle mit der neuesten Folge up to date sind, geht es los. Der Vorspann wird angespielt und alle Darsteller kommen nacheinander fröhlich winkend auf die Bühne gehüpft. Last, but not least wird Jim Parsons aka Dr. Sheldon Cooper als Star der Serie angekündigt und kommt unter tosendem Applaus nach vorne gejoggt. Die Dreharbeiten starten nach der Vorstellung der Darsteller, die in der heutigen Folge mitspielen, zügig.

Alle sind extrem professionell, Versprecher und andere Patzer passieren äußerst selten. Zwischen den einzelnen Szenen, wenn das Set gewechselt wird, hält ein Anheizer uns bei Laune. Er läuft durchs Publikum und stellt Fragen oder lobt spontan Wettbewerbe aus, bei denen man etwas gewinnen, aber in erster Linie sich zum Affen machen kann. Zum Beispiel wer am besten tanzen kann – inklusive Kostprobe.

Ganz weit vorne bei den Freiwilligen: Richtig, Mary-Kate und Freundin. Die Texanerinnen werfen sich dem Pausen-Clown regelrecht in die Arme und verpassen so nicht die Gelegenheit, ihre Geschichte noch einmal vor allen zum Besten zu geben. Inzwischen sind Peter und ich restlos davon überzeugt, dass die beiden ein gewisses Produkt konsumiert haben, das in Kalifornien legalisiert ist, in ihrer Heimat Texas jedoch noch nicht. Den Eindruck hat wohl auch der Moderator. „Habt ihr was geraucht? Oder seid ihr besoffen?“, will er wissen. Die beiden wirken sichtlich gekränkt über diese implizite Beleidigung ihrer guten Laune. Die Antwort werden wir allerdings nie erfahren. Als Mary-Kate, die von beiden mutmaßlich am meisten geraucht hat, gerade Luft für eine ausgiebige Antwort holt, ertönt der Gong. Das Zeichen dafür, dass es mit der Aufzeichnung weitergeht. Umgehend wird das Mikro stumm geschaltet und wir widmen uns wieder dem, wofür wir hier sind: Laut und herzlich lachen.

Unser Eindruck, dass Kalifornien sehr restriktiv ist, bestätigt sich, als wir spätabends aus dem TV-Studio kommen. Zwar bestens gelaunt und leicht überdreht, aber dennoch so platt, dass wir nur noch ins Bett fallen wollen. Bezahlbare Campingplätze sucht man in LA allerdings vergebens und Wildcamping ist zumindest in Küstennähe überall verboten. Noch nicht mal die Walmarts in Los Angeles erlauben Übernachtungen auf dem Parkplatz. Kein Wunder, dass die Althippies nach Oregon abgezogen sind! Zum Weiterfahren sind wir aber zu müde und so parken wir letztlich in einem ruhigen Wohngebiet am Straßenrand. Dort gibt es in einem Park sogar öffentliche Toiletten. Die sind allerdings etwas gewöhnungsbedürftig, denn die einzelnen Kabinen haben keine Türen. Es ist wie in einer Gemeinschaftsdusche – nur eben mit Kloschüsseln statt Duschen. Jeder kann jedem beim Geschäfte verrichten zuschauen. Und das ausgerechnet in den prüden USA! Naja, nach ein paar Monaten unterwegs, nimmt man eben, was man kriegt. Ob es ein Vorteil oder Nachteil für unsere charakterliche Entwicklung ist, dass die Ansprüche auf solch einer Reise in den Keller sinken, wird sich später zeigen. Peter und ich sind jedenfalls froh, einen ruhigen Ort für die Nacht gefunden zu haben. Mehr brauchen wir heute nicht mehr. „Keine Ahnung, warum man gerade Los Angeles so genannt hat“, ist mein letzter Gedanke vor dem Einschlafen. Ganz so engelsgleich erscheint uns die „Stadt der Engel" jedenfalls nicht.

Dennoch nutzen wir am nächsten Tag die Gelegenheit für ein wenig Sightseeing. Wir freuen uns wie kleine Kinder, als wir in einem fancy Villenviertel einen relativ unbekannten Foto-Spot für das Hollywood Sign finden. Das ist nämlich gar nicht so einfach. Entweder man ist ewig weit weg oder man darf nirgendwo anhalten. Denn selbstverständlich haben all diejenigen, die eine Villa in der Nähe bewohnen, keine Lust auf fotowütige Touristen. Doch heute ist Mittwoch, man darf eine Stunde vor den Villen parken. Ein unscheinbarer Durchgang zwischen zwei Grundstücken entpuppt sich als Wanderweg mit bester Sicht aus nächster Nähe aufs Hollywood Sign. Eine Million Fotos später drehen wir noch eine Runde durch Beverly Hills. Doch außer hohen Mauern und verschlossenen Toren ist nichts Spannendes von den Stars und Sternchen zu erspähen. Promis finden wir wohl nicht mehr und so verbringen wir den Rest des Tages lieber am Strand.

Bereits am selben Abend verlassen wir die Stadt der Engel und eilen nach San Diego. San Diego interessiert uns nicht nur mehr als LA, sondern wir haben dort auch einen Couchsurfer gefunden. Neue Bekanntschaften wollen wir uns nicht entgehen lassen und so machen wir uns auf den Weg. Da es bereits Abend ist, verpassen wir zwar leider einen Großteil der hübschen Küste, aber viel Zeit hätten wir sowieso nicht gehabt. Denn wir haben mal wieder leichtfertig einen Fixtermin in unseren Kalender gesetzt: Als nach unserem Einreiseerfolg in Seattle klar war, dass wir bis zu 90 Tage im Land bleiben dürfen, haben wir kurzerhand Konzerttickets für Las Vegas gekauft. An sich eine super Sache, nur haben wir das mit dem Datum nicht richtig durchdacht. Acht Tage zwischen LA und Las Vegas kamen uns neulich noch wie eine Ewigkeit vor. Nun bei genauerem Nachdenken merken wir, wie viel wir zwischen den beiden Städten noch sehen und erleben wollen und wie kurz acht Tage dafür sind. Wegen der TV-Aufzeichnung sind wir nach LA gehetzt und mussten viele Abstriche auf der Route machen. Und nun haben wir uns aus Versehen selbst den gleichen Stress wieder gemacht?! Wie blöd sind wir? Wir würden San Diego eigentlich gerne in Ruhe erkunden, am Meer in den Tag hineinleben und die Stadt dann verlassen, wenn wir wirklich genug von ihr haben. Nicht dann, wenn es der Kalender verlangt. Aber das können wir nur, wenn wir auf andere Ziele verzichten. Ich bin stinksauer auf mich selbst, dass wir die Tickets ohne nachzudenken gekauft haben, denn schließlich stand mehr als nur dieser eine Termin zur Auswahl. Da haben wir theoretisch alle Zeit der Welt und verursachen uns selbst genau den Reisestress mit straffem Zeitplan, den wir nie haben wollten...

Zeitdruck hin oder her: Unser Abstecher nach San Diego erweist sich als lohnender Umweg. Nicht nur Couchsurfer Aaron ist ein cooler Typ, auch die Stadt hat einiges zu bieten. Sie ist nicht so hektisch wie San Francisco oder Los Angeles und trumpft mit ebenso vielen netten Bars, Cafés und Parks wie Portland. Daher beschließen wir, San Diego und das Vanlife am Strand erstmal ohne Hetze zu genießen. Danach sehen wir weiter.

Selbst nach ein paar Tagen können wir uns allerdings nur schweren Herzens loseisen und zögern unseren Abschied auf einen letzten Sonnenuntergang am Meer hinaus. Seehunde spielen im Wasser, während der Himmel sich rot färbt – es ist wahnsinnig kitschig. Entsprechend spät ist es, als wir endlich unterwegs sind. Höchste Abendessens- und fast schon Schlafenszeit, also steuern wir nach kurzer Fahrt eine Raststätte am Highway an. Acht Stunden darf man hier legal rasten. Ganz schön knapp, doch vielleicht liegt genau da der Clou der Raststätte: Man hat sie nämlich für beide Fahrtrichtungen erreichbar, mittig zwischen den Fahrspuren des geschäftigen Highways gebaut. Die pure Idylle! Wer bei dem Lärm überhaupt pennen kann, dem ist sowieso nicht mehr zu helfen. Wehmütig denken wir an unsere Campingspots in Alaska zurück...

Nachdem wir unsere acht Stunden Ruhezeit – „Ruhe“ haha – großzügig interpretiert haben, geht es zu unserem ersten Zwischenziel: dem Salvation Mountain. Ein bunt bemalter Hügel mitten in der Wüste. Nicht nur bekannt aus einer Szene des berühmten Reisefilms Into the Wild, sondern bei allen Heidi-Fans auch aus der achten Staffel Germany's next Topmodel. Etwas weniger glamourös als bei Pro7 ist dann die Realität. Als wir aus dem Auto steigen, ist es, als hätten wir mitten in einer Open-Air-Großraumsauna geparkt. Falls es so etwas gibt. 40 Grad Außentemperatur und Mittagshitze in der prallen Wüstensonne machen es zu einer wahren Herausforderung, das bunte Kunstwerk zu genießen. Umso schwerer zu glauben ist die Begründung, warum man den kunterbunten Salvation Mountain aktuell nur betrachten, aber nicht betreten darf. Wegen einer Springflut ist der Boden noch zu weich und nachgiebig. Eine Springflut? Mitten in der Wüste bei sengender Hitze und brennender Sonne? Genau. Für Leute, die mit Wüsten nicht viel am Hut haben, schwer vorstellbar, aber selbst in Regionen wie dem Death Valley gibt es immer mal wieder Springfluten, die plötzlich auftreten können, wenn es dann doch mal regnet und der knochentrockene Boden nicht in der Lage ist, Wasser aufzunehmen. Doch egal, ob von oben oder eben nur von der Seite: Das bunte Wüstenkunstwerk von Leonard Knight ist ein absoluter Hingucker! Gleich eine ganze Hippiekolonie hat sich mit ihren Wohnwagen in unmittelbarer Nähe angesiedelt. „Slab City“ (hergeleitet von „concrete slabs“, ehemals dortige Militärbarracken) ist in etwa das amerikanische

Pendant zu Christiania in Kopenhagen. Gerüchten zufolge zieht es im Winter Tausende Hippie-Rentner mit ihren Wohnmobilen hierher. Doch selbst im Sommer gibt es etwa 150 permanente Bewohner, die sich von bis zu 49 Grad Celsius und fehlender Infrastruktur nicht abschrecken lassen.

„Warum ausgerechnet dieser Ort?", fragen Peter und ich uns immer wieder als wir durch das örtliche Kunstmuseum „East Jesus" mit seinen gesellschaftskritischen Werken aus Schrott und Sperrmüll schlendern. Es gibt wohl kaum einen schlechteren Ort, um unabhängig zu leben. Schließlich eignet sich eine Wüste eher mäßig gut, um eigenes Essen anzubauen (Supermärkte haben Slab City noch nicht erobert), Wasser ist Mangelware und mit der ständigen Hitze ist die kleine Siedlung selbst jetzt im Oktober noch lange kein angenehmes Plätzchen. Eine einsame, palmengesäumte Insel fände ich persönlich netter fürs Aussteigerleben. Und so sind Peter und ich froh, als wir zurück in unsere klimatisierte Bärtha steigen können, um uns ein kühleres Fleckchen Erde zum Schlafen zu suchen.

Es ist bereits stockfinster, als wir am Joshua Tree Nationalpark ankommen. Etliche Leute hatten uns von dem Park vorgeschwärmt und einmal zu oft empfohlen, als dass wir ihn ignorieren könnten. Selbst jetzt im Dunklen können Peter und ich bereits erahnen, wie Recht diese vielen Leute hatten. Der Joshua Tree Nationalpark ist einfach unglaublich! Nicht nur die namensgebenden Bäume – die größte Art der Gattung der Palmlilien –, sondern auch die Felsformationen machen den Park nicht nur für Kletterer zu einem ganz besonderen Ort. Irgendwie erinnert die Kulisse ein bisschen an Fred Feuerstein. Nicht ganz zu Unrecht, denn tatsächlich können die Josuabäume bis zu 900 Jahre alt werden. Zugegebenermaßen nur eine kleine Annäherung an die Steinzeit, aber dennoch lassen wir uns ein klein bisschen von der Umgebung verzaubern. Bewaffnet mit Wein und Käse klettern wir abends auf einen Felsen nahe unseres Camps, um den Sonnenuntergang zu genießen. Ein rundum perfekter Moment! Nicht nur deshalb gehört nun auch der Joshua Tree Nationalpark für uns zu den absoluten Highlights der USA!

Und so bricht es mir das Herz, als wir nur wenige Monate später erfahren, was während des sogenannten Government-Shutdowns Anfang 2019 passierte: Im Streit um die Finanzierung der Mauer zu Mexiko konnte die US-Regierung sich nicht rechtzeitig auf einen neuen Haushalt einigen. Irgendwann waren die bereits bewilligten Gelder am Ende und so wurde bis zur Einigung über neue Haushaltsmittel die Verwaltung lahmgelegt. Über einen Monat waren daher auch die Park-Ranger nicht im Dienst und die Nationalparks somit unbewacht. Zum Leidwesen der Natur quollen nicht nur die Plumpsklos und Mülleimer über, sondern Unbekannte fuhren querfeldein durch die Schutzgebiete, bemalten Felsen und fällten etliche Josuabäume.

Doch noch wissen wir nichts von alldem, was dem Park nur kurze Zeit später bevorsteht. Noch überlegen wir nur, wie wir aus unserer limitierten Zeit das meiste rausholen. Schlafentzug scheint die einzige Lösung. Damit wir noch wenigstens einen weiteren Wanderweg im Park erkunden können, gleichzeitig aber nicht riskieren, unser Konzert zu verpassen, wagen wir das Unmögliche: Wir stellen den Wecker auf „vor Sonnenaufgang“. Während ich diese Zeilen schreibe, kann ich es selbst immer noch kaum glauben, aber wir stehen tatsächlich im Morgengrauen auf und machen uns ohne Umschweife auf den Weg. Während der Fahrt zum Wanderstartpunkt frühstücken wir Müsli-Kekse und lauwarmen Kaffee aus der Thermoskanne, den wir aus Zeiteffizienzgründen bereits am Vorabend zubereitet haben. Als wir ankommen, ist die Sonne schon aufgegangen, aber noch angenehm schwach. Ein weiterer Vorteil, wenn man so früh startet. Das sollten wir uns mal merken. Im Eiltempo laufen wir den Wanderweg in was wir für Rekordzeit halten. Eine Dreiviertelstunde später steht fest, dass das frühe Aufstehen sich mehr als gelohnt hat. Wir stehen mitten in einer Oase aus Palmen, die in der sonst kargen Schlucht wie aus dem Nichts auftaucht. Ein wunderschöner Anblick!

Erfreut stellen wir fest, dass wir schneller als gedacht unterwegs waren und gönnen uns eine kleine Pause zum Verweilen. Statt uns zu ärgern, dass wir nur so kurz hier sind, wollen wir die Zeit lieber genießen. Auf dem Rückweg wird mir klar, dass unsere momentane Eile gar nicht unbedingt an unserem schlechten Zeitmanagement liegt, sondern dass es nie besser werden wird. Die Routenplanung ist einfach nie perfekt und ohne Abstriche möglich. Wir werden immer von irgendwas zeitlich eingeschränkt sein. Wir werden immer wieder bestimmte Sachen frühzeitig buchen und uns damit auf ein Datum festlegen müssen. Oder es gibt fixe Termine, wie Weihnachten an einem bestimmten Ort, Halloween in den USA oder den Tag der Toten in Mexiko, die die Reisegeschwindigkeit bestimmen. Oder Jahreszeiten, nach denen wir uns richten müssen, wenn wir nicht irgendwo in den Wintereinbruch oder die Regenzeit geraten wollen. Und immer wieder werden wir unterwegs von weiteren spannenden Orten erfahren, die wir spontan in unsere Route einplanen und somit in Zeitverzug geraten. Egal, wie gut wir planen beziehungsweise bewusst nichts planen – wir werden zwischendurch immer wieder Abstriche machen oder hetzen müssen. Wir lösen uns also von der Illusion, unsere Zeit komplett frei bestimmen zu können. Egal ob 3-Wochenurlaub als Festangestellter oder scheinbar endlose Freiheit wie bei uns: es wird immer gewisse Einschränkungen geben. Eine ernüchternde, aber wertvolle Erkenntnis.

Fabulous Las Vegas

Am Mittag kommen wir schließlich rechtzeitig in Las Vegas an. Es ist genauso, wie ich es in Erinnerung habe: faszinierend und abstoßend zugleich. Vor allem wenn man Dinge wie Umweltschutz wichtig findet und den bewussten und sinnvollen Einsatz von Ressourcen schätzt. Nicht unbedingt das Motto von Vegas. Warum sollte eine Stadt mitten in der Wüste auch Wasser sparen? Wenn ich Las Vegas in einem Wort beschreiben müsste, dann wäre es „Maßlosigkeit". In jeglicher Hinsicht: Rund um die Uhr Völlerei in All-you-can-eat-Buffets, Party und Saufen bis zur Besinnungslosigkeit, spontane Elvis-Hochzeiten mit dem jeweiligen Saufpartner. Zocken bis zur Privatinsolvenz in fensterlosen Casinos, die einen vergessen lassen, ob es gerade Tag oder Nacht ist. Schneller, größer, weiter an jeder Ecke. Und auch die Preise in Las Vergas sind durchaus als maßlos zu be-zeichnen.

Die Casinos in Las Vegas haben einen ganz speziellen Geruch. Ein bisschen so wie in Großdiskotheken mischen sich Zigarettenrauch, verschüttete Cocktails, Unmengen an viel zu starkem Parfüm mit dem Angstschweiß, ob man an der Slot Machine gerade auf dem Weg zum Millionär oder zum Obdachlosen ist. In einigen Casinos wird der Luft angeblich sogar reiner Sauerstoff zugemischt. Nebeneffekt: Man wird nicht müde und kann so noch länger dem Casino sein Geld zuführen. Wer bei dem Wort „Casino" an James Bond und exklusives Ambiente denkt, wo Männer Smoking tragen und weibliche Schönheiten sich in eleganten Abendkleidern am Roulette-Tisch räkeln, liegt falsch. Selbst die schicksten Hotels wie das *Ceasar's Palace* oder das *Bellagio* bilden keine Ausnahme, wenn es um die Spielhöllen geht, die mehr mit der örtlichen Spielothek als mit Agent 007 gemein-sam haben. Zwischen blinkenden Spielautomaten schlängelt man sich durch zur Rezeption. Wer braucht schon Tageslicht?

Da viele Hotels zumindest unter der Woche erstaunlich günstig sind, bekommt Bärtha zwei Nächte Pause von uns. Wir checken ins *Circus Circus Hotel* ein. Nicht unbedingt das Beste, was Las Vegas zu bieten hat, aber die vielen Wasserrutschen im Poolbereich haben letztlich unsere Buchungsentscheidung besiegelt. Das fensterlose Casinoambiente auf dem Weg zur Rezeption schockt uns nicht mehr. Auch die Kategorie „beste Ausstattung" gewinnt das Circus Circus Hotel eher nicht. „Wie sollen wir hier frühstücken?" fragen wir uns entsetzt, als wir mit Sack und Pack in unserem Zimmer ankommen. Da frühstücken in Las Vegas Starbucks oder Dunkin Donuts im ebenfalls tageslichtlosen Food Court des Hotels bedeutet, beruhte unser gesamtes Frühstückskonzept auf dem

Vorhandensein von Kühlschrank und Wasserkocher auf dem Zimmer. Zwei Mal falsch gedacht. Vielleicht taktisch, um den Konsum außer Haus zu fördern und gleichzeitig ausgelassene Zimmerpartys subtil zu unterbinden. Jedenfalls ein Problem, denn wir hatten extra eingekauft, um Fast Food-Konsum und Kosten in Las Vegas gering zu halten. Doch das Circus Circus Hotel hat offenbar nicht mit Peter und mir gerechnet. Mehrere Monate Vanlife haben uns erfinderisch gemacht.

Ich laufe zurück zum Auto und hole unsere große Blechschüssel, die wir normaler-weise zum Spülen benutzen. Peter hat nämlich in der Zwischenzeit eine Entdeckung gemacht: Auf jeder Etage gibt es einen Getränkeautomaten. Und da der Amerikaner seine Cola gerne eisgekühlt zu sich nimmt, verfügt jeder Automat auch über ein Eiswürfelfach. Dort kommen Eiswürfel auf Knopfdruck in beliebiger Menge herausgepurzelt. Große Schüssel plus Eiswürfel gleich Kühlschrank. Problem gelöst. Wir freuen uns wie kleine Kinder über unseren Coup. Das Problem mit dem Kaffee lösen wir, indem von nun an eben nur noch „Cold Brew“ serviert wird. Dafür zahlen Großstadt-Hipster schließlich anderswo viel Geld. Bei den Temperaturen in Nevada sowieso nicht die schlechteste Idee.

Doch bevor wir die neu erworbenen Annehmlichkeiten unseres Zimmers auskosten können, steht erst mal der primäre Grund unseres Besuchs an: das Konzert. Die Backstreet Boys treten heute Abend live und in Farbe auf. Ein Highlight, das selbst Peter sich nicht entgehen lässt. Und so machen wir uns ungewohnt überpünktlich auf den Weg ins Show-Theater Planet Hollywood für einen Boyband-Abend vom Feinsten.

Der nächste Morgen startet ruhig. Nachdem wir gefrühstückt und uns erneut gegen-seitig ausgiebig für unseren Einfallsreichtum gelobt haben, erkunden wir weiter unser Ho-tel. Neben den vielen Wasserrutschen, die tatsächlich den Spaß halten, den sie versprechen, ist der Zirkuszelt-förmige Adventuredome Besuchermagnet des Hotels. Zumindest in der Theorie. In der Praxis ist die Magnetwirkung gerade stark genug, um Peter und mich sowie zwei andere anzuziehen. In dem etwas in die Jahre gekommenen hoteleigenen Indoor-Freizeitpark gibt es Spiel und Spaß für die ganze Familie. 25 Fahrgeschäfte inklusive drei Achterbahnen werden dem Vergnügungswilligen geboten. Der Park sieht so aus, wie man sich wohl in den 80ern oder 90ern mal die Zukunft, also heute, vorgestellt hat. Als wir später das sogenannte „Old Vegas“ abseits des noch berühmteren Strips erkunden, festigt sich dieser Eindruck einer in die Jahre gekommenen Zukunftsvision mehr und mehr. Wir streifen über die Fremont Street mit ihren vielen blinkenden Leuchtreklamen und Attraktionen wie einem Gruselkabinett oder einer Seilbahn, in der man in Spiderman-Position über die Fußgängerzone hinwegfliegt. Es ist ein krasser Kontrast zu den letzten Wochen und Monaten, die wir überwiegend in der Natur verbracht haben. Und so verrückt und bescheuert vieles klingt – irgendwie gefällt uns Las Vegas.

Wir sind angewidert und zugleich fasziniert von dem, was uns geboten wird. Bestes Beispiel: Der Heart Attack Grill. Mit dem *Quadruple Bypass-Burger* bietet das Restaurant den kalorienreichsten Burger der Welt (vier Rinder-Patties zu je einem halben Pfund, 20 Streifen Speck, acht Scheiben Käse, eine komplette Tomate, eine halbe Zwiebel im Brötchen mit Soße) an. Bestätigt vom Guinness-Buch der Rekorde. Wer das Restaurant betritt, er-hält einen Patientenkittel wie im Krankenhaus, die Bedienung trägt passend zum Herzinfarktmotto ein Sexy-Krankenschwester-Kostüm. Sämtliche Gerichte auf der Karte haben das Potenzial für einen Herzinfarkt. Wer nicht aufisst, kassiert von den Krankenschwester-Kellnerinnen Klapse auf den Po mit einem Holzbrett. Keine Ahnung, ob auch das auf den Kardiostationen amerikanischer Krankenhäuser üblich ist. Schafft man es hingegen, den Quadruple Bypass Burger restlos zu verputzen, wird man angeblich auf Wunsch von einer sexy Krankenschwester mit dem Rollstuhl zu seinem Auto geschoben. Auch wenn es uns heute Abend das Busticket sparen würde, verzichten wir auf den Versuch, uns diese Ehre zu erkämpfen. Doch es gibt noch mehr Eigenwilligkeiten: Wer bereits beim Betreten des Restaurants mehr als 350 Pfund auf die Waage bringt, speist kostenlos. Zu diesem Zweck befindet sich extra eine Industriewaage am Eingang. Trotz Schuhen und Handtasche, stellt sich beim Test auf der Waage heraus, dass mir wohl ein paar Pfund bis zum Free Lunch fehlen. Nicht nur deshalb belassen wir es bei Kopfschütteln und glotzen, wer da gerade alles auf einen Herzinfarkt hinarbeitet. Ich sagte ja schon: Las Vegas ist maßlos.

Nach zwei Tagen Vanlife-Pause im glitzernden Las Vegas sind wir total traurig, die Stadt schon verlassen zu müssen. Und das meine ich wirklich nicht ironisch. Wir würden gerne noch etwas bleiben. Damit hätte nun wirklich niemand gerechnet! Am wenigsten wir selbst. Eigentlich wollten wir gar nicht hierher und waren nur wegen der Backstreet Boys gekommen. Schließlich sind wir schon mal da gewesen und waren nicht übermäßig begeistert. Diesmal hingegen hatten wir allerdings echt viel Spaß! Auch wenn wir immer noch der Meinung sind, dass Las Vegas grundsätzlich nicht unser Ding ist, fühlt es sich in diesem Moment genau richtig an. Vielleicht brauchen wir einfach mal genau diese Abwechslung von unserem einfachen Vanlife in der Natur. Oder vielleicht ist es das Wissen dar-über, dass sich irgendwo hier immer noch die Backstreet Boys herumtreiben?!

Spontan beschließen wir, eine weitere Nacht zu bleiben, um an einem der netten Hotelpools ein wenig mehr von der Zivilisation mit all ihren Vorteilen zu profitieren. Das Problem: Es ist Freitag. Das bedeutet die Hotelpreise steigen in astronomische Höhen. Wir haben keine Lust, einen dreistelligen Betrag zu zahlen, zumal es bis unsere Entscheidung endgültig gefallen ist, schon so spät ist, dass wir die Annehmlichkeiten eines Hotels kaum noch auskosten könnten. Daher beschließen wir, Vanlife und Las Vegas zu vereinen und es heute Nacht in dem Parkhaus zu versuchen, in dem unsere Bärtha bereits den ganzen Tag über so gut gestanden hat. Am späten Abend fahren wir in eins der oberen Stockwerke in der Hoffnung, dass es hier oben weniger trubelig ist und wir nicht weiter auffallen. Wir hängen alle Fenster zu, sodass der Security-Typ, der gelegentlich mit seinem Golf-Cart vorbeigefahren kommt, nichts sehen kann.

Zudem hat ein Parkhaus noch einen weiteren entscheidenden Vorteil gegenüber anderen nicht ganz legalen Übernachtungsorten: Ein Abschleppwagen passt hier nicht rein. Allerdings haben wir einen Faktor voll-kommen unterschätzt: In einem Parkhaus staut sich die Hitze. Eigentlich hat sich die Luft draußen um diese Uhrzeit bereits abgekühlt, sodass man sogar eine Strickjacke braucht. Doch im Bulli sind es 30 Grad. Es ist allerdings nicht nur stickig, sondern dazu auch laut. Das ganze Parkhaus vibriert von den ständig durchrasenden Autos. Als würden sie Rennen um die Kurven fahren. An Schlaf ist nicht zu denken. Tapfer versuchen wir dennoch die Augen zu schließen und ins Land der Träume abzutauchen. Vergebens. Es ist einfach zu laut und vor allem zu heiß. Mitten der Nacht haben wir schließlich genug und geben uns geschlagen. Müde und enttäuscht über unsere Niederlage steuern wir aus dem Parkhaus heraus. Unsere App hat noch einen letzten heißen Tipp parat: den Parkplatz gegen-über des ikonischen Stratosphere-Hotels.

Wir sind nicht die einzigen, die lieber wildcampen, als die Wochenendpreise zu zahlen. Auf dem Parkplatz am Ende des Strips stehen bereits mehrere Wohnmobile. Peter und ich gesellen uns dazu. Ein paar komische Gestalten lungern zwar herum, dafür ist es vergleichsweise ruhig und kühl. Dummerweise muss ich, bevor wir endlich schlafen gehen können, nochmal aufs Klöchen. Wirklich dringend aufs Klöchen. Das heißt in dem Fall, ich muss ins Casino gehen. Peter ist mitten in der Nacht nicht dazu zu überreden, mich über den zwielichtigen Parkplatz zu begleiten. Doch die Blase drückt nun mal, also ziehe ich schnell ein Kleid übers Schlaf-Shirt und laufe los in Richtung Casino. Der Weg bis zum Eingang zieht sich und die Ampel über den mehrspurigen Strip hat die Eigenschaft ausgedehnter Rotphasen für Fußgänger. Eine Gruppe komischer Typen kommt mir entgegen und zischt mir Dinge zu, die ich lieber nicht verstehen will. Automatisch mache ich einen Schritt zur Seite, als sie glotzend an mir vorbeischlendern. Das war ein

Fehler! Nun wissen sie, dass ich Angst habe und drehen sich auffällig um. „Toll gemacht!“, schimpfe ich mich innerlich selbst aus. Habe ich in meiner Zeit in Köln-Kalk denn nichts über den Umgang mit zwielichtigen Personen im Dunkeln gelernt? Von wegen Coolness bewahren und so? Die Ampel springt endlich auf Grün und ich laufe schnellen Schrittes in das rettende Casino.

Zum Glück befinden wir uns in den USA und ich falle in meinem zweckmäßigen Kleid-überm-Schlafanzug-Outfit nicht weiter auf. Ein Jogginganzug ist in Vegas nun wirklich kein Hindernis, um sein letztes Geld am Automaten zu verzocken. Ich erledige, wofür ich gekommen bin und mache mich wieder auf den Weg zurück. Auf dem Parkplatz angekommen, achte ich penibel darauf, dass niemand sieht, in welches Auto ich steige. Jemand kommt mir entgegen und spricht mich an. Ich murmele im Vorbeigehen eine unverständliche Antwort und laufe absichtlich noch ein paar Meter an unserem Bulli vorbei, bis ich für die merkwürdige Gestalt außer Sichtweite bin. Gebückt schleiche ich zurück und klettere durch die Fahrertür nach hinten ohne das Licht anzumachen. Das mit dem Hotel-zimmer war irgendwie einfacher.

Am nächsten Morgen lernen wir unsere Nachbarn, eine australisch-englische Familie, kennen. Tim und Barbara campieren mit ihrer kleinen Tochter bereits seit drei Wochen im Wohnmobil auf diesem Parkplatz. „Bevor ihr gestern Abend kamt, war schon ein paar Mal die Polizei da“, erzählen sie uns. Warum genau, wissen sie nicht. Wundern tut mich das nach meinem Spaziergang zur Casino-Toilette jedenfalls nicht.

Peter und ich verbringen unseren diesmal wirklich letzten Tag in Las Vegas an diversen Hotel-Pools. Sich als Nicht-Hotelgast zu den Pools zu mogeln, ist mit ausreichend deutscher Dreistigkeit erstaunlich einfach. Meist genügt es, selbstbewusst an der Kontrolle vorbeizulaufen. Am Stratosphere-Pool fragt man zumindest nach unserer Zimmerkarte. „Wir haben schon ausgecheckt, aber man hat uns gesagt, dass wir noch an den Pool dürfen,“ ist dabei nur halb gelogen, denn tatsächlich haben wir vor einigen Jahren mal eine Nacht in diesem Hotel verbracht und folglich schon ausgecheckt. Unsere australisch-englischen Parkplatz-Nachbarn schnorren bereits seit Wochen auf diese Weise Pool und Dusche. Zwar überlegen auch Peter und ich angesichts der Einfachheit des guten Lebens kurz, noch eine weitere Nacht zu bleiben, entscheiden uns letztlich aber doch gegen das Risiko, dauerhaft auf einem Hotel-Parkplatz in Las Vegas hängen zu bleiben.

Am Abend lassen wir also die bunte Glitzerwelt tatsächlich hinter uns. Wir sind zwar einerseits ein bisschen traurig darüber, doch mit jedem gefahrenen Kilometer steigt auch die Lust auf Wildnis wieder.

Die perfekte Welle

Auch am nächsten Tag bin ich allerdings doch noch nicht wieder richtig in Naturlaune. Das macht mir etwas Sorge. Normalerweise habe ich mich bereits an einen neuen Ort gewöhnt, sobald ich dort ankomme. Diesmal ist es anders. Im Zion Nationalpark kann ich mich am ersten Tag daher nur bedingt für die eigentlich spektakulären Schluchten und Felsformationen begeistern. Ich hänge gedanklich immer noch der Glitzerwelt von Las Vegas nach. Ausgerechnet Las Vegas!

Dazu holt uns am Abend ein Problem ein, das sich bereits am Nachmittag abzeichnete, wir aber erfolgreich verdrängt hatten. Alle Campingplätze im Park sind voll. Damit hatten wir vorher nicht gerechnet und so waren wir erstmal wandern gegangen. Doch nun, zurück am Campingplatz, ist wenig überraschend kein Platz mehr plötzlich freigeworden. Wildcamping ist weit und breit ausdrücklich verboten. Doch zum Glück treffen wir auf Fran und Steve, die uns spontan als Untermieter auf ihrem Platz aufnehmen. So sitzen wir kurze Zeit später gemeinsam mit den beiden und ihrem Hund am Lagerfeuer. Fran und Steve kommen aus Colorado und leben bereits seit fünf Monaten in ihrem zum Cam-per umgebauten ehemaligen Krankenwagen. Der ist zwar etwas komfortabler als unserer, aber dennoch habe ich großen Respekt. Auch die beiden haben keine Dusche und waschen sich meist im Fitnessstudio oder mogeln sich heimlich in Hotels, wie sie uns verraten. Fran und Steve sind keine Dauerreisenden wie wir, sondern arbeiten in Colorado in einem Ski-Gebiet. Trotzdem haben sie sich für das dauerhafte Vanlife entschieden und wirken damit sehr zufrieden. Vielleicht auch etwas für uns, wenn wir irgendwann wieder zurück in Deutschland sind?

Nachdem wir am nächsten Morgen endlich mal in Ruhe die extra aus Deutschland mitgebrachte B-Säulen-Abdeckung passend zum restlichen Interieur türkisfarben angestrichen und an die gute Bärtha angebracht haben, machen wir uns auf den Weg in Richtung Shuttle. Den Großteil des Zion Nationalparks darf man nämlich nicht mit dem eigenen Auto befahren, sondern nur mit einem kostenlosen Park-Shuttle. Das ist auf der einen Seite etwas anstrengend, da man wie üblich über Mikrofon mit Tipps und Regeln dauerbeschallt wird, aber macht natürlich aus Umwelt- und Verkehrsgründen Sinn. Unser Shuttle-Ziel heute lautet Angels Landing. Eine Wanderung, die Menschen mit Höhenangst oder einem schlechten Gleichgewichtssinn sich lieber dreimal überlegen sollten. Bereits sieben Wanderer haben ihr Leben gelassen, informiert uns ein Warnschild kurz vor der gefährlichsten Stelle. Viele drehen hier um, Peter und ich folgen weiter den Mutigen. Vorsichtig klettern wir über einen Kamm. Links und rechts geht es gleich mehrere Hundert Meter steil in die Tiefe. Die Shuttle-Busse wirken von hier oben wie kleine Spielzeugautos und dienen als Referenzpunkt, wie hoch oben wir wirklich gerade kraxeln. Alles geht gut. Wohlbehalten kommen wir am Endpunkt der Wanderung an und genießen die phänomenale Aussicht über die Schlucht. Mit uns genießt ein deutsches Pärchen den Blick. Wir kommen ins Gespräch. Moni und Peter reisen ebenfalls durch die USA und stocken ihr Reisebudget zwischendurch mit Schmiedearbeiten auf. Deutsches Handwerk ist schließlich weltweit anerkannt. Es ist echt verrückt! Haben wir uns in Kanada und im Norden der USA noch beschwert, dass wir nie junge Leute kennenlernen oder auch nur sehen, geht es seit Kalifornien Schlag auf Schlag! Wir kommen kaum hinterher, uns die vielen neuen Namen zu merken. Überall treffen wir Backpacker und Campervan-Reisende, die keine amerikanischen Rentner im überdimensionierten Luxuswohnmobil sind.

Die folgenden Tage und Wochen verlaufen entspannt. Wir spulen das typische Touri-Programm für die Canyon-Region in Arizona und Utah ab – nur langsamer und weniger stressig. Um uns vom vielen Autofahren und wandern zu erholen, campieren wir ein paar Tage am Strand des wunderschönen Lake Powell. Die Landschaft wirkt irgendwie surreal. Das Gelb-beige des Sandes und das Blau des Wassers und Himmels sind die vorherrschenden Farben. Kein Grün durch einen Baum oder Strauch dazwischen. Und trotzdem gefällt uns die Umgebung auf ihre eigene, besondere Weise. Der berühmte Horseshoe Bend ist hingegen umso schneller abgehakt. Der für seine Hufeisen-Form bekannte und bei Selfie-Jägern beliebte Canyon ist nur wenige hundert Meter vom Parkplatz entfernt und damit schnell zu erreichen. Perfekter geht's nicht! Also zumindest nicht, wenn man chinesischer Bustourist ist und in möglichst kurzer Zeit möglichst viele Fotos an möglichst vielen Orten schießen muss. Aussteigen, Selfie machen, wieder in den Bus und weiter. Das denken sich auch Tausend andere und so machen Peter und ich uns schneller als gedacht wieder vom Acker. Beziehungsweise auf zur nächsten Sehenswürdigkeit: Dem Antelope Canyon.

Der Canyon gehört den Navajo-Indianern ist nur mit einem Tour-Guide des Stammes zu betreten. Wir überlegen hin und her, ob wir das Standard-Touri-Programm wirklich weiter mitmachen wollen. Aber letztlich kommen wir hier vielleicht nie wieder hin. Zweimal 60 Dollar sorgen dafür, uns später nicht ärgern zu müssen, etwas verpasst zu haben. Und die Tour durch den Canyon erweist sich tatsächlich als unglaublich schön und lohnenswert! Irgendwo in der Wüste tut sich plötzlich eine Spalte im sonst so ebenen

Bo-den auf, in die wir hineinklettern: der Canyon. Von oben scheint die Sonne hinein und sorgt für ein spektakuläres Farbenspiel. Wir haben Glück: wir sind die letzte Tour des heutigen Tages. Nach hinten ist freie Bahn und so können wir uns Zeit lassen und in Ruhe beobachten, wie die untergehende Sonne den Canyon in immer neues Licht rückt.

Doch als absolutes Highlight der Region entpuppt sich *The Wave*. Die Felsformation verläuft wellenförmig durch die sonst wüstenhafte Landschaft. Und zwar in sämtlichen Nuancen, die die Farbpalette zwischen Rot und Gelb mit einer Mischung von Braun zu bieten hat. Wellen, von denen jeder Surfer nur träumen kann. Es ist eine unglaubliche Landschaft mitten im Nirgendwo. Und unglaublich zu genießen, da nur eine Handvoll anderer Menschen hier ist. Vermutlich relativ genau 20, denn nur so viele Permits werden jeden Tag für den Wanderweg verteilt. Eben die rundum perfekte Welle.

Mit Betreten des Monument Valleys befinden wir uns erneut in einem Gebiet, das den Navajo-Indianern zugesprochen wurde. Das Monument Valley ist durch seine unverkennbare Landschaft gleich aus einer ganzen Reihe von Westernfilmen und Werbespots bekannt. Unter anderem Indiana Jones wurde rund um die berühmten braunroten Tafel-berge gedreht und Forrest Gump beendete hier am Highway seinen Lauf. Ein Schild weist sogar die genaue Stelle aus.

Während Peter und ich die spektakulären Tafelberge bestaunen, fällt mir auf, dass wir seit unserer Deutschland-Pause inzwischen schon wieder einen ganzen Monat unterwegs sind. Krass! Nicht, weil die Zeit so schnell verging, sondern weil es uns wie eine Ewigkeit vorkommt, dass wir in Deutschland waren. Wir haben in der Zwischenzeit so viel erlebt und gesehen, dass wir uns kaum vorstellen können, dass das nur ein Monat gewesen sein soll. Zuhause vergeht ein Monat oft mit einem Fingerschnips. Man denkt an eine Party, ein Treffen mit Freunden oder einen schönen Wochenendausflug zurück und stellt oft mit Erschrecken fest, dass das ganze schon wieder ein paar Wochen her ist. Ob-wohl es einem wie gestern vorkommt. Auf der Reise ist es genau umgekehrt. Nicht weil uns langweilig wäre und die Zeit nicht rumgehen würde. Es ist eher so wie früher als Kind. Da kam einem die Zeit auch irgendwie länger vor. Wahrscheinlich, weil man als Kind je-den Tag so viel Neues lernt und erlebt. Der schlimmste Tag des Jahres damals? – Der Tag nach Weihnachten, denn nun muss man ein ganzes Jahr (also eine Ewigkeit) warten, bis es wieder so weit ist. Als Erwachsener allerdings geht man jeden Tag zur Arbeit und zack: Ist schon wieder ein Jahr vorbei. Das ist ein echter Vorteil einer solchen Reise: Die Zeit vergeht scheinbar langsamer und man hat viel mehr vom Leben. Die Redewendung „das Meiste aus seiner Zeit machen" erhält so nochmal eine ganz andere Bedeutung.

Nach ein paar Wochen im Wilden Westen wird es langsam Zeit für einen Tapeten-wechsel. Nicht, weil die Gegend nicht unglaublich spannend und vielfältig wäre, aber jede Nacht wird es auch ein bisschen kälter. Ziemlich viel kälter um genau zu sein. Und so einigen Peter und ich uns darauf, dass der Arches Nationalpark unser letztes Ziel in dieser Gegend sein soll.

Als wir mittags auf dem Campingplatz des Nationalparks ankommen, sind wir positiv überrascht, tatsächlich einen freien Platz zu ergattern. Es gibt sogar noch Auswahl! Diesen Luxus hatten wir schon lange nicht mehr. Regelmäßig mussten wir in den letzten Wochen andere Camper fragen, ob sie ihren Platz mit uns teilen würden, weil bereits alles voll war. „Vielleicht können wir heute zur Abwechslung mal jemanden unseren Platz anbieten", überlegen wir aufgeregt. Schließlich ist es unsere vermutlich letzte Nacht auf einem Nationalpark-Campingplatz und damit die letzte Chance, uns zu revanchieren. Bevor wir uns auf eine Wanderung machen, platzieren wir gut sichtbar an der Heckscheibe ein Schild mit unserem Angebot.

Vor allem Peter ist ganz begeistert von der Kulisse des Nationalparks. Während wir durch die Landschaft mit ihren bizarren Gesteinsbögen laufen, kommen wir uns mal wie-der wie inmitten des Dreh-Sets von Fred Feuerstein vor. Jeden Moment muss Barney Geröllheimer hinter einem der Felsen hervorschauen. Oder Wilma. Doch weder die Feuer-steins, noch die Geröllheimers warten auf uns, als wir ein paar Stunden später zum Campingplatz zurückkehren. Dafür parkt ein weißer Van direkt hinter unserer Bärtha. Neben unserem Zettel hängt eine weitere Nachricht an der Windschutzscheibe: „Happy to share space and cost. We are hiking, will be back soon. Mike + Barbara". Perfekt! Wir freuen uns schon auf unsere neuen Untermieter. Gar nicht mal wegen der geteilten Kosten, sondern viel mehr, weil wir uns so zumindest symbolisch dafür revanchieren können, dass in den letzten Wochen immer wieder andere Reisende dazu bereit waren, ihren Platz mit uns zu teilen. Mike und Barbara entpuppen sich als Pärchen Mitte 30, die als Musiker durch Nordamerika touren. Wir verbringen gemeinsam einen netten Abend am Lagerfeuer. Bis uns die Kälte unweigerlich in den Bulli zurückzwingt. So gerne Peter und ich noch Colorado anschauen würden – es wird höchste Zeit, dass wir in wärmere Gefilde kommen.

Vom anderen Stern

So beschließen wir am nächsten Tag schweren Herzens, die USA langsam zu verlassen und uns auf den Weg nach Mexiko zu machen. Es ist November und wird einfach zu winterlich, als dass das Vanlife so noch Spaß machen würde. Das haben die letzten Nächte eindrücklich bewiesen. Colorado muss warten, Texas erhält stattdessen spontan den Zuschlag. Dort wollen wir uns die Städte Austin und San Antonio anschauen und dann über die Grenze nach Mexiko fahren. Zuvor müssen wir aber erstmal durch New Mexiko.

Die Altstadt von New Mexikos Hauptstadt Santa Fe sieht mit ihren quaderförmigen Sandsteinbauten tatsächlich bereits sehr mexikanisch aus, auch wenn es sich um einen US-Staat handelt. Ansonsten ist in Santa Fe allerdings nicht viel los. Um die USA-Nostalgie komplett zu machen, fahren wir daher lieber ein Stückchen über die legendäre Route 66. Wichtigster Programmpunkt: In einem typisch amerikanischen Diner essen. So einer mit Neonleuchtreklame, roten Polsterbänken und Schachbrettmusterfliesen, wo es Burger mit Pommes und Milchshakes gibt. Und die Bedienung läuft regelmäßig rum und schenkt Filterkaffee nach. Wie im 50er-Jahre Hollywoodstreifen. Das „Route 66" ist zwar eine Kette, aber verspricht genau diesen nostalgischen Charme. Wir fahren hin. Der Laden ist tatsächlich ein wenig runtergekommen, die „66" im Neonschild fehlt bereits. Dafür parkt ein amerikanischer Oldtimer davor und trägt mit seinem leuchtend gelben Lack zur Szenerie bei.

Das Menü im Diner selbst ist überschaubar. Neben Frühstück gibt es vor allem Burger und Sandwiches. Der Gesichtsausdruck der Bedienung, als ich frage, ob es auch vegetarische Burger gibt, ist selbst ohne Worte unmissverständlich. Also bestelle ich eine Grilled Cheese Sandwich mit Pommes. Und natürlich Filterkaffee. Bodenlos. Peters Burger entpuppt sich letztlich auch als eher labbriges Sandwich, genau wie meins. Aber das alles ist nicht schlimm, ganz im Gegenteil: Zu meiner romantischen Vorstellung eines Route 66-Roadtrips gehören der schlechte Service einer gelangweilten Bedienung und mittelmäßiges Essen im Diner dazu. Ganz genau die authentische Erfahrung, dir wir uns erhofft hatten!

„Ach wie cool! Wir kommen ja durch Roswell", entfährt es Peter, als er unsere weitere Route studiert. Mir ist zunächst völlig unklar, welche Bedeutung diese Feststellung hat, aber Peter klärt mich auf: „Hier wurden doch immer die UFOs gesichtet."

Roswell begrüßt uns am Ortseingang mit riesigen Neonleuchtschildern, die einen gewissen Retro-Charme verbreiten und unwissende Besucher wie mich auf das UFO-Sichtungszentrum der Welt hinweisen. Da wir temperaturmäßig noch nicht spüren, weiter südlich angekommen zu sein, mieten wir uns in Roswell für eine Nacht im Motel ein. Und was soll ich sagen? „Oh je, wo bin ich nur gelandet?“, ist zumindest mein erster Gedanke. Wahrscheinlich haben sich die Aliens genau das gleiche gedacht oder warum sonst sind sie nicht wiedergekommen? Ich weiß jedenfalls nicht, was Roswell ohne die Außerirdischen wäre. Der kleine Ort irgendwo in New Mexico ist skurril und amüsant zugleich. Es scheint, als wäre die Welt hier irgendwann in den 80ern stehengeblieben. Das Stadtzent-rum wirkt ein wenig trostlos, wie die vergessene Kulisse eines alten Science-Fiction-Films. Ich vermute nicht, dass Roswell im Lebensqualitäts-Index die Tabelle anführt. Ein Glück, dass jemand die UFOs genau hier gesichtet und damit einen Grund für ein Museum sowie diverse Souvenirshops geliefert hat. Der Ort lebt vom Hype um die Außerirdischen. Um-gekehrt können einem die Aliens ein bisschen leidtun. Da kommen sie von weit her mit ihren UFOs angeflogen und landen von allen schönen Orten der Erde ausgerechnet im trostlosen Roswell! Kein Wunder, dass schon so lange niemand mehr zu Besuch auf der Erde war. Oder war hier etwa der cleverste Stadtvermarkter der Welt am Werk, der mit der Sichtung von fliegenden Untertassen dem unscheinbaren Örtchen zu Weltberühmtheit und sogar einer eigenen Science-Fiction-Fernsehserie verholfen hat?

Peter und ich besichtigen das kleine Museum, das ähnlich alt wie der Alien-Hype selbst zu sein scheint. Wir lernen, dass der sogenannte „Roswell-Zwischenfall“ bereits 1947 stattfand. Am 08. Juli wurde eine fliegende Untertasse von einem Farmer nahe Roswell gesichtet und gemeldet. Noch am selben Tag erklärte die US Army allerdings, dass die gefundenen Trümmer zu einem abgestürzten Wetterballon für Windmessungen in großer Höhe mit einem Radarreflektor gehörten. Erst 1980 wurde der in Vergessenheit geratene Vorfall von Verschwörungstheoretikern neu aufgerollt und erlangte weltweit Berühmtheit. Seitdem kursieren Verschwörungstheorien, denen zufolge die amerikanische Regierung das außerirdische Raumschiff von damals inklusive der Alien-Leichen heimlich versteckt und untersucht habe. Diverse Augenzeugenberichte unterschiedlichster UFO-Sichtungen sorgen dafür, dass der Mythos aufrechterhalten wird. Viele der angeblichen Zeugen sind sich sicher, dass es sich um eine gigantische Vertuschungsaktion des Militärs handelt. Egal, ob es am Ende streng geheime Militärtests waren, vom Militär verschleppte Außerirdische oder doch einfach nur ein stinknormaler Absturz eines Wetterballons:

Freunde von Science-Fiction und Verschwörungstheorien werden in Roswell voll auf ihre Kosten kommen.

Erst später fällt mir ein, auch bei unserer Visumsrecherche vor ein paar Wochen immer wieder auf den Begriff „Alien“ gestoßen zu sein. Ich zitiere die US-Immigration-Website: „Resident Alien is the term that is used to refer to the non-US citizens living in the United States.” Waren in Roswell vielleicht einfach nur Ausländer unterwegs? Kein Wunder, dass auch ich mich hier im tiefsten New Mexico ein bisschen wie ein Alien fühle und so machen wir zwei kleinen Außerirdischen uns lieber schnell auf die Weiterreise, bevor man uns im Museum gleich dabehält.

Lone Star State

Kaum im konservativen Texas angekommen, geraten wir prompt in eine Polizeikontrolle. Unsere erste auf der Reise. Dazu muss man wissen: Wenn man in den Nachrichten davon hört, dass ein Schwarzer scheinbar grundlos von Polizisten erschossen wurde, dann ist die Chance, dass das in Texas passiert ist, nicht gering. Hier im Lone Star State ist die Angst vor dem Fremden besonders groß. Peter und ich sind zwar nicht schwarz, aber wir fahren mit einem Bulli mit Alaska-Nummernschild im Dunkeln durch das ferne Texas. Spätestens seit der Fernsehserie *Breaking Bad*, bei der in einem Wohnmobil Chrystal Meth gekocht wird, sind unbekannte Vans vielen Amerikanern nicht geheuer. Nachdem wir eine Abzweigung verpasst haben, halte ich wohl etwas ungünstig am Straßenrand, um das Navi einzuschalten. Grund genug für die örtliche Polizeistreife, stutzig zu werden. Kaum zum Stehen gekommen, funkelt es hinter uns auch schon blau und rot. Jetzt bloß keine falsche Bewegung machen, die den Polizisten erschrecken könnte. Texas ist berühmt für den vor-schnellen Einsatz von Schusswaffen (auch am Highway waren uns zuvor mehrere mit Schusslöchern durchsäte Straßenschilder aufgefallen). Am besten man bleibt ganz still sitzen, lässt die Hände bewegungslos am Lenkrad und macht vor allem keine ruckartige Bewegung, die als das Zücken einer Waffe fehlinterpretiert werden und den Polizisten zur Notwehr verleiten könnten.

Der Beamte steigt schließlich aus seinem Wagen und kommt auf uns zu. Ich grüße überfreundlich als ich das Fenster runterlasse, um ihm zu signalisieren, dass ich ein liebes Mädchen bin, dem lediglich Rezepte für leckere Suppen und Salate, nicht aber solche zum Kochen von Chrystal Meth oder sonstigen Rauschmitteln bekannt sind. Der

Cop möchte wissen, ob alles in Ordnung ist, da wir offenbar halb in einer Kreuzung stehen. Ups. Das war mir im Dunkeln nicht so gut ersichtlich. Wir erklären, dass wir uns verfahren haben und außerdem einen Fahrertausch machen wollen. Dass ich mitten auf einer Kreuzung gehalten habe, ist Beweis genug dafür, dass ich zu müde bin, um weiterzufahren. „Wir kommen aus Deutschland und das ist unser Honeymoon", füge ich ungefragt hinzu. Diese Zusatzinfo erscheint mir sinnvoll, denn schließlich möchte niemand anderer Leute Flitterwochen ruinieren, indem er ein Knöllchen für was auch immer vergibt. Der Polizist stellt noch ein paar Fragen zu unserer Reise, allerdings rein aus persönlichem Interesse, wie er uns versichert. Dann sammelt er unsere Führerscheine ein, um sie im System abzufragen. Dank unserer Deutschland-Pause kann ich sogar mit einem richtigen Führerschein punkten. Den internationalen, den ich dazu anbiete, schaut er nur missbilligend an.

Nach ein paar Minuten bekommen wir unsere Dokumente mit dem Wunsch einer guten Weiterfahrt zurück. Das war's. Niemand wird verhaftet, niemand wird erschossen. Es wurde noch nicht einmal laut geschrien. Alles blieb ruhig, freundlich und nach Vor-schrift. Da haben die Medien wohl mal wieder ein bisschen zu viel versprochen.

Zwei Stunden später suchen wir uns einen Übernachtungsplatz. Es ist bereits spät und wir schaffen es unmöglich heute Abend noch bis Austin. Von der texanischen Stadt haben wir viel Gutes gehört. Sie gilt quasi als unkonventionelle Hipster-Metropole im sonst so konservativen Texas. Das wollen wir uns ansehen. Doch für heute kehren wir auf den Parkplatz eines Sportplatzes ein, der offiziell von Campern als Übernachtungsstopp genutzt werden darf. Der Schlafplatz ist ok, aber dennoch wollen wir am nächsten Morgen zügig los, um zum Mittagessen in Austin zu sein. Gleich nach dem Frühstück packen wir flott unsere sieben Sachen und ich starte den Motor, bereit zur Abfahrt. Doch was ist das? Der Motor heult ungewohnt laut auf, als ich Gas gebe. Erschrocken schauen Peter und ich uns an. Ich trete erneut aufs Gaspedal. Diesmal wird es noch lauter - etwa so, wie wenn vor einem Autorennen die Fahrer mächtig Standgas geben, um auf sich aufmerksam zu machen. „Der schaltet nicht", stelle ich entsetzt fest. Bärtha hat ein automatisches Getriebe-be. Und das macht gerade keinerlei Anstalten, in einen anderen als den ersten Gang zu wechseln. Sobald ich schneller als 30 km/h fahre, ertönt ein Motorenheulen, das ich nicht mit einer gesunden Funktionsweise assoziiere. Dazu kommt ein Pieps-Geräusch, ähnlich dem, wenn man vergessen hat, die Handbremse zu lösen. Um das Geräusch besser lokalisieren zu können, will ich das Fenster öffnen. Doch als ist auf das Knöpfchen drücke, passiert nichts. Das elektrische Fenster bleibt geschlossen.

Wir prüfen weitere Funktionen und stellen fest, dass auch das Radio seinen Service eingestellt hat. Unsere Klimaanlage hat bereits vor Wochen ihren Dienst quittiert, aber der Rest ist neu. Was ist hier los? Nachdem auch Peter sein Glück als Fahrer versucht und sich wenig überraschend kein anderes Ergebnis einstellt, beschließen wir, AAA anzurufen. Das ist quasi der amerikanische ADAC. Glücklicherweise hatten wir zu Beginn unserer Reise eine Premium-Mitgliedschaft abgeschlossen. Mit der können wir uns bis zu 200 Meilen kostenlos abschleppen lassen. In Schrittgeschwindigkeit tuckern wir zu einem nahegelegenen McDonald's. Den wird der Abschleppdienst leicht finden und außerdem gibt es hier Toiletten und WLAN, um uns die Wartezeit zu versüßen. Die verbringt Peter damit, sämtliche Werkstätten im Umkreis von 200 Meilen in Richtung Austin telefonisch abzuklappern. Mit dem ernüchternden Ergebnis, dass sie entweder keine Ahnung von VW und Getriebefehlern haben oder für die nächsten zwei Wochen komplett ausgebucht sind. Nur eine Werkstatt im zwei Stunden entfernten Abilene bezeichnet sich selbst als Experten für automatische Getriebe, traut sich VW-Elektronik zu und hat auch kurzfristig Zeit, um noch heute einen Blick auf Bärtha zu werfen.

Bis der Abschleppdienst nach fünf Stunden Wartezeit eintrudelt und uns nach Abilene bringt, ist allerdings schon Feierabendzeit. Am Freitagnachmittag. Das bedeutet vor Montag wird sich niemand mehr unserer Bärtha annehmen und wir sitzen in Abilene fest, das weder als aufregende Weltstadt, noch als beschauliches Dorf durchgeht. Doch es gibt auch gute Nachrichten: Bei einem unserer Anrufe beim AAA haben wir von den weiteren Vorteilen unserer Premium-Mitgliedschaft erfahren. Die beinhaltet nämlich nicht nur das Abschleppen bis zur nächsten Werkstatt, sondern auch eine sogenannte Trip Interruption Insurance. Das ist eine Versicherung, die für die Kosten aufkommt, die uns dadurch entstehen, dass wir während der Reise liegen geblieben sind und nun Hotel, Verpflegung und ein Ersatztransportmittel brauchen. Bis zu 1.500 US-Dollar in maximal 96 Stunden stehen uns zu. Das ist normalerweise unser gemeinsames Budget für zwei Wochen. Sowas nennt man wohl Glück im Unglück. Da die Werkstatt erst Montag wieder öffnet, buchen wir kurzerhand standesgemäß vier Nächte im Hilton Hotel Abilene. Statt wie sonst zu kochen geht es in den kommenden Tagen dreimal täglich mit Uber-Taxi ins Restaurant. Als wir 90 Stunden später die Rechnung für die Diagnose in der Werkstatt begleichen, haben wir es tatsächlich geschafft, 1.200 Dollar zu verbraten, die uns die Versicherung später erstatten wird. Doch so schön das erstmal klingt: Damit ist das eigentliche Problem leider noch kein Stückchen gelöst.

Am Montagmorgen fährt Peter direkt zur Werkstatt, um in Erfahrung zu bringen, was mit unserer Bärtha los ist. Ich bleibe im Hotel und kümmere mich um unsere Weiterreise. Die Weiterreise, die es hoffentlich überhaupt geben wird. Nach zwei Stunden schreibt Peter mir eine Nachricht: „Bin in 30 Minuten zurück. Muss zu Fuß laufen." Aha. Danke für die Information, aber was ist mit dem Bulli? Der Fakt, dass er mir nicht als erstes sagt, was mit unserem Auto los ist, scheint mir kein gutes Zeichen zu sein. „Und? Mir wäre lieber, du würdest fahren (mit Bärtha)", schreibe ich zurück. „Erzähl ich dir gleich." Ist das eine positive oder negative Antwort? „Schlimm?" schreibe ich und hoffe, dass nun ein „Alles halb so wild, ein Marder hat nachts ein Kabel zerfressen", folgt. Stattdessen lese ich lediglich ein „Jepp".

„Das Getriebe ist hinüber", erfahre ich als Peter zurück ist. Kein Marder hat nachts unsere Kabel gefuttert, das frage ich extra nochmal nach. Nur um wirklich sicherzugehen, mich nicht verhört zu haben. In Seattle hat schon Getriebeöl getropft, sodass man dort die Wanne abgedichtet hatte, aber offenbar hat das nicht gereicht. Vermutlich ist das Ding einfach durchgerostet und nun gänzlich hinüber. Ein Gebrauchtteil ist nirgends im Land aufzutreiben – bis auf eins in Michigan für schlappe 6.000 Dollar. So viel hat der komplette Bulli nicht gekostet! Alternativ könnte die Werkstatt ein Getriebe nachbauen, aber auch das wird mit 3.800 Dollar veranschlagt und ist somit ebenfalls keine valide Option. Möglichkeit 3: Wir könnten ein gebrauchtes Getriebe in Deutschland suchen und nach Texas schicken lassen. Doch allein für den Transport verlangen die Paketdienste einen hohen dreistelligen Betrag. Plus den Preis für das Getriebe selbst plus Zoll plus Einbau durch einen Kfz-Mechaniker. Das Ergebnis der Überschlagsrechnung fällt nicht niedriger aus als bei den ersten beiden Alternativen. „Theoretisch könnten wir doch mit dem Auto im ersten Gang noch bis Mexiko weiterfahren", schlage ich vor. Kaputt zu machen ist ja nichts mehr. Toter als tot geht nicht. Und in Mexiko sind die Kosten sicherlich deutlich niedriger und schließlich wird VW doch dort produziert. Da muss es doch billige Ersatz-teile geben?!

Bis Torreón, unserer ersten Station in Mexiko, sind es allerdings auch noch knapp 1.300 Kilometer. Der einfache Dreisatz verrät, dass das im ersten Gang eine lange Fahrt würde. Und darf man das überhaupt? In wenig mehr als Schrittgeschwindigkeit über den Highway tuckern, wo andere mit der dreifachen Geschwindigkeit unterwegs sind? Was sagen die texanischen Sheriffs dazu? Doch bis jetzt scheint es unsere beste Option zu sein. Peter skypt bereits mit Werkstätten in Torreón. Das muntert zumindest meine Stimmung kurzfristig wieder auf. Die Mexikaner sprechen genauso gut Englisch wie Peter Spanisch. „Automatikgetriebe kaputt. Problem groß", schildert Peter in gebrochenem Spanisch. Die Antwort darauf versteht er nicht und so einigen sich Mechaniker und Peter nach fünf Mi-nuten Sprach-Chaos, das Gespräch auf WhatsApp zu verlagern, wo jeder das Geschriebene schnell in den Übersetzer kopieren kann. Die Mexikaner machen sich schließlich auf die Suche nach einem Ersatzgetriebe und man vereinbart, in Kontakt zu bleiben. Ich hoffe, wir schaffen es bis nach Torreón. Schließlich ist es nicht nur nervig mit 30 km/h Hunderte von Kilometern zurückzulegen, sondern auch gefährlich. Zum einen stellen wir trotz Warnblinklicht ein Verkehrshindernis dar und zum anderen halten wir uns auch unnötig lang in Gebieten Mexikos auf, in denen man sein Geld gern mit Raubüberfällen verdient. Und überhaupt: Was wird man an der Grenze sagen, wenn wir mit einer solchen Schrott-karre angerollt ankommen?

Doch das Grübeln nützt nichts und so holen wir Bärtha am nächsten Morgen unverrichteter Dinge aus der Werkstatt ab. Die Jungs sind nett und löschen noch kurz alle Fehlercodes, damit unser Cockpit nicht mehr so kunterbunt blinkt. Wir zahlen die Rechnung für die Diagnostik und machen uns auf unsere 10-stündige Reise nach Austin. Nicht, weil Austin so weit weg wäre – andere Autos schaffen das in zwei bis drei Stunden, aber andere Autos haben auch mehr als einen Gang. Vorsichtig tritt Peter aufs Gas und kutschiert uns in Richtung Highway. Wir sind nun bei etwa 30 km/h angekommen und die Geräuschkulisse klingt noch in Ordnung. Also tritt Peter etwas stärker aufs Gaspedal. Immer noch kein Geräusch, das nach Totalschaden klingt. Es ist unglaublich! Wir sind mittlerweile bei fast 60 Kilometern pro Stunde angelangt und allem Anschein nach nicht mehr im ersten Gang! Bärthas Getriebe schaltet! Vom ersten in den zweiten Gang, in den dritten und irgendwann sogar in den vierten. Dabei wurde doch gar nichts repariert, nur diagnostiziert. Wir trauen unserem Glück noch nicht so recht, aber wir fahren mit beinah normaler Geschwindigkeit. Statt abends kommen wir bereits am frühen Nachmittag in Austin an.

Doch leider wissen wir auch, dass die Sache hiermit noch nicht erledigt sein wird. Die Symptome haben sich zwar zumindest kurzfristig verbessert, aber der Getriebeschaden als Ursache ist noch lange nicht behoben. Doch im Moment wollen wir nicht weiter daran denken und genießen erst einmal Austin.

In Austin kommen wir bei Daniel unter. Er hatte uns bei Couchsurfing angeschrieben und seine Wohnung als Schlafplatz angeboten. Zudem hatte er mit einem interessant klingenden Freizeitprogramm gelockt: Titti Bingo. Das Konzept ist einfach: Reguläres Bingo, das sonst eher als Zeitvertreib für Senioren bekannt ist, plus Softpornos und Sexspielzeuge. Das klingt nun vielleicht krasser als es für Europäer wirklich ist. Jeder, der mal in Hamburg auf der Reeperbahn oder in Amsterdams Rotlichtviertel gewesen ist, hat Krasseres gesehen. Aber für prüde Texaner ist die Veranstaltung total verrückt! Jeder, der mitspielt, bekommt eine Bingo-Karte und einen Stift. Auf der Bühne verkünden zwei

Moderatoren die Bingo-Zahlen. So weit, so normal. Im Hintergrund laufen hier jedoch auf einer Leinwand versaute Filmchen, die an Rätsel beim Fernsehsender 9Live oder Werbespots nachts auf DSF erinnern. Eigentlich sieht man nicht viel mehr als nackte Brüste – und die sind dann auch noch mit Sternchen-Stickern abgeklebt. Aber für Texaner ist so ein Anblick in der Öffentlichkeit bereits ein Highlight.

Außerdem werden pikante Fragen ans Publikum gestellt, die man per SMS beantworten und an die Moderatoren senden kann. Die originellsten Antworten werden zwischen den Bingo-Zahlen verlesen. Die Fragen reichen von: „Was kann man alles mit einer elektrischen Zahnbürste machen?" bis hin zu: „Welches Tier ist am versautesten?" Für Couchsurfer Daniel scheint es das eigentliche Ziel des Abends zu sein, dass eine seiner SMS mit einer mehr oder weniger witzigen Antwort vorgelesen wird. Hat währenddessen ein Spieler fünf Zahlen in einer Reihe auf seiner Karte abgehakt, ruft er laut „Butt Stuff Bingo" (der Name „Titti Bingo" ist wohl nicht mehr up to date) und darf nach vorne kommen. Sobald fünf Spieler ein Bingo haben, ist die Runde beendet. Die fünf Sieger müssen nun auf der Bühne ein Spiel spielen, denn nur der Gewinner dieses Spiels bekommt auch einen Preis. Selbstverständlich sind die Preise genauso pikant wie alles andere am Event. „Man kann richtig teure Sexspielzeuge gewinnen und dann für viel Geld auf eBay weiterverkaufen", erklärt Daniel uns mehrfach aufgeregt.

Peter hat noch in Runde 1 das erste Bingo. Er darf auf die Bühne und muss mit vier weiteren Leuten „I have never ever..." spielen. Also öffentlich durch Fingerzeig beantworten, ob er die abgefragten Dinge bereits getan hat. Die Fragen gehen von „Ich habe noch nie im Haus von jemand anderen masturbiert", über, „Ich hatte noch nie Sex mit jemandem, der mehr als 10 Jahre älter ist als ich", bis hin zu, „Ich hatte noch nie Sex mit der Freundin meines besten Freunds". Jeder Teilnehmer hebt zu Beginn des Spiels die Hand hoch und macht eine Faust. Je nach Ausprägung der eigenen Antwort soll man bei jeder Frage einen Finger zeigen. Wer als erstes alle fünf Finger zu einem High Five zeigt, hat gewonnen. Oder verloren. Ganz sicher bin ich mir beim Regelwerk nicht. Peter scheinbar auch nicht. Er wirkt verwirrt, als er da auf der Bühne steht und schaut immer wieder, was die anderen machen. So genau bekomme ich das alles nicht mit, denn das Grölen des Publikums beim Vorlesen der Fragen übertönt alles. Ohne wirklich verstanden zu haben, warum, hat Peter plötzlich gewonnen! Das Glücksrad bestimmt den Preis.

Peter dreht unter dem lauten Johlen des Publikums kräftig am Rad und (Trommel-wirbel) es ist... ein Anal Plug. Ganz im Sinne des Veranstaltungsmottos. Wer nicht weiß, was ein Anal Plug ist, sollte es einfach dabei belassen und sich über seine Unschuld freuen. Das Publikum in Austin scheint allerdings genau zu wissen, um was für ein tolles

Spiel-zeug es sich handelt und flippt total aus. In der nächsten Runde gewinnt der Sieger übrigens einen Shot, den er aus dem Bauchnabel einer Freiwilligen trinken darf / muss. Auch Couchsurfer Daniel ist ganz aus dem Häuschen und überzeugt, dass Peter mit dem Weiterverkauf seines Gewinns astronomische Summen erzielen könnte. Eine kurze Amazon-Recherche löst auf: Der phänomenale Anal Plug hat einen Warenwert von sage und schreibe 2,99 US-Dollar.

Am nächsten Tag erkunden wir Austin und genießen es, mal wieder in einer richtigen Stadt zu sein. Ich verstehe den Hype, denn Austin hat wirklich so einiges zu bieten. Streetart, alternative Secondhand-Läden, Kunst und Außergewöhnliches. Dazu hat man die Qual der Wahl bei der Kulinarik. Das Angebot reicht von Streetfood-Trucks bis hin zu kreativ eingerichteten Restaurants mit innovativer Küche, selbst geröstetem Kaffee und lokalem Craft Bier. Und nicht zu vergessen: die berühmte Sixth Street, auf der abends Live-Musik in die Kneipen lockt. Doch trotz der schönen Zeit geht uns eins nicht aus dem Hinterkopf: Wie geht es mit unserem Vanlife weiter?

Die mexikanischen Mechaniker melden sich mit einer schlechten Nachricht zurück. Auch sie konnten kein geeignetes Ersatzgetriebe auftreiben. In der Zwischenzeit haben wir daher eine weitere Alternative in Betracht bezogen, mit der ich mich jedoch noch nicht so richtig anfreunden kann: Notverkauf in Texas und danach weiter als Backpacker. Peter hat die Verkaufsanzeigen für Austin und San Antonio bereits auf Craigslist veröffentlicht. Natürlich weisen wir auf das defekte Getriebe hin und können dementsprechend auch nur einen Spottpreis erwarten. Aber vielleicht gibt es ja jemanden, der verrückt genug ist und in ein neues Getriebe investieren möchte. Noch bevor wir Austin verlassen, haben wir tatsächlich einen Termin mit einem ersten Interessenten. Wir treffen uns auf einem Hotelparkplatz am Stadtrand. Doch schnell wird klar, dass er sich des Ausmaßes des Schadens nicht wirklich bewusst war und wir die von ihm versprochene Rückmeldung wohl nie erhalten werden.

Und so machen wir uns auf nach San Antonio – unser letztes Zwischenziel in den USA. Vielleicht ergibt sich hier ja noch etwas. „Es ist echt unglaublich, ich bekomme nur Spam-Nachrichten auf die Anzeige“, beschwert Peter sich als gerade eine weitere SMS ein-trifft. „Das sind Leute, die so tun, als würden sie sich für das Auto interessieren, aber eigentlich wollen die einem nur einen Vehicle History Report verkaufen, der die Unfall- und Werkstatthistorie des Autos zeigt. Und dann habe ich vor ein paar Tagen noch eine ganz komische Email bekommen. Schau mal! Da hat einer angeboten, er könnte den Bulli für ein Sixpack Bier reparieren.“ Peter zeigt mir die Nachricht. „Dem habe ich nicht geantwortet. Das ist doch auch wieder nur Verarschung!“ Ich lese mir die

Email durch. Der Absender behauptet, bei seinem Golf ein ähnliches Problem gehabt und es durch Ersetzen des Getriebeschalterkastens gelöst zu haben. Wir sollen die Ersatzteile besorgen, er baut alles ein. Für einen Sixer Bier. Tatsächlich etwas merkwürdig, aber was kann es schaden, zurückzuschreiben? Gesagt getan. Elias antwortet prompt. Er bekräftigt sein Angebot und erzählt, dass er auf Couchsurfing aktiv sei und heute Abend in San Antonio ein Meet-up organisiere. Was ein Zufall! Zu genau dem Treffen wollten wir so oder so hin, um Leute kennenzulernen. Wir verabreden uns also etwas früher an dem Burger-Laden, in dem anschließend das Treffen geplant ist.

Whataburger stellt sich als Fastfood-Kette heraus, gegen die McDonald's wie ein Ster-ne-Restaurant wirkt. Heute kostet alles nur einen Dollar. Vegetarische oder gar gesunde Optionen sind auf der Speisekarte nicht vorgesehen. Genauso wenig wie Bier oder andere Getränke als die typischen Limonaden. Ich habe einen leisen Verdacht, warum so wenige Leute das Treffen heute Abend zugesagt haben. Elias ist allerdings großer Fan des Ladens. Bevor wir jedoch von der Burger-Happy Hour Gebrauch machen, wirft er einen kurzen Blick auf unseren Bulli. Er ist zuversichtlich, alle Probleme durch die gleiche Reparatur lösen zu können, wie damals bei seinem Golf. Bei Burger, Pommes und Cola diktiert Elias Peter eine genaue Einkaufsliste an Ersatzteilen, die es zu bestellen gilt. Dazu gibt er uns Tipps für Mexiko, denn auch wenn man es ihm optisch nicht ansieht, hat er mexikanische Wurzeln. Im Laufe der Zeit stoßen noch ein paar weitere Couchsurfer hinzu. Nur Elias muss irgendwann weiter, er hat heute Abend noch ein Date. Als er sich verabschiedet, will er für dieses einen Rat von uns. „Vielleicht eine Bar, die etwas gemütlicher ist als der La-den hier. Damit es romantisch wird", versuche ich es vorsichtig. Das leuchtet ihm ein. Auch Peter und ich verabschieden uns langsam, denn wir wollen nicht zu spät bei Joedy ankommen, der uns für heute Nacht eine Schlafgelegenheit angeboten hat. Am Ende des Treffens sind wir uns jedenfalls sicher: die anfängliche Skepsis war Quatsch. Elias ist ein rundum guter Typ, der einfach nur helfen will. Nicht jeder, der einem so großzügig seine Hilfe anbietet, hat Hintergedanken. Manche Menschen sind wirklich einfach nur nett.

In diese Kategorie netter Menschen fällt nicht nur Elias: Zahlreiche Couchsurfer in San Antonio bieten uns auf unser Gesuch hin einen Schlafplatz an. Die Hilfsbereitschaft ist einfach unglaublich! Wir fühlen uns bereits ein bisschen schlecht, weil wir ständig irgendwem absagen müssen, da wir schon woanders zugesagt haben. Innerhalb kürzester Zeit haben wir gleich drei Einladungen zum Abendessen am bald anstehenden Thanksgiving-Fest. Einfach jeder ist hilfsbereit und heißt uns herzlich willkommen. Die erste Nacht schlafen wir bei Joedy. Da der anfangs sagt, dass er uns nur für eine Nacht am Donnerstag beherbergen könne, haben wir uns für Freitag mit Pat verabredet. Als Joedy anbietet, dass wir doch länger bleiben können, wollen wir nicht undankbar erscheinen und vereinbaren, dass wir Sonntag zurückkommen. Denn Samstag sind wir wiederum bei Elena eingeladen. Auch Pat bietet uns an, länger zu bleiben, sodass wir auch ihm sagen müssen, vielleicht nächste Woche nochmal auf sein Angebot zurückzukommen. Er ist nämlich nicht nur ein netter und lustiger Typ, sondern sein Haus liegt auch strategisch günstig in der Nähe vieler Bars. Am Ende kommt jedoch alles anders: Nachdem wir Samstag bei Elena verbracht haben, lädt sie uns ein, auch Sonntag zu bleiben und da wir nicht länger täglich durch die halbe Stadt gurken wollen, nehmen wir an.

Elena kommt aus Deutschland und wir verstehen uns so gut, dass aus Sonntag Montag wird, aus Montag Dienstag und im Endeffekt bleiben wir eine ganze Woche bei ihr und ihrem Mitbewohner. Neben den Treffen mit all unseren neuen Bekannten und Freunden, verbringen wir die Zeit in San Antonio mit Recherchen rund um Bärthas Reparatur sowie Ersatzteilbestellungen. Peter und Elias stehen in engem Kontakt und treffen sich zwischendurch immer wieder, um am Bulli rumzubasteln. Im Laufe der Zeit wird der Hintergrund zu Elias‘ Angebot immer deutlicher. Er ist eigentlich Kfz-Mechaniker und würde diesen Job auch liebend gerne wieder ausführen, aber eine Verletzung an der Hand hält ihn davon ab. Leider ist Elias nicht krankenversichert und kann sich die notwendige Operation daher nicht leisten. Deshalb lebt er im Moment bei seinem Onkel und kümmert sich um seinen pflegebedürftigen Cousin. Nebenbei schraubt er wann immer möglich an Autos herum. Das gefällt jedoch seinem Onkel nicht, weshalb er und Peter sich nur heimlich treffen können, wenn der Onkel unterwegs ist. Überhaupt kommt der Onkel in Elias‘ Erzählungen nicht allzu sympathisch rüber. „Er ist auch der Grund, warum ich euch keine Schlafgelegenheit anbieten kann“, erklärt Elias fast schon entschuldigend. Bevor er nämlich nach San Antonio kam, war Elias absoluter Dauergastgeber, wie man an den zahlreichen Bewertungen in seinem Profil ablesen kann. Nachdem Peter und Elias immer mehr Zeit miteinander verbringen und sich besser kennenlernen, bringt Elias Licht ins Dunkle für die offenbare Verschlechterung seiner Lebenssituation. Die Handverletzung, die ihn von der Ausübung seines eigentlichen Berufs abhält, hat er sich im Knast zugezogen. Und das ist auch der Grund, warum er nicht einfach nach Mexiko reisen kann, um sich dort kostengünstig operieren zu lassen. Elias ist noch auf Bewährung und darf das Land nicht verlassen. Was genau er verbrochen hat, will er nicht so recht erzählen, aber es scheint etwas mit Waffen zu tun zu haben. Vielleicht illegaler Handel. Wie auch immer. Auf uns wirkt Elias wie jemand, der in irgendetwas reingeraten ist und definitiv eine zweite Chance verdient hat. Und auch als Kfz-Mechaniker könnte Texas ihn gut gebrauchen.

Bereits am ersten Tag decken Elias und Peter auf, wie unfähig die Mechaniker in Abilene gewesen sind. Etliche Kabelverbindungen im Inneren der Fahrertür sind durchtrennt und haben für das Durchbrennen einer Sicherung gesorgt. Damit ist das erste Problem gelöst: Radio, Fensteröffner und sonstige Elektronik tun wieder ihren Dienst. Wie können die Typen in Abilene das nur übersehen haben? Jetzt müssen wir nur noch auf das Eintreffen der Ersatzteile warten und dann wird hoffentlich alles gut. Doch die Pakete lassen auf sich warten. Thanksgiving steht an und somit laufen die Mühlen der Logistik etwas langsamer als gewohnt.

Thanksgiving wird irgendwie enttäuschend. Zuerst fahren wir zu Elias. Er hatte darauf bestanden, dass wir zum großen Thanksgiving-Mittagessen mit seiner Familie kommen sollen. Jeder soll etwas zum Festmahl beisteuern und so stehen wir mit Ofenkartoffeln und Sauerkraut pünktlich vor der Tür seiner Tante. Als Elias uns öffnet und wir das Wohnzimmer betreten, sind wir irritiert. Die älteren Verwandten scheinen bereits gegessen zu haben und sitzen vorm Fernseher. Sie nicken freundlich, scheinen aber nicht wirklich zu verstehen, warum da nun plötzlich noch zwei Fremde sind. Interessanter scheint sowieso das TV-Programm. Das Haus riecht modrig und die mickrigen Fenster sind mit Vorhängen zugehängt, sodass kaum Tageslicht ins Zimmer fällt. Elias führt uns zum Buffet, wo auch wir unseren Anteil drapieren. „Bedient euch“, lädt er uns ein und drückt uns Einwegplastikteller und Plastikbesteck in die Hände. Wir setzen uns zu dritt an den Tisch. Seine Tante macht irgendwas im Nebenzimmer, die Senioren starren weiter stur auf die Glotze. Alles wirkt trist und deprimierend. Richtig wohl fühle ich mich nicht. So sind wir umso erleichterter als Elias vorschlägt, als Vorbereitung für die anstehende Reparatur noch etwas am Auto zu erledigen. Auch er scheint froh, aus der Tristesse der „Familienfeier“ ausbrechen zu können. Ich schreibe Elena, dass wir wohl früher als gedacht zurück sein werden.

Auch sie hat Besuch von einer Freundin ihres Mitbewohners, die wiederum ihre Familie mitbringt. Sie feiern Thanksgiving bei Elena, da die Wohnung der Freundin zu klein für sie wäre. Das Festmahl wird hier erst am Nachmittag serviert und so kommen wir pünktlich zum zweiten Truthahn des Tages nach Hause. Das Essen wirkt bei Feier Nr. 2 zwar deutlich appetitlicher, doch auch in dieser Runde finden wir nicht das erhoffte fröhliche Zusammensein oder gar Festtagsstimmung. Jeder lädt sich in der Küche Essen auf den Teller und setzt sich, wo gerade Platz ist. Für den ein oder anderen bedeutet das direkt vor dem laufenden Fernseher. In meiner Vorstellung hatte ich einen gedeckten Tisch erwartet, wo Truthahn und Beilagen in der Mitte stehen. Und dass alle am Tisch sitzen und sich unterhalten. So war es zumindest, als ich vor ein paar Jahren schon mal Sarah aus San Francisco an Thanksgiving bei ihrer Familie besucht hatte. Eben wie Weihnachten bei uns zuhause. Während der Rest der Runde auch nach dem Essen wahlweise in die Glotze oder aufs Smartphone starrt, spielen Peter, Elena und ich Gesellschaftsspiele und unterhalten uns. Auch Elena kann das Festtagsverhalten der Menschen in ihrer Wahlheimat nicht nachvollziehen. Ist das das Familienfest, auf das sich alle Amerikaner so sehr freuen? Wo ist die Gemütlichkeit, das nette Zusammensein? Warum bereiten Leute tagelang festliche Menüs vor, wenn sie das Essen dann sowieso nur beiläufig in sich reinschaufeln? Irgendwie deprimiert mich der heutige Feiertag.

Deutlich geselliger wird das zwei Tage später anstehende Friendsgiving. *Friendsgiving* ist eigentlich das gleiche wie Thanksgiving – nur eben im Freundeskreis statt mit der Familie. Elena besteht darauf, dass wir noch das Wochenende über bleiben und mit zur Party kommen. Die wird echt super und korrigiert unseren Eindruck der vorherigen Feierlichkeiten um 180 Grad. Jeder bringt Essen, Getränke oder weitere Freunde mit. Alle unterhalten sich nett oder spielen gemeinsam Spiele. Niemand schaut Fernsehen. Der Abend wird zum rundum gelungenen, fröhlichen Beisammensein. Da bleiben wir doch gerne noch einen Tag länger!

Ursprünglich wollten wir nämlich schon weiter, denn am Tag nach Thanksgiving hat sich einiges getan: Die Ersatzteile sind eingetroffen und Peter und Elias haben sich sofort an die Arbeit gemacht. Der neue Schaltkasten ist eingebaut und so ist Bärtha startklar für die Weiterreise nach Mexiko. Elias sei Dank! „Was willst du dafür haben?“, versucht Peter es noch einmal. Aber Elias bleibt standhaft. Er will ein Sixpack Bier, Geld nimmt er nicht an. „Mir macht das Spaß“, argumentiert er. Das glaube ich ihm sofort und ehrlich gesagt ist unser Eindruck, dass er außer seiner Familie nicht allzu viele soziale Kontakte in San Antonio pflegt und froh über die Gesellschaft und Abwechslung war. Daher lädt Peter ihn wenigstens noch zum Mittagessen ein. Doch die Aktion hat Elias scheinbar unheimlich viele Karma-Punkte eingebracht. Wenige Tage später teilt er uns per SMS mit, dass eine gemeinnützige Organisation ihm seine Hand-Operation bezahlen will. Wenn alles gut geht, kann er schon bald wieder in seinem alten Job als Kfz-Mechaniker arbeiten. Wir freuen uns unheimlich für ihn. Wenn das alles kein Schicksal war!

Nach fast zwei Wochen in Texas bin ich froh, als es endlich weitergeht. So lange waren wir auf der Reise noch nie an einem Ort und ich hätte nicht gedacht, dass sich das ausgerechnet in Texas ändert. Auch wenn wir uns nicht proaktiv für eine so lange Pause in San Antonio entschieden hätten, können wir dennoch ein äußerst positives Resümee ziehen. Wir haben so viele nette Menschen kennengelernt und Freundlichkeit erfahren. Mit manchen unserer San Antonio-Freunden sind wir bis heute in engem Kontakt, insbesondere mit Elena. Und auch Elias hat sich definitiv einen Platz auf dem Siegertreppchen der Reiseretter gesichert.

Und mein Fazit zu den USA? Das fällt gemischt aus. Die Landschaften und Nationalparks hierzulande sind Superlative, da besteht für uns kein Zweifel. Aber was ist mit den Menschen und der Kultur? In Europa haben wir ja oft ein kritisches und teilweise belächelndes Bild der USA: Amerikaner seien oberflächlich, fett, verschwenderisch, hätten keine Kultur, sehen sich selbst als Mittelpunkt der Welt und so weiter und so weiter, heißt es oft. Vieles davon ist sicherlich zumindest teilweise wahr. Anderes weniger. Aber es gibt auch ebenso vieles, das man den Amerikanern zu Gute halten muss: Sie sind offen und kontaktfreudig und es leicht, mit ihnen ins Gespräch zu kommen. Wie oft haben Leute uns einfach so auf unseren Bulli angesprochen und man hat sich kurz unterhalten. Natürlich ist das nur ein kurzer Small-Talk, aber es ist nett. Auch das oft als oberflächlich abgestempelte „How are you?", auf das selten eine ernsthafte Antwort erwartet wird, ist bei näherer Betrachtung gar nicht so unsinnig. Natürlich interessiert sich kein Fremder wirklich dafür, wie es dir im tiefsten Inneren geht. Aber es schafft eine positive Grundstimmung. Genauso wie es in den USA viel üblicher ist, Komplimente zu machen oder sich einen schönen Tag zu wünschen. Davon können wir Deutschen uns echt mal eine ordentliche Scheibe abschneiden!

Und ja, viele Amerikaner sind fett. Manche so sehr, dass sie nicht mehr laufen können und mit elektrischen Trolleys durch die Gegend rollen müssen. Andere hingegen sind jedoch super schlank und sportlich. Vor allem in den Großstädten an der Küste. Ja, in den Supermärkten ist es schwierig, gesunde Lebensmittel zu finden - zumindest wenn man aufs Geld achten muss. Fastfood ist leider auf den ersten Blick einfach deutlich günstiger, aber das ist in Deutschland nicht anders. Auch bei uns kostet ein guter Salat mehr als der Cheeseburger von McDonald's.

Doch es sind nicht nur Übergewichtige – generell fallen uns in den USA deutlich mehr Menschen mit körperlicher Behinderung auf als zuhause. Nicht nur Rollstuhlfahrer, sondern auch viele, die humpeln oder denen zum Beispiel ein Bein fehlt. Im Laufe der Reise kommen Peter und ich zur Vermutung, dass diese hohe Anzahl vermutlich zwei Hauptgründe hat: neben schlecht versorgten Kriegsveteranen, ist das vor allem die fehlende Krankenversicherungspflicht. Wer keine Versicherung hat, verschleppt eine Krankheit oder Verletzung möglicherweise leichtfertig aus Angst vor hohen Arztrechnungen. Wenn dann Komplikationen auftreten, ist der Arm / das Knie / die Schulter vielleicht nicht mehr zu reparieren - und von nun an läuft man humpelnd durchs Leben. Wir haben das nicht geprüft, also bitte in die Kategorie „gefährliches Halbwissen" einordnen, aber viele Amerikaner bestätigen uns diese Theorie. Eine Freundin erzählt mir, mit 24 das erste Mal beim Arzt gewesen zu sein, weil ihr neuer Arbeitgeber nun für sie in eine Versicherung einzahlt. So etwas hatte sie vorher noch nie. Obwohl diese mangelhafte medizinische Versorgung natürlich ein Problem ist, sind die USA gleichzeitig viel besser auf Menschen mit Behinderung eingestellt als wir in Europa. Busse haben stets Laderampen, es gibt extrem viele Behindertenparkplätze und bei öffentlichen Veranstaltungen immer eine Vielzahl an Rollstuhlplätzen.

Und Geschichte und Kultur? Die mag zwar nicht so alt sein wie in Europa, aber als was sonst würde man Hollywood, den Broadway oder amerikanische Musikstile wie Jazz, Blues, Country oder Rock'n'Roll bezeichnen, wenn nicht als Kultur? Und selbstverständlich gibt es amerikanische Geschichte, die weit über die Ankunft der Europäischen Ankömmlinge in „der neuen Welt" hinausgeht. Schon mal was von Indianern oder Eskimos gehört? Und damit schließe ich mein äußerst subjektives Fazit zu den USA und wir machen uns auf in ein Land, in denen uns noch deutlich mehr übergewichtige Menschen auffallen werden als in den USA: Mexiko.

Viva Mexico!

Nach zehn Tagen in San Antonio ist es also endlich soweit: Bärtha ist wieder weitestgehend in Schuss. Nicht unbedingt in Höchstform, aber fit genug und startklar für die nächste Etappe. Das Getriebe schaltet und wir können auch wieder die Fenster öffnen und Musik hören. So viel auf der Haben-Seite. Dafür ist bei der Reparatur der Türöffner auf der Beifahrerseite abgebrochen. Das heißt von nun an hat der Beifahrer eine Art permanente Kindersicherung und kann nur mit Hilfe von außen herausgelassen werden. Suboptimal, aber definitiv das kleinere Übel. Ein letztes kleines Fragezeichen bleibt allerdings die Steuerkette. Die konnten Peter und Elias ohne Hebebühne nicht reparieren. Wie lange sie noch hält, steht in den Sternen und falls sie kaputtginge, wäre das äußerst ungünstig für unseren Motor. Aber es nützt nichts: Die Reparaturkosten sind allein schon wegen der Stundensätze in den USA einfach viel zu hoch und unser Vertrauen in texanische Werkstätten nach den jüngsten Ereignissen in Abilene umso geringer. Also geht es mit viel Optimismus los nach Mexiko.

Wir verabschieden uns von unseren vielen neuen Freunden in San Antonio und verlassen die Stadt. Bis wir im Supermarkt alle Vorräte aufgestockt und vorsorglich ein Mini-Loch im Reifen haben stopfen lassen, ist es bereits so spät, dass der Länderwechsel für heute nicht mehr in Frage kommt. Die Grenze zu Mexiko wollen wir bewusst möglichst früh am Tag überqueren, denn noch wissen wir nicht, ob Bärthas wieder erlangte Funktionsweise von Dauer sein wird und wie viel Zeit wir mit ihr brauchen werden. Und außerdem wird insbesondere im Grenzgebiet im Norden Mexikos stark davon abgeraten, im Dunkeln zu fahren. Also übernachten wir ein letztes Mal in den USA auf einer Raststätte kurz vor der Grenzstadt Laredo. Später werden wir erfahren, dass Laredo und das mexikanische Pendant Nuevo Laredo zu dem Zeitpunkt als gefährlichste Orte der Grenzregion gelten. Ups. Wie auch immer. Bis auf Straßenlärm vom Highway haben Peter und ich nichts zu bemängeln.

Nachdem wir Bärtha am nächsten Morgen noch mal mit billigem texanischem Benzin vollgetankt haben, geht es diesmal wirklich los. Die Grenze ist einfach zu erkennen: Der Rio Grande trennt Texas von Mexiko. Ich bin irritiert. Weiß Donald Trump nicht, dass hier ein reißender Fluss exakt entlang der Grenze fließt? Wozu noch eine Mauer bauen? Bis hier jemand durchgeschwommen ist, hat man ihn dreimal abgeknallt. Jemand sollte dringend mal den Präsidenten in Erdkunde schulen.

Alles wirkt hochmodern und die vielen Grenzschützer mit ihren Gewehren im Anschlag respekteinflößend. Kurz bevor es auf die Brücke über den Fluss geht, teilt sich diese in zwei Fahrbahnen auf. Total überfordert entscheiden wir uns spontan für links. Doch irgendwie sieht das nicht richtig aus. „Lass kurz da vorne halten und schauen, wo wir hinmüssen", schlage ich vor und bedeute Peter, in einer Einbuchtung zu halten. Wir sind noch nicht ganz zum Stehen gekommen, als ein Grenzbeamter angerannt kommt und aufgeregt mit den Armen wirbelt. Fast wären wir in einen Abschnitt gefahren, der nur für autorisierte Fahrzeuge gedacht ist. Deutsche mit einem Bulli aus Alaska sind nicht autorisiert. Diese Dummheit ist Grund genug, uns für eine kleine Stichprobe herauszuziehen. Schwer bewaffnete Männer postieren sich kurzerhand um uns. Einer von ihnen will wissen, ob in dem Kanister im Kofferraum Benzin sei. „Nein, nur Wasser", antworte ich wahrheitsgemäß. Offenbar wäre ich gut als Benzin-Schmugglerin geeignet, denn die Antwort reicht aus. Wir dürfen fahren. Endlich geht es auf der für uns vorgesehen Spur über die Brücke. Auf der anderen Seite angekommen, sind wir erneut verwirrt. Kein Militär, keine Schranke, kein Zaun. Nicht einmal Schilder zeigen uns an, wo es lang geht. Alles sieht aus wie an einer x-beliebigen Kreuzung. Wo sind die mexikanischen Grenzhüter und der Zoll?

Wir entscheiden uns, links abzubiegen. Nach planlosem Herumirren in einem Wirrwarr von Einbahnstraßen festig sich unser Eindruck, dass „links“ schon wieder nicht die richtige Entscheidung gewesen ist. Zehn Minuten und mehrere Passanten-Nachfragen später finden wir endlich die Behörde, in der wir für Bärtha eine *Temporary Import Permit* – kurz TIP – besorgen müssen. Wir parken und ein Prozess, der an die Jagd nach Passagierschein A38 bei Asterix und Obelix erinnert, nimmt seinen Lauf. An Schalter 1 erhalten wir ein Formular. Mit diesem schickt man uns zu Schalter 2. An Schalter 2 überträgt eine freundliche Dame die Daten aus unseren Reisepässen manuell in das an Schalter 1 ausgehändigte Formular. Dann geht es zu Schalter 3, wo ein weiterer bürokratischer Teilakt stattfindet. Ein paar Formulare, Überprüfungen und Gebühren später sind wir am letzten Schalter angelangt. Hier dauert es etwas länger. Vorab hatten wir den Tipp bekommen, alle wichtigen Dokumente als Kopie dabei zu haben, damit wir dies nicht auch noch vor Ort erledigen müssen und wir somit Zeit und Wucherpreise sparen. Streberhaft stehen wir daher mit allen benötigten Kopien bereit. Jedoch gibt es ein Problem: Auf unserem Fahrzeugschein ist noch das Kennzeichen des Vorbesitzers vermerkt. Wir haben aber ein neues bekommen und so decken sich die Angaben in den einzelnen Dokumenten nicht. Mist.

„Habt ihr wirklich nur dieses eine Dokument?“, fragt die Beamtin mehrfach und mit jeder Wiederholung der Frage wird unsere Nervosität größer. Doch Pragmatismus wird in der mexikanischen Behörde zum Glück groß geschrieben. Noch bevor bei uns Panik aufkommen kann, seufzt die Dame über die Extraarbeit mit uns und schlägt dann unkompliziert und lösungsorientiert vor, ein Foto unseres Nummernschilds vorzuzeigen. Also schnell zurück zum Parkplatz, ein Foto vom Nummernschild schießen und dann wieder zu Schalter 2. Gegen eine Gebühr von 2,25 Dollar kann man das Foto dort ausdrucken lassen. Schnäppchen für eine Schwarzweiß-Kopie! Wochen später wird sich übrigens irgendwo in den Tiefen des Bullis ein Dokument finden, in dem das korrekte Nummernschild vermerkt ist. Zurück an Schalter 4 geben wir unsere Fotokopie ab und versuchen unser Glück erneut. Doch plötzlich gibt es ein neues Problem. Unser Spanisch ist zu diesem Zeitpunkt noch verbesserungsfähig, aber irgendwann bleibt kein Zweifel mehr daran, dass man uns gerade mitteilt, dass Bärtha keine TIP bekommen kann.

„Warum nicht?", wollen wir leicht genervt wissen. Eine Kollegin, die etwas Englisch spricht, wird dazugeholt. Man habe einen Carfax-Report gezogen (sozusagen die „Gesundheitsakte" von Bärtha) und darin stünde, Bärtha sei „lost". Lost? Meinen sie gestohlen? So ein Quatsch! Sie stand doch gerade noch auf dem Parkplatz. Bärtha ist weder gestohlen, noch als vermisst gemeldet. Oder meinen sie Bärtha ist Schrott? Das wäre zumindest nicht ganz von der Hand zu weisen. Man schickt uns zurück zu Schalter 3, wo das Ganze erneut geprüft werden soll. Nach kurzem hin und her stellt sich heraus, dass Bärtha tatsächlich als Totalschaden gemeldet ist. Hat die Werkstatt, die das kaputte Getriebe festgestellt hat, irgendwas damit zu tun? Anders können wir es uns nicht erklären. Nun wollen die Mexikaner natürlich nicht, dass amerikanische Schrottkarren heimlich in Mexiko entsorgt werden. Zumindest nicht, ohne dass der Staat mittels Importsteuer mitverdient. Doch unsere Bärtha soll ja gar nicht entsorgt werden. Wir haben berechtigte Hoffnung, dass sie es noch eine Weile schafft. Also schlagen wir vor, dass der Beamte sich gerne persönlich von Bärthas (fast) einwandfreiem Zustand überzeugen kann. Auch der Beamte denkt pragmatisch und so spazieren wir zu dritt zum Parkplatz, um Bärthas Fahrtüchtigkeit gemeinsam zu begutachten. Der Zollbeamte schaut den Wagen von außen an, gleicht die VIN-Nummer ab und fordert Peter auf, den Motor zu starten. Peter dreht den Schlüssel im Zündschloss, der Motor startet. Das überzeugt. Die scheintote Bärtha wird kurzerhand wieder für fahrtüchtig erklärt und so geht es wieder einmal zurück zu Schalter 4.

Einige Formulare später und natürlich nach Zahlung einer weiteren Gebühr, erhalten wir die *Temporary Import Permit* für Bärtha und Touristenkarten für uns selbst. Einen Stempel in den Reisepass gibt es allerdings nicht. „Weil das hier kein Flughafen ist", lautet die wenig einleuchtende Begründung. Aha. Laut Peters Recherchen sind wir sowieso noch in einer Freihandelszone und werden erst in ein paar Kilometern richtig einreisen. „Dort gibt es dann bestimmt einen Stempel", beruhigt er meine Bedenken. Nach einem kurzen Mittagssnack mit Blick auf die wenig idyllischen Sicherheitsanlagen auf der anderen Seite des Flusses, fahren wir also los. Doch auch nach zehn Minuten in der angeblich neutralen Zone haben wir noch kein Grenzhäuschen gesehen. Erst nach einer Viertelstunde kommen wir dann zu einem Checkpoint. Der ist allerdings unbesetzt und sieht nicht so aus, als wäre das erst seit Kurzem der Fall. Dem baufälligen Zustand nach zu urteilen, war hier wohl seit Jahren niemand mehr aktiv. Wir bekommen wohl keinen Stempel mehr in unseren Pass. Wären wir nach unserem Falsch-Abbiegen nicht freiwillig zum Immigrationsgebäude zurückgefahren, hätten wir ohne jegliche Kontrolle einfach nach Mexiko einreisen können, dämmert es uns. Niemand hätte uns gestoppt. Kein Fluss, keine Mauer, kein Mensch. Viva México!

Nach einem Übernachtungsstopp auf halber Strecke kommen wir an unserem ersten Zwischenziel in Mexiko an: der Stadt Torreón. Nicht unbedingt das touristische Zentrum des Landes, aber hier wohnt Peters Freund Hugo. Wie in Mexiko üblich, wohnen Hugo und sein Bruder noch bei ihrer Mutter, denn anders als bei uns ziehen die meisten Mexikaner erst mit der Hochzeit und Gründung einer eigenen Familie von zuhause aus. Andere Länder, andere Sitten. Und eine weitere andere Sitte ist wohl auch die phänomenale Gastfreundschaft in Mexiko, die wir in den kommenden Tagen erfahren. Hugo und seine Familie geben sich beste Mühe, unsere Zeit im touristisch eher wenig spektakulären Torreón zu etwas ganz Besonderem zu machen. Und da einer der Programmpunkte Tickets für ein Fußballspiel sind, das erst am nächsten Wochenende stattfindet, bleiben wir letztlich fast eine ganze Woche zu Besuch. Während Hugo tagsüber arbeitet, arbeiten wir solange an unserer Website, bearbeiten die vielen Fotos der letzten Wochen und schneiden Videos. Auch Bärtha darf noch einmal in die Werkstatt, doch auch den mexikanischen Mechanikern fällt nichts mehr ein und so akzeptieren wir wohl oder übel die letzten Wehwehchen, die sie beim Schalten noch hat.

In der Mittagspause und abends holt Hugo uns dann zum Essengehen und Sightseeing ab. Beim Angebot an Sehenswürdigkeiten ist Torreón eher pragmatisch und überfordert den Besucher nicht mit der sprichwörtlichen Qual der Wahl. Es gibt eine Seilbahn, die uns zu einer imposanten Christus-Statue auf einem Berg bringt. Von hier aus wacht Jesus über die Stadt, ähnlich wie in Rio de Janeiro. Dass das weitaus weniger besonders ist, als zunächst angenommen, werden wir in den kommenden Wochen noch merken. Eine solche Statue beheimatet in Mexiko quasi jede Stadt, die etwas auf sich hält und über einen ausreichend hohen Hügel verfügt.

Ob der wachende Blick von Jesus etwas bringt, bleibt unklar. Bis vor wenigen Jahren war Torreón nämlich eines der Epizentren des mexikanischen Drogenkrieges. Der ist jedoch vorbei, informiert Hugo uns. Inzwischen kann man sich in Torreón wieder frei bewegen. Sogar abends bei Dunkelheit Auto zu fahren geht in Ordnung. Eine Sache, die das Auswärtige Amt so wohl nicht unterschreiben würde. So oder so: Dass dies alles keine Selbstverständlichkeit ist, erfahren wir beim Abendessen von Hugos Mutter: „Vor fünf Jahren war alles noch anders. Da konnten wir im Dunkeln nicht mehr aus dem Haus. Abends ins Restaurant gehen oder Freunde besuchen, war nicht möglich. Es gab sogar eine nächtliche Ausgangssperre", berichtet sie uns. Die Erzählungen klären einige Ungereimtheiten auf, die Peter und mir in den letzten Tagen aufgefallen waren. So liegt das Haus der Familie in einer kleinen Straße, die mit einer hohen Mauer umzäunt und theoretisch mit einem Tor verriegelt ist. Nur, dass das Tor fast immer offen steht. „Was bringen die Mauern, wenn man einfach durch die offene Fußgängertür spazieren kann?", hatten wir uns gewundert. Aber vermutlich war das mit den offenen Toren vor ein paar Jahren noch anders...

Um einen Eindruck der damaligen Situation zu vermitteln, zitiere ich einen Spiegel-Artikel aus dem Jahr 2010: „Sie feierten eine fröhliche Party – und wurden Opfer des mexikanischen Drogenkriegs: Ein bewaffnetes Killerkommando hat in der Stadt Torreón 18 Menschen getötet". Wild und wahllos sollen die Täter in die Menge geschossen haben. Von mehr als 7000 Todesfällen, die die Behörden im Jahr 2010 mit dem Drogenkrieg in Verbindung bringen, ist in dem Artikel die Rede – und zum Zeitpunkt der Veröffentlichung ist das Jahr noch lange nicht vorbei gewesen... Doch zum Glück schreiben wir inzwischen das Jahr 2018 und vieles in Torreón hat sich verändert. Natürlich ist die organisierte Kriminalität und die damit verbundene Gewalt in Mexiko nicht komplett ausgerottet, nur ist Torreón eben nicht länger einer der Hauptschauplätze. Die Liste der wichtigsten Ereignisse im Drogenkrieg auf Wikipedia ist jedenfalls weiterhin kein schnelles Lesevergnügen. Peter und ich fühlen uns in Torreón allerdings nicht unsicherer als woanders und joggen sogar um 19 Uhr noch im nahegelegenen Park. Natürlich nur mit ausdrücklicher Erlaubnis von Hugos Mutter. Nichts passiert, alles ist ruhig. Auch andere Jogger sind im Park unterwegs, sogar ein paar Kinder spielen unter den Laternen auf dem Spielplatz. Das hätte vor ein paar Jahren hier wohl auch niemand gedacht. Wie schön zu sehen, dass sich Dinge auch mal zum Positiven ändern!

In Torreón können wir noch ein weiteres Highlight von Peters Mexiko-Bucket List abhaken: Mexikanisches Wrestling, auch als *Lucha Libre* bekannt. Für den heutigen Abend ist ein Kampf angesagt und so machen sich Hugo, Peter und ich sowie Hugos Freundin, sein Bruder mit Freundin und seine Mutter spontan auf zum großen Spektakel am anderen Ende der Stadt. An einem unscheinbar wirkenden Hauseingang werden Tickets verkauft. Die „Arena" hatte ich mir anders vorgestellt. Wir laufen durch den schmalen Eingang in eine Art Hinterhof mit Zuschauertribüne und einem Boxring. Die ganze Atmosphäre macht eher den Eindruck illegaler Hinterhofkämpfe, als den eines angesehenen Sportereignisses. Doch es hat alles seine Richtigkeit und erweist sich als höchst authentisch. Dass Peter und ich nicht hierher gehören, scheint kein Geheimnis zu sein.

Alle Augen sind auf die beiden Auswärtigen, die Englisch statt Spanisch sprechen, gerichtet, als unsere Gruppe sich Plätze sucht. Wir versorgen uns mit Bier, dann geht es auch schon los.

Die Kämpfer sind extrem schlecht. Selbst ein Laie erkennt, dass die Schläge jedes Mal danebengehen und alles ein schlechtes Theater ist. Auch wenn Peter meint, ich sei der einzige Mensch auf der Welt, der das nicht weiß, sage ich es hier noch einmal für alle: Wrestling ist nicht echt. Die Kämpfe sind gespielt und bereits vorher ist klar, wer das Theater „gewinnt". Vielleicht gibt es ja doch noch jemand anderen auf der Welt, dem diese Information neu ist. Eigentlich hat es somit schon fast mehr von einer Tanzchoreographie als von einem Kampf. Das sollten die Kämpfer wohl besser nicht hören. Mit jeder Runde werden die übrigens ein bisschen besser. Also nicht, weil sie dazulernen, sondern weil immer neue Paare antreten. Sie schlagen und treten sich und wälzen sich über den Boden. Das Publikum ist hochinvolviert und grölt und beleidigt den jeweiligen Unsympathen. Ebenfalls ein beliebtes Element der Kämpfe: Wenn einer weinend am Boden liegt, klettert der andere unter dem Gegröle der Zuschauer den Ring hinauf, um sich mit Schwung auf den am Boden liegenden Kontrahenten zu stürzen. Ein Garant für gute Stimmung!

In der Pause wird Nachwuchs rekrutiert. Alle Kinder aus dem Publikum sind eingeladen, es ihren Stars gleich zu tun und auf der Bühne gegeneinander zu kämpfen. Das Angebot wird nur zu gern angenommen. Etliche der jungen Fans versuchen sich gegenseitig durch die Gegend zu werfen, was mangels Muskelkraft nur bedingt gut klappt. Es ist putzig. Zugleich ist es fast brutaler als die echten Kämpfe, denn nicht jedes Kind scheint zu wissen, dass man beim Wrestling nicht wirklich mit aller Kraft auf den anderen einschlagen oder treten sollte. Von wegen, nur ich wüsste das nicht! Alters- und Größenunterschied tun das Übrige. Einer der Stars der vorherigen Kämpfe kommt irgendwann dazu, um den kleinen Nachwuchs-Wrestlern Tipps zu geben und posiert für die Fotos der aufgeregten Eltern. Manche der Kurzen nutzen die Gunst der Stunde, um auch ihn zu hauen oder zu treten. Wann hat man schon mal eine solche Gelegenheit ohne Ärger zu bekommen?

Dann ist die Pause vorbei und das Schmierentheater der Großen geht weiter. Bis *El Piloto* ins Spiel kommt. Der Liebling der Massen und mit deutlich mehr Talent gesegnet als die meisten seiner Vorgänger des Abends. Wie ein Pilot fliegt er durch den Boxring. Zugegebenermaßen nicht unbedingt wie die Art von Pilot, mit der ich gerne fliegen würde. Er schlägt, tritt, springt und weicht geschickt aus, bis er schließlich als glorreicher

Sieger aus dem Kampf hervorgeht. Ob ich selbst nun Wrestling-Fan werde, bleibt dennoch zu bezweifeln. Aber ein lustiger Abend war es allemal!

Am Samstag findet dann endlich das (für zumindest einen von uns) lang ersehnte Fußballspiel statt, wegen dem wir deutlich länger als der Durchschnittstourist in Torreón geblieben sind: das Halbfinalrückspiel von Torreón gegen Monterrey um die mexikanische Meisterschaft. Hugo, seine Freundin, Peter und ich machen uns auf zum Stadion. Als wir ankommen, ist bereits die Hölle los: Überall wird getanzt und gesungen. Das Spiel selbst ist nicht sehr spektakulär. Laut Peters Urteil europäisches Zweitliga-Niveau. Das tut der Laune jedoch keinen Abbruch. Die Stimmung der Torreón-Fans ist hoffnungsvoll-freudig und angespannt zugleich, denn wegen des verlorenen Hinspiels liegt der Meister der vorherigen Saison von vorneherein zurück. Im Laufe der kommenden 90 Minuten kann die Mannschaft das leider in keiner Weise mehr ausgleichen. Das tut der allgemeinen Stimmung im Stadion dann doch nicht mehr so gut. Bengalos werden gezündet. Das Spiel endet schließlich mit einer 0:2 Niederlage. Der Frust zeigt sich bei den Ultra-Fans deutlich. Ihr Block muss unter Einsatz von Tränengas vorzeitig von der Polizei geräumt werden. Wir selbst gehen ganz gesittet freiwillig und verlassen nicht nur das Stadion, sondern am nächsten Morgen auch Torreón.

Mittlerweile haben wir uns fast an den Fahrstil der Mexikaner gewöhnt. Dieser ist von Antäuschen und Drängeln geprägt. Im mexikanischen Straßenverkehr gilt einzig und allein das Motto: „Dreistheit siegt". Angeblich wird bereits in den Fahrschulen gelehrt, nicht zu blinken, wenn man die Spur wechseln will. Denn sonst könnte jemand anderes auf die Lücke aufmerksam werden und diese schnell schließen. Das Gerücht glaube ich gerne. Wenn der Blinker doch mal genutzt wird, dann meist in die genau entgegengesetzte Richtung. Ich vermute als Ablenkungsmanöver. Nur die Hupe wird in Mexiko überraschend selten genutzt. Es dauert nicht lange, bis Peter seinen Fahrstil an die lokalen Gepflogenheiten angepasst hat. Von nun an ist die defekte Klimaanlage unseres Bullis nicht mehr das einzige, das mich ins Schwitzen bringt.

Gegen 17 Uhr steuern wir auf die Stadt Zacatecas zu. Die Warnung des Auswärtigen Amtes „Für Wohnmobile bzw. Campingwagen gibt es keine genügende Anzahl von bewachten Campingplätzen" bewahrheitet sich direkt bei diesem ersten Versuch, in Mexiko im Bulli zu schlafen. Zumindest in dieser Gegend gibt es tatsächlich keine Camping-Möglichkeiten und der nächste Wildcamping-Tipp unserer App liegt eine weitere Fahrstunde entfernt. Das schaffen wir nicht mehr. Es ist bereits 17 Uhr, der Sonnenuntergang ist für 18:04 Uhr angesagt und danach wird es rasch stockfinster. Im Dunkeln zu fahren gilt in Mexiko als hochgefährlich. Nicht nur, weil Kriminalität gerne im Schutz der Dunkelheit operiert, sondern auch wegen der vielen Schlaglöcher und betonierten Bodenschwellen zur „Verkehrsberuhigung". Diese sogenannten *Topes* haben nämlich das Potenzial für einen Achsenbruch. Außerdem ist Peter todmüde. Da die Versicherung jedoch nur auf ihn läuft und man bei Unfall mit Personenschaden ohne gültige Versicherung in den Knast kommt, kommt ein Fahrertausch für mich nicht in Betracht. Und so verbringen wir unsere erste mexikanische Nacht im Bulli auf einem Supermarktparkplatz. Einem unbewachten Supermarktparkplatz. „Verzichten Sie auf Fahrten mit dem Wohnmobil und Campingwagen, wenn Sie nicht an allen Orten bewachte Campingplätze reservieren konnten", – das Auswärtige Amt wäre wohl nicht sehr stolz auf uns, wenn sie von unserer Interpretation ihrer Sicherheitstipps Wind bekämen. Wenigstens wurde Zacatecas nicht explizit als gefährliches Pflaster genannt. Soweit die Haben-Seite.

Nachdem wir die Nacht auf dem Parkplatz überraschenderweise überleben, trifft es uns am nächsten Tag gleich doppelt gut. Wir fahren in die hübsche Kolonialstadt Guanajuato. Auch dort gibt es zwar keinen Campingplatz, wie ihn sich der deutsche Durchschnittscamper vorstellen würde, aber dafür einen freundlichen Mexikaner, der für ein paar Pesos Vanlifern seinen Hinterhof zur Verfügung stellt. Und der kann sich sehen lassen! Wer bei „Hinterhof" an hohe Mauern und Beton denkt, irrt. Dieser auf einem Hügel gelegene und nur über enge Kopfsteinpflastergassen zu erreichende Hof bietet ein Panorama über die Stadt, von dem so manches 5-Sterne-Hotel nur träumen kann. Wir haben Glück und ergattern den besten Platz direkt am Grundstücksende. Mit Blick auf die kunterbunten Häuschen am gegenüberliegenden Hang lassen wir den Abend entspannt und glücklich bei selbst gemachten Tacos ausklingen. Es ist das erste Mal seit Utah, dass wir so schön stehen. So macht Vanlife wieder richtig Spaß!

Ein paar Kolonialstädte später haben wir dennoch vorerst genug von bunten Häusern und Kirchen und wollen zurück in die Natur. Und so geht es in ein Naturschutzgebiet irgendwo im Zentrum Mexikos, um Schmetterlinge zu beobachten. Amerikanische Monarchfalter beziehen dort jedes Jahr ihr Winterquartier. Das wollen wir uns nicht entgehen lassen. Ganze Schwärme von Hunderttausenden oder gar Millionen Faltern flattern hektisch durch die Luft. Es ist ein bizarrer Anblick!

Unterwegs wildcampen wir irgendwo in der Nähe eines Stützpunktes der Militärpolizei. Und wieder einmal können wir nicht bestätigen, was uns zuvor über die mexikanischen Ordnungshüter eingebläut worden war. „Ihr werdet Unsummen an Bestechungsgelder zahlen müssen", hatten uns vor allem Amerikaner immer wieder vorhergesagt.

Tatsächlich kommt die Polizei abends an unserem Camp vorbei, erkundigt sich aber lediglich, ob alles ok sei. Das ist es. Wir werden an diesem Abend weder Opfer von Polizeiwillkür, noch von Bestechungsversuchen. Nur eine beim Abendessen plötzlich aufkreuzende Meute wilder Hunde ist weniger gastfreundlich. Wie aus dem Nichts steht der Erste plötzlich vor uns, als wir gerade kochen. Fordernd knurrt er Peter an. Ich selbst habe mich längst nach drinnen gerettet. Und dann kommt noch einer. Und noch einer. Sind sie freundlich? Oder ausgehungert? Glauben sie, ein Revier verteidigen zu müssen? Wir wollen es lieber nicht herausfinden und ziehen uns früher als geplant zum Essen in den Campervan zurück.

Am nächsten Morgen wissen wir: Ja, sie haben ein Revier zu verteidigen. Demonstrativ pinkeln sie im Minutentakt an sämtliche unserer Autoreifen. Die auch am Morgen wieder vorbeischauende Polizei grüßt hingegen nur freundlich. Auf Polizeiwillkür und Korruptionsversuche warten wir auch heute vergeblich.

Gut gelaunt darüber, wie überraschend freundlich und friedlich Mexiko sich uns präsentiert, machen wir uns voller Vorfreude auf die Weiterfahrt zu einem ganz besonderen Highlight: den Grutas de Tolantongo. Und die entpuppen sich als eines der schönsten Fleckchen Erde, an denen ich je gewesen bin. Und das Beste: Noch gibt es keine geteerte Straße zum Naturpark. Das macht unserer Bärtha die Anreise zwar nicht leichter, Reisebussen aber nahezu unmöglich. Schlaglöcher und Topes verlangen unserem Bulli wieder mal einiges ab. Doch die Topes sind heute nicht das einzige Verkehrshindernis. Dass wir auf dem richtigen Weg zum Badeparadies sind, merken wir daran, dass die Abstände, in denen sich todesmutige Straßenverkäufer vor unser Auto werfen, immer kürzer werden. „Zapatos Acuaticos“, Wasserschuhe, sind der lokale Verkaufsschlager und das Must-Have der Badesaison. Es ist bereits dunkel als wir – ohne Zapatos Acuaticos – endlich im Park ankommen und so suchen wir uns für die Nacht einen ruhigen Schlafplatz am Wasser.

Als wir am nächsten Morgen aufwachen, trauen Peter und ich unseren Augen kaum, so türkisblau erstrahlt der Fluss, der sich Becken für Becken durch das Tal schlängelt. Noch dazu ist er warm wie eine Badewanne. Wir können unser Glück kaum fassen! Und es wird nur noch besser! Je weiter wir flussaufwärts laufen, desto schöner wird die Szenerie. Kakteen wachsen entlang des Weges und rot blühende Weihnachtssterne geben den passenden Farbtupfer zwischen all dem satten Grün und strahlenden Blau. Hinter einem Wasserfall, der sich elegant von einem Felsvorsprung in den Fluss ergießt, erkunden wir unterirdische Gänge und Höhlen. Ein Seil ist gespannt, damit man beim Schwimmen in den einzelnen Kammern der Höhle den Weg wieder zurückfindet. Wenn man das überhaupt will, denn in der Mitte der Grotte befindet sich ein warmer Wasserstrudel. Ein tropisches Freizeitbad hätte nicht traumhafter designt werden können! Peter und ich genießen das Naturparadies in vollen Zügen und freuen uns, ausgerechnet jetzt hier zu sein. Denn bald, so lassen die Bagger und Planierraupen erahnen, wird es wohl nicht mehr so einsam und ruhig sein. Eine breitere, asphaltierte Straße ist im Bau. Es wird nicht lange dauern, bis die Idylle unweigerlich den Massen weichen wird.

Doch noch ist die Straße nicht ausgebaut und so quälen Peter, Bärtha und ich uns irgendwann wieder über die Buckelpiste zurück. Bevor wir nach Mexiko City weiterfahren können, müssen wir uns allerdings zuerst mit den dortigen Verkehrsregeln beschäftigen. Bereits in San Diego hatte Couchsurfer Aaron uns erzählt, in Mexiko City eine saftige Strafe an die Verkehrspolizei gezahlt zu haben. Das Vergehen: sein Nummernschild endete auf die Ziffer „2". Was nach Polizeiwillkür vom Feinsten klingt, erweist sich als absolut korrekt. Denn wie viele Großstädte hat Mexiko City ein gewaltiges Smog-Problem. Als die Luftverschmutzung vor ein paar Jahren einen neuen Höchststand erreichte, hat man das sogenannte „Hoy no Circular"-Programm ins Leben gerufen.

Zu Deutsch „Heute nicht fahren" bedeutet in der Praxis, dass es regelmäßige Fahrverbote gibt. Und wer wann fahren darf oder auch nicht, hängt von der Endziffer des Nummernschilds ab. In unserem Fall eine Neun. Bedeutet konkret: Wir dürfen unsere Bärtha freitags weder in Mexiko City, noch in weiten Teilen des gleichnamigen Bundesstaats bewegen. Da wir außerdem ein ausländisches Nummernschild haben, dürfen wir zudem samstags zwischen 5 und 22 Uhr nicht unterwegs sein und auch nicht Montag bis Freitag von 5 bis 11 Uhr morgens. So weit, so klar. Wo genau die Fahrverbotszone beginnt, bleibt uns bis zuletzt schleierhaft. Entsprechend nervös sind wir, als wir ausgerechnet an einem Samstag auf Mexiko City zusteuern. Genauer gesagt auf Teotihuacán, eine Ortschaft außerhalb der Metropole, berühmt wegen einer bedeutenden Maya-Pyramide. Ob Teotihuacán beziehungsweise der Weg dorthin bereits zur verbotenen Zone gehören oder nicht, konnten wir nicht abschließend herausfinden. Und so stehe ich kurz vor der Grenze zum Bundesstaat Mexiko vor einem Verkehrspolizisten, um ihn um Rat zu bitten. Die Kommunikation gestaltet sich schwierig. Wie zu erwarten spricht der Beamte lediglich Spanisch. Ich tue das inzwischen auch – ein bisschen zumindest. Offenbar ist „ein bisschen" nicht genug, um meine sehr spezifische Detailfrage unmissverständlich zu formulieren. Nach fünf Minuten des Aneinander-vorbei-Redens einigen wir uns darauf, dass Peter und ich mit der Neun heute nicht in die Hauptstadt fahren dürfen.

So weit waren wir auch schon und daher bleiben wir genauso nervös wie zuvor, als uns kurz drauf ein Schild am Straßenrand im Bundesstaat Mexiko willkommen heißt. Dürfen wir hier noch unterwegs sein? Oder sind wir bereits in der verbotenen Zone? Gleich wenige Meter später sehen wir auch schon die erste Polizeistreife. Betont cool und lässig fahren wir an ihnen vorbei. Unauffällig schaue ich in den Rückspiegel, aber sie machen keine Anstalten, uns zu folgen. Zum Glück. Die Fahrt bis zu unserem anvisierten Campingplatz dauert nur noch 30 Minuten, das gibt Hoffnung. Als wir in den kleinen Ort einbiegen, sehen wir noch zwei weitere Streifen, doch beide haben genug mit der Regelung des üblichen Verkehrschaos zu tun. Entweder wir machen gar nichts falsch oder sie sind zu beschäftigt, um unsere Neun zu bemerken. Wir schaffen es schließlich bis zum Campingplatz, ohne angehalten oder zur Kasse gebeten zu werden. Gut, dass nun erst mal ein paar autofreie Tage anstehen!

Nachdem wir die berühmte Sonnenpyramide der Maya erkundet haben, lassen wir Bärtha auf dem Campingplatz zurück. Mit einer spontanen Mitfahrgelegenheit, die sich beim Check-Out ergibt, geht es nach Mexiko City. In einer Millionenmetropole selbst Auto zu fahren ist nie spaßig und bei den vielen „Hoy no Circular"-Regeln wollen wir lieber nicht riskieren, doch noch ins kostspielige Fettnäpfchen zu treten.

Unser Ausflug in die Großstadt entpuppt sich als wenig lohnenswert. Peter und ich können Mexiko City einfach nicht viel abgewinnen. Trubel, Hektik und Smog herrschen vor. Dabei versprüht die Metropole nicht annähernd die Schönheit oder den Charme der kleinen Kolonialstädte. Aber wir waren sowieso vor allem gekommen, um alten Freunden aus dem Auslandssemester einen Besuch abzustatten. Wir treffen erst Gabrielle und später José. Unabhängig voneinander bläuen die beiden uns ein, was wir in Mexiko tun und unterlassen sollen. Metro fahren, in ärmere Stadtviertel gehen, auf Nicht-Mautstraßen Autofahren: alles verboten. Gabrielle empfiehlt, für sämtliche Ausflüge organisierte Touren zu buchen, José rät, unterwegs möglichst selten zu stoppen und vielleicht noch eine zweite SIM-Karte von einem anderen Anbieter zu besorgen, falls unsere mal schlechteren Empfang hat. Just in case. „Wo parkt ihr eigentlich?", will er wissen und ist schockiert, als wir zugeben müssen, mit der gefährlichen Metro zum Treffpunkt angereist zu sein. „Ihr seid wirklich Metro gefahren? Und ihr wurdet nicht ausgeraubt?" Peter und ich sind ebenso irritiert, wenngleich aus einem etwas anderen Grund. Selbstverständlich sind wir längst mit der Metro unterwegs gewesen. Wie sonst sollten wir in der Millionenmetropole von A nach B gelangen? Dass wir individuell mit dem Auto durch Mexiko fahren und sogar campen, findet José zwar beeindruckend, aber gleichzeitig scheint er mehr als froh zu sein, nicht mit uns tauschen zu müssen. Ich kann förmlich in seinen

Augen lesen, wie er gedanklich formuliert, was er bald ins Kondolenzbuch der Eheleute Reidelbach schreiben soll.

Beide Freunde sind wirklich äußerst besorgt um unsere Sicherheit. Zur Vermeidung eines Herzinfarkts lassen wir die Übernachtung auf dem Supermarktparkplatz besser unerwähnt. José und Gabrielle gehören mit Universitätsabschluss und Auslandserfahrungen in Mexiko wohl zur gut situierten Mittelschicht. Nicht zum ersten Mal fällt Peter und mir auf, dass genau dieser Typ Mexikaner am meisten Angst vor seinen eigenen Landleuten zu haben scheint. Auch wenn wir den einen oder anderen Rat für übertrieben halten, haben die beiden nicht ganz Unrecht, wenn sie Mexiko City nicht als das sicherste Pflaster bezeichnen. Vermutlich dienen die hohen Mauern vor den Häusern nicht nur zur Deko. Und so sind Peter und ich zwar froh über das Wiedersehen mit den beiden, aber ebenso erleichtert, als wir den Smog und die Gefahren der Metropole hinter uns lassen und wieder unsere Bärtha abholen.

Wir verbringen ein paar Tage im hübschen Städtchen Puebla, bevor wir beschließen, dass es langsam mal wieder Zeit fürs Meer wird. Natürlich nicht ohne ein paar weitere Abstecher und Umwege. Entgegen des Rats unserer Freunde wagen wir uns allein und ohne Tour auf die einstündige Fahrt zur Naturattraktion *Hierve El Agua*. Da Einheimische unterwegs die Straßen blockieren und Geld verlangen könnten, hatten die beiden uns dringlich davon abgeraten. Tatsächlich geraten Peter und ich mit Verlassen des Highways prompt in eine solche Straßensperre. Ein quer über die Straße gespannte Kette versperrt uns die Durchfahrt. Doch von Gefahr und Bedrohung keine Spur. Auf einem Schild steht geschrieben, dass man 10 Pesos (etwa 50 Cent) pro Fahrzeuginsasse zahlen muss, damit das Dorf die Straße instand halten kann. Wenn ich mir die holprige Schotterpiste so ansehe, scheint dieser Business Case bisher allerdings nicht wirklich aufzugehen. Ein alter Herr sitzt auf einem Stuhl daneben und bewacht das Ganze. Peter zahlt und umgehend lockert der Herr die Kette, sodass wir weiterfahren können. Wovor genau man hier Angst haben könnte, bleibt uns ein Rätsel.

Auch wenn wohl nichts und niemand die Grutas de Tolantongo vom Thron der schönsten Badeorte stürzen kann, stellt sich Hierve El Agua als wunderschönes Naturspektakel heraus. Nach einer ersten Enttäuschung darüber, dass der große Wasserfall momentan wohl eingetrocknet ist, wird Peter und mir schließlich bewusst, dass genau das der Witz der Sache ist. Hierve el Agua: gesiedetes Wasser. Der Wasserfall ist gar kein Wasserfall. Die Felsformation sieht aufgrund ihres hohen Calciumgehalts einfach nur wie ein solcher aus.

Doch nicht nur der Scheinwasserfall ist ein Highlight. Natürliche Pools auf einem Felsvorsprung mit Blick über das weite Tal machen die Kulisse perfekt. Eine traumhafte Szenerie – insbesondere wenn man sich die Menschenmassen wegdenkt. Peter ist mal wieder in seinem Element, sich über die fotowütigen Leute aufzuregen. Und irgendwie hat er leider Recht. Es ist wirklich bezeichnend, wenn man sich umschaut: Überall posieren Frauen, die von ihren teils mehr, teils weniger enthusiastischen Boyfriends stundenlang abgelichtet werden. In sämtlichen Szenerien mit x-verschiedenen Outfits und den dramatischsten Posen. Es ist wie ein Amateur-Fotoshooting-Set. Am schlimmsten sind die Instagram-Profis, die im farblich passenden Outfit angerückt sind, das einen herausragenden Kontrast zur Landschaft bildet. Kleider, die keine normale Person je bei einer Wanderung oder zum Schwimmen tragen würde. Aber auf den Fotos wird es super herausstechen. Es ist nicht nur nervig, wenn man ständig gebeten wird, für ein Bild zur Seite zu rücken, sondern irgendwie auch traurig. Kaum jemand scheint den spektakulären Ort oder die Aussicht zu genießen. Es geht nur um das perfekte Foto, den perfekten Schein. Und das allerschlimmste: Ich selbst kann mich davon nicht zu 100 Prozent ausschließen. Auch ich habe am Ende des Tages über 100 Bilder von Hierve El Agua auf der Speicherkarte. Das darf Peter auf keinen Fall erfahren!

Von Hierve El Agua ist es noch ein langer Weg bis zur Pazifikküste. Wobei sich „lang" eher auf die Zeit, als auf die Distanz bezieht. Sieben Stunden veranschlagt Google für die 350 Kilometer. Das lässt nichts Gutes erahnen. Eine kurvige Berg- und Talfahrt liegt vor uns. Insbesondere die absolut sinnlosen Topes machen unserem Bulli zu schaffen. Irgendwann bezweifle ich zudem ernsthaft, ob Peter eigentlich räumlich sehen kann: Ohne auch nur annähernd abzubremsen, überfährt er einen Tope nach dem anderen. Jedes Mal hebt Bärtha kurz ab und setzt äußerst unsanft wieder auf. Nichts von unserer Ausrüstung finden wir später dort, wo es bei Fahrtbeginn noch gewesen ist. Doch die dadurch in Mitleidenschaft gezogenen Stoßdämpfer sind unser kleinstes Problem. Bereits nach weniger als 20 Minuten Fahrt, hört Bärtha das erste Mal auf zu schalten. Wir halten kurz an und geben ihr Zeit, sich zu erholen. Es wirkt. Doch nach nur einer weiteren halben Stunde ist es wieder so weit. Das ständige Bremsen und Neuanfahren an den Topes und Schlaglöchern ist einfach zu viel. Insbesondere zwischen dem ersten und zweiten Gang bleibt Bärthas Getriebe immer wieder hängen.

Spätestens auf dieser Etappe entwickeln wir einen unfassbaren Hass gegen denjenigen, der die Topes in Mexiko eingeführt hat. Was sollen diese Verkehrsschikanen, über die man nur im Schritttempo fahren kann? Ich verstehe den Sinn in Spielstraßen oder rund um Schulen und Kindergärten, wo man langsam fahren soll. Aber warum wird auf einer Straße, auf der man 70 km/h fahren darf, ein Verkehrshindernis gebaut, das einen zum Abbremsen auf Schrittgeschwindigkeit zwingt? Und das alle paar Hundert Meter? Meine eigenen Beobachtungen zeigen jedenfalls nicht, dass zwei nah beieinander liegende Topes Grund für eine vorausschauende Fahrweise wären. Nein, die Strecke dazwischen ist für mexikanische Autofahrer sowie die Peters dieser Welt scheinbar nur dazu gemacht, um erneut Vollgas zu geben und dann ein paar Meter später wieder eine Vollbremsung einzulegen. Zur Verkehrssicherheit tragen die Topes nun wirklich nicht bei. Dafür fällt uns die enorme Dichte an Werkstätten auf, die mit günstigen Stoßdämpfer-Reparaturen werben. Wenigstens einer scheint ordentlich zu profitieren.

Nach der Hälfte der Strecke lassen wir es für heute gut sein. Wir sind am höchsten Punkt des Gebirges, das wir überqueren müssen, angelangt und Bärtha braucht dringend eine Pause. Nicht, dass wir auf den zurückgelegten 150 Kilometern nicht geschlagene zehn Mal angehalten hätten, damit das Getriebe sich ein wenig abkühlen kann. Aber jedes Mal kam nach einigen Hundert Metern guter Fahrt wieder ein Grund abzubremsen und Bärtha hat sich wieder im ersten Gang verfangen. Die letzten Kilometer kämpfen wir uns mit Warnblinklicht in Schrittgeschwindigkeit hoch.

Das kleine Bergdorf, in dem wir übernachten werden, ist ein wahrer Backpacker-Geheimtipp, wie wir erst vor Ort erfahren. So viele europäische Gesichter haben wir bislang in Mexiko noch nicht gesehen! Das erste Mal sehen wir andere Backpacker in unserem Alter! Nicht zuletzt liegt das wohl an den Magic Mushrooms, für die das kleine Bergdorf bekannt ist!

Als wir am nächsten Tag am Meer ankommen, können wir unser Glück kaum fassen! Im Küstenörtchen Puerto Escondido kommen wir auf einem kleinen Campingplatz unter, wo wir unter Palmen im Sand stehen. Nachdem mit dem Besitzer ein Preis ausgehandelt ist, steuern wir unser neues Camp an. Fast zumindest. Denn prompt wird uns der Traumplatz am Strand zum Verhängnis und der Bulli fährt sich beim Einparken tief im Sand fest. Eine Fußmatte dient bei der Befreiung als Unterstützung und segnet in diesem Dienste das Zeitliche. Doch das ist nicht der einzige Verlust. Beim Versuch, sich wieder freizufahren, trifft Bärtha eine im Sand eingebuddelte Wasserleitung. Im hohen Bogen spritzt das Wasser aus dem frischen Leck im Schlauch. Oh je! Noch keine fünf Minuten sind wir da und nehmen bereits alles auseinander! Nachdem wir dank ein paar freiwilliger Helfer unsere endgültige Parkposition im Sand doch noch erreicht haben, wird sich um die Wasserleitung gekümmert. Mir ist die Situation unglaublich unangenehm und ich fürchte bereits um die Wasserversorgung des Hotels, zu dem die Stellplätze gehören. Zu Unrecht. Während die Leitung kurz freigegraben wird, stellen wir mit Erleichterung fest, dass wir nicht die ersten zu sein scheinen, denen das passiert ist. Der Wasserschlauch weist eine Vielzahl an geflickten Stellen auf. Das erklärt die gelassene Reaktion des Besitzers. Mit diversen Plastiktüten, einem Überbrückungsschlauch und Panzertape wird der Schlauch gekonnt und vermutlich zum x-ten Mal repariert. Damit ist der letzte Kraftakt für heute getan und in den kommenden Tagen lautet die verpflichtende Anweisung: im Paradies zu chillen.

Ein Paradies ist dieser Strandabschnitt von Puerto Escondido wahrhaftig: Sandstrand, Palmen, Surfen, Yoga, leckeres und günstiges Essen sowie noch günstigeres Bier und Cocktails. Die hippen Cafés bieten alles, was das Herz eins jeden Eat Pray Love-Backpackers begehrt: Von vegetarisch und vegan über frischen Fisch bis hin zu Organic Superfood Bowls hat man die Qual der Wahl. Eine sehr willkommene Abwechslung zum mexikanischen Essen. Nicht, dass das nicht exzellent wäre, aber nach Wochen im Land ist eine gewisse Wiederholung der gängigen Zutaten nicht zu leugnen.

Nachdem wir die ersten Tage in Puerto Escondido vor allem wahlweise am Strand oder im Camp liegend verbracht haben, wird es Zeit, wieder etwas zu erleben. Hier an der Pazifikküste soll es viele Schildkröten geben und im Moment schlüpfen angeblich deren Babys und machen sich zum ersten Mal in ihrem Leben auf ins Meer. Überall im Ort sieht man Werbung für die Freilassung der Baby-Schildkröten. Offenbar funktioniert das hier nämlich nicht ganz auf natürliche Weise still und heimlich nachts, sondern als Event. Die Fotos von Leuten, die eine Kokosnuss-Schale mit einer kleinen Schildkröte darin in der Hand halten, machen uns neugierig und skeptisch zugleich. Ich will auch eine kleine Baby-Schildkröte ins Meer lassen! Aber ich will auch, dass es den Schildkröten gut geht und sie nicht ohne Rücksicht auf Verluste sensationslustigen Touristen geopfert werden.

Nach stundenlanger Recherche im Internet bin ich ausreichend überzeugt, dass die Tiere nicht ausgebeutet werden und so versuchen Peter und ich herauszufinden, wie wir ohne organisierte Tour eine Schildkröte ins Meer lassen können. Im Internet ist von „jeden Tag um 17 Uhr“ die Rede. Das kommt mir komisch vor. Schlüpfen die Schildkröten das ganze Jahr über? Wir rufen bei der Organisation Vivemar an, die sich um die Schildkröten kümmert. Angesichts meiner ausbaufähigen Spanischkenntnisse verläuft das Gespräch gar nicht schlecht. Denke ich zumindest. Für mich klingt es so: „Hallo, ich habe eine Frage: Findet die Freilassung der Schildkröten heute am Bacacha Strand statt?“ „Um

17 Uhr“ lautet die Antwort. „Ah ok. Auch heute?“. Ein leicht irritiertes: „Um 17 Uhr“. „Ok also auch heute. Wir kommen. Bis gleich!“

Was mir nicht klar ist: So wie andere Menschen eine Links-Rechts- oder Rot-Grün-Schwäche haben, habe ich eine Hoy-Ahora-Schwäche. Ich verwechsle standardmäßig die Wörter „hoy“ (heute) und „ahora“ (jetzt). Für jeden anderen außer mir lautet das Gespräch also so: „Hallo, ich habe eine Frage: Findet die Freilassung der Schildkröten jetzt am Bacacha Strand statt?“ „Um 17 Uhr“ lautet die Antwort. „Ah ok. Auch jetzt?“ „Um 17 Uhr“. „Ok also jetzt. Wir kommen. Bis gleich“. Die Uhr zeigt 12 Uhr mittags. Es wird höchste Zeit, dass wir endlich richtig Spanisch lernen!

Da Peter sich weigert, den Bulli während unserer Zeit in Puerto Escondido noch einmal aus dem Sand zu bewegen, nehmen wir ein Taxi zum Schildkrötenstrand und kommen nicht „jetzt“, sondern passend „heute“ um 17 Uhr an. Vor Ort werden unsere letzten Zweifel beseitigt und die Freiwilligen von Vivemar erklären noch einmal, was sie eigentlich tun und warum: In Puerto Escondido und Umgebung nisten vier von weltweit nur noch sieben Meeresschildkrötenarten. Eine davon, die Pazifische Bastardschildkröte nistet das ganze Jahr über, daher auch die tägliche Freilassung neuer Schildkröten-Babys. Doch warum brauchen die Schildkröten überhaupt unsere Einmischung? Meeresschildkröten sind in Mexiko leider besonders bedroht. Von 1000 Eiern wird statistisch nur eines zu einer erwachsenen Schildkröte, die selbst einmal Nachkommen produzieren wird. Und das gleich aus einer Reihe von Gründen: Da wäre zum Beispiel der Klimawandel und die damit einhergehende Veränderung des Lebensraums. Oder dass Schildkröten versehentlich gefischt werden beziehungsweise sich in Geisternetzen verfangen. Oder dass sie elendig ertrinken, weil sie im Meer treibende Plastiktüten mit Quallen – eine ihrer Leibspeisen – verwechseln. Und dann sind da noch die natürlichen Feinde. Nicht nur im Meer lauern sie, sondern bereits bevor die Schildkröten überhaupt geschlüpft sind. Das gehört wohl irgendwo zur natürlichen Selektion und dem Kreislauf der Natur.

Zumindest wenn es sich dabei um andere Tiere handelt. Doch genau da liegt das Problem. Schildkröteneier gelten leider bei einigen Mexikanern immer noch als Delikatesse. Dementsprechend sind es nicht nur Leguane, Hunde oder Waschbären, die heimlich nachts die Nester plündern, sondern leider vor allem menschliche Wilderer. Genau deshalb sammeln die freiwilligen Helfer der gemeinnützigen Organisation Vivemar die Eier ein, bevor es jemand anderes tut und brüten sie an bewachter Stelle weiter aus. Zum Brüten braucht es nicht viel mehr als die Sonne. Durch ihre Wärme reifen die ungeschlüpften Schildkröten heran. Die Außentemperatur bestimmt während der Brut, ob die Schildkröte als Männchen oder Weibchen schlüpft. Übrigens ein weiteres Problem des

Klimawandels: Wenn unsere Durchschnittstemperatur weiter ansteigt, schlüpfen irgendwann nur noch Weibchen. Dass das spätestens eine Generation später zum Problem wird, muss ich wohl nicht genauer erörtern.

Aber noch gibt es auch Männchen. Und einige sind heute Nacht unter der Obhut von Vivemar geschlüpft. Damit die Bewachung der Eier weiter finanziert werden kann, kommen nun die Touristen ins Spiel. Ein Teil der frisch geschlüpften Schildkröten wird jeden Tag für Menschen wie Peter und mich reserviert. Gegen eine kleine Spende erhalten wir eine Schale mit einer Schildkröte, die wir am Strand aussetzen und zusehen dürfen, wie sie hoffentlich die erste große Hürde ihres Lebens, nämlich den Weg in den Ozean, meistert. Damit die Tiere keinen Schaden davontragen, dürfen wir sie nicht berühren. Stattdessen transportieren wir die uns überreichten Babys in einer Kokosnuss-Schale bis ungefähr acht Meter vor das Ufer. Das ist in etwa die Entfernung, die die Schildkröte auch unter natürlichen Bedingungen allein schaffen müsste. Dann dürfen wir unsere Babys vorsichtig aus der Schale in den Sand kippen. Peters Schildkröte ist ziemlich hyperaktiv und wir haben Mühe, noch schnell ein Bild zu machen. Sie hat es äußerst eilig und versucht bereits unterwegs aus der Schale zu klettern. Meine Schildkröte ist da ein bisschen zurückhaltender. Während wir aufpassen müssen, dass Peters Baby nicht aus anderthalb Metern in die Tiefe springt, bin ich mir auf dem Weg zum Wasser zwischendurch nicht sicher, ob meine überhaupt noch lebt. So reglos liegt sie in ihrer Schale. Sicherlich ist dieser Start ins Leben mit den vielen Menschen nicht ganz stressfrei für die kleinen Tierchen, die normalerweise nachts klammheimlich das erste Mal den Weg ins Wasser finden würden. Nachdem ich sie aus der Schale lasse, bleibt sie noch minutenlang bei uns sitzen und gibt nur sporadisch Lebenszeichen von sich. Peters Baby sprintet hingegen zielstrebig zum Wasser. Es könnte alles so schön sein, wenn nicht plötzlich eine Möwe von der Seite käme und im Sinkflug geschickt und zielsicher zuschlagen würde. So ein Biest! Sie hat Peters Baby erwischt! Die kleine Schildkröte zappelt im Schnabel, während die Möwe mit ihr raus aufs Meer fliegt. Und der Körpereinsatz lohnt sich. Peters Baby strampelt sich tatsächlich wieder frei und fliegt in hohem Boden ins Meer. Mit der Zähigkeit hat sie beste Chancen, die Eine aus 1000 Eiern zu werden.

Wie auch viele andere: Innerhalb kürzester Zeit tappen fast sämtliche Babys flink zum Wasser, wo sie von den Wellen erfasst und raus in die Freiheit getrieben werden. Dahin, wo nun ihr Leben erst richtig beginnt. Nur meine Schildkröte sitzt immer noch vor ihrer Schale. Irgendwann besinnt auch mein Schützling sich auf seine angeborenen Instinkte und macht sich endlich auf in Richtung Meer. Nicht ohne Umwege. Für jeden Schritt nach vorn, macht die kleine Schildkröte zwei Schritte zurück. Wortwörtlich. Jedes

Mal, wenn wir denken: „Nun hat sie den Dreh raus!“, dreht sie doch wieder und läuft stattdessen zur Seite weiter. Oder manchmal sogar wieder nach hinten, vom Meer weg. Das nennt man wohl nicht gerade einen ausgeprägten Überlebensinstinkt. Irgendwann erreicht aber auch sie das rettende Meer. Ob sie es dort alleine schaffen wird, bleibt fraglich. Glücklich darüber, dass unsere Babys aus dem Haus sind und nun auf eignen Beinen stehen, schauen Peter und ich noch den Sonnenuntergang an. Wir haben einen guten Eindruck der Tierschutz-Organisation. Sicherlich ist die Einmischung durch den Menschen nicht optimal, aber gegeben der Situation, dennoch die beste Alternative.

Wildes Chiapas

Auch wenn wir ewig hier bleiben könnten und Peter sich bereits darüber informiert, ob und wie man als Ausländer in Puerto Escondido Land kaufen kann, um darauf mit seinem Bulli zu leben, eisen wir uns schweren Herzen irgendwann los. Es liegt noch zu viel anderes vor uns, das wir entdecken und erleben wollen! Wir springen also ein letztes Mal in die Fluten des Pazifischen Ozeans, bevor es losgeht –und zwar nach Chiapas. Von dieser Region hat uns bisher jeder Mexikaner vorgeschwärmt. Und da selbst das Phantasialand seine auf Mexiko getrimmte Wildwasserbahn auf den Namen „Chiapas“ getauft hat, sind meine Erwartungen an den Bundesstaat im Dschungel Mexikos groß. Und so viel sei vorab verraten: Sie sollen nicht enttäuscht werden.

Die Fahrt bis zu unserem ersten Zwischenziel wird den ganzen Tag dauern. Je nach Zustand der Straßen und heutiger Befindlichkeit unseres Getriebes auch länger. Nach ein paar Stunden wird unsere Tour das erste Mal unterbrochen. Wir geraten in eine Polizeikontrolle. Peter muss seinen Führerschein vorzeigen und die üblichen Fragen beantworten. Wo kommt ihr her, wo wollt ihr hin und so weiter. Sobald der Polizist realisiert, dass wir aus Deutschland kommen und nur unsere Bärtha US-Amerikaner ist, wird er schlagartig extrem herzlich, überschüttet uns mit Lobeshymnen auf Deutschland, macht ein paar Bemerkungen über Fußball und heißt uns herzlich willkommen in Mexiko. Peter bekommt umgehend seinen Führerschein zurück und man wünscht uns eine gute Weiterreise. Es ist das Jahr der Weltmeisterschaft, bei der Mexiko Deutschland aus der Vorrunde gekickt hat. Das ist blöd für Fußball-Deutschland, aber in diesem Fall gut für uns. Anders herum wäre man uns in den Polizeikontrollen möglicherweise weniger milde gestimmt.

Trotz aller frommen „Gute Fahrt"-Wünsche des Polizisten verläuft unsere Weiterfahrt ähnlich nervig wie zuletzt gewohnt. Das Intervall, in dem das Getriebe spinnt und nicht mehr schaltet, wird immer kürzer. Ständig müssen wir anhalten und ein paar Minuten Pause machen. Auch am Thermometer können wir ablesen, wenn es wieder brenzlig wird. Laut Anzeige sind wir am Berg inzwischen bei mehr als 100 Grad Fahrenheit angelangt, also über 40 Grad Celsius. Tatsächlich könnte man im Fußraum des Beifahrersitzes beinah ein Spiegelei braten. Das Thermometer zeigt uns zwar bereits seit langem nicht mehr korrekt die Außentemperatur an, ist aber ein guter Indikator dafür, wie lange es noch dauert, bis das Getriebe wieder überhitzt. Ich muss im Schneidersitz mitfahren, da es auf dem Boden einfach zu heiß wird, um die nackten Füße darauf abzustellen. Eine Fußboden-Heizung hätte sich bestimmt aus Sicherheitsgründen bereits selbst abgestellt.

Durch die vielen Zwangspausen bleibt uns bei Einbruch der Dunkelheit nichts anderes übrig, als unsere Fahrt für die Nacht zu unterbrechen. Es ist der 25. Dezember. Hatten wir Heilig Abend noch mit Fisch am Strand gefeiert, so verbringen wir den ersten Weihnachtstag nun in einem Motel bei einem Festmahl aus Nudeln und Zucchini. Mangels Alternativen zubereitet auf dem Motel-Parkplatz. Nicht ganz unauthentisch. Immerhin hatten Maria und Josef nur einen Stall. Da kommen wir mit einem Zimmer mit Ventilator vergleichsweise gar nicht so schlecht weg.

Tags drauf erreichen wir endlich unser erstes Ziel in Chiapas: den Sumidero Canyon. Nachdem wir am Aussichtspunkt bei Sonnenuntergang den Blick auf die blaugrüne Schlucht von oben genießen konnten, wollen wir den Canyon genauer erkunden. Und zwar vom Wasser aus. Frühmorgens geht es daher mit einem Boot los. Durch enge Schluchten gleiten wir durchs Wasser. Links und rechts ragen die im Morgenlicht blau schimmernden Felswände hoch hinaus. Doch etwas trübt den Blick auf die eigentlich traumhafte Naturkulisse. Müll. Überall treibt Plastikmüll durch den Fluss. Ein Phänomen, das uns in Mexiko nicht zum ersten Mal auffällt. Am Ende des Canyons gelangen wir zu einer Art Stausee. Wir steuern direkt auf ein anderes Boot zu. Das wartet bereits auf uns, denn an diesem zweiten Boot, können wir nun Snacks und Erfrischungen käuflich erwerben. Selbstverständlich in mehrere Schichten aus Plastik gehüllt. Frisches Kokoswasser, das von der Kokosnuss in eine Plastiktüte umgekippt wird. Mit Plastikstrohhalm, der ebenfalls nochmal in Plastik verpackt ist. Oder Chips. Natürlich verpackt in eine extra Tüte, um sie von Boot A nach Boot B rüberzureichen. Außer Peter und mir scheint das Ganze niemandem übel aufzustoßen. Auf dem Rückweg halten wir dann noch kurz an einer Einbuchtung des Canyons, an der die Strömung besonders viel Müll ans Ufer gespült hat. Klärt der Ranger uns bei dieser Gelegenheit doch noch zur Müllproblematik auf? Immerhin ist das hier ein Nationalpark. Tut er nicht. Dafür wird Peter und mir bei genauem Hinschauen endlich klar, warum wir gerade halten. Inmitten der Plastikflaschen sonnt sich ein Krokodil. Auf seinem Rücken liegt eine Cola-Dose. Zwischen all dem Müll ist es kaum zu erkennen. Sieht so die Anpassung der Natur aus? Camouflage 2.0?

Noch etwas geschockt von dem, was in Mexiko unter Naturschutz fällt, machen wir uns auf ins touristische Zentrum von Chiapas – nach San Cristobal de las Casas. Die alte Kolonialstadt mit ihren hübsch bemalten Häusern ist gesäumt von hippen Cafés, Tourenveranstaltern und Hostels. Alles, was man als Backpacker eben braucht. Europäer und Amerikaner dominieren das Bild in den kopfsteingepflasterten Gassen der Altstadt. Ihnen versuchen die vielen aufdringlichen Straßenverkäufer ihre meist selbstgemachten Souvenirs anzudrehen. Man sieht den meisten ihre Existenzängste deutlich an. Selbst Kinder versuchen ihr Glück, diverse Handarbeiten und Kleinigkeiten an den Mann zu bringen. Die meisten von ihnen sind indigener Abstammung. Hier in San Cristobal wird uns zum ersten Mal so richtig vor Augen geführt, wie groß Mexikos Problem sozialer Ungleichheit ist und wie sehr die eigene Abstammung noch heute über die Zukunftschancen entscheidet.

Von San Cristobal aus machen wir einen Ausflug ins berühmtberüchtigte Dorf Chamula. Berühmt vor allem für seine sehr spezielle Kirche. Und wegen der vielen Horrorgeschichten, die sich um sie und die vermeintlich aufmüpfigen Dorfbewohner ranken. Wer sich nicht an die Regeln des selbst verwalteten Örtchens mit seinen eigenen Gebräuchen und Gesetzen hält, kann schnell Probleme bekommen. Gerüchte über Touristen, die im örtlichen Knast übernachten mussten oder auf offenem Platz Prügel erhielten, weil sie unbedacht ein Foto gemacht haben, kursieren im Netz und in den Hostels der Region. Denn das hier lebende Volk der Tzotzil – Ureinwohner und Nachfahren der Maya – glaubt bis heute daran, dass ein Foto die Seele des Fotografierten raubt. Dementsprechend harsch sind die Strafen.

Die berühmte Kirche San Juan Bautista abzulichten, ist hingegen kein Problem. Zumindest nicht von außen. Von außen unterscheidet sie sich allerdings auch nicht wesentlich von den vielen anderen hübschen Kirchen in Mexiko. Das Besondere zeigt sich erst im Inneren: Der komplette Boden ist von Piniennadeln bedeckt. Dazwischen brennen Tausende Kerzen. Weihrauchschwaden hängen in der Luft. Entlang des Gangs stehen Heiligenfiguren in Glaskästen. Sie sehen gruselig aus. Auch der Kirchenschmuck ist gewöhnungsbedürftig: Neben unendlich vielen Blumen hat man die Kirche vor allem mit

Luftballons, Luftschlangen und bunt blinkenden Lichterketten drapiert. Eine davon spielt unentwegt eine nervige Weihnachtsmelodie, die an die monotonen Klingeltöne im Jamba-Spar-Abo der ersten Nokia-Handys erinnert. Sitzbänke gibt es hingegen nicht. Dafür hat man ja die Piniennadeln, um es sich auf dem Boden bequem zu machen.

Die Religion in Chamula ist eine bunte Mischung aus Maya-Glauben und Christentum. Dabei ist Johannes der Täufer der wichtigste Heilige, noch vor Jesus. Denn schließlich hat Johannes Jesus getauft. Gläubige beten kniend auf dem Boden oder halten private Zeremonien ab. Beliebte Opfergabe, um Kontakt zu den Heiligen herzustellen: Hühner. Auch Fanta und Cola sind allgegenwärtig. Nicht ohne Grund: Durch Rülpsen entweichen dem Glauben nach böse Geister aus dem Körper. Die Kirche und die hier üblichen Bräuche und Zeremonien sind wirklich besonders. Aber leider sind Peter und ich selbst Teil des Problems, warum dennoch nicht so richtig mystische Stimmung bei uns aufkommen will: Die vielen Touristen, die in Massen durch das kleine Gebäude strömen. Und so schämen wir uns am Ende fast ein bisschen dafür, hergekommen zu sein. Auch wenn wir uns an das Fotoverbot halten und Eintritt gezahlt haben, hat es doch etwas voyeuristisches, die Menschen bei ihren Gebeten und Ritualen begafft und sicherlich irgendwie auch gestört zu haben.

Bevor wir nach Mexiko gereist sind, hatten wir uns über die Sicherheit im Land informiert. Auf einer Straßenkarte hatte Peter all jene Regionen schraffiert, die das Auswärtige Amt als gefährlich einstuft. Diese haben wir seitdem gekonnt umfahren, wobei die meisten Gefahren-Regionen sowieso nicht auf unserer geplanten Route lagen. Bis auf eine: die Ruta 199 in Chiapas. Und mitten auf halber Strecke der Ruta 199 zwischen San Cristobal de las Casas und Palenque liegt eigentlich unser nächstes Etappenziel. Über die Region hört und liest man unterschiedliche Gerüchte. „Thieves attack tourists on Chiapas highway – Busload of 25 German visitors was robbed near Palenque“, lautet das erste Google-Ergebnis als ich nach „Ruta 199 Chiapas“ suche. Das war vor eineinhalb Jahren. Nur etwa ein halbes Jahr ist es hingegen her, dass über einen deutschen und einen polnischen Radfahrer berichtet wird, die Opfer eines Überfalls wurden. Eines tödlichen Überfalls. Einer von ihnen erlitt einen Schuss in den Kopf. Der Kopf des Mitreisenden wurde sogar komplett vom Körper abgetrennt. So etwas würden Peter und ich gerne vermeiden. Wir informieren uns daher, wo wir nur können: Facebook-Overlander-Gruppe, andere Reisende vor Ort, Einheimische, Tour-Anbieter. Nur um noch mehr Geschichten über Überfälle, einen toten Motorradfahrer und sonstige Horrorgeschichten zu hören. Ein französisches Pärchen auf unserem Campingplatz rät eindringlich davon ab, die Strecke zu fahren. Lieber sollten wir den dreimal so langen Umweg entlang der guatemaltekischen Grenze wählen. Insbesondere auch wegen unseres amerikanischen Nummernschilds. Sie selbst haben ihr Fahrzeug durch Fahnen und Aufkleber als eindeutig französisch gekennzeichnet, um nicht mit den hier eher unbeliebten Amerikanern verwechselt zu werden. Das wird bei uns schwer. Wir haben keine Deutschland-Aufkleber und der Grizzly-Bär auf unserem bunten Alaska-Nummernschild sticht unweigerlich ins Auge.

Nach langem hin und her entschließen wir uns trotz aller Warnungen, die berüchtigte Route einzuschlagen. Den Ausschlag dafür geben drei mexikanische Touristen, die den gleichen Weg am Vortag in entgegengesetzte Richtung gefahren sind und keine ungewöhnlichen Vorkommnisse zu berichten haben. Es gebe eine Straßensperre, aber da müsse man einfach nur ein paar Pesos zahlen. „Wirklich aufpassen müsst ihr nur bei den Kindern. Die spannen Seile über die Straße und betteln nach Süßigkeiten. Macht da bloß nicht das Fenster runter“, bläuen sie uns ein. Tatsächlich habe ich vor den Kindern fast am meisten Angst. Nicht, weil sie so gewalttätig wären, sondern auf andere Weise unberechenbar: klein, flink und wuselig. Bei meiner Recherche zur Ruta 199 stoße ich in diesem Zusammenhang auf einen weiteren Mordfall: Einen Touristen, der versehentlich im Gedrängel ein Kind überfahren hat. Aus Rache hat man ihn noch an Ort und Stelle erschossen. Auge um Auge, Zahn um Zahn.

Peter und ich beschließen, extra vorsichtig zu fahren. Und wir nehmen uns den Rat der Franzosen zu Herzen. Als weitere Vorsichtsmaßnahme schrauben wir für die Überfahrt unser vorderes Nummernschild ab. Auf der Strecke ist Gerüchten zufolge sowieso keine Polizei unterwegs und wenn, dann hat sie sicherlich anderes zu tun.

Am Morgen fahren wir extra früh los. Bärthas Getriebe soll bloß nicht die Gelegenheit bekommen, sich in der Sonne aufzuheizen. Auf der berühmtberüchtigten Route im Gebiet der Aufständischen möchten wir so wenig wie möglich anhalten müssen, um unserem mimosenhaften Getriebe eine Pause zu gönnen. Es ist, als würde Bärtha merken, dass es heute um mehr geht als gewöhnlich. Trotz der vielen Berge ist sie erstaunlich brav. Nur einmal hört sie zwischendurch auf zu schalten. So problemlos ist der Bulli seit Wochen nicht mehr gefahren!

Nach zwei Stunden geraten wir in eine Art Stauende. Ist das die erste Straßensperrung? Peter tippt zunächst auf eine Baustelle, doch als wir näherkommen, sehen wir vermummte Zapatisten am Straßenrand stehen. „Scheiße, die haben Waffen!“, stelle ich alarmiert fest. Die jugendlich wirkenden Aufständischen blicken mit finsterer Miene angriffslustig drein. Ihre Gesichter sind bis unter die Augen mit Schals vermummt und sie tragen Maschinengewehre um die Schulter gehängt. Maschinengewehre, die sich erst bei genauem Hingucken als schwarz angemalte Äste entpuppen. Die optische Täuschung ist wohl beabsichtigt. Auch wenn sie versuchen, gefährlich auszusehen – richtige Angst kommt bei uns dann doch nicht mehr auf. Nicht zuletzt durch die Anwesenheit von Kindern. Vorne an der Absperrung stehen einige und halten wie bei einer Demonstration Plakate in die Luft. Die Forderungen können wir so schnell nicht lesen, aber als wir an der Reihe sind, drückt eine Frau uns ein bedrucktes DIN-A4-Blatt in die Hand. Von oben bis unten eng und in kleinster Schriftgröße bedruckt. Noch nicht einmal einen Seitenrand hat das Papier. So viele Forderungen musste man unterkriegen.

Und tatsächlich ist die Situation der Indigenen hier verzwickt. Und undurchsichtig. Mit je mehr Menschen wir über das Thema sprechen und recherchieren, umso weniger blicken wir durch. Der Ursprung des Konflikts ist klar: Bereits Ende des 19. Jahrhunderts hat man den Indigenen in Chiapas nicht nur das Land, sondern auch einen Großteil ihrer Rechte gestohlen. Ein Schicksal, das wohl viele indigene Minderheiten dieser Welt teilen. Wie ebenfalls in vielen Teilen dieser Welt wurde auch in Mexiko der Konflikt um Land und Rechte bis heute nicht abschließend gelöst oder gar Gerechtigkeit erwirkt. Indigene kämpfen seit Jahrzehnten für das, was ihnen genommen wurde. Doch nicht nur Zapatisten kämpfen mal mehr und mal weniger friedlich. Auch Gruppen mit entgegengesetzten Interessen sollen sich regelmäßig als Zapatisten ausgeben und Unheil und Schrecken in die Gegend bringen, um beim restlichen Volk die Solidarität mit den Indigenen in Chiapas zu schwächen. Es ist ein undurchsichtiger Konflikt mit zu vielen unterschiedlichen Interessen und Beteiligten, als dass wir uns ein Urteil erlauben wollten.

Aber das müssen wir auch nicht. Den Zapatisten reicht es in diesem Moment vollkommen, dass wir unser Portemonnaie öffnen. Hundert Pesos müssen wir für die Durchfahrt zahlen, umgerechnet keine fünf Euro. Wir verkneifen uns zu fragen, was passiert, wenn wir das nicht tun. Ich denke, das haben uns die Vermummten mit den Ästen bereits hinlänglich durch die Blume mitgeteilt. Also zahlen wir wie alle anderen Autofahrer brav unseren Beitrag für was auch immer. Eine Maut für die Instandhaltung der Straße kann es schon mal nicht sein, davon konnten wir uns in den letzten Stunden persönlich überzeugen. Erst jetzt fällt mir das mit Nägeln durchsäte Holzbrett vor uns auf der Straße auf. Nachdem das Signal kommt, dass wir gezahlt haben, ziehen zwei der Zapatisten das Nagelbrett an einem Seil zur Seite und wir dürfen passieren. Blitzschnell wird es anschließend für das Auto hinter uns wieder platziert. Wir sind durch. Ob das die einzige Hürde dieser Art bleiben wird?

Nach einer Stunde ohne besondere Vorkommnisse geraten wir plötzlich in vier weitere Straßensperrungen, direkt hintereinander. Diese sind jedoch etwas weniger furchteinflößend und ohne Waffen oder Attrappen ebensolcher. Die Aufmüpfigen sind in diesem Fall – wie von den Mexikanern am Vortag angekündigt – Kinder. Quer über die Straßen halten sie ein Band mit Fähnchen gespannt und zwingen uns so zum Anhalten. Sie wollen uns etwas verkaufen. „Denk dran, nicht das Fenster runterlassen“, erinnere ich Peter. Bei der ersten Kindersperre ist es einfach. Die etwa zwölfjährigen Mädchen geben schnell auf, als wir ihnen per Handzeichen zu verstehen geben, dass sie mit uns heute kein Geschäft machen werden. Auch Nummer 2 und 3 sind schnell von uns als Nicht-Handelspartner überzeugt und lassen schließlich ihr Seil herunter, sodass wir darüberfahren können. Nur in der vierten Straßensperre ist man hartnäckiger. Als wir vor dem gespannten Seil abbremsen, werden aus zwei Kindern blitzartig zehn. Auf Kommando kommen sie aus dem Gebüsch angerannt, um uns Bananenchips und Orangen zu verkaufen. Sie belagern uns förmlich von allen Seiten. Manche versuchen es höflich auf die Mitleidsnummer, während andere plump Geldbeträge rufen, die sie von uns für die Durchfahrt verlangen. Da wir insbesondere die Kinder-Bettel-Straßensperren nicht unterstützen möchten, bleiben wir hart. Doch so auch die Kinder. Sie klopfen und hauen vor die Autotüren und Fenster und versperren uns den Weg, indem sie sich direkt vor dem Bulli platzieren. Einer von ihnen ist so klein, dass er nicht mal bis über die Motorhaube ragt. Ich bete, dass Peter keinen von ihnen übersieht! Nach einigen Minuten gibt jedoch auch die härteste Kinderbande auf. Widerwillig und beleidigt lassen sie das Seil herunter und uns passieren. Völlig entnervt, aber erleichtert darüber, dass sämtliche Beteiligte noch am Leben sind, kommen wir kurze Zeit später an unserem Ziel – den *Agua Azul* Wasserfällen – an.

Trotz der gefährlichen Anfahrt entpuppt sich Agua Azul als absoluter Touri-Hotspot. Es reiht sich Reisebus an Reisebus. Allerdings fällt auf, dass wir fast die einzigen internationalen Touristen sind. Alle anderen sind Mexikaner. Zumindest uns fällt das auf, denn dank unseres Nummernschild-Coups erkennt uns umgekehrt ja erst mal niemand. Obwohl wir uns mitten im Dschungel befinden, ist von idyllischer Natur keine Spur. Die Wasserfälle sind zwar atemberaubend spektakulär, aber das finden auch ein paar tausend andere Menschen um uns herum. Die sich daraus ergebenen Profitmöglichkeiten will sich auch hier niemand entgehen lassen. Es scheint, als hätte jeder im Dorf wahlweise ein Restaurant oder einen Souvenir-Shop an den Wasserfällen oder – in B-Lage – entlang des Flusses eröffnet. Wer kein Kapital für ein eigenes Etablissement hat aufbringen können, vertreibt seine Waren alternativ mobil per Bauchladen. Egal, ob frische Trink-Kokosnuss, Mango am Spieß oder Bananen-Chips – alles, was in der Umgebung geerntet wird, wird uns im Sekundentakt angeboten. Leider oft auch von Kindern, die meiner Meinung nach gerade eigentlich lieber spielen oder Hausaufgaben machen sollten. Erst als die Reisebusse am Abend nach und nach abdüsen, machen auch die Händler Feierabend. Es kehrt Ruhe ein und so können Peter und ich endlich ungestört im türkisfarbenen Fluss baden.

Wieder einmal sind wir froh darüber, im Bulli zu reisen, denn statt mit den anderen Touristen zurück in den Reisebus zu steigen, bleiben wir einfach am Ufer stehen und verbringen die Nacht direkt an den Wasserfällen. „Wie gut, dass wir uns getraut haben, hierher zu kommen", freuen Peter und ich uns bei einem kühlen Bier und beglückwünschen uns gegenseitig leicht überheblich zu unserem Wagemut. Nur wenige Tage später erfahren wir, dass genau einen Tag vor unserer eigenen Überfahrt ein Reisebus auf der Ruta 199 gewaltsam überfallen wurde...

Dachten wir, die Agua Azul Wasserfälle wären das Highlight in Chiapas, so müssen wir in den kommenden Tagen feststellen, dass sie einfach nur Durchschnitt sind. Allerdings meine ich damit Chiapas-Durchschnitt. Und der ist enorm hoch! Ein Highlight reiht sich an das nächste. Ein Wasserfall ist phänomenaler als der andere. Jeder neue Ort setzt nochmal einen oben drauf. Alles, was das denkbar verrückteste tropische Erlebnisschwimmbad zu bieten hat, ist in Chiapas einfach in der Natur gegeben: Felsklettern, Sprunggelegenheiten, Höhlen zum Durchtauchen, Massagesprudel, Strömungskanäle und sogar Felsrutschen. Kleinere und größere Wasserfälle mit türkisblauem Wasser mitten im grünen Urwald!

Es dauert somit eine ganze Weile bis wir genug davon haben und die sagenumwobene Stadt Palenque erreichen. Genauer gesagt die Maya-Ruinen am Rande der Stadt inmitten abenteuerlich anmutender Dschungelkulisse. Keine Ahnung, welcher Tag heute im alten Kalender der Maya sein mag, aber für uns ist es der 31.Dezember, der Jahreswechsel steht vor der Tür. Den verbringen wir ruhiger als gedacht mitten im Dschungel. Keine Party, kein Feuerwerk. Nur ein paar Bier mit drei Österreichern, die ebenfalls hier campieren. Um kurz nach zwölf gehen alle ins Bett. Eigentlich hatten Peter und ich Silvester am Strand geplant, doch dafür hätten wir mindestens einen, besser zwei Tage schneller sein müssen. Bärthas ewiger Zickereien wegen sitzen wir nun im Urwald. Doch das ist nicht schlimm. Das Jahr hatte so viel Spektakuläres zu bieten – vielleicht ist so ein ruhiger Ausklang also irgendwie genau das Richtige.

Das Mexiko der Massen

Am Neujahrstag machen wir uns dann auf den Weg in Richtung Meer. Ganz ohne Zeitdruck, denn mittlerweile haben wir uns mental darauf eingestellt, dass nicht wir, sondern die Technik bestimmt, wann wir fahren und wann mal wieder Pause ist. Doch das neue Jahr bringt Überraschungen mit sich. Wie schon auf der Ruta 199 macht Bärtha auch heute überraschenderweise keinerlei Zicken. Bereits am späten Nachmittag treffen wir auf die Küste. Damit hatten wir nun wirklich nicht gerechnet. Schnell merken wir: Selbst wenn wir keine Landkarte und kein GPS hätten, wir würden dennoch merken, dass wir in der Touristenregion der Yucatán-Halbinsel angekommen sind. Die einfachste Orientierung sind die Preise. Ausflüge, Eintrittsgelder sowie Streetfood kosten nicht selten das Fünf- oder sogar Zehnfache von dem, was wir gewohnt sind.

Trotz des neuen Durchschnittspreisniveaus und dem zu erwartenden Zuwachs an anderen Touristen gefällt uns die Halbinsel wunderbar. Wir haben eine wahnsinnig tolle Zeit! Wir erkunden uralte Maya-Ruinen, beobachten Flamingos und Pelikane, entspannen an traumhaften Postkarten-Stränden und pinken Seen und schwimmen in vielen, vielen Cenoten. Über 2000 solcher Wasserlöcher gibt es allein in der Region Yucatán. Und so wird auch in dieser Region Mexikos das Baden mal wieder zur Dauerbeschäftigung unseres Trips.

An die vielen Reisenden aus aller Welt und dass ab und an sogar mal jemand Englisch spricht (bisher eine absolute Seltenheit in Mexiko), haben wir uns schnell gewöhnt. Doch auf der Fahrt in die Touristenhochburg Playa del Carmen wird es dann fast schon ein bisschen surreal. Es ist die Straße, die uns irritiert. Träumen wir oder ist das tatsächlich lückenloser Asphalt? Der mit Palmen gesäumte, breite Highway ist mit Abstand die beste Fahrbahn, die wir in ganz Mexiko gesehen haben! Es sieht aus wie in Florida. Oder sonst wo in den USA, aber definitiv nicht wie in Mexiko. Keine Schlaglöcher, keine Topes, generell keinerlei Verkehrshindernisse. Die Fahrbahn ist aalglatt geteert. Alle paar Hundert Meter sehen wir die Tore zu einem der vielen luxuriösen Resorthotels. Die ganze Riviera Maya hat einfach rein gar nichts mehr mit dem Mexiko zu tun, das wir kennen.

In Playa del Carmen legen wir eine einwöchige Pause ein. Um endlich unser Spanisch aufzupolieren, hatten wir bereits vor Wochen einen Sprachkurs gebucht und nun ist es soweit. Die Schulwoche ist anstrengend, denn wir sitzen nicht nur jeden Morgen im Unterricht, sondern nutzen die Zeit in der Stadt auch für einige To-Dos, die sich über die letzten Wochen angestaut haben. Berge von Wäsche haben sich angesammelt, ein Ölwechsel steht an, diverse kaputte Ausrüstung will repariert oder ersetzt werden. Wir müssen unsere weitere Reise zumindest grob planen und uns über Einreisebedingungen in Zentralamerika für uns und Bärtha erkundigen. Mancher stellt sich vielleicht vor, eine Weltreise wäre ein dauerhafter Urlaub, bei dem man den Alltag hinter sich lässt und nur faul am Strand liegt. Natürlich erlebt man auf einer Reise viele tolle Dinge, aber das ist nur die halbe Wahrheit.

Man muss auch währenddessen einiges organisieren und erledigen und an ständig anderen Orten in fremden Ländern werden die einfachsten alltäglichen Erledigungen plötzlich deutlich aufwendiger. Dinge, die du zuhause im Autopiloten erledigst, dauern auf Reisen manchmal ewig und erfordern plötzlich Gehirnschmalz. Zumindest ein bisschen. Zuhause ist alles ganz einfach. Rein in den Supermarkt, zweites Kühlregal links steht der Joghurt. Lieblingssorte greifen, bezahlen, fertig. Du weißt, was es gibt und wo es steht. Wäsche? Kein Thema, im Keller steht die Waschmaschine. Auf Reisen muss man sich hingegen ständig neu orientieren und suchen: Egal ob Waschsalons, Ärzte, Friseur, Werkstätten oder Supermärkte. Manchmal gibt es große Märkte mit viel Auswahl, aber gerade in ländlichen Regionen sind es oft nur kleine Lädchen mit sehr eingeschränktem Sortiment. Manchmal gibt es nur lokales, saisonales Gemüse – Einkaufen und Kochen werden so zur ständigen Improvisation. Alles kein Problem, aber es dauert eben deutlich länger als zuhause. Ich weiß, es ist Jammern auf hohem Niveau und ich will mich auch gar nicht beklagen – schließlich leben wir gerade einen Traum! Ich will einfach nur sagen, dass Vanlife kein Erholungsurlaub ist, sondern einfach nur ein anderer Alltag mit anderen Problemchen. Wenngleich für uns immer noch der bessere. Und daher sind wir froh, dass in Playa del Carmen alles eine Woche lang ganz einfach ist. Dass es einen großen Supermarkt um die Ecke gibt, Kfz-Werkstätten und Waschsalons, wo wir alles erledigen können, was sich so angestaut hat – und zwar jeden Tag auch selbstsicherer auf Spanisch.

Und so erfährt Peter dank seiner optimierten Spanischkenntnisse beim Ölwechsel in der Werkstatt, dass für die Reparatur unserer seit Wochen defekten Klimaanlage lediglich ein kleines Ersatzteil benötigt wird, das er sogar selbst einbauen könnte. Da allerdings keine der örtlichen Werkstätten das Teil vorrätig hat oder bestellen kann, sucht Peter auf *Mercado Libre*, dem mexikanischen Pendant zu eBay. Wieder einmal benötigen wir die Hilfe unseres Kumpels Hugo, denn auf dem Portal kann man mit ausländischer Kreditkarte leider nicht zahlen. Verschickt wird das Klimaanalagenteil dann zu einer Freundin von ihm, die in Playa del Carmen lebt.

Als unser Spanischkurs vorbei ist, ist das Teil allerdings noch nicht eingetroffen. Opportunistisch entschließen wir uns, die Wartezeit auf der kleinen Insel Holbox zu überbrücken. Ganz im Gegensatz zur Ballermann-Atmosphäre in Playa del Carmen, wird dort karibisches Flair versprochen. Genau das wollen wir! So wird Bärtha für ein paar Tage auf einem überwachten Parkplatz am Hafen eingenistet und wir setzen als Fußgänger nach Holbox über. Dort ist es in der Tat paradiesisch! Alles, was das Herz begehrt, ist reichlich vorhanden: Karibisch weißer Sandstrand mit Hängematten mitten im türkisfarbenen Meer, frischer Fisch und Meeresfrüchte, Cocktails in Strandbars mit Blick auf den Sonnenuntergang. Nach ein paar entspannten Tagen sind unsere Akkus wieder aufgeladen und das Ersatzteil für die Klimaanlage müsste ebenfalls eingetroffen sein. Also beenden wir unseren Kurzurlaub vom Reisealltag und steigen auf die Fähre, die uns zum Festland und unserer Bärtha bringt.

Doch als wir bei Hugos Freundin vorbeischauen, ist da immer noch kein Paket angekommen. Länger in Playa del Carmen ausharren, wollen wir aber nicht. So beschließen wir, erst einmal weiter die Riviera Maya runterzufahren und gegebenenfalls einfach nochmal zurückzukommen. Wir fahren zunächst nach Akumal. Dort soll es am Strand vor Schildkröten nur so wimmeln. Entsprechend wimmelt es auch nur so vor Touristen, die in Massen aus Playa del Carmen und Cancún angekarrt werden. Das Ganze hat scheinbar so sehr überhandgenommen, dass man seit Neuestem Eintritt für den Strand bezahlen muss und nur noch gemeinsam mit einem Guide entlang einer Leine schnorcheln darf. Nur ein klitzekleines Gebiet ist noch öffentlich zugänglich. Vermutlich um die Hotelgäste der teuren Ressorts nicht zu sehr zu verärgern. Das ganze Theater scheint nicht nur uns, sondern auch den Schildkröten zu blöd zu sein. Zumindest bekommen wir keine zu Gesicht. Ich kann es ihnen bei der Massenveranstaltung nicht verübeln. Auch Peter und ich machen uns schnell wieder vom Acker und das bedeutet in diesem Fall Tulum.

Am folgenden Morgen trifft endlich das Ersatzteil ein. Noch ist der Umweg verkraftbar und so setzt Peter mich in einem Café in Tulum ab, wo ich mich der Bearbeitung unserer Fotos widme, während er selbst die knapp 60 Kilometer zurückfährt. Einige Cappuccini später ist er zurück. Die gute Nachricht: Das Paket ist wirklich angekommen. Die schlechte Nachricht: Es ist das falsche Ersatzteil. Ein „A" am Ende der Teilenummer macht den kleinen, aber feinen Unterschied. Wir stehen also nach wie vor ohne Klimaanlage da. Es ist auf dieser Reise nun das dritte Mal, dass ein bestelltes Ersatzteil sich als das falsche entpuppt. Ich beginne mich ernsthaft zu fragen, wie Peter all die Jahre als Einkäufer in der Automobilbranche Karriere machen konnte?! Ein Glück, dass er nun Vollzeit-Reisender ist!

Nach ein paar letzten Tagen an Tulums Traumstränden mit Maya-Ruinen in spektakulärer Klippenkulisse sowie an der kristallklaren Laguna Bacalar wird es nach insgesamt zwei Monaten Mexiko dennoch Zeit, auf Wiedersehen zu sagen.

Wir verlassen Mexiko quicklebendig und guter Dinge. Das glaubt uns beim Auswärtigen Amt sicherlich niemand! Wer weiß, vielleicht hatten wir einfach Glück. Zwei Monate Mexiko. Zwei Monate, in denen wir kein einziges negatives Vorurteil bestätigen konnten. Kein Raub, kein Überfall, kein Mord oder Totschlag. Dafür bleiben uns viele freundliche Begegnungen umso positiver in Erinnerung. Und auch das ein oder andere Kilo extra auf den Rippen wird uns noch eine Weile an unsere Zeit in Mexiko erinnern. Eine Zeit voller Tacos und Quesadillas. Sowie beeindruckender Mayastätten, kunterbunter Kolonialstädte, geheimnisvoller Cenoten und türkisfarbener Wasserfälle mitten im Dschungel und nicht zuletzt voller traumhafter Postkartenstrände mit Schildkröten. Viva Mexico! Y mucho gusto en conocerte!

Ain't no Paradise

Die Einreise nach Belize verläuft problemlos. Zwar wird alles genauestens geprüft, aber wir sind bestens vorbereitet. Sogar eine Hotelreservierung haben wir vorgenommen und tatsächlich wird auf genau diese bestanden, wie das Pärchen vor uns erfahren muss. Sie haben keine Reservierung und stehen noch immer am Schalter, als Peter und ich längst wieder in unsere Bärtha steigen. In einer letzten Drive-Through-Kontrolle zeigen wir nochmal unsere Zollpapiere und Pässe vor. „That's not you", stellt der Grenzbeamte mit gespieltem Ernst fest. „Der Typ auf dem Foto hat gar keine grauen Haare." Demonstrativ hält der Beamte noch einmal Peters Pass neben dessen Gesicht und kugelt sich fast vor Lachen über seinen eigenen Witz. Man ist halt streng an der Grenze, aber deshalb noch lange nicht ernst. Ich lache mit, Peter irgendwie nicht. Dann dürfen wir einreisen.

Dass wir in einem anderen Land sind, hätten wir auch bemerkt, wenn wir unseren Pass nicht an der Grenze hätten vorzeigen müssen. Schlagartig ist alles anders. Die Häuser sehen anders aus, die Menschen ebenfalls. Man trägt Rasterzöpfe und spricht Englisch. Karibische Atmosphäre mit Reggae-Beats liegt in der Luft. So oder so ähnlich stelle ich mir Jamaika vor. Wir sind zurück in Angloamerika. Waren die Mexikaner dem Anschein nach vorwiegend entweder Nachkömmlinge der Mayavölker oder der spanischen Kolonialherren (beziehungsweise eine Mischung), so ist in Belize der Bevölkerungsanteil der Schwarzen deutlich höher. Vom mexikanischen Flair ist jedenfalls so gar nichts mehr zu spüren.

Unser erstes Ziel im neuen Reiseland soll die Backpacker-Insel Caye Caulker sein. Die autofreie Insel Caye Caulker. Wir stellen Bärtha für ein paar Tagen am Hafen ab und setzen zu Fuß mit der Fähre über. Hatten wir Holbox kürzlich als paradiesisch bezeichnet, kann Caye Caulker nur bedingt mithalten. Eine Backpacker-Insel ist sie zwar wirklich und so lernen wir innerhalb kürzester Zeit viele nette Leute kennen, die Insel selbst überzeugt uns aber nur mäßig. Schnell ereilt uns das Gefühl, als Touristen bei jeder sich bietenden Gelegenheit von vorne bis hinten verarscht zu werden. Die Fährtickets werden mit fadenscheinigen Begründungen teurer abgerechnet als ausgewiesen, das Hostel entspricht nur mit sehr viel Fantasie der Beschreibung der Buchungsplattform, das Essen im Restaurant ist auf der Rechnung plötzlich doppelt so teuer wie in der Karte und auch der Strand ist irgendwie nicht das, was ich mir unter einem Traumstrand vorstelle. Wo ist der Sand? Und wo darf man überhaupt als Nicht-Erste-Reihe-Hotelgast liegen? Von entspanntem Backpacker-Vibe kann keine Rede sein und so verlassen wir das angebliche Paradies früher als geplant, sammeln unsere Bärtha ein und machen uns auf ins Inland.

„Denk dran, dass wir noch einkaufen müssen", erinnere ich Peter, als wir gerade an einem Supermarkt in Belize City vorbeifahren. Dem scheinbar einzigen Supermarkt im Land, wie wir später mutmaßen. Selbst als wir in Belmopan (Belizes Hauptstadt) ankommen, kommt uns kein richtiger Lebensmittelladen mehr unter. Lediglich ein paar bessere Gemischtwarenläden, die auffälligerweise allesamt von Chinesen geführt werden und vorwiegend Konservendosen sowie ein paar matschige Möhren und Zwiebeln führen, sind zu finden. Komisches Land. Zumindest beim Thema Camping haben wir mehr Glück und finden Unterschlupf in einer Vogelrettungsstation mit angeschlossener Unterkunft. Im fast schon parkartigen Garten schlagen wir unser Camp auf. Die Gastgeber, ein englisches Pärchen, sind unglaublich nett – was man von ihren gefiederten Schützlingen nur teilweise behaupten kann.

Es beginnt auf dem Weg zur Dusche, als einer der hier aufzupäppelnden Vögel uns mit einer gewissen Angriffslust zielstrebig hinterherläuft. Keine Ahnung, wie seine Art heißt, aber er ist ähnlich groß wie ein Fasan und kann nicht richtig fliegen. Laufen dafür umso besser. Schnell hat er uns eingeholt und beginnt seinen Angriff. Warum auch immer gilt sein Hass insbesondere Peter. Er wird regelrecht von dem Federvieh attackiert. Wie ein Wachhund gegenüber Eindringlingen beißt, hackt und pickt das Viech wie ein

Verrückter um sich. Weglaufen zwecklos, der Vogel rennt hinterher und wird nur noch aggressiver. Erst mit einem leichten, aber gezielten Fußtritt lässt er langsam von Peter ab. Von nun an legen wir die kurze Strecke nur noch mit einem langen Stock zurück. Einem Stock, den wir regelmäßig zur Notwehr einsetzen müssen.

„Komischerweise wurde unser Vogel heute Nacht verletzt", erzählen uns die Besitzer des Reservats beim nächsten Frühstück mit einem inquisitiven Unterton in der Stimme. Und tatsächlich: der komische Vogel hat plötzlich keine Schwanzfedern mehr. Peter und ich sind allerdings unschuldig – aber ganz offensichtlich nicht die einzigen Feinde, die das merkwürdige Tier sich gemacht hat.

Der Vogel soll nicht der einzige Verwundete bleiben: Erst klemmt Peter sich den Finger in der Autotür, dann sorgt der Tritt in eine Ameisenstraße für einen ebenso angeschwollenen Fuß. Und auch der blöde Vogel ist ohne Schwanz nicht zahmer geworden. Belize und Peter werden irgendwie nicht richtig miteinander warm. Und auch ich habe mich schon stärker in ein Land verliebt. Nein, Belize wird nicht mehr unser Highlight werden. Und so verschwenden wir wenig Zeit, um unser Glück lieber woanders zu suchen: und zwar in Guatemala.

Im (Bürokratie-)Dschungel

Auf die Gefahr hin, mich zu wiederholen: Grenzübergänge mit einem ausländischen Auto sind in Zentralamerika nervig. Es geht äußerst bürokratisch zu und ständig muss man irgendwelche Gebühren bezahlen. Mal mehr, mal weniger offiziell. Die Berichte anderer Reisender, wann sie wo wieviel zahlen mussten, könnten unterschiedlicher kaum sein. Doch eins haben alle Grenzübergänge mit dem Auto in Zentralamerika gemein: Sie kosten nicht nur meist Geld, sondern vor allem Zeit und Nerven. Dementsprechend blicken wir der Überfahrt von Belize nach Guatemala mit eher mäßiger Euphorie entgegen. Es ist nicht so, dass wir wirklich Probleme erwarten würden, aber es ist einfach lästig, von einem Schalter zum nächsten zu laufen und sich ständig in die nächste Warteschlange einzureihen. Und das alles nur, um einen weiteren nutzlosen Stempel auf irgendeiner ebenso nutzlosen Kopie zu bekommen, die man dann wieder jemand anderem zu überreichen hat. Pure Bürokratie eben.

So beginnt es auch bei der Ausreise aus Belize, allerdings auf die effiziente Art. Wir gehen zum ersten Schalter, um unsere Ausreisegebühr zu zahlen. Dann geht es mit der Rechnung zum nächsten Schalter, wo ein Ausreisestempel in den Pass gestempelt wird. Danach ist der Schalter für die Autoabmeldung dran. Das ist wichtig, falls Peter später irgendwann nochmal nach Belize reisen möchte. Denn bei der Einreise wurde in seinem Pass vermerkt, dass er mit einem Auto gekommen ist. Wenn er das nicht wieder austragen lässt, könnte der Verdacht entstehen, dass Peter das Fahrzeug illegal nach Belize importiert hätte und dem Staat nun Importsteuer schuldet. Damit einem erneuten Besuch von Caye Caulker und dem Vogelpark nichts im Weg steht, arbeiten wir also auch diese Schalter brav ab. Anschließend wechseln wir noch schnell unsere übrigen Belize-Dollar und Mexikanischen Pesos zu einem grottig schlechten Wechselkurs, denn wir wurden vorgewarnt, dass die Gebühren in Guatemala nur mit der lokalen Landeswährung bezahlt werden können. Zum Schluss muss unser Auto noch zur Desinfektion durch eine Art Waschanlage – und schon sind wir an der Immigration für Guatemala angelangt. Ruckzuck eben.

Auch in Guatemala geht es zunächst zügig weiter. Wir bekommen unsere Einreisestempel in den Pass gedrückt und ziehen einen Schalter weiter, um den Bulli zu registrieren. Wieder einmal ist es von Vorteil, dass wir Kopien aller wichtigen Dokumente bereits selbst mitgebracht haben, denn so entgehen wir einem weiteren Mal Schlange stehen am Kopierer. Doch trotz aller Vorbereitung irritiert den Beamten allerdings unser Fahrzeugbrief. „Wo steht hier das Nummernschild?" Ähm. Wir suchen das Dokument ab. Offenbar nirgendwo. Auf dem Alaska-Fahrzeugbrief sind viele Fahrzeugdaten notiert, nicht aber das Nummernschild. Das ist jedoch keine akzeptable Ausrede für den Grenzbeamten. Wir diskutieren hin und her, bieten wie in Mexiko Fotos unseres Nummernschildes an und schlagen vor, dass er sich selbst die VIN-Nummer am Fahrzeug anschauen und mit der im Dokument abgleichen könnte. Doch das alles interessiert den Beamten wenig. Beziehungsweise gar nicht. Ohne Vermerk des Nummernschilds auf einem offiziellen Dokument will er unsere Bärtha nicht ins Land lassen. Punkt. Was sollen wir nun tun? Das ist ungefähr so, als würde dein Reisepass nicht akzeptiert werden, weil deine Lieblingsfarbe darauf nicht vermerkt ist. Was können wir denn dafür, dass Alaska nun mal Fahrzeugbriefe ausstellt, bei denen dieses Feld nicht vorgesehen ist? Wir versuchen es weiter mit bitten und betteln, doch der Grenzbeamte ignoriert uns fortan und bedient bereits die Wartenden hinter uns.

Fieberhaft überlegen wir, wie wir die Situation retten können und sehen bereits vor unserem inneren Auge, wie wir wieder zurück nach Belize fahren müssen. Damit hätte unsere Reise hier ihren südlichsten Punkt erreicht, denn durch Guatemala müssen wir zwingend durch, um auf dem Landweg in die südlichen Nachbarländer zu gelangen.

Zumindest wenn der Bulli mit soll. Bärtha zurückzulassen, kommt jedoch nicht in Frage. Wo wir doch so viel miteinander durchgemacht haben und sie gerade wieder so artig fährt! Wir können und wollen nicht akzeptieren, dass eine solch blöde Formalie unsere Pläne durchkreuzt. „Gibt es einen anderen Grenzübergang, den wir versuchen könnten?", überlege ich. „Nein, leider nicht. Lass uns warten, irgendwann muss der Typ ja Feierabend haben", schlägt Peter vor. Das wäre auch mein Plan C gewesen und so stellen wir uns mental auf einen langen, langen Tag an der Grenze ein.

Das Schicksal ändert seinen Plan überraschend schnell. Während wir noch den Schalter belagern, in der Hoffnung, damit so sehr zu nerven, dass wir irgendwann reingelassen werden, nur um weg zu sein, taucht plötzlich ein neuer Beamter auf. Der alte packt daraufhin wortlos seine Sachen zusammen und geht. Schichtwechsel! Und zwar schneller, als wir zu hoffen gewagt hätten. Der neue Beamte ist freundlicher. Er hört sich das Problem an und überlegt. Inzwischen hat sich auch ein deutlich jüngerer Guatemalteke eingeschaltet, der offenbar dazu da ist, Fremde durch die Bürokratie der Einreise zu begleiten und zu helfen. Er und der neue Zöllner laufen schließlich mit uns zum Bulli und diskutieren, was zu tun ist, um unsere unglückliche Situation zu retten. Dann macht einer von ihnen einen phänomenalen Vorschlag: Man könnte ja einfach die VIN-Nummer am Auto mit der auf dem Fahrzeugbrief vergleichen. „Ja, super Idee!", loben wir überschwänglich und verkneifen uns jeglichen Kommentar dazu, wie oft wir das bereits dem vorherigen Kollegen vorgeschlagen hatten. Es dauert ein paar Anläufe, bis das, was der eine am Auto vorliest, mit dem, was der andere auf dem Fahrzeugbrief abliest, übereinstimmt, aber irgendwann klappt es. Alle sind happy. Wir bedanken uns überschwänglich und geben dem jungen Helfer ein Trinkgeld für seinen Einsatz. Er ist kein Beamter und darf das Geld annehmen, ohne dass es als Bestechung gewertet würde. In null Komma nichts bekommt Bärtha endlich ihre TIP ausgestellt und noch viel schneller machen wir uns vom Acker, bevor es sich jemand anders überlegen kann.

Nachtrag: Wenige Tage später findet Peter in seinen Emails ein Dokument zum Download, auf dem Bärthas aktuelles(!) Nummernschild schwarz auf weiß geschrieben steht und das uns von nun an über die Grenzen Zentralamerikas bringen wird.

Doch zunächst geht es für uns als frisch gebackene Touristen Guatemalas zum ersten Highlight des Landes: den Maya-Ruinen von Tikal. An einem ersten Kontrollhäuschen zahlen wir Eintritt und bekommen einen kleinen Zettel in die Hand gedrückt, den wir aufbewahren sollen. „16:41" steht da drauf geschrieben. Dann geht es eine halbe

Stunde geradeaus bis zu unserem Übernachtungsplatz kurz vor den Ruinen im Dschungel. Dort angekommen wartet schon ein zweiter Angestellter, um unsere Tickets zu kontrollieren und den ominösen Zettel einzusammeln. Der Parkwart wirft einen Blick auf den Zettel, dann auf die Uhr, rechnet kurz nach und erlaubt uns schließlich zu parken. Auf dem Weg hierher galt nämliches ein striktes Tempolimit. Die einfache Dreisatzrechnung verrät: Wir waren brav, unsere durchschnittliche Geschwindigkeit lag unterhalb des Limits. Andernfalls wäre nun eine für guatemaltekische Verhältnisse saftige Strafe fällig gewesen. So einfach und effektiv sind Verkehrskontrollen in Guatemala.

Nach einer Übernachtung im Dschungel geht es am frühen Morgen los. Am sehr frühen Morgen. Noch weit vor Sonnenaufgang machen Peter und ich uns auf den Weg. Während wir schlaftrunken durch den Urwald tapern, sind die meisten Vögel bereits hellwach. Überall in der Tempelanlage sind sie unterwegs und begrüßen laut zwitschern den neuen Tag. Doch nicht nur die Vögel sind Frühaufsteher. Auch die Affen sind bereits wach. Genauer gesagt die Brüllaffen – und die machen ihrem Namen alle Ehre. Wobei der Name „Dinosaurier-Affen“ aus meiner Sicht passender wäre, denn es klingt als wären wir mitten in Jurassic Park. In letzter Sekunde schaffen Peter und ich es noch gerade rechtzeitig zum Sonnenaufgang auf eine der Pyramiden zu klettern. Obwohl locker 100 andere Menschen um uns herum sitzen, ist es einfach ein magischer Moment als die Sonne langsam zum Vorschein kommt und damit den Dschungel für heute endgültig zum Leben erweckt.

Nachdem wir die beeindruckenden Maya-Ruinen ausgiebig erkundet haben, besuchen wir die kleine Insel Flores, die von einem See umrahmt wird und Anlaufstelle für Backpacker und Individualreisende ist. Dass dort wirklich jeder früher oder später vorbeischaut, merken wir schnell selbst: Wir sind noch nicht ganz eine Stunde in der Stadt und schon treffen wir im Supermarkt erst auf Basti und Melli, die wir aus Belize kennen, und dann auf Dajana, die mit auf Caye Caulker war. Das zeigt nicht nur, wie klein die Welt ist, sondern auch, wie wenig gut sortierte Supermärkte es in Guatemala gibt. Doch auch als wir am Abend am Ufer des Sees parken, bleiben wir nicht lang allein. Kaum sind wir aus dem Bulli gestiegen, da werden wir direkt von bekannten Gesichtern herbeigewinkt. Dajana und ihre Reisebekanntschaft, die wir erst vor ein paar Stunden im Supermarkt wiedergetroffen hatten, sitzen bei Cocktails in einer Bar auf der anderen Straßenseite. Und ein Schwede, der ebenfalls auf Caye Caulker mit uns unterwegs war, sitzt am Nachbartisch. Er wird uns auf dieser Reise noch weitere drei Mal zufällig über den Weg laufen. Einmal davon auf knapp 4000 Metern am Gipfel eines Vulkans. Zufall? Schicksal?

Oder einfach nur der Beweis dafür, dass alle ach so individuell Reisenden am Ende doch das gleiche machen?

Aus Mangel an Camping-Alternativen übernachten wir direkt vor der Bar im Bulli. Das hat nicht nur den Vorteil, dass wir beide mit unseren neuen Freunden Bier trinken können, sondern wir können vor dem Zubettgehen hier auch noch mal die Toilette nutzen. Was wir bei unserem spontanen Plan nicht bedacht haben: Am nächsten Morgen hat die Bar - und damit auch die Toilette – dummerweise, aber auch nicht ganz überraschend, geschlossen. Warum hat Bärtha nur kein Klo? Zum wiederholten Male nehme ich mir vor, beim nächsten Supermarkt einen Eimer für Notfälle zu kaufen. Doch momentan nutzen gute Vorsätze wenig und die Not wird mit jeder Minute größer. Was hatten die anderen gesagt, wo ihr Hostel ist? Ich komme mir etwas blöd vor, als ich halb verschlafen durch die Altstadt irre. Nacheinander schmuggeln wir uns unbemerkt drei Straßen weiter in den Waschraum des Hostels. So viel zum Thema Unabhängigkeit beim Vanlife. Ganz frei sein und so...

Nachdem alle Hygiene-bedingten Probleme gelöst sind, kümmern wir uns erst mal um Organisatorisches. Wir brauchen eine Sim-Karte mit Datenvolumen, guatemaltekisches Bargeld, Lebensmittelvorräte und eine Kfz-Versicherung für Guatemala und optimaler Weise auch die Nachbarländer. In einem Laden, der normalerweise eher in die Kategorie „zwielichtig" fallen würde, uns aber empfohlen wurde, werden wir fündig und schließen eine Versicherung für sämtliche CA4-Staaten ab. Nächster Punkt: Bargeld abheben, denn es gibt vieles in Guatemala, das wahrscheinlicher ist, als die Chance mit Kreditkarte zahlen zu können. Geld abzuheben ist in Guatemala zwar nicht unbedingt schwierig, aber dafür unheimlich teuer. Die Höchstsumme beschränkt sich auf 2000 Quetzal pro Abhebung, etwa 200 Euro. Dazu kommen jedes Mal vier bis fünf Euro Gebühr, die sich die örtliche Bank einsteckt. Nachdem wir in Flores alles erledigt und die Taschen voller Geld haben, geht es auch schon wieder weiter. Denn im Gegensatz zu den echten Backpackern, die in Flores ihre Basis für Ausflüge in die Region haben, können wir mit dem Bulli einfach selbst zu den Sehenswürdigkeiten hinfahren und dort übernachten. So sind wir morgens die ersten und längst wieder weg, wenn die Massen kommen. Spätestens seit den Maya-Pyramiden in Teotihuacán verfolgen wir die Strategie des frühen Vogels. Oder wahlweise des sehr späten, denn der fängt meistens ebenfalls den Wurm oder in unserem Fall die menschenleere Sehenswürdigkeit. Die Backpacker haben uns zwar den Waschraum im Hostel voraus, aber wir haben die Flexibilität.

Für unser heutiges Etappenziel ist diese Strategie allerdings weniger notwendig. Diese Region ist wohl zu jeder Tageszeit ruhig und frei von Massentourismus. Wir fahren zu einer Höhle, die auf halben Weg zu unserem eigentlichen Ziel liegt. Dort will Peter mit aufblasbaren Reifen durch einen unterirdischen Fluss floaten. Unterwegs kommen wir immer wieder durch kleine abgelegene Dörfer. Nichts deutet darauf hin, dass Touristen sich öfters hierher verirren. Wenn man von den zahlreichen Coca-Cola und Nestlé-Produkten an den gelegentlichen Tante-Emma-Läden absieht, scheint alles noch herrlich unverdorben und ursprünglich. Die Landschaft ist malerisch und saftig grün. Die Menschen wirken freundlich und zufrieden. Und äußerst überrascht darüber, Europäer zu sehen. Jeder, wirklich jeder, winkt uns freudig zu, wenn wir vorbeifahren. Allen voran die Kinder, die aufgeregt an den Straßenrand gelaufen kommen, wenn sie uns sehen. Wir kommen aus dem Lächeln und Winken kaum raus.

Nach einigen Stunden Fahrt durch die ländliche Idylle kommen wir an den Höhlen an. Wenig überraschend sind wir die einzigen Gäste. Und so campieren wir in malerischer Umgebung mitten im subtropischen Wald, bevor wir am nächsten Morgen auf Höhlentour gehen. Mit einem Reifen und einer Schwimmweste bewaffnet geht es auf den Fluss. Der Fluss dient jedoch nicht nur zur Belustigung von Touristen wie Peter und mir. Während wir uns von der Strömung treiben lassen, waschen einheimische Frauen am Ufer ihre Wäsche. Es scheint, als hätte das gesamte Dorf heute Waschtag. Ein beißender Geruch von hochchemischen Waschmitteln liegt in der Luft. Und im Wasser. In dem Wasser, in dem wir gerade floaten. Peter, ich und der Guide treiben mit unseren Reifen mitten durch die Hochleistungswaschanlage. Nur wenige Meter flussabwärts badet eine Horde nackiger Kinder. Schnell laufen sie lachend davon oder tauchen unter, als sie uns erspähen. Dann wird es schlagartig dunkel, es geht in die Höhle. Peter ist hin und weg vor lauter Abenteuerdrang. Ich bin hingegen froh, als wir wieder im Tageslicht und vor allem raus aus der chemischen Ganzkörperreinigung sind. Es ist immer wieder erstaunlich: Die Einheimischen haben kaum fließend Wasser oder Strom zur Verfügung, aber sämtliche Produkte der Großkonzerne haben es bereits in den Alltag der Menschen geschafft. Egal wo du hinkommst, Coca-Cola und Procter & Gamble waren schon vor dir da.

Bärthas Deepwater Horizon

Von den Höhlen aus führen theoretisch zwei Wege zu unserem nächsten Etappenziel. Es ist unklar, welche Option die bessere Straße bedeutet. Der kürzere Weg sieht auf der Landkarte wegen seiner vielen Krümmungen übel aus. Wir versuchen, uns bei der lokalen Bevölkerung zu erkundigen, doch schnell wird klar, dass man auf die Aussagen nicht viel geben kann. Kaum jemand hat jemals so richtig sein Dorf verlassen, geschweige denn Kenntnis über den aktuellen Zustand der Überlandwege. Und woher soll man wissen, was eine gute Straße ist, wenn man nur die eine kennt? Google und Maps.me sind sich allerdings einig und navigieren uns über den kilometer-technisch kürzeren Weg mit den Kurven. Dieser ist auf Google auch eindeutig als große Hauptstraße markiert, während die nicht gewählte Alternativstraße nur mit einem dünnen Strich auf der Karte verzeichnet ist und somit eindeutig eine Nebenstraße durch die Walachei sein muss.

Ohne zu wissen, was uns auf der anderen Route erwartet hätte, stellen wir schnell fest: Der gewählte Weg ist der absolute Horror und von „Straße“ kann keine Rede sein. Für läppische 40 Kilometer brauchen wir über drei Stunden. Wir schaukeln dermaßen über die Buckelpiste, dass alles im Auto wild durch die Gegend fliegt. Das Getriebe läuft wieder heiß, aber noch schaltet Bärtha. Wobei – so richtig wissen wir das eigentlich gar nicht, denn wir fahren sowieso selten höher als im ersten Gang. Alle fünf Minuten fragt Peter, wie weit es noch ist. Dass ich ihm alle fünf Minuten antworte, dass wir gerade mal einen weiteren Kilometer geschafft haben, hebt die Stimmung im Auto nicht unbedingt. Die Einheimischen schauen uns allesamt immer verwundert an. Ich weiß nicht, ob es daran liegt, dass wir weiß sind und uns hierher verirrt haben oder allgemein daran, dass jemand so blöd ist, diese Straße zu fahren. Dafür, dass wir eigentlich ein sehr touristisches Ziel haben, sind verdächtig wenig andere Fahrzeuge unterwegs. Immer stärker beschleicht mich das Gefühl, dass wir die einzigen Dummköpfe sind, die diese Buckelpiste statt der alternativen Route nehmen. Das wird uns später bei einer kurzen Pause genauso bestätigt.

Nach langer, langer Fahrt biegen wir auf die Straße ein, die wir schon seit Stunden hätten nehmen sollen. Nun sind es tatsächlich nur noch zehn Kilometer bis nach Lanquín, also dem Ort, in dem wir übernachten wollen und der der Ausgangspunkt für den Nationalpark *Semuc Champey* ist. Auch wenn es nicht mehr weit ist, schlage ich Peter einen Fahrertausch vor. Immerhin quält er sich schon seit Stunden über die üble Piste und wirkt langsam müde. Doch zu einem Wechsel kommt es nicht mehr.

Peng! Alles geht ganz schnell. Ein lauter Knall, der Wagen hebt kurz ab, ich schreie. Alles im Auto fliegt wild durch die Gegend. Dann bleiben wir stehen. Schockmoment. Kurzer Check: Alle Insassen sind lebendig und wohlauf. Bärtha eher nicht.

Peter steigt aus. Flucht. Tritt vors Auto. Flucht. Schlägt auf die Motorhaube. Irgendwann öffne auch ich die Tür und merke, dass Peters Fluchen nicht nur dem Reifen gilt. Unter dem Auto, direkt neben dem platten Reifen tropft eine bräunliche Flüssigkeit. Die Spur lässt sich zurückverfolgen bis an den Ort, wo der Reifen geplatzt sein muss. Etwa 50 Meter oder so. Was ist das? Wasser? Öl? Benzin? Ist etwa nicht nur der Reifen geplatzt, sondern auch irgendwas anderes? Das überhitzte Getriebe vielleicht? Wieder einmal zeigt sich, wie wenig Ahnung ich von Autos und deren Technik habe. Peter hat sich allerdings immer noch nicht eingekriegt. Das beruhigt auch mich nicht gerade. Immerhin ist niemand verletzt, aber die stetig größer werdende braune Pfütze unter dem Auto lässt nichts Gutes vermuten. Es ist Öl, das da ausläuft, ist Peter sich sicher.

Von hinten sehen wir ein Fahrzeug kommen. Es ist ein Bus voller Backpacker. Ich gebe ihm ein Zeichen. Der Bus hält an, der Fahrer und ein paar Franzosen steigen aus. Jeder gibt eine Schnelldiagnose in seiner Muttersprache ab. Wir einigen uns schließlich darauf, dass die Ölwanne beschädigt wurde und ganz offensichtlich leckt. Das heißt die anderen einigen sich. Ich stehe ratlos daneben und vertraue auf die Schwarmintelligenz der Umstehenden. „Einer von euch kann mit dem Bus in die Stadt mitfahren, um einen Mechaniker zu holen“, bietet der Busfahrer an. „Ich bleib hier“, bestimme ich. „Die Frau? Alleine hier am Straßenrand?“, besonders die Französin scheint nicht begeistert. Der Busfahrer versichert, dass da unten ein Haus ist und auch Kinder rumlaufen, es also sicher sei. Ich weiß nicht genau, warum, aber ich beharre darauf, dass ich das Auto bewache. Vielleicht weil ich einfach keine Lust auf die mitleidigen Blicke der Leute im Bus habe. Auf ihre Blicke, die sagen: „Gut, dass ich das nicht bin.“

Der Busfahrer verspricht, dass Peter spätestens in 30 Minuten zurück sein wird. Peter steigt ein und der Bus braust davon. Ehe ich mich versehe, bin ich alleine. Erst jetzt wird mir bewusst, was ich mir da eingebrockt habe. Erste Zweifel kommen auf, noch bevor der Bus außer Sichtweite ist. Vielleicht war es doch nicht so smart, allein als blonde Frau in Top und Hotpants an einem einsamen Straßenrand in Guatemala auf Hilfe zu warten? Schnell baue ich das Warndreieck auf, das wir in weiser Voraussicht in Mexiko gekauft hatten, dokumentiere den Schaden per Video und schließe Türen und Fenster. Wenn ich schon alleine hier stehe, sollte ich zumindest nicht alles so einladend offen stehen lassen. Dann überkommt mich endgültig die Angst und ich schließe mich im Bulli ein. Ich will die Zeit nutzen und mir Notizen für mein Reisetagebuch machen, solange die Erinnerungen noch frisch sind. Doch irgendwie kann ich mich nicht so recht konzentrieren. Jedes Mal, wenn sich ein Auto nähert – insbesondere Lkws – werde ich nervös und ducke mich, damit man mich nicht sehen kann.

Plötzlich kommt eine einheimische Familie vorbei. Sie müssen die Bewohner des Hauses sein. Der Großvater betrachtet kritisch das fremde Fahrzeug, das da im Niemandsland geparkt ist, und die immer größer werdende Öl-Pfütze darunter. Er späht ums Auto herum und scheint mich zunächst nicht zu bemerken. Ich öffne das Fenster und erkläre ihm auf Spanisch, dass wir ein Problem mit dem Auto haben, aber kein Problem besteht. Das alles macht wenig Sinn, aber bei meinem limitierten Wortschatz fällt mir in meiner Nervosität auch nichts Besseres ein. Also beende ich unser kurzes Gespräch, indem ich ihm winke und das Fenster wieder schließe. In der Hoffnung, dass ihm nicht bewusst ist, dass das hier Motoröl ist, das ganz in der Nähe seines Dorfes ausläuft und nach und nach in den Boden und schließlich das Grundwasser sickern wird. Eine wahre Naturkatastrophe!

Kurz drauf bricht die Dämmerung ein. Ein Blick auf die Uhr verrät: Es ist 18:07 Uhr. Jeden Moment wird es dunkel. Mist! Gerade war es doch noch hell! Mir war nicht bewusst, dass es bereits so spät ist. Kein Wunder, dass die Franzosen so skeptisch waren, als ich hier alleine bleiben wollte. Während ich das denke, wird es immer dunkler. Licht mache ich dennoch nicht an. Ich will möglichst den Eindruck erwecken, dass das Auto leer ist. Schlimm genug, dass unser buntes Alaska-Bären-Nummernschild so ins Auge sticht. Ich verstecke mich hinter einer Wand von Kissen und Schlafsäcken und harre aus. Jedes Mal, wenn sich ein Auto nähert oder sonst ein Geräusch zu hören ist, gerate ich in leichte Panik. Ich bin ganz alleine auf einer einsamen Landstraße. Ohne Handyempfang. Mit einem fahruntüchtigen Campervan. Zwischendurch wird immer mal wieder ein minimales Datensignal angezeigt, aber selbst für eine WhatsApp-Nachricht reicht es nicht aus. Dafür aber für Peters bescheuerte Push-Notifications mit super wichtigen Kicker-Eilmeldungen... Ich überlege kurz, inwiefern mir die Information darüber, welcher Fußballspieler zu welchem Verein wechselt, in meiner Situation helfen könnte. Fußball-Smalltalk kommt ja meistens gut an. Damit kann ich potenzielle Gangster sicherlich geschickt in ein Gespräch verwickeln und von ihren kriminellen Absichten ablenken.

Während ich unsere Wertsachen vorsorglich verstecke, fällt mir ein, dass wir noch zwei Bären-Abwehrsprays im Rücksitzfach liegen haben. Ich lege mir meine Waffen parat. Hoffentlich kommt Peter bald! Ich stehe endgültig kurz vorm Herzinfarkt als plötzlich ein Moped direkt neben mir anhält und ein Schatten am Fenster erscheint. Ich verstecke mich regungslos unter der Bettdecke und halte den Atem an. „Svenni?“, ruft der

Unbekannte irritiert. Es ist Peter. Peter ist zurück, um mich zu retten! Mein Versteck ist offenbar gar nicht so schlecht, denn Peter läuft verwirrt ums dunkle Auto und ruft erneut meinen Namen. Ich schließe schnell auf und bin erleichtert darüber, nicht mehr allein zu sein! Wer hätte auch damit rechnen können, dass Peter mit einem Motorrad, statt einem Abschleppwagen zurückkommt?! „Der Mechaniker kommt gleich, er muss erst noch den Reifen an dem Wagen wechseln, der uns abschleppen soll", erfahre ich, „So lange wollte ich dich nicht hier alleine warten lassen."

Ich bin froh, nicht mehr alleine zu warten, aber die Stimmung ist gedrückt. Wir machen uns beide unheimlich Sorgen um unser fahrendes Zuhause. Also besser gesagt unser nicht mehr fahrendes Zuhause. Was, wenn man das Ganze nicht reparieren kann? Haben wir einen Totalschaden? Wir haben uns doch gerade so sehr an den Luxus eines eigenen Autos in Zentralamerika gewöhnt: nicht in Hostels schlafen zu müssen, sein eigenes Essen im Auto kochen zu können, losfahren wann man will, unterwegs die eigene Musik hören, bequem sitzen statt eingepfercht in einem vollen Minivan... Das alles hat durchaus seinen Charme. Könnte das etwa vorbei sein? Ich will kein Backpacker sein. Ich will meinen Bulli behalten!

Wir warten noch eine halbe Stunde im Bett unserer kaputten Bärtha. Inzwischen ist es stockfinster. Zwischendurch hält ein anderer Wagen und bietet seine Hilfe an, aber wir haben ja bereits einen Mechaniker verständigt. Nach einer Dreiviertelstunde trifft dieser dann auch endlich ein. Mit einem Pickup-Wagen. Damit will er uns abschleppen? Peter zaubert unseren abgewetzten Ersatzreifen hervor und innerhalb weniger Minuten wird dieser erfolgreich zu einem der vier Hauptreifen befördert. Nicht gerade eine Dauerlösung, aber erst mal rollen wir wieder auf vier Rädern. Nun geht es ans Abschleppen. Es stellt sich heraus, dass der Pickup uns gar nicht abschleppen kann. Schließlich stehen wir immer noch in den Bergen und das einzige, was er dabei hat, ist ein Seil, um uns zu ziehen. Bergab und in den Kurven ist der Nachteil dieser Variante offensichtlich. Die Lösung: wir sollen im neutralen Gang mit halb angezogener Handbremse 200 Meter den Berg runterrollen. Dort befindet sich eine Stelle, an der wir übernachten können. Der Mechaniker will sich so lange um eine neue Lösung bemühen. In Lanquín gibt es nämlich keinen anderen Abschleppwagen und auch niemanden, der ein Schweißgerät besitzt. Aber vielleicht im anderthalb Stunden entfernten Cobán. Irgendwer wird sich schon finden, der entweder kommt und Bärtha vor Ort repariert oder uns abschleppen kann. Uns bleibt nichts anderes übrig, als den Berg langsam und vorsichtig runterzurollen und unser Nachtlager am Straßenrand von Guatemalas Einöde einzurichten. Der Mechaniker verspricht, am nächsten Morgen um 7:30 Uhr mit einer Lösung zurückzukehren.

Um 8:45 Uhr hält dann tatsächlich ein Taxi neben uns und liefert unseren Mechaniker ab. Wir sind positiv überrascht. Jemanden, der an Ort und Stelle schweißen kann, konnte er nicht finden, dafür aber einen Abschleppdienst nach Cobán. Dort gibt es Schweißgeräte. Etwa 80 Euro soll der Spaß kosten. Für seine eigenen Dienste berechnet der Mechaniker sehr faire 15 Euro. Vor allem aber deshalb, weil er mit dem Taxi herkommen musste. Gemeinsam rufen wir den Abschleppdienst an, der in zwei Stunden bei uns sein will. Mechaniker Nummer 1 verabschiedet sich und ist damit aus dem Spiel.

Zum Glück haben die 200 Meter den Berg runterrollen einiges am Telefonempfang verbessert. So können wir während der Wartezeit wenigstens ein paar Telefonate führen und unser Leid berichten. Die Antwort meiner Freundin Sarah auf unsere Neuigkeiten ist wohl am bemerkenswerten: „Zum Glück ist euch nichts passiert (…) Fun Fact zur Geschichte: Ich hab‘ heute Nacht von euch geträumt. Ihr seid abends bei mir ins Großraumbüro reingekommen und habt erzählt, euer Segelboot wäre kaputt und ihr müsstet das erstmal reparieren lassen. Mysteriös. Und Peter hatte eine Regenjacke mit Fischmuster an.“ Da Peter kein solches Kleidungsstück besitzt, werte ich die Nachricht als merkwürdigen Zufall, weise Sarah vorsichthalber aber dennoch an, von nun an bedachter zu träumen.

Überraschenderweise trifft das Abschleppfahrzeug tatsächlich nach zweieinhalb Stunden ein. Das ging schneller als damals in Texas. Leider haben wir diesmal allerdings keine Auto-Club-Mitgliedschaft, die die Kosten fürs Abschleppen und ein 5-Sterne-Hotel übernehmen würde. Bärtha wird auf das Fahrzeug verladen und los geht's zurück über die Buckelpiste, über die wir gekommen sind. An der Kreuzung in Richtung Cobán wird uns bewusst, welch bessere Straße wir am Vortag hätten nehmen können. Aber jetzt ist es zu spät.

Als wir bei der Werkstatt ankommen, sind dort erstmal alle Tore verschlossen und niemand zu finden. Zum Glück ist gerade nur Mittagspause und nach einer Viertelstunde finden sich alle wieder ein. Bärtha wird abgeladen und über einen Schacht gefahren, von dem aus sie von unten repariert werden soll. Peter spricht mit den Mechanikern und nach kurzer Zeit beginnen sie, diverse Dinge zu schweißen und immer wieder neu zu diskutieren. Ich halte mich aus allem raus und nutze die Zeit, um Dinge zu nähen und reparieren oder Fotos zu bearbeiten. Peters Stimmung schwankt zwischen Zuversicht und totaler Verzweiflung. Ihn zu fragen, wie es aussieht, ist absolut sinnlos und eine reine Momentaufnahme, die sich Minuten später um 180 Grad gedreht haben kann. Es ist ein bisschen wie bei einem Teenager und der sprichwörtlichen „himmelhoch jauchzend, dann zu Tode betrübt“-Hormonschwankung. Mal sieht es so aus, als ob alles gut verliefe und wir gleich weiterfahren könnten, dann wiederum gibt es plötzlich ein neues, noch viel größeres Problem.

Ich demonstriere: Das Loch konnte geschweißt werden und nun wird das neue Öl, das Peter in der Zwischenzeit besorgt hat, eingefüllt – ein Hochmoment. Nun sollen wir noch eine Stunde warten, damit danach noch ein Dichtungsmittel zur Versiegelung angebracht werden kann. Das klingt doch ganz gut. Jedoch lässt der darauffolgende Tiefmoment nicht lange auf sich warten: Das Loch war nicht ausreichend zugeschweißt, sodass das neu eingefüllte Öl immer noch tropft. „Ja, dann schweißt es doch einfach nochmal", schlage ich genervt vor. „Das geht nicht. Man kann nur schweißen, wenn kein Öl drin ist. Nun ist aber immer ein kleiner Rest in einer Kuhle der Ölwanne", erklärt Peter am Ende seiner Nerven. Das klingt weniger gut. Sogar richtig übel. Die scheinbare Behebung des Schadens hat möglicherweise erst recht einen Totalschaden verursacht. Es wird noch eine Weile lang diskutiert, diverse Dinge ausprobiert, dann wieder diskutiert. Am Ende rollen Peter und ich am Abend vom Hof und hoffen das Beste. Wir campen in Cobán im Garten eines netten Cafés. Unter die Ölwanne legen wir vorsichtshalber eine Tüte. Am nächsten Morgen bringt diese die Hiobsbotschaft: Die Ölwanne leckt immer noch. Zwar nicht viel, aber es tropft. Also geht es zurück in die Werkstatt. Wieder wird viel diskutiert, viel ausprobiert und nach ein paar Stunden sind wir an dem Punkt angekommen, an dem man nun wirklich nicht mehr tun kann, als das Beste zu hoffen. Und so machen wir uns mehr oder minder hoffnungsvoll auf den Weg.

Die ersten Meter laufen ganz gut. Doch je länger die Fahrt dauert, desto stärker fällt uns auf, dass der Ersatzreifen eiert. Wir unterbrechen die Rückfahrt und machen uns auf die Suche nach einem neuen Reifen. Nach einer nicht enden wollenden Irrfahrt durch die Gassen von Cobán mit vollen Marktständen und Einbahnstraßen finden wir einen Mechaniker, der auf Reifen spezialisiert ist. Er hat zwar keinen passenden vorrätig, aber das ist kein Problem. Kurzerhand fährt er mit seinem Privatauto und Peter auf dem Beifahrersitz durch die Gegend, um ein passendes Stück aufzutun. Ich bewache solange mal wieder Bärtha. Diesmal ist es zum Glück nicht dunkel. Im dritten Laden werden die beiden fündig. Nicht gerade 1A-Markenqualität, aber immerhin rollen wir wieder rund. Umgerechnet keine drei Euro verlangt der hilfsbereite Mechaniker für seine Dienste. Mit zwei alten Winterreifen hinten und einem alten Qualitäts-Sommerreifen links und einem neuen Billo-Reifen vorne rechts sowie drei Tagen Verspätung geht es wieder einmal los in Richtung Semuc Champey. Der neue Reifen erfüllt alle Klischees über „Made in China". Nur wenige Wochen wird es dauern, bis er ähnlich abgefahren aussieht wie die drei anderen, die bereits mehr als 25.000 Kilometer mit uns auf dem Buckel haben.

In Lanquín entscheiden wir uns dafür, die letzten Kilometer bis zum Eingang des Nationalparks ohne Bärtha zurückzulegen. Sie bleibt brav am Campingplatz zurück, während Peter und ich auf der Ladefläche eines Pick-ups Platz nehmen. Schnell entpuppt sich die Entscheidung als goldrichtig. Es ist ein einziges Geruckel und Geschaukel. Die Piste hätte Bärtha mit Sicherheit endgültig den Rest gegeben. Statt Bulli Bärtha ist Dajana, die wir bereits in Flores wiedergetroffen hatten, mit von der Partie. Sie hatte unseren Bulli auf dem Weg von Cobán aus dem Bus heraus erkannt und so sind wir nun zu dritt unterwegs.

Als unsere Mitfahrgelegenheit uns endlich am Nationalpark abliefert, werden wir direkt von einer Horde Kinder umzingelt, die uns selbstgemachte Schokolade verkaufen will. Kakaoanteil mindestens 70 Prozent. Wir alle schlagen zu. Nicht nur, weil die Kinder umgerechnet nur wenige Cents verlangen, sondern weil wir uns in einem der besten Kakaoanbaugebiete der Welt befinden. Wo Schokolade kaufen, wenn nicht hier? Und generell kann ein bisschen Nervennahrung für die holprige Rückfahrt später nicht schaden.

Gut versorgt erkunden wir den wunderschönen Fluss im guatemaltekischen Dschungel. Semuc Champey ist einfach unglaublich schön und besonders! Türkisgrüne Wasserbecken umrandet von sattgrünen Bäumen und Gräsern. Der Fluss selbst fließt an dieser Stelle unter den Becken hindurch und tritt erst später wieder aus den Felsen hervor. Von oben bietet sich ein spektakulärer Blick auf die Wasserbecken, in denen wir anschließend baden. Es ist wirklich traumhaft! Dass das die vielen Strapazen doch wieder wettmacht, erwähne ich gegenüber Peter vorsichtshalber mal lieber nicht. Zu groß ist noch die Sorge, ob die frisch geflickte Ölwanne auch langfristig halten wird.

Heiß auf Lava

Das tut sie zumindest vorerst weiterhin. Auf unserer Fahrt nach Antigua Guatemala gibt es überraschenderweise keine nennenswerten Zwischenfälle. Selbst das Getriebe spielt an den Steigungen zumindest nicht schlechter als üblich mit. Dennoch sind wir froh, als wir in der hübschen Kolonialstadt ankommen und ein Hostel finden, in dessen Hof wir campieren dürfen. Doch in Antigua Guatemala sind wir nicht nur, um mal wieder durch die Gassen einer bunten Altstadt zu schlendern. Wir wollen zum nahegelegenen Vulkan Acatenango. Genauer gesagt auf ihn drauf.

Dajana, die inzwischen ebenfalls in Antigua angekommen ist, versucht uns zu einer Tour mit ihr und ein paar Kumpels zu überreden. Im Nachhinein fällt es mir schwer zu sagen, warum wir das so vehement abgelehnt haben. Vielleicht lag es an einer kurzen Begegnung auf dem Weg nach Antigua. Ein Geländewagen mit englischem Nummernschild kam uns auf einer abgelegenen Piste entgegen. Wir unterhielten uns mit den italienischen Insassen kurz durchs offene Autofenster. „Seid ihr auf dem Weg nach Antigua Guatemala? Wir kommen da gerade her und haben den Acatenango ganz alleine bestiegen. Ohne Tour. Hört nicht auf die Leute, die sagen, es ginge nur mit Guide“, hatten die Overlander uns aufgeregt berichtet und gleich eine Wegbeschreibung mitgeliefert. Vom „individuell reisen“ besessen, stand von da an eine Tour für uns außer Frage.

Und so finden wir uns schließlich schwer bepackt am beschriebenen Ort wieder, an dem wir Bärtha abstellen und ein Zelt für die Nacht auf dem Vulkan leihen können. Es handelt sich um eine unscheinbare kleine Bauernhütte am Straßenrand, die diesen Service inoffiziell nebenbei anbietet. Eine Schar Hühner gesellt sich in den Schatten unserer Bärtha, als Peter und ich loslaufen.

Gleich die ersten Meter haben es in sich. Noch ist es nicht steil, aber der Weg besteht aus losen Kiessteinchen und Geröll. Beinah knietief sinken wir bei jedem Schritt ein. Und mit jedem Schritt rieseln mehr Steinchen in unsere Schuhe. Bis der Schotterweg sich zu einem normalen Waldweg entwickelt, sind wir bereits vollkommen fertig. Oder um es positiv zu formulieren: Wir haben uns ausreichend warmgelaufen. Sich gut aufzuwärmen ist schließlich wichtige Voraussetzung, um Verletzungen beim Sport vorzubeugen. Wenn es danach geht, kann uns auf dem Rest des Weges nichts mehr passieren. Wir erreichen schließlich eine Stelle, an der wir Eintritt für den Vulkan zahlen müssen. Ein Formular ist auszufüllen. Name des Tour-Anbieters? Guide? Ähm. Tatsächlich scheinen wir die einzigen zu sein, die keinen Führer dabei haben. Wir zahlen unser Geld und unsere Privatwanderung mit „Pedro Tours“ nimmt ihren Lauf.

Wirklich mit einer geführten Gruppe unterwegs zu sein, hätte nicht nur den Vorteil, dass man sich um nichts Gedanken machen und nur hinterhertrotten muss, sondern man müsste auch deutlich weniger schleppen. Die Zelte der Anbieter stehen bereits aufgebaut im Base Camp und für Essen wird ebenfalls gesorgt. Peter und ich schleppen nicht nur Zelt, Schlafsäcke, Isomatten und Kleidung für minus fünf Grad in der Nacht, sondern auch acht Liter Wasser zum Trinken und Kochen sowie ziemlich genau ein Kilo Lebensmittel. Jede Pause ist daher gleich ein doppelter Segen. Nicht nur können unsere Körper sich kurz erholen, auch die Rucksäcke werden mit jedem Schluck und Bissen ein wenig leichter.

„An einer Stelle haben wir eine Abzweigung verpasst und sind einen riesigen Umweg einmal über den Vulkan gelaufen", hatten die beiden italienischen Overlander uns gewarnt und gezeigt, wo in der Navigations-App ein Fehler zu sein scheint. Der Wanderweg startet auf der nördlichen Seite des Acatenangos. Das Base Camp, also die Stelle von der aus man den feuerspeienden Nachbarvulkan sehen kann, liegt allerdings auf der südlichen Seite. Will man nicht über den Gipfel klettern, muss man irgendwann links abbiegen. Umso konzentrierter halten Peter und ich Ausschau nach besagter Abzweigung, um nicht denselben Fehler wie die Italiener zu begehen. Ich könnte nun von weiteren kräftezehrenden Stunden des Bergauflaufens berichten und wie Peter und ich dennoch abenteuerlustig und voller Energie und Vorfreude den Berg hochwandern. Aber fassen wir es einfach kurz so zusammen: Wir verpassen genau dieselbe Abzweigung nach links und laufen stattdessen immer weiter nach oben. Viel zu weit nach oben. Irgendwann sind wir fast am Gipfel angelangt. Kein Wunder, dass wir seit Stunden keine der geführten Touren mehr gesehen haben. Die Guides scheinen die Abzweigung zu kennen.

Ich bin irgendwann am Ende meiner Kräfte. Immer wieder konsultieren wir Maps.Me, denn eigentlich müsste die Stelle, an der wir übernachten wollen, deutlich niedriger gelegen sein als wir uns nun befinden. Die App bestätigt diese Einschätzung. Es bleibt uns nichts anderes übrig, als mit Sack und Pack auf der anderen Seite des Vulkans wieder nach unten zu klettern. Der Weg ist steinig, staubig und rutschig. Ich bin einfach nur erschöpft. Jeder weitere Schritt ist eine Qual und erfordert höchste Disziplin und Konzentration. Die dünne Höhenluft auf fast 4000 Metern tut ihr übriges. Auch Peters Energiereserven lagen schon mal höher und so langsam mischt sich leichte Unsicherheit unter die körperliche Erschöpfung. Werden wir es noch zum Camp schaffen? Oder müssen wir irgendwo hier mitten in der Caldera unser Zelt aufschlagen? Mir ist inzwischen alles egal. Ich schaffe kaum noch einen Schritt. Irgendwann übernimmt Peter auch noch meinen Rucksack und läuft weiter. Ich taumele wie ein Betrunkener hinterher. „Es ist gar nicht mehr so weit", ruft er mir immer wieder zu und jedes Mal bleibt es eine Lüge. Doch tatsächlich geht es irgendwann wieder bergab. Ich hoffe, auf der richtigen Seite.

Mit jedem Schritt sacken wir wie im Tiefschnee ein und versinken knietief in den getrockneten Lavasteinchen. Alle paar Meter könnte ich locker ein ganzes Glas voll Steinchen aus meinen Wanderschuhen kippen. Nur, damit sie wenige Schritte später wieder voll sind. Zwischendurch geht es immer wieder ein paar Meter bergauf. Der Weg, der inzwischen gar keiner mehr ist, nimmt einfach kein Ende. Wir laufen weiter querfeldein in die hoffentlich richtige Richtung. Kurz vor Sonnenuntergang sehen wir die ersten Zelte. Das muss das Base Camp sein! Einige Hundert Meter tiefer, als wir bereits waren.

Hoffnung keimt auf. Als wir endlich ein Plätzchen auf der nur begrenzt vorhandenen geraden Fläche für unser Zelt finden, geht dann wirklich gar nichts mehr. Die totale körperliche Erschöpfung setzt ein. Wir sind zu müde, um nur wenige Hundert Meter weiter den optimalen Blickwinkel für den Sonnenuntergang zu erwischen. Jetzt ein Guide, der einem etwas kocht, wäre schön! Hätten wir wie jeder andere eine Tour gebucht, würden wir nun Essen serviert bekommen. Und wir wären bereits seit Stunden hier. So sitzen wir tollen Abenteurer nun vollkommen erschöpft vor unserem Campingkocher und bereiten eine weitere Ration Tomate-Avocado-Couscous zu. Cool und unabhängig, aber vor allem todmüde.

Mit Einbruch der Dunkelheit wird ersichtlich, warum wir all die Strapazen auf uns genommen haben und für kurze Zeit vergessen wir sogar, was uns alles vom Laufen wehtut. Von unserem Zelt aus haben wir perfekte Sicht auf den Nachbarvulkan Fuego. Der ist zwar die ganze Zeit über aktiv und spuckt regelmäßig Rauch und Asche. Doch die Dunkelheit trägt entscheidend zum Naturschauspiel bei. Erst mit ihr werden Glut und feuerrote Lava sichtbar. Am Tag sieht es kaum anders aus als die dunkle Wolke, die aus einem jeden dreckigen Fabrikschornstein zieht. Doch jetzt in der Nacht zeigt sich uns eins der eindrucksvollsten Naturschauspiele, die wir je gesehen haben. In sämtliche Jacken, Mützen und Schlafsäcke gehüllt, sitzen wir bei Minusgraden staunend vor dem Zelt. Neben uns bricht wirklich ein Vulkan aus! Alle paar Minuten. Und wir sind live dabei. Bis uns irgendwann die Augen zufallen. Es ist noch nicht einmal 20 Uhr, aber wir können einfach nicht mehr. Und überhaupt: Was an diesem Tag könnte noch besser werden als das soeben Erlebte?

Am nächsten Morgen sind wir früh wach. Der Wecker steht auf „fünf Minuten vor Sonnenaufgang". Den können wir glücklicherweise sehen ohne unser Zelt zu verlassen. Ideale Bedingungen also. Ein traumhafter Sonnenaufgang über den Wolken mit gelegentlichen Lavafunken – der Tag könnte schlechter starten. Wir frühstücken in aller Ruhe mit Blick auf das Spektakel. Der Vulkan speit weiter fröhlich vor sich hin. Mit zunehmendem Tageslicht werden aus den leuchtend glühenden Lavafunken wieder gewöhnliche, dunkelgraue Rauchwolken.

Irgendwann bemerken Peter und ich, dass es um uns herum ganz schön leer geworden ist. Die Touren sind bereits nach unten losgewandert und so genießen wir noch eine letzte halbe Stunde ganz allein den atemberaubenden Ausblick, bevor auch wir unser Lager abbauen. Diesmal wählen wir den direkten Weg ins Tal. Ganz ohne Umweg über den Gipfel. Immer nur bergab. Was sich so leicht anhört, entpuppt sich als fast noch anstrengendere Aufgabe als die vom Vortag. Zumindest mental. Körperlich macht dem

Aufstieg von gestern so schnell nichts Konkurrenz. Die Nacht war viel zu kurz und kalt, als dass sich unsere müden Körper ausreichend hätten erholen können. Entsprechend dünn sind die Nerven. Das Problem bei diesem Weg: er ist eine einzige Rutschpartie. Permanent blicken wir nur noch zu Boden und klammern uns an unseren Wanderstöcken fest, die sich als das beste Accessoire des Tages erweisen. Auch wenn der Rucksack bereits seit gestern einige Kilos Wasser und Essen verloren hat, spüre ich seine Last nun unangenehm in den Knien. Jeder Schritt wird zur Qual. Und es sind viele Schritte bis ins Tal. Und fast ebenso viele Male, die wir ausrutschen. Die Quote von „gerade noch die Balance halten" und „auf den Hintern fliegen" hält sich dabei in der Waage. Ich bin unendlich froh, als ich irgendwann ganz eindeutig die letzten paar Hundert Meter ausmachen kann. Ich tue das gleiche wie zwei Mädels gestern bei uns und verschenke meinen Wanderstock an jemanden, der zu diesem Zeitpunkt noch nicht ahnt, wie sehr er das Ding schon bald zu schätzen wissen wird.

Vollkommen erschöpft und mit schwarzer Vulkanasche im Gesicht verschmiert, kommen wir bei unserer Bärtha an. Wir haben es tatsächlich geschafft! Wir feiern uns, als wären wir die ersten Menschen auf dem Mond gewesen. Und irgendwie hat es sich zwischendurch auch ein bisschen so angefühlt. 3900 Meter näher waren wir ihm jedenfalls. Doch nun, wo wir zurück sind, haben wir ganz irdische Wünsche. Allen voran: eine warme Dusche und ein kalorienreiches Festmahl!

Nach dem Vulkan ist vor dem Vulkan. Die Muskeln haben sich noch nicht ganz erholt und schon kommen aus Peters Mund Worte, die mich nichts Gutes erahnen lassen. Als wir auf dem Acatenango abends vor unserem Zelt saßen, konnten wir nämlich nicht nur den direkt vor uns Lava spuckenden Nachbarvulkan *Fuego* bewundern. Nein, etwas weiter entfernt, war noch etwas anderes zu erkennen, wie ein rot leuchtender Fluss in der dunklen Ferne. „Das ist der Vulkan *Pacaya.* Da fließt die Lava", bestätigt unser Hostelbesitzer Peters Vermutung. „Den könnt ihr in nur wenigen Stunden besteigen". Praktischerweise verkauft das Hostel auch günstige Touren zum Vulkan Pacaya und so ist mein Schicksal schnell besiegelt. Vergessen ist unsere Abneigung gegen solche geführten Touren und ein Blick auf die Karte macht schnell deutlich, dass Bärtha die steile Straße ohnehin niemals packen würde. Und so werden wir nur einen Tag nach „Meine Beine tun so weh, ich besteige nie wieder einen Vulkan" pünktlich am Nachmittag von einem Kleinbus abgeholt und stürzen uns mit knapp 20 anderen Backpackern ins nächste Vulkanabenteuer.

Die Gruppe ist gut drauf und wir kommen bereits auf der Fahrt mit einigen ins Gespräch. Als wir am Vulkan ankommen, erhalten wir zunächst alle wichtigen Infos zum

Aufstieg. Unsere Gruppe nennt sich „Tiger". Wenn der Guide „Tiger" ruft, müssen wir kommen. Gleiches Prinzip wie mit Kindergartengruppen. Auf Kommando laufen alle Tiger los. Es staubt zwar fürchterlich und geht kontinuierlich bergauf, aber im Vergleich zu unserer Wanderung auf den Acatenango ist diese Vulkanbesteigung ein netter Spaziergang. Nach gerade mal einer Stunde sind wir schon oben angekommen. Oder zumindest so weit oben, wie man hier sicher wandern darf, denn der Pacaya ist ja selbst noch aktiv. Wie auf dem Werbeposter des Tour-Anbieters versprochen, grillen wir Marshmallows über heißer Glut, während wir darauf warten, dass es dunkel genug wird, um den Lavastrom richtig sehen zu können.

Von hier oben hat man eine wirklich atemberaubende Sicht auf die anderen Vulkane der Region, deren Gipfel aus der Wolkendecke hervorlugen. Die untergehende Sonne taucht den Himmel in ein Spektrum aus Orangetönen. Hier könnten wir ewig sitzen und in die Ferne blicken. Theoretisch. „Tigers! Let's go down", ruft es plötzlich. Ernsthaft? Wir gehen? Wir erkundigen uns noch einmal, ob wir uns womöglich verhört haben, denn die Sonne ist erst vor zehn Sekunden untergegangen. Quasi zeitgleich mit dem Kommando zum Umkehren. Spontan fällt uns wieder ein, warum wir geführte Touren für gewöhnlich vermeiden. Man muss immer dem Guide hinterhertrotten, ob man will oder nicht. „Aber es ist doch noch gar nicht dunkel. Wir wollen doch die Lava sehen", wenden wir irritiert ein. Untergegangene Sonne bedeutet nicht annähernd Dunkelheit. Doch es nützt nichts. Erneut werden die Tiger gerufen. Wir, das sind Peter, ich und vier andere Deutsche, gehorchen nicht. Wenn man uns den Namen einer Kindergartengruppe gibt, benehmen wir uns halt auch entsprechend. Wir verhalten uns stattdessen typisch Deutsch und bestehen auf unser Recht: Uns wurde versprochen, Lava im Dunklen zu sehen und die gucken wir uns nun auch wenigstens kurz an.

Die Aufmüpfigkeit lohnt sich. Wo vor kurzem nicht viel mehr als Vulkangeröll und Rauch zu sehen war, fließt Minuten später der glühende Saft wie ein sanfter Wasserfall den Berg hinunter. Je weniger Tageslicht verbleibt, desto intensiver wird die Farbe. Es ist nicht vergleichbar mit dem, was wir vorgestern auf dem Acatenango beobachtet haben. Nicht besser. Nicht schlechter. Einfach ganz anders. Und wunderschön.

Auch wenn unsere Sechsertruppe noch ewig hier sitzen bleiben könnte, sehen wir ein, dass das nicht geht. Der Rest der Tiger ist schon längst auf dem Weg zurück zum Bus. Und der soll bitte nicht ohne uns abfahren. Denn nicht nur ist der Weg zurück nach Antigua eindeutig zu weit für einen Fußmarsch, sondern irgendwann fällt einem von uns ein, dass es neben der schlechten Zufahrtsstraße einen weiteren Grund gab, den Pacaya-Vulkan mit einer Tour zu besteigen: häufige Überfälle auf Touristen. Und so laufen wir dann doch einen Schritt schneller. Als wir irgendwann als letzte der Gruppe am Bus eintrudeln, sind wir vermutlich nicht mehr die Lieblings-Tiger unseres Guides. Egal, versprochen ist versprochen und der Anblick des Lavastroms war es allemal wert.

Bevor wir Guatemala verlassen, geht es für ein paar Tage an den Vulkansee Atitlán und schließlich ans Meer. Der Weg dorthin führt über Stock und Stein. Bis er plötzlich abrupt an einem Fluss endet. Dort warten schon zwei andere Autos. „Sobald die Flut hoch genug ist, kommt eine Fähre“, erfahren wir. Tatsächlich ist mit viel Wohlwollen am Ufer eine Art Fähranleger zu erkennen. Und mit noch mehr Wohlwollen und Fantasie irgendwann das, was man hier wohl „Fähre“ nennt. Man könnte auch sagen, eine schwimmende Aneinanderreihung von krummen Holzbrettern. Oberdrauf ein Sonnenschirm und ein Plastikstuhl für den Kapitän. Peter und ich spielen mit und tun ebenfalls so, als wäre das ein Boot, dem wir zutrauen, Fahrzeuge wie unsere Bärtha sicher über einen Fluss zu transportieren. Auch der Fährmann strahlt Zuversicht aus und winkt uns freudig auf seinen Seelenverkäufer. Dann geht es los. Zehn Minuten schippern wir im inzwischen Dunklen flussabwärts. Auch dafür ist der Kapitän bestens gerüstet und im Besitz einer Taschenlampe sowie einer Holzlatte. Mit der prüft er regelmäßig, ob wir uns noch in der Fahrrinne und ausreichender Wassertiefe befinden. Sein unter Lachen nach oben gestreckter Daumen gibt Grund zur Annahme, dass auch er positiv überrascht davon ist, dass wir noch nicht auf dem Grund des Flusses liegen. Und so sind wir doch etwas erleichtert, als wir wenig später ohne Havarie auf der anderen Seite und damit an unserem Zielort anlegen.

Das als Surfer-Hotspot vermarktete El Paredon entpuppt sich als deutlich kleiner und verschlafener als erwartet. Neben einer Hand voll Hostels und Restaurants, gibt es rein gar nichts. Nicht einmal einen Tante-Emma-Laden, um Lebensmittel zu kaufen. Der Tagesablauf ist denkbar einfach: Tagsüber ist es so heiß, dass man sich – sofern man nicht surft – unter einen der am Strand stehenden Pavillons in den Schatten rettet. Wer morgens, wenn die Temperaturen noch erträglich sind, losgeht und leichtsinnig seine Flip-Flops am Bulli stehen lässt, ist verloren. Der schwarze Sand wird im Laufe des Tages so kochend heiß, dass man bis Sonnenuntergang in seiner Hängematte im Schatten gefangen ist. Sonnenuntergang ist dann auch das Stichwort. Nachdem man dieses äußerst fotogene Naturschauspiel bewundern durfte, ist die Hitze endlich erträglich genug, um den Körper wieder auf Normalbetrieb hochzufahren und noch eine Runde Beach Ball im nun wieder angenehm warmen Sand zu spielen. Dann kochen, Bierchen trinken, schlafen. Sofern man das bei der Resthitze im Auto hinkriegt. Wenn nicht, dann hat man ja zumindest den ganzen nächsten Tag wieder zum Erholen in der Hängematte. So paradiesisch das klingt: Uns juckt es nach kurzer Zeit nicht nur von den vielen Moskitostichen am ganzen Körper, sondern auch in den Fingern, endlich ins nächste Land zu kommen: El Salvador.

El Salvador, der Retter

Die Straße von El Paredon zur Grenze nach El Salvador lässt sich am besten als Aneinanderreihung von Schlaglöchern beschreiben, die durch ein wenig Teer miteinander verbunden sind. Die langen Schatten der Bäume am Straßenrand machen es uns nicht leichter, diese rechtzeitig zu erkennen. Mensch wie Maschine werden auf der Fahrt ordentlich durchgerappelt. Während ich versuche, mich bestmöglich auf das, was man hier als Straße bezeichnet, zu konzentrieren, werden wir plötzlich von einem Motorradfahrer ausgebremst, der Sekunden zuvor noch am Seitenrand stand. Wild gestikulierend versucht er uns etwas mitzuteilen. Ist das einer dieser Tricks, bei denen man auf einen angeblich platten Reifen hingewiesen und wenn man dann anhält, ausgeraubt wird? Nein, das ist das Zeichen dafür, dass wir das südliche Ende Guatemalas gleich erreicht haben. Der Typ ist ein Schlepper, der uns über die Grenze schleusen will. Und er soll nicht der einzige seiner Art bleiben. Von nun an werden wir alle paar Meter von geschäftstüchtigen Dienstleistern auf Motorrädern ausgemacht, die uns wahlweise ausbremsen oder penetrant neben uns herfahren und uns durchs offene Fenster ihre Hilfe bei der vermeintlich schwierigen Grenzbürokratie anbieten. Was sie zu erwähnen vergessen: Ihre Hilfe ist nicht ganz selbstlos. 140 Dollar „verpflichtendes Trinkgeld" hat eine Reisebekanntschaft von uns erst kürzlich für die freundliche Unterstützung gelassen. Wir bleiben daher konsequent und lehnen die freundlichen Angebote dankend ab.

Doch auch ohne die Motorradfahrer, die unser „Nein" nicht so recht akzeptieren wollen, merken wir, dass die Grenze nicht mehr weit sein kann: Lastwagen. Genauer gesagt sich stauende Lastwagen. An die vier Kilometer reicht die Lkw-Schlange an der Landesgrenze. Hunderte von Fahrzeugen und ihre Fahrer und Waren warten auf ihre Weiterfahrt nach El Salvador. Das kann ja Tage dauern! Müssen wir uns da wirklich hinten anstellen?

Müssen wir nicht, beobachten wir bei den Locals und auch die Handgesten der sich neu anbietenden Schlepper sprechen eine eindeutige Sprache. Um an dem Stau vorbei zu kommen, wird für die restliche Strecke einfach die Gegenspur genutzt. Vier Kilometer lang. Ganz geheuer ist mir meine neue Rolle als Geisterfahrer noch nicht. Immerhin sind die anderen meiner Art vorwiegend schmale Mopeds, die leicht ausweichen können. Was passiert, wenn uns jemand entgegenkommt?

Genau das lernen wir kurz drauf anhand eines Praxisbeispiels: Ein SUV rollt auf uns zu. Die Mopedfahrer und das Auto hinter mir reagieren routiniert. Offenbar lautet die Regel, dass wir als Falschfahrer spontan noch weiter nach links auszuweichen haben, um dort auf dem Grünstreifen oder wahlweise Bürgersteig spontan eine weitere Fahrspur zu eröffnen. Gesagt, getan. Alles geht gut. Die Übung wiederholen wir auf den verbleibenden Kilometern noch ein paar Mal. Die Fußgänger scheinen das Spielchen gewohnt zu sein und zeigen ausreichend schnelle Reaktionsfähigkeiten. Routiniert springen sie jedes Mal flink beiseite. Irgendwie hat das ganze durchaus einen gewissen Spaßfaktor. Auch an einer Streife kommen wir vorbei, aber die Polizisten interessieren sich glücklicherweise gerade mehr für ihre Handys. Dennoch sind wir froh, als wir einige Zeit später wohlbehalten bei Passkontrolle und Zoll vor der Tür stehen.

Nachdem wir den inzwischen üblichen Grenz-Spaß überstanden haben, machen wir uns schnell auf, um noch vor Sonnenuntergang einen Schlafplatz zu finden. Keine zehn Kilometer liegt der Grenzposten hinter uns, als ich sie plötzlich sehe! Schlagartig gefriert mir das Blut in den Adern, als in der Ferne mitten auf der Landstraße eine Straßensperre und vermummte Gestalten zu erkennen sind. Als wir uns unweigerlich nähern, treten die dunkel gekleideten Männer mit Maschinengewehren auf die Fahrbahn, die mit orangefarbenen Verkehrshütchen gesperrt wurde. Instinktiv gehe ich in den Katastrophen-Modus: „Scheiße! Wir werden überfallen! Peter, zieh deinen Ehering aus und steck ihn in die Sitzritze!“, übernimmt mein innerer Autopilot.

Jedoch vollkommen unnötig. Es stellt sich beim näheren Hinsehen heraus, dass es doch nur die Polizei ist, die uns da anhält. Wir behalten unsere Ringe also an. Die Beamten wollen wissen, woher wir kommen und wohin es geht. Und ob wir Drogen dabei haben. Während einer der Polizisten mit meinem Führerschein verschwindet, wollen die anderen unsere Sachen anschauen. Einer guckt mit Peter in den Kofferraum, ein anderer nimmt mir vorne unsere Dokumenten-Mappe ab und blättert darin herum. Irgendwann kommt er an dem Steckfach mit dem Bargeld an. Die Euros darin interessieren ihn ganz besonders. Sehr genau schaut er sich jeden Schein einzeln an. „Sind das Euros?“, will er wissen. Ja genau. Meine Euros. Er denkt sichtbar angestrengt nach, besinnt sich dann aber doch und klappt die Mappe wieder zu. Kurz drauf bekommen wir auch meinen Führerschein zurück und dürfen weiterfahren.

Eine halbe Stunde später kommen wir an unserem designierten Nachtlager an. Der angebliche Badeort ist nicht viel mehr als eine einzelne Straße auf einer schmalen Landzunge, die parallel zum Festland verläuft. Hier verirren sich ganz offensichtlich nicht allzu viele westliche Touristen hin. Genauer gesagt sind es für heute nur Peter und ich. Dementsprechend erstaunte Blicke ernten wir von den Einheimischen, als wir uns nach dem Restaurant erkundigen, das angeblich Overlander in seinem Hof beherbergt. Restaurant- und Hotelparkplätze sind nämlich die häufigsten Campingoptionen hier in Zentralamerika und ein beliebter Nebenverdienst für die Besitzer. Tatsächlich stellt sich mithilfe der Nachbarn eins der Häuser als das gesuchte Hotel heraus und so bauen wir unser Nachtlager auf. Fast direkt am Strand – kein schlechter Start für El Salvador!

Ein paar Tage später ist der Tag der ersten Male. Zum ersten Mal habe ich beim Autofahren Sorge vor einem Raubüberfall, denn auf der eigentlich kurzen Strecke bis zum Startpunkt unserer geplanten Wanderung sind in unserer App zahlreiche Warnungen anderer Reisender vermerkt. Die meisten von ihnen wurden an Aussichtspunkten von bewaffneten Räubern überfallen. Das macht Sinn, denn ein Aussichtspunkt eignet sich aus Räubersicht natürlich super für einen Überfall. Man weiß, dass genau an dieser Stelle früher oder später Touristen anhalten werden. Vermutlich haben sie sogar eine teure Kamera oder ein Smartphone in der Hand, um Fotos von der Aussicht zu machen, und mit hoher Wahrscheinlichkeit liegen weitere Wertgegenstände griffbereit im Auto. Ideale Bedingungen für einen schnellen Besitzerwechsel. Und als Eintrittshürde muss man lediglich im Besitz einer Schusswaffe sein – in El Salvador ein eher kleineres Hindernis. Deshalb wird dringend empfohlen, nur an solchen Aussichtspunkten zu halten, die von einer Polizeistreife bewacht werden. Das alles ausgerechnet in dem Land, dessen Name übersetzt so viel wie „Der Retter" bedeutet.

Peter und ich sehen unterwegs keine Polizei und halten daher gar nicht. Unsere größere Sorge fokussiert sich aufs Getriebe, denn zum Startpunkt der Wanderung geht es bergauf – bekanntlich nicht Bärthas Stärke. Ich würde nur sehr ungern ständig auf dieser Strecke anhalten müssen. Doch alles läuft soweit gut. Bärtha schafft es ohne größere Aussetzer bis zu dem bewachten Parkplatz, von dem aus es losgehen soll. Nicht direkt ein erstes Mal, aber selten. Wenn Gefahr droht, benimmt sie sich eben doch irgendwie immer. Vielleicht will sie keine neuen Besitzer und daher nicht riskieren, bei einem Überfall gestohlen zu werden.

Ein wirklich erstes Mal ist es jedoch, dass wir eine bewaffnete Polizeieskorte zu unserem Schutz bekommen. Und wir treffen den für mich ersten Trump-Wähler meines

Lebens. Ich spezifiziere: den ersten Trump-Wähler außerhalb der USA. Das ist eine absolute Seltenheit. Auch wenn der Knigge allgemein von Politik und Religion als Smalltalk-Themen abrät, fällt uns immer wieder auf, wie häufig im Ausland reisende Amerikaner mehr oder weniger subtil deutlich machen, was sie von ihrem aktuellen Präsidenten halten. Nämlich nichts. Viele zeigen sich beschämt und ich habe den Eindruck, dass es ihnen ein Anliegen ist, sich möglichst schnell von der Trump-Politik abzugrenzen und sich weltoffen zu präsentieren.

Nicht so heute. Heute treffen wir Rick. Wohlgemerkt in El Salvador, sodass man meinen könnte, dieser Typ Ende 20 hätte verstanden, dass nicht alle Zentralamerikaner üble Schurken sind, deren einziges Ziel es ist, illegal in die USA zu flüchten, um dort ihre kriminellen Machenschaften zu vollziehen. Ok, vielleicht gehören die Gangster, vor denen die Polizeieskorte uns gerade schützt, dazu, aber offenbar gehen diese ihrem Geschäft ja bereits im Inland nach und sind nicht auf dem Weg zur US-Grenze. Rick ist Teil einer organisierten Gruppenreise, von denen vier Leute heute die gleiche Vulkanwanderung machen wie Peter und ich. Spontan haben wir uns ihnen angeschlossen, um uns den obligatorischen Guide und die Polizeieskorte zu teilen. Die muss man nämlich selbstverständlich für ihre Dienste entlohnen.

Recht schnell wird mir klar, dass Rick ein komischer Vogel ist. Allerdings erst zu spät fällt mir auf, warum niemand sonst auf ihn als langsamsten Wanderer der Gruppe wenigstens ab und zu mal wartet. Doch noch bin ich naiv und froh, mich zur Abwechslung mal mit jemand anderem als Peter zu unterhalten. Sorry, aber das Leben auf nur wenigen rollenden Quadratmetern ist eben kein Ponyhof. Die Chance zur Abwechslung mal einen anderen Gesprächspartner zu haben, will ich mir nicht entgehen lassen. Und tatsächlich werde ich heute andere Gespräche führen als gewohnt.

In der Annahme, dass Rick Teil der mir bisher einzig bekannten Art von Amerikanern im Ausland ist, plaudere ich munter darauf los, ob Mr. Trump eigentlich inzwischen bereits den Notstand ausgerufen hat, um endlich seine heiß ersehnte Mauer zu bauen. Zu diesem Zeitpunkt ein hochaktuelles Thema in den Nachrichten. Zum Glück ist Rick nicht nur in den Beinen langsam und merkt meinen süffisanten Unterton nicht. Oder vielleicht ist es ist für ihn auch einfach nicht vorstellbar, dass meine Äußerungen sarkastisch gemeint sein könnten und er überspielt seine Irritation darüber gut. So wie ich meine. Ich hatte nämlich eigentlich ein resigniertes Seufzen, gefolgt von einer abfälligen Bemerkung erwartet, so wie ich es vom weltoffenen Teil der amerikanischen Bevölkerung gewohnt bin. Eben die Art von Amerikanern, die man außerhalb ihrer eigenen Landesgrenzen für gewöhnlich trifft.

Aber heute ist alles anders. Rick scheint nicht zu diesen weltoffenen Amerikanern zu gehören. Er geht sofort in den „die Mauer ist das einzig Richtige"-Modus über. Es folgen Aussagen wie: „Natürlich wäre es uns anders auch lieber, aber die Mexikaner lassen uns keine Wahl", über: „Wir haben nichts gegen Ausländer. Im Gegenteil, wir brauchen sie ja zum Arbeiten in Niedriglohnjobs", bis hin zu: „Die armen Grenzbeamten müssen beschützt werden, denn die illegalen Einwanderer werfen ihnen immer Steine ins Gesicht." Letzteres finde ich eine besonders spannende nicht belegte Behauptung, neudeutsch „Alternativen Fakt", denn mir waren durchaus die extrem hohen Zäune und die bis an die Zähne bewaffneten Grenzschützer aufgefallen. Äußerst ärgerlich, dass die Migranten mit ihren Steinen ihnen trotzdem überlegen sind und solch großen Schrecken beim Militär verursachen...

Spontan beschließe ich, die Chance zu nutzen und mir diese andere Sicht der Dinge mal anzuhören – ohne meine eigene Meinung preiszugeben und ohne zu diskutieren. Nur investigatives Nachfragen. „Kenne deinen Feind besser als deinen Freund" oder so ähnlich heißt es doch. Und da wir noch mindestens zwei Stunden gemeinsam den Vulkan hochwandern müssen, bleibt mir auch gar nichts anderes übrig, als die Stimmung aufrecht zu erhalten. Also betrachte ich das Ganze als eine Art Feldstudie mit der uns bisher selten aus nächster Nähe begegneten Spezies „Trump-Fan". Einzige Regeln: nicht kritisieren, auf keine Diskussion einlassen, nur interessiert nachfragen. Man muss als Reisender ja schließlich offen sein für andere Weltansichten.

„Moment mal! Ihr wart monatelange in den USA und wollt keinen einzigen Trump-Wähler getroffen haben? Etwas komisch, wo doch – von Nicht-Wählern und dem merkwürdigen Wahlmannsystem abgesehen – etwa die Hälfte der Bevölkerung ihre Stimme für den orangefarbenen Vogel abgegeben hat. Ist das statistisch nicht fragwürdig, dass dies die erste Begegnung mit der Gattung Trump-Fan sein soll?", überlegt der kritische Leser nun vielleicht. In der Tat. Das wäre ein äußerst merkwürdiger Zufall, an den auch Peter und ich nicht glauben. Der Unterscheid ist aber: die getroffenen Trump-Befürworter befanden sich bisher immer in den USA, ihrem geliebten Heimatland. Nicht im gefährlichen Mittelamerika, sondern in Wyoming oder Idaho. Mit Cowboyhut und Pistole im Gürtelhalfter. Dort haben wir entsprechende Kandidaten gesehen. Vermutlich haben die meisten noch nie das eigene Land verlassen, sonst hätten sie vielleicht weniger Angst vor dem Rest der Welt. Vielleicht sind einige von ihnen mal bis nach Montana oder South Dakota gekommen, um ein Rodeo anzuschauen. Oder eine Waffenschau. Aber im gefährlichen Zentralamerika haben wir diesen Typ Amerikaner nun wirklich noch nicht getroffen.

Umso spannender entwickelt sich das Gespräch mit Rick. Der professionelle Online-Poker-Spieler schwärmt jedenfalls in den höchsten Tönen von seinem Vaterland. „Warum bist du eigentlich in El Salvador, wenn du die Menschen alle für kriminell hältst?“, will ich wissen und hoffe inständig, dass der Polizist hinter uns kein Englisch versteht. Nicht nur, weil er eine riesige Waffe mit sich trägt, sondern schlicht und ergreifend, weil ich mich für die Aussagen meines Gesprächspartners über Zentralamerikaner schäme. Wer weiß, ob dem Polizisten klar wäre, dass wir Westler nicht alle so über seine Landsleute denken? Sollte er tatsächlich Englisch verstehen, wäre heute sicherlich das letzte Mal, dass er Touristen wie uns gerne den Vulkan hoch eskortiert.

Rick scheint dieser Gedanke nicht zu beschäftigen. Er philosophiert munter drauf los: „Hier in El Salvador sind die Leute ja gut. Es sind die schlechten, die das Land verlassen und in die USA wollen. Ich reise gerne und habe ja auch einen Guide dabei“, gibt er sich weltoffen. Ach ja richtig, der einheimische Guide. Der versteht uns auf jeden Fall. Gut, dass er weiter vorne läuft. Rick klärt mich währenddessen weiter über die kriminellen Migrantenströme auf, die unbedingt endlich mittels Mauer an der Grenze aufgehalten werden müssen. Seine Überzeugungen lassen sich in drei Kernaussagen zusammenfassen:

1) Die Vereinigten Staaten von Amerika sind das beste Land der Welt.
2) Ziel und Lebenstraum eines jeden Ausländers ist es, ebenfalls in den USA zu leben. Logisch, weil 1.
3) Die meisten Migranten sind jedoch kriminell und reisen daher illegal ein. Daher braucht es eine Mauer.

Hier setzt meine Fragestunde an: „Warum sind die USA das beste Land der Welt?“, wird von Rick wiederholt mit der Frage gekontert, welches Land denn bitte sonst das Beste sein sollte? „Ich denke nicht, dass es ein bestes Land gibt. Es gibt viele tolle Länder, die unterschiedliche gute Aspekte haben“, gebe ich zu bedenken. Rick fordert Beispiele. Ich gebe zu, seine Heimat sehr gerne zu mögen und dass die Vereinigten Staaten zum Beispiel atemberaubende Natur vorweisen können. Aber auch, dass andere Länder wie Deutschland oder Dänemark hingegen sehr gute Gesundheits- und Sozialsysteme haben – bekannter Weise keine Stärke der USA. Der Gedanke kommt nicht beim Empfänger an. Zumindest nicht so, wie er sollte: „Also sind Deutschland und Skandinavien die besten Länder der Welt?“, schlussfolgert er. „Nein, es gibt einfach keinen Besten. Jedes Land und jede Kultur hat gute und schlechte Aspekte“, erkläre ich geduldig. Ich komme mir vor, als würde ich einem Grundschuldkind die Grundlagen unseres Zusammenlebens auf der Erde erklären. Kein Volk ist besser als die anderen und so. Aber Mist, jetzt diskutiere ich ja doch irgendwie mit ihm! Ich muss zurück in den Fragenmodus ohne Widerspruch. Wenigstens habe ich den Eindruck, dass Rick die Idee, dass es nicht ein ultimativ bestes Land der Welt gibt, zumindest grob in Betracht zieht.

Seine Denkphase nutze ich, um mit meiner geplanten Investigativ-Fragen-Taktik sein Kartenhaus ins Wanken zu bringen. „Hat in den USA jeder eine Krankenversicherung?", frage ich naiv-unschuldig und reagiere entsetzt auf die Antwort. „Wie? Im besten Land der Welt haben nicht alle eine Krankenversicherung? Wir in Deutschland können so oft wir wollen, zum Arzt gehen und die Krankenkasse zahlt für unsere Behandlung." Das bringt Rick aus dem Konzept. Mehrmals fragt er nach, ob das wirklich stimmt und wendet sich nun auch an Peter, der gerade eine Trinkpause macht. Peter bestätigt. Leicht verunsichert versucht Rick, das marode Gesundheitssystem und Fehlen einer Krankenversicherung für alle mit den extrem hohen Kosten zu rechtfertigen. Doch seine Argumentation ist endgültig am Ende, als er von seiner Schulter-OP erzählt, die ihn knapp 30.000 Dollar gekostet hat. Mangels Versicherung aus eigener Tasche zu bezahlen.

Doch Rick hat eine Begründung parat, warum er auch nach diesem Erlebnis nicht zugeschlagen hat: Von nun an wäre alles, was mit der Schulter zu tun hat, in jeder neu abgeschlossenen Versicherung ausgeschlossen. Als ich ihm erzähle, dass bei der gesetzlichen Krankenversicherung in Deutschland sogar Vorerkrankungen abgesichert sind, tut er mir plötzlich leid. Mit dem Blick eines Kindes, dem man gerade eröffnet hat, dass der Weihnachtsmann nicht existiert, schaut er mich mit großen Augen ungläubig an und schlussfolgert einen Augenblick später: „So America is not the best country in the world?" Für einen kurzen Moment bin ich nicht sicher, wer hier eigentlich wen verarscht. Als Rick die Diskussion aber von vorne aufrollt und über die besten Städte der Welt, die selbstverständlich alle in den USA liegen, referiert, hat er offenbar zurück in seine Rolle als Patriot und Trump-Verehrer gefunden.

Wir unterhalten uns über unbezahlbare Mieten in New York versus vergleichsweise Schnäppchen-Prachtaltbauten in Berlin und ich merke, dass ich einen Schritt zu weit gegangen bin, als er sich plötzlich über seine Visumsoptionen in Deutschland erkundigt, um von diesem unschlagbaren Preis-Leistungs-Verhältnis bei Gesundheit und Wohnen zu profitieren. Schnell rudere ich zurück. Auch wenn ein längerer Auslandsaufenthalt seiner Weltsicht sicherlich gut täte, will ich den potenziellen Neu-Berliner mit seinen fragwürdigen Ansichten nicht auf meine Kappe nehmen müssen. Es reicht, dass wir die AFD haben, da brauchen wir nicht auch noch opportunistische Trump-Verehrer. „Ich glaube, das mit dem Visum ist nicht so leicht", versuche ich es in einer Sprache, die er versteht, „du weißt ja, wie viele Kriminelle da sonst kommen würden. Da müssen wir sehr genau aufpassen." Das leuchtet Rick ein.

Der Spaß daran, Rick in seinen fragwürdigen Überzeugungen auf RTL-Talkshow-Niveau zu verunsichern nimmt im Laufe der Zeit langsam, aber sicher ab. Zum Glück wird unser Gespräch von der Tatsache unterbrochen, dass wir unser Ziel erreicht haben. Also nicht das Ziel, dass Rick reflektiert, weltoffen und ohne alberne Vorurteile durchs Leben geht, sondern das Ziel unserer Wanderung: Den Vulkankrater Santa Ana. Ein Kratersee in surreal und leicht giftig wirkenden Grüntönen erstreckt sich vor uns und raubt uns den Atem. Lava bekommen wir diesmal nicht zu Gesicht, doch der kleine See brodelt bedrohlich vor sich hin und vermittelt glaubhaft den Eindruck, dass er zum Baden doch etwas zu wohltemperiert sein könnte. Mal abgesehen davon, dass der Abstieg in den Krater schon nicht zu empfehlen ist, wie uns Guide Antonio versichert und mit einer Geschichte über einen tödlichen Unfall untermauert.

Wir wandern um den spektakulären Krater des Vulkans, der übrigens Antoine de Saint-Exupéry für einen der Vulkane in der „Der kleine Prinz" inspirierte und der 2005 das letzte Mal ausbrach. Wir haben Glück, 2019 schließt sich nicht daran an und so machen wir uns eine halbe Stunde später glücklich und zufrieden über das Naturspektakel wieder an den Abstieg. Diesmal füge ich mich schnell weiter vorne in die Gruppe ein und gehöre von nun an zu den Leuten, die nicht auf den langsamen Rick warten. Meine neue Wanderpartnerin ist Lisa, eine Deutsche. Da alle zur gleichen Gruppenreise gehören, kennt auch sie Rick und seine Weisheiten zur Genüge. „Wir haben uns alle bei der Wanderung extra etwas von ihm abgekapselt. Keiner kann sein Gelaber mehr hören und wir hatten eigentlich gehofft, dass er bei diesem Ausflug nicht mitkommt", klärt sie mich merkbar gereizt auf. „Außer eine in unserer Gruppe, die steht auf ihn. Keiner versteht, warum. Deshalb gab es schon riesige Diskussionen. Er will nämlich keine Kondome verwenden. Aus Überzeugung. Alle haben ihr gesagt, sie soll die Finger von ihm lassen, aber sie ist scheinbar blöd genug", bringt Lisa mich auf den neusten Stand des Gruppenreise-Gossips. Klingt irgendwie nach Klassenfahrt. Gut, dass ich gleich zurück in meinen Bulli und mit Peter von solchen Kindergartengeschichten davonfahren kann. Lisa ist eine deutlich angenehmere und nette Gesprächspartnerin und so – gepaart damit, dass es runter immer schneller geht als rauf – vergeht die Zeit zurück zum Parkplatz wie im Flug.

Nur noch eine Autostunde trennt uns jetzt noch von ein paar entspannten Tagen am Strand.

Um von El Salvador nach Nicaragua zu gelangen, führt kein Weg an dem Land vorbei, das wir am liebsten ganz vermeiden würden: Honduras. Die Horrorgeschichten, die man von dort hört, sind mir bei aller Liebe doch drei Spuren zu krass: Bandenkriege, Mord, Totschlag. Doch es nützt nichts. Wie man es dreht und wendet – um ein paar Hundert Kilometer kommen wir nicht drum herum, wenn wir mit unserem Bulli nach Nicaragua reisen wollen. Kurz Honduras zu durchqueren bedeutet jedoch nicht nur Gefahr, sondern auch doppelten Grenzspaß. Und so beginnt unser Grenz-Marathon am Vormittag mit El Salvador - Honduras und findet sein Finale am Nachmittag mit Honduras - Nicaragua. Was in den Ohren eines EU-Bürgers im Schengen-Raum so simpel klingt, ist in Zentralamerika eine wahre Herausforderung. Und zwar für Körper und Geist.

Es beginnt damit, dass es schon am Morgen auf der Fahrt schrecklich heiß ist. Wir – und da kann ich seinen Schweißperlen nach zu urteilen für Peter mitsprechen – vermissen unsere Klimaanlage so sehr wie selten zuvor. Als ich an der Grenze das Auto bewache, während Peter sich um die Bürokratie kümmert, tropfe ich regelrecht. Noch nicht mal in der Sauna habe ich je so heftig geschwitzt. Wobei unsere Bärtha auch nicht mehr allzu viel von einer solchen unterscheidet. Nach kürzester Zeit sieht mein kompletter Körper so aus, als hätte ich in Öl gebadet. Aussteigen will ich aber auch nicht, denn dann stünde ich direkt in der prallen Sonne. Oder ich müsste ins Gebäude reingehen, hätte dann aber den Bulli nicht mehr im Auge. Bei den Gestalten, die hier rumlungern, keine smarte Option. Also heißt es weiter Dauersaunieren. Ich versuche, die Zeit sinnvoll zu nutzen und mir ein paar Notizen zu machen. Doch es ist vergebens. Mein Linkshänder-Dasein macht mir einen Strich durch die Rechnung. Beziehungsweise eine Schweißspur durch die Aufzeichnung. Mein Arm ist so nass, dass ich jedes geschriebene Wort beim Schreiben des Folgewortes bereits zur Unkenntlichkeit verwischt habe. Noch nie habe ich mich als Linkshänder so gehandicapt gefühlt.

Dummerweise ist es Mittagszeit. Das scheint nicht nur die Sonne auf Hochtouren zu bringen, sondern auch die bürokratischen Hindernisse des Grenzübertritts zu erhöhen. Ging das Verlassen von El Salvador noch recht fix vonstatten, so zieht sich der Eintritt nach Honduras umso mehr in die Länge. Wenn ich sage „fix", meine ich: An der Lkw-Schlange vorbei und rechts halten. TIP canceln, kopieren und abstempeln lassen. Mit allen Dokumenten in ein zweites Büro gehen und noch mehr abstempeln lassen. Eine Kopie der abgestempelten Papiere machen. Original abgeben, Kopien behalten. Ins nächste Gebäude gehen und Reisepässe abstempeln lassen. Zu einer Brücke fahren und Bestätigungszettel, dass Pass abgestempelt wurde, abgeben. Fertig. Klingt ineffizient?

Dann bist du noch nicht nach Honduras eingereist! Ganze drei Stunden dauert der Spaß auf dieser Seite der Grenzbrücke. Drei Stunden im voll aufgeheizten Campervan. Ich muss an die Fernsehbeiträge denken, in denen jeden Sommer über arme Hunde berichtet wird, die man bei 40 Grad im Auto zurückgelassen hat. Wie so ein armer Hund fühle ich mich momentan auch. Gerade mal einen Fensterspalt hat mein Herrchen mir offen gelassen!

Als Peter irgendwann mit den erforderlichen Dokumenten zurückkommt, ist seine Stimmung nicht viel besser. Und das, obwohl er sich im kühlen Gebäude aufhalten durfte. „Erst habe ich die üblichen Rennereien gemacht: Dokumente zeigen, Formulare ausfüllen, Kopien einreichen, Stempel hier, Stempel da, noch mehr Formulare, noch mehr Kopien und so weiter. Die sind so unglaublich langsam! Dann ging einer mit den Sachen weg und kam erst ewig später wieder, weil er erst nachfragen musste, was er machen muss. Der andere wusste es aber auch nicht... Dann sollte ich Gebühren bezahlen. In Lempira oder US-Dollar. Lempira geht bar, für US-Dollar muss man zur Bank. Also musste ich zur Bank und dann wieder zurück zum Zoll", ich könnte Peters Ausführungen noch ewig zitieren. Alles in allem drei Stunden Rennerei, für weitere drei Stunden Autofahrt durch ein Land, in dem wir noch nicht einmal sein wollen. Mir fällt gerade wieder ein, wie sehr ich doch die EU liebe!

Ein paar Stunden später ist es dann erneut soweit. Wieder einmal werden wir durch einige Kilometer Lkw-Stau dezent auf die anstehende Grenze hingewiesen. Wir überholen den Stau und verabschieden uns vergleichsweise schnell aus Honduras. Dann steht die Einreise nach Nicaragua an. Eigentlich ein ähnliches Spiel wie zuvor, allerdings mit erhöhtem Schwierigkeitsgrad, denn zwei Prozessschritte kommen hinzu: 1. Auto in einer Waschanlage desinfizieren lassen. 2. Drohne verstecken. Denn die Einfuhr ist in Nicaragua strengstens verboten.

Zu diesem Zweck wird sogar das Gepäck der Einreisenden wie am Flughafen durchleuchtet. Wir schleppen der Form halber einen Koffer und einen Rucksack aus dem Auto an. Rein zufällig die Gepäckstücke, in denen sich keine Drohne befindet. Unter dem Deckmantel des dummen Touristen, der schlecht Spanisch spricht, bestätigen wir keine Drohne dabei zu haben. Schließlich können wir die nun schlecht hier zurücklassen. Auch die anschließende Fahrzeugdurchsuchung fällt in die Kategorie „oberflächlich" und so schaffen wir es zwei Stunden später ohne Verluste ins Land. Die Drohne wird für die Dauer unseres Aufenthalts gut versteckt in den Tiefen des Bullis Flugpause haben.

Allein in Nicaragua

28.000 Kilometer von Alaska bis nach Nicaragua. 28.000 Kilometer ist alles gut gegangen. Aber heute ist es passiert! Peter und ich wollen nur schnell zum Supermarkt fahren, um Abendessen zu kaufen. Es ist 20:30 Uhr und damit kurz vor Ladenschluss, als wir uns auf den Weg machen. Auf den Weg, den Google uns weist. Wir biegen wie angewiesen rechts ab und fahren die Straße runter bis zu einem Schild mit der Aufschrift: „No Paso“, was so viel bedeutet wie: „Keine Durchfahrt“. Aber es ist spät, es handelt sich nur ein paar Hundert Meter und wir sind in Nicaragua. Wen interessiert es? Wir fahren also dem Navi folgend trotzdem durch. Kaum um die Ecke gebogen, sehen wir prompt, wen es doch interessiert: Ein Polizist stellt sich in den Weg und bedeutet uns anzuhalten. Mist. Offenbar sind wir tatsächlich falsch herum durch eine Einbahnstraße gefahren. Blödes Google! Der Polizist fragt nach unseren Papieren. Unsere Sachen stehen in dem Hostel, in dem wir heute übernachten. Seit 28.000 Kilometer ist es das erste Mal, dass wir unsere Papiere bei einer Autofahrt nicht dabei haben. Das Einzige, das wir vorweisen können, ist ein deutscher Personalausweis. Der Polizist scheint damit nicht zufrieden.

Wir stellen uns dumm und sprechen plötzlich nur noch sehr schlecht Spanisch. Noch schlechter verstehen wir die Fremdsprache, als der Polizist uns mitteilt, dass wir nun eine Strafe zahlen müssten. Nach kurzem Überlegen, verlangt er 50 Córdobas. Das sind etwa ein bis zwei Euro. Okay, das können wir uns wohl noch leisten und außerdem haben wir ja tatsächlich etwas falsch gemacht.

Unser Portemonnaie ist allerdings prall mit Bargeld gefüllt. Damit er das nicht gleich sieht, suche ich den Schein unauffällig im Dunkeln heraus. Doch als wir ihn überreichen, scheint er mit unserem Fünfziger doch nicht ganz zufrieden. Es stellt sich heraus, dass er nicht 50, sondern 500 meinte. So schlecht ist unser Spanisch eigentlich nicht mehr. Vielmehr haben wir den Eindruck, dass ihm gerade erst eingefallen ist, wie reich Europäer doch sind, wodurch sich unsere Strafe spontan verzehnfacht hat. „Wir haben leider nicht mehr dabei. Wir sind auf dem Weg zum Supermarkt, um Essen zu kaufen und der schließt auch gleich“, versuche ich es in extra schlechtem Spanisch. Dabei mache ich sehr große Reh-Augen, aber das sieht er im Dunkeln wohl leider nicht. „Wir haben nur sehr wenig Bargeld, weil wir mit Kreditkarte bezahlen“, fahre ich fort und hoffe, dass er nicht im nächsten Moment ein Kartenlesegerät zückt. Wir versuchen es weiter mit hilflosem Dackelblick. Nach etwas Hin und Her kommen wir zu einer Einigung und fürs Erste scheint der Polizist sich nun doch mit 50 Córdobas zu begnügen. Wir sind nicht ganz sicher, glauben aber vereinbart zu haben, dass wir auf dem Rückweg wieder hier vorbeizukommen, um die restliche Strafe zu zahlen. „Si, claro“, versichern wir eilig nickend. Nachdem wir Peters Personalausweis zurückhaben, machen wir uns jedenfalls schnell vom Acker.

Doch so schnell verlässt das Pech uns nicht: Beim Einparken am Supermarkt fährt Peter prompt durch eine Scherbe. Hoffentlich hat sie sich nicht zu tief in den Reifen gebohrt! Ein Platten wäre wirklich das letzte, das wir gebrauchen können! Schnell eilen wir durch den Supermarkt und schaffen es gerade noch vor Ladenschluss, das wichtigste zu besorgen. Als wir uns wieder auf den Rückweg machen wollen, verlieren wir allerdings urplötzlich unseren Orientierungssinn. Rein zufällig fahren wir den größtmöglichen Umweg um den Kontrollposten und kommen somit leider nicht mehr bei der Polizei vorbei. Purer Zufall natürlich! Als wir am Hostel ankommen, ist unser Reifen zum Glück noch voll. Und zum noch größeren Glück wartet auch nicht die Polizei auf uns. Es ist höchste Zeit für das längst überfällige Abendessen – und nach der Aufregung ein extra volles Glas Wein.

León ist nicht nur die erste Stadt, in der wir ein Schmiergeld an die Polizei zahlen, sondern generell unser erster Stopp in Nicaragua. Die Kolonialstadt gilt als eines der touristischen Highlights des Landes. Doch außer Peter und mir sind nur eine Handvoll Touristen zu erspähen. Man merkt deutlich, dass Nicaragua wegen der angeblich noch immer angespannten politischen Lage als Reisedestination in Verruf geraten ist. Die ausländischen Botschaften tun ihr Übriges, um Touristen aus aller Welt abzuschrecken. Das scheint ihnen gut zu gelingen. Während sich die Besucher im Nachbarland Costa Rica gegenseitig auf die Füße treten, ist León wie leergefegt. „Auf Ometepe ist das genauso“, berichtet mir ein Freund, der gerade auf der Insel ist. Und auch Peter und ich stellen in den kommenden Tagen immer wieder das gleiche fest: Fast überall sind wir allein.

Es ist wirklich schade für die Menschen in Nicaragua. Um nicht zu sagen eine Katastrophe. Nicht wenige hat der Tourismuseinbruch augenscheinlich ihre Existenz gekostet. Wir sehen mehr leerstehende Hotels und Restaurants als geöffnete. Am Lago Apoyo fällt es uns schwer, überhaupt einen Schlafplatz zu finden. Egal, wo wir es versuchen – alles ist verrammelt und verlassen. Der Ferienort ist eine einzige Geisterstadt. Erst das achte Hotel auf unserer Suche ist noch nicht pleite und hat geöffnet. Für 10 Dollar Trinkgeld in die eigene Tasche lässt uns der Security Guard davor campieren und wirft nachts ein Auge auf uns. Auch am nächsten Tag bleiben wir die einzigen Gäste, die das Café mit herrlichstem Seeblick nutzen.

Als Touristen im Land bekommen Peter und ich von politischen Spannungen und anderen Gefahren nichts mit. Die gewaltsamen Ausschreitungen sind über ein Jahr her und seitdem ist es laut Einheimischen ruhig. Im Gegenteil, wir fühlen uns in Nicaragua so sicher wie lange nicht mehr. Das Land ist durchaus lohnenswert und es gibt eine Menge Infrastruktur und Attraktionen für Touristen. Nicaragua und seine Einwohner tun mir wirklich leid, denn soweit wir das bisher beurteilen können, besteht für Touristen wirklich keine akute Gefahr, solange man sich von Demonstrationen fernhält und sich nicht in zwielichtige Stadtviertel verirrt. Wir fühlen uns in Nicaragua sogar so sicher, dass wir seit langem das erste Mal wieder wildcampen. Und zwar auf der Vulkaninsel Ometepe. Direkt am Strand mit Blick auf die untergehende Sonne. Es ist herrlich, endlich wieder richtig frei zu stehen und ein riesiger Unterschied zu den letzten Wochen. Wildcamping war in Zentralamerika bisher nur selten möglich. Nicht nur wegen der Sicherheitslage, sondern auch, weil es kaum öffentliches Land gibt, das zum Wildcampen einlädt. Richtige Campingplätze wie in den amerikanischen Nationalparks gibt es auch so gut wie nie und so standen wir meist in den Hinterhöfen oder Parkplätzen von Hotels, Hostels oder Restaurants. Der Traum vom Vanlife ist das irgendwie nicht mehr so richtig. Und so sind wir glücklich und froh, gegen Ende unserer Vanlife-Zeit in Zentralamerika die gute alte Wildcamping-Zeit noch einmal aufleben lassen zu können.

Spätestens seit Mexico City versuchen wir, Großstädte zu vermeiden. Nicht nur wegen der oft unklaren Sicherheitslage und des stressigen Verkehrs, sondern auch, weil Großstädte in Zentralamerika sich bisher selten als Highlights entpuppt haben. Auf dem Weg zum Vulkan Masaya fahren wir aus Versehen aber doch durch Nicaraguas Hauptstadt Managua. Eigentlich nicht gerade genial, denn angeblich finden immer wieder politisch motivierte Demonstrationen statt, aber an diesem Sonntag bleibt alles ruhig. Sogar das Verkehrschaos hält sich in Grenzen. Nur das Hupen bei jeder sich bietenden Gelegenheit ist offenbar wieder üblicher als in den vorherigen Ländern Mittelamerikas. Davon abgesehen ist Managua erstaunlich sauber und geordnet. Die Metropole wirkt sogar ziemlich modern. Es gibt quasi alles, was das (amerikanische) Herz begehrt: Walmart, McDonald's, Pizza Hut, Subway und sogar ein Hooters-Restaurant sehen wir im Vorbeifahren.

Nachdem wir die Hauptstadt hinter uns gelassen haben, kommen wir am Vulkan Masaya an. Und der ist nochmal vollkommen anders als die Vulkane, die wir bisher gesehen haben. Die Lava sprüht hier nicht im hohen Bogen in Funken heraus und läuft auch nicht den Berg hinunter. Wir sehen stattdessen von oben in den Krater hinein. Direkt in das bedrohlich rot brodelnde Magma. Auch wenn es höchstunwahrscheinlich ist, dass dieses im nächsten Moment nach oben sprüht, ist es irgendwie ein unheimliches Gefühl, so nah an der unberechenbaren Naturgewalt dran zu sein. Es ist, als stünden wir am offenen Herzen der Erde. Ursprung allen Lebens und ebenso das Ende, falls der Vulkan sich doch mal anders entscheidet. Wieder einmal bietet sich uns ein eindrucksvolles Naturschauspiel.

Ich nutze die Gelegenheit, Peter nochmal darauf aufmerksam zu machen, dass es auch auf Hawaii Vulkane gibt. Seit Tagen und Wochen diskutieren wir immer wieder, was nach Zentralamerika für uns ansteht. In Costa Rica und Panama waren wir schon mal und außerdem eigenen sich beide Länder nur bedingt gut für den Autoverkauf. Genau – den Autoverkauf. Denn spätestens in Panama wäre es soweit. Das sogenannte *Darien Gap* macht eine unkomplizierte Weiterfahrt nach Südamerika unmöglich. In der Dschungelregion zwischen Panama und Kolumbien fehlen etwa hundert Kilometer Straße. Die Panamericana ist unterbrochen. Lediglich Guerilla-Kämpfer und Drogenschmuggler sowie ein paar Urvölker sollen in dieser Region unterwegs sein. Kein Territorium für uns und unsere Bärtha. Eine Fährverbindung gibt es nicht und die Verschiffung mit einem Containerfrachter ist kostspielig. Zumal unsere Bärtha die Höhen der Anden Südamerikas höchstwahrscheinlich nicht überleben würde.

Und so haben wir bereits vor Wochen eine Verkaufsanzeige geschaltet. Ein englisches Pärchen hat ernsthaftes Interesse bekundet und will unsere Bärtha schon bald übernehmen. Doch auch ohne Bulli scheint Südamerika momentan nicht perfekt. Ich selbst bin etwas müde von Lateinamerika und würde lieber eine neue, ganz andere Region erkunden. Hawaii lautet mein Alternativvorschlag. Und spätestens hier und jetzt mit Blick auf den brodelnden Vulkan ist auch Peter für die Idee weiterer Vulkaninseln zu begeistern.

In den kommenden Tagen werden unsere Pläne langsam, aber sicher konkreter. Nach langem Abwägen, Bauchgefühl auswerten und Entwickeln sowie Verwerfen diverser Ideen soll es tatsächlich Hawaii werden. Das stand sowieso auf der Liste unserer Traumdestinationen und wäre eine gute Abwechslung und Kontrastprogramm zu Zentralamerika. Also genauer gesagt, stand Hawaii auf meiner Wunschliste, aber nach Monaten in Mexiko und Zentralamerika (Peters Wunsch) bin ich eben auch wieder mit Aussuchen dran. Um der Reise auf den Flitterwochen-Inseln den nötigen Abenteuerfaktor und Individualität zu verleihen, einigen wir uns darauf, Zelt und Fahrräder zu besorgen, um damit die Inseln zu umrunden. Wir haben lange genug im Auto gesessen, es wird Zeit für ein bisschen mehr sportliche Herausforderung!

Sobald die Entscheidung gefallen ist, stellt sich umgehend eine alte, aber gut in Erinnerung gebliebene Sorge im Hinterkopf ein: Hawaii ist der 50. Staat der USA. Lassen die uns schon wieder so lange rein? Wir waren zwar vier Monate weg, aber reicht das, um schon wieder so lange bleiben zu dürfen? Wie auch immer: wir werden es nur herausfinden, indem wir es versuchen. Also buchen wir einen Flug und hoffen das Beste. Zumindest reisen wir diesmal beim Umstieg im kosmopolitischen Los Angeles und nicht im Nirgendwo von Montana ein. Das gibt doch Hoffnung!

Unser Vanlife-Ende rückt währenddessen unweigerlich näher. Das bedeutet nicht nur, dass die letzten Tage mit unserer Bärtha angebrochen sind, sondern auch, dass nochmal eine Fahrt durch Honduras ansteht. Denn mit den Käufern ist vereinbart, dass wir sie an der Grenze von Guatemala zu Mexiko treffen werden. Nach ein paar letzten Tagen an der Pazifikküste Nicaraguas machen wir uns also auf den Weg. Dabei kommen wir noch einmal zum Übernachten in die Hauptstadt Managua. Überrascht stellen wir fest, dass es dort tatsächlich eine richtige Oberschicht gibt, die in schicker Kleidung in schicken Restaurants Abendessen geht. Zumindest in dem Botschaftsviertel, in dem auch wir unterkommen. Es zeigt sich ein heftiger Kontrast zu den Menschen, die wir bisher auf unserer Reise durchs Land gesehen und kennengelernt haben. Bettelarm und am Verhungern schien zwar kaum jemand, aber das Leben der meisten Nicaraguaner wirkte doch deutlich bodenständiger als hier im schicken Hauptstadtviertel. Aber auch das gehört wohl zu einem authentischen Gesamtbild von Zentralamerika dazu.

Die letzte Etappe

Die Weiterfahrt von Nicaragua nach Honduras erweist sich als repräsentativ für sämtliche Fahrten der letzten Wochen: Es ist unheimlich heiß und die Nerven sind angespannt. Die Sonne brennt unerbittlich, die Klimaanlage ist immer noch defekt. Dummerweise haben wir unterwegs unseren Sonnenschutz für die Fensterscheibe verloren. Das macht es noch heißer. Heiß. Heißer. Honduras. Langsam werde ich wahnsinnig.

Wir erkennen die Landesgrenze wie gewohnt an der kilometerlangen Schlange aus Lkws, die sicherlich noch einige Tage ausharren müssen bis sie ins Land dürfen. Für uns hingegen verläuft der Grenzübertritt diesmal einfach und schnell – zumindest für Zentralamerika-Verhältnisse. Die Bürokratiehürden sind heute überraschend niedrig.

Ohne große Wartezeiten durchlaufen wir die einzelnen Schalter. Dennoch bin ich froh, wenn das bald vorbei ist.

Dann sind wir in Honduras. Dem Land, vor dem alle gewarnt hatten. Dem Land, das wir eigentlich vermeiden wollten. Und tatsächlich fühlt Honduras sich eine Spur gefährlicher an als Nicaragua. Nur Einbildung? Wir wissen es nicht. Was wir aber wissen, ist, dass wir noch drei Stunden fahren müssen, um unser heutiges Etappenziel zu erreichen. Ein Blick auf die Uhr verrät, dass wir erst um 19 Uhr ankommen, also eine Stunde nach Einbruch der Dunkelheit. Semi-ideal. Dennoch versuchen wir es. Schließlich haben wir gerade nicht allzu viele Alternativen parat. Genau genommen keine einzige. Und so verlieren wir keine Zeit und machen uns zügig auf den Weg.

Die Fahrt verläuft zunächst ohne Zwischenfälle. Doch mit zunehmend besorgterer Miene bemerken wir, dass die Straße fortan bergauf führt. Noch schlägt Bärtha sich ganz gut. Peter versucht so gleichmäßig wie möglich mit konstanter Drehzahl zu fahren. Die Straßen sind in einem guten Zustand und so sind es weniger sie, als vielmehr die anderen Verkehrsteilnehmer, die ihn dabei behindern und mit teils halsbrecherischen Überholmanövern dafür sorgen, dass wir immer wieder abrupt abbremsen und neu anfahren müssen. Bekanntlich Gift für unser Getriebe. Nachdem wir eine halbe Ewigkeit bergauf hinter einem Lastwagen herschleichen, der droht, den Berg wieder rückwärts herunterzurollen, ist es dann soweit: Bärtha verhakt sich im ersten Gang und tritt in den Streik. Auf sowas hatte ich mich in Honduras wenig gefreut. Ein kurzes Abkühlen am Straßenrand hilft glücklicherweise, wirft uns jedoch eine weitere Viertelstunde im Zeitplan zurück. Leicht panisch recherchieren wir erneut, aber es scheint wirklich keine frühere Übernachtungsmöglichkeit zu geben. Und in die vor uns liegende Hauptstadt Tegucigalpa würden wir nur äußerst ungern fahren, um ein Hotel zu suchen. Als Bärthas Temperaturanzeige erneut bei 120 Grad Fahrenheit angelangt ist, wird es höchste Zeit für eine weitere Zwangspause. Damit haben wir das Wettrennen mit der Zeit und gegen den Sonnenuntergang wohl endgültig verloren.

Doch die einsetzende Dämmerung ist nicht unsere einzige Sorge. Selbst wenn wir noch eine Unterkunft finden: Wir haben keinen Cent Bargeld mehr in der Tasche, um sie zu bezahlen. Geldautomatenbesuche bei Dunkelheit haben in Ländern, von denen man noch nie etwas gehört hat, das nichts mit Gewaltverbrechen zu tun hat, einen faden Beigeschmack. Irgendwann finden wir zufällig eine Tankstelle, in der sich auch ein Automat befindet. Ein paar Probleme weniger! Wir haben Geld, Wasser, Essen und Benzin und unser Bulli Gelegenheit zu einer weiteren Verschnaufpause. Nun brauchen wir nur noch einen sicheren Unterschlupf für die Nacht. Und zwar lieber früher als später, denn inzwischen ist es stockfinster.

Nach einer weiteren halben Stunde haben wir Tegucigalpa erfolgreich umfahren und erreichen unseren anvisierten Schlafplatz. Nur ist dieser leider verriegelt und verrammelt und auch weit und breit kein Nachtwächter in Sicht, der uns hereinlassen könnte. Wenigstens die Straße verdient ihren Namen als solche und ist ein wahrer Traum aus frischem Asphalt, denn uns bleibt nichts anderes übrig, als durch die Dunkelheit weiterzufahren. Irgendwo hatte ich gelesen, dass Mord die häufigste Todesursache bei Jugendlichen in Honduras sei. Das kann ich mir angesichts der vielen Mopeds, die unbeleuchtet über die Landstraßen tuckern, in diesem Moment wirklich nicht vorstellen! Erst im letzten Augenblick sind sie zu erkennen – und das auch nur, weil wir uns enorm viel Mühe geben, nicht zur Statistik beizutragen. Die Fahrer scheinen absolut lebensmüde! Peter regt sich jedes Mal tierisch auf. Zurecht. Selbst Lkws fahren immer wieder ohne Beleuchtung durch die dunkle Nacht. Allein das ist Grund genug, von weiteren Nachtfahrten in Honduras abzusehen.

Schließlich erreichen wir die zweite angebliche Übernachtungsmöglichkeit ohne einen Mopedfahrer auf der Motorhaube liegen zu haben. Doch auch hier herrscht absolut tote Hose. Der Freizeitpark mit Campingplatz ist verschlossen. Der angeblich vorhandene Nachtwächter scheint seinen Job, Eindringlinge frühzeitig zu erkennen, eher locker zu nehmen. Zumindest ist er auch durch lautes Rufen nicht mehr ans Tor zu locken. Wir geben auf. Bevor noch jemand uns Weißbrote am Straßenrand stehen sieht, steigen wir lieber schnell wieder in den Bulli und düsen weiter. Auf zu Option 3! Die ist zum Glück nur wenige Minuten entfernt.

Wir erreichen das Tor des Ortes, der in unserer Overlander-App als „Camp für christliche Jugendliche“ bezeichnet wird. Auch hier ist die Einfahrt versperrt, aber zumindest können wir durch einen Spalt Licht erkennen. Eine Klingel gibt es nicht und unsere freundlichen Rufe verschallen ungehört. Nicht schon wieder! Allerdings lässt das Tor sich öffnen. Vorsichtig lugen wir hinein. „Sieht irgendwie ein bisschen aus wie bei Colonia Dignidad“, meint Peter unentschlossen. Ja, das finde ich auch. Etwas Sektenartiges hat das weitläufig ummauerte Grundstück mit dem religiösen Namen auch für mich. Aber wir sind müde und verzweifelt. Daher lassen wir uns davon nicht abschrecken und versuchen weiter, mit lauten Rufen auf uns aufmerksam zu machen. Nachdem fünf Minuten rein gar nichts passiert, beschließen wir, dass einer von uns das Grundstück betritt und einen Hausherren suchen geht. Die Wahl fällt auf mich, denn ein blondes Mädchen sieht weniger wie ein Gangster aus und wird somit vielleicht weniger vorschnell aus panischer Notwehr erschossen. Das wäre zumindest sehr wünschenswert.

Vorsichtig laufe ich los. Peter bleibt zurück beim Auto. Im Fünfsekundentakt rufe ich „Hallo? Ist da jemand?“ abwechselnd auf Englisch und Spanisch in die Dunkelheit. Doch niemand antwortet. In einem Schuppen am Grundstücksrand erkenne ich Licht und nähere mich vorsichtig. Immer darauf bedacht, möglichst harmlos zu wirken und bloß niemanden zu erschrecken. Ich rufe und rufe immer wieder, aber der Typ, den ich nun erkennen kann, ist vollkommen auf seinen kleinen Fernseher fixiert. Als ich mich auf 20 Meter genähert habe, nimmt er endlich Notiz. Ich sehe, wie er von meiner Anwesenheit überrascht augenblicklich eine auf dem Tisch liegende Schusswaffe in seinen Gürtel steckt. Ich vermute, dass er der Wachmann ist. Das hoffe ich zumindest. Es ist ein etwas komisches Gefühl, allein hier im Dunkeln mit diesem bewaffneten Typen zu stehen. Ich trage ihm mein Anliegen vor. Er mustert mich unschlüssig. Doch statt seiner Knarre zückt er nun sein Handy, wählt eine Nummer, unterhält sich kurz auf Spanisch und drückt plötzlich mir das Telefon in die Hand. Am anderen Ende der Leitung meldet sich eine Frau. Ich gebe mein Bestes, auch ihr unser Anliegen auf Spanisch zu vermitteln, was am Telefon einen deutlich höheren Schwierigkeitsgrad darstellt.

Jemand Englischsprachiges übernimmt schließlich das Telefon und erlaubt uns, mit dem Auto vorzufahren. Ich gebe Peter Bescheid und wir fahren zu dem Haus vor, vor dem die beiden Frauen schon warten. Musik und fröhliches Gelächter sind von innen zu vernehmen. Amy, die Frau vom Telefon, ist Amerikanerin und arbeitet hier seit zwei Jahren. Wir erklären ihr, dass wir dringend einen sicheren Platz für die Nacht benötigen und alles andere geschlossen hat. „Wir haben gehört, dass in der Vergangenheit andere Reisende hier schon mal Unterschlupf gefunden haben”, erläutern wir mit leicht flehender Stimme. So oft, wie wir dachten, scheinen Reisende hier doch noch nicht angeklopft zu haben, denn die Frauen sind immer noch unsicher, ob sie uns richtig verstanden haben und wollen noch einmal wissen, was genau wir alles brauchen. Essen? Trinken? Duschen? „Nur einen Platz, wo wir in unserem Campervan schlafen können. Und Zugang zu einer Toilette wäre super!“

Die christlichen Werte der Nächstenliebe werden im Camp glücklicherweise groß geschrieben und so geht die Sache in Ordnung. Ein Glück! Wir sollen unser Auto auf dem Hügel parken und dann zurückkommen. In dem Haus, aus dem auch die Musik erklingt, ist nämlich gerade eine Jugendgruppe und es gibt Essensreste für uns. Zwar haben wir eigentlich genug eigene Lebensmittel dabei, aber es erscheint uns unhöflich, die Einladung abzulehnen.

Als wir fünf Minuten später den Raum betreten, empfängt uns eine Gruppe Jugendlicher. Es handelt sich um einen Bibelkreis aus Florida. Sie sind momentan zum Missionieren in Honduras. Peter und ich bekommen Tacos, Kartoffelpüree und Filterkaffee. Natürlich alles in Plastik und Styropor statt auf Tellern serviert, so kommt für die Amis zumindest kein Heimweh auf. Amy gesellt sich zu uns. Das Gespräch startet ganz harmlos. Der typische Small-Talk über unsere Reiseroute, das Vanlife und wie gerne jeder angeblich das Gleiche tun würde wie wir.

Wir erkundigen uns über das Camp. Amy erklärt, dass sie mit honduranischen Jugendlichen arbeiten, die einen schwierigen Hintergrund haben. „Denn wir wissen, dass es nur eine Lösung für sie gibt“, verrät sie uns mit verschwörerischer Miene. Das ist das erste Mal, dass ich stutzig werde und mir denke, dass das hier doch nicht einfach nur eine Ferienfreizeit der katholischen Kirche ist, wie ich sie von früher kenne. Leute, die die(!) eine Lösung für alle Probleme unserer Welt haben, sind mir ein wenig suspekt.

Ob wir eine Bibel dabei haben, in der wir lesen, will Amy plötzlich wissen. Die Frage trifft uns unvorbereitet und so müssen wir ehrlich zugeben, keine Bibel an Bord des Bullis zu haben und auch zuhause eher sporadisch darin zu schmökern. Ergänzend merken wir an, dass uns die Inhalte dank eines soliden Religionsunterrichts aber durchaus geläufig sind. Ich weiß nicht, ob sie sich von dieser Äußerung einfach nur ermutigt oder herausgefordert fühlt, aber Amy beginnt nun, diverse Bücher und Kapitel des Alten Testaments zu zitieren und rekapitulieren und erklärt uns, was wir daraus für unseren Alltag lernen können. Auch ich rekapituliere: Offenbar verdienen alle Menschen wegen ihrer Sünden den Tod. Ich lerne, dass jede Sünde gleich schlimm ist. Lügen ebenso schlimm wie Morden. Da unterscheidet Gott nicht. Sünde bleibt Sünde. Sie berichtet vom Himmel, aber leider kann ich ihr an dieser Stelle nicht ganz folgen. Jedenfalls ist Jesus die Lösung. Gott gibt uns mit ihm ein Geschenk, wir müssen es nur annehmen. Ihr Vortrag artet immer stärker in einen passionierten Monolog aus. Irgendwann mache ich mir ernsthaft sorgen, dass sie gleich einfach umkippt, denn vor lauter leidenschaftlicher Rede hat sie seit Minuten keinen richtigen Atemzug mehr geholt. Gleichzeitig bewundere ich ihre Leidenschaft. Sie ist mit vollem Eifer dabei, uns auf die richtige Seite zu holen.

Eine andere Jugendliche hat sich inzwischen zu uns gesellt. Geradezu verzückt saugt sie jedes von Amys Worten auf und pflichtet ihr an den passenden Stellen euphorisch bei. Sie hängt förmlich an Amys Lippen. Diesen glückseligen Gesichtsausdruck kenne ich sonst nur von Frauen, die gerade einen Heiratsantrag bekommen haben. Die beiden sind wirklich vollkommen in ihrem Element und strahlen vor lauter Freude und Glauben an Jesus, den Messias!

„Wie denkt ihr darüber?", unterbricht Amy plötzlich sich selbst. Ähm. Etwas ratlos schauen Peter und ich uns kurz an. Wir hatten uns ans Zuhören gewöhnt und nicht mehr mit einem weiteren Redeanteil gerechnet. Doch Peter schaltet schnell: „Ich finde es auch richtig, Gutes zu tun und stets mit den besten Absichten zu handeln", antwortet er diplomatisch geschickt. Ich komme mir inzwischen vor, wie mitten in einem Gespräch mit den Zeugen Jehovas. Nur dass dummerweise wir an ihre Haustür geklopft haben statt umgekehrt. Aus der Nummer kommen wir wohl nicht mehr raus. Amy durchschaut den Mangel an Christlichkeit in Peters Antwort sofort. Kein Wunder, Jesus kam in Peters Erläuterungen eindeutig zu kurz. Aber Amy nimmt es gelassen. Sie ist es gewohnt, mit Leuten zu reden, die erst noch gerettet werden müssen.

Als wir mit dem Essen fertig sind, fordert sie uns auf, darüber nachzudenken. Wir nicken eifrig, bedanken uns für das Essen und die Gastfreundschaft und verabschieden uns ins Bulli-Bett.

„Wo sind wir hier nur gelandet?", fragen wir uns simultan auf dem Weg zum Campervan. Nicht, dass ein bisschen Religion uns nicht auch mal guttun würde und wir sind wirklich dankbar für die Gastfreundschaft, aber der Austausch mit Amy hat definitiv mehr Fragen als Antworten bei uns aufgeworfen. Ist eine Lüge wirklich so schlimm wie Mord? Was, wenn es sich um eine Notlüge handelt? Was, wenn ich mit der ehrlichen Antwort jemanden verletzen würde? Soll ich der freudestrahlenden Braut am Hochzeitstag lieber ehrlich sagen, dass ihr Kleid nur mittelmäßig aussieht? Oder der gutmeinenden Oma, dass ihr Kuchen diesmal leider nicht so gut geworden ist wie sonst? Soll ein Arzt wirklich nicht manchmal lieber lügen, wenn die Angehörigen fragen, ob der geliebte Verstorbene lange Todesqualen leiden musste? Kann ich da, aus Amys Erklärungen schlussfolgernd, genauso gut jemanden ermorden, wenn ich bereits so sündig flunkere?

Wir kommen nicht mehr dazu, die Fragen rund um unsere Sünden abschließend mit Amy zu klären, denn als wir am nächsten Morgen aufwachen, ist das Gelände wie ausgestorben. Es scheint, als seien alle ausgeflogen. Wahrscheinlich missionieren.

Gelegenheit für uns, unsere Weiterfahrt neu zu planen. Denn während Peter gestern bei einer unserer Getriebepausen Sprit nachgefüllt hatte, erreichte uns eine Nachricht von Jenna, Bärthas zukünftiger Besitzerin. „Hoffentlich springen die jetzt nicht vom Kauf ab!", war mein erster Gedanke. Tun sie nicht. Der Inhalt der Nachricht ist so überraschend wie traurig. „Leider ist unser Hund gestorben. Daher müssen wir nicht länger in Mexiko bleiben. Wir könnten euch nach Honduras entgegen kommen. Passt das?", schreibt Jenna. Oh je! Die beiden Engländer hatten sich im mexikanischen Chiapas in einen Hund im Tierheim verliebt und ihn spontan adoptiert. Da sie aber zwischendurch nach Europa mussten, wollten sie den Hund jetzt erst abholen, um dann gemeinsam mit ihm im Bulli durch Zentralamerika zu reisen. Des Hundes wegen haben sie ihren Flug von Belize nach Cancún umgebucht und sind von dort weiter mit dem Bus nach San Cristobal, wo das neue Familienmitglied wartete. Allein diese Fahrt dauert locker zehn Stunden. Doch in San Cristobal mussten sie feststellen, dass ihr Hund nicht mehr so fit und quirlig ist, wie nur wenige Wochen zuvor. Das berichten die beiden uns später noch-mal ausführlich. Nach Tagen beim Tierarzt dann die Hiobsbotschaft: Der Vierbeiner, für den sie so viele Strapazen und Kosten auf sich genommen haben, ist so krank geworden, dass er eingeschläfert werden musste. Was eine traurige Geschichte!

Abgesehen von der Tragik kommt die Nachricht für uns 1-2 Tage zu spät. Hätten wir gewusst, dass wir uns drei Tage Fahrt bis Mexiko sparen können, wären wir in Nicaragua am Strand geblieben, statt ins gefährliche Honduras zu fahren. Auch wenn uns die neue Situation Kilometer-technisch durchaus entgegen kommt, müssen wir komplett umdisponieren, denn eigentlich wären wir bereits morgen an dem Ort, der nun unser neuer Treffpunkt sein soll – eine Woche zu früh. „Hätten wir das früher gewusst!“, denke ich und merke, wie unlogisch das ist. Denn letztlich ändert sich an der Endsituation rein gar nichts. Egal, ob wir uns wie geplant in Mexiko getroffen hätten oder wie nun vorgeschlagen in Honduras, das Ergebnis bleibt das gleiche: Wir sind bereits jetzt in Honduras, statt am Strand von Nicaragua. Also kein Grund zu schmollen. Wir bekunden also unser aufrichtiges Beileid, suchen einen Notar für den Autoverkauf in Honduras raus, sagen dem an der Guatemala-Mexiko-Grenze ab und bestätigen den neuen Treffpunkt.

Viel anderes bleibt uns auch nicht übrig. Natürlich könnten wir das Angebot, uns entgegenzukommen, ablehnen. Aber was hätten wir davon? Außer länger im heißen Auto zu sitzen, mehr Kilometer zu schrubben und eine weitere Grenze zu überqueren? Wir werfen also unsere Angst vor Honduras über Bord und geben dem Land eine Chance. „Wer reisen will, muss zunächst Liebe zu Land und Leuten mitbringen, zumindest keine Voreingenommenheit. Er muss guten Willen haben, das Gute zu finden, anstatt es durch Vergleiche tot zu machen“, wusste bereits Theodor Fontane. Es wird also höchste Zeit, den Rat des großen Literaten zu befolgen und Honduras mit anderen Augen zu betrachten. Und unvoreingenommen, so stellen wir schnell fest, gibt es einiges zu entdecken.

Unsere Wahl für die kommenden Tage fällt auf eine Ferienregion an einem See. Dort gibt es einen Campingplatz und wir können ein paar Tage entspannen. Kajakfahren statt Auto kommt uns ganz recht. Der See ist mit Seerosen überdeckt, im Hintergrund erheben sich majestätisch die Berge. In dieser idyllischen Szenerie kaum vorstellbar, dass Gewalt das Land beherrschen soll!

Immer wieder fällt uns in den kommenden Tagen auf, dass Honduras ein durchaus beliebter Ort für amerikanische Missionare zu sein scheint. Auch in dem Hotel, an dem wir campieren, laufen uns ständig entsprechende Reisegruppen über den Weg. Sie tragen T-Shirts mit Aufschriften wie „Jesus saves" oder „God is within you". Keine Ahnung, warum ausgerechnet Honduras so beliebt ist, um Leute zu bekehren. In den Nachbarländern war uns das bisher nicht aufgefallen. Vielleicht, weil Honduras in Bezug auf Gewaltverbrechen den schlechtesten Ruf hat und somit das meiste Potenzial birgt, um böse Gangster zu friedlichen Schäfchen zu bekehren? Oder passieren in Honduras überhaupt nur deshalb so viele Morde, weil die Missionare den Jugendlichen erzählen, ein Mord sei gleich schlimm wie eine Lüge?

Wie auch immer, zumindest in letzter Zeit scheinen die christlichen Werte Erfolg zu haben. Als ich eineinhalb Jahre nach unserem Besuch beim Schreiben dieses Buches die gefährlichsten Städte der Welt recherchiere, gehört Honduras zu den relativen Verlierern des Rankings: Komplett vom Siegertreppchen gefallen landet die Großstadt San Pedro de Sula bei der Mordrate pro 100.000 Einwohnern nur noch abgeschlagen auf Platz 33. Ob die Missionare die Gangster wirklich bekehrt haben? Oder sind nach all den Jahren der Bandenmorde einfach immer weniger verfeindete Gang-Mitglieder am Leben, die man noch töten könnte? Wir werden es wohl nie erfahren.

Was wir hingegen an Ort und Stelle erfahren, ist, was Honduras abseits der Horrorgeschichten für ein überraschend tolles Land ist! Die Menschen, die wir treffen, sind durchweg freundlich und hilfsbereit. Nette Begegnungen mit Einheimischen häufen sich noch mehr als sonst. Die Leute freuen sich darüber, dass Touristen ihre Heimat besuchen. Nicht ein einziges Mal versucht man uns zu ermorden.

Uns fällt außerdem auf, dass niemand in Honduras traditionelle Kleidung trägt, wie es zum Beispiel in Guatemala meist der Fall war. Das Sortiment der vielen kleinen Geschäfte kommt mir in Honduras deutlich moderner vor. Und auch in den Gemüseläden, die Peter und mich deutlich mehr interessieren, finden wir ein buntes Angebot an fruchtigen Vitaminen. Schluss mit Reis und Bohnen! Die waren in den letzten Wochen nicht selten Hauptbestandteil unseres Speiseplans. Außerdem trinken die Einheimischen traditionell Smoothies zum Frühstück. Was für moderne Hipsters, diese Honduraner! Da tauchen Peter und ich doch gerne tiefer in die Kultur ein. Nach einer paar Tagen im Land ziehen wir unser Zwischenfazit: Wir finden Honduras toll und können den Schreckgeschichten nicht mehr viel abgewinnen. Und nicht nur die Menschen beeindrucken uns, auch die Natur hat einiges zu bieten. Auf dem Weg vom Inland zur Karibikküste wird die Landschaft plötzlich unglaublich grün. Überall wachsen Palmen, Blumen und exotische Pflanzen. Eine wunderbare Abwechslung nach den heißen Tagen in El Salvador und Nicaragua und der dort vorherrschenden Dürre zur Trockenzeit. Tatsächlich fängt es sogar für ganze 14 Sekunden an zu regnen. Ein Traum! Und das meinen wir ganz ohne Ironie.

Der Regen bleibt nicht der einzige Zwischenfall auf unserer Fahrt zum karibischen Meer. Schon seit Wochen erleben wir ein Auf und Ab unseres Gesundheitszustands. Vor allem ich. Alles fing am Lago Atitlán in Guatemala an. Dort hatte ich eines Abends so heftige Bauchkrämpfe, dass ich mich krümmen musste. Dann kamen Kopf- und Gliederschmerzen dazu. Und irgendwann, nach 2-3 Tagen, ging es wieder. Eine Woche später in El Salvador kam es dann wieder. Diesmal vor allem Krämpfe und Fieber. Aber auch das war schnell wieder passé. Wieder eine Woche später war es in Nicaragua für einen Tag lang soweit. Und nun mit deutlich verkürztem Abstand nach etwa drei guten Tagen ist das Unwohlsein wieder da. Wir sind dabei ein letztes Drohnenfoto von uns und unserer Bärtha zu machen, bevor der Campervan bald nicht mehr unserer ist. Gerade haben wir alles zusammengepackt und verstaut, da merke ich von einer Sekunde auf die nächste, wie die Gliederschmerzen erneut beginnen. Ich weiß sofort Bescheid. „Peter, es geht wieder los. Ich werde wieder krank."

Und so ist es dann auch. Ich habe den Satz kaum zu Ende ausgesprochen, als auch schon die ersten Magenkrämpfe und Kopfschmerzen einsetzen. Von da an bin ich zu nichts mehr zu gebrauchen. Irgendwie überstehe ich die mehrstündige Autofahrt zur Küste. Als wir am Meer ankommen, falle ich, obwohl es erst nachmittags ist, direkt in ein Delirium und verbringe den restlichen Tag und die Nacht mit quälenden Fieberträumen in einem Zustand irgendwo zwischen Dösen, Halbschlaf und Halluzination.

Der nächste Tag bringt keine Besserung. So erzählt Peter es mir jedenfalls, denn ich selbst habe kaum Erinnerungen an die Tage im Küstenort Tela. Ich weiß nur, dass mir alles wie ein einziger Alptraum vorkam. Verrückte Tagträume verschwimmen mit der Wirklichkeit. Ich schwitze und friere zugleich, krümme mich vor Schmerzen und Übelkeit. An Essen ist nicht zu denken, auch Trinken war schon mal mehr mein Ding. So tun wir schließlich das, was wir schon längst hätten tun sollen, und suchen das örtliche Krankenhaus von Tela auf.

Mit unserem Bulli dürfen wir das eingezäunte Krankenhausgelände nicht befahren, doch der Sicherheitsdienst verspricht, ein Auge auf unsere am Straßenrand geparkte Bärtha zu werfen. Auch Peter ist inzwischen nicht mehr in Höchstform und so melden wir uns an der Rezeption gleich beide als Patienten an. Beziehungsweise macht Peter das. Ich hingegen liege wie ein Sturzbetrunkener benommen auf einer Reihe Plastiksitze im überfüllten Wartezimmer. Das Krankenhaus macht den Eindruck als wäre es die letzte Modernisierungsmaßnahme bereits ein paar Tage länger her und sofern mein Gehirn noch in der Lage ist zu denken, sorge ich mich jetzt bereits um Hygiene und steril verpackte Spritzen. Obwohl die Dame von der Rezeption unsere Reisepässe direkt einbehalten hat und unsere Daten nur noch abtippen muss, braucht es mehrere Anläufe, bis alle Formulare korrekt ausgefüllt sind. Die Angabe des Mädchennamens im Pass ist in Honduras scheinbar nicht üblich und sorgt für große Verwirrung. Peters Erklärungsversuch, dass der Mädchenname keine Rolle spielt, dafür aber mein Vorname für die Krankenversicherung sicherlich von Interesse sei, trägt nur wenig zur Aufklärung bei. Aber woher soll das Personal es auch besser wissen? Der Ort macht nicht den Eindruck, als kämen häufiger Ausländer vorbei. Als ich endlich als Patientin mit Vornamen „Svenja“ in den Akten geführt werde, dauert es noch knapp zwei Stunden bis wir an der Reihe sind und endlich ins Ärztezimmer dürfen.

Ein sympathischer junger Arzt mit zwei Krankenschwestern im Schlepptau empfängt uns freundlich. Überraschenderweise spricht er relativ gut Englisch. Er trägt eine feste Zahnspange mit bunten Gummis, was ihn noch jünger wirken lässt, als er sowieso schon ist. Ich vermute, es ist in Honduras eine Art Statussymbol, wenn man sich eine solche kieferorthopädische Behandlung leisten kann. Um sein rechtes Handgelenk trägt er zudem eine orthopädische Schiene. „Viel Schreibkram“, erklärt er unsicher lächelnd. Er macht wirklich extrem viele Notizen in seinem vorgedruckten Fragebogen. Die meisten Kreuze scheint er wie blind zu setzen. Ich glaube nicht, dass das Willkür seinerseits ist, sondern wohl eher die Form von unnötiger Bürokratie, die wir bereits von den Grenzübertritten kennen. Bürokratie ist eben nicht nur Gift für die Nerven, sondern in dem Fall auch verantwortlich für eine Sehnenscheidenentzündung.

Wir schildern unser Anliegen, während der Arzt aufmerksam zuhört und noch mehr Notizen macht. Dann wird Fieber gemessen. Als das Thermometer über 39 Grad anzeigt, werde ich auf eine Liege im Nebenzimmer verfrachtet, wo man mir Blutproben entnimmt. Als wollte mein Körper dagegen rebellieren, dass nun vor allem dem Fieber so viel Aufmerksamkeit geschenkt wird, setzt der nächste Magenkrampf ein. Dennoch bekomme ich zunächst einen Tropf mit Kochsalzlösung, um das Fieber zu senken. Ich gebe mein Bestes, darauf zu achten, dass alles möglichst nach Hygienevorschrift abläuft und zumindest Spritzen und sonstiges Equipment originalverpackt sind und erst hier im Zimmer vor meinen Augen geöffnet werden. Immerhin gab es auf der Toilette schon kein Klopapier, das finde ich in Krankenhäusern hygienetechnisch immer verdächtig. Die freundliche Krankenschwester mit der herzlichen Aura einer „Big Mama“ (nur eben in gertenschlank) macht, soweit ich das beurteilen kann, aber alles nach Vorschrift. Immer wieder kommt sie mit neuen Flüssigkeiten, die meinem Tropf zugesetzt werden. Nur Handschuhe trägt sie nicht. Das wäre bei den äußerst langen und sorgfältig lackierten Fingernägeln auch unhandlich. Da ihre Hände aber keine sichtbaren offenen Wunden aufweisen und sie ganz bestimmt gerade eben erst Desinfektionsspray genutzt hat, lasse ich das mal durchgehen.

Währenddessen bekommt auch Peter einen Tropf verordnet. Als er sich gerade auf der Liege neben mir häuslich niederlassen will, verweist ihn die Big Mama Krankenschwester energisch des Zimmers. Das hier ist nämlich das Behandlungszimmer für Frauen. Nicht, dass außer uns und den Schwestern noch andere Patienten im Raum wären, aber Ordnung muss sein und so wird Peter in ein Zimmer für Männer verbannt.

Als bei mir noch nicht mal die Hälfte der Flüssigkeit aus dem Tropf in meinen Körper gepumpt ist, kommt Peter bereits quietschfidel zurück ins Frauenzimmer. Keine Ahnung, was man ihm verabreicht hat, aber es hat seine Wirkung nicht verfehlt. Er ist topfit und zeigt mir stolz Fotos, die er zu Dokumentationszwecken von der verschimmelten Zimmerdecke des Krankenhauses gemacht hat, während er auf der Liege lag. Ich kann die Begeisterung nur bedingt teilen und brauche noch eine halbe Ewigkeit, bis auch der restliche Inhalt meines Tropfs in meinem Körper angelangt ist. Im Gegensatz zu Peter bin ich zwar noch nicht wieder ganz einsatzbereit für die Welteroberung, aber zumindest nicht mehr ganz so wackelig auf den Beinen wie zuvor.

Nach einer Weile kommt schließlich auch der Arzt zurück. Er hat die Ergebnisse der Blutuntersuchung: Parasiten oder Salmonellen. Ganz sicher ist er sich nicht. Jedenfalls haben wir nichts, was sich nicht mit einer ordentlichen Palette Antibiotika bekämpfen ließe. Wieder einmal strapaziert er sein lädiertes Handgelenk und verschreibt eine lange Liste an Medikamenten: Gleich mehrere Antibiotika, Schmerzmittel, Mittel zur Beruhigung des Magens und der Schleimhäute, zum Fiebersenken und wer weiß, was sonst noch. Dann verabschiedet er uns fröhlich und schickt die jüngere Krankenschwester mit uns zur Krankenhausapotheke.

Wir geben unseren Rezeptschein ab und bekommen im Gegenzug zwei Plastiktüten voller Medizin ausgehändigt. Umgerechnet zehn Euro-Cent müssen wir zuzahlen. Ungläubig schauen wir die Krankenschwester an, die immer noch neben uns wartet. „Nein, mehr kostet das nicht“, bestätigt sie uns und winkt uns zum Abschied zu. „Einen Moment bitte, wir müssen noch unsere Rechnung bezahlen. Wo macht man das?“, wollen wir noch wissen. „Müsst ihr nicht". „Doch, doch, wir haben die Behandlung doch noch nicht gezahlt." „Nein, alles gut", versichert sie uns erneut. Mittlerweile ist unser Spanisch gut genug, dass wir sicher sind, sie richtig zu verstehen. Alles ist gut und wir können gehen, gibt sie zusätzlich gestikulierend zu verstehen. Wir sind verwirrt. Wir wurden gerade ungefähr drei Stunden lang in einem der ärmsten Länder der Welt im Krankenhaus behandelt und niemand will Geld von uns? Wir bedanken uns überschwänglich und laufen zum Bulli. Auf dem Rückweg halten wir an einer Apotheke, um ein letztes Medikament zu besorgen, das die Krankenhausapotheke nicht hatte. 70 Euro verlangt man für das noch fehlende Antibiotikum. Verstehe einer das Gesundheitssystem von Honduras!

Die Medikamente wirken Wunder und in den folgenden Tagen geht es gesundheitlich stetig bergauf. Das Fieber geht runter, ich kann nachts wieder schlafen und esse mehr als ein Stückchen Kochbanane pro Tag. Wir schauen uns sogar noch den Botanischen Garten von Tela an. Zwar im Schneckentempo, da mein Körper immer noch auf Sparflamme läuft, aber immerhin laufe ich wieder. Und wir gehen ein letztes Mal im Meer baden, bevor ein anderes letztes Mal bevorsteht: Die letzte Etappe mit Bärtha.

Bye Bye Bärtha

Die letzte Nacht im Van ist einfach nur deprimierend. Auch wenn sie uns ständig in den Wahnsinn treibt, vermissen wir unsere Bärtha jetzt schon. Zwar nicht gerade zuverlässig, aber letztlich doch effektiv hat sich uns von A nach B gebracht. Und A war immerhin Alaska und B Nicaragua – das vorerst südlichste Land unserer Route. Doch es nützt nichts. Nach Hawaii können wir sie nicht mitnehmen und auch eine Verschiffung nach Deutschland macht weder logistisch noch finanziell Sinn. So verbringen wir den ganzen Abend mit Putzen und Packen. Und auch den darauffolgenden Morgen – so viel hat sich in acht Monaten „on the road" angestaut. Den letzten Abend hatte ich mir irgendwie romantischer vorgestellt. Nach all dem Zusammenpacken und Ausmisten ist es einfach nicht mehr gemütlich im Bulli. Es fühlt sich nicht mehr wie unsere Bärtha an. Vor allem, weil der Bulli frisch gewaschen wurde. So sauber war er seit Monaten nicht, vielleicht sogar noch nie. Warum haben wir das nicht schon vor Wochen gemacht? Ich wusste gar nicht mehr, wie strahlend blau der Lack sein kann!

Mit gedrückter Stimmung geht es zum vereinbarten Treffpunkt: dem Büro einer Notarin irgendwo in Honduras. Peter und ich kommen etwas zu früh bei der uns genannten Adresse an. Wir stehen in der Mittagssonne an einer Hauptstraße. Hier soll also das Büro der Notarin sein? An ein Bürogebäude erinnert die Häuserzeile hinter dem Gittertor nicht unbedingt. Nichts deutet darauf hin, dass sich dahinter eine Kanzlei verbergen soll. Irgendwann trudeln auch Patrick und Jenna ein, Bärthas zukünftige Besitzer. Zumindest werden sie das sein, falls hinter dem Tor wirklich, wie telefonisch vereinbart, an diesem Sonntagmittag ein Büro für uns öffnet. Von der Notarin fehlt nämlich weiterhin jede Spur. Ans Telefon geht auch niemand. „Ah da vorne, das muss sie sein!", rufen wir alle fast simultan, als eine junge Frau im adretten Businesskostüm über die Straße läuft. Die Frau steigt in ein Auto und fährt davon. Sie war wohl nicht die Notarin.

Die echte Notarin kommt irgendwann leicht lustlos im Schlabber-Look. Naja, ein Star-Anwalt hätte es vermutlich auch nicht nötig, extra am Sonntag seine Kanzlei für ein paar Ausländer zu öffnen, um ihre Dokumente zu beglaubigen. Doch wir bleiben optimistisch, schließlich geht es ja nur um eine Formalie. Wir versuchen es nochmal mit Englisch, aber Fehlanzeige. Unser aller Spanisch muss von nun an ausreichen, um die Fahrzeugnutzungsvollmacht bis zur endgültigen Umschreibung der Papiere offiziell und rechtsgültig beglaubigen zu lassen.

Wir treten in das wenig gemütliche Büro ein und nehmen Platz. Wasser wird uns auch auf explizite Nachfrage hin nicht angeboten, aber zumindest gibt es eine Toilette. Der Raum wird gleichzeitig auch zum Wäschewaschen genutzt und dementsprechend liegen Socken und Unterwäsche herum. Je länger wir in der Kanzlei sind, umso mehr schwindet unser Vertrauen in die Juristin. Statt die bestehenden Dokumente einfach mit Stempel und Unterschrift zu versehen, setzt sie komplett neue Verträge auf. Die Frage nach dem Warum wird mit Schweigen beantwortet. Nach einer Weile ist sie dann endlich fertig. Theoretisch fehlen nur noch Stempel und Unterschrift und wir könnten endlich gehen. Doch die Notarin rät uns dazu, nicht nur die Vollmacht für grenzüberschreitende Fahrten beglaubigen zu lassen, sondern auch den Kaufvertrag an sich. Da niemandem spontan ein Einwand einfällt, lassen wir sie gewähren. Ein dummer Anfängerfehler, der beim Begleichen der Rechnung offensichtlich wird. Die Kosten sind soeben um ein Vielfaches gestiegen. Statt der vereinbarten 30 Euro, will sie nun 100 Euro für ihre Leistungen. Begründet wird das mit den hohen Kosten für das Papier. Der wahrheitsgemäße Hinweis, dass wir gar nicht so viel Bargeld dabei haben, ändert nichts.

Zähneknirschend geht Peter los, um einen Geldautomaten zu suchen. Erst danach bekommen wir die Dokumente ausgehändigt. Naja, ein bisschen Verlust hat man halt immer. Dafür haben wir die Spritkosten bis nach Mexiko und ein paar langweilige Tage im Auto gespart. Später an der Grenze zu Belize wird übrigens auffallen, dass die Notarin uns nicht nur abgezockt hat, sondern die von ihr erstellten Dokumente fehlerhaft und damit unbrauchbar sind. Statt Patricks Geburtsdatum hat sie das Datum des Notartermins eingetragen.

Nachdem der offizielle Teil geregelt ist, fahren wir zu viert weiter nach Copán. Hier werden wir alle übernachten, denn für heute ist es zu spät, um den Grenzübertritt zu wagen. Da die temporäre Einfuhrerlaubnis für Honduras immer noch auf uns läuft, ist bis zur Grenze trotz Kaufvertrag und Vollmacht weiterhin nur Peter berechtigt, den Bulli zu steuern. Glücklicherweise macht Bärtha trotz einiger Steigungen keinen Stress. Nicht, dass wir unsere Käufer nicht vorher eingehend über die Macken ihres neuen Zuhauses informiert hätten, aber ein guter erster Eindruck ist trotzdem nie schlecht. Im Hostel staunt der Besitzer nicht schlecht, als wir jeder dreimal laufen, bis wir all unser Hab und Gut vom Campervan ins Zimmer verfrachtet haben. „Der Parkplatz ist durchaus sicher, das Tor ist abgeschlossen", versichert er uns, „Ihr müsst wirklich nicht alles aus dem Auto ausräumen." Doch, das müssen wir leider.

Den nächsten Morgen beginnen wir mit einem schönen Programmpunkt, bevor wir endgültig Abschied nehmen: Gemeinsam mit Patrick und Jenna fahren wir zu den Maya-Ruinen am Ortsrand. Dort gibt es nicht nur archäologische Stätten zu bewundern, sondern hier leben auch bunte Macaw-Papageien. Überall sehen wir die bunten Vögel in den Bäumen und in der Luft. Direkt über uns fliegen sie her und lassen sich in den Bäumen nieder. Als wären wir im Zoo, haben einige der Papageien keinerlei Scheu und posieren gekonnt an den archäologischen Stätten für unsere Fotos. Wir sind total begeistert!

Die Stimmung wird erst gedrückt, als wir ein letztes Foto vor dem Bulli schießen. Vor Patricks und Jennas Bulli. Dann heißt es endgültig Abschiednehmen von unserer geliebten Bärtha. Peter fährt mit Patrick und Jenna zur Grenze, um sich Bärthas Ausreise im Reisepass bestätigen zu lassen. Das allerletzte Mal – juhu! Ich gehe währenddessen zurück ins Hostel und packe. Wenn man das Chaos in unserem Zimmer sieht, ist es schwer zu beurteilen, welche Aufgabe anspruchsvoller und nervenaufreibender ist. Obwohl wir bereits so viel verschenkt, weggeschmissen, gespendet oder für Patrick und Jenna im Bulli gelassen haben, ist es kaum vorstellbar, dass wir uns mit diesen Massen an Gepäck fortbewegen werden können, geschweige denn fliegen. Oder eben Fahrradfahren auf Hawaii.

Doch nicht nur das Ausmaß an Gepäck gibt Anlass zur Sorge. Ich bin ein bisschen beunruhigt, denn schließlich befinden wir uns mit dem Autoverkauf in Zentralamerika in einer rechtlichen Grauzone. Die Temporary Import Permit verbietet den Verkauf des Fahrzeugs im Gastland, deshalb der Workaround mit der Vollmacht für den Grenzübertritt. Daher bin ich froh, als Peter nach einer gefühlten Ewigkeit endlich zur Tür reinkommt. Offenbar ist alles gut gegangen. Zwar nicht auf Anhieb, aber das gehört bei guatemaltekischen Grenzen ja irgendwie dazu. Völlig kaputt und zugleich erleichtert erzählt er mir vom ewigen Hin und Her beim Zoll. Davon, dass die Guatemalteken zuerst nicht mitspielen wollten und Jenna und Patrick weder mit Peters TIP reinlassen, noch einen neuen ausstellen wollten. Dass die drei nach einer Stunde Diskussion fast aufgegeben hatten. Und dass plötzlich und aus unerfindlichen Gründen dann irgendwann doch alles genau wie gewünscht möglich war. Die beiden haben sogar eine neue, eigene TIP bekommen. Verstehe einer die Grenzbeamten! Erneut haben wir den Eindruck, dass man an der guatemaltekischen Grenze einfach sehr hartnäckig sein und einen langen Atem haben muss. Oh Mann, werden wir das Theater nicht vermissen!

Wir bleiben noch eine letzte Nacht in Honduras, bevor es mit einem Shuttlebus nach Guatemala City gehen soll. Obwohl wir locker das Äquivalent eines Reiserucksacks eliminiert haben, ist unser Gepäckhaufen noch immer die reinste Katastrophe. Vor uns stehen ein Koffer, zwei Reiserucksäcke, an denen diverse Schuhe, Iso-Matten und Schlafsäcke von außen runterbaumeln, zwei große Handgepäcksrucksäcke, eine Handtasche, ein kleiner Rucksack, eine Ukulele und zwei Einkaufstüten voller Lebensmittel. Kurz vor Abreise verschenken wir noch ein paar Bücher an den Rezeptionisten und geben ihm eine Tüte mit ausrangierten Kleidungsstücken, die er wiederum einem sozialen Projekt weitergeben will.

Nur ein allerletztes überschüssiges Besitztum haben wir auch kurz vor Abfahrt unseres Busses noch nicht an den Mann gebracht. Und zwar Peters Gewinn vom Butt Stuff Bingo in Texas: den noch immer originalverpackten Anal Plug. Man mag verstehen, warum wir gezögert haben, es dem Rezeptionisten mit in die Tasche zu stecken. Aus Mangel an Alternativen entscheidet sich Peter spontan dazu, das Ding in einem der leeren Spinde im Hostel zu platzieren. Vielleicht sorgt das Schicksal dafür, dass jemand diesen Spind zugeordnet bekommt, der mehr Euphorie für das Gebrauchsgut entwickeln kann als wir. Vielleicht sorgt es aber auch nach anfänglicher Irritation einfach für eine lustige Reiseanekdote beim glücklichen Finder. Wir werden es leider wohl nie erfahren.

Und damit steigen wir in den Bus. Einerseits traurig darüber, dass unser Vanlife mit Bärtha vorbei ist, andererseits freudig auf das, was noch kommt.

Die bevorstehende Einreise in die USA verursacht wieder ein gewisses Kribbeln im Bauch. Zwar waren wir vier Monate außerhalb des Landes, aber wollen nun auch wieder ein ganzes Weilchen bleiben. Andererseits beruhigen wir uns damit, dass wir im Flieger aus Guatemala City sitzen. Einem der Länder, dem die meisten illegalen Einwanderer der USA entstammen. Zwei Deutsche sind da sicherlich das kleinste Problem eines überbesorgten Grenzbeamten. Und so ist es dann auch. Nicht, dass ich das Gefühl hätte, dass den Guatemalteken bei der Einreise das Leben schwer gemacht würde. Die Immigration verläuft für alle freundlich und zügig. Als Peter und ich an der Reihe sind, sehen wir uns einem schwarzen Beamten mittleren Alters gegenüber, der nett dreinblickt. Wir sind auf die üblichen Fragen gefasst. Doch keine davon kommt. Er will nur wissen, ob wir verheiratet sind und wie lange schon. „Etwa acht Monate", geben wir zu Protokoll, „das ist unser Honeymoon." Ob wir denn noch keine Kinder hätten, will er wissen. „Nein, noch nicht." Darauf folgt eine Reihe von Fragen, die der Beamte sich umgehend selbst beantwortet oder einfach neue Fragen aufwirft. Ob wir denn noch Kinder wollen und wie alt wir sind. Manche bekommen ja auch erst später Kinder. Oder nie. Man weiß es ja heute nicht.

Irgendwann können Peter und ich ihm nicht mehr folgen, als er bei Adam und Eva angekommen ist. Und zwar nicht nur sprichwörtlich – er gibt tatsächlich irgendwas von der Schöpfungsgeschichte zum Besten. Lächeln und nicken sind das Einzige, das wir tun können. Der Grenzwächter scheint damit zufrieden und stempelt uns beiläufig 90 Tage Aufenthaltsgenehmigung in die Pässe. Wir dürfen gehen. Keine zehn Sekunden später ertönt über Lautsprecher die Ansage, dass dies der letzte ankommende Flug für den Abend war und sich nun alle auf den Feierabend freuen dürfen. Kein Wunder also, dass hier niemand Stress bei der Einreise macht.

Wir selbst können allerdings noch nicht gehen. Also könnten wir schon, aber wir haben kein Ziel. Es ist ein Uhr nachts, aber den gebuchten Mietwagen bekommen wir nicht vor sechs Uhr in der Früh. Da es nur bedingt viel Sinn macht, die halbe Nacht mit dem Bus ans andere Ende von LA zu unserem Couchsurfing-Gastgeber zu gurken und ihn mitten in der Nacht zu wecken, nur um früh morgens wieder zur Autovermietung am Flughafen zurückzukommen, entscheiden wir uns für eine Nacht im Terminal. Mit Iso-Matten, Decke und Schlafsack ausgestattet platzieren wir uns mit Sack und Pack sichtgeschützt hinter einen Kiosk in der Ankunftshalle. Wie zwei Obdachlose. Zu unserer Ehrenrettung: Wir sind nicht die einzigen, die den Flughafen als Übernachtungsplatz wählen. Sämtliche Bänke und ruhige Ecken sind von Reisenden blockiert, die zu geizig für ein Hotelzimmer waren. Ein paar echte Obdachlose sind auch dazwischen, es ist quasi ein fließender Übergang. Mentale Notiz an mich selbst: Das darf nicht zur Regel werden. Der soziale Absturz kommt schneller als man denkt.

Es fühlt sich verrückt an, wieder in Kalifornien, dem Golden State, zu sein. Der Kontrast zu Zentralamerika könnte kaum krasser sein. Menschen sprechen fließend Englisch, wir müssen uns nicht mehr auf Spanisch abmühen. Breite, geteerte Highways statt holpriger Buckelpisten. Die Supermärkte quellen über mit allem, was man sich wünschen kann. Nie wieder Reis mit Bohnen! (Es sei denn, wir wollen das. In dem Fall gibt es selbstverständlich auch eine große Auswahl an Reis und Bohnen). Das Leben erscheint so einfach und ich verstehe plötzlich besser denn je, warum man die USA auch „das Land der unbegrenzten Möglichkeiten" nennt. Man muss nur lange genug in einem Land mit begrenzten Möglichkeiten gewesen sein, um alles wieder zu schätzen zu wissen!

Doch bevor wir die Vorzüge genießen können, müssen wir noch eine Menge für Hawaii organisieren. Wir wollen nicht so unvorbereitet sein wie in Alaska und planen diesmal tatsächlich eine grobe Reiseroute. Auch Campingplätze und Flüge zwischen den Inseln müssen gebucht werden. Und wenn man spontan von Bulli auf Fahrrad downgraded, hat man außerdem nicht nur zu viel Gepäck dabei, sondern es fehlt auch noch einiges an Fahrrad-Equipment. Da wir nicht wissen, wie die Verfügbarkeit auf den abgelegenen Pazifikinseln aussehen wird, verbringen wir den Großteil unserer Zeit in Los Angeles mit Shopping. Das mag manche Frauenherzen höherschlagen lassen, meins gehört jedoch nicht dazu. Nach ein paar Tagen voller Organisieren und Recherchieren verabschieden wir uns von Kalifornien sowie unseren phänomenalen Couchsurfing-Gastgebern Pierce und Alex und steigen wieder in den Flieger. Nach einem Zwischenstopp im hübschen Salt Lake City mit seinen schneebedeckten Bergen landen wir in Honolulu. Ich kann es kaum glauben: wir sind tatsächlich auf HAWAII!

Aloha Hawaii

Die ersten Tage in Honolulu ähneln denen damals in Anchorage als wir auf Campervan-Suche waren. Diesmal müssen wir statt eines Autos Fahrräder suchen, Equipment kaufen und vor allem einen Ort finden, wo wir unser überschüssiges Gepäck während der Tour unterstellen können. Gleich an Tag 1 geht es morgens zur ersten Fahrradbesichtigung. So gerne wir direkt zugeschlagen hätten – der Rahmen hat eine so merkwürdige Sondergröße, dass das Fahrrad für Peter zu klein und für mich zu hoch ist. Das nächste zum Verkauf stehende Rad ist grundsätzlich nicht schlecht, aber es hat für den geforderten Preis zu viele offene Baustellen. Als wir am Mittag noch nichts gefunden haben, fallen wir in ein kurzes Tief und ziehen zwischenzeitlich sogar kurz in Erwägung, einfach billige Räder bei Walmart zu kaufen. „Die könnten wir am Ende unserer Tour wegen Nichtgefallens einfach wieder umtauschen", witzeln wir mehr oder weniger ernst gemeint. Und sechs Wochen sollte doch selbst ein Walmart-Bike halten, oder?

Aus ökologischen und ethischen Gründen verwerfen wir diese Idee dann doch wieder. Gestärkt geht es frischen Mutes zu Fahrrad Nr. 3 und 4. Nummer 3 ist ein schwarzes Rad der Marke *Cannondale* für Peter. Nummer 4 ist ein rotes Rad von *Giant*, das für ein Tourenbike einen echt hohen Lenker hat. Perfekt, so fühlt er sich wenigstens ein bisschen wie mein altes Hollandrad an. Gut ist für uns gut genug und so schlagen wir zu. Beide Räder brauchen noch Gepäckträger, Ständer und Satteltaschen sowie Klingel und Lichter. Und ein Zelt fehlt uns auch noch. Was wir nicht bereits online bestellt haben, suchen wir im örtlichen Fahrradladen und bei Walmart zusammen. Zwischendurch geht es nach Waikiki. Dort legen wir uns aber erstmal nicht an den weltberühmten Strand, sondern holen unsere bestellten Pakete bei Chris ab.

Chris hatte sich vor zwei Wochen auf meinen Facebook-Post gemeldet und sich bereiterklärt, einige Pakete für uns zu empfangen und bis zu unserer Ankunft zu lagern. Einfach so, dabei kennen wir uns bisher nur aus dem Facebook-Chat. Jetzt in live stellen wir schnell fest: Chris ist wirklich der Hammer! Nach nur wenigen Minuten Bekanntschaft sichert er sich bereits einen Platz auf dem Treppchen der hilfsbereitesten Personen dieser Reise. Er bringt uns sogar unsere Pakete mit dem Auto bis nach Hause, damit wir sie nicht auf den Fahrrädern bugsieren müssen! Und es kommt noch besser: Als er sich unsere geplante Tour erzählen lässt, bietet er umgehend und ungefragt an, alles Gepäck, das wir nicht mitnehmen wollen, solange bei ihm im Büro unterzustellen. Jackpot!

Bevor unsere airbnb-Buchung ausläuft und es zum Bikepacking losgeht, bleibt uns Zeit, um Honolulu und Waikiki zu erkunden. Das Wichtigste ist organisiert und so haben wir endlich den Kopf frei, um zu realisieren, dass wir tatsächlich auf Hawaii sind! Die Sonne scheint, die Luft riecht nach exotischen Südsee-Blumen, alle sind gut gelaunt. Das Leben scheint irgendwie leichter, wenn man im Paradies ist.

Um Touristen dieses Paradies und die Hawaiianische Kultur näherzubringen, bietet das Kulturzentrum in Waikiki allerlei kostenlose Events an. Spontan belegen Peter und ich einen Kurs in Hawaiianischer Lomi Lomi Massage. Kann ja nicht schaden, unser Wissen darüber zu erweitern, wie wir unsere vom Fahrradfahren müden Körper in den kommenden Wochen wieder fit kriegen. Danach geht es für mich zum Hula-Tanz, während Peters Ukulele bei einer Jam-Session endlich mal wieder zum Einsatz kommt.

Nach diesem Crashkurs in Hawaiianischer Kultur, geht es schließlich los. Die halbe Nacht verbringen wir damit, unsere Fahrräder zu beladen und zu sortieren, was mit muss, und was wir bei Chris unterstellen. Mehr oder weniger startklar stehen wir am Morgen im Wohnzimmer unseres airbnbs und schauen zweifelnd auf unsere komplett überladenen Räder. Ob das etwas wird? Die bestellten Satteltaschen sind deutlich kleiner als gedacht und auch ansonsten gehen wir wohl nicht als Idealbild für eine Fahrradreise durch. Alles wirkt irgendwie lidschäftig. Aber es nützt ja nichts und so machen wir uns auf.

Auf in eine Reihe von Fehlstarts. Noch bevor wir das Haus verlassen haben, ist das erste Malheur passiert. Wie war das nochmal? Wenn man einen Widerstand spürt, dann sollte man Gewalt anwenden oder so ähnlich? Peter drückt das Rad jedenfalls noch ein bisschen fester durch den Türrahmen und es macht knack. Der neu montierte Fahrradständer ist abgebrochen – noch bevor das Fahrrad es vollständig durch die Tür nach draußen geschafft hat. Unsere erste Amtshandlung ist es also zurück zum Fahrradladen zu fahren, um einen neuen Ständer zu besorgen. Auf dem Weg dorthin kommt meine neu erstandene Hupe, über die sich Peter lautstark lustig gemacht hatte, zum ersten Mal zum Einsatz. Nur der laute Klang genau dieser Hupe sorgt dafür, dass ein aus einer Ausfahrt preschendes Auto Peter im letzten Moment doch nicht überfährt. Sofern Peters Leben mindestens 9,95 Dollar wert ist, hat sich der Kauf nach nur fünf Minuten Fahrt amortisiert.

Eine halbe Stunde und einen Fahrradständer später versuchen wir es dann erneut. Da diesmal kein Türhindernis zu überwinden ist, klappt der zweite Startversuch einwandfrei. Zumindest für ein paar Hundert Meter. Mitten auf einer viel befahrenen Kreuzung rutscht Peters Rucksack plötzlich seitlich vom Gepäckträger runter. Eben absteigen und helfen ist nicht drin, da keines der Räder unter all dem Gewicht stehen kann, ohne umzukippen oder einen weiteren Ständer zu opfern. Die Freude der Autofahrer hält sich ebenfalls in Grenzen. Peter erntet ein Hupkonzert und böse Blicke wegen der verpatzten Grünphase. Wir schaffen es schließlich, unser Zeug von der Straße zu sammeln und schnüren den Rucksack wieder fest. Wenig überraschend hält er auch diesmal nicht. Das Spielchen wiederholt sich ein paar Male.

Es sieht so aus als wäre die Reise zum Scheitern verurteilt, bevor sie überhaupt anfängt. Doch wir geben nicht auf. Ich übernehme ein bisschen mehr von Peters Gepäck auf mein Fahrrad und weiter geht's. Nach nur zehn Kilometern ist dann auch schon Zeit für die Mittagspause. Leicht desillusioniert futtern wir in einem Strandpark unser Lunch-Paket. Wenn wir in dem Tempo weitermachen, muss Chris noch eine ganze Weile unser Gepäck bei sich aufbewahren...

Mit neuer Energie nutzen wir die Gelegenheit und laden nach dem Essen noch einmal komplett um. Peters Ehrgeiz ist geweckt und so bastelt er aus diversen Schnürsenkeln und Gummibändern eine äußerst innovative Kühltruhen-Halterung an seinen Lenker. Und tatsächlich bringt das Ganze etwas. Den Rest der Etappe bewältigen wir ohne weitere Zwischenfälle. Doch trotz Lösung des Gepäckproblems schaffen wir die eigentlich angedachte Tagesetappe nicht. Wir sind dank der vielen Fehlstarts nicht nur zu spät losgekommen, sondern wir haben auch unterschätzt, dass es sich bei O'ahu um eine Vulkaninsel handelt. Die Steigungen sind zu grausam für unsere müden Beine, deren Trainingsprogramm wochenlang vorwiegend darin bestand, Gas- und Bremspedal im Campervan zu bedienen. Außerdem sind wir ganz schön schwer beladen. Notgedrungen steuern wir also einen anderen, näheren Campingplatz an, als den gebuchten. Für diesen haben wir allerdings keine Permit. Er war bereits seit langem ausgebucht, sonst hätten wir von vorneherein hier reserviert. Doch zum Glück haben ein Vater und seine drei Söhne eine solche Camping-Genehmigung und Mitleid mit uns. Sie lassen uns am Rand ihres riesigen Platzes unser kleines Zelt aufschlagen. Mit Meerblick! Was will man mehr? Wir stoßen auf unseren fast erfolgreichen ersten Tag an, bevor wir todmüde, aber glücklich, auf unsere Isomatten fallen.

Aber wieso überhaupt Genehmigung? Wer denkt, dass Camping auf Hawaii genauso simpel funktioniert, wie im Rest der Welt, der irrt gewaltig. Camping auf Hawaii ist eine hochkomplexe Angelegenheit. Im Rest der Welt spaziert man zur Rezeption eines Campingplatzes, fragt ob noch Platz ist, zahlt und baut sein Zelt auf. Vielleicht kann man vorab sogar reservieren. Alles in allem ein bewährtes Vorgehen. Auf Hawaii hingegen hat man aus Zelten eine Wissenschaft gemacht, mit der ich mich bereits seit Zentralamerika ausführlich beschäftige. Es gibt *City and County Campgrounds*, *State Campgrounds*, teilweise auch *Nationalpark Campgrounds* und dann noch ein paar private Optionen. Jeder Anbieter hat seine eigenen Regeln und Prozesse, wie man an einen der begehrten Plätze kommt. Und selbstverständlich weichen die Systeme auf jeder Insel nochmal voneinander ab.

Auf O'ahu ist es am kompliziertesten, denn man muss nicht nur rechtzeitig eine Permit organisieren, sondern auch die Reiseroute muss genauestens geplant sein. Denn nicht jeden Tag sind die staatlichen Campingplätze auf O'ahu zum Zelten geöffnet. Mittwochs und donnerstags sind grundsätzlich Putztage und somit kein Schlafplatz zu haben. Nur zwei private Campingplätze bieten an diesen Tagen Zuflucht. Logistisch die erste Herausforderung für Radreisende wie uns, die nicht mal eben schnell über die halbe Insel radeln können, sondern auf regelmäßige Übernachtungsorte angewiesen sind. Doch es kommt noch besser: Man kann nicht einfach frei entscheiden, für wie viele Nächte man buchen möchte. Nein, bei jedem der City and County Campgrounds ist vorab festgelegt, ob 3- oder 5-Tages-Permits vergeben werden. Diese starten immer freitags und man muss den kompletten Zeitraum buchen. Das heißt selbst wenn wir nur eine Nacht bleiben wollen, müssten wir auf einem 5-Tage-Platz auch für fünf Tage bezahlen. Das hat in der Realität zur Folge, dass wir regelmäßig freie Campingplätze sehen, obwohl diese offiziell ausgebucht sind. Insbesondere Einheimische, die nur am Wochenende einen Campingausflug machen, lassen die übrigen Tage logischerweise oft verfallen. Nutzen dürfen wir die Plätze offiziell aber dennoch nicht, denn wir haben ja keine Permit und können auch keine bekommen, denn der Platz ist ja schon vergeben. Verwirrt? Ja, das waren wir auch. Als frisch gebackener, inoffizieller „Bachelor of Arts in Camping auf Hawaii" schaffe ich es aber dennoch irgendwann, dass wir fast für jede Nacht auf der Insel eine Permit haben. Hurra.

Warum das Camping-System auf Hawaii so komplex ist, darüber können Peter und ich nur rätseln. Vermutlich hat es etwas mit Hawaiis Obdachlosenproblem zu tun. Gemessen an der Einwohnerzahl leben auf Hawaii nämlich mehr Obdachlose als in jedem anderen Staat der USA. Meist in Zelten. Insbesondere in und rund um Honolulu gibt es in manchen Parks regelrechte Zeltstädte. Einmal sehen wir sogar eine Straße, in der der komplette Bürgersteig mit Zelten und Einkaufswagen zugebaut ist. Auch wenn die offizielle Begründung für die allwöchentliche Campingplatzschließung „Cleaning & Maintenance" lautet, vermuten wir, dass man wohl eher eine dauerhafte Belagerung durch Obdachlose verhindern möchte. Wartung und Putzen schaffen andere ja auch, ohne jede Woche zwei Tage schließen zu müssen.

Die Gründe, warum gerade auf Hawaii so viele Menschen kein Dach über dem Kopf haben, sind vielfältig. So liegt ein Teil in den exorbitanten Wohnungspreisen der beliebten Inseln begründet. Investoren, die lieber zu Wucherpreisen an zahlungskräftige Touristen vermieten, aber auch das amerikanische Militär, das Soldaten und deren Familien am Pazifik-Stützpunkt unterbringen muss und dabei sicherlich weniger Budgetrestriktionen hat als ein Hawaiianer, der an der Supermarktkasse oder als Busfahrer arbeitet. Das alles beim begrenzten Platzangebot kleiner Inseln sorgt für einen gewissen Nachfrageüberschuss zum Nachteil der Einheimischen, die weniger gut verdienen. Und wenn man dann vielleicht noch seinen Job verliert, zieht man schneller als man gucken kann von der Wohnung ins Zelt.

Natürlich gibt es zudem noch die Obdachlosen mit den typischen, problematischen Lebensläufen: Ein früher Kontakt mit Drogen endet auch auf Hawaii nicht selten in einer Abwärtsspirale aus high sein, nicht zur Arbeit gehen, aber gleichzeitig viel Geld für den nächsten Schuss benötigen und so weiter. Und auf Hawaii sind Drogen ein großes Problem. Aber auch das ist nur ein weiterer Teil der Begründung, denn es gibt noch einen zusätzlichen Faktor: Angeblich – so hören wir es nicht nur einmal gerüchteweise von Einheimischen – haben Staaten wie zum Beispiel Kalifornien eine besonders kreative Idee zur Lösung ihres ebenfalls großen Obdachlosenproblems gehabt. Gerüchten zufolge verschenkten sie vor ein paar Jahren Flugtickets nach Hawaii. One-way versteht sich. So schnell hat man ein Problem gelöst. Man schiebt es einfach jemand anderem in die Schuhe. Und die Schuhe von Hawaii eignen sich scheinbar sehr gut. Denn wer will nicht lieber auf den klimatisch ganzjährig milden Pazifikinseln obdachlos sein?

Am nächsten Morgen machen wir uns an Teil zwei unserer ursprünglich gestrigen Tagesetappe. Auf dem Weg liegt der Strand von Lanikai – ein traumhafter Postkartenstrand mit türkisblauem Wasser. Einen besseren Ort hätten wir uns für die Mittagspause wohl kaum aussuchen können. Auf dem Speiseplan steht Poke. Poke ist eine Art Fischsalat und quasi Nationalgericht der Hawaiianer. Seit einigen Jahren kennt man Poke Bowls zwar auch aus hippen deutschen Großstädten, aber dort hat es wenig mit dem hawaiianischen Original zu tun. Auf Hawaii gibt es die marinierten Fischstückchen – meist Thunfisch oder Lachs – an der Fischtheke im Supermarkt zu kaufen. Im Gegensatz zu den Bowl-Läden werden sie dort aber nicht mit Edamame-Bohnen, Ananas und Co., sondern lediglich auf Reis serviert. Nicht ganz so bunt und schick für eifrige Essensfotografen, aber extrem lecker. Peter und ich pimpen das Ganze noch mit Avocado und Banane und fertig ist das Superfood für müde Radler. Da Campingkochergas und Lebensmittel auf Hawaii sehr teuer sind, kann ich Peter mithilfe einer fragwürdigen Milchmädchenrechnung davon überzeugen, dass wir uns von nun an genauso gut täglich von Poke ernähren können, statt Nudeln zu kochen. Peter lässt sich nur allzu gern von meiner nicht ganz sauberen Rechnung überzeugen und so wird sich Poke in den kommenden Wochen zu unserem neuen Standard-Gericht entwickeln.

Bei unserer Mittagspause am Strand treffen wir Frank. Der Ende-20jährige ist ein echter Hawaiianer, also nicht vom Festland zugezogen. Wir kommen ins Gespräch. Er ist nicht nur mit seiner Kultur, sondern auch mit der Natur sehr verbunden. Heute ist er am Strand, um eine Palme zu pflanzen. „Wir nehmen so viel von der Natur. Ich will ihr etwas zurückzugeben", erklärt er uns seinen Plan. Eine schöne Idee. Frank gehört dabei nicht zu den leicht Verrückten, die man unterwegs oft trifft, sondern er ist einfach ein zufriedener Mensch, der dankbar für das ist, was er hat, und die Natur achtet. Menschen wie ihn kann O'ahu gut gebrauchen. Sollte man zumindest meinen. Es dauert nicht lange und eine junge Frau kommt auf ihn zu. In einem Tonfall, der nicht vor Freundlichkeit überschwingt, verlangt sie zu erfahren, was Frank da tut. Ruhig erklärt Frank seine Mission. „Das sehe ich selbst. Hast du schon mal darüber nachgedacht, dass das nicht jedem gefällt, was du das tust?", erwidert sie schnippisch.

Neugierig beobachten Peter und ich den Streit von unserem Picknickplatz aus. Entgegen dem, was man denken könnte, ist die Frau keine gelangweilte Rentnerin, die nichts anderes zu tun hat, als sich über Gott und die Welt aufzuregen. Sie ist etwa in unserem Alter. Und sie legt jetzt erst richtig los. Die Palme würde schließlich mittelfristig die Sicht der Villen dahinter schmälern und die Grundstückswerte sinken lassen. Wo kämen wir denn dahin! Ohne auch nur annähernd die Fassung zu verlieren, erklärt Frank der aufgebrachten Frau erneut den Hintergrund seiner Aktion. „Hawaiis Natur wurde schon genug ausgebeutet. Der Strand gehört allen und irgendwann wird die Palme uns Menschen Schatten geben oder man kann eine Hängematte an ihr aufhängen." Man muss vielleicht noch dazu sagen, dass Frank an diesem Tag einen Palmenableger von etwa 35 Zentimetern Höhe pflanzt. Eine zweite hatte er ein paar Tage zuvor im optimalen Hängematten-Abstand gesetzt. Bis zu einem dichten Wald, der jegliche Sicht aus dem Haus versperrt, dauert es wohl noch eine Weile. „Wohnst du denn in einem der Häuser?", versucht Frank einzulenken. Das tut die Frau nicht.

Es stellt sich heraus, dass sie Schwedin ist und nur zu Besuch auf der Insel. Was ihr das Recht gibt, sich so aufzuführen, bleibt unklar. „Ich bin Hawaiianer und lebe auf der Insel", erklärt Frank ihr immer noch vollkommen ruhig, während er noch ein wenig mehr Sand an den Stamm seines Pflänzchens festdrückt.

„Ich glaube nicht, dass die Nachbarn damit einverstanden sind, wenn hier eine Palme wächst. Hast du überhaupt eine Permit dafür?“, will die zornige Schwedin nun wissen. Der Quatsch mit den Permits schon wieder! Ich kann das Theater nicht mehr länger mit ansehen. „Ich finde, das ist eine tolle Sache, die du da machst“, mische ich mich von der Seite ein, um Frank den Rücken zu stärken. „Schließlich ist Hawaii ja auch vom steigenden Meeresspiegel bedroht. Wenn die Wurzeln der Pflanzen den Strand und die Küste stärken, ist das doch super!“ Küstenschutz muss doch auch den Anwohnern einleuchten?! „Eine einzelne Palme wird den Strand sicherlich auch nicht retten“, entgegnet die Schwedin zickig. Um kein Öl ins Feuer zu gießen, verkneife mir den Kommentar, dass Frank bestimmt gerne noch mehr Palmen pflanzt, wenn eine allein nicht reicht. Aber so oder so, die Schwedin ist bereits auf Hundertachtzig. „Ich werde mich weiter mit der Thematik befassen und dagegen vorgehen“, kündigt sie theatralisch an. Sie notiert sich Franks Namen und Telefonnummer und zieht wütend von dannen.

„Die Frau scheint ihre Ferien auf Hawaii äußerst zu genießen, wenn sie nichts Besseres zu tun hat, als sich stellvertretend für die Villenbesitzer aufzuregen“, stellen wir lachend und kopfschüttelnd fest, als Frank noch ein bisschen bei uns sitzt. Dabei beobachten wir aus dem Augenwinkel, wie die Schwedin uns böse Blicke aus dem Wohnzimmer zuwirft und telefoniert. Nach 20 Minuten kommt sie zurückgestapft. Noch immer kochend vor Wut. Nach eigener Aussage hat sie weitere Palmen-Gegner mobilisiert und mit irgendeinem Department telefoniert. „Die Behörden haben mir versichert, dass man nicht einfach ohne Permit Palmen am Strand pflanzen darf“, teilt sie Frank überheblich mit. „Gut, dann hole ich mir eben eine Permit“, erwidert Frank unbeeindruckt, aber doch etwas geknickt. Was ist nur das Problem dieser Frau? Hat sie sich etwa noch nicht auf dieser wunderschönen Insel umgeschaut und festgestellt, dass man seine Ferien mit deutlich schöneren Sachen verbringen kann als Streit über eine Palme? Eine Palme, die in ein paar Jahren möglicherweise minimal den Strandblick einer Villa beeinträchtigen könnte, in der man selbst gar nicht lebt?

Auch Peter und ich wollen uns nicht länger mit solchen Luxusproblemen befassen und so machen wir uns an die restliche Tagesetappe. Die für Autofahrer kaum merkbare, aber kontinuierliche Steigung sorgt dafür, dass es erneut bereits Abend ist, als wir endlich unseren seit gestern gebuchten Zeltplatz im Botanischen Garten erreichen.

Da der Botanische Garten pünktlich um 18:20 Uhr seine Tore schließt, haben wir als Camper den Park abends für uns. Das ist unter anderem deshalb super, weil die Allee am Eingang das perfekte Fotomotiv ist. Aus genau diesem Grund wurde nicht an

Fotoverbotsschildern gespart, denn andernfalls würde innerhalb kürzester Zeit mitten im Park Verkehrsstau entstehen. Wer dennoch anhält, um ein Bild zu knipsen, wird umgehend per Trillerpfeife ermahnt. Aber jetzt zeigt die Uhr 18:25 Uhr, der Park ist für Nicht-Camper geschlossen. Die Trillerpfeife hat Feierabend und dem Nachtwart ist alles egal. So genießen Peter und ich die palmenumsäumte Allee mit sattgrüner Bergkulisse ganz für uns allein. Leichte Nebelschwaden verdecken die Bergspitzen und sorgen für eine gewisse Mystik. In Ruhe bestaunen wir die Szenerie und schießen Fotos, bis die Sonne gänzlich hinter den Hügeln verschwunden ist.

Doch auch bei Regen und Nebel versprüht der Botanische Garten seinen ganz eigenen verwunschenen Charme, wie wir zwei Tage später beim Verlassen unseres Campingplatzes feststellen. Unser erstes Zwischenziel für heute soll ein buddhistischer Tempel sein. Peter ist zunächst nicht ganz überzeugt, wird aber deutlich motivierter, als er erfährt, dass dort eine Szene seiner einstigen Lieblingsfernsehserie „Lost" gedreht wurde.

Als wir uns im Stadtstau an einer roten Ampel zwischen den wartenden Autos hindurchschlängeln, werden wir plötzlich von der Polizei angehalten. Der Cop ermahnt uns, vorsichtiger zu fahren. Damit hat er grundsätzlich nicht Unrecht, denn tatsächlich sind wir vollbeladen etwas wackelig unterwegs und für die Autofahrer scheinbar immer noch ein unerwarteter Fremdkörper im Verkehrsgeschehen. Das Prinzip des Stärkeren ist uns aus Zentralamerika bereits gut vertraut. Dummerweise sind wir seitdem mit den Fahrrädern in der Nahrungskette einige Stufen nach unten gerutscht. Dennoch frage ich mich, ob die Polizei statt uns nicht lieber mal die Autofahrer ermahnen möchte, die denken, zehn Zentimeter seien ein angemessener Abstand, um Fahrradfahrer zu überholen.

Trotz allem kommen wir heute erstaunlich gut voran. Das liegt nicht zuletzt daran, dass wir nach dem buddhistischen Tempel die Steigungen des Inlands erstmal hinter uns lassen und von nun an die flache Küste entlangstrampeln. Doch obwohl es für uns ohne Höhenmeter weitergeht, ist die Szenerie nicht weniger beeindruckend. Nur wenige Meter links von uns ragen weiterhin die Berge empor. Sie aus der Ferne zu bestaunen ist um einiges entspannter, als sie mit dem vollgepackten Fahrrad zu bezwingen. So radeln wir entlang der touristisch wie kommerziell ausgeschlachteten Kualoa Ranch, die einst einer der Hauptdrehorte von Jurassic Park gewesen ist. Dino-Feeling pur!

Am heutigen Campingplatz sind wir dann alleine. Kein anderer Camper ist da, mit dem wir den Meerblick direkt aus dem Zelt teilen müssten. Wir haben den ganzen Strand nur für uns. Ein Schild warnt allerdings auch vor dieser sogenannten „High Theft Area". Man solle sein Auto bitte abschließen und bloß keine Wertsachen darin zurücklassen. Für Fahrradfahrer im Zelt gibt es leider keine spezielle Empfehlung. Und so lassen wir uns von den übervorsichtigen Amerikanern nicht beirren und lassen all unser Gepäck im Zelt zurück, als wir am nächsten Tag zu einer Wanderung aufbrechen. Was bleibt uns auch anderes übrig? Vorsichtshalber schließen wir den Reißverschluss unseres Zelts dennoch mit einem Vorhängeschluss zusammen. Nicht dass man den Zeltstoff nicht einfach zerschneiden könnte, aber das erfordert dann doch eine Menge mehr kriminelle Energie, als einfach mal eben den Reißverschluss aufzuziehen.

Die Wanderung zum Crouching Lion soll eines unserer absoluten Highlights von O'ahu werden. Bei schönstem Sonnenschein genießen wir die spektakuläre Aussicht über die Bucht. Der Pazifik schimmert in den unterschiedlichsten Blautönen, die Berge dahinter strahlen sattgrün. Ganz klein erkennen wir unser rotes Zelt am Strand. Was ein traumhaftes Fleckchen Erde!

Entweder hat unser Schloss am Zelt abschreckend genug gewirkt oder die Diebe auf Hawaii sind doch nicht so zahlreich, wie der Warnhinweis es uns glauben machen will. Als wir zurückkommen, ist selbstverständlich noch alles da. Weder Zelt, noch Inhalt wurden gestohlen. Weder heute, noch in den restlichen Wochen, die wir auf den Hawaiianischen Inseln verbringen werden. Dafür sehen wir das Warnschild noch einige Male. Ob die Schilder etwas mit den Vorurteilen gegenüber den zahlreichen Obdachlosen zu tun haben?

In den nächsten Tagen wird das Fahrradfahren so viel einfacher! Zum einen haben wir uns an das alltägliche Sportprogramm gewöhnt und zum anderen gibt es kaum noch Steigungen. Doch auch wenn das Fahrradfahren körperlich leichter geworden ist, liegt der mentale Anspruch weiterhin auf höchstem Niveau – den Autofahrern sei Dank. Oder eben auch nicht. Es ist erstaunlich: Begegnen wir Einheimischen bei unseren Pausen, sind sie total interessiert und begeistert davon, dass wir Hawaii mit dem Fahrrad erkunden. Sobald sie jedoch hinter dem Steuer sitzen, ist diese Begeisterung offenkundig komplett vergessen. Es scheint, als hätte eine große Mehrheit der Autofahrer, Fahrradfahrer als Hassobjekt Nummer 1 auserkoren und wolle dies auch gebührend zum Ausdruck bringen. Während manche uns zumindest mit etwas Abstand überholen, halten andere eine Handbreit Zwischenraum für angemessen. Nicht wenige überholen uns trotz Gegenverkehr und scheren dann haarscharf wieder vor uns ein. Seitenstreifen sind nur noch wenig bis gar nicht vorhanden, von Radwegen erst gar nicht zu reden. Zwei oder dreimal passiert es, dass Autofahrer uns grundlos hupend im Vorbeifahren für unser Dasein als Radfahrer beschimpfen. Uns fällt nicht mehr viel dazu ein. Bald haben wir mehr Muskelkater im Mittelfinger als in den Beinen.

Irgendwann ist dann Mittwoch und damit alle öffentlichen Campingplätze für „Cleaning and Maintenance“ zwei Tage gesperrt. So haben wir keine andere Wahl als einen privaten Campingplatz anzusteuern. Unsere Route hatten wir so geplant, dass wir genau passend bei einem der inselweit zwei Privatplätze ankommen. Der private Campingplatz bietet nicht nur mehr Privatsphäre, sondern entpuppt sich als idyllisch in den Dünen gelegen. Kein Straßenlärm, dafür Meeresrauschen. Und ständiges Hühnergegacker. Auf Hawaii gibt es nämlich etliche wilde Hühner. Vor etwa tausend Jahren brachten die ersten polynesischen Seefahrer sie mit. Angeblich waren es Wirbelstürme, die die Hühner letztlich über alle Inseln verteilten und so gelten sie heute als wohl nervigste Bewohner Hawaiis. Insbesondere die männlichen Exemplare. Das erfahren auch Peter und ich am eigenen Leib, denn wir teilen unseren Campingplatz mit locker zehn Hühnern und zwei Hähnen. Die sind so laut, dass sie sogar das Geschrei unserer Campingnachbarn übertünchen, die sich ständig laut streitend gegenseitig aus dem Haus aka dem Zelt schmeißen. Vielleicht ist das Gegacker gar kein so schlechter Kompromiss. Zu unseren temporären Haustieren kommen noch sechs Kätzchen, die wie Tiger aussehen. Die kleinen Tiger sind neugierig ohne Ende. Und diebisch. Nicht eine Sekunde dürfen wir beim Kochen unsere Zutaten aus den Augen lassen. Ausgerechnet heute gibt es Fisch, das provoziert unsere Nachbarn natürlich besonders.

Peter ist derweil versessen darauf, den Hühnern ein Frühstücksei abzuluchsen. Bei der Feuerholzsuche finden wir sogar ein Nest, da wir aber nicht wissen, wie weit das Ei schon ausgebrütet ist, lassen wir es dann doch lieber liegen. Aus unserem Plan, ein Lagerfeuer zu machen, wird letztlich nicht viel. Das gesammelte Holz ist einfach zu feucht vom Regen, um Feuer zu fangen. Der Regen verwehrt uns aber nicht nur das Grillen überm Feuer, sondern bringt auch die Schwächen unseres Walmart-Zelts zum Vorschein. Dabei hatten wir extra die teurere und laut Verpackung regendichte Variante gewählt! Doch es liegt nicht nur am Material: wir entdecken ein Loch in der Naht. Dummerweise in Bodennähe und so reicht bereits eine Nacht Nieselregen, um das komplette Zelt zu fluten. Als wir morgens auswachen, sind all unsere Sachen nass. Inklusive des Kassenbons, den wir für die nun notwendige Reklamation benötigen. Mehr als vier Nächte hatten wir eigentlich selbst dem Billigzelt schon zugetraut...

Trotz des wechselhaften Wetters ist die Nordküste von O‘ahu einfach nur wunderschön: Surfer-Strände mit gigantisch hohen Wellen, azurblauem Wasser und Palmen. Riesige grüne Meeresschildkröten am Strand, Panorama-Wanderwege und überall stehen einladende Food-Trucks mit Shrimps und frischem Poke im Angebot. Da können uns ein paar Tropfen Regen nun wirklich nicht die Laune verderben! Wir genießen das weniger überlaufene North Shore einfach in vollen Zügen.

Im Nordwesten der Insel haben wir dann das erste Mal keine Permit für einen Campingplatz. Es sind zwar theoretisch noch genügend Genehmigungen für den Strand von Kaiaka verfügbar, aber nicht mehr am gleichen Tag buchbar... Wir haben aufgehört, uns nach dem Warum der vielen Schikanen zu fragen. So versuchen wir unser Glück, eine andere Permit mitnutzen zu dürfen. Eine Gruppe Pfadfinder ist zwar freundlich, strapaziert das Limit ihrer Permit aber selbst schon mehr als genug aus. Offiziell darf man mit zehn Menschen und zwei Zelten pro Permit campen. Die Pfadfinder haben fünf Zelte und sind eine unüberschaubare Anzahl von Männern und Kindern.

Aber es gibt noch Alisha. Sie läuft mit Hund, Kippe und Bier durch die Gegend. Und mit Permit. Ohne zu zögern nimmt sie uns gerne mit auf ihre Camping-Genehmigung. Alisha kommt aus der Nähe von Seattle, aber lebt nun hier, wie sie uns erzählt. Was auch immer das genau heißt, denn der Zustand ihrer Zähne und ihres Äußeren allgemein lassen nicht gerade auf eine Luxusvilla schließen. Vielmehr deutet ihre Geschichte darauf hin, dass tatsächlich etwas an dem Gerücht dran ist, dass Obdachlose vom Festland nach Hawaii geschickt werden. Man könnte behaupten, sie wirkt ein wenig heruntergekommen. Sie ist jedoch großzügig und schenkt uns prompt zwei Flaschen kühles Bier als Willkommensdrink für unsere Campinggemeinschaft. Wir zahlen unseren Anteil für zwei Nächte und bauen unser Zelt auf. Gemeinsam mit Alishas Kumpel sind wir zwar nun drei Zelte auf einer Permit und damit streng genommen eins zu viel, aber die Pfadfinder haben immerhin fünf. Wenn einer meckern kommt, sind wir zumindest relativ gesehen die Guten.

Und das bleiben wir auch: Denn etwas später zieht auch noch Familie Flodder auf den Campingplatz. Mit zwei vollbeladenen Pick-up Trucks fahren sie vorbei am gut sichtbaren „Ab hier keine Autos“-Schild mitten auf den Rasen. Innerhalb von Minuten bauen sie eine ganze Zeltstadt auf und bringen schätzungsweise 200 Liter Cola sowie ihren kompletten Hausrat mit. Es dauert kaum eine ganze Minute bis Stress zwischen Alisha und den Flodders entsteht, als Alisha diese bittet, die Scheinwerfer des parkenden Autos auszumachen. Die scheinen nämlich direkt in ihr Zelt und stören den Hund. Diese durchaus höflich formulierte Bitte ist Grund genug für Frau Flodder, um so richtig auszurasten. Es entsteht ein lautes Gezeter darüber, wer wie wo auf wessen Platz falsch steht. Wieder einmal kommen wir uns vor, wie im Nachmittagsprogramm von RTL 2. Messerscharf argumentiert Frau Flodder in lautem Sopran, dass sie hier immer hinkommen und immer so stehen und deshalb auch ihr Licht anmachen können, wie sie wollen. Was danach gesagt wird und warum, lässt sich nur schwer rekonstruieren, denn Alisha, Frau Flodder und alle, die spontan hinzugekommen sind, schreien wild Beschimpfungen durcheinander. Grob zusammengefasst geht es darum, wer angeblich wem im Weg steht und sich zu breit macht. Sowohl akustisch, als auch intellektuell, ist es für Peter und mich äußerst schwierig, dem Dialog und der Logik der vorgebrachten Argumente zu folgen. Da wir selbst nicht so ganz dahin gehören wir, wo wir nun stehen, halten Peter und ich lieber die Klappe und beobachten das Theater aus unserem mal wieder vom einsetzenden Nieselregen aufweichenden Zelt.

Auf Peters Wunsch hin besuchen wir noch den Strand, an dem große Teile der Serie *Lost* gedreht wurden, bevor es durch das bergige Inland zurück nach Honolulu geht. Es ist zwar erst 12 Uhr als wir dort ankommen, aber wir haben noch einiges auf der To-Do-Liste – angefangen mit der Reklamation des kaputten Zelts bis hin zur Verschiffung der Fahrräder. Die geben wir bei *Aloha Air Cargo* ab. Das ist ein Logistikdienstleister, der unsere Räder zwischen den Inseln transportieren soll. Der Vorteil gegenüber dem Transport mit einer normalen Airline: Wir brauchen keine Transportboxen und können die Fahrräder, wie sie sind, einfach abgeben. Kein lästiges Abschrauben von Pedalen oder Vorderrädern. Im Gegenteil: Wir dürfen die Satteltaschen sogar voll beladen und auch dass unsere Helme locker am Lenker baumeln, stört niemanden. Also stopfen wir alles, was irgendwie geht, in die Taschen rein: Wanderschuhe, Bücher, Isomatten und sogar einen kleinen Kochtopf. Perfekt! Somit müssen wir kein zusätzliches Gepäckstück mehr aufgeben. Alles klappt wie am Schnürchen!

Auch auf dem Rückweg vom Cargo-Terminal in die Stadt verlässt uns unsere Glückssträhne nicht. Wir verlassen das Gelände von Aloha Air Cargo in Richtung Bushaltestelle und müssen mit ansehen, wie der Bus uns vor der Nase davonfährt. Doch es passiert das Unmögliche (und jeder Großstädter wird mir die Bedeutung dieses Wunders bestätigen können): Der Busfahrer sieht mich winken und hinterherlaufen und ...er hält noch einmal für uns an! Und das mitten auf der Schnellstraße. Wenn das mal kein gelebtes Aloha-Feeling ist!

Bis wir zurück in Waikiki sind, ist es Abend. Wir essen noch schnell etwas, bevor wir unsere Sachen bei Chris abholen und uns für seine Hilfe bedanken. „Wann geht denn euer Flug? Soll ich euch nicht lieber hinbringen?“, bietet er an, als wir gerade ein Uber-Taxi bestellen wollen. „Keine Sorge, erst morgen in aller Herrgottsfrühe“, entgegnen wir gelassen. Da wir andernfalls gegen vier Uhr in der Früh los müssten, haben wir entschieden, die Nacht einfach am Flughafen zu verbringen. Die Wucherpreise für ein Hotelzimmer wollen wir für die paar Stunden nicht zahlen. Doch wir haben die Rechnung nicht mit Chris gemacht. Er besteht darauf, dass wir auf keinen Fall am Flughafen schlafen können und bietet uns stattdessen an, in einem seiner schicken Ferienapartments zu übernachten. Kostenlos. „Auf keinen Fall! Uns macht das wirklich nichts aus!", versuchen wir das überaus freundliche Angebot abzuwimmeln, aber es ist zu spät. Chris hat bereits sein Handy gezückt und abgeklärt, welches Apartment heute Nacht sowieso leer stünde. Widerstand zwecklos. Wir sollen folgen und kurze Zeit später drückt Chris uns die Schlüssel in die Hand. Er verabschiedet sich und wir bleiben im schicken Studio mit Blick über Waikiki zurück. Was für ein Glück wir doch haben! Nach zwei Wochen Isomatte ist es einfach nur wunderbar ein richtiges Bett zu haben! Zumindest bis um 4 Uhr der Wecker klingelt...

Kein Aloha auf Kaua'i

Der Flug nach Kaua'i vergeht sprichwörtlich und buchstäblich wie im Flug. Kaum haben wir abgehoben, setzen wir auch schon wieder zur Landung an. Es ist absolut albern, für solch eine Entfernung zu fliegen, aber außer schwimmen gibt es keine Alternativen. Allerdings klappt schwimmen mit Fahrrad leider nicht so gut und so sitzen wir für eine halbe Stunde im Flieger. Theoretisch könnte man zwischen den Inseln sicherlich besser eine Fähre einrichten. Auch wenn Schiffe ebenfalls nicht für „Zero Emissions" bekannt sind, wäre das bestimmt umweltfreundlicher und einfacher für alle Beteiligten. Bei den kurzen Distanzen zwischen den Inseln kann die Dauer der Überfahrt jedenfalls nicht das Problem sein. Tom aus Kaua'i, den wir im Laufe unseres Aufenthalts kennenlernen, liefert uns allerdings eine Anti-Fähren-Begründung, die man mögen kann, aber nicht muss. Und zwar gab es angeblich immer mal wieder Überlegungen, eine solche Fähre zwischen den Inseln einzurichten, jedoch hatten die Bewohner von Kaua'i angeblich Bedenken. Obdachlose könnten im großen Stil unkompliziert mit Sack und Pack im Einkaufswagen von O'ahu auf die anderen Inseln umsiedeln, wo man sie genauso wenig haben will. So zumindest die Sorge, wenn man Tom Glauben schenken darf. Ich bin hin und hergerissen. Auch ich möchte nicht, dass in meiner Wohngegend Obdachlose rumlungern und es sich auf den Gehwegen oder in den Parks allzu gemütlich machen – eben wie in Honolulu. Aber deshalb die Einrichtung einer Fährverbindung boykottieren? Ob die Bewohner von Kaua'i mit ihrer Paranoia Recht behalten werden, wird sich zeigen. Während wir dort sind, nimmt zwar kein Schiff, aber dafür die Billigairline *Southwest* gerade die ersten Verbindungen zwischen den Inseln auf. Tickets zum absoluten Schnäppchenpreis und zwei große Koffer inklusive.

Bereits um 7 Uhr früh kommen wir an unserem gebuchten Hotel in der Inselhauptstadt Līhu'e an. Der Empfang ist sehr freundlich, sofern man der Meinung ist, dass „Hallo" und „Willkommen" überflüssige Floskeln sind. „This is not a good time", ist das Erste und Einzige, das wir von der Empfangsdame zu hören bekommen. Touristen scheinen hier einen ähnlich hohen Stellenwert zu genießen wie Obdachlose, denke ich mir im Stillen. Naja, bis wir einchecken dürfen, sind wir ja schließlich auch irgendwie obdachlos, daher ist die Reaktion nur konsequent. Gnädigerweise dürfen wir dennoch draußen in einer Sitzecke auf unseren Check-In warten, müssen aber still sein, um die anderen Gäste nicht zu stören. In der ständigen Angst, zu laut zu atmen oder gar versehentlich zu nießen, entschließen wir uns nach einer halben Stunde ruhig Dasitzen dazu, die Wartezeit zu nutzen, um erste Einkäufe zu erledigen und die Fahrräder abzuholen, die inzwischen ebenfalls mit dem Cargo-Flieger eingetroffen sein müssten. Wir gehen das Risiko ein, dass unser Gepäck gestohlen werden könnte, denn in den Gepäckaufbewahrungsraum dürfen wir es vor dem Check-in partout nicht hineinstellen. In der Hoffnung, die unfreundlichste Hawaiianerin bereits kennengelernt zu haben, lassen wir unser Zeug inklusive Laptops und Drohne also vor der Rezeption stehen. Die Frage, ob die Rezeptionistin zumindest ein Auge darauf werfen könnte, schenken wir uns.

Als wir die Fahrräder vom Cargo-Terminal abholen, machen wir uns ernsthafte Sorgen über die Lebensqualität in Līhu'e. Auch bei Aloha Air Cargo auf Kaua'i ist man heute mit dem falschen Fuß aufgestanden und wir bekommen einen ordentlichen Rüffel dafür, dass wir die Helme ans Fahrrad gehängt und die Satteltaschen nicht abgeschnallt, sondern auch noch rappelvoll befüllt haben. Was gestern beim Check-In auf O'ahu vollkommen ok war, geht heute noch nicht mal mehr als Kavaliersdelikt durch. Wohlgemerkt haben wir für jedes Gramm gezahlt, denn die Fahrräder werden vor dem Verladen gewogen und erst dann der Flugpreis bestimmt. Aber es nützt nichts. Wir bekommen eine Standpauke für unser angebliches Vergehen, das wir nach wie vor nicht so recht verstehen. Was ist nur los auf Kaua'i? Wo bitte ist der Aloha-Spirit geblieben?

Da wir auch nach der Fahrradauslösung immer noch nicht ins Hotel einchecken dürfen, widmen wir uns erst einmal den wirklich wichtigen Dingen, bevor wir einkaufen und uns im örtlichen Bürgeramt Camping-Genehmigungen holen: Wir informieren uns über Helikopterrundflüge. Keine Stunde später hat man uns mit sämtlichen „Wenn ihr jetzt direkt mitfliegt, gibt es Rabatt"-Argumenten überzeugt und wir sitzen im Heli. Dank zuvor berechneter optimaler Gewichtsverteilung aller Passagiere sogar in der ersten Reihe. Das war ein weiteres Argument, denn tatsächlich werden die Sitzplätze so zugeteilt, dass der Helikopter nicht in Schieflage gerät. „Weil ihr schlank seid, habt ihr heute beste Chancen, vorne zu sitzen, wenn ich sehe, wer sonst noch gebucht hat", hatte uns die verkaufstüchtige Angestellte überzeugt. Bevor wir so richtig realisieren, dass wir heute Morgen bereits zum zweiten Mal abheben werden, geht es auch schon los.

Wir fliegen von der Küste ins Inland. Haarscharf, aber gekonnt gleiten wir über einen Hügel und plötzlich ist vor uns ein majestätisch schöner Wasserfall zu erblicken, den selbst ich als Filmkulisse von Jurassic Park wiedererkenne. Im gleichen Moment wird auf unseren Kopfhörern die passende Filmmusik eingespielt. Irgendwo da unten läuft mit Sicherheit ein Dino rum – so sehr fühlen wir uns in den Hollywoodstreifen versetzt. Hätten wir das Ganze gefilmt, wäre es sicherlich die exakt gleiche Kameraführung gewesen wie im berühmten Film, so gekonnt und wiedererkennbar fliegt der Pilot das Highlight an. Ein unvergesslicher Moment! Dann setzt plötzlich Regen ein. Das ist weder unterstützend für ein authentisches Jurassic-Park-Erlebnis, noch förderlich für eine gute Sicht. Was mit einzelnen Tropfen beginnt, ist wenige Minuten später ein handfester Schauer. Ausgerechnet als wir die ersehnte Na'pali Coast überfliegen! Statt sattgrüner Klippen sehen wir in erster Linie Nebel und eine vollkommen mit Regen besprenkelte Scheibe. Ausgerechnet hier! Stand für Peter der Helikopterflug an sich auf der Bucket List, hatte mich vor allem die Aussicht auf die ikonische Küste gelockt. Da der Wanderweg entlang dieser wegen Erdrutschen noch Wochen gesperrt sein wird, erschien der Rundflug als ideale Alternative. Ich versuche nicht enttäuscht zu sein, denn tatsächlich hat die Küste auch bei Regen ihren ganz eigenen Charme. Im Sinkflug durch die Felsspalten zu gleiten und erst kurz vor knapp wieder abzudrehen wäre auch bei Sonnenschein nicht spektakulärer als jetzt! Während wir den Rest der Insel überfliegen, stellt sich beim Blick nach unten ein Gefühl der Vorfreude auf die kommenden zwei Wochen auf dieser traumhaft schönen Insel ein.

Als der Check-Out am nächsten Morgen näher rückt, sind wir ein bisschen nervös. Bereits vorab hatten wir per Email angefragt, ob es möglich sei, während unserer Zeit auf Kaua'i etwas Gepäck im Hotel zu lagern. „Solange es nicht allzu groß ist, ist das okay", hatte man uns geantwortet. Da „nicht allzu groß" ein dehnbarer Begriff ist, hatten wir uns von da an keine Gedanken mehr gemacht. Diese Sorglosigkeit nahm gestern beim

Kennenlernen mit der nur begrenzt herzlichen Frau vom Check-In ein abruptes Ende. Dummerweise hat ausrechnet sie wieder Dienst, als wir auschecken. Wir trödeln noch etwas rum und hoffen auf einen spontanen Schichtwechsel, aber das Schicksal scheint sich einen Spaß zu erlauben. Als irgendwann wirklich nicht mehr mit einem anderen Mitarbeiter zu rechnen ist, schicke ich Peter vor. Er soll sie mit seinem Charme bezirzen. „Wir fahren mit dem Fahrrad um die Hawaii-Inseln", beginnt er zu erläutern. Die Rezeptionistin kann ihre Begeisterung darüber gut verbergen. Genervt schaut sie Peter an. Dass sie ihn nicht fragt, ob er „Wayne" kennt, ist alles. Peter führt fort: „Wir müssen einen Teil unseres Gepäck irgendwo unterstellen". Erwartungsgemäß ist die Dame wenig erfreut, als sie davon erfährt, dass wir dafür das Hotel auserkoren haben. „Das ist hier kein Lagerhaus", klärt sie uns schroff auf. Wir verweisen auf die Email, ohne unnötig auf die darin enthaltenen Worte „wenig" und „klein" aufmerksam zu machen, denn im Endeffekt haben wir einen Koffer, einen nicht weniger großen Rucksack sowie eine Ukulele zu verstauen. „Wenn es per Email bestätigt wurde, dann kann ich da wohl nichts anderes machen", lenkt sie etwas widerwillig, aber überraschend schnell und diskussionsfrei ein. Missmutig nimmt sie das Gepäck entgegen und schließt es in den Aufbewahrungsraum. Wir verschwinden schnellstmöglich, bevor sie es sich anders überlegen kann. Das war doch einfacher als gedacht!

Schnell bestätigt sich unser erster Eindruck vom Vortag: Fahrradfahren auf Kaua'i ist ähnlich gefährlich wie auf O'ahu. Wenigstens gibt es an der Hauptstraße auf den ersten Kilometern raus aus Līhu'e eine Art Radspur – wenngleich die meisten Autofahrer diese dem Anschein nach wohl noch nicht zur Kenntnis genommen haben. Doch wir bleiben zuversichtlich. Bei der *Hawaii Bicycling League* hatte man uns von einem neuen Radweg entlang der Ostküste vorgeschwärmt. Jetzt also nur nicht plattfahren lassen, denn jeden Moment müsste dieser beginnen. Und tatsächlich. Wie aus dem Nichts startet irgendwann ein Radweg. Und der kann sich sehen lassen! Getrennt von der Straße, breit und aalglatt geteert führt er entlang der traumhaften Küste. So entspannt sind wir seit Wochen noch nicht gefahren! Die Bicycling League hat wahrhaft nicht zu viel versprochen.

Es sind nur noch knapp zwei Kilometer bis zum Campingplatz, als der so wunderbare Radweg sich plötzlich zu einem Trampelpfad wandelt. Und dieser Trampelpfad irgendwann an einem kreuzenden Bachlauf endet. Zumindest für uns, denn mit den vollbeladenen Fahrrädern kommen wir da nicht so einfach drüber. Wir beratschlagen uns mit zwei einheimischen Spaziergängern. Auch ihrer Einschätzung nach wird der Rest der

Strecke mit den vollbeladenen Rädern eher schwer zu bewältigen sein. Die Hauptstraße verläuft zwar nur ein paar Hundert Meter parallel zu uns, doch können weder Peter noch ich uns an eine Abzweigung dorthin erinnern. „Ihr müsst wohl den kompletten Radweg wieder zurückfahren, um auf die Hauptstraße zu gelangen“, resümiert auch der Spaziergänger. Ich weiß nicht, ob es notwendig ist, unsere Verwunderung darüber auszudrücken, dass ein perfekt ausgebauter Fahrradweg nach sieben Meilen in einer Sackgasse im Nichts endet. Uns bleibt jedoch nicht viel anderes übrig, als umzudrehen, den kompletten Radweg wieder zurück zu radeln und dann die gleiche Distanz erneut an der Hauptverkehrsstraße zurückzulegen.

Die ist wie erwartet äußerst stark befahren. Obwohl wir uns auf einer Insel von gerade einmal 1435 Quadratkilometern befinden, herrscht zur Rush Hour Stau wie in jeder Metropole. Auch beim Fahrradfahren auf Kaua'i vermischt sich Schweiß von der körperlichen Anstrengung regelmäßig mit dem der Todesangst. In keinem anderen US-Staat haben wir übrigens bisher mehr Monster Trucks gesehen als auf Hawaii. Die leicht überdimensionierten Wagen haben eine stark erhöhte Aufhängung und ihre Räder ragen weit nach außen über den Radkasten hinaus. Regelmäßig stauen sie sich mit den anderen Blechkisten auf den Straßen. Wenigstens dann sind wir mit unseren Rädern überlegen und können einfach am Stau vorbeidüsen. Mit einem hämisch und leicht überheblichen Grinsen versteht sich. Dass es sich auf Hawaii so häufig staut, liegt auch am Verhältnis von Fahrzeuganzahl und Fahrspurlänge. Die beträgt auf allen Inseln zusammen gerade mal ca. 1773 Kilometer. Bei über einer Million registrierten Fahrzeuge ist es daher kein Wunder, dass die Fahrbahnen verstopfen. Zum Vergleich: Das sind etwa fünf Mal so viele Autos pro Kilometer wie in Deutschland.

Als wir endlich am Campingplatz ankommen, fällt unser Eindruck gemischt aus. Bereits auf der Zufahrtsstraße standen überall zurückgelassene Autowracks am Wegesrand, die Gegend wirkt etwas heruntergekommen. Als wir unser Zelt aufbauen, werden wir von unseren Campingnachbarn gewarnt. „Lasst bloß nichts draußen liegen. Letzte Nacht wurden Schuhe, Camping-Gas, Surfbretter und alles, was sonst noch vor den Zelten lag, gestohlen. Erst hat man die halbe Nacht ein Autorennen veranstaltet und dann haben sie unsere Sachen mitgenommen“, berichten die Franzosen. Wir montieren daher so gut wie alles von unseren Rädern und ketten sie gleich mehrfach fest an ein Geländer. Selbst mein Sattel kommt mit ins Zelt. In der Nacht wachen wir tatsächlich auf. Wie angekündigt geht es gegen 3 Uhr los: Unbekannte fahren auf und ab und geben vor den Zelten ordentlich Standgas. So geht es bis in die Morgenstunden. Umso erleichterter sind wir, als unsere Fahrräder am Morgen noch unbeschädigt dastehen, wir den Sattel wieder anschrauben und den Campingplatz wechseln können. Der Anini Campground im Norden ist tausendmal besser und entspricht wieder dem, was wir von hawaiianischen Campingplätzen gewohnt sind: ein paradiesischer Strand und Meerblick aus dem Zelt sind im Preis inklusive.

Wir lassen die Tage ruhig angehen und klappern Strände und Sehenswürdigkeiten ab. Zum Beispiel das berühmt-berüchtigte Queens Bath – ein natürlicher Pool an der Felsküste, an dem man natürliche Selektion live und in Farbe beobachten kann. Trotz diverser Todesfälle und eindringlicher Warnungen über die überraschende Wucht der Wellen sowie entsprechender Videos im Netz gibt es immer wieder Touristen, die in den heimtückischen Pools leichtsinnig baden gehen. Und manchmal ist es das letzte Bad. Heute passiert jedoch zum Glück nichts. Wir fahren weiter zu einer wunderschönen Bucht, wo Baden weniger lebensgefährlich erscheint. Diese Bucht bedeutet momentan auch leider schon das Ende der Straße. Denn ab hier geht es nur noch in eine Wohnsiedlung und zur gesperrten Na'pali Coast. Unsere Hoffnung, dass wir uns als Radfahrer irgendwie durchmogeln können, wird jäh zunichte gemacht. Da haben wir leider echt Pech! Gleich mehrere echte Hawaii-Highlights sind gerade nicht für uns zugänglich: Die Na'pali Coast ist nicht zugänglich und die berühmte Lava auf Big Island fließt nicht mehr. Bei allem Glück und Privilegien, die wir mit dieser Reise haben, bin ich etwas enttäuscht, da ich mich echt auf die besondere Landschaft gefreut hatte. Und weil ich Peter unter anderem mit fließender Lava nach Hawaii gelockt hatte und das nun ein leeres Versprechen bleiben wird... Doch wir lassen uns die Stimmung nicht verderben und genießen den wunderschönen Postkartenstrand.

Und täglich grüßt die Na'pali Coast

Da wir am Ende der Straße angelangt sind, geht es nach einigen Tagen im Norden wieder die gleiche Strecke zurück. Und noch ein Stück weiter. Um in den Süden von Kaua'i zu gelangen, fahren wir knapp 80 Kilometer an einem Tag. Für manche vielleicht ein Klacks, aber dank Gepäck und ständiger Steigungen machen sich unsere Waden schnell bemerkbar. Ich bin bereits nach halber Strecke total fertig, aber zumindest wurde uns mehrfach gesagt, dass Fahrradfahren im Süden der Insel viel einfacher würde. Wer das behauptet hat, war definitiv noch nicht im Süden Fahrradfahren. Die letzten 30 Kilometer bis zum Campingplatz sind ein einziges auf und ab. Anfangs ist auf der Straße noch eine Fahrradspur gekennzeichnet, die endet jedoch irgendwann abrupt. Von nun an sind wir wieder einmal Freiwild. Und die Gegend wird einfach nicht weniger hügelig. Völlig erschöpft kommen wir irgendwann am Campingplatz an. Gerade passend zum Sonnenuntergang. Die Tour hat den gesamten Tag in Anspruch genommen. Der Campingplatz kann sich allerdings sehen lassen: Strand, Palmen, Meer. Mit Blick auf den vom Sonnenuntergang rot-lila gefärbten Himmel, der ins tiefe Blau des Pazifischen Ozeans übergeht, sind die Strapazen bei einem Bier schnell vergessen. Sogar eine Kegelrobbe lässt sich blicken! Schlagartig sind wir wieder mit der Welt versöhnt.

Als wir zum Wandern in den Kokee State Park wollen, gelangen wir mit den Fahrrädern allerdings wirklich an unsere Grenzen. Also technisch. Körperlich sind die sowieso schon lange überschritten. Es geht so steil bergauf, dass Radfahren keine Option ist. Da es auch keinen Bus in die Berge gibt, entscheiden Peter und ich uns zu Trampen. Bis zur Abzweigung von der Hauptstraße zum Park radeln wir wie gewohnt. Auch auf dieser Strecke merke ich immer noch nicht, wie viel einfacher der Süden zum Fahrradfahren doch wäre. Im Örtchen Waimea angekommen, stellen wir unsere Räder ab und positionieren uns strategisch günstig und freundlich lächelnd an der Kreuzung zum Park. Tatsächlich hält nach wenigen Minuten ein Wagen. Darin sitzen Eric und seine Arbeitskollegin Lisa, die auf Geschäftsreise auf Kaua'i ist und gerade die Sehenswürdigkeiten der Insel im Schnelldurchlauf gezeigt bekommt. Peter und ich steigen ein. Die Fahrt nach oben dauert locker eine halbe Stunde. Mit den Fahrrädern hätten wir es niemals geschafft.

Oben angekommen schauen wir uns den Aussichtspunkt an, doch eine Aussicht ist leider nicht zu erkennen. Trotz des bescheidenen Wetters trennen wir uns von unseren Fahrern und machen uns auf eine Wanderung, die uns als eine der besten Hawaiis empfohlen wurde – inklusive Ausblick auf die Na'pali Coast. Theoretisch zumindest.

Wir sind noch nicht lange unterwegs, als es zu nieseln beginnt. „Macht doch nichts. Lass uns einfach Mittagspause machen, bis der Regen aufhört. Unter der Baumgruppe ist es halbwegs trocken", schlage ich übertrieben optimistisch vor. Mehrere Äpfel und Sandwiches später hat der Regen immer noch nicht nachgelassen. Im Gegenteil. Unser Optimismus allerdings auch nicht und so laufen wir unbeirrt weiter.

In der Beschreibung des Wanderweges steht, dass dieser nicht instandgehalten würde. Deshalb solle man aufgrund des dichten Farns unbedingt lange Hosen tragen. Natürlich tun wir das nicht. Wir kommen an die Stelle, wo der zugegebenermaßen enge Trampelpfad durch die Farngräser startet. Ich überlege kurz, ob ich in meine Leggings aus dem Rucksack wechseln soll, doch so nass wie die Pflanzen sind, macht das wenig

Sinn. Also riskiere ich ein paar weitere Kratzer an den Beinen. Es regnet inzwischen wirklich stark. Wir haben zu zweit nur eine Regenjacke dabei und das auch eher aus Zufall, da sie bisher einfach nur niemand ausgepackt hatte. Eine Jacke bei zwei Leuten ist eine zu wenig. Glücklicherweise gehört sie mir und so habe ich den Vortritt. Zumindest vorerst. Irgendwann sind wir so nass, dass nun doch Peter die Regenjacke bekommt, um unseren Rucksack bzw. die Kamera und Wertsachen darin zu schützen.

Bald ist allerdings auch die Regenjacke durchgeweicht. Wir sind pitschnass und am Frieren. Die zwei einzigen anderen Pärchen, die uns entgegen kommen, haben am Aussichtspunkt nichts sehen können. „Rein gar nichts", erzählen sie uns. Dementsprechend bedröppelt schauen sie drein. Peter und ich laufen dennoch weiter. Die Küste ist schließlich wettertechnisch unberechenbar und die Hoffnung stirbt zuletzt. Doch als wir endlich ankommen, sehen auch wir optimistisch betrachtet wenig bis gar nichts. Wir warten noch zehn Minuten im strömenden Regen zusammengedrückt unter der Regenjacke bis wir einsehen, dass das Wetter sich nicht mehr ändern wird, und treten enttäuscht den Rückweg an.

Wie immer in solchen Situationen dauert dieser deutlich länger als der Hinweg. Wir sind nass und durchgefroren und mir fallen auf Anhieb 100 Orte ein, an denen ich gerade lieber wäre. Selbst ein Bürogebäude ist dabei – zumindest sofern es dort eine Heizung und Kaffee gibt. Niemand kommt uns mehr entgegen. Wir sind die Einzigen, die bei dem Wetter noch unterwegs sind. Wobei wir auch gleich beim Thema wären. Die Chance ist groß, dass wir nicht nur mehr die einzigen auf dem Wanderweg, sondern generell die letzten hier oben im Park sind. Und wir sind per Anhalter gekommen. Ich traue mich nicht, meine schlimmste Befürchtung laut auszusprechen, aber ich weiß, dass Peter das Gleiche denkt: „Hoffentlich ist gleich noch irgendwer da, der uns mit runter nimmt."

Trotz allem Pechs mit dem Wetter, ist das Schicksal nicht komplett gegen uns. Als wir zwei Stunden später endlich wieder an der Straße ankommen, kommt uns nach wenigen Sekunden ein Auto entgegen. Es fährt zwar nach oben und damit in die falsche Richtung, aber das macht nichts. Irgendwann wird es schon wieder runterfahren. Wir stürzen uns buchstäblich vor das Fahrzeug und tatsächlich hält die Fahrerin nach kurzem Zögern für uns an. „Springt rein", bietet die Frau an, die sich uns als Sandy vorstellt. „Ich wollte eigentlich nach oben zum Aussichtspunkt, aber ich glaube, das kann ich vergessen". Ohne Sandy den Aussichtspunkt madig machen zu wollen, müssen wir ihr leider Recht geben. Tatsächlich scheint sie die letzte Fahrerin gewesen zu sein, ein anderes Auto sehen wir jedenfalls nicht mehr.

Als wir eine halbe Stunde später im Tal ankommen, sind wir immer noch nass und durchgefroren, aber zumindest hat sich der Regen etwas beruhigt. „Du hast uns gerettet, vielen, vielen Dank!“, versichern wir Sandy zum gefühlt hundertsten Mal, als wir uns verabschieden und vom warmen Auto zurück auf unsere Räder wechseln. Elf Kilometer trennen uns noch von einer kalten Dusche und trockener Wechselkleidung im Zelt. „Wo wart ihr denn?“, werden wir von unseren Zeltnachbarn begrüßt, als wir endlich bibbernd in unser Zelt schlüpfen, „Hier unten war es den ganzen Tag über trocken“.

Die Na'pali Coast macht es uns wirklich nicht leicht. Zwischenfazit: Versuch 1 mit dem Helikopter: Fail. Grund: Wetter. Versuch 2 mit dem Fahrrad: Fail. Grund: Straße gesperrt. Versuch 3 als Wanderung: Fail. Grund: Noch schlechteres Wetter. Versuch 4: ausstehend.

Eigentlich hatten wir nicht geplant, auf Hawaii einen teuren Segeltrip zu machen, aber die Na'pali Küste lässt uns keine andere Chance und so buchen wir einen „Sunset Cruise“. Die Fahrt wird ganz schön „rough“, warnt der Kapitän bei der Sicherheitseinweisung: „Jetzt ist die letzte Chance zu stornieren oder auf einen anderen Tag zu verschieben, falls ihr euch eher einen ruhigen Cruise wie auf einem See vorgestellt hattet.“ Niemand nutzt die Chance und so segeln wir los. Zwei Stunden später stellt sich heraus, dass einer von uns lieber hätte verschieben sollen: Peter hängt über der Reling und füttert die Fische.

Ich hingegen genieße derweil die Na'pali Coast beziehungsweise das, was man von ihr sieht. Vom Wasser aus haben wir zwar eine andere Perspektive als aus dem Helikopter, aber der Nebel ist der gleiche. Das Wetter spielt auch heute nur minimal besser mit. Doch wir freuen uns trotzdem über die dramatisch in Nebelschwaden gehüllte Küste und sehen das Glas lieber als halbvoll statt halbleer an. In dem Fall ist es sogar ständig ganz voll, denn auf dem Sunset Cruise ist nicht nur das Buffet, sondern auch die Getränke inklusive und wirklich niemand muss Durst leiden. So radeln wir irgendwann gut angetrunken zum Zelt zurück. Wir haben zwar Wale gesehen und gut einen sitzen, aber mit der Na'pali Coast haben wir immer noch ein Hühnchen zu rupfen.

Ein Hühnchen zu rupfen haben wir auch am nächsten Morgen. Beziehungsweise am liebsten gleich zwei. Und zwar zwei Hähne, die uns laut kämpfend in aller Frühe aus dem Land der Träume reißen. Die Hühner sind wirklich überall auf Hawaii! Aber wir müssen heute Morgen sowieso unser Camp räumen. Auch auf Kaua'i ist jeder Campingplatz einen Tag pro Woche gesperrt und heute ist es im Salt Pond Park soweit. Ausgerechnet heute, wo das Wetter für den Kokee State Park, also der Na'pali Coast aus Wanderer-Perspektive, endlich mal gut angesagt ist! Aber wir haben keine Wahl und so machen wir uns also auf die 30 Kilometer lange Fahrt zum nächsten geöffneten Campingplatz, der sich weit abgelegen im Westen der Insel befindet.

Das Wetter ist tatsächlich kein Vergleich zu den Vortagen und als wir eine Stunde später mit Sack und Pack an der Abzweigung zum Park vorbeikommen, könnten wir uns in den Hintern beißen, dass wir ausgerechnet heute den Platz wechseln müssen. Wolkenfreier Himmel über den Bergen! Es wäre der perfekte Tag, um es nochmal mit der Wanderung zu versuchen. Aber wir müssen leider zum neuen Campingplatz radeln. Oder? Gibt es nicht vielleicht doch eine Möglichkeit? „Es ist erst 12 Uhr. Wir könnten es schon noch nach oben schaffen und erst abends weiterfahren", schlage ich etwas unentschlossen vor. Auch Peter überlegt. „Aber was machen wir mit unseren ganzen Sachen?" Sie mit hoch auf die Wanderung nehmen ist keine Option, sie bei den Fahrrädern liegen zu lassen erst Recht nicht. „Schließt eure Räder in Waimea besonders gut ab. Da sind viele komische Gestalten unterwegs und alles, was nicht niet- und nagelfest ist, wird gestohlen", hatte man uns gewarnt. Da wir einige der komischen, mit Drogen vollgepumpten Gestalten vorgestern live beobachten konnten, überlegen wir fieberhaft nach einer Lösung. Das Visitor Center hat geschlossen. Wer sonst ist vertrauenswürdig und würde für ein paar Stunden unser Gepäck lagern? „Vielleicht die Feuerwehr da hinten?", schlägt Peter vor. Immer wieder hatten uns andere Reisende in Zentralamerika davon berichtet, bei Polizei oder Feuerwehr Unterschlupf für die Nacht gefunden zu haben. Warum nicht auch hier für unser Gepäck? „Ja, könnte klappen. Lass es uns versuchen!"

Wenige Minuten später klopfe ich also bei der örtlichen Feuerwache an die Tür. Dafür, dass ihre Aufgabe darin besteht, bei Notfällen schnell zu reagieren, passiert lange Zeit erst mal gar nichts. Ich laufe am Haus vorbei in den Hof und klopfe an der Hintertür. Immer noch nichts. Aber es gibt eine Klingel. Ich zögere. Nicht, dass ich versehentlich irgendeinen Alarm auslöse. Da auf mein Klopfen jedoch weiterhin nichts passiert, wage ich schließlich einen Versuch. Der Großalarm bleibt aus. Dafür öffnet nun endlich jemand die Tür. Ein Feuerwehrmann steht in voller Uniform vor mir. Leicht eingeschüchtert stelle ich mich übertrieben freundlich vor, schildere die Situation und frage, ob wir unsere Sachen für ein paar Stunden in der Wache lagern dürfen. Offenbar kommen nicht viele Fahrradreisende vorbei, die die Feuerwache als Lagerraum missbrauchen wollen, denn der Feuerwehrmann ist sichtlich überrascht von meiner Anfrage. Überrascht, aber nicht unfreundlich. Ein paar andere kommen hinzu. Sie schauen nicht weniger verdutzt drein. Scheinbar hat es sich auf Kaua'i noch nicht rumgesprochen, dass es nicht unüblich ist, dass die Feuerwehr Reisenden bei ihren alltäglichen Problemchen hilft. Ich muss mein Anliegen gleich mehrere Male wiederholen bis die Feuerwehrmänner sich sicher sind, mich richtig zu verstehen. Um zu verdeutlichen, dass es kein Scherz ist, rufe ich Peter mit den Rädern herbei, der immer noch vorne wartet.

Langsam wird ihnen klar, dass wir es ernst meinen und ihre Station wirklich als Schließfach zweckentfremden wollen. Mit leichtem Rest-Misstrauen gegenüber der merkwürdigen Anfrage schlagen sie vor, unsere Sachen im Hinterhof zu verstecken. So richtig gefällt uns der Vorschlag nicht, denn letztlich ist der Hinterhof genauso zugänglich wie der Vorderhof – nur eben von der anderen Seite. „Wäre es nicht vielleicht auch im Pausenraum möglich?", hake ich vorsichtig nach. Ist es leider nicht, denn jederzeit könne ein Einsatz losgehen und dann würde die Station abgeschlossen und alle wären unterwegs. Ich spare mir die Frage, wie oft so etwas denn auf Kaua'i passiert und freunde mich wohl oder übel mit dem Hinterhof an. Mittlerweise interessiert sich die gesamte Station für uns und unser ungewöhnliches Anliegen. Jeder hat eine andere Idee, wo genau im Hof wir unsere Sachen ablegen könnten. Von „dort vorne in der Ecke", zu „auf der Ladefläche vom Pick-up" ist alles dabei. Bis einer die am vernünftigsten klingende Idee hat: Unter einer umgedrehten Regentonne. Allgemein bei Dieben wohl eher weniger als Versteck für Wertsachen bekannt. Das hoffen wir zumindest als wir unsere Rucksäcke tatsächlich unter die dreckigen Tonnen packen und uns in Richtung Kreuzung verabschieden. Hier wollen wir unser Hitchhiking-Glück erneut auf die Probe stellen.

Ernüchtert stellen wir fest, dass es dienstags deutlich schwieriger ist als am Wochenende. Es fahren einfach weniger Leute zum Wandern in den State Park. Als nach fünf Minuten noch niemand für uns angehalten hat, werde ich nervös. Nach zehn Minuten überlege ich ernsthaft, die Sache zu beenden. Doch bevor der Gedanke reifen kann, hält in Minute elf dann doch ein Wagen und wir steigen zu drei Mitte-20-jährigen Amerikanern, die auf einem sehr stressig klingenden Wochenendtrip sind. „Wir haben ein bisschen Zeitdruck", verkünden sie noch beim Einsteigen. Die drei müssen nämlich in zweieinhalb Stunden am Hafen sein, wo sie die gleiche Bootstour machen wie wir am Vortag. Ein ehrgeiziger Plan für solch eine kurze Zeitspanne, der nicht nur eine äußerst sportliche Fahrweise, sondern auch größte Effizienz beim Genießen der Aussicht erfordert. Aber das passt uns ganz gut in den Kram, denn wer weiß schon, wie lange die Sonne noch da oben bleibt! Wir hetzen also mit ihnen mit. An uns vorbei zieht die gleiche Landschaft wie vor zwei Tagen. Nur in sonnig und gefühlt doppelt so schnell.

Oben angekommen scheint die Sonne tatsächlich noch. Die Aussicht ist ein Traum! Wo vorgestern nicht mehr als eine weiße Wand aus Wasserdampf zu sehen war, haben wir nun freien Blick auf das Tal und das sich dahinter erstreckende Meer. Der Boxenstopp reicht allerdings nicht für mehr als einen schnellen Drohnenflug der Amerikaner. Dann geht es für sie auch schon wieder runter, um das Boot nicht zu verpassen. So effizient kann Weltentdecken sein! Auch Peter und ich entscheiden uns schweren Herzens für die Vernunft und gegen eine Wanderung bis an die Küste. Andernfalls würde es knapp, heute noch unseren neuen Campingplatz zu erreichen. Und so brausen auch wir wieder ins Tal hinab.

Als wir wieder an der Feuerwache ankommen, um unser Gepäck abzuholen, ist niemand mehr da. Nur unsere Rucksäcke warten wie erhofft unter den Regentonnen auf uns. Selbst unsere Drohne ist noch da! Ist die Feuerwehr tatsächlich ausgerechnet jetzt zu einem Einsatz gerufen worden? Das überrascht mich nun wirklich. Ich hatte den Einwand für eine Ausrede gehalten, denn was soll auf Kaua'i schon passieren?

Peter und ich packen alles zusammen, beladen die Fahrräder und machen uns auf den Weg. Die erste Teilstrecke können wir, um Zeit und Kräfte zu sparen, mit dem Bus fahren. Dafür, dass sie auf dieser kleinen verschlafenen Insel lebt, ist die Busfahrerin ganz schön gestresst und drängelt, dass wir unsere Fahrräder schneller aufladen müssen wegen des Schulverkehrs. Tatsächlich steigen überraschend viele Jugendliche in den Bus. Die Busfahrerin fällt eindeutig in die Kategorie „Hart, aber herzlich". Trotz aller strengen Anweisungen und Ermahnungen an Zusteigende wird jeder Aussteigende mit einem herzlichen „Aloha" verabschiedet. Irgendwann verkündet sie dann für uns überraschend früh die Endstation. „Fahren Sie nicht zum PMRF Outside Gate?", erkundigt Peter sich irritiert. „Ihr wollt da hin?", entgegnet die Fahrerin mit ähnlicher Irritation. Wir bejahen. „Ok… Ich kann euch da rauslassen. Es ist eigentlich nur eine Drop-off-Station für die Leute, die dort arbeiten, aber ok. Wenn ihr wieder zurückkommt, dann müsst ihr aber mit dem Fahrrad zu dieser Haltestelle kommen."

Also geht es für uns wertvolle sieben Kilometer mit dem Bus weiter. Gut für uns hörbar teilt die Fahrerin der Zentrale über Funk mit, dass sie einen Drop-off am Militärstützpunkt machen muss. Das hinten angehängte „Das bedeutet wohl, keine Pause für mich", war wohl eher für unsere Ohren als die der Leitstelle gedacht. Tut uns ja auch leid, aber wie hätten wir das erahnen sollen, wenn die Station nun mal auf dem Plan steht? An der wirklichen Endhaltestelle schafft es die Busfahrerin dann doch noch zur Toilette, empfiehlt mir diese anschießend aufgrund ihrer tadellosen Sauberkeit und wünscht auch uns zum Abschied ein herzliches „Aloha".

Von nun an sind es nur noch wenige Kilometer über eine wenig befahrene, gleichmäßig asphaltierte und ebenerdige Landstraße mit Seitenstreifen. Das muss der flache Süden sein, von dem alle reden! Doch die Freude darüber hält nicht lange an. Nach einer Viertelstunde auf der flachen Traumstraße, geht es links auf eine andere Straße, die maximal als Buckelpiste bezeichnet werden kann. Es sind nur wenige Kilometer bis ans Ziel, doch der Weg hat es in sich. Es dauert keine zehn Minuten und ich habe buchstäblich alle Schrauben locker. Wir müssen anhalten, verlorene Schrauben suchen und die Fahrräder irgendwie wieder bestmöglich zusammenflicken. Selbst Autos überholen uns kaum. Wir selbst sind mit Schieben fast schneller als mit fahren. Die losen Steine und Sandkuhlen sorgen immer wieder dafür, dass wir wegrutschen oder abrupt Gepäck verlieren. Nach einer Stunde bitteren Fluchens und dem Verlust all unserer mentalen und körperlichen Kräfte sowie diverser Schrauben und Reflektoren kommen wir endlich am Ziel an.

Und das war die Anstrengung wert! Der Campingplatz am Strand ist ein absoluter Traum. Erste Amtshandlung: Mit den vollkommen durchgeschwitzten Klamotten mit Anlauf ins Meer rennen. „Was ein Paradies!“, versichern wir uns gegenseitig wieder und wieder als wir unser Zelt mitten in den Sanddünen am fast menschenleeren Strand aufbauen.

Im Paradies lernen wir kurz drauf drei Deutsche kennen, die ebenfalls am Strand zelten. Nennen wir sie der Einfachheit halber Tick Trick und Track. Tick ist männlich und Ende 20. Trick und Track sind zwei Mädels, die gerade frisch ihr Abi gemacht haben. Die drei haben sich online als Reisepartner gefunden und sind seit zwei Wochen miteinander unterwegs. Noch vier Monate soll es so weitergehen, bevor es für alle wieder zurück nach Deutschland geht. „Ich hab‘ nämlich kurz vorher eine Freundin in Berlin gefunden“, gesteht uns Tick. Etwa zehn Minuten später erweitert er beiläufig sein Geständnis: „Die ist halt auch schwanger von mir und im September kommt das Baby“. Interessante Nebeninfo. Da könnte man tatsächlich überlegen, rechtzeitig heimzukehren.

Auch wenn Tick eher Typ „verpeilter Überlebenskünstler“ zu sein scheint, ist er ein angenehmer Campingnachbar und so sitzen wir noch eine Weile beisammen. Die Mädels sind weniger gesprächig und vorrangig damit beschäftigt, Dinge aus ihrem Mietwagen hin und herzuräumen. Der Wagen ist dann auch das Stichwort, Tick nach ihren Plänen für den kommenden Tag zu fragen. Und tatsächlich waren die drei noch nicht im Kokee State Park und haben demnach bisher noch weniger von der Na’pali Küste zu Gesicht bekommen als Peter und ich. Spontan planen wir eine gemeinsame Wanderung für den nächsten Tag. Nicht ganz ohne Hintergedanken, denn Peter und ich wollen unser Gepäck nicht wieder bei der Feuerwehr einlagern. Die drei haben ein Auto und außer dass sie wissen, dass sie in den Park wollen, haben sie bisher keine Ahnung, was genau sie dort dann tun sollen. Wir hingegen schon. Es ist also eine Win-Win-Situation. Chauffeur gegen Guide.

Der Plan ist logistisch perfekt: Wir alle bauen morgens die Zelte ab. Unsere Sachen kommen ins Auto. Peter und ich fahren mit dem Fahrrad bis zur Abzweigung vor. Dort sammeln die drei uns wieder ein. Während wir alle zusammen wandern, bleibt unser Gepäck sicher im Wagen zurück. Auf dem Rückweg schmeißen die drei uns dann im Tal wieder bei unseren Fahrrädern raus und wir radeln in Ruhe zurück zum frisch geputzten Salt Pond Campingplatz, der heute wieder geöffnet ist.

Und die Logistik wird sogar noch besser! Zwei Mädels nehmen Peter, mich und die Fahrräder spontan hinten auf der Ladefläche ihres Pick-up Trucks mit über die Buckelpiste. Selbst mit Allradantrieb brauchen wir noch 20 Minuten für die fünf Kilometer und werden ordentlich durchgeruckelt. Danach radeln wir hochmotiviert wieder auf der geteerten Traumstraße und kommen dank der unverhofften Mitfahrgelegenheit überpünktlich am vereinbarten Treffpunkt an. Kurz zweifeln wir an Tick, Trick und Tracks Vertrauenswürdigkeit, als sie auch eine Stunde später noch nicht da sind. Doch irgendwann trudeln sie vollkommen entnervt ein. „Wir haben über eine Stunde für die Buckelpiste gebraucht", lautet ihre durchaus plausible Ausrede.

Auf dem Weg nach oben halten wir natürlich erneut an all den Aussichtspunkten, die Peter und ich inzwischen zum dritten Mal bestaunen dürfen. Aber das macht nichts – die Aussicht über den Waimea Canyon ist jedes Mal wieder spektakulär!

In einer ruhigen Minute gesteht mir Track, dass sie eigentlich gar nicht Hawaii, sondern viel lieber die Südstaaten der USA bereisen wollte. Doch dann hat sie übers Internet Tick und Trick kennengelernt, die nun mal nach Hawaii und Kalifornien wollten, und jetzt ist sie halt hier. Die Tonlage ihrer Stimme verrät, dass sie selbst nicht mehr ganz von der Richtigkeit ihrer Entscheidung überzeugt ist und auch für mich klingt das Ganze nach einem faulen Kompromiss. Gab es im Internet denn niemand anderes, dessen Reisepläne besser zu ihren gepasst hätten? Denn eigentlich haben die drei auch ansonsten nicht allzu viel gemein. Es ist eine absolute Zweckbeziehung dreier ungleicher Charaktere. Fast ein bisschen schade, wenn man so eine schöne Zeit nicht mit Freunden oder Familie, sondern mit Leuten verbringt, mit denen man sich nur zusammengerauft hat, um nicht ganz allein zu sein und Kosten zu sparen. Gut, dass ich meinem Peter dabei habe!

Oben angekommen geht es dann endlich auf die lang ersehnte Wanderung. Während Peter und ich Wanderschuhe anziehen, entscheidet sich Tick für Birkenstock-Schlappen. Noch keine 300 Meter sind wir unterwegs, da liegt er bereits der Länge nach im Schlamm. Die Regentage haben den Waldweg eben nicht unbedingt besser gemacht. Tick nimmt's gelassen. Für Trick und Track wäre „Sportskanonen" wohl ebenfalls die falsche Bezeichnung und so sind die beiden bereits nach zwei Kilometern konstant am Nörgeln. Ich komme mir vor wie eine Lehrerin auf Klassenfahrt, wenn statt einer Wanderung alle lieber schon Disko-Abend hätten. Immer wieder müssen wir Pausen einlegen, damit die Mädels verschnaufen können. Nur Tick bleibt gut gelaunt. Die körperliche Herausforderung ist aus Peters und meiner Sicht verkraftbar, die mentale umso größer und wir müssen uns Mühe geben, uns nicht vom ständigen „Wann sind wir denn da?" und „Ich hoffe, das lohnt sich" die Laune verderben zu lassen.

Ich bin unsicher, ob ich mich schuldig fühlen soll, weil sie ohne uns schon längst umgekehrt wären oder stolz, weil sie es mit ihrem mangelnden Ehrgeiz allein niemals hierher geschafft hätten? Immerhin hatten die Mädels behauptet, auch Lust auf eine Wanderung zu haben. Wer hätte ahnen können, dass die damit nur fünf Minuten meinten? Wie auch immer – der Aussichtspunkt ist am Ende einfach nur der Hammer! Selten habe ich so eine schöne Landschaft gesehen. Das müssen auch Trick und Track einsehen. Tatsächlich verleitet die Aussicht sie doch noch zu ein paar Erinnerungsfotos und einem Lächeln. Peter und ich sind hingegen einfach nur übermäßig glücklich darüber, endlich die ersehnte Na'pali Coast in ihrer vollen Pracht bestaunen zu können.

„So eine lange Wanderung machen wir aber nicht nochmal", verkündet Track im Angesicht ihrer letzten Kräfte, als wir nach fünf Kilometern Rückweg am Auto zurück sind. Als wir 10 Dollar Spritgeld beisteuern, sind die drei aber doch schnell wieder mit der Welt versöhnt und fahren, nachdem sie uns rausgelassen haben, erstmal zu McDonald's.

Wir bleiben noch ein paar Tage in Kontakt, denn inzwischen hat es einen gewissen Unterhaltungswert zu erfahren, was die drei machen und daran alles nicht mögen. Doch nach kurzer Zeit schläft der Kontakt ein und auch auf Instagram folgen keine neuen Bilder mehr. Wir können nur vermuten, dass auch die drei gemerkt haben, dass sie vielleicht doch nicht die perfekten Reisepartner füreinander sind – und möglicherweise auch grundsätzlich nicht die Typen für diese Art von Reise. Wenigstens muss Ticks neue Freundin so nicht mehr allein durch die Schwangerschaft. Und vielleicht schafft Track es ja sogar noch in die Südstaaten!

Auch wir haben ein neues Ziel und zwar die nächste Hawaii-Insel: Big Island. So holen wir nach zwei Wochen auf Kaua'i unser Gepäck im Hotel ab. Glücklicherweise hat diesmal jemand anderes Dienst. Der heutige Rezeptionist ist ganz im Aloha-Sinne gut gelaunt und fröhlich. Wir bedanken uns überschwänglich und ziehen mit Sack und Pack weiter zum Flughafen. Dort haben wir weniger Glück als im Hotel. Am Tresen empfängt uns die gleiche missmutige Dame wie bei unserer Ankunft. Auch sie erinnert sich an uns und so werden wir ohne Umschweife erneut dafür gerügt, dass auch diesmal wieder Gepäck in den Satteltaschen steckt und dass es überhaupt Satteltaschen gibt. Es kostet einiges an Überzeugungsarbeit, gut Zureden und einen Anruf bei der Zentrale auf O'ahu, die bestätigt, dass das Beladen der Räder in Ordnung ist. Irgendwann gibt sie beleidigt klein bei und unsere Fahrräder machen sich vollbeladen auf den Weg. Bleibt zu hoffen, dass die Big Islander besser gelaunt sind.

Gastfreundschaft on Demand

Nach kurzem Flug landen wir auf unserer dritten Hawaii-Insel: Big Island. Couchsurferin Lale hatte sich bereits vor Wochen auf unser Gesuch auf der Plattform hin gemeldet und uns zu sich nach Hause eingeladen. Wir sind uns nicht sicher, was uns erwartet, denn vorsichtig formuliert scheint Lale etwas „fordernd" zu sein. Sie wirkt irgendwie einsam. Der Eindruck hat sich bei uns schnell gefestigt, denn seit sie uns vor drei Wochen eingeladen hat, bombardiert sie uns förmlich mit Nachrichten auf sämtlichen Kanälen. Vom Couchsurfing-Messenger, über WhatsApp bis Facebook. Zur Not auch per SMS. Jeden Tag. Mehrmals. Die Nachrichten reichen von Sightseeing-Tipps über Hausregeln bis zu Infos über ihre Essgewohnheiten. Oder regelmäßige Updates, was sie heute gemacht hat und mit wem. Die Namen der Leute erwähnt sie dabei so beiläufig als müssten wir wissen, wer Jason oder Lynn sind. Wenn wir nicht innerhalb kürzester Zeit antworten, ist Lale beleidigt. Umgehendes Antworten ist allerdings durchaus eine Herausforderung, wenn man unterwegs auf einem Fahrrad- und Campingtrip ist und die einzige Stromversorgung aus einem kleinen, mobilen Solarmodul besteht, die Sonne aber nicht immer scheint. „Wollen wir wirklich dahin?", wirft Peter kurz vor Abflug in den Raum. „Wir haben doch schon zugesagt und Lale hat laut ihres letzten Facebook-Posts bereits für uns eingekauft", entgegne ich ebenso unschlüssig. Ich kann nachvollziehen, was Peter zögern lässt. Aber nun ist es zu spät, Lale wartet schon am Flughafen, um uns abzuholen. Entsprechend verunsichert steigen wir in ihren SUV. Unsere Fahrräder sind nicht dabei. Die kommen erst morgen an, denn sonntags fliegt der Cargo-Flieger nicht.

Lale ist Ende 60 und leidet an Lungenkrebs und Rückenproblemen. Das hält sie jedoch keineswegs vom Kettenrauchen ab. Bereits im Auto erzählt sie uns ihre halbe Lebensgeschichte, was wir alles tun dürfen/sollen/müssen und was nicht und im Detail wer alles schon bei ihr zu Gast war. Zum Bespiel Sarah und Heather. Die beiden waren gerade erst für ein Glas Wein zurück bei Lale, um ihr davon zu berichten, dass sie live dabei waren als heute jemand am Strand ertrunken ist. „Das ist ja furchtbar!“, erwidere ich reflexartig. „Ach die Touristen sind doch selbst schuld. Das passiert ständig“, erwidert Lale mitleidslos. „Trotzdem war das sicherlich doch ein Schock für die beiden, oder nicht?“, versuche ich meine Reaktion zu rechtfertigen, doch Lale bleibt dem Unfall gegenüber gleichgültig. Als im Laufe des Gesprächs herauskommt, dass ich noch nie im Leben eine Leiche gesehen habe, lacht sie mich aus vollem Herzen aus. So klein und naiv von mir! Noch nie eine Leiche gesehen! Hahaha. Es folgt eine Reihe von Erzählungen über die diversen Leichen-Sichtungen in Lales offenbar bewegtem Leben. Ich kann den Erzählungen vor lauter Leichen irgendwann nicht mehr so recht folgen und belasse es daher lieber bei einfachen Lauten, um mein Staunen zu bekunden.

Im Laufe der Autofahrt beschleicht mich das Gefühl, dass es schwierig werden könnte, endlich mal das in Lales Augen Richtige zu sagen. Noch auf der Fahrt vom Flughafen begeht Peter den ersten großen Fauxpas und ich befürchte, an Ort und Stelle in den kalten Regen rausgeschmissen zu werden. Er erwähnt beiläufig das Wort „Karma“. Das mag Lale gar nicht. Sie hatte uns vorab in einer ihrer zahlreichen Nachrichten nämlich klipp und klar darüber unterrichtet, dass sie mit Religion nichts am Hut hat. Das knallt sie nun auch Peter an den Kopf und würgt ihn damit umgehend ab. Für ein paar Sekunden herrscht Totenstille. Lale ist sauer auf Peter, wir hingegen haben Angst, es noch schlimmer zu machen. Die peinliche Stille hält zum Glück nicht lange an. Abrupt stoppt Lale am Straßenrand. Wirft sie uns nun raus? Nein, sie nimmt einen im Regen stehenden Anhalter mit. Der arme Typ kommt von der Arbeit und sonntags fährt kein Bus. „Durch die Aktion bekommt Lale sicherlich ein paar Karma-Pluspunkte“, flüstere ich Peter heimlich zu und hoffe, dass sie wirklich kein Deutsch versteht.

Lale hält ihr Versprechen, das sie bereits vor Tagen angekündigt hatte, und so wartet bereits ein leckeres Abendessen auf uns, als wir an ihrem Haus eintreffen. Sie selbst hat bereits gegessen, da sie wegen ihrer Erkrankung einen strikten Zeitplan einhalten muss. Gastfreundschaft wird bei Lale großgeschrieben. Auch als wir am nächsten Morgen aufwachen, steht schon Frühstück für uns bereit. Ich habe das Gefühl, dass sie inzwischen ein bisschen zu uns aufgewärmt ist.

Trotz aller Nettigkeiten und Gastfreundschaft erweist sich Couchsurfing bei Lale in den kommenden Tagen immer wieder als seltsam. Mal ist sie extrem nett und macht uns ein Kompliment nach dem anderen. Innerhalb von Sekunden kann die Stimmung allerdings durch eine harmlose, unbedachte Äußerung komplett umschlagen. Am meisten schätzt Lale Intelligenz und Bildung. Aus diesem Grund, laufen rund um die Uhr CNN-Nachrichten in voller Lautstärke. Nur gelegentlich von Musikvideos mit Hula-Tanz unterbrochen. Peter und ich geben uns größte Mühe, intelligent und hochgebildet rüberzukommen. Eine Herausforderung, denn Lales Lieblingsthema ist Politik. Und zwar nicht nur die der USA, sondern auch die türkische. In der Annahme, dass jeder gebildete Mensch sämtliche Politiker der Türkei seit dem letzten Weltkrieg aus dem FF kennt, wirft sie mit Namen nur so um sich. Da Lale selbst türkischer Abstammung ist, vermischen sich die vielen uns unbekannten Namen der Präsidenten und Minister mit denen ihrer scheinbar ebenfalls sehr einflussreichen Familie – wobei wir unsicher sind, wie groß die Schnittmenge tatsächlich ist. Dumm nachfragen und damit unsere Unwürdigkeit und mangelhafte politische Bildung preisgeben, wollen wir lieber nicht. Generell habe ich Angst, etwas Falsches zu sagen, denn Widerrede wird nicht geduldet. Da merkt man Lale ihre militärische Vergangenheit an, die sie immer wieder erwähnt. Diskussionen sind unbedingt zu vermeiden, wenn wir weiterhin ein Dach über dem Kopf haben wollen. So bleibt uns nur Nicken und wissendes Lächeln.

Da Lale trotz Pensionierung nach eigener Aussage noch Flüge für irgendwelche Generäle bucht, ist der Übergang zwischen einfachen Freunden und prominenten Politikern in ihren Erzählungen fließend. Ständig erwähnt sie wie selbstverständliche die Namen irgendwelcher Admiräle. Oder vielleicht sind es einfach nur ihre Nachbarn? Wir blicken selbst nicht mehr durch. Als wir eines Morgens aufwachen, erzählt sie uns, dass sie nachts unterwegs war, um irgendjemanden, dessen Namen wir uns nicht merken konnten, für eine Geheimoperation vom Flughafen abzuholen. Wenn wir ihren Erzählungen richtig folgen konnten, musste ein wichtiges Dokument in Washington übergeben werden, um eine ranghohe Persönlichkeit (nein, ausnahmsweise nicht Trump selbst) zum Rücktritt zu zwingen. Peter und ich haben derweil selig geschlafen.

Zwar hat Lale uns auf eigene Initiative hin eingeladen, aber dennoch scheint sie gleichzeitig nicht richtig happy damit, Couchsurfer zu Gast zu haben. Und das bereits seit dem Moment, als wir zu ihr ins Auto stiegen. Auf der einen Seite leiht sie uns ihr Auto zum Sightseeing und bereitet uns morgens wie selbstverständlich das Frühstück vor. Und wenn wir abends zurückkommen besteht sie vehement darauf, dass wir uns am Kühlschrank bedienen sollen. Auf der anderen Seite fühlen wir uns trotz all dieser Nettigkeiten unerwünscht. Schnell finden wir heraus, warum sich unsere Gastgeberin so seltsam verhält. Und zwar macht Lale einen Couchsurfing-Test, zu dem sie ihr türkischer Onkel aufgefordert hat. „Die Türken sind nämlich extrem sauer auf die Plattform", erklärt sie uns.

Laut Lale bzw. ihres Onkels sind nämlich die falschen Menschen auf Couchsurfing unterwegs. „Viele sind nicht gebildet und laden auch nicht zurück ein. Wir Türken sind immer so gastfreundlich". Und nun ist es an ihr als Quasi-Amerikanerin, diese Beobachtung international zu verifizieren. Sollte auch Lale ein negatives Feedback geben, so will der Onkel dafür sorgen, dass die Türkei in Zukunft nicht mehr bei Couchsurfing mitmacht. So ganz verstehen wir es auch nicht. Wir wissen nur, dass Lale während ihres 90-tägigen Tests so ziemlich jeden aufgenommen hat, der ihr im Internet über den Weg gelaufen ist. Vielleicht nicht der sinnvollste Ansatz. Dementsprechend durchwachsen waren ihre bisherigen Erfahrungen. Peter und ich kommen an Tag 89 bei ihr an und so bin ich zuerst nicht sicher, ob dies eine reine Information ist oder der mehr oder weniger subtile Hinweis, dass wir morgen wieder rausfliegen. Aber wir haben Glück. Die Couchsurfing-Testphase wird spontan um weitere 90 Tage verlängert. Ich sammele zahlreiche Pluspunkte bei Lale, als ich auf ihr Drängen hin mehr oder weniger freiwillig eine Nachricht an den Kundenservice von Couchsurfing schicke, in der ich Lales Kritikpunkte an der Plattform untermauere.

Abgesehen von Lales grenzenloser Gastfreundschaft ist Big Islands Empfang für uns zunächst eher verhalten. Nicht nur regnet es rund um Puno ständig, sondern auch sonst machen uns die Naturgewalten in vielerlei Hinsicht einen Strich durch die Rechnung. Lange floss ein riesiger Lavastrom vom Vulkan Kilauea über eine Klippe direkt in den Pazifik. Dass dies seit einem Ausbruch vor ein paar Monaten nicht mehr so ist, hatten wir bereits mitbekommen. Dennoch fahren wir in den Nationalpark, um uns mit eigenen Augen davon zu überzeugen. Schließlich hatte ich Peter mit der Aussicht auf fließende Lava in nächster Nähe überhaupt erst nach Hawaii gelockt. Aber es ist nichts zu machen. Mein Versprechen bleibt im wahrsten Sinne des Wortes nichts als heiße Luft. Wir bekommen lediglich ein wenig Rauch und Dampf zu sehen. Nichts, was einen nach Yellowstone und Zentralamerika noch hinter dem Ofen hervorlocken würde.

Was für uns einfach nur schade ist, ist für manche Hawaiianer eine echte Katastrophe, wie wir mit eigenen Augen sehen können. Der Weg zu einem Strand, den Lale uns empfohlen hatte, erweist sich als komplizierter als gedacht. Immer wieder müssen wir umdrehen, weil eine Straße unerwartet in einer Sackgasse endet. Straßensperren aus Lavagestein verhindern die Weiterfahrt. Wie eine Mauer zieht sich der einstige Lavastrom durch die Region. Das Bild, das sich uns immer wieder bietet, macht deutlich, warum man in Puno für hawaiianische Verhältnisse so günstig Land und Häuser kaufen kann. Es kann jederzeit wieder losgehen. Niemand ist vor einem weiteren Ausbruch sicher. Häuserversicherung kann man in diesem Teil der Insel daher schon lange nicht mehr abschließen. So blöd ist kein Anbieter. Was für die Anwohner nun wirklich nicht lustig ist, ist für uns als Besucher aufregend und teilweise wunderschön. Durch die Kombination aus viel Regen und fruchtbarem Vulkanboden ist die Landschaft sattgrün. An den Stränden neigen sich Palmen über den schwarzen Sand in den Pazifik. In der tosenden Brandung beobachten wir Schildkröten, die sich von den teils gewaltigen Wellen nicht beeindrucken lassen. Wie unglaublich schön muss dieses Bild wohl gewesen sein, als dazu noch ein orangener Lavastrom ins Meer geflossen ist!

Dass Lale uns ihr Auto leiht, nutzen wir aus und machen uns auf den Weg zu einem Ort, der mit dem Rad eher schwierig zu erreichen wäre: auf den höchsten Berg der Welt. Das ist nämlich nicht der Mount Everest, sondern der Vulkan Mauna Kea auf Hawaii. Zumindest wenn man bei der Messung auch die Höhe unterhalb der Meeresoberfläche mit einbezieht. Dann werden aus 4205 Metern mal eben 10203 Meter, die Peter und ich problemlos in Lales SUV bezwingen. Mit dem Fahrrad wäre es doch ziemlich herausfordernd geworden. Auch der Mauna Kea spukt keine Lava, ist dafür aber umso bekannter für den Sonnenuntergang über der Wolkendecke und die Aussicht auf den Sternenhimmel.

Nach einer verpflichtenden, halbstündigen Akklimatisierungspause auf halber Höhe dürfen wir nach oben weiterfahren. In Pole Position parkend beobachten wir, wie sich die Sonne langsam senkt und die Wolkendecke in ein Spektrum aus gelb, orange und rot tönt. Unvorstellbar ist es in diesem Moment, dass wir heute Mittag noch in kurzer Hose und T-Shirt am Strand waren. Hier oben halten wir es nur mit Winterjacke, Schal und Mütze aus. Noch während die Sonne grazil mit einem kunterbunten Farbspektakel hinter den Wolken verschwindet, wird uns klar, dass wir am falschen Tag gekommen sind. Kaum ist die Sonne verschwunden, löst sie nämlich der Vollmond ab und strahlt umso heller. Der phänomenale Sternenhimmel bleibt trotz Wolkenfreiheit aus. Lediglich der große Wagen und ein paar vereinzelte Sternchen sind blass zu erkennen. Etwas enttäuscht, aber froh über den traumhaften Sonnenuntergang machen wir uns auf den Weg bergab. Da ist man schon mal vier Kilometer näher an den Sternen, an einem der besten Sternbeobachtungsorten der Welt und dann kommt der blöde Mond dazwischen!

Unser Eindruck, dass Big Island es uns nicht leicht machen will, verdichtet sich in den kommenden Tagen und Wochen. Dass wir wegen des Vollmonds auf dem Mauna Kea keine Sterne sehen, kann man noch auf unsere Zeitplanung schieben. Schließlich verhält sich der Mond immer gleich. Doch als wir alternativ bei Neumond eine Live-Schaltung im Planetarium ansehen wollen, regnet es zu stark, um Sterne zu sehen. Und auch beim dritten Versuch das gleiche Schauspiel: Wegen der dichten Wolkendecke schickt der Ranger uns noch am Eingang wieder nach Hause, denn es gibt keine Aussicht auf Besserung und ab einer gewissen Höhe ist die Straße zum Gipfel sogar wegen Glatteisgefahr komplett gesperrt. Big Island scheint uns einfach nicht zu mögen.

Nach ein paar Tagen bei Lale heißt es vorerst Abschied nehmen. Unsere Räder warten bereits in der Cargo-Halle des Flughafens und unsere Köpfe sind voll mit Informationen über Außenpolitik aller Art. Was für ein merkwürdiger Gastaufenthalt! Wir sind dankbar für die unendliche Gastfreundschaft von Lale und zugleich vollkommen verwirrt und verunsichert von all ihren Erzählungen. Der ominöse Putschversuch ist übrigens missglückt. Das hat Lale uns zwar nicht erzählt, aber selbst ich weiß, dass die angebliche Zielperson noch im Amt ist.

Nach allem, was wir an Planungsschwierigkeiten auf O'ahu und Kaua'i hatten, freut es uns zu hören, dass die Campingplätze auf Big Island jeden Tag geöffnet sind. Wirklich jeden! Keine Schließung für angebliche Wartungsarbeiten. Weniger hingegen freut uns, dass die Plätze gleich um ein Vielfaches teurer sind und außerdem für unsere Zwecke einer Inselumrundung mit dem Fahrrad zu unregelmäßig verteilt. Nachdem wir die Räder endlich vom Flughafen abgeholt haben, entschließen wir uns daher, unsere Strategie auf Big Island zu ändern. Da wir den Süden und den Mauna Kea dank Lales Großzügigkeit beim Autoverleih bereits gesehen haben, suchen wir uns je auf der Ost- und auf der Westseite einen Stützpunkt, von dem aus wir Tagestouren machen, anstatt die Insel komplett zu umrunden.

Durch Peters clevere Kombination diverser Rabattgutscheine wird ein airbnb im beliebten Urlaubsort Kona überraschend bezahlbar und so schlagen wir zu. Eine Woche lang ein richtiges Bett und eine Küche statt Zelt. Was ein Luxus! Quer über die Insel geht es zu unserem neuen Domizil. Erste Amtshandlung: Ab an den Strand Sonne tanken nach all den Regentagen in Puno.

Mord und Totschlag

Wenn Leute Angst vor einem Haiangriff haben, wird gerne auf Statistiken verwiesen, dass es viel wahrscheinlicher sei, von einer herabfallenden Kokosnuss erschlagen, als von einem Hai gefressen zu werden. Seit heute kann ich das dank einer nicht ganz freiwilligen empirischen Beobachtung bestätigen. Spoiler-Alarm: Ich lebe noch.

Nichtsahnend liegen Peter und ich am Traumstrand in Kona. Ich bin ich mein Buch vertieft, als mich plötzlich und unerwartet ein dumpfer Schlag schmerzhaft direkt ins Dekolleté trifft. Erschrocken schreie ich auf. Der Übeltäter meines Schmerzes ist schnell identifiziert: eine Kokosnuss. Ich wurde tatsächlich von einer herabstürzenden Kokosnuss getroffen! Dabei hatten wir die Palme extra zuvor auf verdächtige Kokosnüsse geprüft – mit negativem Ergebnis. Mehr noch: An den beliebten Touristenstränden werden Kokosnüsse extra regelmäßig von den Hotelangestellten entfernt. Doch diese Nuss ist keine ausgereifte Kokosnuss, die wir nun als Entschädigung für den Anschlag mit der Machete aufschlagen und trinken könnten. Nein, es ist eine kleine Baby-Nuss, kaum größer als eine Kastanie. Weh tut es dennoch. Wer hätte damit rechnen können, dass solch eine Baby-Nuss herabstürzt? Hätte ich sie in der Höhe überhaupt mit dem bloßen Auge sehen können? Auch die diversen Warnschilder am Strand warnen uns lediglich vor gefährlichen Strömungen und Autoeinbrechern. Keines hat uns auf Kokosnussanschläge hingewiesen. Da hätte ich einen Haiangriff in der Tat wahrscheinlicher gefunden.

Wenngleich man über die Wissenschaftlichkeit des Experiments streiten kann, bin ich letztlich ganz froh, in diesem konkreten Fall die Statistik bestätigt und nicht widerlegt zu haben. Ein Haiangriff wäre wohl auch nicht so gut gewesen. Wahrscheinlich hätte er auch länger als zehn Minuten wehgetan. Zu diesem Zeitpunkt wissen wir übrigens noch nicht, dass auch Peter ein paar Tage später nur wenige Zentimeter von einer Kokosnuss verfehlt wird. Einer deutlich größeren. Auch er überlebt den Angriff unbeschadet, doch von Palmen jeglicher Art halten wir uns von da an fern.

Am darauffolgenden Tag gibt es am Strand immer noch keine angriffslustigen Haie, sondern etwas viel Besseres: Meeresschildkröten mischen sich unter die Schwimmer und gleiten geschmeidig durch die Wellen. Sie scheinen sich an den vielen Menschen im Wasser wenig zu stören. Ich versuche mich nicht darüber zu ärgern, dass wir ausgerechnet heute einstimmig beschlossen haben, unsere Unterwasserkamera zuhause zu lassen, „da wir sie eh nicht brauchen werden" und tröste mich damit, dass dies eindeutig eine Variante von Murphy's Law sein muss und die Schildkröten andernfalls bestimmt nie da gewesen wären.

Doch mein Ehrgeiz, der Nachwelt von dieser Begegnung zu berichten, ist gepackt. Wir kommen am nächsten Tag wieder. Bewaffnet mit Taucherbrille, Schnorchel und Unterwasserkamera. Doch nichts. Keine Schildkröte lässt sich blicken. Ich lege mich also zurück an den Strand und lese ein Buch. Weit weg von jeglichen Palmen. Egal, wie geerntet von Kokosnüssen sie erscheinen mögen. Irgendwann macht auch Peter sich auf Schildkröten-Suche. Und tatsächlich. Nach einer Weile kommt er aufgeregt zurückgelaufen, um mir von seinem Fund zu berichten und auch mich ins Wasser zu holen. Sofort schnappe ich meine Ausrüstung und laufe los. Da Schildkröten dazu neigen, nicht an einem Ort auf neugierige Menschen zu warten, brauche ich ein Weilchen, finde sie aber schließlich nahe einer Felskante. Sie ruht dort einfach im Wasser und kommt sogar ein Stückchen näher auf mich zu, als sie mich erblickt. Wie eine Verrückte mache ich Bilder. Die Aufmerksamkeit gefällt der Schildkröte offenbar gut. Zumindest haut sie nicht ab. Sie bleibt einfach mehr oder weniger an der gleichen Stelle treiben und lässt sich von den Wellen auf und ab schunkeln. Ich tue es ihr gleich. Etwa eine Viertelstunde chillen wir so gemeinsam im Pazifischen Ozean und beobachten uns gegenseitig. Bis sie irgendwann keine Lust mehr hat und weiter in Richtung der Felsen schwimmt. Da die Wellen recht stark und die Felsen scharfkantig sind und ich im Gegensatz zu meinem neuen Freund über keinen schützenden Panzer verfüge, wird es Zeit, mich zu verabschieden. Als ich mich ein letztes Mal umdrehe, ist die Schildkröte bereits verschwunden. Mir bleibt jedoch für immer die Erinnerung - und eine Reihe verschwommener Fotos.

In den wenigen Wochen, die wir nun unterwegs sind, haben wir unsere Räder bereits ganz schön heruntergewirtschaftet. Das permanente draußen Parken bei Regen und salziger Seeluft hat seine Spuren hinterlassen. Ihr Zustand lässt sich mit diversen Floskeln und Metaphern beschreiben: „Der Lack ist ab", „Sand im Getriebe haben" (bzw. überall sonst auch), „die Luft ist raus", „eine Schraube locker haben" oder auch „wer rastet, der rostet". Denn seit dem letzten Flug und der anschließenden dreitägigen Fahrradpause wirken beide Räder umso mitgenommener.

Um auszuschließen, dass weitere Rast sie noch stärker rosten lässt, lassen wir den Strand links liegen und machen uns wieder mit den Rädern auf. Es geht gen Süden. Die Strecke ist kilometertechnisch überschaubar. Wir legen an diesem Tag nur schlappe 30 Kilometer zurück. Ein Kinderspiel. Eigentlich. Doch befinden wir uns immer noch auf einer Vulkaninsel und so gilt es auf diesen 30 Kilometern 2000 Höhenmeter zu überwinden. 1000 nach oben und nochmal 1000 nach unten – und das gleiche Spielchen wieder zurück. Von Meereshöhe auf Meereshöhe und retour. Die Fahrt beginnt angenehm, denn schließlich können wir all unser Gepäck in Kona zurücklassen. Das macht einen spürbaren Unterschied. Doch die Freude darüber hält nicht lange an. In der prallen Mittagshitze quälen wir uns schweißgebadet einen Berg hoch. Die Steigung zieht und zieht und zieht sich. Neben uns düsen die Autos ohne jegliche Mühe vorbei. Ich kann nicht mehr. Im Schatten eines Baums legen wir eine Pause ein. Wir können kaum so schnell Wasser nachtrinken, wie wir es über die Schweißporen wieder verlieren. Nachdem sich die Energie eines Müsliriegels im Körper bemerkbar macht, versuchen wir die restliche Bergetappe anzugehen. Ein paar Hundert Meter fahre ich im Schneckentempo, dann meldet mein Körper erneut das Ende der Energiereserven und ich muss absteigen. Am Ende meiner Kräfte schiebe ich Millimeter für Millimeter durch die pralle Sonne bis Peter, der inzwischen oben angekommen ist, zurückgelaufen kommt und mein Rad übernimmt. Völlig fertig torkle ich hinterher. Was haben ein paar Tage Fahrpause mit uns angestellt? Vollkommen am Ende kommen wir am Ziel an. Wobei das Wort „Ziel" irreführend ist, denn praktisch sind wir durch die noch ausstehende Rückfahrt gerade erst bei 50 Prozent unserer Tagesetappe angekommen. Doch daran will ich gerade lieber nicht denken.

Wir wollen erstmal den *Pu'uhonua O Honaunau National Historical* Park erkunden. Der befand sich einst in königlichem Besitz und diente hawaiianischen Gesetzesbrechern als Zufluchtsort. Sogenannte *kapu* (Gesetze) waren in der hawaiianischen Kultur einst von größter Bedeutung. Verstöße wurden teilweise sogar mit der Todesstrafe geahndet. Doch es gab für Gesetzesbrecher eine Möglichkeit, um ihrer Strafe zu entgehen: Man musste sich zum *pu'uhonua* (heiliger Zufluchtsort) retten, bevor man gefasst wurde. In einer Zeremonie wurde dort den Kapu-Brechern Absolution erteilt und sie konnten in die Gesellschaft zurückkehren. Allerdings machten die Wellen des Pazifiks sowie die Küste aus Lavagestein das Erreichen dieses Zufluchtsortes schwierig. Kämpferische *kiis* (hölzerne Götterbildnisse) bewachen zudem bis heute den heiligen Tempel, in dem die Gebeine von 23 *alii* (Stammeshäuptlingen) ruhen. Wir sind beeindruckt von der historischen Stätte und vor allem den kiis. Auch ich würde heute Abend gerne Zuflucht an diesem pu'uhonua finden, wenn ich daran denke, noch 1000 Höhenmeter vor mir zu haben...

Manchmal, wenn man vor etwas wirklich zurückschreckt, erweist sich am Ende alles als halb so wild wie gedacht. Das trifft heute nicht zu. Der Rückweg wird genauso schlimm wie befürchtet. Es ist nicht wirklich überraschend, aber hoch kommt mir der

Berg deutlich länger vor als runter. Und runter hatte ich schon als lang in Erinnerung. Wir fahren bereits seit einer Ewigkeit nach oben. Wenigstens ist die Szenerie sehr schön. Ich sollte häufiger für Fotos halten. Doch jedes Mal, wenn ich etwas Tolles wie eine besonders schöne Südseeblume sehe, habe ich gerade Schwung, den ich nicht riskieren kann. „Nur noch 100 Höhenmeter nach oben", ruft Peter mir irgendwann zu. Ich weiß, er will mich mit dieser gering wirkenden Zahl motivieren. Doch es geht hier nicht um Meter, sondern Höhenmeter. Dummerweise erinnere ich mich, wie man Steigungen berechnet und habe gerade, außer in die Pedale zu treten, nicht viel anderes zu tun. Bei einer durchschnittlichen Steigung von schätzungsweise fünf bis zehn Prozent (ich nehme mal einfache Zahlen, schließlich bin ich gerade körperlich stark angestrengt und habe keinen Stift dabei) bedeutet dies noch locker zwei Kilometer den Berg hoch – oder bei einer höheren Steigung zwar nur einen Kilometer, aber der wäre dafür umso steiler und anstrengender. Beides nicht sehr tröstlich. Warum sagen die Leute eigentlich immer „Es geht bergauf", wenn sie eine gute Entwicklung meinen? Ist von diesen schlauen Sprichwort-Erfindern noch nie jemand Fahrrad gefahren? Wissen die nicht, wie anstrengend „bergauf" ist? Was soll daran positiv sein? Bergab ist viel entspannter und macht auch viel mehr Spaß. Ich nehme mir in diesem Moment fest vor, traurige Freunde zukünftig nur noch mit einem wohlwollenden „Mach dir nichts draus. Es geht auch irgendwann wieder bergab" zu trösten.

Eine weitere unbestimmte, aber wie eine Ewigkeit wirkende Zeit später, höre ich von vorne: „Nur noch 300 Meter bis zur Kreuzung". Endlich! Das Ende ist tatsächlich in Sicht. Also zumindest das Ende dieses Anstiegs. Danach können wir entspannt die Straße runterheizen, die wir uns wenige Stunden zuvor in der Mittagssonne hochgequält haben.

Genau das tun wir dann auch. Der Tacho zeigt 28 Meilen pro Stunde, das entspricht etwa 45 km/h. Gar nicht mal so schlecht, wenn man bedenkt, dass ich die ganze Zeit mit halb angezogener Bremse bergab düse.

Auch wenn Fahrradfahren auf Big Island mit der ein oder anderen körperlich herausfordernden Steigung verbunden ist, rettet die Region rund um Kona Hawaiis Ehre in Bezug aufs Radfahren. War es auf den Straßen von O'ahu und Kaua'i keine Seltenheit, dass Autofahrer uns beim Überholen mit einem freundlichen „Get off the road" grüßten, so geht es auf der Westseite von Big Island um einiges entspannter zu. Das liegt sicherlich nicht zuletzt daran, dass hier jedes Jahr der berühmte Ironman stattfindet. Entsprechend gewohnt sind die Autofahrer trainierende Radfahrer. Die Seitenstreifen sind so breit wie eine eigene Fahrspur und aalglatt geteert.

Und so machen wir uns trotz müder Beine und Muskelkater auch am nächsten Tag wieder mit den Rädern auf. Wenn wir fleißig so weiterfahren, schwimmen und wandern, können wir uns wenigstens mit einem inoffiziellen Staffel-Ironman brüsten. Und so schlagen wir uns tapfer auf der Triathlon-Fahrradstrecke, aber spätestens als die Sonne sich langsam dem Horizont nähert, schwinden mit ihr auch unsere Energiereserven. Es ist wenig erbaulich, wenn man bereits am Ende seiner Kräfte ist und dann ein Schild mit dem Hinweis sieht, dass es noch weitere 15 Kilometer bis zum Ziel sind. 15 Kilometer bedeutet in diesem Fall, dass noch immer ein Viertel des Rückwegs vor uns liegt. Die Sonne ist inzwischen untergegangen, wir haben Hunger und die Lust am Fahrradfahren ist dummerweise bereits vor zehn Kilometern vom Gepäckträger gefallen... „Wäre das hier ein Ironman, müssten wir nur noch schnell 3,86 Kilometer schwimmen und 42,195 Kilometer laufen. Ach ja, und für die vollständige Fahrraddistanz von 180,2 Kilometern müssten wir dann auch nochmal ein paar Meter dranhängen", verkündet Peter an der nächsten roten Ampel. Vielleicht ein andermal. Ich tröste mich lieber damit, dass es gleich bergab geht. Bergab ist sowas von das neue Bergauf!

Baywatch off Duty

Ich will es noch einmal versuchen. Heute ist unser letzter Tag in Kona und ich habe mir in den Kopf gesetzt, noch einmal nach meinem Schildkröten-Freund Ausschau zu halten. Nachdem wir bereits am Morgen in einer Bucht voller bunter Fische schnorcheln waren, überrede ich Peter dazu, am Nachmittag noch einmal kurz zu dem Strand zu gehen, wo wir bisher immer Glück hatten (also Glück mit Schildkröten, weniger mit Kokosnüssen). Nach einer kurzen Weile Sonnenbaden, versuche ich mein Glück und gehe ins Wasser. Erstmal nur mit Schnorchel bewaffnet. Die Unterwasserkamera kann ich immer noch später holen, falls tatsächlich Schildkröten in der Gegend sind. Und außerdem war da ja was mit Murphy's Law und so.

Im Nachhinein kann ich sagen, ich hätte den Schnorchel ebenfalls liegen lassen sollen. Generell hätte ich selbst liegen bleiben sollen. Oder zumindest einen anderen Zeitpunkt für meine Mission wählen. Bereits als ich ins Wasser gehe, merke ich, dass niemand sonst schnorchelt. Der Wellengang ist stark und neben ein paar wenigen Badenden sind vor allem Leute mit Bodyboards im Meer. Die Bucht ist schmal und auf der rechten Seite ziemlich felsig, deshalb konzentriert sich die Menschenmenge auf einen sehr kleinen Abschnitt im Wasser. Da mir die Wellen außergewöhnlich hoch erscheinen, will ich erst einmal ein bisschen rausschwimmen bevor ich meine Brille aufsetze und den Schnorchel befestige. Doch weit komme ich nicht. Als ich etwa auf Brusthöhe im Wasser bin, werde ich das erste Mal gezwungen, durch eine anrauschende Welle hindurch zu tauchen. Meine extra hochgesteckten Haare sind somit deutlich früher nass als erwartet. Ich habe kaum Zeit, diesen Fakt als „verkraftbar" einzuordnen, da sehe ich schon die nächste Welle anrollen. „Durchtauchen!" hatte Peter mir vor ein paar Tagen eingebläut. Nicht, dass ich vorher noch nie bei Wellengang baden war, aber irgendwie hatte sich dieser Trick bisher noch nicht so richtig bei mir eingeprägt. Ich mache mich also bereit, während die Welle sich immer größer und größer vor mir aufbaut. „Mist! Mist! Mist!" ist das letzte, was man von mir hört, bevor ich Peters Rat befolge und genau im richtigen Moment abtauche. Als ich wieder hochkomme, bin ich voller Adrenalin. Und da kommt auch schon die nächste Wassermasse, die ihrer Vorgängerin in nichts nachsteht. Leichte Panik beschleicht mich und ich konzentriere mich ganz darauf, im richtigen Moment abzutauchen.

Gestern an einem Strand weiter nördlich hatte Baywatch über Lautsprecher immer wieder vor Genickbrüchen gewarnt, die es dort schon oft durch Wellen gegeben habe. Die Warnung schwirrt mir nun durch den Kopf. Nebst weiteren Möglichkeiten wie Tod durch Ertrinken oder weil einer der Menschen um mich herum ungünstig auf mich geschleudert wird. Ich komme mir mit meinem Schnorchel inzwischen ziemlich dämlich vor. Ich stelle mir vor, wie die Leute am Strand sich ebenfalls über die Wahl meines Accessoires wundern: „Guck mal die da! In diesen Wellen will die Schnorcheln?! Wäre ein Surfbrett nicht angemessener?" Doch ich habe kaum Zeit über potenzielle Lästereien der an Land Gebliebenen nachzudenken, denn die Wellen kommen in immer kürzeren Abständen und bauen sich schon immer weiter draußen auf. Das heißt sie werden entweder immer größer oder – noch schlimmer – sie brechen früher, was meinen Standort zu einem genickbrechenden Epizentrum machen würde. Ich muss hier raus!

Nachdem ich die nächste Welle durchtaucht habe, mache ich Schwimmbewegungen in Richtung Strand. Doch der Ozean hat einen solchen Sog, dass ich mich keinen Millimeter zum rettenden Strand hinbewege. Ich gerate in Panik. Die Wellen sind meterhoch. Ich sollte wirklich nicht hier sein – Schnorchel hin oder her. Sicherlich ist auch keine Schildkröte so dumm, der Bucht momentan einen Besuch abzustatten. Ich frage mich, ob die anderen Badenden so tolle und übermütige Schwimmer sind oder ob sie es ebenfalls einfach nicht rausschaffen. Außerdem bereiten mir die Bodyboarder Sorge, die mit Freude durch die gleichen Wellen surfen, durch die ich mit an Todesangst grenzender Panik hindurchtauche. Ich will mir nicht ausmalen, was ein unkontrollierter Zusammenprall in diesen Wellen bedeuten würde.

Wie der ein oder andere vielleicht schon mal gehört hat, ist Panik tendenziell ein suboptimaler Zustand, um gute Entscheidungen zu treffen. Wenn allerdings eine mehrere Meter hohe Welle auf dich zugerollt kommt, ist es etwas herausfordernd, Ruhe zu bewahren. Dies möchte ich exemplarisch an den folgenden 20 bis 30 Sekunden demonstrieren: In meinem Gemütszustand, der der Ruhe des Ozeans ähnelt, treffe ich folgende Entscheidung, die ich im Nachhinein als „unklug" bewerten würde: Nach der nächsten Welle will ich so schnell wie möglich mit aller Kraft ans Ufer schwimmen. Nicht eine weitere Sekunde möchte ich mehr riskieren, dass eine Welle oder wahlweise ein Surfer mich falsch erwischt.

Das war keine gute Entscheidung. Ein klar denkender Mensch hätte erkannt, dass die Strömung viel zu stark ist, um es rechtzeitig an Land zu schaffen. Und dass dies nur eine kurze Phase besonders hoher und starker Wellen ist, die bald vorbei sein wird. Man muss nur abwarten und immer wieder untertauchen. Mir bleibt diese Erkenntnis zumindest temporär verwehrt. Nach der nächsten Welle schwimme ich daher so schnell es geht los. Es ist wohl überflüssig zu erwähnen, dass das nicht annähernd schnell genug ist. Als ich mich das nächste Mal umdrehe, sehe ich nur noch, wie sich eine Welle gewaltig hinter mir aufbaut. Man braucht nicht gut in physikalischen Berechnungen zu sein, um zu antizipieren, dass sie genau auf mir brechen wird. Durchtauchen ist diesmal nicht. Ich befinde mich am ungünstigsten Standort, der nur möglich ist, und habe bei dem Sog keine Chance, rechtzeitig wegzukommen. Ich sehe noch, wie einige Schwimmer genau richtig in die Welle abtauchen und ein Surfer sie enthusiastisch mitnimmt – und genau auf mich zusteuert. Dieser rücksichtslose Penner! Ist ihm nicht klar, dass er mich mit hoher Wahrscheinlichkeit treffen wird? In diesem Moment denke ich nur noch an Genickbruch. Wenn es die Welle nicht tut, dann der Surfer.

Bruchteilsekunden später prallt der Pazifische Ozean auf mich und verschlingt mich mit voller Wucht. Ich werde auf den Meeresboden geschleudert und mehrfach um die eigene Achse gedreht. Oben und unten sind nicht mehr zu unterscheiden. Natürlich knallt auch der bescheuerte Surfer in mich rein. Seine Leine verheddert sich um meinen Knöchel. Ich weiß nicht, wie lange ich unter Wasser bin, aber es fühlt sich lange an. Ich habe Angst. Als ich schließlich auftauche, bin ich vollkommen neben mir. Die Leine des Surfers glücklicherweise auch. Ungefähr so, wie auch mein Bikini. Doch zumindest bin etwas näher an den Strand gespült worden.

Ich renne so gut es geht in Richtung Ufer und versuche dabei, meine Badebekleidung wieder an die richtigen Stellen zu rücken. Schnorchel und Taucherbrille habe ich irrsinniger Weise immer noch in der Hand. Die nächste Welle kommt. Ich reiße meinen

Arm in die Luft und winke zum Baywatch-Turm. „Help me!“, rufe ich ihm zu, bevor ich das nächste Mal umgehauen und unter Wasser gezogen werde. Doch diesmal ist die Wucht nicht mehr ganz so stark. Ich richte mich wieder auf und renne weiter ans Ufer. Hoffnung keimt auf, denn diesmal komme ich dem Strand bedeutend näher.

Baywatch ist hingegen noch nicht losgelaufen. Haben sie nicht gemerkt, dass ich Hilfe brauche? Oder waren ihnen die Wellen auch zu stark? Oder liegt es daran, dass es kurz vor fünf ist und damit jeden Moment Feierabend? Ist es bei Baywatch wie im Büro, wo man kurz vor Schluss lieber keine neue Aufgabe mehr anfängt? Und was ist eigentlich mit Peter? Warum kommt er nicht, um mich zu retten?

Mein Schnorchel, die Taucherbrille und ich schaffen es weitestgehend unversehrt zurück an Land. Dort bleibe ich stehen, huste Wasser zurück ins Meer und hole erstmal ausgiebig Luft. Erst als abends beim Yoga während verschiedener Kopfüber-Posen immer wieder Meerwasser aus meiner Nase und meinen Ohren auf die Matte tropft, wird mir bewusst, wie viel Wasser ich geschluckt haben muss.

Die Wellen werden übrigens nur wenige Minuten nach meiner Flucht an den Strand deutlich ruhiger. Das ist nicht nur meine Sicht, sondern bestätigt auch Peter, der übrigens die ganze Zeit über seelenruhig ein Buch gelesen hat. Schon bald herrschen fast wieder optimale Schnorchel-Bedingungen. Oder um es mit Peters Worten auszudrücken: „Du hast so ein Glück! Immer wenn du ins Wasser gehst, kommen die guten Wellen.“

Merry Monarch

Zurück in Hilo auf der anderen Seite der Insel werden wir nach Couchsurfing und airbnb zum ersten Mal auf Big Island campen. Es gibt nur ein klitzekleines Problem: Nachdem wir unser komplett durchgeweichtes, „regendichtes“ Zelt auf Kaua‘i erneut zurückgeben mussten, haben wir kein Zelt mehr. Ein drittes Mal möchte ich nicht mit einem Walmart-Mitarbeiter darüber diskutieren, ob man ein Zelt, das nicht so regendicht wie auf der Packung versprochen war, umtauschen kann oder nicht. Doch zum Glück gibt es Steve und Karly. Die beiden haben wir bei unserem Bootstrip auf Kaua‘i kennengelernt und Telefonnummern ausgetauscht. Sie wohnen in Hilo und bringen uns spontan Zelt und Luftmatratze als Leihgabe bis an den Zeltplatz.

Das Zelt der beiden ist ein Traum. Es ist groß genug, dass wir darin stehen können und die Matratze hat selbst am nächsten Morgen noch Luft. So viel Luxus sind wir von unseren Isomatten nicht gewohnt. Obwohl wir nun so ein kuscheliges Nachtlager haben, bleibt keine Zeit zum Verweilen. Denn das Event auf Big Island steht an: das alljährliche Merry Monarch Festival. Und heute Abend findet die Miss Hula Competition statt. Tickets sind Monate im Voraus ausverkauft. Tatsächlich sind wir dank Peter glückliche Besitzer zweier Eintrittskarten. Campingplatzbesitzerin Anne kann es kaum glauben. Sie selbst ist nach eigener Aussage zu alt, um mehrere Stunden auf einer Klappbank auszuharren, will sich die Show aber im Fernsehen anschauen. „You lucky ducks!", freut sie sich mit uns. Ja, wir sind schon zwei glückliche Entchen, da stimmen wir zu und watscheln aka radeln freudig und gespannt zum Festivalgelände.

Dort angekommen stehen bereits eine Menge weniger glückliche Enten, die Schilder hochhalten, laut denen sie Tickets suchen. Vermutlich könnten wir hier mit unseren heute Abend eine Menge Geld machen. Langsam merken wir, wie albern es war, dass wir anfänglich enttäuscht darüber waren, „nur" Karten für ein einzelnes Event und nicht gleich für das gesamte Festival bekommen zu haben. So wird aus dem sprichwörtlich halbleeren Glas blitzartig ein randvolles.

Die Veranstaltungshalle für die Miss Hula Wahl stellt sich als überdachtes Basketball-Feld heraus. Nicht ganz das typische Hula-Flair mit Strand, Hibiskusblüten-Deko und Palmen, das wir erwartet hatten. Die Show ist nicht nur wahnsinnig gut, es wird für das Geld auch wahnsinnig viel geboten. Nach einer Runde historischem Tanzstil folgt ein zweiter Durchgang mit moderner Interpretation. Nach vier Stunden wird mir klar, warum jemand wie Anne solche Veranstaltungen lieber von der Couch aus im Fernsehen schaut. Die schmalbemessenen Holzbänke verlangen den Po-Muskeln einiges ab. Nach etwa fünf Stunden Tanzdarbietungen wird Miss Hula 2019 verkündet. Es gewinnt die einzige Blondine des Abends.

Bye Bye Bicycles

Da Big Island unsere vorerst letzte Hawaii-Insel sein wird, bleiben wir in Hilo bis die Fahrräder einen neuen Besitzer gefunden haben. Tatsächlich verkaufen wir sie für den gleichen Preis, zu dem wir sie selbst vor sechs Wochen erstanden haben. Und der neue Besitzer bekommt schließlich noch etwas dazu: Fahrradständer, Gepäckträger sowie eine frische Extraschicht Rost sind im Kaufpreis mit inbegriffen. Nachdem die Räder schneller als gedacht verkauft sind, nehmen wir für die letzten Tage einen Mietwagen. Das hat nicht nur den Vorteil, dass wir die steilen Bergstraßen im Nordosten der Insel mühelos bewältigen, sondern wir haben so erst überhaupt eine Chance, die verbliebenen Regionen zu erkunden. Denn in nur zwei Tagen heißt es Abschied nehmen von Big Island. Mit den Fahrrädern hätten wir für die Strecken locker eine Woche gebraucht.

Obwohl wir uns immer noch auf der Regenseite im Insel-Osten befinden, haben wir Glück: Die Sonne strahlt bei hellblauem Himmel. So machen wir uns auf ins Polulo Valley. Nach einer Wanderung durch eine traumhafte Wald-trifft-Klippen-trift-Meer-Kulisse übernachten wir ein letztes Mal im Zelt. Unser neues Camp im Waipi'o Valley ist ein absoluter Traum: es ist ruhig und sauber, mit Küche und einem sauberen und voll ausgestatteten Bad mit Warmwasser. So viel Luxus gab es bisher selten!

Am nächsten Morgen geht es dennoch früh los. Wir wollen unseren letzten Tag auf Hawaii in vollen Zügen auskosten und im benachbarten Waipi'o Valley wandern gehen. Seitdem die Fahrräder weg sind, steht wandern wieder ganz oben auf unserer Prioritätenliste. Wir parken den Mietwagen oben an einer Klippe, denn ab hier dürfen Autos nicht mehr weiterfahren. Zu steil geht es bergab ins Tal. Was zunächst übertrieben klingt, ist letztlich fast noch untertrieben. Die Straße ist dermaßen steil, dass wir auf dem Weg nach unten in Schlangenlinien laufen, um unsere Knie zu schonen. Gut, dass wir nicht mit den Fahrrädern hier sind!

Nachdem wir die Straße hinter uns gelassen und den Gedanken daran, das alles später wieder hochlaufen zu müssen, erfolgreich verdrängt haben, bietet sich uns ein Blick über den Strand. Waren wir gestern bereits vom Polulo Tal begeistert, so finden wir einfach keine Worte für das, was wir heute sehen. Die Schönheit des Waipi'o Valleys ist einfach unbeschreiblich! Strand, Berge, Meer, Palmen und ein riesiger Wasserfall, der im Hintergrund in die Tiefe stürzt – könnte es kitschiger sein? Ja kann es: Wildpferde galoppieren den Strand entlang. Eines von ihnen pirscht sich unbemerkt von hinten an ein im Liegestuhl sitzendes Pärchen. Gekonnt ragt es sich von hinten über ihre Köpfe und stiehlt sich die offene Tüte Chips. Die beiden kreischen erschrocken über den heimtückischen Angriff los, während Peter und ich uns vor Lachen kaum auf den Beinen halten können. Es ist wie eine Szene bei der versteckten Kamera, nur dass leider niemand schnell genug eine Kamera parat hat. Es dauert ein paar Sekunden bis das Pärchen sich vom Schock erholt und nun ebenfalls lachend begreift, dass sie gerade von einem Pferd ausgeraubt wurden. Hawaii ist eben doch ein gefährliches Pflaster!

Das Spektakel zieht Aufmerksamkeit auf sich und eh wir uns versehen, steht plötzlich eine Menschentraube am eben noch einsamen Strand, um Fotos vom Chipsfutternden Pferdchen zu machen. Zeit für uns, weiterzuziehen. Wir überqueren einen Fluss, der ins Meer mündet und somit den Strand in voll und menschenleer teilt. Dass ich bis zum Hosenbund tief im Wasser stehe, ist wohl Teil der Erklärung, warum auf der anderen Seite der Bucht deutlich weniger los ist. Doch Peter und ich wollen nicht am Strand liegen, sondern machen uns auf eine letzte Wanderung entlang der Küste. Als wir Rast unter einem Baum machen, spaziert wie selbstverständlich ein Trupp weißer Wildpferde an uns vorbei. Wir kommen uns endgültig vor wie im Märchenwald.

Big Island hat es uns wirklich nicht immer leicht gemacht. Erst fließt die Lava nicht mehr, dann scheitern sämtliche Versuche den Sternenhimmel vom Mauna Kea zu sehen. Und nicht zu vergessen die diversen Mordanschläge in Form von Wellen und Kokosnüssen! Aber dieser letzte Tag entschädigt für alle Unannehmlichkeiten. Als auf dem Rückweg ein Regenbogen über dem Wildpferdestrand entsteht, fehlen uns die Worte für diesen unbeschreiblich kitschigen, traumhaft schönen Ausblick. Wir sind gespannt, ob unser nächstes Reiseziel da mithalten kann! Denn schon morgen soll es weitergehen. Wir wollen tiefer in die Südsee – und zwar ins tropische Samoa.

Ok Board

Für eine letzte Nacht nehmen wir doch nochmal Lales Angebot einer weiteren Übernachtung an. Alles andere erscheint uns nach ihren diversen Einladungen unhöflich und außerdem müssen wir sowieso noch unser übriges Gepäck abholen. Da wir unbedingt einen Fensterplatz auf dem Flug in die Südsee haben wollen, fahren wir auf dem Weg zu ihr kurz am Flughafen von Hilo vorbei. Online Einchecken konnten wir aus unerfindlichen Gründen nämlich nicht. Die Gründe werden am Flughafen recht schnell ersichtlich als man nach unseren Visa für American Samoa, wo wir umsteigen werden, fragt. Ich verneine und erkläre, dass wir als Deutsche kein Visum benötigen. Die Airline-Angestellte ist verwirrt und holt eine Kollegin dazu. Die beiden erklären mir, dass man für die Einreise nach American Samoa einen US-Reisepass benötigt oder irgendeine andere Passform, von der ich im Leben noch nicht gehört habe. Vermutlich irgendwas Militärisches oder Diplomatisches. Ich wende ein, dass man doch sicherlich auch mit einem deutschen Pass nach American Samoa reisen könne und hoffe, dass sich die Situation schnell aufklärt. Vermutlich kommt es in Hilo nicht allzu oft vor, dass Europäer für American Samoa einchecken und die Mitarbeiter sind für diesen Fall einfach nicht geschult.

Als auch nach weiteren fünf Minuten immer noch kein Check-in möglich ist, werde ich etwas nervös, denn auch das Computersystem gibt sich nicht damit zufrieden, dass ich kein Visum vorzeigen kann. Die Airline-Dame verschwindet, um ihre Chefin um Rat zu bitten. Kurz drauf kommen die beiden zurück und sind sich sicher, dass Peter und ich irgendetwas hätten beantragen müssen, da die Einreisebedingungen nach Amerikanisch-Samoa nicht die gleichen seien wie für den Rest der USA. Selbst Amerikaner benötigen für den Besuch ihres eigenen Territoriums in der Südsee einen Reisepass.

Jetzt bin ich mehr als nur nervös. Vor lauter Aufregung beginnen meine Hände unkontrolliert zu zittern. Ich rufe Peter an, der immer noch im Auto wartet und mir erneut bestätigt, die Einreisebedingungen geprüft zu haben. Nach langem Hin und Her kommt die Chefin zurück und reicht mir einen Post-It mit einer Telefonnummer, die ich anrufen soll. „Weil ihr länger als 30 Tage im Land sein wollt“, fügt sie erklärend hinzu. „Aber das tun wir doch gar nicht! Wir haben einen Anschlussflug nach West-Samoa mit einer anderen Airline“, erkläre ich schnell und vermutlich bereits zum siebten Mal. Die Nachricht scheint diesmal ihren Empfänger zu erreichen und ich werde gebeten, eine Bestätigung über den Weiterflug ins nicht amerikanische Samoa vorzuzeigen. Langsam beruhigen sich alle wieder und die Daten unseres Anschlussflugs werden in das Kommentarfeld irgendeines Systems eingetragen. Endlich erhalte ich unsere Bordkarten und brauche auch die Nummer auf dem Post-It nicht mehr anzurufen. „Dann haben wir nun also für alle Teilstrecken Fensterplätze?“, frage ich zur Sicherheit nochmal nach. „Nein, das nicht. Auf die Sitzplätze konnte ich leider nicht zugreifen“, teilt die Angestellte mir mit. Alles, was wir mit unserem Stopp am Flughafen also erreicht haben, war also ein vollkommen unnötiger Beinah-Herzinfarkt.

Im Auto prüfe ich nochmal die Seite des Auswärtigen Amts. Wenn ich bei der Suche „Amerikanisch Samoa“ eingebe, werde ich automatisch zu den USA weitergeleitet. Eine eigene Seite für das US-Territorium gibt es nicht. Auf der USA-Seite scanne ich die Einreisebedingungen nochmal genauestens ab. Kein Wort zu irgendwelchen Besonderheiten bei den Territorien. Auch die Seiten diverser Reiseveranstalter bestätigen unsere Visumsfreiheit. Peter und ich beschließen dennoch, dass wir in Zukunft die jeweiligen Einreisebedingungen deutlich besser prüfen sollten. Die Tatsache, dass der deutsche Reisepass (nach dem japanischen und dem singapurischen) als der Beste der Welt gilt in Bezug auf die Anzahl der Länder, die visumsfrei besucht werden dürfen, hat uns offenbar etwas leichtsinnig gemacht.

Als wir am nächsten Morgen unser Gepäck abgeben, gibt es keine größeren Probleme. Der Ticketautomat schickt uns zwar mit der Begründung „ungeklärter Visumsstatus“ zu einem Mitarbeiter aus Fleisch und Blut, aber das beunruhigt uns nicht weiter. Sicherlich kann die Maschine einfach nur den Kommentar nicht auslesen, den die Airline-

Mitarbeiterin gestern Abend ins System eingetragen hat. Wir geben unser Gepäck also bei einer Mitarbeiterin von Hawaiian Airlines ab. Sie macht keine Probleme wegen unseres angeblich fehlenden Visums. Es geht vorbei am Agriculture Check, den jeder durchlaufen muss, der auf das amerikanische Festland möchte. Dorthin darf man nämlich nicht einfach Früchte oder Pflanzen aus Hawaii mitbringen. Wir beantworten die Frage, wo es heute für uns hingeht, mit „Pago Pago“ und dürfen ohne weiteres passieren.

Am Gate bestätigt sich dann, was wir vorher bereits gelesen haben: Samoa hat diversen Quellen zufolge die fettleibigste Bevölkerung der Welt. Beim Einsteigen ins Flugzeug fallen uns sicherlich zehn Plätze auf, die als „belegt“ gekennzeichnet sind – hier benötigt jemand einen zweiten Sitzplatz, um seine Körpermassen unterzubringen. Doch noch sind wir nicht im Flugzeug. Wir sitzen am Gate, wo uns über Lautsprecher immer wieder mitgeteilt wird, dass wir beim Boarding unbedingt unseren US-Reisepass oder unsere Samoa-Einwohnerkarte bereithalten müssen. Da wir weder das eine, noch das andere besitzen, fühlen wir uns weiterhin darin bestätigt, dass man auf Hawaii wohl noch nicht so oft mit Europäern zu tun hatte, die nach American Samoa fliegen wollen. Wir halten also unsere deutschen Reisepässe bereit – und werden prompt nicht durchgelassen.

Wo denn unsere Einreisekarte sei? „Haben wir nicht. Wir sind Deutsche, wir brauchen kein Visum“, teilen wir leicht überheblich mit. Das haben wir schließlich erst gestern erneut überprüft. Ob wir eine Arbeitserlaubnis oder ein anwaltliches Schreiben haben? „Nein, wir sind Touristen und haben das alles auch schon mit den Kollegen geklärt“, erläutern wir langsam etwas genervt. Wir werden an den Ticketschalter zurückgeschickt. Dort sollen wir uns irgendeinen Stempel abholen, denn offenbar fehlt unseren Bordkarten das „ok“. Peter geht zurück zum Schalter, wo nach kurzer Diskussion jemand mit Edding-Stift ein kaum leserliches „ok“ auf unsere Bordkarten kritzelt. Damit dürfen wir durch. Zumindest bis zur zweiten Kontrolle, denn beim Boarding für Amerikanisch-Samoa nimmt man es etwas genauer als beim Agriculture Check. „Haben Sie ein Visum oder Ihre Einreisekarte?“, fragt die nächste Stewardess. „Nein, aber wir haben so ein ok-Dings“, antworte ich. Sie scheint zu wissen, was ein ok-Dings ist. Erneut dürfen wir passieren. Peter lacht sich halb darüber tot, dass diese lächerliche Antwort ausreichend war, um an Bord zu dürfen. Ich hingegen werde langsam wieder misstrauisch. Was meinen sie mit Einreisekarten? Wir haben uns doch gestern Abend extra nochmal beim Auswärtigen Amt informiert. Da stand eindeutig, „siehe USA“. Und in den USA sind wir ja bereits. Innerlich ringe ich mit mir, ob wir nicht doch noch mal checken sollen, was es mit diesen ominösen Einreisekarten auf sich hat. Nur, um sicher zu gehen. Aber was, wenn wir wirklich nicht alles haben, was wir für die Einreise benötigen? Dann können wir nichts mehr tun und sitzen bereits im Flieger – wohlwissend, dass wir bei der Einreise vermutlich abgewiesen werden...

Die Neugierde siegt. Ich schnappe mir Peters Handy mit der amerikanischen SIM-Karte, da wir bereits außerhalb des WiFi-Bereichs des Flughafens auf unseren Plätzen im Flieger sitzen. Diesmal googele ich auf Englisch explizit nach den Einreisekarten. Und tatsächlich. Eine offiziell wirkende Seite von der Regierung von Amerikanisch-Samoa informiert über ihre Einreisebedingungen und welche Nationen ein Visum brauchen beziehungsweise alternativ visumsfrei mit einer vorab zu beantragenden Einreisekarte das Land betreten dürfen. Als Inhaber des Deutschen Passes gehören wir wie erwartet zur visumsfreien Gruppe, aber dennoch: die notwendige Einreisekarte, auch „Ok boarding“ genannt, muss bis zu 48 Stunden vor Einreise beantragt werden.

Oh nein! Mist. Selbst wenn wir anders herum um den gesamten Globus fliegen würden, dauert es keine 48 Stunden mehr bis zu unserer Einreise. Wieso steht diese Information nicht beim Auswärtigen Amt? Oder auf einer der Websites der tollen Pauschalreiseveranstalter? Immerhin sind wir in Besitz einer Bordkarte, auf die ein x-beliebiger Airline-Mitarbeiter mit Filzstift ein „ok“ gekritzelt hat. Reicht das? Haben wir damit den Check bestanden? Immerhin heißt es ja „ok boarding“ und an Bord sind wir ja nun. Ist diese Karte nur zur Info für die Airline und wir haben es bereits geschafft? Ich scrolle die Website weiter runter und finde die Option einer Transit-Einreisekarte, die für 24 Stunden Aufenthalt berechtigt. Auch die soll man vorab online beantragen. Peter und ich sind beide einer Panikattacke nahe. Das Handy-Display zeigt noch 15% Akku und die Uhr 5 Minuten bis zum geplanten Abflug. Mist! Mist! Mist!

„Klick auf ‚Apply now‘!“, instruiert mich Peter. Ich zittere vor Aufregung am ganzen Körper. Die Seite lädt und lädt, aber nichts passiert. Jeden Moment müssen wir unser Handy ausschalten und der Flug geht los. Damit wären wir verloren. Irgendwann klappt es dann doch noch mit dem Laden und ein Formular öffnet sich. Meine Hände zittern so stark, dass ich froh bin, dass die Autofill-Funktion den Großteil der Arbeit übernimmt und Peters Daten für mich in das Formular einträgt. Wir schicken es schnell ab und hoffen, dass Autofill keinen Mist gebaut hat und den Wohnort beim Geburtsort eingetragen hat oder sowas in der Art. „Nur noch ein letzter Schritt!“, verkündet man uns auf der sich nun ladenden Bestätigungsseite. Wir sollen noch unseren elektronischen Reisepass per Email schicken. Keine Ahnung, was das heißt, aber Peter sendet schnell ein Foto seines Reisepasses an die genannte Adresse.

Währenddessen fülle auch ich das Formular erneut für mich selbst aus und schicke anschließend die Email mit der Passkopie. Prompt kommt eine „Mail undelivery“-

Meldung zurück. In meiner Aufregung habe ich mich vertippt. Noch während ich auf der Suche nach dem Fehler und seiner Korrektur bin, erhält währenddessen Peter eine Email von Earl aus dem *Office of the Attorney General American Samoa Government*: „Please use your smartphone to take a photo of your passports and email them to me so I can issue your OK Board", gefolgt von einer weiteren Email: „Got it. PPT for Svenja?". Wow! Die in American Samoa sind wirklich fix in der Bearbeitung von Anträgen. Und Earl scheint mir ein guter Typ zu sein. Er macht keinen Stress, dass wir so spät dran sind und tut auch nicht so, als wäre er super wichtig und beschäftigt. Nein, er ist äußerst effizient. Nachdem auch meine Reisepasskopie sein Postfach erreicht hat, erhält Peter nur wenige Minuten später zwei sehr offiziell aussehende Schreiben von Earl, die unser „OK Board" hochoffiziell bestätigen und die wir bei der Einreise vorzeigen sollen. Als wir Earls Email erhalten, ist es bereits eine Viertelstunde nach der geplanten Abflugzeit.

Glücklicherweise hat es eine Weile gedauert bis alle fettleibigen Samoaner an Bord gebracht und wir abflugbereit sind. Noch nie war eine Flugverspätung so willkommen! Wären wir pünktlich abgehoben und damit das Handysignal weg gewesen, hätte es womöglich übel ausgesehen für uns. Es dauert eine Weile, bis sich unser Puls wieder normalisiert. Ich überlege derweil, ob ich eine Dankeskarte ans Auswärtige Amt schicken soll, das durch seine grandiose Informationsaufbereitung diese kleine Anekdote erst ermöglicht hat.

Nachtrag, falls du nachschaust, ob die Geschichte stimmen kann: Als brave Bürger haben wir ganz streberhaft dem Auswärtigen Amt Bescheid gesagt – allein schon, damit uns niemand diese Anekdote abkupfern kann :-) Nun steht es korrekt in den Reisehinweisen.

+++

Doch warum geht es überhaupt nach Samoa? Natürlich weil es auf der Wunschliste unserer Reiseziele stand. Irgendwann habe ich als Kind mal eine Doku über die Südsee gesehen. Die Aufnahmen zeigten tiefblaue und kristallklare Wasserlöcher im Dschungel, in denen man schwimmen konnte. Seitdem will ich in die Südsee, um genau dort zu baden. Doch die Südsee ist nicht nur extrem weit von Deutschland und überhaupt dem Rest der Welt entfernt. Sie ist nicht zuletzt durch ihre abgeschiedene Lage auch extrem teuer zu bereisen. „Vielleicht könnten wir durch die Südsee segeln?", hatten wir daher bereits zu Beginn unserer Reiseplanung überlegt. Doch so viele Annoncen waren nicht online und die meisten Skipper suchen erfahrene Mitsegler. Da können wir kaum punkten. Und spätestens seit unseren Segelausflügen auf Caye Caulker und Kaua'i müssen wir Peter eindeutig Seeuntauglichkeit attestieren.

Stattdessen empfiehlt uns ein Backpacker-Pärchen, die Plattform *Workaway*. Dort gibt es Jobs für Reisende. Gegen ein paar Stunden Arbeit pro Tag erhält man Kost und Logis. Als Peter und ich mehr oder weniger durch Zufall auf die Ausschreibung des Ressorts auf Samoa stoßen, haben wir das Gefühl, dass der perfekte Zeitpunkt für unsere Südseereise gekommen sein könnte. In der Projektausschreibung des familiengeführten Ökoressorts ist von Unterstützung bei der Entwicklung von Ökotourismus, Korallenaufforstung und der Erstellung einer Speisekarte fürs Restaurant die Rede. Klingt genau nach uns! Und da es von Hawaii aus nicht mehr weit bis Samoa ist, bewerben wir uns spontan. Wobei „nicht mehr weit" relativ zu sehen ist. Wenn du den Globus an die Stelle drehst, wo die riesige blaue Fläche ist, dann hast du Samoa schon fast gefunden. Wenige Tage später steht jedenfalls fest: Wir haben den Job. Und so sitzen wir nun im Flieger in die Südsee.

Es herrscht ein buntes Treiben am Flughafen in Pago Pago. Die Leute haben alle Unmengen an Gepäck dabei. Viele haben nicht nur Koffer, sondern holen gleich ganze Lagerboxen vom Gepäckband. Solche, wie man im Keller oder auf dem Dachboden stehen hat. Einige können ihren Gepäckwagen kaum mehr überblicken, geschweige denn bewegen. Sind diese Menschen alle gerade mit dem Flieger nach American Samoa umgezogen? Nein, als jemand neben uns seinen Koffer öffnet, wird einiges klar: Der Koffer ist randvoll mit Chips-Tüten und anderen kalorien- und zuckerreichen Inhalten, die das Wort Nahrungsmittel als Umschreibung nicht verdienen.

Das Klima hier in der Südsee ist deutlich tropischer als auf Hawaii. Wir fühlen uns als hätten wir mit dem Verlassen des Flugzeuges das gut geheizte Tropenhaus im Zoo betreten. Die Luftfeuchtigkeit beträgt über 80 Prozent. Hatten wir noch letzte Zweifel, ob unsere Last-Minute Transitvisumsaktion wirklich notwendig gewesen ist, so werden diese mit der ersten Frage der Immigrationsbeamtin beiseite gefegt: „Do you have an ok board?". Das erste, das wir im Hotel machen werden, ist ein „OK Board" für den Rückflug zu beantragen. Oder auch nicht. Denn im Hotel wird uns schnell bewusst, wie abgeschieden vom Rest der Welt wir wirklich sind. Internet gibt es zwar, kostet aber 15 US-Dollar pro Tag. Weder die deutsche, noch die amerikanische SIM-Karte schaffen es, sich ins Netz einzuwählen, um wenigstens eine „Wir sind gut angekommen"-SMS zu versenden.

Als wir am nächsten Morgen aufwachen und den Vorhang öffnen, ist es draußen noch ganz schön dunkel. Ich hoffe, dass im Fenster einfach nur ein Sonnenschutz verbaut ist, aber die Krümmung der Palme davor, lässt leider wenig Raum für Interpretation. Es regnet und stürmt auf Amerikanisch-Samoa. Uns war bereits bei der Ankunft am nassen Boden aufgefallen, dass es zuvor geregnet haben muss, aber mit diesem Unwetter hatten wir nicht gerechnet. Beim Frühstück schnappen wir im Radio auf, dass es Springfluten gegeben habe und immer noch Gefahr bestehe. „Please do everything you can to protect your life and property", bittet der Radio-Moderator seine Zuhörer. Zugegebenermaßen ist das nicht ganz das Südseeparadies-Wetter, das ich erwartet hatte. Ich hoffe, das benachbarte nicht-amerikanische Samoa liegt weit genug entfernt in einer anderen Klimazone...

Der Weiterflug von American Samoa nach Samoa verläuft erstaunlich unproblematisch und ohne Zwischenfälle. Beim Einchecken werden neben unseren Taschen auch wir selbst gewogen, um unsere optimalen Sitzplätze im Flieger zu bestimmen. Die Bordkarten sind schlicht gehalten. Oben rechts ist ein Logo der Airline gedruckt. Mit Kugelschreiber steht "Svenja" und "Peten" darauf, die daneben gekritzelten Sitznummern identifizierten wir mit etwas Fantasie als 4C und 4B - oder D. Wir werden sehen. Im Flieger wird sich herausstellen, dass es B sein muss, denn es gibt nur drei Sitze pro Reihe. Zwei auf der einen Seite des Ganges und ein Einzelplatz auf der anderen Seite. Beim Immigration-Schalter gibt es noch schnell ein paar Sightseeing-Tipps für Samoa, bevor die freundliche Dame unsere Pässe unter die Lupe nimmt. „Ihr seid gestern erst eingereist? Dann müsst ihr ja mit dem Hawaii-Flug gekommen sein!", schlussfolgert sie korrekt. Entweder hat die Frau ein krasses Talent oder der internationale Flugverkehr nach American Samoa ist als überschaubar zu bezeichnen.

Nachdem wir offiziell und pünktlich innerhalb unserer 24-stündigen Transitzeit ausgereist sind, stehen „Peten" und ich auch schon am einzigen Gate des Flughafens. Ohne Sicherheitskontrolle. Die gibt es zwar theoretisch, ist aber praktisch gerade geschlossen. Offenbar ist eine Überprüfung auf Waffen und andere Gefahrgüter nicht notwendig. Warum auch? Jeder, der es bis hierher geschafft hat, hat schließlich ein „OK Board" von Earl. Guter Typ, dieser Earl. In der Wartehalle am Gate wird auf Fernsehern der Gottesdienst live aus der Kirche übertragen. Das ist dann auch schon alles an Entertainment, das geboten wird. Als ich von der Toilette zurückkomme, hat Peter schon Anschluss gefunden. Auf seinem Schoß hat es sich ein kleines graues Kätzchen gemütlich gemacht und lässt sich kraulen. Niemand der Umstehenden weiß, woher es kommt, aber es scheint auch niemanden zu irritieren, dass es da ist. Dann geht es los.

Die durchgesagte Flugnummer stimmt zwar nicht mit der auf unserem Boarding Pass überein, aber das macht nichts. Die Frage, welcher Flieger auf dem Vorfeld unserer ist, stellt sich nicht. Es gibt nur einen. Zielstrebig laufen wir über das Rollfeld zu unserem Flugzeug, das eher nach Sightseeing-Rundflug, als nach Linienflug aussieht. Wir sind die ersten Passagiere an Bord der Maschine vom Typ Viking DHC6-300 Twin Otter. Es gibt sieben Reihen und Platz für insgesamt 19 Personen plus zwei Piloten. Eine Tür zum Cockpit gehört nicht zum Interieur. Ich vermute, da war der gleiche Risikomanager am Werk, der auch die Sicherheitskontrolle abgeschafft hat. Wer noch etwas über das Fliegen lernen oder den Piloten schlaue Tipps geben möchte, dessen Chance ist nun gekommen. Man hat freie Sicht ins Cockpit. Die Sicherheitseinweisung ist kurz und knackig: „Welcome on board. Please fasten your seat belt". Wo wir im unwahrscheinlichen Falle eines Notfalls unsere Schwimmwesten finden und ob Sauerstoffmasken automatisch von der Decke fallen, bleibt offen. Da der unwahrscheinliche Fall glücklicherweise auch nicht eintrifft, macht uns das nichts aus.

Der Flug ist durchaus amüsant. Wir sind schnell über den Wolken und sehen endlich den ersten Sonnenschein des Tages. Im Gegensatz zu einem Flug mit einem großen Flugzeug, ist man sich hier zu jeder Sekunde darüber bewusst, dass man fliegt. Ständig ruckelt und wackelt es und außerdem sieht man ja die Piloten. Es ist 25 Stunden später als wir landen, sagt die Uhr. Der Flug dauert zwar kaum eine Stunde, aber wir haben soeben die Datumsgrenze und damit einen Tag im Kalender überflogen. Sollte ich jemals ein Alibi für Freitagabend brauchen, stehe ich ganz schön dumm da.

Südseeträume

Die Einreise nach Samoa verläuft reibungslos. Wir haben keine Visumsbeantragung verschwitzt und bekommen ganz spontan und ohne vorherige Ankündigung unseres Besuchs eine 90-tägige Aufenthaltsgenehmigung in unsere Pässe gestempelt. Die Frau vom Zoll schaut noch schnell in unsere Rucksäcke und fragt, ob das Kleidung sei. Ich weiß nicht, welche andere Antwort außer „Ja, das ist Kleidung und außerdem habe ich Kosmetik und Elektronik dabei", sie erwartet hatte, doch scheinbar bringt sie diese Variante vollkommen aus dem Konzept. Nach einem kurzen Moment des Zögerns, schließt sie den Rucksack wieder, wirft mir einen letzten misstrauischen Bad-Cop-Blick zu, wie ihn nur Grenz- und Zollbeamte drauf haben, und erklärt die Kontrolle für beendet. Ihr

Kollege möchte währenddessen von Peter wissen, ob er raucht. Die Betonung lässt keinen Zweifel offen, nach welcher Art von Rauchen er fragt. Peter gibt die ehrliche und für eine Zollkontrolle wohl einzig zulässige Antwort (es ist „nein") und wir dürfen durch. Damit sind wir offiziell im Südseeparadies Samoa angekommen.

Fast begehe ich einen absoluten Anfängerfehler und steige ins erstbeste Taxi. Als wir das Flughafengebäude verlassen, winkt ein Typ uns gezielt zu sich. Ohne nachzudenken gehe ich davon aus, dass das die Person vom Workaway-Ressort ist, die uns abholen soll, und laufe freudig auf ihn zu. Statt sich mir vorzustellen, nimmt er mir meine Tasche ab und läuft zielstrebig zu seinem Auto. Der Groschen fällt und uns wird bewusst, dass dies nicht unser Abholservice, sondern ein geschäftstüchtiger Taxifahrer ist. Wir erklären, dass wir seine Dienste nicht benötigen. Sofort schart sich eine kleine Gruppe mutmaßlicher Taxifahrer um uns, die immer wieder wissen wollen, wohin wir denn wollten und ob wir sicher seien, abgeholt zu werden. Schließlich sei das Ressort, zu dem wir wollen, drei Stunden entfernt. Ein Grund mehr für uns, kein Taxi zu nehmen.

Eine Stunde später sitzen wir immer noch da. „Wie bestellt und nicht abgeholt" trifft es ganz gut. WiFi gibt es am Flughafen nicht und unsere SIM-Karten funktionieren im Netz von Samoa weiterhin nicht. Wir haben keine Möglichkeit, unsere Emails zu checken. Sicherheitshalber fragen wir nochmal einen Samoaner, welcher Tag und welche Uhrzeit es ist. Er bestätigt, dass es Samstag und inzwischen eine Stunde nach der Zeit ist, die wir als unsere Ankunftszeit angegeben hatten. Peter findet schließlich jemanden, der ihn sein Telefon benutzen lässt. Unter der Nummer, die man uns „falls etwas schief geht" gegeben hatte, geht niemand dran und die Mailbox ist voll. Mir fällt ein, wie meine Mama am Telefon sagte, dass sie sich das Ressort, in dem wir arbeiten wollen, noch nicht anschauen konnte, weil die Website offline war. Das kommt mir nun doch irgendwie merkwürdig vor. Niemand holt uns wie versprochen ab, per Telefon ist niemand zu erreichen und die Website ist offline. Ich unterdrücke erste leise Zweifel, ob es unser Workaway überhaupt gibt. Warum sollte jemand ein Fake-Workaway anbieten? Das macht doch keinen Sinn. Wir bleiben also optimistisch und schieben alles auf die berühmt-berüchtigte „Island-Time". Sicherlich ist jemand zu uns auf dem Weg, der einfach ein paar Minuten länger braucht, weil er unterwegs einen Bekannten getroffen hat, mit dem er zuerst bei einer kühlen Kokosnuss den neusten Tratsch austauschen muss. Oder vielleicht hat man uns ja eine Email geschickt? Immerhin wurde mein Postfach seit 22 Stunden nicht abgerufen. Oder ist das Ressort Opfer der Springflut aus dem Radio geworden? Dem Sonnenschein nach zu urteilen wohl eher nicht.

Ein Airline-Mitarbeiter zeigt Mitleid und öffnet uns einen WiFi-Hotspot. Wir haben keine Email vom Workaway erhalten. Dafür schicke ich ihnen schnell eine Nachricht und hoffe, dass jemand sie zeitnah liest. Als wir 20 Minuten später immer noch warten, kommt der Mitarbeiter der Airline nochmal auf uns zu: „Habt ihr eine Telefonnummer?“ Wir geben ihm die bei Google hinterlegte Nummer und er verschwindet in ein Büro. Wenige Minuten später kommt er zurück: „Die Nummer funktioniert leider nicht. Der Anschluss ist nicht vergeben.“ Die Situation wird immer merkwürdiger. Wir geben ihm nochmal die andere Nummer. Vielleicht geht ja diesmal jemand dran. Unser Helfer verschwindet erneut, winkt mich aber nach kurzer Zeit hastig zu sich. Ich folge ihm ins Büro der Airline und übernehme den Hörer.

Am Telefon ist eine Frau namens Susan. Als ich ihr die Situation schildere, scheint sie recht schnell einordnen zu können, wer ich bin und was wir wollen. Ein Lichtblick! Auch sie ist Workaway-Volunteer und bestätigt mir, dass bereits vor Stunden ein Fahrer zu uns geschickt wurde. Angeblich hat sich dieser sogar gemeldet und berichtet, dass er uns eingesammelt hätte. Ob wir wirklich noch am Flughafen seien. Vorsichtshalber schaue ich mich nochmal um, aber ja, das ist immer noch der Flughafen. Und niemand ist da, um zu abzuholen. Ich denke nicht, dass man uns übersehen kann. Peter und ich haben uns prominent platziert und sind seit Stunden die einzigen Nicht-Samoaner. Hat der Fahrer etwa die falschen Weißen mitgenommen?

„Das ist sehr komisch. Wir warten schon auf euch. Habt ihr Bargeld? Nehmt euch einfach ein Taxi und wir geben euch später das Geld zurück“, entscheidet Susan pragmatisch. Genau das tun wir dann auch. Ich fühle mich ein bisschen wie bei Monopoly, wenn man die Karte „Gehen Sie zurück auf Los“ zieht. Hätte ich doch meinen Anfängerfehler einfach mal durchgezogen und wäre ins erstbeste Taxi gestiegen...

Die Fahrt quer über die Insel dauert etwas über eine Stunde. Die letzten Kilometer führen uns durch die tiefen Pfützen einer abenteuerlichen Schotterpiste, für deren Nutzung wir 20 Talas (immerhin knapp 7 Euro) Gebühr zahlen müssen. In die Instandhaltung der Straße fließt die Maut schon mal nicht. Nach 25 Minuten, in denen wir alle Qualitäten der sogenannten „Straße“ voll auskosten, kommen wir endlich am Ressort an. Wir laden unser Gepäck aus und machen uns auf zur Rezeption. Dort ist erst mal niemand. „Habt ihr eine Reservierung?“, fragt uns ein Mitarbeiter, der gerade im Restaurant rumsteht. „Nein, wir sind hier für das Workaway“. Ein verständnisloser Blick ist die Antwort. Ein zweiter Mitarbeiter kommt hinzu. Das ändert aber nichts, außer einem weiteren blanken Gesichtsausdruck. Sind wir beim richtigen Ressort? Warum weiß niemand, wer wir sind und was wir wollen? Wer war diese ominöse Susan, die uns auf eigene Kosten hierher gelotst hat? Ist das Ganze ein riesiger Fake?

Schließlich kommt eine freundlich lächelnde, wohlbeleibte Frau dazu. Freudestrahlend begrüßt und umarmt sie uns. „Habt ihr reserviert?“, will sie wissen. Erneut erklären wir, warum wir da sind. Und diesmal scheint der Groschen zu fallen. Mana stellt sich als die Ressort-Chefin vor und identifiziert uns nach kurzen Startschwierigkeiten doch noch als die neuen Workaway-Volunteers. Wir wurden also doch erwartet und das hier ist tatsächlich unser Zuhause und Arbeitsplatz für den kommenden Monat! Der Strand ist ein Traum und könnte definitiv Motiv des Jahres neidisch machender Südseepostkarten sein. Ein wahres Paradies!

Nachdem wir unsere Hütte bezogen haben, lernen wir nach und nach die anderen Volunteers kennen. Barkeeper Tom ist Mitte 60 und kommt aus den USA. Er ist ein netter Typ und heißt uns bei einem Bier herzlich willkommen. Die Flughafengeschichte hat sich bereits zu ihm rumgesprochen und auch er kann sich nicht erklären, warum wir nicht abgeholt wurden. Tom versichert uns, dass jemand losgefahren sei und seinerseits behauptet hätte, am Flughafen zu stehen. Wenig später stößt Susan, die Frau vom Telefon, dazu. Sie ist Toms Ehefrau und die beiden nutzen ihre Rente für eine Weltreise. Susan bestätigt erneut, was wir bereits gehört haben, und kann sich das Verhalten ihres Kollegen, den sie normalerweise als sehr vertrauensvoll einschätzt, nicht erklären. Abends werden wir Fahrer Kaea kennenlernen und es wird sich herausstellen, dass er tatsächlich stundenlang am Flughafen auf uns gewartet hat. Allerdings am falschen, denn niemand hatte ihm gesagt, dass wir am kleinen Stadtflugplatz landen, statt wie für ausländische Touristen üblich, am internationalen Flughafen. Wir sind froh, dass alles nur ein Missverständnis war und genießen den Abend mit unseren neuen Kollegen.

Der verläuft entspannt. Es gibt Buffet und danach findet die wöchentliche „Fia Fia Show“ statt. Mitarbeiter und ausgewählte Dorfbewohner führen den Gästen samoanische Tänze und eine Feuershow vor. Die Tänze sind gut, nur die Musikauswahl ist etwas fragwürdig – es sei denn Ballermann-Hits sind in Wahrheit typisch samoanische Klänge. Man merkt, dass niemand professionell ausgebildeter Tänzer ist, aber alle geben sich große Mühe, das Publikum zu unterhalten. Jake, der 14-jährige Sohn der Besitzer ist Show-Host und kündet die einzelnen Performances an. Er wird nicht müde, zwischen jedem Lied die Zuschauer zu fragen, ob sie Spaß haben, dann vorzutäuschen, die Antwort nicht gehört zu haben und die Zuschauer dazu zu nötigen, den Spaßfaktor noch einmal etwas lauter zu bestätigen. Die Zuschauer haben tatsächlich viel Spaß. Falls nicht, dann sind sie zumindest sehr höflich. In regelmäßigen Abständen werden einige von ihnen als mehr oder weniger Freiwillige auf die Bühne geholt und in die Tänze mit eingebunden. Der Übergang zwischen lustig und peinlich ist fließend. Der Höhepunkt ist erreicht, als eine „Single-Lady" gesucht und gefunden wird. Sie nimmt auf einem Stuhl auf der Tanzfläche Platz und ab jetzt wird es richtig skurril. Wie erwartet gibt es eine Art Lab-Dance für die gute Frau. Jedoch nicht von einem großen, starken Samoaner, sondern drei kleine Jungs im Grundschulalter tänzeln lasziv um sie herum. Ich weiß nicht, was die korrekte Reaktion auf diese Darbietung ist. Vielen geht es dem Blick nach zu urteilen ähnlich, andere finden es einfach nur zum Schreien. Das Ganze wird anschließend noch in umgekehrter Ausführung mit einem männlichen Gast dargeboten. Diesmal sind die weiblichen Tänzerinnen zumindest volljährig – was das Ganze in diesem Fall nicht unbedingt besser macht, schließlich schauen immer noch viele Kinder zu. Nach einer Stunde ist die Show vorbei. Susan bestätigt uns, dass es mal bessere und mal schlechtere Shows gibt und diese heute eher in die zweite Kategorie gehört. Es gibt also noch Hoffnung für die nächsten Wochen!

Auch wenn Tom und Susan sehr nett sind, haben Peter und ich bereits am nächsten Tag einen gewissen Susan-Overload. Wenn Susan redet, ist es ein bisschen wie CNN-Nachrichten schauen. Es wird eine Menge geredet – oft ohne dass wirklich viel gesagt wird. Wenn es irgendwann nichts Neues mehr zu berichten gibt, geht es einfach wieder von vorne los und alle Nachrichten werden wiederholt. In Endlosschleife. Man kann jederzeit zuschalten ohne viel zu verpassen. Ungefähr so ist auch eine Unterhaltung mit Susan. Man kann sich berieseln lassen und wenn man mal kurz mit seinen Gedanken abschweift, muss man sich keine Sorgen machen. Früher oder später wird Susan das Gesagte von sich aus wiederholen. Der Vorteil von CNN: wenn man genug hat, kann man den Fernseher einfach ausschalten. Um Susan zum Schweigen zu bringen, bedarf es Maßnahmen, die rechtlich wie ethisch verwerflich wären. Sie plappert einfach immer weiter. Es ist, als sei es ihr körperlich nicht möglich, eine Sprechpause einzulegen. Ob sie weiß, dass Sprechen und Atmen zwei verschiedene Vorgänge sind, die auch einzeln wunderbar funktionieren? Bezeichnenderweise bemerkt Tom als mir eines Morgens erkältungsbedingt die Stimme fehlt: „Wenn das Susan passieren würde, würde sie vermutlich einfach explodieren". Das glaube ich sofort. Warum er selbst nach 35 Jahren Dauerbeschallung nicht explodiert ist, bleibt Peter und mir ein Rätsel.

Wir merken zudem, dass das Verhältnis zwischen Chefin Mana und Susan nicht ganz konfliktfrei ist. Susan will helfen, Mana nimmt die Hilfe nicht wirklich an. Ich glaube, sie fühlt sich von Susan in ihrer Chef-Rolle bedroht. Gleichzeitig weiß sie, dass sie ohne Volunteers wie Susan, die Computer-Programme bedienen können und den Überblick haben, aufgeschmissen ist. „Bleibt bloß nicht in der Nähe der Bar oder Rezeption, wenn ihr frei habt“, schwört Susan uns bereits am ersten Abend ins Einmaleins des Volunteer-Daseins ein. „Mana weiß das ausnutzen und ehe ihr euch verseht, arbeitet ihr auch an euren freien Tagen“. Es folgen eine Reihe Klagen über unser aller Chefin, die sich ungefähr so zusammenfassen lassen: Chefin Mana ist faul, dreist und unorganisiert. „Sie ist nett, aber das nutzt sie aus“, wiederholt Susan, als sie mich am nächsten Tag an der Rezeption einlernt. Die Bedeutung dieser Aussage erschließt sich mir nicht komplett, aber ich frage lieber nicht nach. Nachdem wir zehn Minuten die Aufgaben durchgegangen sind, erzählt Susan mir den Rest der Schicht vor allem, was ihrer Meinung nach alles falsch läuft. „Es ist halt eine andere Kultur mit einer anderen Arbeitsweise, das müssen wir auch akzeptieren“, versuche ich sie zu besänftigen und tatsächlich ist das meine Meinung. In Samoa gilt eben die „Fa'a Samoa“. Keine Hektik und kein ungutes Wort in der Öffentlichkeit. Aber Susan hat sich bereits in Rage geredet: „Wir machen alle Überstunden ohne Ende, weil Mana sich einfach darauf verlässt, dass irgendwer schon für sie einspringt. Sobald sie sieht, dass ihr da seid, wird sie euch bitten, ein Auge auf die Rezeption zu werfen und sich selbst schlafen legen.“ Ich bleibe skeptisch. So schlimm wird alles sicherlich schon nicht werden, unser Arbeitsort ist schließlich dieser wunderschöne Strand! Oder?

Was ich zu diesem Zeitpunkt noch nicht ahne: In den kommenden Wochen werde ich durchaus verstehen lernen, wie der ein oder andere bissige Kommentar von Susan gemeint war und wie sehr Mana tatsächlich andere Leute ausnutzt. Und wie sehr Susan mit all ihren Lästereien Recht behalten wird. In nur kurzer Zeit werde ich selbst die neue desillusionierte Susan sein, der es schwer fällt, ihren Missmut vor den Nachrückern zu verbergen. Aber das alles ist mir jetzt gerade in meiner Anfangseuphorie noch nicht bewusst. Noch sind Peter und ich voller Optimismus und Tatendrang!

Nach einer Woche wollen Peter und ich unseren ersten freien Tag nutzen, um endlich mal aus dem Ressort rauszukommen und Samoas Hauptstadt Apia zu erkunden. Die Sightseeing-Attraktionen halten sich in Grenzen, aber wir erfahren im hiesigen Kulturzentrum viel über Samoas Traditionen. In einer dreistündigen Tour lernen wir einen Teller aus Palmenblättern zu flechten, schauen uns live die samoanische Tattoo-Kunst an, lernen wie man traditionelle Gerichte kocht und Kleidung aus Holzstöcken herstellt. Danach schauen wir noch eine Tanzeinlage an, die dann doch professionellere Elemente aufweist als die Animation in unserem Ressort. So ehrlich muss man sein. Am Ende bekommen wir noch eine Kostprobe des traditionellen Umu-Gerichts. Ein samoanischer

Umu ist ein aus heißen Vulkansteinen gebauter Ofen. Die Steine werden im Feuer erhitzt, das Essen in Palmenblätter eingewickelt, darüber platziert und mit noch mehr Palmenblättern abgedeckt, um einen Ofeneffekt zu erzielen. Ein wirklich kulinarisches Highlight und Grund dafür, dass jeder Sonntag für uns zum Highlight der Woche wird. Sonntagmittag gibt es nämlich ebenfalls Umu bei uns im Ressort. Schnell sind Peter und ich uns einig: Sonntag ist ein absolut schlechter Tag für weitere Ausflüge. Gerne können sich alle anderen den Tag freinehmen, aber den sonntäglichen Umu-Lunch lassen wir uns sicherlich nicht entgehen.

Gerne würden wir uns selbst davon überzeugen, dass wir mit der Kirche und einer Statue tatsächlich alle Highlights von Apia abgegrast haben, doch die verspätete Regenzeit macht uns einen Strich durch die Rechnung. Sintflutartig beginnt es zu schütten und so beschließen wir spontan, den nächsten Bus nach Hause zu nehmen. Durch knöcheltiefe Pfützen laufen wir auf der Suche nach dem richtigen Bus. Die Haltestelle erweist sich als riesiger Platz, auf dem locker 30 Busse stehen. Es gießt wie aus Eimern und ein Regenschirm zu zweit ist kaum eine Hilfe. Pitschnass fragen wir uns durch und finden tatsächlich den Bus, der in unsere Richtung fahren soll. Alle Fahrgäste rücken freundlicherweise ein bisschen enger zusammen und so ergattern Peter und ich die letzte freie Zweierbank.

Die Busse auf Samoa sind eine Sehenswürdigkeit für sich. Sie sind nicht nur kunterbunt, sondern haben ein ganz spezielles Design: die gesamte Fahrgastkabine besteht aus Holz. Von innen wie von außen. Irgendwie schick, wenngleich auf Dauer nicht gerade komfortabel, wie wir noch merken werden. Nach 20 Minuten, in denen sich der Holzbus immer mehr füllt, kommt auch der Fahrer dazu und es geht endlich los. Zumindest für kurze Zeit. Dann halten wir wieder und ein Haufen Schüler steigt ebenfalls ein. Es wird geschoben und gequetscht. Bald hat jeder Fahrgast einen anderen auf dem Schoß sitzen. Also fremde, ausgewachsene Menschen sitzen da wortwörtlich aufeinander. Und die Samoaner sind nicht unbedingt als zierlich zu beschreiben. Wer keinen Sitzplatz aus Fleisch und Blut mehr bekommen hat, steht eng zusammengedrückt. Das Ganze wiederholt sich noch ein paar Mal bis wirklich gar nichts mehr geht.

Dass der Bus auf dem Rückweg am Supermarkt halten wird, hatten wir zuvor bereits von Susan erfahren – natürlich in gewohnt mehrfacher Ausführung. „The Bus will stop at the supermarket. The people will all do their shopping. You can get ice-cream. We got ice-cream. I love ice-cream! The locals will do their shopping, so that's why the bus stops there and you have to wait, but you can get ice-cream. That's what we did“, und so weiter und so weiter. Peter und ich entscheiden uns jedoch gegen den Kauf von Tiefkühlkost und erwerben stattdessen ganz unspektakulär eine Tube Zahnpasta. Alle anderen Businsassen decken sich wahlweise mit Chips oder Softdrinks ein. Außer Konservendosen und Reis gibt das Sortiment des Ladens sonst auch nicht allzu viel her. Dann quetschen sich alle wieder zurück in den Bus, setzen sich gegenseitig auf den Schoß und der Wagen setzt sich wie ein vollbeladenes Clownsmobil wieder in Bewegung. Was ein Erlebnis!

Nach eineinhalb Wochen im Ressort freuen wir uns auf frischen Wind im Team. Lisa aus Deutschland wird uns als weiterer Workaway-Volunteer unterstützen. Auch wenn sie erst 21 Jahre alt ist, setze ich große Hoffnungen in sie. Vor allem als Feierabend-Kollegin.

Lisa reist pünktlich zum Abend-Buffet an und findet direkt alles so richtig schön. Das Ressort? Sooo schön! Ihre Hütte? Sooo schön! Das Essen? Sooo schön! Der Strand? Sooo schön! Der Strand wenn es in Strömen regnet? Trotzdem sooo schön! Lisa hat diese Art sehr langsam und mit einer ganz bestimmten Betonung zu reden, die bei mir den Eindruck erweckt, sie hätte gerade etwas geraucht. Und egal, was man fragt oder sagt, man kennt die Antwort bereits: „Sooo schön!", variiert nur mit: „Sooo hübsch!". Lisa ist seit ihrem Abi vor eineinhalb Jahren auf Reisen in Australien und Neuseeland. In Samoa will sie nun dem Winter entfliehen, bevor es für ein weiteres Jahr zurück nach Down Under geht. Ob sie danach nach Deutschland zurückkehrt, weiß sie noch nicht. Eine Ausbildung oder ein Studium hat sie bisher nicht absolviert. Aber wenn, dann will sie Stewardess oder Heilpraktikerin werden. Oder um es in ihren Worten auszudrücken: „Irgendwas mit Kräutern".

Passend zum Kräuter-Klischee ist Lisa Veganerin. Das erzählt sie mir zumindest stolz als wir bei ihrer Ankunft gemeinsam zum Buffet gehen. „Aber das funktioniert in Samoa ja leider nicht, deshalb mache ich hier Ausnahmen". Vegan auf Samoa ist in der Tat etwas schwierig – je nachdem, wie streng man das Ganze sieht. Ich bezweifele, dass unsere Küche eine Pfanne hat, in der ausschließlich Pflanzliches gebraten wird. Aber die irritierten Gesichter bei der Frage danach wären sicherlich lustig. Lisas Veganismus ist aber zum Glück sehr flexibel. Noch bevor sie das Buffet überhaupt zum ersten Mal gesehen hat, hat sie bereits entschieden, dass diese Form der Ernährung auf Samoa nicht klappen kann. „In Neuseeland bin ich Veganerin aus ethischen Gründen. Aber wenn ich mich hier sowieso nicht strikt vegan ernähren kann, dann kann ich auch genauso gut Fleisch essen", erklärt sie mir und lädt sich einen riesigen Berg Hühnchen auf den Teller.

Frei nach dem Motto „What happens in Samoa, stays in Samoa“. Diese „Ganz-oder-gar-nicht-vegan“-Taktik demonstriert Lisa in den kommenden Tagen noch einige Male, wenn sie mittags freiwillig Omelette bestellt oder abends statt Salat wieder einen Berg Fleisch auf den Teller schaufelt, „weil es ja in Samoa nun mal nicht anders geht“.

Lisa ist aber nicht nur Teilzeit-Veganerin, sondern spontan auch Teilzeit-Raucherin als sie erfährt, dass Zigaretten auf Samoa deutlich günstiger sind als in Neuseeland. „Vielleicht kaufe ich mir dann auch mal eine Schachtel“, verkündet sie mir. „Rauchst du denn überhaupt?“, frage ich verwundert, denn bisher war mir das nicht aufgefallen. „Ich hab‘ in Neuseeland aufgehört, aber wenn Zigaretten auf Samoa so günstig sind, kann ich ja hier wieder anfangen.“ Ja, warum nicht? Das leuchtet jedem Teilzeit-Rauch-Veganer ein.

Generell ist Lisa ein sehr unterhaltsamer Charakter wenn sie nicht gerade damit beschäftigt ist, Dinge als „sooo schön!“ zu beschreiben. Sie ist ein extremer Kontrast zu Susan und ich würde zu gerne wissen, was die beiden voneinander halten. Seit Lisa da ist, weiß ich Susans Qualitäten jedenfalls viel mehr zu schätzen. Sie redet und redet und redet zwar weiterhin sehr viel, aber hinter ihren Aussagen steckt eine gewisse Sinnhaftigkeit. Lisa hingegen wirkt einfach nur, als hätte sie gerade zu stark am Joint gezogen. Als laufe sie gedanklich gerade über eine Blumenwiese. Und diese Blumenwiese ist sooo schön! Sie erinnert mich ein bisschen an Nina Hagen in einer jüngeren und blonderen Version. Etwas durcheinander und irgendwie in einer anderen, eigenen und leicht abgespaceten Welt.

Dass das Ressort so viele Volunteers braucht, liegt übrigens an zwei wesentlichen Dingen: Erstens sprechen nicht alle samoanischen Mitarbeiter Englisch. Zweitens können diejenigen, die Englisch sprechen, deshalb noch lange nicht einen Computer bedienen. Das ist aber notwendig um zum Beispiel Buchungen zu managen, Tagespläne für Küchen- und Reinigungspersonal zu erstellen und nicht zuletzt das Geld von den Gästen zu kassieren. „Mit Geld traue ich den einfachen Leuten nicht“, verrät Chefin Mana. Ich bin etwas irritiert von der Aussage, schließlich stammen fast alle Mitarbeiter aus ihrem Dorf, wohingegen sie die Workaway-Volunteers aus aller Welt gar nicht kennt. Auch Kaea, ihr Schwager und Fahrer des Airport-Shuttles, soll nicht mehr an den Computer, „weil man ihm mit den Aufgaben nicht trauen kann“. Da ich ja sehe, welches Chaos Mana selbst nach jedes Mal hinterlässt, lasse ich das mal so stehen.

Auch wenn alles so friedlich sein könnte, bemerken wir schnell die eine oder andere Familienfehde im vermeintlichen Paradies. Kaea ist der deutlich jüngere Bruder von Manas Mann und hilft aus, während dieser im Ausland eine Weiterbildung macht. Kaea ist bei Gästen wie Volunteers beliebt und genau das scheint Mana nicht zu passen.

Regelmäßig gibt es Streit und Lästereien, in die wir unweigerlich mit reingezogen werden. Denn auch Kaea lässt kein gutes Haar an seiner Schwägerin. Nicht nur lästert er über sie als Chefin, sondern mäkelt auch an ihrem Erziehungsstil. „Wäre mein Bruder hier, würde alles anders laufen!", schimpft er in einer ruhigen Minute. Wir wissen genau, worauf er anspielt. Zum Beispiel auf den zehnjährigen Waata, der heute mal wieder nicht zur Schule geht. Diesmal mit der Begründung, dass er mehrere Touren als Guide machen muss. Da die Touren zu einem natürlichen Pool ganz in Ressortnähe maximal eine Stunde dauern und die Uhrzeit mit den Gästen individuell vereinbart wird, ist die Begründung etwas fadenscheinig. Die Touren macht er vor allem so gern, um sich sein Taschengeld aufzubessern. Das wiederum investiert er umgehend in Guthaben für irgendwelche Online-Spiele. Da er als Zehnjähriger keine Kreditkarte besitzt, zahlt er regelmäßig sein Bargeld an Gäste und Volunteers, damit diese im Gegenzug ihre Kreditkarte für ihn zücken. Auch wenn er ständig die Schule schwänzt – eine gewisse Cleverness kann man Waata nicht absprechen.

Die Luft ist raus

Nach über zwei Wochen Workaway ist die Luft das erste Mal raus. Es regnet ständig in Strömen und im Gegensatz zu Kräuter-Lisa finde ich den Strand in diesem Zustand nicht „trotzdem sooo schön!!". Unsere Hütte duftet, als läge eine tote Ratte in der Ecke. (Wir schauen nach, finden aber keine.) Es riecht modrig und nach Verwesung, obwohl den ganzen Tag frische Luft durch die offenen Fenster kommt. Selbst unsere Kleidung, die sauber und trocken im Regal lag, ist durch die enorme Luftfeuchtigkeit geschimmelt. Genauso wie unsere Rucksäcke, die einfach nur brav in der Ecke standen. Im Dach sind Termiten am Werk, sodass sich jeden Tag eine neue Schicht Sägespäne auf dem Moskitonetz über unserem Bett sammelt. Dazu kommt uns das immer gleiche Ressortessen langsam zu den Ohren raus. Die Kombination aus einer Toastbrot-basierten Diät und Schnorcheln als einzigem Sport macht sich auf den Hüften und an meiner Laune bemerkbar. Uns fehlt Abwechslung, denn das Ressort befindet sich so weit ab vom Schuss, dass wir kaum rauskommen. Bis auf unseren eigenen Strand und die Hauptstadt haben wir noch nichts von der Südsee gesehen. Wie auch? Allein über die buckelige Mautstraße bis zur Hauptstraße dauert es eine halbe Stunde. Der Bus kommt aber selbst dort nur einmal am Tag vorbei und um einen Roller zu mieten, müssten wir erstmal nach Apia kommen – und ihn dort auch wieder abliefern. Nicht unmöglich, aber äußerst umständlich.

Das Frustrierendste: Die Projekte, wegen der wir uns ursprünglich beworben hatten, finden nicht statt. Erstellung einer Speisekarte fürs Restaurant: Fehlanzeige. Nicht, dass man das Mittagsmenü, das aus verschiedenen Toast-Sandwiches und Fish & Chips besteht, nicht optimieren könnte. Peter findet in der Bar sogar eine kreativere Speisekarte, aber offenbar wurde diese wieder verworfen. „Die haben doch eh nie Zutaten für etwas anderes da", lautet sein resignierendes Urteil. „Es gab mal zwei Workawayer, die waren Köche. Die haben auch die andere Karte erstellt und es kam bei den Gästen sehr gut an. Nachdem die beiden weg waren, haben die Küchenmitarbeiter aber wieder alles wie vorher gemacht", weiß Susan zu berichten.

Und all die Ökotourismus-Projekte? Korallengärten anlegen? Recycling-Station? Nope. Auch hier ist gerade Projektstopp. Somit beschränken sich unsere Aufgaben auf Rezeption und Bar. Die Jobs sind zwar echt entspannt, aber eben nicht das, wofür wir von so weit her angereist sind. Nach einiger Zeit gebe ich mir selbst die Diagnose „Bore-Out". Das ist das Gegenteil vom Burn-out-Syndrom und stellt sich ein, wenn man einfach nichts zu tun hat und sich quasi zu Tode langweilt. Genau das passiert nämlich als ich damit fertig bin, sämtliche Preisfehler auf den Buchungsplattformen zu korrigieren und einen übersichtlichen Belegungsplan in Excel zu erstellen. Danach gibt es einfach keine Aufgaben mehr außer dem gelegentlichen Check-In. Es ist echt schade. Wir sind scheinbar im Paradies, aber zugleich zählen wir bereits die Tage.

Dabei wäre Peters Mithilfe in der Küche echt eine gute Idee. Nicht nur für ihn, auch die Gäste würden profitieren. Abwechslung steht bei der Ernährung nämlich bisher nicht an oberster Stelle. Es gibt Reis, Krautsalat, Tarot-Wurzel, Fleisch und Fisch. Jeden Abend. Manchmal noch etwas Gemüse dazu. Das mag nach viel Auswahl klingen, aber spätestens an Tag fünf verändert sich diese Ansicht. Doch nicht nur die Auswahl, auch die Quantität am Buffet ist beständig. Egal, wie viele Gäste da sind, die Küche macht die gleiche Menge an Essen. Oder weniger, wenn Mana mal wieder nicht genug eingekauft hat. Warum erstellen wir eigentlich jeden Morgen einen Plan mit der tagesaktuellen Anzahl der Essensgäste, wenn sie doch immer die gleiche Menge zubereiten? Die Kulturunterschiede und Denkweisen zwischen uns Europäern und den Samoanern unterscheiden sich doch deutlich stärker als gedacht. Das bestätigt auch Kaea, der eine Weile in Australien und Neuseeland gelebt hat: „Man merkt sofort, wer mal drüben war und wer nicht. Was meint ihr, warum wir die Volunteers unbedingt brauchen?" Langsam verstehe ich

Susan, die sich bereits bei unserer Ankunft über die Samoaner und ihre Arbeitsweise beschwerte. Was ich anfangs noch als mangelndes kulturelles Fingerspitzengefühl der beiden Amerikaner abgetan habe, wird nun auch Peter und mir immer bewusster.

Um die Stimmung aufzuheitern und uns aus unserem Tief zu holen, wollen wir mal wieder raus aus dem Ressort-Alltagstrott. Am Vorabend haben wir ein Pärchen aus Neuseeland kennengelernt und gemeinsam wollen wir eine Fahrradtour zu den Giant Clams machen. Die Giant Clams sind riesige Muscheln ganz in Küstennähe und ein beliebter Schnorchel-Spot.

Ein Grund, unsere Fahrräder bereits auf Big Island zu verkaufen, anstatt sie nach Samoa mitzunehmen, war folgende Info: „Es gibt im Ressort genügend Fahrräder, die ihr jederzeit kostenlos ausleihen können." Das ist grundsätzlich erstmal nicht falsch. In Zukunft sollten wir aber besser aufs Kleingedruckte achten und zwischen den Zeilen lesen. In dem Fall fehlt zwischen den Zeilen nämlich das nicht unwichtige Adjektiv „funktionstüchtig". Von den theoretisch zehn Fahrrädern hat jedes sein ganz eigenes Wehwehchen. Kette gerissen oder gänzlich abhanden, kein Sattel, platter Reifen, keine Bremsen beziehungsweise meist mehreres auf einmal. Da wir gleich zu viert vor dem Schrotthaufen stehen, herrscht zunächst Ratlosigkeit. Mit viel Mühe und der Hilfe eines samoanischen Kollegen basteln wir aus den zehn Fahrradleichen vier Fahrräder, die zwar ebenfalls nicht die Beschreibung „funktionstüchtig" oder gar „verkehrstauglich" verdienen, aber zumindest mit viel gutzureden irgendwie vorwärts rollen. Zumindest für eine Weile. Erst die letzten Kilometer auf dem Rückweg werden wir schieben müssen. Die mautpflichtige Buckelpiste ist einfach zu viel für unsere Gurkenräder.

Doch noch sind wir euphorisch, denn es ist unser zweiter Ausflug aus dem Ressort und wir wollen unbedingt die ominösen Riesenmuscheln sehen. Wie wir immer wieder bei nachkommenden Touristen beobachten können, ist es absolute Glückssache, ob man sie findet oder nicht. In dem Fall ist das Glück mit uns und ich schwimme zufällig genau auf die Riesenmuscheln zu. Ihr Anblick ist einfach magisch! Von außen sehen sie einfach nur wie extrem große Muscheln aus, aber im geöffneten Inneren schillern sie surreal in den verschiedensten Farben. Mir wird fast ein bisschen schwindelig, wenn ich länger hinschaue. Das Flimmern erinnert ein bisschen an ein kaputtes, flackerndes Fernsehbild, nur eben in schön. So etwas habe ich wirklich noch nie gesehen! Wir schnorcheln noch eine Weile durch die Gegend. Um das Erlebnis perfekt zu machen, entdecken wir ganz in der Nähe eine Schildkröte, die gerade Algen und Seegras zum Mittagessen verspeist. Die Langeweile der letzten verregneten Tage ist mit diesem Erlebnis schlagartig vergeben und vergessen!

Es kommt Bewegung in unsere Alltagsaufgaben, denn eine Hochzeit steht an. Scheinbar hat es das noch nicht allzu oft gegeben, denn die Vermählungsfeier des australischen Pärchens ist das Event des Jahres im Ressort. Rund um den Hochzeitstag sind alle Hütten mit den vorwiegend aus Australien eingeflogenen Hochzeitsgästen belegt. Chefin Mana ist sichtlich nervös. Seit Tagen sind sämtliche Angestellte in die Vorbereitungen vertieft: Palmenblätter flechten und Blumengestecke basteln stehen ganz oben auf der Liste. Im Haupthaus wird außerdem ein PVC-Boden von zweifelhafter Schönheit verlegt. Allen Tätigkeiten voran ist aber das Nähen weißer Tischdecken, das man seit zwei Wochen zu fast jeder Tages- und Nachtzeit beobachten kann.

Am Vortag ruft Mana alle Volunteers zusammen, um uns zu erklären, wie wichtig die Hochzeit für das Ressort ist. Sie wünscht sich, dass wir den ganzen Tag über bereitstehen und jederzeit einspringen können. Die Männer sollen sich um die Bar kümmern, die Frauen um die Deko und alles, was spontan anfällt. Kein Problem, wir sind da!

Am Tag der Hochzeit herrscht jedoch völliges Chaos. Es beginnt mit dem Mittagessen. Aus logistischen Gründen soll es statt der üblichen Toastbrot-Gerichte ein vegetarisches Curry geben, das dann wahlweise komplett vegetarisch, mit Hühnchen oder mit Fisch serviert werden soll. So der Plan. Die Umsetzung sieht allerdings so aus, dass es ein Hühnchen-Curry mit Hühnchen-Chopsuey als Beilage gibt. Und die Vegetarier? „Die können doch Krautsalat essen", schlägt die Küche vor. Chefin Mana sieht ein, dass schon wieder nur Krautsalat bei den Gästen keine Preise gewinnen wird, und ordert spontan an, zusätzlich eine Gemüsesuppe zu kochen. Die wird dann mit Krautsalat serviert. Es ist unschwer am „Ist-das-euer-Ernst?"-Gesichtsausdruck zu erkennen, wer Vegetarier ist und wer sich auf ein leckeres Curry freuen darf. Nachdem das Mittagessen überstanden ist und wir die tötenden Blicke der Vegetarier überlebt haben, geht es allerdings erst so richtig los.

Mana ist zum Last Minute-Einkauf für das Hochzeitsessen verschwunden. Findet ja auch erst in sechs Stunden statt. Mal schauen, was es spontan so auf dem Markt gibt. Ich hoffe, sie beherzigt unseren Rat, dass die bisher geplanten zwei Fische für 50 Gäste möglicherweise nicht ausreichend sein könnten. Am Vorabend hatte ein Fisch für 40 Gäste überraschenderweise nicht zur Überfüllung der Mägen geführt.

Mehr Zuwendung als das Essen genießt weiterhin die Deko. Das Partyzelt ist bis zur Unkenntlichkeit mit Blumen und Palmenblättern geschmückt. Dann hört es mit der Vorbereitung aber auch schon auf. Nichts sonst ist fertig. Als die Braut zum Check vorbeikommt und das Zelt mit den Palmenblättern sieht, befördert sie Susan spontan zur heimlichen Deko-Chefin. „Zu viel. Viel zu viel! Bitte sorg dafür, dass das wieder wegkommt", ordnet sie fast schon flehend an. Wir lassen also mehr oder weniger unauffällig einen Großteil des Blumenschmucks verschwinden und können nur mit viel Mühe verhindern, dass die Samoaner einen soeben erst fertiggestellten Teppich aus Palmenblättern am Strand verlegen. Es braucht ein paar Anläufe bis wir sie überzeugt haben, dass es vollkommen ausreichend ist, dass bereits sämtliche Geländer, Pfosten, Zeltstangen und Tische mit Palmenblättern und exotischen Blüten ausgestattet sind.

Doch das Grünzeug ist nicht alles an Deko, da waren ja noch die Tischdecken: Seit Tagen sitzt Kollegin Emere deshalb an der Nähmaschine. Wofür wir 50 Tischdecken bei 10 Tischen brauchen, erschließt sich weder mir noch Susan. Vielmehr hätte es so kurz vor Beginn der Feier gewisse Vorteile, wenn die Tischdeckenproduktion eingestellt würde und die tatsächlich gebrauchte Anzahl stattdessen gebügelt würde. 50 zerknitterte Tücher liegen nun vor uns, die vom ständigen Umdekorieren der Blumen bereits die ersten Flecken haben. Also fangen wir schnell mit dem Bügeln an, merken, dass es zu lange dauert und verwerfen das Vorhaben wieder. Fünf Minuten später sitzt dann doch wieder jemand am Bügeleisen, weil trotz der ausufernden Palmenblatt-Deko einfach nicht zu vertuschen ist, wie unvorbereitet unser Ressort auf diese Hochzeit ist. Emere lässt sich nicht beirren und näht währenddessen fleißig weiter an Tischdecke Nummer 51.

Es folgt ein hin und her an weiterer Tischdeko. Für die Deko spricht, dass man die Flecken auf den Tischdecken damit super verbergen kann. Dagegen, dass die Palmenblätter so dick und unbiegsam sind, dass es unmöglich ist, Kerzen oder Weingläser unfallfrei darauf zu platzieren. Während wir nach einer Lösung suchen, machen sich erste Ameisen auf der Deko breit. Blitzschnell werden sie von Kellnerin Nauri mit einem hochdosierten Insektengift hingerichtet. Auf der Rückseite des Sprays prangt unübersehbar der Hinweis, dass das Spray auf keinen Fall in der Küche oder in der Nähe von Lebensmitteln eingesetzt werden darf. Mana bekommt von all dem nichts mit. Sie ist immer noch verschwunden.

Ein Blick vom Partyzelt in Richtung Strand verrät, dass eine Stunde vor der Trauung außer einem Traubogen nichts für die Zeremonie aufgebaut ist. Keine Stühle, keine Blumen, keine Deko. Die dafür zuständigen Arbeiter nutzen die Gunst der Stunde für ein ausgiebiges Schläfchen im Schatten. Oder eher gesagt die Gunst der letzten drei Stunden, denn genauso lange hat sich nichts mehr getan. Peter und Tom übernehmen das Kommando. Es scheint, als wüsste niemand der Leute, die mit dieser Aufgabe betraut waren, was zu tun ist. Nicht, dass wir selbst es so viel besser wüssten, aber zumindest haben wir eine grobe Idee, was Australier von einer Hochzeit erwarten. So steht irgendwann zumindest alles für die Zeremonie am Strand bereit.

Chefin Mana, der das Gelingen des Events doch so wichtig war, bleibt weiterhin verschwunden. Sie ist offenbar überzeugt davon, dass „bitte helft ein bisschen mit" eine ausreichende Arbeitsanweisung für uns Volunteers ist, um das komplette Fest zu organisieren.

Dann treffen auch schon die Gäste ein. Von der Trauung bekommen wir nicht viel mit. Während das Brautpaar am Strand vermählt wird, wuseln sämtliche Angestellte und Volunteers für den letzten Feinschliff umher. Inzwischen hat es sich zu jedem rumgesprochen, dass es langsam höchste Zeit wird und auch der Letzte ist vom Mittagsschläfchen erwacht. Für den Empfang und die anschließende Feier muss noch ein Kanu mit Bierflaschen gefüllt werden, woraus sich die Gäste bedienen können. Quasi die elegantere Variante von Bier in der Badewanne auf WG-Partys. Jeder, der mal mit Australiern einen Trinken war, weiß, dass sie ihr Bier extrem kalt mögen. Wenn es nicht kurz vor dem Gefrierpunkt steht, tun sie so, als hätten sie sich die Lippen verbrannt. Unser Bier-Kanu steht in der prallen Sonne. Eiswürfel standen auf Manas Einkaufsliste. Die ist immer noch nicht aufgekreuzt. Unser Gefrierförmchen für 16 Eiswürfel ist im wahrsten Sinne des Wortes nur ein Tropfen auf dem heißen Stein.

Irgendwann steht das Kanu voller lauwarmer Bierflaschen bereit und wir haben tatsächlich zehn Tischdecken beisammen, die mit zwei zugedrückten Augen zumindest im Dunklen den Mindeststandard an Flecken- und Faltenfreiheit erfüllen. Auch die reduzierte Tischdeko sieht inzwischen sehr hübsch aus. Jetzt brauchen wir nur noch genügend Stühle für alle Gäste und haben es geschafft. Denken wir zumindest. Denn beim Eindecken kommt ein neues Problem zutage: Für 50 Gäste braucht man auch 50 Gabeln, 50 Messer und 50 Löffel. Mindestens, denn schließlich gibt es Buffet mit mehreren Gängen. Wir finden ausreichend viele Löffel und genau passend 50 Gabeln, aber trotz intensiver Suche in den letzten Ecken werden fünf Gäste kein Messer bekommen. „Wenn sich jemand beschwert, können wir ihnen ein Plastikmesser geben", lautet Manas Lösung, als sie kurz vor Beginn des Empfangs ganz entspannt von ihrem Shopping-Trip eintrudelt. Tatsächlich hat sie einen halb geschmolzenen Eisklumpen im Gepäck und sogar einen dritten Fisch.

Von all dem Durcheinander bekommen die Gäste zum Glück nichts mit. Vom ein oder anderen schmerzverzehrten Gesichtsausdruck beim Nippen am ungekühlten Bier abgesehen scheinen sie rundum zufrieden mit der Feier am Traumstrand. Und das ist schließlich die Hauptsache.

Frischer Wind

Nachdem die Hochzeitsgäste abgereist sind, kehrt langsam wieder Normalität ein. Und neue Gäste. Dringend benötigter frischer Wind! Die Hochzeitgesellschaft war doch überraschend steif. Daher ist es umso schöner, wieder neue Leute zu Gast zu haben. Teil dieser neuen Leute ist Familie Besofski, die wir aus offensichtlichen Gründen inoffiziell so taufen. Herr und Frau Besofski aus Australien machen mit Frau Besofskis Tochter und deren Freund eine Woche Urlaub. Tochter Besofski und ihr Lover sind Anfang 20 und schwerverliebt. Frau Besofski, etwa 50 Jahre, erinnert optisch an Brigitte Nielsen. Herr Besofski wirkt wie einer dieser Durchgeknallten, die freiwillig obdachlos auf Hawaii leben und im Bus anderen ihre Verschwörungstheorien kundtun. Nur dass er dafür zu viel Geld hat, denn scheinbar ist er Burnout-gefährdeter Chef irgendeiner Firma und muss sich dringend erholen. So erzählt es mir zumindest seine Frau.

Zusammenfassend lassen sich die Besofskis als kontaktfreudige Patchwork-Familie beschreiben. Das meine ich sowohl wortwörtlich – denn sie finden schnell (Trink-)Freunde im Ressort –, als auch so, wie es Personaler in geheimer Arbeitszeugnis-Code-Sprache formulieren würden, wenn sie mit Worten wie „gesellig“ oder „kontaktfreudig“ andeuten möchten, dass jemand dem Alkohol nicht abgeneigt ist. Dass dem so ist, beweisen die vier gleich am ersten Abend, als sie die Bar leer trinken. Um zehn Uhr kommt Barkeeper Peter verzweifelt zur Rezeption rüber: „Mana muss morgen unbedingt einkaufen. Die haben den Wodka, den Rum und den Whiskey leergemacht.“ Fairerweise muss man dazu sagen, dass wir im Ressort meist keine großen Vorräte haben, aber zu viert drei Flaschen Hochprozentigen plus Bier und Wein ist dennoch eine beachtenswerte Leistung. Bereits am zweiten Abend stehen bei den Vieren schon über 70 Cocktails auf der Rechnung. Ich wiederhole: 70 Cocktails, nicht 70 Euro für Cocktails. „Wir haben zwar nur ein Drittel der Gäste wie sonst, aber ich hab‘ so viel zu tun wie nie“, beschwert sich Peter, der sich ein bisschen zu sehr an den lauen Job an der Bar gewöhnt hat.

Beim Frühstück am nächsten Morgen schließen wir Wetten ab, wann heute wohl der erste Cocktail bestellt wird. Peter setzt auf 11 Uhr für das erste Bier und 12 Uhr für die erste Cocktail-Bestellung. Nur wenige Minuten später verliert er die Wette, als Herr Besofski um 9:56 Uhr vor mir an der Rezeption steht, weil er den Barkeeper zwecks Piña Colada-Bestellung sucht. So viel Maloche am frühen Morgen ist Barkeeper Peter nicht gewohnt und muss erst aus seiner Hütte geholt werden. Bisher war die Frühschicht an der Bar ein Garant fürs Nichtstun.

Neben Chefin Mana gibt es im Ressort noch einen weiteren Mana. Einen männlichen Mana. Er, Laki und Nauri sind inoffiziell die tragenden Säulen des Ressorts. Die drei Mittezwanzigjährigen sind einfach immer da und halten den Laden am Laufen. Wenn ich morgens um halb neun zum Frühstück komme, arbeiten sie bereits. Wenn wir zu Abend essen sind sie immer noch mit vollem Eifer dabei. Erst spät abends gegen 23 Uhr fahren sie mit dem Lkw, der die Angestellten täglich bringt und holt, zum Schlafen nach Hause. Jeden Tag. Ohne die drei würde nichts laufen. Das merken wir schmerzlich, als sie nach zweieinhalb Wochen das erste Mal einen Tag frei haben. Wohlgemerkt nach zweieinhalb Wochen, seit denen wir hier sind. Wer weiß, seit wann sie tatsächlich bereits durcharbeiten. Dass der männliche Mana endlich mal frei hat, hatte er am Vorabend schon angekündigt. Doch als Laki nach dem Frühstück verkündet, dass er wieder nach Hause fährt, „weil seine Mutter Happy Birthday hat", sind wir überrascht. Noch überraschter sind wir nur als wir erfahren, dass Nauri seine Schwester ist und deshalb nun ebenfalls zur Feier fährt.

Laki und seine Schwester Nauri sind also beim Happy Birthday ihrer Mutter und der männliche Mana muss nach Wochen des Durcharbeitens endlich mal schlafen. Susan und Tom sind abgereist. Die übrigen Volunteers nutzen ihren freien Tag für einen Ausflug. Kaea fährt das Flughafen-Shuttle. Chefin Mana ist den ganzen Tag über einkaufen. Es bleiben Peter und ich, ein paar Frauen sowie einige der Männer, die bereits am Tag der Hochzeit mit Faulenzen geglänzt haben. Auch heute nutzen sie die Gunst der Stunde, dass die Chefin nicht da ist, für ein Schläfchen in den Gästehütten.

Bereits am Mittag zeigt sich, dass es nicht clever war, dem männlichen Mana ausgerechnet heute seinen langverdienten freien Tag zu geben, wenn auch die beiden anderen nicht da sind. Nicht nur, weil die drei als einzige gut Englisch sprechen, sondern auch, weil nicht jeder den gleichen Arbeitseifer mitbringt. Die, die nicht heimlich schlafen, sitzen im Aufenthaltsraum und trinken Tee beziehungsweise passen auf das Baby auf, das Chefin Mana zurückgelassen hat. Emere näht noch mehr Tischdecken. Was genau bei ihr den Eindruck erweckt, dass wir immer noch mehr davon brauchen könnten, bleibt uns ein Rätsel. Um das Restaurant kümmert sich indessen niemand. Die dreckigen Teller stapeln sich bereits auf den Tischen und die Gäste beschweren sich. Mit Laki, Nauri und dem männlichen Mana wäre der Restaurant-Bereich blitzblank gefegt. Aber Kreativität steht auf Werteliste der sie vertretenden Kollegen eben deutlich weiter oben. Typisch samoanisch? Wir wissen es nichts.

Der Hausmeister widmet sich heute dem Musterschnitzen in die Holzpfähle der Sonnenschirme. Man kann nicht abstreiten, dass er Talent hat und die Schirme danach hübscher aussehen. Dennoch könnte man Argumente dafür finden, dass es bei dem aufkommenden Unwetter Sinn gemacht hätte, stattdessen zuerst das Ressort sturmfest zu machen. So dauert es nicht lange, bis ich an der Rezeption plötzlich ein lautes Geräusch höre: Mit einem lauten Knall bricht die mit Regenwasser überfüllte Markise ab und knallt auf die darunter stehenden Tische. Etliche Liter Wasser stürzen schlagartig zu Boden. Von wegen herabstürzende Kokosnüsse wären die größte Gefahr! Man kann wahrhaftig von Glück reden, dass niemand darunter saß. Und so sind Peter und ich wohl nicht die einzigen, die es kaum erwarten können, dass Laki, Nauri und der männliche Mana morgen zurück sind, um den Laden wieder zu schmeißen!

Irgendwann ist es soweit: wir erlangen Freiheit. Peter und ich haben endlich ein paar freie Tage und einen Roller gemietet. Mittags steigen wir zu Kaea ins Airport-Shuttle, das uns bei der Roller-Vermietung am Flughafen absetzen soll. Der Morgen zuvor im Ressort war ruhig, denn Familie Besofski hat endlich wahr gemacht, was sie seit Tagen ankündigt: Sie haben sich Fahrräder geliehen um zum Schnorcheln zu den Giant Clams zu fahren. Den Plan haben sie bereits seit Tagen, verwerfen ihn dann aber regelmäßig am späten Vormittag, weil es schon zu spät sei. Oder um es mit den Worten eines Außenstehenden zu sagen: Sie haben bereits einen zu hohen Pegel, um sich fürs Fahrradfahren begeistern zu können. Heute aber reißen sie sich zusammen und radeln tatsächlich nach dem Frühstück los.

Die Barschicht ist so ruhig wie lange nicht mehr. Mittags im Auto schließen Kaea, Peter und ich wieder einmal Wetten ab, wann die Besofskis wohl zurückkommen und in welchem Zustand. Wir machen Witze darüber, dass wir sie sicherlich gleich im Straßenrand liegen sehen werden. Also die anderen machen Witze, ich für meinen Teil meine das durchaus ernst. Als wir gerade aus der Abenteuer-Mautstraße auf die Hauptstraße abbiegen, sehen wir sie dann. Ein kleiner Lkw biegt in unsere Richtung ab. Auf der offenen Ladefläche vier Fahrräder und sämtliche Besofskis. Überflüssig zu sagen: mit Drink in der Hand. Wir halten kurz zwecks Informationsaustauschs.

Die Besofskis sind ganz aufgeregt und plappern wild durcheinander. Die Quintessenz der wirren Informationsflut: sie hatten mit gleich zwei Fahrrädern einen Platten. Außerdem ist Tochter Besofski zweimal gestürzt. „Es war so krass anstrengend! Ich habe keine Luft mehr gekriegt. Vor lauter Anstrengung habe ich sogar eine Asthmaattacke bekommen. Dabei habe ich noch nicht einmal Asthma!“, gibt sie abends an der Bar eine mehr oder weniger medizinisch fundierte Eigendiagnose ab. Nach all den mechanischen wie medizinischen Zwischenfällen haben Mutter und Tochter Besofski nach eigenen Angaben jedenfalls erstmal einen Souvenirshop leer gekauft. Schnorcheln waren sie nicht mehr. Irgendwo – die Geschichte ist zu verwirrend für mich als das ich sie hier wiedergeben könnte – haben sie dann den Truck-Fahrer aufgetan und ihn dafür bezahlt, dass er sie zum Ressort zurückfährt.

Ich habe den Eindruck, dass sie trotz aller Übertreibungen und Dramen eigentlich ganz froh darüber sind, ihren sonst recht eintönigen Urlaub mit dieser Abenteueranekdote aufwerten zu können. „Was habt ihr denn heute eigentlich gemacht?“, will Tochter Besofski, die gerade ihren vierten Margarita innerhalb von 20 Minuten bestellt, plötzlich von mir wissen. (Nicht, dass hier ein falscher Eindruck entsteht: 20 Minuten kommen nur deshalb zustande, weil der Barkeeper nicht schneller ist. Sie selbst ext die Drinks problemlos in wenigen Sekunden weg.) „Wir waren mit dem Roller bei den Sliding Rocks“, gebe ich zu Protokoll. Aufgeregt kreischt sie los: „Wirklich? Wie war es? Wir fahren morgen auf dem Weg zum Flughafen noch dorthin. Ich will unbedingt hin! Wenn das nicht klappt, bin ich richtig sauer auf meine Eltern! Wir waren schon einmal da, aber der Taxifahrer hat gesagt, wir dürfen nicht zum Wasser runter, weil meine Eltern zu betrunken waren.“ Wieder einmal bin ich sprachlos, daher lache ich einfach mal. Die vier liefern einfach zu viele Pointen, das glaubt mir doch niemand!

Ob sie es vor Abflug noch schaffen, Tochter Besofski zu ihrem Highlight zu bringen, erfahre ich leider nicht. Beim Frühstück sind allerdings nur drei von vier Besofskis anwesend. Tochter Besofski geht es nicht gut. Sie leidet an Übelkeit und Erbrechen. Statt zu den Sliding Rocks bringt das Taxi sie daher erstmal zum Arzt. „Es könnte eine gefährliche Tropenerkrankung sein“, erklärt Mutter Besofski die Planänderung. Die anderen Volunteers und ich nicken nur sprachlos. Eine kalte Dusche und Schlaf wären Hauptbestandteil unseres Heilungsplans für die gefährliche Tropenkrankheit gewesen, die man im Volksmund auch Kater nennt, aber wir sind ja nur Rezeptionisten und Barkeeper.

Nachdem Peter am Vortag bei der Vermietung offiziell ein samoanischer Führerschein ausgestellt wurde, erkunden wir mit dem Roller weiter die Highlights der Insel. Neben Wasserfällen, Wasserlöchern und Postkartenstränden sind vor allem die Samoaner selbst ein Highlight. Immer und überall begegnen sie uns äußerst freundlich und liebenswürdig. Jeder grüßt freudig, wenn wir mit dem Roller vorbeidüsen. Im Gegensatz zu manch anderen Ländern, wo man mit Touristen vor allem schnelles Geld verdienen will, wirkt die Freundlichkeit der Samoaner unheimlich ehrlich und echt. Die Kinder unterbrechen ihr Spiel und kommen aufgeregt angerannt, um uns überschwänglich zu winken. Wir müssen gut aufpassen, denn manche laufen bis auf die Straße, um uns im Vorbeifahren ein High Five zu geben. Einmal schlägt einer so fest und überschwänglich ein, dass wir fast einen Unfall bauen. Es ist ein wirklich friedliches Miteinander und die absolute Idylle. So habe ich mir die Südsee vorgestellt. Absolut paradiesisch!

Und ein Paradies ist Samoa auch in Hinsicht auf die dort lauernden Gefahren. Waren wir in Zentralamerika Horrorgeschichten über Gewaltverbrechen mit Mord und Totschlag durchaus gewohnt, so ging es auf Hawaii schon vorwiegend „nur" noch um Diebstahl. Und hier auf Samoa? Wovor müssen wir nun Angst haben? Die Antwort lautet: rein gar nichts. Es gibt keine Tropenkrankheiten, keine gefährlichen Tiere und das Klima ist ganzjährig warm. Es gibt genug Sonne und Niederschlag, dass es nicht viel mehr als ein paar Samen braucht, damit Gemüse, Früchte und bunte Südseeblumen nur so aus dem Vulkanboden sprießen. Lediglich Wirbelstürme machen dem Pazifikstaat regelmäßig zu schaffen. Seit Jahrhunderten hat Samoa keinen Krieg geführt, es gibt keine Aufstände, ethnischen Konflikte oder politische Unruhen. Und nahezu keine Kriminalität. Und das alles, obwohl die Vereinten Nationen Samoa zu den „Least Developed Countries", also den am wenigsten entwickelten Ländern, zählen. Mit einer gigantischen Inflationsrate und – gemessen an den Kriterien der Industrieländer – einer Arbeitslosenquote von 60 bis 70 Prozent (Quelle: Wikipedia). Hatten Peter und ich uns vor unserer Anreise noch gefragt, wie und wo wir unsere Wertsachen in den zu allen Seiten offenen Strandhütten verstauen wollen, kommen wir uns vor Ort fast blöd vor, jemals darüber gegrübelt so haben. Denn in Samoa lässt jeder alles einfach offen liegen. Egal ob Laptop, Bargeld oder Handy. Es klaut einfach niemand. Ob es an den starken Dorfgemeinschaften liegt? Oder daran, dass es keine direkten Nachbarländer gibt, in die man als Dieb fliehen könnte? Ich weiß es nicht.

Am nächsten Tag hat der kleine Jim Geburtstag, Chefin Manas Sohn. Er wird sieben. Zur Feier des Tages darf er Schule schwänzen, bekommt mittags Pizza und abends einen Kuchen, der dann als Nachtisch an die Ressortgäste verfüttert wird. Jim ist zufrieden mit seinem Geburtstag. Nicht, dass Schule schwänzen so besonders wäre. Seit wir da sind, haben die beiden jüngsten Brüder Jim und Waata etwa eine 50 Prozent-Quote was den Besuch der Bildungseinrichtung betrifft. Die Ausreden reichen von Problemen mit den Lehrern über angebliche Verpflichtungen im Ressort bis hin zum Allzeit-Joker „zu müde für die Schule". Kein Wunder, denn eine geregelte Schlafenszeit gibt es für die Kinder nicht. Elf Uhr abends unter der Woche? Kein Problem. Mutter Mana geht ins Bett, die Kinder flitzen weiter durch die Gegend und spekulieren darauf, dass Gäste ihnen ihre Smartphones leihen, um damit bis spät in die Nacht zu zocken. Es überrascht wenig, dass sie es dann am nächsten Morgen nicht schaffen, für die Schule aufzustehen. Stattdessen verbringen sie einen weiteren Tag mit Handy- und Computerspielen. Einmal belausche ich zufällig, wie Jim den Gästen erzählt, er könne nicht in die Schule gehen, da er so viel im Ressort arbeiten müsse. Vor lauter Mitleid leihen sie ihm gerne ihr Smartphone, damit das arme Kind, auch mal Spaß haben kann. Auch auf Samoa ist es letztlich wie überall auf der Welt. Da wohnt man am traumhaft schönsten Strand und schaut dennoch lieber nur aufs Display...

Aufs Computer-Display schaue auch ich an der Rezeption. Hatten wir neulich noch Unmut über unsere Ressortaufgaben gezeigt, die anders als versprochen ausfielen, so wird genau diese langweilige Rezeptionsaufgabe nun zum schicksalhaften Glücksgriff. Denn wenn man an der Rezeption sitzt und Buchungen bearbeitet, liest man auch automatisch alle ankommenden Emails für das Hotel. Und da sticht mir eine Mail plötzlich besonders ins Auge.

„Talofa Tomasi and Mana, (...) Sharon and I are returning to Samoa in a week for another photo shoot for Samoa Tourism, and we were wondering if you have any palangi volunteers on staff at the moment who would be interested in being talent for some of our photos on their day/days off? This would be paid work and we would cover expenses such as food etc." Gesucht werden Palangis mit Modelqualitäten, die sich bereits auf Samoa befinden. Palangi ist der Begriff, mit dem Samoaner Nicht-Samoaner und insbesondere Weiße beschreiben. Peter und ich sind Palangis und Lust auf ein Foto-Shooting hätten wir auch. Auch zu Geld und etwas Abwechslung würden wir nicht nein sagen. Das sieht Lisa genauso als ich sie wenig später aufgeregt frage, ob sie dabei ist. Vollkommen aus dem Häuschen über die sich bietende Möglichkeit, antworte ich umgehend für uns drei und erbitte mehr Infos.

Es stellt sich heraus, dass es sich um eine Werbekampagne handelt, mittels derer Neuseeländer dazu animiert werden sollen, Urlaub auf Samoa zu machen. Neuseeland ist mit nur knapp vier Flugstunden Samoas größter unmittelbarer Nachbar und – neben den Australiern – kommen die meisten Touristen auf Samoa von dorther. Glücklicherweise sehen wir Deutschen den Neuseeländern ähnlich genug und so sind Peter, Lisa und ich wenige Emails später gebuchte Models für die Werbekampagne der Kiwis. Was für ein steiler Karrieresprung von unserem Bar- und Rezeptionsdasein!

Samoa's Next Topmodel

Ein paar Tage später bringt Kaea uns am frühen Morgen zur Fähre, denn unser erster Drehtag startet auf der Nachbarinsel Savai'i. Am Fährterminal treffen wir zum ersten Mal unser Foto-Shooting Team: Sharon, Jason und Mike. Die drei Kiwis sind um die 40 Jahre und mir auf Anhieb sympathisch. Die drei arbeiten nicht zum ersten Mal zusammen, was zwar dazu führt, dass wir dem einen oder anderen Insider-Witz nicht folgen können, aber das macht nichts. Die Stimmung ist gut und das ist alles, was zählt.

Unser Modelleben startet vermeintlich glamourös: wir reisen in der Business Class des Schiffs. Das heißt wir dürfen in einem Raum ohne Fenster, den man VIP-Raum nennt, auf Sesseln warten, bis es losgeht. Auf der Fähre selbst sitzen wir dann in der Business Class Lounge, die definitiv die fehlende Klimaanlage der letzten Wochen wettmacht. Wer auch immer die Temperatur eingestellt hat, ist sehr bemüht darum, dass auch wirklich niemand Schweißflecken auf sein Business-Hemd bekommt. Draußen in der Holzklasse nutzen derweil einige die Überfahrt für ein Schläfchen auf dem Boden. Wir drinnen brauchen das nicht, denn wir bekommen als VIPs Koffein in Form von Kaffee. Beziehungsweise Milch mit einem Hauch von Nescafé-Pulver. Dazu gibt es ein Sandwich. Da mein Bedarf an ungetoasteten Toastbroten seit unserem Leben im Ressort allerdings ausreichend gedeckt ist, passe ich. Außerdem bin ich ja nun Model, da muss man sich mit Kalorien zurückhalten.

Auf Savai'i angekommen geht es mit einem Van direkt zu unserer ersten Shooting-Location. Die Frage, wie Peter sein bisheriges Leben als Model findet, beantwortet er wie folgt: „Bisher ist es wie ein Business-Trip, als würde ich gerade zum Lieferanten-Werk gebracht werden. Aber ich kann hier eine kurze Hose tragen. Deshalb finde ich es besser."

Es wird sogar noch besser. Nachdem wir an unserer ersten Location eine kurze Willkommenszeremonie mit dem Dorfältesten gedreht haben, gibt es erstmal ein ausgiebiges Frühstück. Ganz ohne Fotos. Danach geht es dann richtig los. Wir shooten eine Ava-Zeremonie, bei der Peter bei jedem Retake eine Schale Kava trinkt. Das ist quasi die Droge des Pazifiks. Irgendwann ist die Szene dann endlich im Kasten und Peter leicht bedudelt, aber tiefenentspannt.

Lisa und ich bekommen währenddessen ein traditionell-samoanisches Outfit verpasst. Es besteht aus einem langen Wickelrock, darüber ein knielanges Kleid, das für die meisten Menschen wohl nicht zwingend in die Kategorie „sexy" fällt. Dazu werden uns reichlich Blumenketten um den Hals gewickelt. Ich komme mir sehr verkleidet vor. Als jemand, der alle Staffeln Germany's Next Topmodel gesehen hat, weiß ich aber, dass man als professionelles Model niemals über sein Outfit meckern darf.

Die Szene, die wir nun drehen, ist ein samoanischer Tanzkurs. Eine Samoanerin tanzt uns vor, Lisa und ich sollen ihre Bewegungen kopieren und dabei viel Spaß haben. Wir geben unser Bestes, aber gewisse Diskrepanzen zwischen unseren Bewegungen und denen der Samoanerin lassen sich nicht leugnen. Das ist laut Produktionsteam nicht schlimm, denn es soll ja authentisch sein. Wenn so eine authentische Tanzstunde aussieht, möchte ich lieber keine belegen. Vielleicht wäre es auch nicht schlecht gewesen, die Schritte vorab wenigstens einmal zu proben, aber in gelernter GNTM-Manier kritisiere ich rein gar nichts und mache einfach alles mit, wie von Fotograf und Produktionsteam gewünscht. Das fällt mir gar nicht mal so einfach, denn aus meinen alten Jobs bin ich die Erwartungshaltung gewohnt, ständig eigene Ideen und Feedback einzubringen. Heute aber warte ich einfach, bis jemand mir sagt, was ich als nächstes tun soll. Ich muss Peter zustimmen: Eigentlich wirklich entspannt, dieses Modelleben.

Die nächste Shooting-Location ist die Farm unserer Frühstücksgastgeber Ruth und Kelvin. Zuerst laufen wir Ewigkeiten immer und immer wieder über Taro-Pflanzen-Felder, bis Fotos und Video im Kasten sind. Es ist super heiß. Fotograf Mike wird später definitiv eine ganze Weile lang verschwitzte Gesichter nachbearbeiten müssen. Nachdem wir ein dutzendmal auf uns ab durchs Taro-Feld spaziert sind, geht es weiter zum nächsten Set: eine Kuhweide. Hier sollen wir mit viel Spaß Kühe füttern. Wären wir bei GNTM, würde nun die Erste anfangen zu weinen. Das tue ich zwar nicht und eigentlich habe ich auch keine Angst vor Kühen, aber wir haben nur Flip-Flops an und die neugierigen Kühe mit ihren harten Hufen sind eindeutig in der Überzahl. Gerne lasse ich Peter und Lisa den Vortritt und bin froh, dass wir nicht allzu lange für diese Szene brauchen. Kein Wunder, schließlich ist die Werbekampagne dazu gedacht, Touristen nach Samoa zu locken. Und wer kommt schon extra in die Südsee gereist, um Kühe zu füttern?

Im Laufe der Zeit etablieren sich vier Kommandos für uns Models: „Looking around" (entzückt in die Gegend schauen), „pointing" (dem Partner irgendwas scheinbar Hübsches in der Gegend zeigen. Der wiederum schaut positiv erstaunt in dieselbe Richtung), „smiling at each other" (sich gegenseitig glücklich anlächeln) und „laughing" (ebenso glücklich lautstark lachen). Eben die komplette Gestik und Mimik eines überglücklichen neuseeländischen Urlaubers in Samoa und damit alles, was wir für unsere Modelkarriere darauf haben müssen.

Nach einem ausgiebigen Mittagessen von Ruth – dem wahrscheinlich besten Essen, das wir auf Samoa bekommen haben – geht es in Richtung Hotel. Aber nicht ohne diverse Spontan-Shootings am Straßenrand einzulegen. So halten wir unter anderem an einem hübschen, bunt bemalten Obststand. Sharon holt vom Besitzer die Erlaubnis, ihn abzulichten und drückt ihm dafür ein paar Talas in die Hand. Peter, Lisa und ich sind nun seine Kunden und für die nächsten zehn Minuten führen wir ein äußerst skurriles Verkaufsgespräch vor seinem Stand. „Das ist eine Ananas. Das ist eine sehr gute Ananas. Diese Ananas ist wirklich gut", improvisiert der Obstverkäufer gekonnt. Wenn man unseren Fotos Glauben schenkt, ist Obst kaufen in Samoa eine höchst lustige Angelegenheit. Wir alle lachen ohne Ende. Auch der Obstverkäufer hat Spaß – und sei es nur wegen der Skurrilität der Situation. Oder weil er gerade sehr leicht Geld verdient hat. Wir unterhalten uns weiter über die aktuellen Preise von Kokosnüssen, die, wie wir erfahren, momentan sehr teuer sind. Dann kommt das Signal, dass alles im Kasten ist. Das Team klettert zurück in den Van, wir winken zum Abschied und lassen unseren Shooting-Partner verdutzt an seinem Stand zurück.

Nachdem wir noch schnell romantische Sonnenuntergangsfotos am Strand gemacht haben, kommen wir abends endlich in unserem Hotel an. Einem sehr schicken Hotel. Vorab haben wir bereits online die Bilder gecheckt und freuen uns riesig auf Luxus nach drei Wochen in der vermoderten Strand-Hütte. Umso größer ist die Enttäuschung als Fotograf und Produktionsteam in die schicken Bungalows mit Meerblick wandern, während Peter, Lisa und ich in ein Nebenhaus etwas abseits gebracht werden. Nennen wir es einfach die Modelvilla. Auch wenn es drei Anläufe braucht, bis ein Angestellter endlich das Wasser anzustellen schafft, ist unser Haus aka die Modelvilla immer noch viel luxuriöser als alles, was wir zuletzt gewohnt sind. Es stinkt nicht nach totem Tier und es gibt sogar eine warme Dusche. Den fehlenden Glamour unserer neuen Behausung überkompensieren wir mit einer Hummer-Bestellung zum Abendessen und trösten uns damit, dass wir dort eh kaum Zeit im Wachzustand verbringen werden. Denn Fotograf Mike ist mit dem Licht der Sonnenuntergangsfotos nicht zufrieden und so heißt es, früh den Wecker zu stellen: zum Sonnenaufgang geht es nochmal zum gleichen Strand. Hurra...

Doch wir haben Glück: als der Wecker am nächsten Morgen klingelt, regnet es in Strömen. Es dauert nicht lange, bis jemand vom Team uns die frohe Botschaft mitteilt, dass das erste Shooting des Tages wetterbedingt ausfällt und wir noch eine Stunde länger schlafen können. Mike ist darüber sichtlich weniger begeistert. „Des einen Leid, des anderen Freud", sagt man doch so schön. Unsere Glückssträhne hält weiter an. Pünktlich für das nächste Shooting klärt das Wetter auf und so geht es mit einem Boot zur nächsten Location. Mein persönlicher Favorit steht an: Schnorcheln mit Schildkröten.

Tauchschulen-Betreiber Olaf fährt uns an die Stelle, wo seine „Stamm-Schildkröte" Roxanne für gewöhnlich anzutreffen ist. Mit Bikini und Schnorchel ausgestattet, geht es für Peter, Lisa und mich ins Wasser. Mein großer Moment ist gekommen, denn ich hatte im Bewerbungsfragebogen als besondere Fähigkeit eingetragen, unter Wasser lange die Luft anhalten und selbst im Salzwasser problemlos die Augen aufhalten zu können. Mit irgendwas musste ich ja punkten, nachdem ich bereits beim Surfen passen musste und auch das Springen von Wasserfällen kategorisch verweigert hatte. Vielleicht wurden wir genau wegen dieser Talenteinschränkung nun für das Unterwasser-Shooting ausgewählt. Der Mut zur Lücke zahlt sich offenbar aus.

Schildkröte Roxanne lässt nicht lange auf sich warten. Sie verhält sich wie ein Profi und schwimmt neugierig um uns herum. Ganz freiwillig. Ok, vielleicht helfen die Papaya-Stücke, die immer mal wieder rein zufällig vom Boot fallen, sie bei Laune zu halten, aber niemand zwingt das Tier, bei uns zu bleiben. „Bitte die Schildkröte nicht streicheln oder anfassen", instruiert Olaf uns. Roxanne hat das hingegen wohl niemand gesagt. Sie scheint es förmlich drauf anzulegen, uns zu berühren. Ständig ist sie auf Kollisionskurs und schwimmt wie eine Irre direkt auf uns zu, weil irgendwo gerade eine Papaya zu versinken droht. Würden wir nicht regelmäßig ausweichen, gäbe es einen Mensch-Schildkröte-Frontalaufprall. „Wenn sie euch proaktiv berührt, ist das nicht schlimm. Hauptsache das Tier ist nicht gestresst", beruhigt Olaf uns. Das Shooting dauert insgesamt locker zwei Stunden, da es immer wieder Probleme mit der Kamera und dem leicht aufwühlten Wasser gibt. Das macht Roxanne allerdings nichts aus. Die kamerageilste Schildkröte aller Zeiten schwimmt auch nach zwei Stunden immer noch höchst motiviert rund ums Boot und spekuliert auf weitere Fruchtstückchen. Wir Schnorchler hingegen sind inzwischen ziemlich platt vom Schwimmen, Abtauchen und Posieren unter Wasser. Platt, aber auch mehr als happy über das Kennenlernen mit Roxanne. Allein dafür hat sich unser Modeldasein bereits gelohnt.

Eine Million Locations und Fotos später steigen Peter, Lisa und ich nach dem Mittagessen wieder auf die Fähre nach Upolu. Das Produktionsteam bleibt auf Savai'i zurück und so schunkeln Lisa, Peter und ich allein über den aufgewühlten Pazifik zurück. Wir alle sind platt von den vergangenen 36 Stunden und hängen still unseren Gedanken nach. Das Meer und die Wellen haben hingegen noch ordentlich Energie. Ein Gewitter sorgt dafür, dass wir für die restliche Überfahrt hochkonzentriert versuchen, unsere Pizza im Magen zu behalten. Wir sind seekrank und hundemüde, aber glücklich über die Erlebnisse der letzten eineinhalb Tage.

Immer noch flau im Magen und durchgefroren von Wind und Regen kommen wir auf Upolu an. Mehrere Taxifahrer bieten uns proaktiv ihre Dienste an, doch wir lehnen ab. Kaea holt uns ab. „Seht ihr sein Auto?", frage ich in die Runde. Der schwarze SUV ist nirgends zu sehen. Nach und nach lichtet sich die Szenerie, als die anderen Passagiere zielstrebig auf die parkenden Autos zulaufen und wegfahren. Auch die Taxifahrer, die keine Kundschaft mehr ergattern konnten, machen sich wieder auf den Weg. Ein letzter versucht es nochmal bei uns dreien, aber wir lehnen dankend ab. Kaea muss jeden Moment hier sein. So verlässt auch das letzte Taxi den Hafen und schneller als wir gucken können, sind wir plötzlich mutterseelenallein am Fähranleger.

Eine Viertelstunde später stehen wir immer noch wie bestellt und nicht abgeholt am Hafen. Ich prüfe unseren Chatverlauf auf Abstimmungsfehler, aber kann kein mögliches Missverständnis erkennen. Wo ist Kaea? Er hatte doch erst heute Morgen noch die Uhrzeit bestätigt. An den Shops sind inzwischen die Jalousien unten, alles ist verriegelt und verrammelt. Sämtliche Passagiere und Mitarbeiter sind weg. Wir waren für heute das letzte Boot und das weiß auch jeder Taxifahrer auf der Insel. Hier wird sich heute niemand mehr auf der Suche nach Kundschaft hin verirren. Unsere Handys funktionieren nach wie vor nicht auf Samoa und WiFi gehört nicht zu den Annehmlichkeiten des Fährhafens. Noch nicht mal Bargeld haben wir dabei. Während wir noch überlegen, was wir tun sollen und wo wir zur Not die Nacht verbringen könnten, bleibt der Taxifahrer von eben hartnäckig und dreht noch eine letzte Runde. Offenbar ist auch ihm unser drohendes Dilemma bewusst. Und so steigen wir doch noch bei ihm ein. Auf der Fahrt sind wir extra wachsam und schauen ständig, ob uns nicht doch noch ein dunkler SUV im Gegenverkehr begegnet. Aber Fehlanzeige. Wo ist Kaea und warum hat er uns versetzt?

Am Ressort angekommen klärt sich nach und nach alles auf. Kaeas Auto hatte am Nachmittag eine Panne und ist in der Werkstatt. Daher hatte er Manas älteren Sohn Afa gebeten, uns abzuholen. Wir sprechen Afa an. Dem schüchternen 18-Jährigen ist die Situation sichtlich unangenehm. Er bestätigt Kaeas Version mit der Panne und beteuert, losgefahren zu sein. „Ich war schon fast da, aber dann rief meine Mutter an und sagte, ich solle umdrehen und euch nicht abholen". Wie bitte? Obwohl wir uns so etwas in der Art bereits gedacht hatten, sind wir schockiert, als wir die Bestätigung hören. „Es tut mir wirklich leid, aber ich muss auf meine Mutter hören", entschuldigt Afa sich reumütig und sichtlich unwohl mit der Situation. Er kann wohl wirklich am wenigsten dazu. Mana sehen wir heute Abend nur aus dem Augenwinkel. Sie schaut auffällig unauffällig in eine andere Richtung und verschwindet schnell wieder in ihr Kabuff.

Es stellt sich heraus, dass sie sauer ist. Die Begründung warum genau, variiert. Da ich unmöglich ruhig bleiben kann, bittet Peter sie am nächsten Tag zu einem klärenden Gespräch. Ich bleibe in Hörweite an der Rezeption. Chefin Mana ist sauer, weil wir nach Savai'i gefahren sind. „Aber es war unser freier Tag und du wusstest das", erklärt Peter. „Ja, aber ihr habt Lisa mitgenommen. Die hätte ich hier gebraucht", rechtfertigt Mana sich trotzig. „Das ist doch eine Sache zwischen Lisa und dir. Da haben Svenja und ich doch nichts mit zu tun", versucht Peter ihr klarzumachen, „du kannst uns doch nicht einfach am Hafen stehen lassen. Hätten wir da über Nacht bleiben sollen?" Es folgt eine Reihe von Ausreden. Plötzlich hätten wir den Shuttle-Dienst von Kaea gar nicht in Anspruch nehmen dürfen, eine vollkommen neue Info. Dann hätten wir das Geld fürs Shuttle nicht Kaea geben dürfen, sondern nur ihr selbst. Ebenfalls eine neue Info, schließlich läuft das sonst auch anders. Doch langsam dämmert uns, was wirklich Manas Problem ist: unser gutes Verhältnis zu Kaea.

Kaea, den sie erst vor ein paar Tagen noch wegen einer Lappalie feuern wollte. Kaea, der allseits beliebter ist als sie selbst. Die Tatsache, dass auch wir gut mit dem verhassten Schwager klarkommen, hat uns spontan ebenso zum Feindbild befördert. Ich komme mir wie in einer schlechten ZDF-Telenovela vor. Es ist nicht zu übersehen, wie selbst der sonst so diplomatische Peter mit sich kämpft, Ruhe zu bewahren. Nichts was Mana sagt, ergibt Sinn oder wäre Grund genug, uns über Nacht am Hafen auszusetzen. Auch wenn Peter und Mana das Gespräch oberflächlich freundlich beenden, ist klar, dass wir spätestens jetzt tief in ihre nervige Familienfehde mit Kaea hineingeraten sind. Das mag für unsere letzte Woche im Ressort nichts Gutes verheißen. Ein Glück, dass wir unsere freien Tage weitestgehend für genau diese Woche aufgespart und Pläne haben.

Pläne, die außerhalb des Ressorts stattfinden. Denn unser Foto-Shooting auf Savai'i soll nicht das letzte gewesen sein.

„Boah, hab' ich diese Straße nicht vermisst!", verkündet Jason als das Produktionsteam zwei Tage später über die Buckelpiste angeschaukelt kommt, um Peter und mich für unseren nächsten Einsatz abzuholen, „und dafür verlangen die auch noch Maut?" Da die Straße einzig und allein zu unserem Ressort führt, ist er bei weitem nicht der Erste, der das verwundert feststellt. Peter und ich klettern in den Van und schaukeln mit den anderen über die holprige Piste zurück zur Hauptstraße.

Lisa ist heute nicht mit dabei, dafür lernen wir die anderen Models kennen. Mit von der Partie sind Leigh und Carl. Später stößt noch Katie dazu. Sie und Leigh sind Neuseeländerinnen, Carl kommt aus Samoa. Typisch Samoanisch ist er riesengroß und muskelbepackt. Er ist der Einzige, der bereits Modelerfahrung hat, denn er ist das Werbegesicht von einer der zwei nationalen Biermarken. Leigh macht gerade ein Praktikum im Krankenhaus von Apia und Katie betreibt ein Catering-Unternehmen, das Hotels in Samoa mit neuseeländischen Produkten beliefert. Alle drei sind super nett und wir kommen auf Anhieb gut miteinander aus.

Unsere erste Shooting-Location für heute ist ein Wasserfall, zu dem wir gemeinsam mit einem Guide entlang eines Flusses wandern. Obendrein mit dabei ein kleiner Welpe, der ständig über den Fluss getragen werden muss. Ich persönlich würde ja lieber Fotos von ihm machen als davon, wie einige von uns sich gleich todesmutig von Klippen stürzen werden. Peter, Carl und Katie werden genau dafür ausgewählt. Sie bekommen knallbunte Shirts verpasst, damit sie auf den Fotos gut aus der Kulisse hervorstechen. Die drei klettern dem Guide hinterher den Wasserfall hoch. Dieser besteht aus mehreren Stufen und der Plan sieht vor, von Stufe 2 in ein kleines Becken auf Stufe 1 zu springen. Die Herausforderung liegt nicht zuletzt darin, beim Eintauchen die richtige Stelle zu treffen, um weder am Felsen zu zerschellen, noch in die Strömung zu geraten. Der Guide versichert immer wieder, dass man auch problemlos von weiter oben springen könne, doch das erscheint dem Team zu riskant, um es den neuseeländischen Massen zu promoten. Also bleibt es bei Stufe 2. Katie erweist sich von allen am wagemutigsten, um nicht zu sagen als komplett irre. Sie springt von allem und jedem, egal wie hoch der Fels und wie schmal das Wasserbecken darunter. Mit ihrem knallroten Bikini sticht sie perfekt auf den Bildern heraus und wird somit der inoffizielle Star dieses Shootings. Ich hingegen bin erleichtert, als Peter und die anderen ein Dutzend Sprünge später wieder wohlbehalten zurück am Ufer sind.

Nach dem Mittagessen verabschieden sich die anderen Models für heute. Peter und ich sind allerdings auch für den Nachmittag gebucht und so geht es für uns zurück in den Van. Nachdem wir das Fotomotiv „Fahrradfahren in einer Allee aus Palmen" abhakt haben, geht es zu einem Hotel in der Nachbarschaft. Dieses punktet nicht nur damit, dass die Zufahrtsstraße kostenlos und geteert ist, sondern das Hotel besticht zudem mit einem äußerst fotogenen Meerwasser-Infinity-Pool. Das ist wirklich der beste Job der Welt! Ich werde dafür bezahlt, Cocktails nippend im Pool zu liegen! Doch aus dem romantischen Sonnenuntergangsshooting wird vorerst doch nichts. „Die Lichtverhältnisse sind zu schlecht", lautet Mikes Expertenurteil. „Dann kommen wir eben Sonntagmorgen wieder, da haben wir noch Zeit", vereinbart Sharon mit der Hotelbesitzerin. Die gute Nachricht: So kommen Peter und ich dennoch in den Genuss des Luxuspools, denn auch Sonntag sind wir wieder am Start. Die schlechte Nachricht: Das Licht ist bei Sonnenaufgang am besten – ausschlafen ist also gestrichen. Doch für heute heißt es erst einmal Sonnenuntergang und damit Feierabend. Das Team ist sichtlich erleichtert als Peter und ich anbieten, einfach entlang der Küste nach Hause zu laufen und uns allen somit eine weitere Runde mautpflichtiger Buckelpiste zu ersparen.

Der nächste Tag ist ein besonderer, denn heute sind Peter und ich tatsächlich die einzigen „Models". Der Van holt uns mittags am Ressort ab und wir verbringen die erste halbe Stunde damit, die allseits verhasste Schotterpiste bis zur Hauptstraße zu tuckern. Dann ist es auch schon Zeit für das Mittagessen in einer Strandbar. Selbst der sonst so fotoscheue Peter scheint äußerst zufrieden mit seiner Modelkarriere, als er im Schatten einer Palme seinen Burger verputzt!

Der Plan für den Rest des Tages wirkt weniger durchdacht als an den Vortagen und inkludiert eine Menge „falls": „Falls wir einen bunten Bus finden, dann...", „Falls wir jemanden sehen, der gerade einen Fisch geangelt hat, dann...", „Falls wir Einheimische sehen, die Volleyball spielen, dann..." Das letzte Falls macht mich etwas nervös.

Ich habe viele Stunden Schulsportunterricht äußerst erfolgreich damit verbracht, mich vor Volleybällen zu verstecken. Doch heute stehen meine Chancen schlecht. So ziemlich jedes Dorf in Samoa ist stolzer Besitzer eines Volleyballfelds, das in den frühen Abendstunden für gewöhnlich rege genutzt wird. Und genau das soll Thema unserer nächsten Aufnahmen werden: Touristen, die gemeinsam mit Locals eine Runde Volleyball zocken. Einheimische sehe ich ständig spielen, Touristen waren bisher noch nie dabei. Aber vielleicht wird genau das ja bald das neue Ding und man kann zukünftig „Volleyball mit Dorfbewohnern" als sportlich-kulturelles Programm in seinem Ressort buchen. Jedenfalls ist der grausame Moment irgendwann gekommen, als wir im Vorbeifahren eine Gruppe Jugendlicher in Aktion sehen. „Bitte sofort stoppen", bittet Sharon und unser Van kommt zum Halten. Jason trägt ihnen unser Anliegen vor. Die gemischte Mannschaft trainiert gerade für ein wichtiges Spiel nächste Woche. Das Training wird kurzerhand unterbrochen und die zwei Palangis aka Peter und ich auf dem Spielfeld platziert.

Während wir mit dem Spiel loslegen, erklärt Sharon dem, der am besten Englisch spricht, was genau wir vorhaben. Er nickt unsicher. Ich bezweifle, dass irgendjemand verstanden hat, warum genau die Palangis nun unbedingt fünf Minuten Volleyball mitspielen wollen und sich dabei auch noch so dumm anstellen. Also zumindest 50 Prozent der zwei neuen Mitspieler. Und dann fotografiert auch noch einer wie wild diese schlechte Performance! Immer wieder rufen unsere Mitspieler sich irgendwas auf Samoanisch zu. Ich verstehe nur „Palangi", dazu lautes Gelächter. Dabei gebe ich wirklich mein Bestes! Dennoch gibt es jedes Mal, wenn ich pritsche, ein Geräusch, das nicht unbedingt den Anschein von Eleganz vermittelt. Gut, dass man das auf den Bildern nicht hören kann.

Trotz oder gerade wegen meiner phänomenalen Volleyball-Skills werde ich von Fotograf Mike zeitnah zur Cheerleaderin umfunktioniert. „Aber nur, weil es sonst so schwer ist, Peter und dich gleichzeitig aufs Bild zu bekommen", versichert Mike mir einmal zu oft. Trotz der Belustigungen über mein mangelndes Talent sind alle Locals wieder einmal extrem freundlich und uns Fremden gegenüber aufgeschlossen. Kaum zu glauben, was für Intrigen bei uns im Ressort laufen, wenn man unterwegs überall nur fröhlich grinsenden Insulanern begegnet!

Als wir gerade wieder losfahren, kommt uns das nächste Fotomotiv auf der Liste buchstäblich entgegengefahren. Ein bunter Holzbus. In diesem speziellen Fall ein komplett pinker Holzbus. Mit einem solchen hatten wir heute kaum noch gerechnet, denn es ist Feiertag in Samoa. Und wie an Sonntagen bedeutet das, dass eigentlich keine Busse fahren. „Schnell, dreh um! Hinterher!", lautet Sharons Anweisung. Jason setzt zur Vollbremsung und 180 Grad-Drehung an. Mit quietschenden Reifen düsen wir dem Bus hinterher. Minutenlang. Doch der ist plötzlich wie vom Erdboden verschwunden. Wir fahren weiter, alle halten die Augen auf. Auch zehn Minuten später bleibt der pinke Bus verschwunden. Merkwürdig, im Gegensatz zu vielen anderen Nationen dieser Welt sind die Samoaner in der Regel absolute Schleicher im Straßenverkehr. Selten fährt jemand schneller als 50 km/h – außer unser Van jetzt gerade auf der Jagd nach dem pinken Bus. Uns allen dämmert es langsam, dass es äußerst merkwürdig ist, ihn immer noch nicht eingeholt zu haben.

Wir halten am Straßenrand und fragen zwei junge Männer: „Habt ihr einen pinken Bus gesehen?“ Verwirrte Gesichter. „Ein pinker Bus? Ist der hier hergefahren?“, wiederholt Sharon die Frage. Ja-Nein-Fragen in Samoa sind eine kniffelige Angelegenheit und ein bisschen wie Multiple-Choice-Klausuren in der Uni. Wenn man keine Ahnung hat, entscheidet man sich einfach mit 50-Prozent-Trefferchance, bevor man gar nichts sagt. Unser Gesprächspartner entscheidet sich spontan für „Ja“. Ein sehr unsicher klingendes Ja. „Ist das lange her?“, bohrt Sharon weiter. Diesmal hält das Glücksrad bei „Nein“ und so preschen wir weiter. Wenig überraschend holen wir trotz halsbrecherischer Geschwindigkeit keinen pinken Bus mehr ein. Enttäuscht brechen wir unsere Mission ab und drehen um. Über eine halbe Stunde sind wir erfolglos durch die Gegend gerast, auf der Jagd nach einem pinkfarbenen Phantom.

Die gleiche Strecke fahren wir nun wieder zurück, nur langsamer und weniger aufgeregt. Unser Ausgangspunkt, das Volleyballfeld, ist schon in Sicht als Jason plötzlich einen lauten Jubelschrei von sich gibt und das Lenkrad rumreist. Irritiert schaue ich aus dem Fenster. Tatsächlich! In einer Einfahrt parkt der pinke Bus. Gut getarnt von einem ebenfalls komplett pinkfarbenen Haus. Er ist die ganze Zeit dort gewesen!

Wir halten an und Sharon und Jason tragen den Bewohnern des pinken Hauses unser Anliegen vor. Eine ganze Schar Menschen sitzt im Hof und spielt Bingo. Der pinke Bus hatte sie zu diesem Zweck hierhergebracht. Nach kurzer Verhandlung und gegen eine entsprechende Aufwandsentschädigung dürfen wir den Bus inklusive Fahrer eine Stunde lang ausleihen. Also geht es die gleiche Straße wieder zurück, nur diesmal für Peter und mich im Holzbus. Wir mimen Touristen auf Inselrundfahrt. Mike schießt aus dem nebenher fahrenden Van Fotos, während Peter und ich wieder eine Menge „smiling at each other“, „looking around“, „laughing“ und „pointing“ machen. Der Busfahrer versteht die Welt nicht mehr, als Sharon ihn irgendwann bittet, anzuhalten, damit wir noch schnell das das Ein- und Aussteigen fotografieren können. Leicht irritiert, aber amüsiert spielt er mit und begrüßt uns freundlich an Bord, als wir dutzende Male ein- und wieder aussteigen, bis das perfekte Bild im Kasten ist. Dann ist unsere Stunde Mietzeit auch schon rum und der Busfahrer bringt uns im typisch samoanischen Schneckentempo wieder zurück.

Nach einem romantischen Shooting bei Sonnenuntergang am Meer, geht es endlich nach Hause. Doch Feierabend heißt das nicht. Im Ressort angekommen schaufeln Peter und ich schnell die letzten Reste des Buffets in uns hinein, bevor wir es zu Job Nummer 2 geht: die Abendschicht an Rezeption und Bar. Was ein Arbeitsstress im Paradies!

Der nächste Tag startet früh. Noch vor Sonnenaufgang laufen wir wieder den Weg entlang der Küste zu dem Hotel mit dem Infinity Pool. Obwohl wir pünktlich sind, wartet das Team bereits an einer Gabelung auf uns. Fotograf Mike ist ungeduldig, er will das gute Morgenlicht auf keinen Fall verpassen. Also geht es schnell die letzten Meter weiter bis zum Ressort. Mike sprintet sofort los, während Peter, Lisa und ich uns in Windeseile umziehen. Peter ist zuerst fertig und hechtet hinterher. „Beeilt euch nicht, es ist eh kein Wasser im Pool", ruft Fotograf Mike ihm im Entgegenkommen zu. Oft genug hatte er gesagt, dass das Licht nur kurze Zeit optimal ist und wir nicht trödeln dürfen. „Wir sind schon unterwegs", ruft Peter zurück und läuft noch einen Tick schneller. Lisa und ich dicht dahinter. „Der ist echt leer", ruft Peter uns am Pool angekommen irritiert zu. „Ich dachte, das wäre ein Witz", entfährt es ihm. Das dachte ich auch, aber tatsächlich: der Infinity Pool ist leer.

Die australische Hotelbesitzerin kann es sich nicht erklären. „Ich hatte den Leuten doch alles erklärt!", rechtfertig sie sich beschämt. Auch für sie wäre das Shooting eine gute Werbung gewesen. Damit das frühe Aufstehen nicht ganz umsonst war, machen wir wenigstens ein paar Bilder entlang der felsigen Küste. Dann gibt es erstmal ein ausgiebiges Frühstück. Die Hotelbesitzerin hat währenddessen den Buhmann gefunden: angeblich wollten die Angestellten den Pool extra für das Shooting reinigen, weshalb man am Vorabend das Wasser abgelassen hat. Grundsätzlich erstmal keine schlechte Idee. Blöd nur, dass niemand daran gedacht hat, rechtzeitig wieder neues einzufüllen. Das ist nun auch nicht mehr so kurzfristig nachzuholen. Bis der Pool voll ist, dauert es mindestens drei Stunden. Bis dahin steht die Sonne bereits in voller Höhe. „Ich könnte schwören, der einzige Grund, warum sowas bei uns im Ressort noch nicht passiert ist, ist weil wir keinen Pool haben", flüstert Peter Lisa und mir lachend zu. Da sind wir uns diskussionslos einig.

Nach dem schon zum zweiten Mal verpatzten Pool-Shooting steht anschließend eine weitaus unangenehmere Aufgabe auf dem Plan. Der allsonntägliche Kirchgang ist in Samoa eine große Sache und so werfen sich die Insulaner regelrecht in Schale. Die meisten sind komplett in weiß gekleidet. Das sollen auch die potenziellen Touristen aus Neuseeland erfahren und so versucht unser Team nach dem Frühstück, Leute auf dem Heimweg von der Kirche abzulichten. Heimlich, versteht sich, damit sie ganz natürlich bleiben und nicht posieren. Wir müssen wirklich verdächtig aussehen. Ein weißer Van, der immer wieder am Straßenrand hält, kurze Zeit wartet und dann fremden Leuten langsam hinterherfährt. Manchmal drehen wir irgendwann und kommen ihnen erneut entgegen, um sie nochmal von vorne knipsen zu können. Peter und mir ist die Angelegenheit höchst unangenehm. Wir fotografieren ungern fremde Leute und erst recht nicht ungefragt. So sind wir heilfroh, als nach einer Stunde dieser ausgetüftelten Verwirrungstaktik kein weiteres potenzielles Opfer mehr zu erspähen ist und wir uns aufmachen, um in einem der wirklich luxuriösen Ressorts zu Mittag zu essen. Auf der Speisekarte ist alles zu finden, was man sich nur wünschen kann! Da sind wir doch glatt wieder damit versöhnt, heute den Umu-Sonntagslunch bei uns daheim zu verpassen.

Beim Mittagessen stoßen auch Carl und Leigh wieder zu uns. Lisa hingegen hat sich verabschiedet, sie hat Bauchweh. Auch die groß angekündigte Miss Samoa entschuldigt sich und so geht es im Anschluss nur zu viert auf eine einsame Insel: Namu'a Island. Zwar ist das Festland in Sichtweite, aber dennoch könnten wir uns kaum von der Welt abgeschiedener fühlen. Namu'a ist wirklich winzig und bis auf ein paar Strandhütten von jeglicher Zivilisation unberührt. Strom gibt es nur am frühen Abend eine Stunde lang über einen Generator. Für die Nacht werden Taschenlampen ausgehändigt.

Da Leigh und Carl heute mit romantischen Bildern am Strand dran sind, haben Peter und ich Zeit, den verpassten Schlaf vom Morgen nachzuholen. Welch herrliches Modelleben! Während die anderen shooten, liegen Peter und ich im flachen, lauwarmen Wasser des Pazifiks oder genießen vom Bett unseres Fales das paradiesische Panorama. Fales sind die von allen Seiten offenen Strandhütten auf Samoa. In einem solchen werden wir heute Nacht unter sonst freiem Himmel schlafen.

Erst am Abend haben wir nochmal kurz einen Einsatz für die Szene „Lagerfeuer am Strand“. Carl spielt Gitarre, während der Rest von uns fröhlich ums Feuer tanzt und singt. Es ist genauso kitschig wie es klingt. Nach dem Abendessen wird wie angekündigt der Strom auf der Insel abgestellt und da alle einen langen Tag hatten, ist dieser auf Namu'a schon um kurz nach acht beendet. Begleitet vom Meeresrauschen schlafen wir tief und fest wie Murmeltiere.

Zurück auf der Hauptinsel stößt an unserer nächsten Shooting-Location endlich die amtierende Miss Samoa zu uns. Ich hatte sie mir irgendwie ganz anders vorgestellt. Nicht, dass sie nicht hübsch wäre, aber die Bedienung im Café, in dem wir gerade sitzen, hätte den Titel „Miss Samoa“ meiner Meinung nach mehr verdient. Vielleicht liegt es aber auch einfach an ihrer Ausstrahlung. „Seht her, ich bin ein Star!“, steht Miss Samoa quasi auf die Stirn geschrieben. Und so verhält sie sich dann auch. Peter und mich würdigt sie kaum eines Blickes, alle, die ihr vielleicht nochmal nützlich für ihre Karriere als Miss sein könnten, umgarnt sie dagegen förmlich. Unser gemeinsames Shooting ist eine Szene, in der wir wie Freundinnen beim Kaffee in dem außerordentlich hübschen Café sitzen. Die Anweisung: „Unterhaltet euch einfach“, bedeutet für Miss Samoa, dass ich ihr Fragen stellen darf, die sie dann gnädigerweise divenhaft einsilbig beantwortet. Ich komme mir vor wie ein Interviewer. Da Miss Samoa allein dadurch als Person dann doch nicht allzu interessant auf mich wirkt, gehen mir recht schnell die Fragen aus und das Gespräch gerät ins Stocken. „Redet einfach irgendwas weiter", kommt die Anweisung von Mike. Ich sauge mir eine weitere blöde Frage aus den Fingern. Miss Samoa hingegen scheint es nicht in den Sinn zu kommen, das Gespräch mit einer Gegenfrage anzukurbeln, aber was soll man als Star auch von einem Normalo wissen wollen? Mit keinem anderen Model war das Shooting so schwierig. Miss Samoa kommt dann doch noch aus sich heraus und macht mir ein Kompliment über meine Haare. Danke! Dann ist das Foto im Kasten. Ein Glück!

Kurz vor Sonnenuntergang geht es ein drittes und letztes Mal in das Ressort mit dem Infinity Pool. Tatsächlich ist dieser heute randvoll mit Wasser gefüllt und die Sonne scheint in perfektem Fotografenlicht. Bevor sich irgendwas ändern kann, bekommen Peter und ich schnell blumengeschmückte Cocktails in die Hand gedrückt und werden ins Wasser geschickt. Ein letztes Mal heißt es: „smiling at each other", „laughing" oder einfach nur „looking around". „Pointing" kommt nicht mehr zum Einsatz bis alle Fotos im Kasten sind und das Team sich zum freudigen „It's a wrap" in die Hände klatscht. Wir haben es geschafft! Unsere Modelkarriere wurde soeben an ihrem Höhepunkt wieder beendet.

Noch wissen wir nicht, dass unsere Bilder es wenige Wochen später tatsächlich auf Lkw-große Reklametafeln an die internationalen Flughäfen Neuseelands schaffen werden. Hier und jetzt genießen wir einfach nur eine warme Dusche nach dem kalten Pool, bevor es fürs Produktionsteam zum Flieger nach Neuseeland und für uns für eine allerletzte Nacht zurück in unser Ressort geht.

Bye statt Good-Bye

Wenn ich dich frage, wie deine letzte Reise war; welche Momente ziehst du zur Gesamtbewertung der Reise heran? Laut dem Psychologen und Nobelpreisträger Daniel Kahneman zieht man zur Bewertung eines persönlichen Erlebnisses letztlich nur den Höhepunkt und das Ende heran. Daraus bildet das Gehirn eine Art Durchschnitt, an den wir uns erinnern. Der Rest wird übergangen und verblasst in der Erinnerung – oder wird irgendwann sogar ganz vergessen. Diese Erkenntnis ist äußerst blöd für Samoa. Zumindest in unserem Fall. Während ich kein Problem damit habe, diverse Höhepunkte wie unser Schwimmen mit Schildkröte Roxanne, die beeindruckenden Wasserfälle oder das Schnorcheln bei den Giant Clams aufzuzählen, kann ich unserem desaströsen Abschied auch im Nachhinein nichts Gutes abgewinnen.

Die Stimmung am Morgen unserer Abreise ist merkwürdig. Es ist ruhig im Ressort, aber wir merken, dass Chefin Mana uns aus dem Weg geht. Es scheint, wie die sprichwörtliche Ruhe vor dem Sturm. Und der soll, typisch für jedes Tropengewitter, gewaltig werden...

Unser Flug geht erst am frühen Nachmittag, doch unsere letzte Schicht ist gelaufen und die Koffer gepackt. So sitzen wir mit zwei der neuen Volunteers am Strand. Die beiden sind erst vor wenigen Tagen angereist und wir hatten noch nicht viel Gelegenheit, miteinander zu sprechen. „Wir fühlen uns total unwohl", gestehen uns die beiden Engländer nun. „Wenn es nicht besser wird, werden wir uns auf jeden Fall etwas anderes suchen. Mana hat uns noch nicht einmal begrüßt, als wir angekommen sind oder sich uns vorgestellt. Hättest du sie mir nicht gezeigt, wüssten wir bis heute nicht, wer sie ist. Dabei behauptet sie doch, man wäre als Volunteer Teil der Familie", lässt Emily ihren Frust raus. „Auch Tomasi hat noch nicht mit uns geredet und uns nur angemeckert, weil das Bier in der Bar nicht aufgefüllt war. Dabei war es gar nicht unsere Schicht, sondern die von seinem eigenen Sohn", fügt Rob hinzu. Ich kann die beiden gut verstehen. Trotz Traumstrand macht es bei der aktuellen Stimmung keinen Spaß. Bei Peter und mir hatte es wenigstens noch zwei Wochen gedauert, bis die Luft das erste Mal raus war.

Als wir wenig später, als letztes To-Do vor der Abreise, unsere Rechnung für die verzehrten Getränke und einen Ausflug bezahlen wollen, kommt es dann zum Eklat. Als hätte sie bereits in den Startlöchern gestanden, kommt Mana aus dem Nichts herbeigesprintet, reißt uns den Zettel mit der Abrechnung aus der Hand und fängt an, uns anzubrüllen. Es ist ein Geschrei als befänden wir uns in einer Gerichtssendung im Nachmittags-TV. Wir sollen mehr Geld für die Tour bezahlen. „Aber Volunteers bekommen doch 50 Prozent Rabatt?", erwidere ich so ruhig wie möglich und hoffe, das Missverständnis damit aufgeklärt zu haben. „Diesmal nicht. Weil ihr mit dabei wart, haben keine anderen Gäste mehr ins Auto gepasst und deshalb müsst ihr mich für den verpassten Umsatz entschädigen", lautet die dreiste Begründung. Dann geht es wieder um Kaea und dass wir an unserem freien Tag mit Lisa auf Savai'i waren, ohne sie um Erlaubnis zu bitten, ob Lisa mit darf.

Es ist nicht das erste Mal, dass Mana ihre Angestellten anschreit, aber das erste Mal, dass ich selbst unter Beschuss stehe. Für gewöhnlich ist es das Küchenpersonal, das ihren Unmut abbekommt. So viel zum samoanischen Lebensmotto „Fa'a Samoa", laut dem das Erheben der Stimme verpönt ist.

Durch das Gezeter aufmerksam geworden, kommt plötzlich Ehemann Tomasi hinzu. Er ist erst seit drei Tagen zurück von seiner Weiterbildung im Ausland und so hatten wir mit ihm außer einer kurzen Begrüßung noch keinen Kontakt. Nun lernen wir ihn dafür direkt von seiner schlechtesten Seite kennen. In Aggressivität und Lautstärke steht er seiner Frau in nichts nach und beschuldigt uns, nicht gearbeitet zu haben. Natürlich haben wir in den drei Tagen, seit denen er zurück ist nicht gearbeitet. Das waren unsere freien Tage der letzten Wochen, die wir extra mit vorherigen Doppelschichten aufgespart hatten. Doch davon will er nichts wissen. Er macht uns weiterhin Vorwürfe – und zwar in einer Lautstärke, dass nun auch die Gäste vom Strand neugierig herüberschauen. Wie bei einem kampfbereiten Krieger ist seine Körpersprache aggressiv und voller Drohgebärden. Woher kommt diese enorme Wut?

Das übrige Personal steht währenddessen unsicher in der Gegend herum und schaut betreten zu Boden. Als hätte jeder Angst, der Nächste zu sein, der sein Fett von den Chefs wegbekommt. Wer kann, versucht mit irgendetwas beschäftigt zu wirken. Es scheint, als wollte sich jeder von ihnen am liebsten in Luft auflösen. Peter und ich auch. Ich bin den Tränen nahe. Was geht hier nur vor sich?

Da unsere Handys auf Samoa bekanntlich nicht funktionieren, bitte ich Emily, die gerade an der Rezeption sitzt, uns ein Taxi zu rufen. In der Regel dauert die Anfahrt aus Apia mindestens eine Dreiviertelstunde – langsam wird es also Zeit, wenn wir unseren Flug nicht verpassen wollen. Eigentlich war vereinbart, dass jemand vom Ressort uns fährt, aber das hat sich wohl erledigt. Nicht eine Minute will ich mehr hier bleiben. So nehmen wir unsere Sachen, um dem Taxi schon mal entgegenzugehen. Doch wir haben die Rechnung ohne Mana gemacht. Als Emily zum Hörer greift und die Nummer des Taxidienstes wählt, befiehlt Mana ihr in strengem Ton, sofort aufzulegen. „Ihr könnt nicht einfach so Entscheidungen fällen", schnauzt sie uns an. „Aber wir müssen doch zum Flughafen?", appelliere ich an ihre Vernunft. „Kein Taxi. Wir bringen euch", entscheidet Mana. Ich glaube, mich verhört zu haben. Nach der Aktion? „Wir müssen sowieso nach Apia. Das Baby hat Fieber und muss ins Krankenhaus". Nach der Szene sollen wir eine Stunde lang zusammen im Auto sitzen? Vielleicht noch ein bisschen nett plaudern?

Doch es bleibt uns nichts anderes übrig, wenn wir unseren Flug nicht verpassen wollen. Weniger herzlich als geplant verabschieden wir uns zügig von den Umstehenden. Gerne hätten wir noch ein Erinnerungsfoto mit Laki, Nauri und dem männlichen Mana gemacht. Oder mit den anderen Volunteers, doch Lisa ist gerade in ihrer Hütte und Emily immer noch in Schockstarre. Ich werde ihr wohl später schreiben müssen, denn für lange Abschiede ist keine Gelegenheit mehr. „Seid ihr nun gefeuert?", will der kleine Jim wissen. Mit traurigem Dackelblick nimmt der sonst so freche Junge uns in den Arm.

Die Fahrt ist an Unbehaglichkeit nicht zu überbieten. Und das liegt ausnahmsweise nicht an der buckeligen Mautstraße. Niemand spricht auch nur ein Wort. Die Stimmung ist unerträglich. Tomasi wirkt weiterhin aggressiv, das Baby weint. Ich bin froh, dass das Kind dabei ist. Ein Baby nimmt man doch nicht mit, wenn man jemandem etwas antun will. Oder? Das Baby gibt mir die einzige Sicherheit, dass wir hoffentlich wirklich zum Flughafen fahren und nicht gleich irgendwo tiefer in den Dschungel einbiegen. „Wir hatten Angst, ihr werdet im Auto ermordet", schreibt mir auch Emily später. Mana ist zunächst ebenso wutgeladen wie ihr unberechenbarer Mann. Dann plötzlich beginnt sie zu schluchzen und laut zu beten. Irritiert schauen Peter und ich uns an. Sie bittet Gott um Verzeihung. Jetzt verstehe ich gar nichts mehr. Die restliche Fahrt über ist sie damit beschäftigt, um Vergebung ihrer Sünden zu bitten. Auch Tomasi wird langsam ruhiger.

Irgendwann erreichen wir tatsächlich unbeschadet den Flughafen. Wortlos verlassen Peter und ich das Auto und holen unsere Sachen aus dem Kofferraum. Auch Mana und Tomasi steigen aus. Nun steht Tomasi vor uns und schaut uns reumütig an. „Ich möchte mich entschuldigen. Mein Wutausbruch war nicht in Ordnung. Mein Verhalten tut mir sehr leid". Ich weiß nicht, wie ich reagieren soll. „Ich hatte keinen guten Start seit meiner Rückkehr nach Samoa", erklärt uns Tomasi. „Am Samstagabend wollte sich ein Gast mit mir prügeln. Das hat mich sehr aus der Bahn geworfen. Den Frust habt ihr nun abbekommen. Das hätte nicht passieren dürfen", erklärt er nun ganz ruhig und besonnen seinen Ausraster. Komische Ausrede, immerhin ist heute schon Dienstag. Wie auch immer. Auch Mana stimmt ein und eröffnet uns unter Tränen ihre Reue: „Ihr habt wirklich tolle Arbeit geleistet und dafür möchte ich mich bedanken." Die beiden beteuern erneut, wie sehr ihnen ihr Verhalten leidtäte. „Vielleicht kommt ihr ja irgendwann nochmal wieder?!", sagen sie, als sie uns zum Abschied in den Arm nehmen. Peter und ich sagen nichts. Was auch? Nur dem Baby wünschen wir noch gute Besserung, bevor wir das Flughafengebäude betreten.

Solch ein Ende unseres Südseetraums hatten wir uns wahrhaftig nicht vorgestellt! Vielleicht hatte Tomasi tatsächlich nur einen schlechten Tag. Vielleicht kam er zurück und hat festgestellt, wie wenig seine Frau das Ressort im Griff hatte, während er weg war. Vielleicht ist auch Mana sonst ganz anders. Vielleicht war sie nur deshalb die ganze Zeit so angespannt, weil sie allein die Verantwortung tragen musste. Weil sie plötzlich die

Chefin war und als solche akzeptiert werden wollte. Vielleicht sind beide eigentlich ganz normale und nette Menschen und wir haben sie einfach in einem schlechten Moment kennengelernt. Vielleicht. Wenn Peter und ich an Samoa zurückdenken, dann denken wir jedenfalls nicht an die beiden. Wir denken lieber an die vielen tollen Samoaner, die wir kennenlernen durften. An die Kinder Jake, Jim und Waata, an Kaea, Emere, Laki, Nauri und den männlichen Mana sowie an die vielen immer lächelnden Einheimischen unterwegs, deren Namen wir nicht kennen.

Immer noch vollkommen unter Schock warten wir auf unseren Flug. Es ist Dienstagnachmittag. Unser Anschlussflug geht gleich am Montagabend. Nein, wir haben nicht verpennt. Das Verrückte: wer aus Samoa ausreist, reist in jede Richtung in die Vergangenheit, egal ob nach Osten oder Westen. Wir fliegen zurück nach American Samoa und damit erneut über die Datumsgrenze. Richtig tief in die Vergangenheit also. In Pago-Pago wird es bei unserer Ankunft dann trotz einer Stunde Flug 23 Stunden früher sein als beim Abflug in Apia. Zumindest hoffen wir das, denn sonst hätten wir unseren Anschlussflug längst verpasst. Diesmal haben wir rechtzeitig alles bei Earl beantragt und genehmigt bekommen. Unser neues Ok-Board liegt im Email-Postfach parat sowie Bestätigungen für die Weiterflüge nach Hawaii und Europa. Aufgeregt bin ich dennoch. Das Gepäck und wir selbst werden wieder gewogen, der Ausreisestempel in den Pass gedrückt und schon geht es in das kleine Flugzeug. Die Flughöhe bleibt durchgängig so niedrig, dass es sich bei dem herrlichen Sonnenschein wie ein netter Insel-Rundflug anfühlt. Dann sind wir auch schon im Nachbarland angekommen. Erleichtert stellen wir das Wichtigste fest: Die kleine Propeller-Zeitmaschine hat funktioniert. Als wir nach 45 Minuten Flugzeit landen, ist es tatsächlich erst Montag. Nach den jüngsten Ereignissen ist es vielleicht gar nicht so schlecht, dass dieser Tag nochmal eine komplett neue, zweite Chance erhält.

Am Flughafen versuchen wir erstmal, unsere in Samoanischen Talas ausgezahlte Modelgage in Euro zu wechseln. Vergebens. Euros hat kein Schalter vorrätig. Aus Sorge, dass außerhalb der Südsee noch nie jemand etwas vom Tala gehört haben könnte, entscheiden wir uns alternativ für US-Dollar.

Als wir den Hotelshuttle-Bus sehen, nutzen wir schnell die sich bietende Gelegenheit einer Mitfahrt. In unserer Unterkunft von vor einem Monat warten schließlich immer noch ein Koffer und ein Rucksack auf uns. Das wäre zumindest wünschenswert. Die hatten wir nämlich nicht mit ins andere Samoa nehmen können, da das kleine Flugzeug kein zweites Gepäckstück akzeptiert. Der Busfahrer ist zwar etwas irritiert, als wir in unseren wenig nach Business aussehenden Outfits und ohne vorzeigbare Reservierung mit ins beste Hotel des Landes fahren wollen, nimmt uns nach kurzer Diskussion aber trotzdem mit. Das beste Hotel des Landes? Ja, das wurde uns mehrfach versichert. Und das einzige, das wir mit einem noch vorhandenen Gutschein buchen konnten und das darüber hinaus zugestimmt hatte, unser überschüssiges Gepäck für einen Monat aufzubewahren. Der Gast ist eben König. Zehn Minuten später spazieren wir wenig königlich in die Lobby des totschicken Grand Hotels. Freundlich überreiche ich unseren Gepäckaufbewahrungszettel und versuche, mir meine Nervosität nicht anmerken zu lassen. Auf der Fahrt hatte ich die Rückseite des Zettels studiert. Dort war eine Gebühr vermerkt, die es pro Tag und pro Gepäckstück zu errichten gilt. Eine schnelle Hochrechnung auf einen Monat sorgte für spontane Übelkeit. „Peter, hattest du eigentlich explizit gefragt, ob die das kostenlos machen?“ – „Nö, aber die haben auch nicht gesagt, dass es etwas kostet“, klärt er mich in Peter-typischer, unbesorgter Manier auf. Und er behält Recht. Keine der bereits in meinem Kopf vorformulierten Ausreden findet Anwendung, als wir Koffer und Rucksack umgehend und ohne Probleme vor die Füße gestellt bekommen. Es läuft alles wie am Schnürchen. Bevor noch jemand auf dumme Ideen kommt, verschwinden wir für Kaffee und Abendessen in die Hotelbar. Es soll ja niemand behaupten können, wir wären keine zahlenden Gäste. Der Shuttle-Busfahrer schaut etwas komisch drein, als wir wenige Stunden später wieder seinen Service in Anspruch nehmen und uns diesmal mit noch mehr Gepäck zurück zum Flughafen kutschieren lassen. Dort wartet bereits der Flieger nach Hawaii – und heute sogar eine vollbesetzte Sicherheitskontrolle.

Aloha again

Als wir am frühen Morgen müde aus dem Flieger steigen, überkommt mich wieder das ungläubige Gefühl: Ich bin tatsächlich auf Hawaii! Schnell holen wir unseren Mietwagen ab, denn wir haben gerademal zweieinhalb Tage auf Maui und wollen trotzdem alles sehen. Das sorgt unweigerlich für einen gewissen Sightseeing-Stress. Man erkennt den Hawaii-Touristen für gewöhnlich am Jeep Wrangler. Auch Peter und ich haben einen solchen für die nächsten Tage gebucht. Die Idee dahinter: weil wir kein Zelt mehr haben, schlafen wir einfach bei umgeklappten Sitzen auf unseren Isomatten im Kofferraum. Den Trick hatten wir uns bei anderen Budgetreisenden auf Hawaii abgeguckt.

Wir kosten die wenigen Tage voll aus: es geht über die berühmte *Road to Hana* entlang der Küste und abends weit hoch auf einen Vulkan im Haleakalā-Nationalpark.

Auf Isomatten im Kofferraum des Jeeps zu schlafen, erweist sich als vollkommen in Ordnung, aber viel Schlaf bekommen wir dennoch nicht. Zum Sonnenaufgang wollen wir nämlich weiter hoch in Richtung Vulkangipfel und so klingelt der Wecker bereits um 4:30 Uhr und verwehrt uns erneut das dringend benötigte Ausschlafen. Aber unsere Zeit auf Maui ist so knapp, dass wir sie nicht mit schlafen verschwenden wollen.

Auch wenn wir müde sind und von der höhenbedingten Kälte am Bibbern, lohnt es sich. Peter und ich hüllen uns in unsere Schlafsäcke, während wir der Sonne dabei zuschauen, wie sie den neuen Tag einläutet und den Himmel in Gelb und Orange erstrahlen lässt. Der Sonnenaufgang über den Wolken ist spektakulär! Doch nicht zuletzt Eiseskälte verleitet uns irgendwann dazu, den Vulkan zu verlassen: es gibt noch einiges mehr auf Maui zu erleben. Zum Beispiel das Ioa Valley mit 360-Grad-Blick auf sattgrüne Berge und Wasserfälle, die elegant an ihnen hinuntergleiten. Wir schnorcheln noch ein letztes Mal mit vorbeischwimmenden Meeresschildkröten und genießen ein letztes hawaiianisches Craft Bier, bevor wir uns am Tag drauf zum internationalen Flughafen aufmachen. Mit einem letzten Blick von oben verabschieden wir uns von den Hawaii-Inseln. Wetter, Autofahrer, Wellen und Kokosnüsse haben es uns auf Hawaii nicht immer leicht gemacht, aber trotzdem war Hawaii eines der schönsten Ziele dieser Reise. Mahalo und Aloha!

Und dann sind wir plötzlich wieder im guten alten 'Schland, denn wieder einmal stehen wichtige Ereignisse im Freundes- und Familienkreis an, die wir nicht alle verpassen wollen.

Zuhause hat sich nicht so viel verändert. Meine Mama ist in eine neue Wohnung gezogen und mein Opa frühstückt neuerdings manchmal Müsli. Ansonsten ist die Standardantwort von Freunden: „Bei uns ist nicht viel passiert. Ihr erlebt viel mehr!“. Ich verstehe diesen Eindruck einerseits, aber gleichzeitig ist es auch mühsam, jedem die Informationen über das letzte Jahr ewig aus der Nase ziehen zu müssen. Wenn man allerdings hartnäckig weiter nachfragt, fällt manchen doch noch die ein oder andere Neuigkeit ein: Eine Beförderung, ein Hauskauf oder ein gebuchter Urlaub sind dabei. Geht doch!

Natürlich werden wir umgekehrt gefragt, ob es nicht komisch sei, wieder in Deutschland zu sein. Oder ob wir einen Kulturschock hätten. Auf die Gefahr hin, Erwartungen zu enttäuschen, muss ich sagen: Nein. Ich finde es nicht komisch und einen Kulturschock habe ich auch nicht. Warum auch? Ich kenne mich in der deutschen Kultur ja bestens aus und unsere Rückreise kam schließlich nicht plötzlich und unerwartet. Merkwürdig finde ich allerdings viel mehr, dass wir ständig gefragt werden, ob wir denn nun wüssten, was wir danach machen wollen. So als ob wir uns in einer Art Therapie oder Sinnkrise befänden. Glauben die Leute, unsere Reise wäre eine Art Flucht aus dem Leben? Oder ein Weg, um uns selbst oder den Sinn des Lebens zu finden? Denn das ist es für uns nicht. Wir wollen einfach nur unsere Träume und selbstgesteckten Ziele im Leben erreichen, die nun mal zufällig viel mit weit entfernten Orten auf dieser Welt zu tun haben. „We travel not to escape life, but for life not to escape us", habe ich neulich irgendwo gelesen und finde das ziemlich passend.

Nach einem Monat Deutschland wird es dann doch wieder Zeit, dass es weitergeht. Die Anfangseuphorie ist verflogen. Die Begeisterung über saubere Kleidung, Warmwasser und Lieblingsessen, wann immer man will, klingt langsam ab und wird wieder zur Normalität. Alle wichtigen To-Dos sind erledigt, die Post der letzten Monate geöffnet und gelesen. Fast alle Freunde und Familienmitglieder sind besucht und mit den restlichen zehn Prozent würde es wahrscheinlich auch dann nichts mehr werden, wenn wir nochmal einen Monat blieben.

Da wir aber für den Spätsommer Hochzeiten und Reisevorträge fest zugesagt haben, macht es wenig Sinn, allzu weit in die Ferne zu schweifen. „Könntest du dir vorstellen, wieder im Van unterwegs zu sein?", beginnt Peter unsere Planungsdiskussion vorsichtig. Ich muss nicht lange überlegen. Natürlich! Es dauert keine fünf Minuten bis wir uns restlos einig darüber sind, dass es eine super Idee ist, einen Campervan zu kaufen, um mit diesem durch Europa zu touren. Und selbst wenn wir nochmal nach Südamerika wollen, können wir ihn ja einfach irgendwo einlagern. Für später quasi. Doch in den kommenden Tagen müssen wir feststellen, dass das Schicksal nicht so sehr auf unserer Seite ist wie damals in Alaska. Dort waren wir mit dem erstbesten Bulli zufrieden und wussten, dass es nicht für die Ewigkeit sein wird. Wenn man aber zuhause einen Campervan kaufen und auf unbestimmte Zeit dauerhaft behalten will, dann soll auch alles perfekt sein. Das gepaart mit der Tatsache, dass Vanlife gerade in aller Munde ist und selbst Leute, die im Leben noch nicht campen waren, plötzlich Bullis kaufen, macht das Projekt schwierig. So schwierig, dass wir zumindest vorerst resignieren und unser „Vanlife in Europa"-Projekt gezwungenermaßen vertagen. Erst mal werden wir wohl ohne vier Räder unterwegs sein. Und zwar bereits in ein paar Tagen: als Backpacker auf dem Balkan.

Balkan Beats

Unser Balkan-Trip startet in bekannten Gefilden: Budapest. Die Stadt, in der Peter und ich studiert und uns vor neun Jahren kennengelernt haben. Nun besuchen wir hier einen Freund. Es ist eine Mischung aus Nostalgie und Neuerkundung, denn in den letzten Jahren hat sich einiges getan und manche Stadtteile sind kaum wiederzuerkennen. So hip war Budapest damals noch nicht.

Doch wir wollten ja eigentlich auf den Balkan. Also geht es nach ein paar Tagen weiter in ein Land, von dem wir hoffen, dass Massentourismus und Hipster sein dort noch nicht angekommen sind: Nord-Mazedonien.

Wir landen in Nord-Mazedoniens Hauptstadt Skopje. Noch haben Peter und ich keine Ahnung, was uns erwartet und im Gegensatz zu anderen, berühmteren Hauptstädten keinerlei Bild im Kopf. Kein Wahrzeichen wie anderswo der Eifelturm oder ein bekanntes Gebäude kommt uns in den Sinn, wenn wir an Skopje denken. Bis jetzt. Denn Skopje entpuppt sich als überraschend interessante Stadt mit vielen Sehenswürdigkeiten. Wenngleich das Adjektiv „seltsam" in unserer Beschreibung ebenfalls Platz findet. Entlang der Flusspromenade reihen sich die Prachtbauten und pompösen Statuen nur so aneinander. Es ist schön, aber wirkt zugleich überladen und vollkommen übertrieben. Vor allem, wenn wir uns daran erinnern, wie runtergekommen die meisten der typischen Ostblockbauten nur wenige Kilometer außerhalb des Zentrums aussehen. Und auch bei den Überlandfahrten stechen uns immer wieder nicht fertig gestellte, unverputzte Häuser ins Auge. Doch von Geldmangel ist hier im Zentrum der Hauptstadt keine Spur. Alles ist wie geleckt. Wenn man dann den Fluss überquert und die Prachtbauten hinter sich lässt, eröffnet sich einem wiederum ein ganz anderes Skopje. Es ist, als seien wir mit Überqueren des Flusses in einem anderen Land mitten im Orient gelandet. Tatsächlich ist dieser Teil der Stadt muslimisch geprägt. Die Gassen erinnern an orientalischen Basar und der Muezzin ruft pünktlich zum Gebet. Es herrscht ein buntes, heiteres Treiben an unserem ersten Abend auf dem Balkan.

Unser erster Eindruck von Skopje lässt sich nicht so leicht in einem Satz zusammenfassen. Die Stadt ist interessant, keine Frage. Aber ein richtig schlüssiges Bild ergibt sich uns noch nicht. Dieser Zwiespalt wird uns bei einer Free Walking Tour durch Skopje bestätigt. Nadja, unser Guide, pflegt eine regelrechte Hassliebe zu ihrer Heimat. Da wir die einzigen Teilnehmer der Tour sind, ist die Mazedonierin in unserem Alter erstaunlich offen, ihre Abneigung gegenüber der eigenen Regierung kundzutun. Wir erfahren vom

Projekt „Skopje 2014“. Das komplette Stadtzentrum wurde mit viel Geld und Aufwand umgestaltet, um die Stadt attraktiv für Touristen zu machen und „in der ersten Liga der Weltbühne mitzuspielen“. Mailand, Paris, Skopje. Oder so ähnlich. Es ist nicht zu leugnen, dass man sich dabei größte Mühe gegeben, um nicht zu sagen, es ein bisschen übertrieben hat. Überall, wirklich überall, hat man Statuen und Skulpturen erbaut. Ironischerweise sind es allerdings nicht die einzelnen Statuen selbst, die die Aufmerksamkeit der Besucher nun locken, sondern einfach das allgemeine Staunen darüber, wie viele Skulpturen bisweilen scheinbar wahllos an jeder sich bietenden Gelegenheit platziert wurden. „Wie viele Statuen kannst du in 24 Stunden zählen?“, ist laut Nadja ein beliebtes Spielchen in Skopje.

„Die meisten Einheimischen sind keine Fans des Restrukturierungsprojekts“, erzählt sie weiter. Nicht nur, weil der Stadtkern nicht mehr natürlich gewachsen, sondern aus dem Boden gestampft wirkt, sondern auch, weil sie die enormen Summen für den Bau der protzigen Bauten und Statuen lieber in andere Projekte gesteckt gesehen hätten. „Eine Metro zu bauen - das wäre sinnvoll gewesen“, schimpft Nadja mit deutlicher Wut in der Stimme. Vor allem die korrupten Politiker lassen sie sich in Rage reden. „Jeder, der etwas auf sich hält, lässt sich von Steuergeldern ein Denkmal bauen“, wettert die Mazedonierin. „Die Häuser wurden aber nur an den Fassaden renoviert, damit es schick aussieht. Dahinter ist alles alt und halb zerfallen.“ Es gibt kaum ein Gebäude oder eine Statue, zu der sie nicht einen Korruptionsskandal zu berichten weiß. Angebliche Unsummen von Steuergeldern für Bau oder Restaurierungen, deren Großteil letztlich in die eigenen Taschen der Politiker und Bauherren geflossen sei. „Schaut doch mal. Die Baustile passen gar nicht zusammen. Unsere Stadt sieht wie eine Kulisse im Disneyland aus. Wir haben einfach alles nachgebaut, was woanders gut ankommt.“ Stimmt. Der Hauptplatz der Fußgängerzonen präsentiert sich tatsächlich wie ein Best-of der Sehenswürdigkeiten aus aller Welt. Das macht zwar erstmal Eindruck, aber Nadja hat Recht: auf gewisse Weise werden Erinnerungen an Las Vegas wach, wo man Eifelturm und Venedig nachgebaut hat. Ok, zugegeben – so weit ist man in Skopje dann doch nicht gegangen, aber der Grundgedanke erscheint mir ähnlich.

Die größte und imposanteste Statue ist wohl „The Great Warrior“ mitten auf dem Hauptplatz der Fußgängerzone. Ein Springbrunnen ist rund um das Reiterdenkmal gebaut. „Das ist Alexander der Große, aber das dürfen wir nicht sagen, wegen des Konflikts mit Griechenland“, erklärt Nadja etwas zynisch. „Die Griechen denken, Alexander der Große sei Grieche gewesen. Wir denken, er war Mazedonier.” Tatsächlich ein Konflikt, der nicht erst seit gestern besteht und sicherlich nicht morgen gelöst sein wird. So wie der Streit um den Namen „Mazedonien". Wie so vieles klingt auch die Umbenennung des Landes zu Nord-Mazedonien in den Erzählungen unserer Stadtführerin weniger diplomatisch und vom Volk abgesegnet als in den offiziellen Nachrichten. Wenn auch nur die Hälfte von dem stimmt, was sie uns erzählt, dann liegt in Mazedonien aka Nord-Mazedonien politisch wie gesellschaftlich noch einiges im Argen. Für uns als Touristen war Skopje eine interessante Stadt, vielleicht gerade wegen ihrer merkwürdigen Geschichte. So ist das Erzählte zwar ein spannender Einblick in die ungefilterte, subjektive Sicht einer Einheimischen, aber bleibt eben auch nur ein Einblick von außen. Aber er macht ein Stück weit nachvollziehbarer, dass gerade junge, gut gebildete Mazedonier gerne Reißaus ins Ausland nehmen. „Ich war auch im Ausland, aber ich bin zurückgekommen, um etwas zu verändern", erzählt Nadja, die diese Touren nur nebenberuflich macht, da das Trinkgeld der Touristen sich mehr lohne als ihr eigentlicher Beruf. Wir wünschen ihr und ihren Landsleuten bei dieser Veränderung jedenfalls alles Gute.

Von Skopje geht es für uns zunächst in einen Ferienort am Ohridsee. Doch in erster Linie wollten wir nach Albanien und so buchen wir nach zwei Nächten in Ohrid einen Bus in die Hauptstadt Tirana. „Der einzige Bus, den ich online buchen kann, fährt morgens um 7 Uhr", informiert mich Peter, während er für uns reserviert. Wir beißen also in dem sauren Apfel und stellen den Wecker auf 5:30 Uhr. Nicht, weil wir so ausgiebig frühstücken, sondern weil wir noch keine Ahnung haben, ob wir so früh morgens ein Taxi zur etwas außerhalb gelegenen Busstation finden werden. Um 6 Uhr marschieren wir also vollbepackt los. Auf dem ersten Kilometer kommt uns kaum eine Menschenseele, geschweige denn ein Taxi, entgegen. Muss hier niemand zur Arbeit? Die Szenerie wirkt etwas merkwürdig, denn wir sind so weit im Osten der Zeitzone, dass es bereits seit deutlich vor 5 Uhr (mehr kann ich leider nicht persönlich bezeugen) hell ist. Und trotzdem liegt scheinbar der ganze Ort noch in den Federn.

An einer Hauptstraße angekommen, fahren dann doch ein paar Autos. Eines von ihnen ist ein Taxi, das sich unser erbarmt und anhält. Es hat zwar bereits einen Fahrgast, aber das macht nichts. Wir können ebenfalls mitfahren. Praktischerweise muss der aus Montenegro stammende Italiener, mit dem wir die Fahrt teilen, auch zum Busbahnhof.

Am Bus-Terminal angekommen, gehen Peter und ich erst mal Kaffee trinken. Durch die Taxifahrt liegen wir wieder gut in der Zeit. „Fährt hier der Bus nach Tirana ab?", spricht uns eine Amerikanerin an. „Und fährt der um 7 Uhr oder 7:30 Uhr? Die Frau am Terminal sagte 7:30 Uhr, aber im Internet steht 7 Uhr." Auch wir wissen es nicht genau, fühlen uns nun aber bestätigt, bisher alles richtig gemacht zu haben und zur rechten Zeit am rechten Ort zu sein. Dennoch frage ich zusätzlich den älteren Herren, der das Boarding-Gate bewacht und dafür sorgt, dass niemand unerlaubt die Wartehalle in Richtung der Busse verlässt. Er bestätigt mir, dass wir genau hier auf unseren Bus nach Tirana warten sollen. Als die Uhr 7:15 Uhr anzeigt, frage ich ihn erneut, was mit dem 7 Uhr-Bus sei. Entspannt wiederholt er, dass alles in Ordnung sei und wir hier warten sollen. Das tun wir.

Um kurz vor halb geht es endlich los und der Bus nach Tirana wird aufgerufen. Bedeutungsvoll schaut der Herr zu Peter und mir, wir dürfen nun kommen. Wir zeigen unser Ticket vor und dürfen nach draußen, wo bereits ein Kleinbus parkt. Schnell steige ich ein, um uns Plätze nebeneinander zu sichern, während Peter das Gepäck verstaut. „Tickets!“, kommandiert der Busfahrer indessen ohne einen Hauch von Lebensfreude in die Runde. Hatten wir bisher vorwiegend herzliche und lebensfrohe Balkanier kennengelernt, so verkörpert dieser Mann das Klischee eines brummigen Osteuropäers auf Feinste. Alle Mitreisenden kramen einen Zettel hervor, Peter hingegen sein Smartphone. „Wrong ticket“, stellt der Busfahrer desinteressiert fest und zeigt auf die Tür. Mist! Hätten wir es doch ausdrucken müssen? Eilig läuft Peter zurück zum Terminal. Ich warte solange im Bus und halte zum Ärger des Busfahrers weiterhin zwei Plätze für uns frei. Andere Passagiere mit lokalen Sprachkenntnissen mischen sich ein und übersetzen, dass wir im falschen Bus seien. Für diesen könne man nämlich gar kein Online-Ticket kaufen. In dem Moment kommt Peter zurück: „Wir sind im falschen Bus“, erfahre ich nun auch von ihm. „Was kostet denn ein Ticket?“, wende ich mich wieder an den Busfahrer. Doch die Fahrt ist bereits ausgebucht und die gleichgültige Reaktion des Fahrers verrät, dass ihn sein Gewissen heute Nacht nicht vom Schlafen abbringen wird, wenn er uns nun hier stehen lässt. Alles Betteln hilft nichts. Ich muss aussteigen, die Amerikanerin von der Eingangshalle bekommt stattdessen unseren Platz. Der Bus fährt ab, Peter und ich bleiben zurück.

Niedergeschmettert kehren wir mit unserem Gepäck zum Terminal zurück. Dort erwartet uns bereits der ältere Herr entschuldigend lächelnd. „Ihr hättet mir doch sagen müssen, dass ihr ein Online-Ticket habt! Das ist ein anderer Bus“, rechtfertigt er sich kleinlaut und seine Tonlage verrät, dass er genau weiß, bei wem der Fehler liegt. Schließlich hatten wir mehrfach nach dem Bus für 7 Uhr gefragt und ihm das Online-Ticket unter die Nase gehalten. Doch eine Lösung wird bereits gesucht und schließlich gefunden. Der Mann telefoniert, das Ergebnis: „Stellt euch draußen an die Straße und haltet Ausschau nach einem schwarzen Bus. Der Onlineticket-Bus kommt bald zurück, um euch einsammeln.“ Wann genau „bald“ ist, weiß allerdings niemand. Ein ziemlich sicheres Indiz dafür, dass es sich um eine längere Wartezeit handelt. Peter und ich sind stinksauer.

Doch uns bleibt nichts anderes übrig, als uns mit Sack und Pack an die Straße zu stellen und auf den ominösen schwarzen Onlineticket-Bus zu warten.

Als wir uns mental gerade darauf eingestellt haben, die nächsten Stunden am Busbahnhof zu verplempern, passiert das Unmögliche: Ein schwarzer Kleinbus hält vor unserer Nase und sammelt uns ein. Wir können es nicht fassen! Der Fahrer scannt unser Online-Ticket, lädt das Gepäck ein und wir dürfen uns setzen. Die genervten Blicke der Mitreisenden ignorieren wir gekonnt. War ja nicht unsere Schuld. Mit im Bus sitzen auch Christian und Merle aus Deutschland, denen unser Gespräch über unsere überraschende Schicksalswendung nicht entgeht. „Ihr seid nicht die ersten, die wir vergessen haben", beruhigen sie unser schlechtes Gewissen, „wir waren inzwischen schon zum zweiten Mal auf dem Weg nach Tirana als der Anruf kam, dass ihr auch noch mit müsst. Deshalb waren wir auch so schnell zurück, wir waren ja kaum aus der Stadt raus." Tatsächlich bleibt dieser dritte Versuch der letzte und so sind wir endlich auf dem Weg nach Albanien. Ganz ohne weitere Zwischenfälle, dafür mit einer netten neuen Bekanntschaft.

Sehnsucht nach Bärtha

In Tirana merken wir, dass wir eigentlich ziemlich wenig über Albanien wissen. Mehr oder weniger bewusst, schlittern wir in ein absolutes Kultur-Programm: Museum plus Stadtführung und abends im Hostel noch eine zweiteilige ZDF-Doku über das Land. Natürlich sind das alles viel zu viele Informationen auf einmal, aber ich merke mir, dass Albanien bis 1991 unter einer extrem krassen Diktatur litt, die erstaunlich ähnlich zum heutigen Nordkorea klingt. Albanien als Zentrum der Welt – zumindest aus albanischer Sicht. Und eine Sicht über die Landesgrenzen hinaus gab es lange Zeit nicht. Albanien hatte sich komplett abgeschottet. Ohne Kontakt zur Außenwelt. Niemand kam ins Land rein, niemand durfte raus. Das galt nicht nur für die Bürger, sondern auch für jegliche Nachrichten. Nur eigene Propaganda war erlaubt. Trotz großer Armut – insbesondere in ländlichen Regionen –, bläute die Regierung dem Volk das genaue Gegenteil ein. So war es der großen Mehrheit des Volkes nicht bewusst, wie viel besser es der Mehrheit im Rest der Welt ging. Man sei „die Avantgarde des Weltkommunismus, umringt von Feinden", so die Propaganda. Dabei – so erfahren wir es von unserem Guide bei einer weiteren Free Walking Tour – gab es während der albanischen Diktatur neben materieller Armut noch einiges mehr zu bemängeln: Freie Meinung: verboten. Singen: Verboten. Religion: verboten. Vermutlich ist Albanien auch deshalb bis heute ein weitestgehend atheistisches Land. Offiziell ist die Mehrheit der Bevölkerung zwar muslimisch, praktizierend sind allerdings die wenigsten. Es ist übrigens bemerkenswert, wie konfliktfrei das Zusammenleben der verschiedenen Glaubensgemeinschaften in Albanien funktioniert.

Mit dem Ende der Diktatur kamen nicht nur die ersten diplomatischen Kontakte, sondern natürlich auch Investoren. Es ist leicht zu erraten, wer der erste ausländische Investor nach der Öffnung Albaniens gewesen ist: in kürzester Zeit hat Coca-Cola einen der letzten Cola-freien Flecke der Erde erobert. „Wir hatten plötzlich auch Bananen und viele andere Dinge, die wir vorher nicht kannten", plaudert unser Guide aus dem Nähkästchen seiner Kindheit in den 90ern. „Für meine Oma waren damals alle neuen Sachen Bananen. Einmal schickte sie mich los, um Bananen zu kaufen. Als ich zurückkam, war sie stinksauer, weil sie die braunen Bananen zum Trinken wollte. Sie meinte Cola", verrät er lachend. Doch es gab auch Dinge, die Albanien bereits vor seiner Öffnung im Überfluss hatte. Allen Dingen voran: Betonbunker. Noch heute sieht man sie ständig und überall in der Landschaft stehen. Meist handelt es sich um halb zerfallene Ruinen, andere wurden aufwendig zu „Strand-Bungalows" renoviert, in denen Touristen nun übernachten können. Über ihre architektonische Schönheit lässt sich streiten, aber tatsächlich befinden sich nicht wenige in feinster Küstenlage mit Meerblick.

Nachdem Peter und ich in Tirana alles erkundet haben, verlassen wir die Stadt schneller als gedacht. Nicht, weil sie uns nicht gefallen würde, aber es ist August und einfach unglaublich heiß. So bleibt uns nur die Flucht nach vorne. Und vorne ist in dem Fall das Meer. Wir packen unsere sieben Sachen und rufen ein Taxi. Der Fahrer eilt mit uns zum Busbahnhof, als ginge es um Leben und Tod. Mitten in einem mehrspurigen Kreisverkehr kommt er schließlich zum Stehen, um uns abzusetzen. Ob sich andere Autofahrer darüber aufregen, dass er damit den geschäftigen Kreisel blockiert, ist schwer zu sagen. Das Aggressionslevel der albanischen Autofahrer hält sich so oder so auf einem konstant hohen Niveau. Nuancen nach oben oder unten im Hupkonzert sind da für den Laien nur schwer auszumachen. Nachdem wir es irgendwie geschafft haben, den Kreisverkehr lebendig zu verlassen, werden wir auch schon wie hilflos herumstreunende Welpen vom Hundefänger aka dem Bus-Schlepper geschnappt. Bevor wir widersprechen können, setzt er uns in den erstbesten Minibus. Der Schlepper bekommt eine Provision, während Peter und ich einfach nur froh sind, dass alles so spontan und einfach geklappt hat. Tatsächlich fährt der Bus wenige Minuten später auf direktem Wege dahin, wo wir hinwollen. Dass das in Albanien nicht immer selbstverständlich ist, werden wir noch mehr als einmal erfahren.

„Wo wir hinwollen" ist im heutigen Fall Vlora. Die Stadt liegt direkt am Meer. Allerdings merken wir schnell, dass die Betonung dabei nicht auf „idyllisch" liegt. Eine mehrspurige, dauerhaft verstopfte Straße verläuft entlang des Stadtstrands, der im Hintergrund von Hochhäusern im typischen Ostblockbaustil gesäumt wird. Wir entscheiden uns daher für einen Ausflug in die Umgebung und leihen dafür einen Motorroller. Der sogenannte Roller ist eine Ansammlung auseinandergebrochener und wieder zusammengeklebter Einzelteile, die die Form eines Rollers ergeben und irgendwie sogar fahren. Man nimmt in der Hochsaison eben, was man kriegen kann. Der Kleber des Seitenspiegels tut seinen Dienst nur bedingt, sodass Peter vor jedem Blick nach hinten selbigen erst neu justieren muss. Wie schnell wir fahren, bleibt unbekannt, denn auch der Tacho hat seinen Dienst quittiert. Bleibt zu hoffen, dass die Polizei im Zweifel ähnlich schlecht ausgestattet ist. Doch das wichtigste funktioniert: die Hupe. Die ist auch bitternötig, um andere Verkehrsteilnehmer bei deren riskanten Überhol- und Ausschermanövern auf unsere Existenz aufmerksam zu machen.

Unser Ausflugsziel ist ein einsamer Strand an einem auslaufenden Canyon – ein angeblicher Geheimtipp. Der Weg dorthin führt durch ein Gebirge, das wir zunächst hinauf und am Ende wieder steil hinab fahren. Nach einer gefühlten Ewigkeit in den Serpentinen kommen wir am Ziel an. Wir parken den Roller, die restlichen 20 Minuten geht es zu Fuß weiter. Ein gutes Zeichen. Wo kein Auto hinkommt, kann es nicht allzu überlaufen sein. Dafür nehmen wir sogar die brütende Mittagshitze (40 Grad Celsius!) in Kauf. Und tatsächlich: Nachdem wir einige nett an der Küste gelegene Bunker passiert haben, eröffnet sich uns der Blick auf die Bucht. Und die hält, was sie verspricht. Am Ende des holperigen Wanderpfads tut sich ein traumhafter Strand auf! Nicht einsam oder menschenleer, aber für unseren Geschmack genau das richtige Level an Tourismus: ein Campingplatz, drei kleine Strand-Restaurants, in denen man ganz entspannt barfuß und im Bikini speisen darf, und dann noch jemand, der Sonnenschirme verleiht. Mehr nicht. Ein wahres Paradies! Peter und ich stärken uns in einem der Restaurants und verbringen den Rest des Nachmittags am Strand. Es ist so heiß, dass wir uns spätestens alle zehn Minuten gezwungen fühlen, uns im kristallklaren Adriameer abzukühlen. Wir hatten wirklich schon mal größere Probleme, müssen wir lachend zugeben.

Die Rückfahrt im Dunkeln wird anstrengend. Nicht nur, weil unsere Popos heute schon sehr lange auf dem Roller gesessen haben, sondern auch, weil wir in den unbeleuchteten Serpentinen nicht die Stärksten in der Nahrungskette des Straßenverkehrs sind. Irgendwann erreichen wir im Stockfinsteren dann endlich Vlora. Mehr oder weniger. Spätestens jetzt kommt uns der Roller zugute, denn eine scheinbare Ewigkeit schlängeln wir uns geschickt an nicht enden wollenden Autoschlangen vorbei. Es ist wie damals bei den Lkws an der Grenze von El Salvador. Nur, dass hier keine Grenze ansteht. 15 Kilometer Stau – einfach nur so, ohne speziellen Grund. „Jeden Tag geht das so", versichert man uns bei der Abgabe des Rollers. Dass diese Behauptung nicht übertrieben ist, merken wir am folgenden Tag.

Da unser Apartment keine weitere Nacht frei ist, fahren wir in die nächste Küstenstadt: Saranda. Genauer gesagt in einen kleinen Nachbarort, denn auf dreckigen Stadtstrand haben wir keine Lust.

Voll beladen machen wir uns auf die Suche nach einem Bus oder Taxi zum Busbahnhof. „Taxi?", ruft uns ein Typ fragend zu. Ohne nachzudenken nehmen wir das Angebot an. Es handelt sich allerdings eher um eine Art „analoges Uber", denn kurzerhand steigen wir statt in ein Taxi in sein Privatauto, das am Straßenrand parkt. Bevor es losgeht, werden wir mit frischen Pflaumen beschenkt, die es an Ort und Stelle zu kosten gilt. Nun müssen wir aber reinhauen, wenn wir den Mittagsbus noch kriegen wollen. „Tirana?" will der Fahrer wissen. „Saranda", antwortet Peter. „Ahh Saranda", wiederholt der Fahrer mit einem verschwörerisch-wissenden Unterton und kurbelt das Fenster weiter runter. Wir biegen in den verstopften Kreisverkehr, wo sich gerade ein Minibus mit Schild „Saranda" in der Windschutzscheibe in unsere Richtung schlängelt. Mit Pfiffen und Hupen macht unser Fahrer auf uns aufmerksam. Der Minibus hält zehn Meter weiter. Nicht zwingend wegen uns, denn der zähfließende Verkehr lässt ihm sowieso keine Wahl. Peter und ich steigen um. Nach knapp 400 Metern. Leicht verdiente drei Euro für unseren cleveren Fahrer.

Nach einer Viertelstunde sind wir mit dem Bus wieder auf der Höhe unseres ehemaligen Apartments angelangt. Für uns hatte das zuvor drei Minuten Fußweg bedeutet. Nach einer Dreiviertelstunde haben wir ganze fünf Kilometer hinter uns gebracht, denn wie bereits am Vortag herrscht Stau. Es gibt keine Baustelle, keinen Unfall, keine Umleitung. Die Straße ist einfach mit den vielen Blechkarren hemmungslos überfordert. Nur leider können wir uns nicht wie gestern mit dem Roller einfach an allen vorbeischlängeln. Das kann eine lange Fahrt werden. Knapp sechs Stunden später steigen wir dann endlich schweißgebadet in Saranda aus dem vollgequetschten, stickigen Minibus. Der Bus hat nicht nur fast doppelt so lange gebraucht, wie Google für die Strecke veranschlagt, er hat auch jede Kurve besonders betont mitgenommen... Mir ist kotzübel. Auch Peter hatte schon mal mehr Farbe im Gesicht. Da wir aber nicht in Saranda bleiben, sondern ins nahegelegene Ksamil wollen, ist keine Zeit zum Erholen, sondern wir müssen schnell weiter zum Linienbus.

Die Aufschrift an der Seite des in die Jahre gekommenen Fahrzeugs verkündet auf Deutsch: „Willkommen in Brandenburg“. Aha, vielen Dank. Lang genug hat die Fahrt heute allemal gedauert, dass andere es sicherlich in der gleichen Zeit bis nach Deutschland geschafft hätten. Nach halbstündiger Fahrt durch Saranda, wo ein ähnliches Verkehrschaos herrscht wie in Vlora, setzt uns das Nostalgie-Fahrzeug an unserem Endziel für die kommenden Tage ab: Einem Glamping-Platz direkt am Meer. Unser Kompromiss, wenn wir schon keinen Campervan haben.

Nachdem wir unser Beduinenzelt bezogen haben, setzen wir uns zum Abendessen in die Strandbar. Es wird Abend, jeden Moment verschwindet die Sonne im Meer. Der schönste Sonnenuntergang seit langer, langer Zeit entschädigt uns für die Strapazen der Fahrt. Die Sonne wird zu einem leuchtend orangenen Ball in einem violett gefärbten Himmel über dem Meer mit seinen 1000 Blaufacetten. Es ist ein wunderschönes Naturschauspiel! Dabei trinken wir Bier und essen Meeresfrüchte mit Unmengen von griechischem Salat. Das Leben könnte wahrhaft schlechter sein als in diesem unglaublich schönen Moment.

Vor meinem geistigen Auge sehe ich mich in einer Quiz-Show stehen. „Wir haben 100 Leute gefragt: Nennen Sie einen Begriff, der Ihnen bei „Albanien“ als erstes in den Sinn kommt“, liest der Moderator die Aufgabe vor. „Stau“, lautet die richtige Antwort. Dann ist mein Tagtraum vorbei und ich sitze wieder im Minibus. Der laufende Motor ruckelt zwar, aber wir bewegen uns nicht. Wir stehen mal wieder im Stau.

Ksamil ein paar entspannte Strandtage später wieder zu verlassen, erweist sich als gar nicht so leicht. Wieder einmal herrscht Verkehrschaos. Selbst hier im Ferienort von überschaubarer Größe geht rein gar nichts. Peter und ich stehen an der Straße und warten auf den Bus zurück nach Saranda. Oder eine Mitfahrgelegenheit, denn wer weiß, wann der Bus kommt. Doch tatsächlich sind die meisten Fahrzeuge bereits voll besetzt. Die meisten Mercedes-Fahrzeuge, um genau zu sein. Es ist, als verbrächte jeder alte Mercedes seinen Lebensabend in Albanien. Wir sehen kaum eine andere Marke. Doch die Albaner haben nicht nur eine Vorliebe für gute alte Mercedes-Autos, sondern erweisen sich auch als ungeduldige Verkehrsteilnehmer. Spontan wird die verstopfte Fahrbahn zweispurig, denn Verstopfung herrscht heute Morgen lediglich stadtauswärts. Autofahrer, die keine Lust mehr auf Stau haben, umfahren diesen einfach, indem sie eine zweite Spur eröffnen und blockieren so nun die bis eben noch weitestgehend freie Gegenfahrbahn. Das stößt bei den aus der anderen Richtung kommenden Fahrern auf wenig Gegenliebe, sodass die dreisten Überholmanöver immer wieder in letzter Sekunde abgebrochen werden müssen. Doch natürlich lässt niemand die Drängler wieder zurück auf ihre ursprüngliche Spur – und so kollabiert der Verkehr innerhalb kürzester Zeit endgültig.

Irgendwann schafft ein Bus es dann doch sich durchzuschlängeln und wir signalisieren per Handzeichen, dass wir mitfahren wollen, denn offizielle Bushaltestellen haben sich in Ksamil bisher nicht durchgesetzt. Der Bus mit der Aufschrift der Münchener Verkehrsbetriebe hält an, Peter und ich steigen ein. Zum Glück standen wir bereits am Ortsausgang und so hat unser Bus verkehrstechnisch das Schlimmste bereits hinter sich gebracht. Nur noch ein bisschen Gedrängel und Hupen, dann haben wir freie Fahrt über die Landstraße. Ohne aus dem Fenster zu schauen, merken wir irgendwann allerdings, dass Saranda nicht mehr weit entfernt sein kann. Der Verkehrsfluss gerät einmal mehr massiv ins Stocken. Im Schneckentempo kämpft sich der Linienbus bis in den Ortskern. Dort steigen wir in einen Minibus um, um uns über dieselbe Strecke wieder stadtauswärts zu quälen. Niemand kann behaupten, wir würden nicht das Maximum aus dem Erlebnis „Busfahren auf dem Balkan" herausholen.

Als am frühen Nachmittag gerade Hoffnung aufkeimt, dass wir langsam in unserem Zielort Berat sein müssten, hält der Minibus plötzlich an einer Kreuzung. Nur sieht die weder nach Stadt, noch nach Busbahnhof aus. Der Fahrer gibt Peter und mir ein Zeichen zum Auszusteigen. Mitten im Niemandsland. Der Minibus „nonstop nach Berat" fährt nämlich spontan doch nicht nach Berat. Wir protestieren, denn schließlich hatten wir zuvor fünf Mal nachgefragt, ob dieser Bus wirklich ohne Umstieg nach Berat fährt und fünf Mal eine hoch und heilig versprochene Zusage erhalten. Aber es nützt nichts. Wir und zwei andere müssen raus, wenn wir nicht mit zu einem anderen, uns unbekannten Ziel fahren wollen.

Wie bestellt und nicht abgeholt stehen wir also irgendwo im Nirgendwo an der Kreuzung zweier Landstraßen. Dass neben Peter und mir auch zwei Albaner ausgeladen wurden, gibt mir Hoffnung. Die kennen sich hoffentlich aus. Und tatsächlich dauert es nicht lange, bis ein anderer Bus vorbeikommt und hält. Wir steigen für die nun hoffentlich wirklich letzte Etappe ein. Natürlich interessiert es im neuen Bus niemanden, dass wir bereits die komplette Fahrt bis Berat gezahlt hatten. Ein neues Ticket muss her. Leicht genervt zücken wir also erneut unser Portemonnaie. Wehmut nach unserer guten alten Vanlife-Zeit mit Bärtha keimt auf. Als wir hinfahren konnten, wohin wir wollten und wann wir es wollten. Ohne vergessen zu werden oder ständig umzusteigen. Mit garantierter Sitzplatzreservierung und Musik nach dem eigenen Geschmack. Was waren das für herrliche Zeiten!

Wenigstens dauert die Busfahrt von nun an tatsächlich nicht mehr allzu lang und wir erreichen schon bald das beschauliche Örtchen Berat.

Berat ist wirklich eine Augenweide. Links und rechts eines Flusses ragen Berge empor. Am Hang dieser erstreckt sich die Altstadt mit ihren hübschen Fachwerkhäuschen und schmalen Gassen. „Die Stadt der 1000 Fenster" nennt man Berat auch. Ob es wirklich mehr Fenster gibt als anderswo, fällt mir auf den ersten Blick zwar nicht auf, aber es ist ein hübscher Ort, an dem es langsam und ohne Hektik zugeht. Noch nicht einmal Stau herrscht auf den Straßen. In welchem Paradies sind wir hier nur gelandet?

Beim Schlendern durch die alten Gassen landen wir in einem charmanten Restaurant, irgendwo in einem kleinen Hinterhof. Weinreben wachsen wie ein natürliches Dach über die Terrasse mit den wenigen Tischen. Doch nicht nur das Ambiente ist besonders, vor allem der Inhaber ist ein Unikat. Jedem Gast stellt er persönlich und ausführlich seine heutige Karte vor. Beinah alles ist selbst angebaut und/oder hausgemacht, vom Käse bis zum Rotwein. Der Besitzer überschlägt sich jedes Mal vor Aufregung und Freude, wenn jemand bestellt. Kaum zu glauben, dass er sich noch mehr begeistern kann, als es uns dann auch noch schmeckt. „Was war euer Lieblingsessen?", will er aufgeregt wissen. „Die gebackene Aubergine war toll", gebe ich zu Protokoll. „Das ist auch mein Lieblingsessen!", prustet er los und überschlägt sich fast vor kindlichem Vergnügen. Es ist, als hätten wir gerade festgestellt, lange verloren geglaubte Geschwister zu sein, die sich zum ersten Mal wieder sehen und ihr Glück kaum fassen können. Dabei mögen wir nur zufälligerweise von vier zur Auswahl stehenden Gerichten beide die Aubergine am liebsten. Etwas skurril, aber charmant. Die Freude ist ansteckend und so sind auch Peter und ich ganz vergnügt über den lustigen Wirt, das wirklich exzellente Essen und den entspannten Abend nach dem langen Tag in vollen Bussen.

Im Bus sitzen wir am nächsten Morgen nämlich wieder früh genug. Von Berat geht es weiter nach Dürres. Dort wollen wir in den Zug umsteigen. Der fährt nur wenige Male am Tag und so stehen wir überpünktlich am Bahnhof. Dort ist allerdings wenig los – weit und breit ist kein Zug in Sicht. Dafür diverse Taxi- und Busfahrer, die ihr Bestes geben, uns den Zug auszureden. Ob wir ihnen trauen können, dass der Zug erst in drei Stunden kommt, wissen wir nicht. Aber zumindest spricht wenig dafür, dass unsere bisherige Info stimmt und es in 15 Minuten soweit ist. „Der Zug ist unzuverlässig und langsam. Kein Komfort! Das wollt ihr wirklich nicht“, erklärt uns einer der Busfahrer, der uns seit unserer Ankunft regelrecht verfolgt. Doch die Busfahrer warnen uns nicht ganz ohne Hintergedanken vor dem langsamen, unbequemen Zug. Sie haben auch gleich eine Lösung für das Problem parat: ihren Bus, der zufällig jeden Moment abfährt. „Jeden Moment“ ist ein dehnbarer Begriff und lässt sich an persönliche Vorlieben anpassen. Sagen wir, dass wir sofort weiter wollen, fährt der Bus sofort. Wollen wir erst noch einen Kaffee trinken, fährt der Bus zufällig genau passend in einer Stunde. Wir spielen das typische „Wir überlegen es uns und kommen gleich wieder“-Spielchen und gehen tatsächlich erst mal Kaffee trinken, um unsere Optionen abzuwägen. Dass der alte, nostalgisch anmutende Zug mit einer Maximalgeschwindigkeit unterwegs ist, mit der er vermutlich ohne abzubremsen durch eine Spielstraße fahren dürfte, wussten wir bereits zuvor. Uns geht es sogar um genau dieses authentische Erlebnis. Für die Einheimischen ist das verständlicherweise wenig nachvollziehbar. Warum sollte man das dem schnelleren und (mehr oder weniger) modernen Bus vorziehen? Notgedrungen ändern auch Peter und ich unsere Präferenzen, denn auf drei Stunden Wartezeit haben wir auch keine Lust. Auf dem Weg zurück von unserer Kaffeepause lassen wir uns daher vom erstbesten Fahrer einfangen.

Er wirbt damit, in weniger als zwei Stunden in Shkodra zu sein. Sicherheitshalber fragen wir mehrfach nach. „Fährt der Bus wirklich direkt nach Shkodra? Ohne Umsteigen? Und direkt ins Zentrum?“, will ich noch drei Mal wissen, bevor wir einsteigen. „Ja, Abfahrt jetzt sofort direkt nach Shkodra“, bestätigt der Fahrer mit aufrichtiger Miene. Peter und ich steigen ein und tatsächlich geht es nach nicht allzu langer Wartezeit los. Nach zwei Wochen Balkan überrascht es uns allerdings wenig, als sich zwei Stunden später abzeichnet, dass weder die eine, noch die andere Information der Wahrheit entspricht. Nicht umsteigen heißt in dem Fall, dass wir eine halbe Stunde nach der versprochenen Ankunftszeit irgendwo an einer Tankstelle entlang einer Landstraße gebeten werden, auszusteigen. Wir steigen in ein Auto um. Das Verhältnis von Menschen zu TÜV-geprüften Sitzplätzen steht in einem gewissen Ungleichgewicht. Wir sind acht Personen plus Gepäck und der Kleinwagen vor uns verfügt über die üblichen fünf Sitze. Gut, ein Mensch ist ein Kind. Aber dennoch verspricht es, kuschelig zu werden.

Der Fahrer bleibt der Fahrer, auf dem Beifahrersitz seine mutmaßliche Frau, das Kind und noch eine Person. Hinten ein alter Herr sowie Peter und ich. Eine Frau in meinem Alter wird schließlich noch auf den Schoss des Opas gequetscht. Ich bin unsicher, ob die beiden sich zuvor bereits kannten. Wenn nicht, dann spätestens jetzt. Irgendwo kommen dann noch die Koffer und Rucksäcke auf uns. Verschwitzt und leicht entnervt kommen wir 20 Minuten später mit dem Clowns-Mobil in Shkodra an. Hat uns das Vanlife auf immer versaut? Oder sind wir einfach zu alt und unflexibel für Backpacking geworden?

Wir haben genug Zeit, uns in den kommenden Tagen darüber ausführlich Gedanken zu machen, denn es geht zum Wandern in die Albanischen Alpen. Hier ist alles noch herrlich ursprünglich und traditionell. Als wir im schnuckeligen Dörfchen Valbona ankommen, ist es bereits zu spät, um die Wanderung noch zu starten. So suchen wir uns ein Zimmer in einer einfachen, aber netten Pension. Für den Rest des Tages haben wir nichts Besseres zu tun, als das Dorf mit Bierbestellungen wirtschaftlich zu unterstützen und dabei das Bergpanorama zu genießen. Herrlich! Ziegen grasen auf saftig grünen Wiesen. Kühe bummeln gemächlich die Straße auf und ab. Sehr zum Ärger des Nachbarn brechen sie regelmäßig in seinen Garten ein. Er scheint besonders schmackhafte Blumen gepflanzt zu haben. Der Klang der Kuhglocken hat etwas Friedliches. Hier ist die Welt noch in Ordnung. Und das Wichtigste: weit und breit keine Minibusse. Morgen geht es für uns nämlich erstmal zu Fuß weiter.

Am frühen Morgen starten wir auf unsere Wanderung. Unser Tagesmarsch geht quer durch die Berge bis nach Teth. Im Vergleich zu ihren nördlichen Namensvettern ist die albanische Alpenregion selbst jetzt im August nicht allzu stark überlaufen. Peter und ich wandern durch Berg und Tal und genießen das atemberaubende und sich ständig wechselnde Panorama. Die Albanischen Alpen sind einfach der Hammer!

Am späten Nachmittag kommen wir dann im beschaulichen Teth an. Wir sind total kaputt und voller Energie zugleich – wie üblich nach einer langen Wanderung tief in der Natur. Das an einem kleinen Fluss im Tal gelegene Dörfchen besteht aus hübschen alten Steinhäusern. In einem davon kommen Peter und ich unter. Die Zeit scheint auch in Teth stehengeblieben zu sein. Bauern bestellen ihre Äcker mit uraltem Gerät und auch hier bummeln Kühe gemächlich durchs Dorf. Niemand hat Hektik oder Eile. Peter und mir gefällt es unglaublich gut und so bleiben wir gleich mehrere Tage.

Ein Wanderweg ist schöner als der nächste. Zwischendurch gibt es immer wieder kleine familienbetriebene Cafés. Ähnlich wie Almhütten irgendwo im Nirgendwo, nur einfacher. Meist laufen davor ein paar Ziegen durch die Gegend und so wird uns schnell klar, woher die eigenartige Milch im Kaffee stammt. Auch in unserer urigen Pension stammt das angebotene Essen komplett aus Eigenherstellung: Frisches, selbstgebackenes Brot, selbstgemachte Marmelade mit Früchten aus dem Garten. Butter, Milch und Käse sieht man beim Frühstücksbuffet an, dass sie weder pasteurisiert, noch homogenisiert wurden oder was auch immer sonst noch auf den industriellen Produkten gedruckt steht. Lediglich den Kaffee hat man importiert. Aber das war's dann auch schon. Abends gibt es frischen Fisch aus dem Fluss mit Kartoffeln und Gemüse aus dem Garten und selbst Winzern gehört zum Repertoire der Dorfbewohner. Alles ist mit Liebe gemacht und auch beim Essen servieren kommt niemand der Hotelbetreiber auf die Idee, sich unnötig zu beeilen. Und das ist nicht ironisch gemeint. Hektik ist kein Teil des Lebens hier in den albanischen Bergen. Den Einheimischen mangelt es zwar an vielem, was anderswo längst als selbstverständlich gilt, aber Zeit gehört definitiv nicht dazu. Armut und Reichtum liegen manchmal eben doch sehr nahe beieinander.

Von Teth gönnen wir uns gemeinsam mit einem Pärchen aus Österreich ein Taxi zurück nach Shkodra. Dort holen wir schnell unser restliches Gepäck aus dem Hostel, bevor uns ein Fernbus einsammelt. Es geht los auf die Fahrt in eines der ärmsten Länder Europas. Über Landstraßen und durch die Berge. Und dann sind wir plötzlich im Kosovo. Ein Land zu dem ich wenige Assoziationen habe außer Krieg. An der Grenze müssen wir dem Busfahrer unsere Pässe aushändigen. Nachprüfen, ob die Insassen im Bus auch wirklich zu den Dokumenten gehören, will allerdings niemand. Nach der Einreise dauert die Fahrt bis zur Stadt Prizren nicht mehr lange. „Wo sind wir hier? Las Vegas?!", fragt Peter als wir an einer übertrieben leuchtend-bunt-blinkenden Shopping-Mall vorbeikommen. So sieht also der arme, von Krieg gezeichnete Kosovo aus? Scheinbar schon. Im Stadtzentrum angekommen, zeigt sich bald ein realistischeres Bild. Auch hier sind die Häuser nicht übermäßig zerfallen oder gar zerbombt, aber es wirkt alles nicht mehr so protzig und künstlich aus dem Boden gestampft.

Wir machen uns auf den Fußweg zum Hostel. Bereits unterwegs fällt uns auf, wie viel muslimischen Einfluss der Kosovo hat. Wir befinden uns mitten in der Altstadt und unsere anfängliche Sorge, um halb zehn abends nichts mehr zu essen zu bekommen, erweist sich als vollkommen albern und unbegründet. Buntes Treiben herrscht in den vielen kleinen Gassen und Restaurants rund um eine Moschee. Von überall her tönt orientalisch anmutende Musik. Sind wir wirklich noch in Europa? Schlagartig fühlen wir uns wie im Orient. Und so stellen wir nur schnell das Gepäck im Hostel ab und stürzen uns ins Getümmel der orientalischen Sommernacht. Europa zeigt sich wieder einmal vielfältiger als gedacht!

Vanlife Reloaded

Nach nur einer Nacht im Kosovo geht es zurück nach Skopje und von dort wieder nach Deutschland. Schön war es auf dem Balkan, nur das Busfahren hätte weniger sein dürfen. Es ist kein Zufall, dass die meisten Zeilen über den Balkan von Busfahrten handeln. Gefühlt haben wir die meiste Zeit dort verbracht. Die Entscheidung, ob wir in unserer nächsten Reiseregion weiter als Backpacker oder wieder mit einem Campervan bereisen wollen, fällt folglich leicht.

Doch wo soll es überhaupt als nächstes hingehen? Ein Blick auf unsere Weltkarten-Post-It-Planung verrät, dass noch einiges offen ist. Hawaii und Samoa gingen auf meine Kappe, daher ist Peter dran mit aussuchen. Er muss nicht lange überlegen, denn eine Region, die auf seiner Wunschliste hoch oben stand ist noch immer offen: Südamerika. Und da auf der Nordhalbkugel bald der Winter ansteht, scheint uns nur logisch, dass Südamerika unser nächstes Reiseziel sein soll. Genauer gesagt Kolumbien.

Spontan kaufen wir über eine Facebook-Anzeige in Kolumbien ein Auto, das wir bisher nur auf Bildern im Internet gesehen haben. Klingt naiv, aber bisher hat sich unser Vertrauen in die Menschheit auf dieser Reise meist ausgezahlt. Der Nissan hat bereits 325.000 Kilometer auf dem Tacho. Wir interpretieren das als 325.000 Kilometer, auf denen er sich offenbar als zuverlässig und stabil erwiesen hat. Der Geländewagen gehört zwei Neuseeländern und ist minimalistisch zum Camper umgebaut. Er ist in Washington zugelassen, wo auch wir das Fahrzeug auf uns umschreiben lassen werden. Da wir dazu natürlich nicht selbst mal eben kurz in die USA fliegen, kommt an dieser Stelle wieder einmal Mittelsmann Alex ins Spiel, der bereits Bärthas Käufern bei der Umschreibung behilflich war. Er kümmert sich um den Papierkram vor Ort. Peter war bereits in Deutschland beim Notar, um diverse Dokumente beglaubigen zu lassen. Pünktlich am Morgen des Tages, an dem wir fliegen, liegen unsere nagelneuen amerikanischen Nummernschilder gerade noch rechtzeitig im Briefkasten. Dann heißt es auch schon wieder Abschied nehmen und auf ins nächste Abenteuer: Latinoamérica!

Als wir zwölf Stunden später in Cartagena aus dem Flugzeug steigen, fühlen wir uns spontan ins Tropenhaus versetzt. Nicht nur die warme, feuchte Luft, sondern auch dieser ganz spezielle Geruch von feuchter Erde liegt in der Luft. Es ist Regenzeit an der tropischen Küste Kolumbiens. Ungeachtet des Wetters geht es erstmal für ein paar Tage ins Hostel. Das erste, was uns dort ins Auge sticht, sind die überall und unübersehbar an den Wänden hängenden Schilder mit Warnhinweisen. In der Umgebung sollen wir unbedingt auf Kameras, Handys und auffällige Rucksäcke verzichten, erklärt uns auch die Rezeptionistin nochmal. „Die Eingangstür muss immer und jederzeit zugeschlossen werden. Niemand darf reingelassen werden“, führt sie fort. Ein interessanter erster Eindruck von Kolumbien. Und in dieser Nachbarschaft soll ab morgen unser neuer Camper parken?

Doch noch haben wir unser Auto nicht und so vertagen Peter und ich unsere Sorgen und machen uns stattdessen im sicher verriegelten Taxi auf den Weg in die Altstadt. Die hübsche und touristische Altstadt, in der man seinen westlichen Reichtum vergleichsweise unbekümmert zur Schau stellen kann. Der alte Stadtkern von Cartagena entpuppt sich als echter Hingucker mit kunterbunten Häuschen und karibischem Flair. Frauen mit dunkler Haut und knallbunten, ausladenden Kleidern tragen prall gefüllte Obstkörben vor sich her und posieren für die Fotos der Besucher. Überall locken nette Cafés und Restaurants, in denen man für weniger als 3 Euro ein reichhaltiges Mittagsmenü serviert bekommt.

Während wir gedankenverloren und dank der Nacht im Flugzeug etwas planlos durch die bunten Gassen schlendern, bleibt Peter plötzlich und abrupt stehen. „Ach nein! Was machst du denn hier?“, begrüßt er überschwänglich jemanden auf der anderen Straßenseite. Nun entdecke auch ich ein bekanntes Gesicht. Es dauert ein paar Sekunden, bis ich dieses final zuordnen kann. Der Typ auf der anderen Straßenseite ist José aus Samoa. Er war einige Tage zu Gast im Ressort und wollte anschließend nach Hawaii. Ein paar Mal saßen wir zwecks Reiseplanung abends zusammen. Und nun steht er vor uns auf den Straßen Cartagenas. Am anderen Ende der Welt. Es ist eine dieser Situationen, in der man merkt, wie klein genau diese Welt doch ist. Wir tauschen die neusten Neuigkeiten aus. „Ich habe euren Tipp befolgt und mir nach Hawaii in Mexiko ein Motorrad gekauft. Damit bin ich dann durch Zentralamerika gefahren und habe es vor ein paar Tagen von Panama nach Kolumbien verschifft. Nun geht’s weiter Richtung Süden“, fasst José seine letzten vier Monate zusammen. Wir unterhalten uns ein Weilchen und vereinbaren lose, uns auf ein Bier zu treffen. Doch dazu kommt es nie. Noch am selben Abend wird José überfallen und ausgeraubt, sodass er unsere WhatsApp-Nachricht mangels Handys erst Tage später erhält. Offenbar gilt es in Cartagena tatsächlich Augen und Ohren stets aufzuhalten.

Nach ein paar Tagen Akklimatisierung ans neue Reiseland, treffen wir uns dann endlich mit den Neuseeländern, deren Campervan laut Papieren bereits unserer ist. Peter und mir ist bewusst, nicht das neuste Modell erworben zu haben, der Nissan (Baujahr 2000) ist schon eine Generation älter. Doch als wir gemeinsam über den Parkplatz auf unser neues Gefährt zulaufen, müssen wir zugeben, überrascht zu sein, wie „Retro" die Ausstattung tatsächlich ist. Dass die Windschutzscheibe einen großen Riss hat, war uns vorher bekannt. Ebenso die vielen Dellen und Kratzer im Lack. Was uns beim Studieren der Kaufanzeige nicht klar war, ist, dass man sich auch heute noch beim Verkäufer darüber informieren sollte, ob zur Fahrzeugausstattung auch eine Zentralverriegelung dazugehört. Die Antwort hätte in unserem Fall „nein" gelautet. Jede Tür muss einzeln aufgeschlossen und einzeln wieder verriegelt werden. Bei den Vordertüren und dem Kofferraum gibt es dazu außen ein Schloss. Um die Hintertüren von außen zu öffnen, muss man hingegen erst durch eine der Vordertüren rein und nach hinten durchgreifen, um die Verriegelung von innen zu lösen. Auch abschließen ist nur manuell und hinten nur von innen möglich. Kein Knöpfchen, das man drückt und alles verschließt sich. Mir schwant, wie oft wir das Auto versehentlich unverschlossen stehenlassen werden...

Was die Vorbesitzer außerdem vergessen hatten zu erwähnen: wie bei Bärtha blinken gleich mehrere Warnlichter im Cockpit. ABS- und Motorkontrollleuchte machen in leuchtendem Orange auf sich aufmerksam. Wir müssen uns diesbezüglich also kaum umgewöhnen. Aber wie schon bei Bärtha ist das laut den beiden Kiwis nicht weiter tragisch. Als uns bei der Probefahrt auf dem Parkplatz das Quietschen der Bremsen auffällt, reagieren sie nur mit einem entspannten: „Yeah, she does that. It's a bit of a weird noise." Aha. Da die Bremsen zwar trotz merkwürdiger Geräuschkulisse überaus gut bremsen und das Auto, das unsere Vorbesitzer „Nancy" genannt haben, angeblich frisch aus der Inspektion kommt, nehmen wir das erstmal so hin. Was auf jeden Fall eine Umstellung zum Bulli sein wird, ist der mangelnde Stauraum. Immerhin: Nancy, die wir unbedingt umbenennen müssen, verfügt über eine funktionstüchtige Klimaanlage und man kann über einen USB-Adapter sein Handy laden. Außerdem hat Bald-nicht-mehr-Nancy Allradantrieb, was in Südamerika sicherlich von Vorteil sein wird. Liebe auf den ersten Blick ist es dennoch nicht. Aber so kann es nun mal laufen, wenn man die Katze im Sack kauft. Als sich die beiden Kiwis schließlich von uns und ihrer angeblich geliebten Nancy verabschieden, sind sie zumindest ausreichend emotional, sodass ich ihnen abnehme, dass das Auto ihnen gute Dienste erwiesen hat.

Doch der erste Schock lässt nicht lange auf sich warten. Als Peter, Nicht-mehr-Nancy und ich am nächsten Morgen vollbeladen Cartagena verlassen und Peter die erste Kurve nimmt, ergießt sich plötzlich und unerwartet ein Schwall Wasser über meine Füße. Ich schrecke auf. „Was war das denn?", schaue ich Peter entsetzt an. Doch auch er kann es sich nicht erklären. Die ganze Nacht über hat es geregnet. Ist unser Camper etwa undicht? In der nächsten Kurve wiederholt sich das Spielchen. Peter vermutet, dass es sich nur um Kondenswasser der Klimaanlage handelt, und so fahren wir erstmal weiter. Doch die Klimaanlage tropft weiter. Und tropft. Und tropft. Wenn es überhaupt die Klimaanlage ist. Wie viel Wasser kann da denn bitte kondensieren? Irgendwann bildet sich eine richtige Pfütze im Fußraum, sodass ich im Schneidersitz weiterfahren muss, wenn ich kein Fußbad nehmen möchte. Zwischendurch halten wir an. Nicht nur, um Mittagspause zu machen, sondern auch um die Fußmatte auszuleeren. „Yeah, right. We noticed that, too", lautet später die schlichte Antwort der Kiwis.

Später als erhofft kommen wir schließlich am Ziel an. Gleich am ersten Tag haben wir es geschafft, die letzte Stunde im Dunkeln fahren zu müssen. Eigentlich in Ländern wie Kolumbien ein absolutes No-Go. Doch irgendwie hat alles länger gedauert als erwartet. Locker eine Stunde hingen wir im Stadtstau fest, ohne dass es vor oder zurück ging. Doch nun sind wir in unserer Unterkunft am Tayrona Nationalpark angekommen. Denn dort wollen wir morgen wandern gehen. Im Park gibt es zwar mehrere Campingplätze, allerdings sind die nicht mit dem Auto zu erreichen und zudem gleich um ein Vielfaches teurer als ein Hotelzimmer. Eine Tatsache, die uns in Kolumbien noch häufiger auffallen wird. Aber so haben wir wenigstens ein gemütliches Bett und eine warme Dusche. Nach der unerwartet langen Fahrt keine so schlechte Sache.

Am nächsten Morgen nimmt uns Hostel-Besitzer Ronny aus Deutschland mit zum Eingang des Nationalparks. Er ist auf dem Weg zu einem Grundstück, das er kürzlich für den Bau weiterer Unterkünfte gekauft hat. Von seiner kolumbianischen Frau ist er geschieden. Sie lebt momentan in Köln, er in Kolumbien. Aktuell zwar wegen der Scheidung offiziell nur als Tourist, doch Ronny hat bereits einen Weg gefunden, um an ein neues Visum zu kommen. Vor zwei Wochen ist sein Sohn mit einer anderen Kolumbianerin zur Welt gekommen. Der wird ihm nun ein neues Visum garantieren. Ob die Mutter auch seine neue Lebensgefährtin ist, geht aus seinen Schilderungen nicht eindeutig hervor. Dafür hat er ein paar andere Weisheiten und Anekdoten parat. Denn Auswanderer Ronny muss heute nicht nur sein Grundstück anschauen, sondern auch noch Milchpulver kaufen. Schon wieder! „Der Junge trinkt so viel Milch, das wird echt teuer. Ich hab' ja schon einen 15-jährigen Sohn in der Schweiz. Da war das damals nicht so krass. Aber die Mutter hatte auch große Titten. Die hier nicht. Die jetzt hat kleine Titten. Also Augen auf bei der Tittenwahl, sonst wird es teuer mit der Milch", werden wir auf der fünfminütigen Autofahrt unterrichtet. Wieder was gelernt. Zum Beispiel, wie oft man das Wort „Titten" in kürzester Zeit verwenden kann. Schade, dass wir nicht mehr in den 90ern sind, als es noch Talkshows mit Franklin, Oliver Geißen und Co. gab, in denen über solche Themen leidenschaftlich diskutiert wurde. Hier hätte Ronny seinen großen Auftritt haben können! Wobei – vielleicht hatte er ihn ja sogar? Ich sehe jedenfalls bereits vor meinem geistigen Auge, wie er sich beim Betreten des Studios dem Publikum vorstellt: „Ich bin Ronny und eine Frau mit kleinen Titten ist mir einfach viel zu teuer."

Noch bevor wir mehr über Ronny und Anatomie erfahren können, sind wir auch schon am Eingang des Nationalparks. Bevor wir den betreten dürfen, ist eine Menge Bürokratie zu erledigen. Gleich an mehreren Stellen müssen wir unsere Pässe vorzeigen. Akribisch wird unser Besuch dokumentiert. „Seid ihr Geschwister?", will der gut gelaunte Parkwächter wissen, als wir unsere Namen ins Formular eintragen und ist höchst irritiert darüber, dass Peter und ich als Ehepaar den gleichen Nachnamen haben. Nachdem alle Familienstände geklärt sind und wir den Ausländereintrittspreis gezahlt haben, dürfen wir endlich in den Park. Trotz des wolkigen Wetters kann der sich echt sehen lassen! Die Landschaft erinnert mit den rötlichen Felsen und ihrer wilden Schönheit ein bisschen an die Ostküste Tasmaniens. Wir wandern und baden bis irgendwann das allnachmittägliche Gewitter einsetzt – und wie üblich für den Rest des Tages nicht mehr aufhört.

Bereits am nächsten Morgen ist von Regen und Unwetter keine Spur mehr. Es ist sonnig und heiß. Das kann nur eins bedeuten: ab an den Strand! „Bei der Hitze kann ich nicht im Auto schlafen", besiegelt Peter unser Schicksal und so verschieben wir unseren Einzug in den neuen Campervan spontan erneut. Zu sehr locken uns die luftigen Strand-Bungalows mit Ventilator. Die kommenden Tage verbringen wir daher vollkommen entspannt am karibischen Traumstrand. Sandstrand, Palmen, Hängematten. Schwimmen, lesen, Beachball. Zwischendurch essen. Oder ein Cocktail. Das Leben könnte hektischer sein.

Heftige Tropengewitter am Abend und in der Nacht holen uns regelmäßig wieder auf den Boden der Tatsachen zurück. Es ist eben immer noch Regenzeit an der Karibikküste. Noch nie habe ich solch helle und langanhaltende Blitze gesehen. Mehrere Sekunden lang ist alles hell erleuchtet, dann folgt der Donner. In einer Lautstärke, als ob direkt neben uns ein Hochhaus in sich zusammenstürzen würde. Aber Blitz und Donner sind nicht das einzige, das mich zusammenzucken lässt. An unserem letzten Abend im Strand-Hostel stellt sich plötzlich ein vertrautes Unwohlsein ein. Erinnerungen werden wach. Schmerzhafte Erinnerungen an Guatemala, El Salvador, Nicaragua und Honduras. All die Länder, in denen ich die Salmonellen-Vergiftung verschleppt hatte. Die Symptome sind erschreckend ähnlich: Gliederschmerzen, Schlappheit, Rückenschmerzen, Bauchkrämpfe. Ich gebe mein Bestes und kämpfe mich tapfer durchs gemeinsame Abendessen mit unseren neuen Reisebekanntschaften, aber es nützt nichts. Ich muss mich vorzeitig ins Bett verabschieden.

Mist! Haben wir doch in wenigen Tagen eine anspruchsvolle mehrtägige Wanderung geplant. Jetzt bloß nicht krank werden! Mein sich bewehrter Rettungsanker für solche Situationen kommt mir in den Sinn. Schnell laufe ich unter Bündelung meiner letzten Kräfte zur Bar und besorge mir Coca-Cola. Ein absoluter Geheimtipp! Das Zeug hat so viel Säure, dass mit etwas Glück sämtliche unerwünschten Bakterien im Magen-Darm-Bereich umgehend weggeätzt werden, bevor sie weiteren Schaden anrichten können. Und tatsächlich! Während ich im Bett an meiner Cola nippe, kommt wirklich wieder etwas Leben in meinen Körper zurück. Ein paar Stunden später fühle ich mich fast wieder fit. Auch wenn ich normalerweise nie Cola trinken würde: als Medizin bleibt es einfach erste Wahl!

Doch die vermeintliche Rettung ist nicht von Dauer. Trotz Wundermittel Coca-Cola bleibe ich die nächsten Tage angeschlagen. Peter und ich überlegen hin und her, ob ich die anstehende Wanderung schaffen kann, und entscheiden uns schließlich, den Start um einen Tag zu verschieben. Nur um zwei Stunden später etwas überoptimistisch unsere Meinung zu ändern. Ich habe seit locker zwei Stunden keine Magenkrämpfe gehabt und bin außerdem nun stolzer Besitzer irgendeines Zeugs aus der Apotheke. Das muss doch reichen, oder? Die Hoffnung stirbt bekanntlich zuletzt...

Die vergessene Stadt

„Auf dem Trek bekommt früher oder später jeder Durchfall", lesen wir so oder so ähnlich in so ziemlich jeder Rezension der Wandertouren zur Ciudad Perdida – die vergessene Stadt – im Internet. „Nicht mit mir!", denke ich triumphierend. Ich starte den Trek einfach schon krank. Da werden die Bakterien und Viren im Dschungel ganz schön blöd aus der Wäsche gucken! Mit dieser todsicheren Strategie machen wir uns auf zum Treffpunkt für die geführte Wanderung zur geheimnisvollen Ciudad Perdida. Eine lange Zeit vergessene Ruinenstadt inmitten des dichten Dschungels des kolumbianischen Hochlands.

Wir stellen unseren Camper für ein paar Tage auf einem bewachten Hinterhof ab und machen uns mit unserer Gruppe auf den Weg. Nach einer langen Autofahrt über holprige Serpetinenpisten sieht der Rest unserer Wandergruppe zumindest schon mal nicht weniger blass im Gesicht aus als ich. Schnell gibt es etwas zu Essen, dann läuft unsere 13-köpfige Truppe plus Guide plus Übersetzer plus Nachwuchs-Azubi-Guide los. In meinem aktuellen Zustand dauert es nicht lange, bis sich meine Position als Schlusslicht etabliert. Immer wieder versucht der Guide ein Gespräch mit mir anzufangen. Doch so nett er ist – ich brauche gerade all meine verbliebene Kraft zum Laufen. Hochkonzentriert setze ich einen Fuß vor den anderen und versuche mich nicht auf die Bauchkrämpfe zu fokussieren. Small-Talk ist leider beim besten Willen nicht drin, wenn ich die heutige Etappe schaffen will.

Als wir am ersten Camp ankommen, gehe ich, noch bevor ich meinen Teller aufgegessen habe, ins Bett. Ich bin einfach zu schwach, um länger am Tisch zu sitzen. Sorge darüber, ob ich die kommenden drei Tage schaffen werde oder den Trek abbrechen muss, gesellt sich zum Schüttelfrost. Selbst der immer optimistische Peter sagt einmal sowas in der Art. Umso wichtiger, dass ich heute Nacht genügend Kraft tanke, um die morgige Etappe zu bewältigen. Denn erst am Morgen von Tag 3 werden wir unser Ziel, die vergessene Stadt, erreichen. „Wenn ich bis dahin durchhalte, ist alles ok", rede ich mir gut zu. Danach kann ich bestimmt per Pferd oder Helikopter gerettet werden. Der Rückweg ist sowieso identisch mit dem Hinweg, da verpasse ich nichts außer Muskelkater. Mit diesem Gedanken schlafe ich irgendwann ein.

Es ist ein unruhiger Fieberschlaf und so bekomme ich mit, als irgendwann auch die restlichen Leute in ihre Betten krabbeln. Das Camp ist quasi ein überdachter, aber zu allen Seiten offener Schlafsaal. Schätzungsweise 40 Etagenbetten stehen in vier Reihen aneinander. Peter klettert in das Hochbett über mir. Mitten in der Nacht wache ich nochmal auf. Ich nutze die Gelegenheit, um zur Toilette zu gehen und mich zu waschen. All das hatte ich vorm zu Bett gehen mangels Energie nicht mehr geschafft. Mit einer Stirnlampe bewaffnet tappe ich leise zu den Waschräumen, um den Rest der Mannschaft nicht zu wecken. Es ist so stockfinster im Dschungel, dass man selbst nach der sonst üblichen Gewöhnungsphase der Augen, seine eigene Hand nicht erkennen kann. Ich husche zur Toilette und drehe meine Stirnlampe heller. Glücklich darüber, dass keine Verschlechterung meines Gesundheitszustands zu diagnostizieren ist, will ich mir meine Hose hochziehen als mich plötzlich ein Gefühl von Schreck und Ekel durchfährt. Sämtliche Alarmglocken fangen in meinem Körper an zu schrillen! Was ist das Schleimiges an meiner Hand?

Noch bevor ich darüber grübeln kann, springt etwas aus meiner Hose an die Wand: ein kleiner, schleimiger, gelb-grüner Frosch! Er hat beim Sprung zwischen den Wänden einen Zwischenstopp in meiner heruntergezogenen Hose gemacht. Igitt! Und vor allem: sind die hier im tropischen Dschungel nicht hochgiftig? Panik beschleicht mich. Ich tue das einzig logische in dieser Situation und kreische so laut es geht. Man sollte meinen, dass das halbe Camp nun wach wäre, doch niemand stellt sich der Situation. Nur das Mädel in der Toilette neben mir fragt irgendwann, ob alles ok sei. Es ist die englische Ärztin aus unserer Gruppe. Aufgeregt erläutere ich ihr die Situation. „Ein Frosch ist in meine Hose gesprungen und ich hab‘ ihn aus Versehen berührt. Weißt du, ob die giftig sind?“, frage ich halb am Heulen. Irgendwas hatte der Guide heute zu den Fröschen erzählt. Sagte er giftig oder ungefährlich? Ich kann mich nicht erinnern. „Ich glaub, die Frösche sind ok“, antwortet die Engländerin nüchtern. „Bist du sicher?“, vergewissere ich mich und hoffe inständig, dass sie bei unserer Aufklärung über die Gefahren des Dschungels heute besser aufgepasst hat als ich. Sie bejaht. Kleinlaut schleiche ich zurück ins Bett. In der Hoffnung, nicht zu viele Leute geweckt zu haben. Und dass sie Recht behält.

Das tut sie. Ich lebe auch am nächsten Morgen noch. Und nicht nur das, ich habe Geburtstag. Krank sein am Geburtstag ist zwar grundsätzlich blöd, aber es sorgt dafür, dass Peter heute meinen Rucksack trägt. Das ist dann doch gar nicht so schlecht. Am Abend bekomme ich sogar einen aus Keksen und Nachos improvisierten Geburtstagskuchen. Da ich nun bereits 31 Jahre alt bin und körperlich angeschlagen irgendwo im Dschungel sitze, wünsche ich mir beim Ausblasen der Kerzen mal lieber Gesundheit. Das scheint mir der Situation angemessen.

Nach dem Abendessen werden unserer Gruppe die Betten zugewiesen. Zehn Betten für unsere 13-köpfige Gruppe. „Tut mir leid, wir brauchen Freiwillige“, verkündet der Guide und schaut fragend in die Runde. Da es nachts teilweise ganz schön frisch wird, kann ein 37-Grad-Heizkörper neben mir nicht schaden. Peter und ich melden uns freiwillig, um uns ein Bett zu teilen. Man kann ja nie genug Karma-Punkte sammeln. Zwei andere nächtigen schließlich mehr oder weniger freiwillig in Hängematten. Dieses Prozedere ist durchaus üblich, da es bei den Touren kein Teilnehmerlimit gibt. Jeder der bucht, kann auch mit. Und da Betten überraschenderweise nicht nach Belieben herbeigezaubert werden können, wiederholt sich das Spielchen auch am folgenden Abend.

Während ich selbst nach und nach wieder zu Kräften komme und wieder schneller laufe, wird Peter immer langsamer. Seine Wanderschuhe, die er nach eigenen Angaben vor vielen Jahren mal bei Aldi gekauft und seitdem nur einmal benutzt hat, geben den Geist auf. Der hintere Teil der Sohle hat sich bereits komplett vom Rest des Schuhs gelöst. MacGyver-mäßig reparieren die Guides den Schuh während der Mittagspause mit Draht und Tacker. „Hält das?“, will einer von ihnen nach einigen Metern wissen. „Ja, es ist bequemer als vorher", gibt Peter erstaunt zurück. Allerdings ist die Freude von kurzer Dauer. Zwar ist die Sohle hinten nun ausreichend fixiert, dafür löst sich nun der vordere Teil. Naja, zumindest kann Peter mir mit diesem Handicap nun nicht mehr davonpreschen.

Mein Geburtstagswunsch scheint sich zu erfüllen. Am dritten Tag wache ich mit neuer Energie auf. Es geht früh los und die Anspannung im Camp ist allgegenwärtig. Jede Gruppe will die erste an den Ruinen sein und allein schon aus Gruppenzwang ist das komplette Camp daher bereits vor dem offiziellen Weckruf um 5 Uhr morgens auf den Beinen. Wir starten überpünktlich und mit hohem Tempo. Die Leute rennen förmlich den Wanderweg entlang. Schließlich kommen wir an einen Fluss, den es zu überqueren gilt, bevor wir als letzte Hürde die mehr als 1000 Stufen zur verlorenen Stadt hinaufsteigen. Es gibt keine Brücke. Also werden Schuhe ausgezogen, Hosen hochgekrempelt und Seile gespannt, an die man sich klammert, um nicht von der Strömung mitgerissen zu werden. Zwischendurch wird es relativ tief. Was für manche oberschenkeltief bedeutet, erweist sich für andere als sicherere Methode den Rest des Weges mit nasser Unterhose zu bestreiten. Wer groß ist, ist klar im Vorteil. Ich selbst gehöre zu den anderen. Aber egal. Die Vorfreude auf die immer näher rückende Dschungelruine treibt uns weiter zu Höchstleistungen an. Und dann sind wir plötzlich da. Die Ciudad Perdida liegt direkt vor uns.

Und sie ist wirklich atemberaubend! Eine wahre Dschungelruine, die ein perfekter Schauplatz für Abenteuerfilme mit Schatzsuchern wäre. Häuser sind nicht mehr vorhanden, lediglich kreisförmige Plateaus, die mit üppig grünem Gras bewachsen sind. Wir fühlen uns, als hätten wir soeben einen alten Schatz entdeckt. Auch wenn zugegebenermaßen inzwischen locker 100 andere Entdecker ebenfalls herumstreunen. Aber das macht nichts. Allein die Tatsache, dass wir fast drei Tage lang durch den Dschungel gelaufen sind, um zur vergessenen Stadt zu gelangen, gibt uns das Gefühl von Abenteuer. Mehr braucht es nicht.

Irgendwann machen wir uns dennoch auf die letzte Etappe – zurück zum Start. Meine sowieso nie voll dagewesene Kraft lässt mit jedem Schritt weiter nach. Wie lange dauert es denn noch bis zur Straße? Die Motivation ist doch merklich geringer, wenn man das Highlight bereits hinter sich gelassen hat. Generell hat sich im Vergleich zum Hinweg einiges geändert. Das Wetter ist heute besser. Die Landschaft gefiel mir überraschenderweise bei leichtem Regen noch besser als jetzt in der prallen Sonne. Irgendwie hatte der Dschungel mit den tief hängenden Wolken und Nebelschwaden etwas Mystisches an sich.

Die Indigenen des Tayrona-Stammes, denen wir begegnen, zeigen sich gegenüber den Gästen in ihrem Gebiet eher verhalten. Sie lächeln nie und grüßen auch nicht zurück wenn sie uns entgegen kommen. Bis zuletzt sind wir unsicher, ob sie uns Besucher überhaupt da haben wollen. Immerhin geht ein Großteil des für kolumbianische Verhältnisse happigen Preises für die viertägige Wandertour (pro Nase 300 US-Dollar) an den indigenen Stamm. Dennoch wirken sie nicht glücklich mit der Situation. Vielleicht liegt es an der negativen Energie, die wir Westler ihrem Glauben nach hierher bringen? Das hatte man uns gestern Abend so erklärt und ist auch der Grund, warum der Trek den kompletten September über gesperrt war. In diversen Zeremonien muss die Ciudad Perdida einmal im Jahr von diesen negativen Energien gereinigt werden. An unserem letzten Tag merken wir deutlich, dass der Wanderweg mit jedem Schritt voller wird. Waren wir doch die erste Gruppe nach der Komplettschließung. Nun kommen uns nachfolgende Gruppen entgegen. Wir sind auf den letzten Metern, für sie hingegen geht es gerade erst los. Wir hatten den Regenwald auf dem Hinweg noch ganz für uns, die Neuen haben immer Gegenverkehr. Und wir hatten einen weiteren Vorteil: alle Betten waren frisch gewaschen. Ob unsere Nachfolger das ebenfalls behaupten können? Wie sollten die Decken jeden Tag so schnell und ohne Maschine gewaschen werden? Trotz aller Wehwehchen war unser Timing wohl nicht das schlechteste.

Als wir endlich an dem Restaurant ankommen, an dem wir vor drei Tagen gestartet waren, sind wir körperlich zwar vollkommen am Ende, aber zufrieden. Wir haben es geschafft – und das trotz der gesundheitlich erschwerten Bedingungen. Umgehend wandern Peters Wanderschuhe endgültig in den Mülleimer. Es gibt ein letztes gemeinsames Essen, bevor wir wieder in den Geländewagen nach Santa Marta steigen. Dort wartet bereits unser Campervan auf uns, um endlich auch als solcher genutzt zu werden.

Wer bremst, verliert

Wir lassen Dschungel und Karibik hinter uns und machen uns auf ins urbane Kolumbien. Die Fahrt in die Metropole Medellín dauert zwei Tage. Die Ortschaften, die wir passieren, sind eher weniger von touristischem Interesse. Dafür erhalten wir authentische Einblicke ins echte Kolumbien abseits der typischen Backpacker-Route. Unsere Eindrücke der landestypischen Gepflogenheiten im Straßenverkehr festigen sich ebenfalls. Die diplomatischste Formulierung, die mir einfällt, um den Fahrstil der Kolumbianer zu beschreiben lautet: rücksichtslos und aggressiv. Peter findet sich da schnell ein. Es gilt das Gesetz des Stärkeren und mit unserem Geländewagen liegen wir bei der hohen Moped-Dichte recht weit vorne. Nur Busse und Lkws stehen in der Nahrungskette über uns. Da müssen wir uns in Acht nehmen. Zudem herrscht allgemein die Annahme, dass wiederholtes Hupen einen Stau schneller auflöst beziehungsweise den Einparkvorgang des Vordermanns beschleunigt. Verkehrsschilder dienen eher als Deko. Niemand hält sich auch nur ansatzweise an die angegebenen Geschwindigkeitsbegrenzungen. Die sind teilweise aber auch wirklich so niedrig angesetzt, dass Peter und ich zwischenzeitlich überlegen, ob in Kolumbien die Geschwindigkeit vielleicht in Meilen pro Stunde statt Kilometern gemessen wird (nein, wird sie nicht). Egal, es interessiert sowieso niemanden und Aggro-Fahrer Peter sieht sich gezwungen, alles und jeden zu überholen. Ein Fahrzeug irgendwo klitzeklein am Horizont? Schnell aufs Gas treten, um daran vorbeizuziehen. Wie ein waschechter Kolumbianer eben!

Zwar sehen wir immer wieder Polizei am Straßenrand stehen, doch nach welchem Prinzip sie die Autos rauswinken, bleibt bis zuletzt unklar. Irgendwann trifft es dann uns. Wir geraten in unsere erste kolumbianische Polizeikontrolle. Brav zeigen wir sämtliche Papiere vor. Das erweist sich als etwas umständlich, denn bis zur Grenze gehört das Auto offiziell noch nicht uns. Offiziell fahren wir es nur für unsere Freunde, die Neuseeländer. Dementsprechend ist die Papierflut groß: neben den Fahrzeugpapieren, unseren Führerscheinen und einem Versicherungsnachweis haben wir notariell beglaubigte Urkunden dabei, die bestätigen, dass wir das Auto ohne seine offiziellen Eigentümer über die Grenze nach Ecuador fahren dürfen. Das ist Teil des semi-legalen Verkaufsprozesses zwischen Reisenden. Erst wenn wir Kolumbien verlassen haben und uns im Niemandsland zu Ecuador befinden, können wir die neuen Nummernschilder anschrauben und die alten Papiere wegwerfen. Die neuen Nummernschilder warten solange im hochgeheimen Auto-Geheimfach auf ihren Einsatz.

Es dauert zwar etwas länger bis die Polizei sich von unserer Papierflut überzeugt hat, aber alles geht gut. Doch diese soll nur die erste von vielen, vielen Kontrollen in Kolumbien werden. Polizei und Militär sind wirklich überall präsent. Nicht ohne Grund. Reisende aus Europa sind wohl ihre geringste Sorge. Erst kurz vor Abreise hatten die Medien über ein erneutes Ausbrechen des Drogenkriegs in Kolumbien berichtet. „Der Krieg ist zurück“ las sich die Headline eines Artikels bei Spiegel Online über die Wiederaufrüstung der FARC. Bei der *Fuerzas Armadas Revolucionarias de Colombia* handelt es sich um eine linksradikale Guerillabewegung, der im langjährigen Bürgerkrieg eine tragende Rolle zukam. Ohne die zahlreichen Verbrechen und illegalen Einnahmequellen der Gruppierung genauer zu erörtern, lässt sich zusammenfassen, dass sie wohl nicht mehr für den

Friedensnobelpreis nominiert werden wird. Und trotz ihrer Entwaffnung durch die Vereinten Nationen vor ein paar Jahren, sind sie angeblich seit Kurzem zurück. Dementsprechend groß ist die Militärpräsenz überall. Oder zumindest hoffen Peter und ich jedes Mal, dass es sich um offizielles, das Volk schützende Militär und nicht irgendein Paramilitär oder sonst eine Miliz handelt, wenn sich uns mal wieder jemand auf der Straße in den Weg stellt.

Während wir nun schon den zweiten Tag unterwegs nach Medellín sind, tröpfelt es bei mir im Fußraum weiterhin fröhlich vor sich hin. Entweder ich sitze im Schneidersitz oder bleibe barfuß, andernfalls sind Schuhe oder Strümpfe innerhalb kürzester Zeit durchnässt.

Wir sind nur noch wenige Stunden von Medellín entfernt als Peter plötzlich mitten in einer S-Kurve am Straßenrand hält. Ich bin irritiert. Warum tut er das? Das ist wirklich nicht die beste Stelle für eine Pause. Selbst für eine kurze Trinkpause hätte man noch ein paar Minuten warten können, statt hier in der Gefahrenzone stehen zu bleiben. Dann erst merke ich, dass der Motor aus ist, bevor wir wirklich zum Stehen kommen. Mir dämmert es langsam. Das hier ist kein geplanter Stopp. „Ist der einfach so ausgegangen?", will ich wissen. „Ja, ganz plötzlich ohne Anzeichen." Peter versucht neu zu starten. Das Geräusch des Motors erklingt. Und verstummt wieder. Erneuter Versuch, gleiches Ergebnis. Die nächsten Minuten vergehen mit der Inspektion sämtlicher Flüssigkeiten, die sich unter der Motorhaube befinden. Doch nichts Offensichtliches ist zu erkennen. „Da vorne waren gerade Leute, vielleicht können die uns helfen", schlage ich vor. Wir stehen inzwischen nicht nur seit locker 20 Minuten in einer gefährlichen Kurve, sondern auch in der sengenden Hitze. Und ich hab' Hunger. Irgendwas muss also passieren.

Peter geht los und kommt nach kurzer Zeit mit einer Frau Mitte 30 zurück. Auch sie kann letztlich nicht viel tun, zumal die Verständigung trotz unserer inzwischen guten Sprachkenntnisse schwer fällt. „Einen Moment fahren wir, nächster Moment fahren wir nicht. Fahren nicht möglich", so oder so ähnlich muss die Beschreibung des Sachverhalts für sie klingen. Die Frau spricht daraufhin Sprachnachrichten in ihr Handy. Ich verstehe nur einzelne Gesprächsfetzen, aber es geht definitiv um Deutsche, Autos und Mechaniker. Dann warten wir ab. Immer wieder betont sie, wie gefährlich die Kurve sei und ob wir kein zweites Warndreieck für den die Kurve schneidenden Gegenverkehr hätten. Haben wir nicht. Ich bin schon stolz, überhaupt eins im Auto gefunden zu haben. Wie es aussieht, ist als Problemlösung ein Abschleppdienst gerufen worden. Erfahrungsgemäß kann es nun ein ganzes Weilchen dauern und so stelle ich an der Böschung im Halbschatten einen Campingstuhl auf, denn im Auto ist es in der Mittagssonne nicht auszuhalten.

Kaum sitze ich auf dem Stuhl, kommt auch schon ein Abschleppwagen angefahren. Hui, das ging fix! Wir werden aufgeladen, bedanken uns bei unserer Helferin und los geht's.

Doch kaum haben wir die gefährliche Kurve verlassen, fahren wir auch schon wieder rechts ran. Daten aufnehmen. Es folgt ein Bürokratieakt allererster Sahne. Fahrzeugpapiere, Führerschein, Reisepass, Handynummer, ursprünglich geplante Route und so weiter und so weiter. Es kommt zwischenzeitlich zu Verwirrung, da wir weder im Besitz einer kolumbianischen Telefonnummer, noch einer kolumbianischen Ausweisnummer sind. Und dann kommt noch hinzu, dass das Auto offiziell ja gar nicht uns gehört, sondern unserem ebenfalls nicht kolumbianischen Freund. Doch nach einer Weile sind alle Daten zur ausreichenden Zufriedenheit ins Protokoll aufgenommen und die Fahrt geht endlich los. Die bürokratische Gründlichkeit können wir gut verkraften. Immerhin – so erfahren wir im Laufe der Fahrt – ist die damit zu begründen, dass der kolumbianische Staat die Kosten für den Abschleppdienst bis zur nächsten Werkstatt übernimmt. Wir müssen – selbst als ausländische Touristen – keinen Cent bezahlen. Dafür kann man ruhig ein paar Formulare ausfüllen.

Nach weniger als einer halben Stunde Fahrt, kommen wir im nächsten Ort – San José – an. Die erste Werkstatt hat allerdings geschlossen, es ist Samstagnachmittag. Doch bei der nächsten haben wir Glück. Vier Männer nehmen sich unserer an und begutachten fachmännisch das Auto. Wieder werden nacheinander alle Standardprobleme ausgeschlossen. Der Öltank wird geöffnet und einer der Mechaniker riecht am Deckel. Das scheint zu reichen, um Öl als Ursache des Problems auszuschließen. Aber er wird dafür an anderer Stelle fündig. Irgendeine andere Flüssigkeit ist scheinbar nicht mehr voll. Kurzerhand wird ein in einer Coca-Cola-Flasche befindliches Liquid nachgekippt. Ich vermute, es ist keine Coca-Cola, aber wer weiß. Was bei Durchfall hilft, rettet vielleicht auch unser Auto?

Tatsächlich springt der Motor wieder an. Ein gutes Zeichen oder nicht? Ich halte mich lieber im Hintergrund. Ich verstehe sowieso nichts, was in diesem Fall vor allem thematisch und weniger sprachlich bedingt ist. Das pure Desinteresse blockiert die Informationsverarbeitung in meinem Gehirn. Dennoch merke selbst ich, dass die Untersuchung trotz Coca-Cola-Behandlung offenbar noch nicht ganz abgeschlossen ist. Ein Mechaniker schaut sich nun im Fahrzeuginnenraum um. Ich zeige ihm den komplett nassen Boden im Beifahrerbereich und berichte ihm, vom ständigen Tropfen während der Fahrt. Vielleicht ist da ja doch ein Zusammenhang! Der Typ scheint zu verstehen und zeigt sich deutlich beeindruckt, von der Wassermenge am Boden. Tatsächlich ist eine ganz schöne Pfütze zusammengekommen.

Ein älterer Kollege kommt hinzu und bemerkt den riesigen Riss in unserer Windschutzscheibe. Als wollte er sie nun ganz zerstören, klopft er wild darauf rum. Warum tut er das? Wir wollten eigentlich nicht die Scheibe austauschen. Die fährt seit 20.000 Kilometern ganz gut so durch die Gegend, wie Peter dem Grobian versichert. Doch der Mechaniker haut nicht aus reiner Zerstörungswut auf unserer Scheibe herum. Er und seine Kollegen beratschlagen nun, ob die tropfende Flüssigkeit vielleicht doch nichts mit der Klimaanlage und Kondenswasser zu tun haben könnte, sondern möglicherweise durch unsere Windschutzscheibe eindringt.

Der eine Mechaniker bedeutet mir, auf dem Beifahrersitz Platz zu nehmen. Er selbst setzt sich auf den Fahrersitz. Will er mit mir durchbrennen? „Lass mich mal lieber dahin und gib mir das Portemonnaie. Ich glaube der will was kaufen fahren“, schiebt Peter mich beiseite und zack brausen die beiden mit quietschenden Reifen davon. Bei einem illegalen Autorennen würde der Mechaniker definitiv nicht aus der Reihe tanzen. Ich bleibe mit den anderen Typen in der Werkstatt zurück. Etwas unsicher darüber, was ich solange tun soll, nehme ich auf einer leeren Getränkekiste Platz und schaue konzentriert auf mein Handy. Glücklicherweise kommt Peter wenige Minuten später von seiner Blitz-Entführung zurück. Was genau die beiden gemacht haben, bleibt irgendwie unklar, aber auf einmal wird unser Gepäck ausgeräumt, um unter den Rücksitzen noch irgendwas rumzuschrauben. Ich sitze weiter auf meiner Getränkekiste rum.

Man kommt schließlich zu folgender Enddiagnose: die Benzinpumpe ist defekt. Daher konnte der Wagen kein Benzin mehr ziehen und ist am ansteigenden Berg ausgegangen. Eine neue Benzinpumpe gibt es allerdings nur in Medellín. Dort sollen wir ganz langsam und mit vielen Pausen hinfahren, damit sich das Auto nicht überhitzt. Scheinbar tritt das Problem vor allem dann auf. Peter und ich sind froh, noch heute weiterfahren zu können. Zwar hat das ganze uns nun drei Stunden Zeit gekostet, dafür aber umgerechnet nur acht Euro unseres Budgets. Und Benzin haben wir während des Abschleppens auch noch gespart. Was ein Deal!

Vorsichtig und erleichtert machen wir uns also auf den Weg nach Medellín. Zumindest für zehn Kilometer. Dann geht es konstant bergauf, die Pumpe muss somit mehr pumpen. Vor uns quälen sich reihenweise Lkws den Berg hoch. An überholen ist nicht zu denken. Unser Auto ist bereits bedenklich am Ruckeln. Wenn wir jetzt nicht schnell Gas geben und den Berg hinter uns lassen können, ist es gleich mit uns vorbei. Und so kommt es dann auch. Wir können gerade eben noch mit dem Restschwung in eine Einbuchtung rollen, als der Motor uns erneut im Stich lässt. Wir lassen ihn abkühlen und versuchen es immer und immer wieder. Als er nach einer halben Stunde endlich anspringt, müssen wir jedoch einsehen, dass es heute keinen Sinn mehr macht. Wir haben noch 100 Kilometer vor uns, in wenigen Minuten wird es dunkel und wir müssen jederzeit damit rechnen, wieder liegen zu bleiben. In der Kombination ein Horrorszenario. Wenn uns im Schutz der Dunkelheit niemand ausraubt, dann überfährt uns einer der wahnsinnigen Lastwagenfahrer, die so unterwegs sind als hätten sie sieben Leben. Also rollen wir auf den Hof des Hotels, das sich praktischerweise zufällig direkt auf der anderen Straßenseite befindet und verschieben unsere Probleme auf Morgen. Wenigstens freuen sich die Hotelbesitzer sehr über unseren Besuch, denn wie es aussieht, sind wir die einzigen Gäste für heute.

Auf den Spuren Escobars

Am nächsten Tag schaffen wir es mit Ach und Krach tatsächlich nach Medellín. Lange Zeit berüchtigt als gefährlichste Stadt der Welt, denn in den 80er-Jahren hatte Drogenbaron Pablo Escobar von Medellín ausgehend sein Kokainimperium aufgebaut. Damit verdiente er selbst nicht nur Milliarden, sondern trug wesentlich zu den extrem hohen Mordraten bei. Rohe Gewalt stand lange auf der Tagesordnung. Insbesondere die Bewohner des Stadtviertels Nummer 13 litten in dieser Zeit. Mit Escobars Tod im Jahr 1993 sank nicht nur die Mordrate, auch das Kartell zerfiel. Das Leben in der *Comuna 13* verläuft heute friedlich. Oder zumindest nicht unfriedlicher als anderswo. Viel wurde in Bildung, Kunst und Kultur investiert. Selbst als Besucher merkt man förmlich den Aufschwung. Neugierige Touristen machen Fotos der zahlreichen bunten Graffitis, von denen viele die weniger bunten Tage des Lebens in der Comuna 13 thematisieren. Einheimische verkaufen lokal produzierte Souvenirs oder betreiben kleine Cafés mit Blick über die Stadt. Die Comuna 13 liegt nämlich am Hang und bietet somit einen Blick über die Stadt, für den man anderswo viel Geld zahlen würde. Eine Gruppe Jugendlicher legt jedes Mal eine Breakdance-Einlage ein, wenn die nächste Stadtführung vorbeikommt. Schule, Sport und Kultur für die Jugendlichen statt Drogen und Gewalt lautet das eigentlich so einfache Rezept. Zu guter Letzt hat man im Viertel Rolltreppen gebaut, die die Menschen wie im Kaufhaus entlang des Hangs befördern und ihnen so das Leben erleichtern. Denn Busse passen nicht durch die steilen, engen Gassen. Die Bewohner müssen nun ihre Einkäufe oder Waren für den Markt nicht mehr länger mühevoll den Berg rauf- und runterschleppen. Sie können kostenlos die roten Rolltreppen nehmen und so einfacher am Leben in der Stadt teilhaben und dort einer Arbeit nachgehen. Wie fast überall in Kolumbien geht auch in der Comuna 13 eine unglaubliche Lebensfreude und Energie von den Menschen aus. Aus der einst gefährlichsten Stadt der Welt wurde ein weltweit gelobtes Vorzeigeprojekt voller Hoffnung.

Bevor wir den Rest von Medellín erkunden, will Peter sich um die Reparatur unseres Autos kümmern. Wer weiß, wie lange es möglicherweise dauert, bis das Ersatzteil verfügbar ist. In der App iOverlander finden wir die Adresse einer Werkstatt, die schon einigen anderen Reisenden aus der Patsche geholfen haben soll. Die Werkstatt stellt sich vor Ort als einfacher Parkplatz heraus, auf dem mobil arbeitende Kfz-Mechaniker auf Kundschaft warten. Wer ein Problem mit seinem Wagen hat, kommt hierher und sucht sich einen Mechaniker, der gerade Zeit hat. Dieser wiederum holt sein Werkzeug aus dem eigenen Kofferraum und legt an Ort und Stelle mit der Reparatur los. Mitten auf dem öffentlichen Parkplatz. Wenn ein Ersatzteil benötigt wird, so wird ein Jugendlicher auf dem Roller losgeschickt, um es zu besorgen. Einer der vielen Kleinjobs in Kolumbien, um sich etwas dazu zu verdienen. Auch Peter lässt unsere Benzinpumpe auf dem Parkplatz reparieren. Zu unserer vollsten Zufriedenheit wohlgemerkt. „Neben mir war ein Taxi. Bei dem haben die einfach mitten auf der Straße die Zylinderkopfdichtung neu gemacht“, erzählt Peter zurück im Hostel immer noch ganz erstaunt von seinen Erlebnissen.

Außerdem bespricht Peter mit den Mechanikern unser Wasserproblem. Es gibt verschiedene Meinungen, was das Problem sein könnte: Einer meint, der Riss in der Scheibe wäre undicht und es sei Regenwasser, ein anderer verdächtigt die Klimaanlage und ist sicher, das Problem mit einem noch zu besorgenden Ersatzteil beheben zu können. Damit will er am nächsten Morgen um 10 Uhr zu unserem Hostel kommen, um die Reparatur durchzuführen. Natürlich ebenfalls am Straßenrand, denn auch dieser Mechaniker hat keine eigene Werkstatt. Doch niemand kommt zur vereinbarten Uhrzeit. Und auch nicht eine Stunde später. Zum Glück, kann man fast sagen. Denn nachdem er versetzt wurde, fährt Peter nochmal woanders hin. Diesmal in eine richtige Werkstatt mit Wänden und Dach. Dort stellt sich heraus, dass das Problem ganz woanders liegt und viel leichter und günstiger zu beheben ist. Der neue Mechaniker demontiert das Handschuhfach und stellt fest, dass kein Ersatzteils von Nöten ist: Etliche Gegenstände waren im Laufe der Zeit durch einen Schlitz am Ende des Handschuhfachs ins Nirvana des Autos verschwunden und haben zusammen mit sonstigem Schmutz die Drainage des Kondenswassers der Klimaanlage verstopft. Unter anderem mit dabei: ein paar Münzen unbekannter Währung, ein noch bis 2023 gültiger amerikanischer Reisepass sowie die dazu passende Geburtsurkunde der Dame. Da auch die neuseeländischen Vorbesitzer mit dem Namen aus dem Pass nichts anzufangen wissen, muss das Ding schon eine ganze Weile im Handschuhfach sein Unwesen getrieben haben. Dazu schöpft der Mechaniker schätzungsweise fünf Liter Wasser ab, die andernfalls in den nächsten Wochen weiter meine Füße befeuchtet hätten. Problem gelöst. Von nun fahren wir nicht nur mit konstanter Motorleistung, sondern auch trockenen Füßen weiter.

Auf den Trubel von Medellín folgen ein paar entspannte Tage auf einer Finca und anschließend in einem Hostel in den Bergen, wo man in über das Tal gespannten Hängematten die Seele baumeln lassen kann. Dann geht unsere Reise weiter gen Süden, in Kolumbiens Kaffeeregion. Genauer gesagt nach Armenia. Hier wohnt Natalia, eine alte Schulfreundin von Peter. Ihr Freund Flo ist in der Kaffee-Branche tätig und so sind die beiden beruflich für ein paar Monate in Kolumbien. Gemeinsam trinken wir nicht nur Kaffee, sondern erkunden auch die Kaffeeregion Salento. Kaffeepflanzen sind anspruchsvolle Gewächse: Sie mögen gemäßigte Temperaturen zwischen 18 und 25 Grad, nicht zu viel und nicht zu wenig Niederschlag, keine extreme Hitze, aber eben auch keine Kälte und auch bitte nicht zu viel Wind. Die Region rund um Salento im Herzen Kolumbiens erfüllt diese Bedingungen nahezu perfekt. Das gefällt nicht nur den Kaffeepflanzen, sondern auch Peter und mir.

Neben Kaffee wachsen in der Region allerdings noch andere, speziell aussehende Pflanzen: Wachspalmen – Nationalbaum von Kolumbien. Bis zu 60 Meter ragen die kargen Stämme hoch bis zur palmentypischen Blätterkrone. Eine bizarre Landschaft. Wir machen uns auf eine Wanderung durch das tropisch anmutende Valle de Cocora. Über Graslandschaften vorbei an den Wachspalmen geht es durch die sattgrüne Kulisse. Kolibris flattern aufgeregt von Blüte zu Blüte. Gegen Ende führt uns der Wanderweg durch einen Nebelwald. Ganz märchenhaft mit sieben Brücken, die es zu überqueren gilt.

Und genau auf solch einer Hängebrücke passiert es. Ich sehe nur, wie irgendwas von der Brücke in den Bach fällt. Dann blanke Panik in Peters Augen. Es ist sein Handy, das ihm bei einer ungünstigen Bewegung aus der offenen Jackentasche rutscht. Rein in den reißenden Bach unter ihm. Trotz Erkältung springe ich hektisch hinterher, habe aber keine Chance. Ich nenne meinen Einsatz heroisch, Peter bezeichnet ihn später als vertane Liebesmüh. Zumindest im Endergebnis behält er Recht: Bis ich Schuhe und Hose in Windeseile ausgezogen habe, ist das Handy bereits den Bach runtergegangen. Sprichwörtlich wie wortwörtlich. Von nun an steht uns erstmal nur noch ein Telefon zur Verfügung. Da warnt man uns immer wieder vor bewaffneten Raubüberfällen und tatsächlich ist es wie so oft dann doch nur die eigene Tollpatschigkeit, die uns um eine weitere Wertsache erleichtert.

Während Flo arbeiten muss, bauen Peter und ich den Camper kurzfristig zu einem Fünfsitzer zurück und packen Natalia für ein paar Tage mit ins Auto. Gemeinsam geht es in die Tatacoa Wüste. Die Landschaft ist – Überraschung – wüstenartig, aber dennoch sehr abwechslungsreich. Auf den ersten Kilometern erinnert sie uns an die Steppe Afrikas. Irgendwann wandelt sich das Bild. Schnell sind wir uns einig, dass diese Kakteenwüste genauso in Mexiko zu finden sein könnte. Einige Kilometer weiter lassen bizarre Felsformationen uns an die Canyons in Arizona und Utah zurückdenken.

Trotz ihrer Schönheit ist die Wüste einsamer als gedacht. Außer uns scheint kaum jemand den Abstecher hierher zu machen. Vor allem tagsüber, wenn die Termperaturen fürchterlich hoch und kaum zu ertragen sind, ist weit und breit niemand sonst zu sehen. Selbst die wenigen Restaurants sind verrammelt und verlassen. Nachts kühlt es nicht merklich ab, sodass lediglich ein Moskitonetz uns vom Sternenhimmel trennt. Trotz nächtlicher Hitze sind wir rundum zufrieden: ein 10.000-Sterne-Himmel ist doch irgendwie immer besser als ein 5-Sterne-Hotel.

Wir genießen die Zeit, doch so schön es ist – nach ein paar Tagen und Nächten in der Wüste müssen wir weiter. Allein schon, weil uns die Lebensmittel ausgehen. Vollbepackt machen wir uns auf den Weg. Neben Natalia begleitet uns Julius, ein Backpacker aus München, den wir am Vortag zufällig aufgegabelt haben.

Wir sind etwa eine Stunde unterwegs, als wir hinter einer Kreuzung von der Polizei herausgewinkt werden. Soweit nichts Ungewöhnliches in Kolumbien. Ich hoffe nur, dass sie keinen Stress machen, weil wir mit unseren zwei Mitfahrern und deren Gepäck mehr als überladen sind. Die Sorge ist unbegründet, unser Vergehen ist ein ganz anderes. Scheinbar ist das Autofahren in dieser Ortschaft heute für private Fahrzeuge verboten. Woher wir von diesem Verbot hätten wissen sollen, wird uns auch auf mehrfache Nachfrage hin nicht verraten. Fest steht lediglich: wir haben uns ein schweres Vergehen zu Schulden kommen lassen und dürfen auf keinen Fall weiterfahren.

Natalia, die fließend Spanisch spricht, versucht mit den Beamten einen Ausweg aus unserer misslichen Lage zu verhandeln. Ob ihre einwandfreien Sprachkenntnisse in dieser Situation von Vorteil oder Nachteil sind, bleibt unklar. Es ist unberechenbar und vollkommen situationsabhängig, ob es besser ist, sich als hilflos und der spanischen Sprache nicht mächtig zu präsentieren oder ob man nicht mit einem freundlichen Gespräch in Landessprache viel weiterkommt. Aber so oder so ist es zu spät. Die Polizisten wissen bereits, dass zumindest Natalia jedes Wort versteht. Also beteuern wir immer und immer wieder wahrheitsgemäß, nichts von dem Fahrverbot gewusst zu haben und wie leid es uns tut. „Können Sie uns nicht einfach sagen, wie wir auf dem schnellsten Weg aus der verbotenen Zone kommen? Dann tun wir das sofort“, versuchen wir es. Die Beamten sind allerdings der Meinung, dass wir das Auto an Ort und Stelle stehenlassen müssen, in ein Hotel gebracht werden sollen und erst morgen weiterfahren können. Selbstverständlich kommt für uns noch eine Geldstrafe hinzu, deren Höhe im Laufe des Gesprächs stark variiert.

Es ist das typische Spiel. Erst nennen sie einen unglaublich hohen Betrag, bei dem unser Herzschlag einen Takt aussetzt. Dann werden immer wieder Wege und Mittel angedeutet, durch die es möglicherweise günstiger würde. Wir teilen den Beamten mit, dass das alles keine Option für uns sei. Wenn sie unser Auto hier festhalten, dann bleiben wir ebenfalls und schlafen im Wagen. Das wiederum scheint ihnen nicht zu gefallen, denn plötzlich ist von einem Abschleppwagen die Rede, der uns aus der verbotenen Zone ziehen soll. An dieser Stelle möchte ich nochmal den Sinn des Fahrverbotstages anmerken: Smog. Zur Verbesserung der Luftqualität dürfen heute keine Autos im Stadtgebiet fahren. Deshalb soll nun ein Abschleppwagen angefahren kommen, um unseren Camper aus der Stadt zu ziehen?!

Leider kann ich diesen Gedanken nicht mit der nötigen Souveränität auf Spanisch äußern und zudem versprechen Diskussionen mit Beamten über die Sinnhaftigkeit von Regeln in den seltensten Fällen Erfolg. Also erklären wir den Polizisten stattdessen, uns die Kosten für einen Abschleppwagen nicht leisten zu können. Warum auch immer, das Argument zeigt überraschender Weise Wirkung. Die drei Beamten ziehen sich zur Beratung zurück.

Doch bei jedem guten Strategiespiel gibt es Joker und einen solchen ziehen die drei nun. Ihnen fällt spontan ein weiteres Problem auf: der Riss in unserer Windschutzscheibe. Wohlgemerkt auf der Beifahrerseite, nicht im Blickfeld des Fahrers. Mit diesem Riss fährt das Auto bereits zehntausende Kilometer durch Südamerika, ohne dass sich jemand daran stört. Auch in unseren bisherigen Polizeikontrollen ist dieses plötzlich dramatisch schwere Vergehen noch nie zur Sprache gekommen. Nun, so sind die Beamten sicher, müsste man das Fahrzeug umgehend stilllegen bis eine neue Windschutzscheibe eingebaut ist. Peter ist kurz vor einem Ausraster. Natalia und ich übernehmen das Gespräch. Wir erklären, dass wir nun gerne die Botschaft anrufen würden. Die Polizisten gehen ein paar Meter zur Seite um sich erneut zu beraten.

„Ich bin sicher, dass die eine Bestechung wollen. So wie die sich immer außer Hörweite auffällig unauffällig beraten und tuscheln", vermutet Peter. Er hat vermutlich Recht, aber obwohl es nicht gut für uns aussieht, bin ich mir irgendwie sicher, dass wir ohne großen finanziellen Schaden in absehbarer Zeit aus dem Schneider sein werden. Nur so ein Gefühl. Außerdem habe auch ich noch ein Ass im Ärmel. Sollten die Beamten darauf bestehen, dass sie uns festhalten müssen, würde ich einfach anfangen zu weinen. Das würde sie bestimmt irritieren.

Aber so weit kommt es nicht. Zwei von ihnen kommen nun zurück auf uns zu und klären uns über das Ergebnis ihrer Besprechung auf: Sie werden uns mit ihrem Motorrad aus der Stadt eskortieren, wir sollen ihnen folgen. Kein Wort mehr von der Windschutzscheibe oder einer hohen Geldstrafe. Noch unsicher, ob es einen Haken gibt, steigen wir schnell ins Auto und fangen an zu rätseln, was als nächstes passieren wird und wo sie uns hinbringen. Zwei der Beamten steigen währenddessen auf ein Motorrad und machen sich startklar. Da klopft plötzlich der Dritte im Bunde, der am Kontrollposten zurückbleibt, an unsere Scheibe. „Ihr müsst den beiden gleich ein bisschen Spritgeld geben", erklärt er uns mit einem auffälligen Augenzwinkern. Wir verstehen ihn zuerst nicht, da niemand von uns das Spanische Wort für „Spritgeld" kennt. „Wir sollen ihnen Geld geben?", vergewissert sich Natalia und wohl einen Tick zu laut. Nervös dreht sich der Polizist um, bevor er sich erneut durchs offene Fenster beugt. „Nur für das Benzin", betont er mit einem ganz bestimmten Unterton und macht mit der Hand dabei eine beschwichtigende Geste. Klar, weil Polizeibeamte das Benzin für das Polizeimotorrad sicherlich aus privater Tasche zahlen müssen... Wir nicken dennoch zustimmend und fahren brav dem Motorrad hinterher.

„Wie viel geben wir gleich?", frage ich in die Runde. Wir einigen uns darauf, dass mehr als 30.000 Pesos, etwa 10 Euro, nicht drin sind. Schnell verstecke ich schon mal das restliche Bargeld, damit wir im Zweifel glaubhaft machen können, nicht mehr dabei zu haben. Ungefähr fünf Minuten dauert unsere Eskorte. Dann geben die beiden uns an einer roten Ampel zu verstehen, dass wir das Fenster runterkurbeln sollen. Ich habe das „Spritgeld" bereits in der Hand, warte aber erstmal ab. Doch die beiden sagen nichts. Außer, in welche Richtung wir weiterfahren sollen und auf Wiedersehen. Dann wird die Ampel grün und das Polizeimotorrad dreht ab. Das war's. Wir sind hochverwirrt. „Was war das denn? Wieso haben die nun doch nicht nach Geld gefragt?", fragen wir alle gleichzeitig. „Komisch! Dabei hat der Dritte doch eindeutig gesagt, dass wir was zahlen müssen. Und er hat das auch noch so komisch betont", überlegt Natalia. „Vielleicht hatten die ein Missverständnis?", wirft Peter ein. „Weil der Dritte solange bei uns am Fenster stand, haben die beiden vielleicht gedacht, er hätte schon abkassiert!" Schallendes Gelächter ist plötzlich aus unserem Auto zu vernehmen. Das muss es sein, da sind wir uns nun alle einig. Noch immer voller Adrenalin, fahren wir lachend aus der Stadt und malen uns immer wieder aus, wie die beiden Motorradfahrer zurückkommen und von dem Dritten ihren Anteil am „Spritgeld" einfordern und er umgekehrt von ihnen. Peter drückt noch einen Tick stärker aufs Gas. „Schnell weg hier, bevor sie uns doch noch mit Blaulicht hinterherkommen."

Wir verbringen einen letzten Tag zusammen, bevor Natalia und Julius uns verlassen, um mit dem Bus zurück nach Norden zu fahren. Peter und ich steuern hingegen Ecuador an und es liegt noch einiges an Strecke vor uns. „Du weißt schon, dass du irgendwann auch mal Auto fahren musst?", will Peter von mir wissen. Er ist seit Cartagena alleiniger Chauffeur unseres Campers. Und ja, das weiß ich. Aber bis jetzt schiebe ich es erfolgreich vor mir her. Seit Honduras bin ich nicht mehr selbst Auto gefahren und an meine letzte Fahrt mit einem Schaltwagen kann ich mich noch nicht mal erinnern. Doch Peter hat Recht: Wir können nicht den kompletten Kontinent ohne Fahrertausch bereisen. Und so halten wir am Straßenrand und wechseln die Plätze. Widerwillig starte ich den Wagen. Und würge ab. Unser neues Gefährt hat nämlich ein paar Eigenheiten: der Motor lässt sich nur im Leerlauf starten, dabei darf man jedoch nicht die Kupplung treten, sondern nur die Bremse. Beim fünften Versuch geht es endlich los. Unglücklicherweise verläuft gleich meine erste Fahrt über Stock und Stein. Oder genauer gesagt fliegen wir über diverse metergroße Schlaglöcher und landen unsanft schon fast wieder im nächsten. Nach einer halben Stunde erkläre ich meine Fahrzeit fürs Erste für beendet. Man soll es ja nicht gleich übertreiben.

Zurück auf dem Beifahrersitz fällt mir auf, wie schön die Landschaft in dieser Gegend ist. Wir steuern durch Serpentinen inmitten sattgrüner Berge. Atemberaubende Aussicht und Abhänge, die ebenfalls den Atem rauben können. Den letzten Atem. Steil und ungesichert geht es mehrere Hundert Meter in die Tiefe. Leitplanken würden der engen Schotterpiste wohl nur den Adrenalinkick nehmen. „Gegen das hier ist die berühmte Todesstraße in Bolivien ein Witz", sind Peter und ich uns einig. Laut Navi-Vorhersage sollten wir längst am Ziel angekommen sein, doch ein zweiter Blick in Google Maps verrät, dass wir nicht einmal ein Drittel der Strecke geschafft haben. Die Dämmerung setzt ein. Und wie in Äquatornähe üblich, dauert der Übergang bis zur Stockfinsternis nicht lang. Dazu zieht Nebel auf. Von nun an befinden wir uns im Blindflug. Vergeblich suchen wir nach einer Übernachtungsmöglichkeit, um unsere Fahrt für heute zu beenden. Doch alles, was ich in der App finde, ist die Information, dass man diese Strecke auch das *Trampolín del Diablo* – das Trampolin des Teufels – nennt.

Doch die Dunkelheit hat auch ihre Vorteile: Zwar sehen wir das seitliche Ende der Fahrbahn, also den Abhang in die Tiefe, immer schlechter, aber zumindest erspähen wir die Scheinwerfer der entgegenkommenden Lkws nun früh genug, um uns auf eine geeignete Rangierstelle zu einigen. Und so schleichen wir langsam im Blindflug weiter. Alles über 30 km/h wäre lebensmüde. Unentwegt halten wir nach einer Stelle zum Wildcampen Ausschau, aber es kommt weder ein Dorf, noch eine Einbuchtung, in der wir halbwegs sicher stehenbleiben könnten. Rechts Felsen, links Abgrund. Durch die dichten Nebelschwaden weiterzufahren, bleibt unsere einzige Option. Peter ist irgendwann so übermüdet, dass ich noch einmal das Steuer übernehme. Bisher hatte Peter jedes meiner Angebote, nochmal zu tauschen, ignoriert. Doch nun willigt er schließlich ein. Es ist stockfinster als ich auf den Fahrersitz klettere. Ganz bewusst versuche ich den Wagen zu starten: Gang rausnehmen, Bremse treten, Schlüssel umdrehen, Motor starten. Dann erst die Kupplung treten, den ersten Gang einlegen, Kupplung kommen lassen und Gas geben. Spätestens an dieser Stelle hapert es. Nicht weit entfernt geht es über eine einspurige Brücke ohne Seitengeländer. Meine Sorge, irgendwas im Ablauf zu verwechseln und uns direkt den Abgrund runterzusteuern macht es mir unmöglich, den Wagen korrekt zu starten. Fünf Minuten später klappt es dann endlich. Zumindest für ein paar Meter. Dann kommt Gegenverkehr, sodass ich an den Rand des ungesicherten Abhangs rangieren muss – und damit ist es wieder vorbei. Ich wechsle zurück auf den Beifahrersitz.

„Es war auch etwas gemein, dich an deinem ersten Fahrtag in Kolumbien direkt diese Strecke im Dunkeln fahren zu lassen", gibt Peter später zu. Etwa eine Stunde später und insgesamt fast vier Stunden nach der geplanten Ankunftszeit, kommen wir endlich wieder in der geteerten und beleuchteten Zivilisation an. Wir haben das Geholpere über Stock und Stein überlebt! Ganz im Gegensatz zu unserer Tankanzeige. Die zeigt von nun an leicht überoptimistisch einen konstant vollen Tank an.

Man könnte meinen, wir seien begeisterte Autofahrer, denn auch den nächsten Tag verbringen wir komplett auf der Straße. Wenngleich auf einer mit deutlich weniger Todesgefahr. Erst am darauffolgenden Tag kommen wir der Grenze zu Ecuador näher. Doch nachdem wir erst noch eine außergewöhnlich schöne Kirche mit dem einprägsamen Namen *Santuario de Nuestra Señora de las Lajas* anschauen, wird es für das als äußerst gefährlich geltende Grenzgebiet zu spät. Wir suchen uns stattdessen ein Hotel im Stadtzentrum von Ipiales.

Als wir dort ankommen, ist die Gegend zwar trotz Dunkelheit noch belebt, wirkt aber dennoch nicht allzu sicher. Es ist wuselig, unübersichtlich und auf der Straße sind zwielichtige Gestalten unterwegs. Und noch mehr Polizei und Militär als sonst. Die bewirken in dem Fall aber nicht, dass sich bei uns ein Gefühl von Sicherheit einstellt, sondern vermitteln eher den Eindruck, dass ihre Präsenz in der Grenzstadt dringend notwendig sei. Schnell checken wir in ein Hotel ein und suchen online nach einem Restaurant in der Nähe. Es ist auffällig, dass fast alle Restaurants im sonst so nachtaktiven Kolumbien um 20 Uhr schließen. Zügig machen wir uns auf den Weg. Als wir um halb acht das Hotel verlassen, sind die meisten Läden schon mit Rollladen verrammelt. Die Straßen sind deutlich leerer als nur 15 Minuten zuvor und auch die Polizei scheint Feierabend gemacht zu haben. Eine merkwürdige Stimmung liegt in der Luft. Eben noch herrschte Trubel, nun fast schon gespenstische Leere. Als wären alle geflüchtet, weil man in der Dunkelheit der Nacht irgendetwas fürchtet. Auch Peter und ich fühlen uns unwohl. Ich verstecke meine blonden Haare unter meiner Kapuze und verstaue meine Hände tief in den Jackentaschen. Eine Handtasche habe ich nicht dabei, nur ein wenig Geld für den Notfall, um bei einem Überfall etwas hergeben zu können. Schnurstracks laufen wir auffällig unauffällig wie zwei kleine Gangster mit Jogginghosen und tief ins Gesicht gezogenen Kapuzen über den Marktplatz. Auf direktem Weg ins erstbeste Restaurant, das noch geöffnet ist. Das Essen ist furchtbar, doch das ist ausnahmsweise mal egal. Mag sein, dass ich mich in etwas hineinsteige, aber ich habe das Gefühl, es zählt nur, dass wir gleich wieder unbeschadet im Hotel angekommen.

Das tun wir dann auch. Am letzten Abend im Land hatten wir so endlich doch noch die mulmige Atmosphäre, die laut Medien die ganze Zeit im gefährlichen Kolumbien hätte herrschen müssen. Was für ein authentischer Abschied!

Im Land des Äquators

An der Grenze zu Ecuador erwarten wir schlimme Szenarien. Auch Kolumbien steckt ähnlich wie Europa in einer Flüchtlingskrise, an die man vor allem in den Großstädten und Grenzgebieten erinnert wird. Nur kommen die Flüchtlinge hier nicht aus den Kriegsgebieten in Nahost, sondern aus Venezuela. Das Ganze gilt als die größte Flüchtlingskrise der jüngeren Geschichte Lateinamerikas. Das einst so reiche Land steckt seit Jahren in der Krise und viele Menschen leiden unter Hunger und einer schlechten Sicherheitslage. Die politische und humanitäre Lage in Venezuela ist so prekär, dass bereits mehr als 3 Millionen Venezolaner ihrer Heimat den Rücken gekehrt haben und nun in Kolumbien ein Dasein als Straßenverkäufer und in anderen Kleinstjobs pflegen. Doch wie viele Straßenverkäufer und Scheibenreiniger an roten Ampeln braucht ein Land wie Kolumbien, das selbst genug Einwohner am unteren Ende der Nahrungskette hat? Und so ist der Flüchtlingsstrom Gerüchten und Medien zufolge weitergezogen in Richtung Ecuador und staut sich nun dort an der Grenze. Als wir an dieser ankommen, bleibt das Horrorszenario allerdings aus. Die Grenze ist topmodern und vorbereitet. Überall stehen Zelte von internationalen Hilfsorganisationen mit medizinischer Versorgung sowie der Möglichkeit, Nahrung und Trinkwasser zu bekommen. Doch kaum ein Flüchtling ist zu sehen. Liegt es daran, dass die Grenze bis vor ein paar Tagen noch geschlossen war?

Wir haben nämlich Glück, dass wir überhaupt nach Ecuador reisen können, denn bis vor wenigen Tagen ging es hoch her: gewaltsame Proteste, Chaos, geschlossene Grenzen. Die Geschichte lässt sich vereinfacht so beschreiben: Ecuador brauchte einen neuen Kredit. Um einen solchen zu bekommen, gab es die Auflage des Internationalen Währungsfonds, dass Ecuador seine enormen Subventionen auf Kraftstoff streichen müsse. Gesagt getan. Der Benzinpreis vervielfachte sich über Nacht. Für deutsche Verhältnisse immer noch ein Schnäppchen, für viele Ecuadorinaner jedoch absoluter Wucher. Und so machten sie dem Klischee des hitzköpfigen Latinos alle Ehre und protestierten. Nicht immer friedlich. Bilder von Straßensperren mit brennenden Autoreifen gingen durch die Weltpresse. Aufgeschlitzte Reifen oder Schlimmeres bei denen, die versuchten, die Sperrungen zu umfahren. Auch José aus Samoa war während der Aufstände mit seinem Motorrad in Ecuador und hielt uns auf dem Laufenden. Seine persönlichen Erlebnisberichte wichen nur unwesentlich von denen der Medien ab. England und ein paar weitere Länder gaben offizielle Reisewarnungen aus. (Das war 2019 noch etwas Besonderes, bevor deren

Bedeutung durch den inflationären Gebrauch während der Corona-Pandemie entwertet wurde.) Viele Südamerikareisende haben Ecuador daher überflogen.

Das kommt für Peter und mich nicht infrage. Der Camper passt nicht in den Flieger. Und so sind wir froh, dass der Präsident einknickte und die Subventionen kurzfristig wiedereinführte. So schnell, wie der Konflikt entstanden war, ist er nun wieder beendet. Gut für Ecuador, doppelt gut für Peter und mich. Wir können nun nicht nur wieder sicher durchs Land reisen, sondern profitieren zudem von spottbilligem Sprit.

Und so verlassen wir Kolumbien. Doch bevor wir ins neue Land einreisen können, müssen wir uns noch um eine Kleinigkeit kümmern. Unsere Nummernschilder am Camper müssen getauscht werden, damit wir in Ecuador endlich mit unseren neuen, gültigen Papieren einreisen können. Der Wechsel sollte möglichst unauffällig geschehen. Die überall mit Kameras ausgestattete, hochmoderne Grenze erweist sich dafür nicht als ideal. Doch wir haben keine Wahl und stellen uns etwas abseits auf einen Parkplatz und machen uns ans Werk. Ein noch recht junger Polizist wird auf uns aufmerksam. Zielstrebig kommt er auf uns zu, um unsere Papiere zu kontrollieren. Noch gerade rechtzeitig wird Peter mit dem Montieren der neuen Bleche fertig. Blitzschnell verschwinden die alten ins Chaos unseres Kofferraums. Wir lassen uns unsere Nervosität nicht anmerken, als wir dem Beamten unsere Papiere vorzeigen. Glücklicherweise ist er ganz offenbar nicht mit dem Autoverkaufsprozedere der ausländischen Reisenden vertraut und kann sich keinen Reim auf die Aktion machen. Wir bekommen die Dokumente zügig zurück und dürfen fahren. Glück gehabt. Dann geht's nach Ecuador. Die Vollmachten der Kiwis landen endlich im Papierkorb. Von nun an sind wir ganz legal mit einem auf uns zugelassenen Fahrzeug unterwegs.

Nach einer ersten Übernachtung im Norden des Landes kommen wir nicht nur in Quito, sondern auch auf der Südhalbkugel an. Der Name Ecuador klingt nicht zufällig so ähnlich wie „Äquator“, denn genau dieser verläuft nördlich der Hauptstadt.

Außer, dass auffällig wenig Touristen unterwegs sind, merkt man Quito nicht viel von den frisch beendeten Protesten an. Bilder von vermummten Demonstranten vor dem Regierungsgebäude hatten wir in den Nachrichten und in Reiseforen gesehen. Wütende Demonstranten mit Pflastersteinen in der Hand. Bereit zum Wurf. Brennende Reifen waren im Hintergrund zu sehen. Und die Polizei, die versucht, die aufgebrachte Menge unter Kontrolle zu kriegen, auf der anderen Seite. Das totale Chaos. „Fahrt bloß nicht nach Quito! Da steht kein Stein mehr auf dem anderen“, hatte uns der deutsche Campingplatzbesitzer vom Vortag gewarnt. „Die werden Monate brauchen, um die Altstadt wieder aufzubauen". Peter und ich lassen uns nicht beirren und fahren trotzdem hin – und werden positiv überrascht. Keine Ahnung, wie Quito vorher aussah, aber von zerstört kann keine Rede sein. Die Pflastersteine liegen fein und ordentlich in den Gassen, wie man es gemeinhin von Kopfsteinpflaster erwartet. Die Häuser stehen, nichts brennt. Als wäre nie etwas gewesen. Oder sind die Ecuadorianer einfach nur die schnellsten Aufräumer der Welt? Lediglich am *Plaza de Armas*, dem Hauptplatz der Stadt, kann man erahnen, was vor wenigen Tagen hier abging. Mit Bauzäunen als Barrikaden hatte man versucht, das Regierungsgebäude von wütenden Protestanten abzuschirmen. Die Zäune stehen nun zusammengeräumt am Straßenrand, fertig für die Abholung. Wüssten wir es nicht besser, würden wir denken, dass hier gerade ein Musikfestival abgebaut wird.

Peter und ich haben wirklich Glück, die so kritische Protestphase genau umschifft zu haben. Zu diesem Zeitpunkt wissen wir noch nicht, dass nur wenige Wochen später auch in Kolumbien ähnliches vorfallen und Bewohner wie Reisende beeinträchtigen wird. Eine Autobombe sorgt für die Totalsperrung einer Hauptverkehrsstraße bei Calí und Proteste in der Hauptstadt Bogotá für Verunsicherung, ob die Lage eskalieren wird. Und auch in Bolivien und Chile gibt es zwischenzeitlich politische Unruhen, die groß genug für die internationale Berichterstattung sind. Doch irgendwie verpassen Peter und ich jedes Mal gerade rechtzeitig das Eskalieren der Krisenherde Südamerikas.

Im Gegensatz zu Nina und Sonja, die wir in Quito kennenlernen. Die beiden Deutschen sind seit knapp einer Woche in Ecuador. Damit haben sie zumindest die letzten Tage der Aufstände noch miterlebt. Bisher ist ihre Reise weniger von Glück gesegnet als unsere. Wegen der Proteste waren bei ihrer Ankunft die Straßen gesperrt. Keine Taxis oder Busse fuhren und so verbrachten sie die ersten Tage und Nächte ihres Urlaubs am Flughafen. Mit Ende der Proteste konnten die beiden endlich nach Quito rein. Doch leider hatte die Airline ihr Gepäck verloren und das Auffinden und Ausliefern wurde zu einer größeren Logistikangelegenheit. Nur deshalb blieben Nina und Sonja länger in der Stadt und machten sich zum Zeitvertreib auf eine Wanderung zu einer Engelsstatue, die auf einem Hügel über Quito thront. Kaum unterwegs, stand ein Typ mit Machete vor ihnen und verlangte den Rucksack. Schlimmster Verlust und Grund, warum sie – obwohl das Gepäck inzwischen aufgetaucht ist – noch immer in Quito sind: die Reisepässe. Also verbrachten die beiden bisher viel Zeit mit Papierkram bei der Botschaft. Bei Sonja kein allzu großer bürokratischer Akt, doch Nina besitzt noch nicht mal mehr einen Personalausweis. Also muss erst eine Anfrage an ihre Gemeinde gestellt werden, um ihre Identität zu bestätigen. So lange bleiben die beiden weiter in Quito und warten. Schöner Urlaub.

Als wir die Geschichte hören, sind wir fast froh, dass bislang „nur" Peters Handy in den Fluss gefallen ist.

Dafür, dass Ecuador bis vor wenigen Tagen Kopf stand und Waren in manchen Regionen knapp wurden, können wir wirklich nicht meckern, als wir die Markthallen von Quito abklappern. Das Früchteangebot ist überragend. Ich habe noch nie so viele verschiedene kunterbunte Obst- und Gemüsesorten gesehen. Und alles ist riesengroß! Locker zwei oder drei Mal so groß wie bei uns. Liegt es an der fruchtbaren Vulkanerde? Oder daran, dass das Obst nicht erst auf dem Frachtschiff nachreifen muss? Oder einfach am sorgloseren Einsatz von Gentechnik in Südamerika?

Neben Früchten quellen die Markthallen mit Blumen nur so über! Kein Wunder, denn Schnittblumen sind eins der wichtigsten Exportgüter Ecuadors. „Die Rosen hier in Ecuador sind die, die für den Export nicht gut genug waren", lernen wir. Ich kann zwar keinen Makel an den üppigen Blüten erkennen, doch es zeigt mal wieder, wie verrückt die Welt ist. Da erzeugt man in Ecuador die hübschesten Blumen und bekommt selbst nur die Mangelware. Weitere Exportschlager, von deren Güte Peter und ich uns höchstpersönlich an Ort und Stelle überzeugen, sind Kakao, Kaffee und Shrimps. Alle Produkte bestehen unsere wiederholten Qualitätskontrollen mit Bravour. Nur eine typisch ecuadorianische Spezialität verursacht noch heute Alpträume bei Verkoster Peter: *Cui*, gegrilltes Meerschweinchen, hat sich seinem Urteil zufolge wohl zurecht bislang nicht international durchgesetzt...

Wir lassen Quito irgendwann hinter uns und landen nach ein paar Abstechern zu heißen Quellen und Vulkanen bei strömendem Regen am Lago Quilotoa – ein hoch in den Anden gelegener Kratersee. Um den wollen wir morgen rundherumwandern. Seit Tagen verfolgt uns allerdings das schlechte Wetter. Hoffnungsvoll, dass es irgendwann zu regnen aufhört, bauen wir in einem kleinen Waldstück unser Zelt auf. „So hoch hast du noch nie übernachtet", versichert mir Peter. Stimmt, wir sind auf knapp 4000 Metern. Nicht nur feucht und kühl, sondern auch sauerstoffarm wird die Nacht.

Am nächsten Morgen leben wir trotz nächtlicher Minusgrade überraschenderweise noch. Nach einem schnellen Frühstück machen wir uns früh auf den Weg rund um den Vulkansee. Ich bin froh, Mütze und Handschuhe dabei zu haben, während Peter ganz optimistisch in kurzer Hose voranläuft. Es ist noch nichts los um die Uhrzeit, wir sind allein unterwegs. Der See liegt ruhig und in tiefblauer Farbe vor uns. Im Hintergrund erkennt man von weitem zwei schneebedeckte Vulkane, die sich schon bald hinter den aufziehenden Wolken verstecken werden. Als wir an einer kleinen Anhöhe um eine Kurve biegen, tönt uns plötzlich Hundebellen entgegen. Wir sind zunächst misstrauisch. Instinktiv schaue ich mich nach einem Stock um. Hatten wir uns doch eben erst vor einer Meute aggressiver Straßenhunde behaupten und sie mit lautem Rufen und Stampfen vertreiben müssen. Aber diesmal brauchen wir weder laute Worte, noch einen Stock. Dieser Hund ist ganz lieb. Und sein Kläffen deutlich verspielter. „Der ist freundlich", rufe ich Peter zu und in dem Moment läuft der goldfarbene Mischling uns auch schon zielstrebig und schwanzwedelnd entgegen. Er freut sich unheimlich und fängt sofort an zu spielen. So überschwänglich können sich nur Hunde freuen! „Komm! Willst du mit uns wandern?", schlage ich ihm vor und klopfe mir dabei bedeutungsvoll auf die Oberschenkel. Er versteht sofort und läuft voraus. Von da an ist unser gemeinsames Schicksal besiegelt. Zumindest für die kommenden Stunden. Der Hund, den wir „Don Perro" taufen, weicht uns nicht mehr von der Seite. Den ganzen Weg läuft er mit uns. Regelmäßig schaut Don Perro, ob wir noch da sind und wartet auf uns wenn er vorsprintet. Wenn wir Pause machen, sitzt er bei uns und kommt um sich anzuschmiegen. Entgegen kommende Wanderer bellt Don Perro kampfeslustig an. Wir weisen ihn zurecht und erklären ihm auf Deutsch und Spanisch, dass das so nicht geht. Dennoch bin ich gerührt, dass er uns bereits so sehr als Herrchen akzeptiert, dass er uns vor potenzieller Gefahr zu verteidigen versucht.

Peter und ich überlegen indessen hin und her, ob wir Don Perro nicht mitnehmen können. Wir müssten nur mit ihm zum Tierarzt gehen, ihn impfen und entwurmen und dann eine Bescheinigung für die Grenzübertritte ausstellen lassen. Machbar. Und nachts im Zelt oder Camper würde sich sicherlich ein Plätzchen für ihn finden. Don Perro könnte uns bewachen und beschützen. Und die Füße wärmen. „Willst du mit uns mitkommen?", fragt Peter unseren vierbeinigen Begleiter. Ich habe das Gefühl, als würde Don Perro ganz genau verstehen, worum es geht. Als ob er alles geben wollte, um uns zu überzeugen, wird Peter spontanes Opfer einer Schleck- und Kussattacke als wir gemeinsame Erinnerungsfotos machen.

Es wäre wirklich von Vorteil, wenn Don Perro sprechen könnte. Dann könnte ich ihn fragen, ob er wirklich mit uns mit will. Und ob es ihm recht ist, so viele Stunden im Auto zu sitzen. Teils bei unangenehmer Hitze. Und ob er weiß, dass er nicht mehr so frei wäre wie jetzt. Dass er meist in geschlossenen Räumen schlafen müsste und manchmal auch an der Leine laufen. Und dass er nur noch selten richtig mit anderen Hunden zusammen wäre wie jetzt. Aber das alles kann ich ihn nicht fragen. Und das macht es unfassbar schwer zu entscheiden, ob wir Don Perro mit einer spontanen Adoption einen Gefallen tun würden. Ganz zu schweigen davon, dass wir nicht wissen, ob das ganze überhaupt machbar wäre. Darf ein Hund mit in die vielen Nationalparks und dem Amazonasgebiet, in das wir noch wollen? Und ins Hostel? Und was ist, wenn wir wieder nach Europa wollen? Muss Don Perro dann zwölf Stunden lang in den Frachtraum? Oder vielleicht sogar in Quarantäne? Ich habe gehört, dass viele Tiere das nicht überleben. Man kann es drehen und wenden, wie man will. Wenn wir unsere Reiseplanung nicht von Grund auf ändern wollen, dann können wir einfach keinen Hund mitnehmen. Es bricht mir das Herz. Zurück am Auto bleibt uns ein paar Stunden später nichts anders übrig, als Don Perro wenigstens einen Snack zuzubereiten und ihm ein paar letzte Streicheleinheiten zu geben.

Sind wir zu egoistisch, weil wir unsere Pläne über das Wohlergehen unseres fast schon zum Familienmitglied gewordenen Tieres stellen? Doch das setzt wieder voraus, dass Don Perro überhaupt wirklich mit uns mit will und es für ihn wirklich die bessere Alternative wäre. Ob das so ist, werden wir wohl nie erfahren. Alles was ich mit Gewissheit sagen kann, ist, dass er mir den enttäuschtesten und traurigsten Blick zuwirft, als ich mich von ihm verabschiede und ins Auto steige. Als hätte er bis zum letzten Moment auf uns gebaut und muss nun feststellen, dass seine Hoffnungen enttäuscht wurden. Von seiner überschwänglichen Verspieltheit heute Morgen ist nichts mehr übrig. Es wird ein tränenreicher Abschied und für einen Moment bin ich sicher, dass Peter umdreht, um entgegen aller Vernunft unser Baby doch noch zu holen. Doch wir drehen nicht um. Don Perro bleibt Hunde-Guide am Quilotoa-See. Wer jemals dort eine Wanderung macht und von dem süßesten und liebsten goldbraunen Streuner freudig empfangen wird, richtet bitte meine Grüße aus. Lebe wohl, Don Perro.

Nach ein paar weiteren Stopps im Süden des Landes machen wir uns auf in Richtung Peru. Wir wollen ins Amazonasgebiet und die Regenzeit wird nicht mehr lange auf sich warten lassen. Auf der Fahrt nach Süden geraten wir dann doch noch in eine ecuadorianische Polizeikontrolle. Für uns die erste im Land. Die Polizeidichte kann bei Weitem nicht mit der in Kolumbien mithalten. Die Kontrolle ist zudem eine der entspanntesten unserer bisherigen Reise. Fünf Beamte stehen mehr oder weniger gelangweilt auf dem Mittelstreifen und halten Small-Talk. Wo kommt ihr her? Wo wollt ihr hin? Was ist euer Heimatland? Wie ist es dort so? Es erweckt eher den Eindruck, als wollten sie sich Ideen für ihre eigenen Reisepläne holen statt uns zu überprüfen. Ich könnte es verstehen. Der Ort hier scheint wirklich etwas verschlafen. Da würde ich mich auch über Alternativen informieren. Nachdem all unsere Pläne geklärt sind, wünschen sie uns eine gute Fahrt und schicken uns weiter ohne auch nur irgendwelche Papiere sehen zu wollen. Sehr angenehm, die Herrschaften. Ein paar ähnlich unspektakuläre Kontrollen später stehen wir an der Grenze zu Peru.

Neues Land, neues Glück

Die Grenze nach Peru erkennt man daran, dass die Schotterpiste im Nirgendwo irgendwann von einem Schlagbaum versperrt wird. Keine modernen Hochsicherheitsanlagen und UNICEF-Camps wie noch bei der Einreise von Kolumbien. Erst wenn man genau hinschaut, sieht man, dass es sich bei der Häuserzeile kurz vor der Schranke nicht um kleine Tante Emma-Läden handelt, sondern um den Zoll. Steht zumindest dran. Wir glauben dem Ganzen einfach mal und laufen mit unseren Reisepässen bewaffnet in das unscheinbare Gebäude.

An diesem Grenzposten steht man auf ecuadorianischer Seite wohl wirklich nicht kurz vorm Burn-Out. Wir sind weit und breit die einzige Kundschaft. Der Typ, der dafür zuständig ist, die TIP unseres Autos zu canceln, schaut gerade Fernsehen. Irgendeinen Actionfilm mit viel Gewalt. Er ist sichtlich genervt von unserem Anliegen und der damit einhergehenden Filmunterbrechung. Und er ist mit dem TIP-Dokument, das Peter ihm entgegen hält, nicht zufrieden. Er hält es für eine Kopie. „Nein, das ist das Original", versichert Peter freundlich und wahrheitsgemäß. Der Zollbeamte ist nicht überzeugt, denn eine der Unterschriften wurde nicht im typischen Kugelschreiberblau, sondern in dem Grauton erbracht, den auch Kopierer so gut hinbekommen. Meine Erklärung, dass das wohl einfach ein Stift mit einer anderen Farbe war, stellt ihn dann doch noch zufrieden. Ohne jegliches Zeichen von Elan macht er sich an die Arbeit. Immerhin hat er irgendwann die gute Idee, dass wir uns schon mal einen Ausreisestempel holen sollen, während er den Papierkram fürs Auto fertig macht.

Also gehen wir ein Häuschen weiter. Der Kollege hier hat zwar keinen Fernseher, dafür aber einen PC mit YouTube. Geduldig warten wir, bis er seine lustigen Videos zu Ende geschaut, sämtliche WhatsApp-Nachrichten auf seinem Handy beantwortet und endlich Zeit für unsere Ausreisestempel hat. In Sachen Motivation und Effizienz steht er seinem Kollegen in nichts nach. Buchstabe für Buchstabe tippt er unsere Namen in eine Excel-Tabelle ein. Nach zehn Minuten bin ich mir sicher: der Kurs zum 10-Fingerschreib-

System ist nicht Teil der Ausbildung zum Grenzbeamten in Ecuador. Auch beim Rechnen bin ich unsicher, denn obwohl der junge Beamte unser Einreisedatum sowie das heutige Datum direkt vor sich liegen hat, sollen wir ihm sagen, wie viele Tage wir im Land waren. Es waren zwölf. Er hakt nochmal nach, ob wir wirklich sicher seien. Ja, sind wir und so tippt er schließlich auch diese Info in die schlaue Excel-Tabelle. Nicht ohne zwischendurch ein paar Telefonate zu führen, deren Themen wenig nach dem klingen, was ich für Inhalte des Berufs eines Grenzbeamten halte. Dann drückt er endlich den Ausreisestempel in unsere Pässe.

In der Zwischenzeit hat Señor Nr. 1 sogar die Papiere fürs Auto vorbeigebracht. Man arbeitet einfach Hand in Hand in diesem stressigen Job. Dann sind wir endlich fertig und dürfen fahren. Doch wie kommen wir an der Schranke vorbei? Ich steige aus und laufe zurück zur Häuserzeile. Es tut mir wirklich leid, den Zollbeamten schon wieder während seiner Arbeitszeit beim Fernsehen zu stören, doch irgendjemand muss den Schlagbaum für uns öffnen. Wenigstens ist bisher niemand anderes gekommen, der die Grenze passieren möchte und seine Aufmerksamkeit braucht. Und zu seinem Glück ist es bereits 13 Uhr. Das heißt nur noch eine Stunde bis zur zweistündigen Grenzschließung zwecks Mittagspause. Halleluja!

Der Schlagbaum wird geöffnet und wir überqueren eine Brücke über den Fluss, der die Grenze zu Peru darstellt. Vor einem weiteren Schlagbaum halten wir an und machen uns an Teil 2 des Grenzübergangs: Die Einreise ins neue Land. Peter und ich müssen zuerst zur Passkontrolle. In Peru ist man schon deutlich motivierter bei der Arbeit. Der Grenzbeamte ist freudig überrascht, als er in unseren Pässen den Stempel der Stadt Dortmund entdeckt. „Borussia Dortmund!“, ruft er stolz über seine Entdeckung. Ein Gespräch über Fußball nimmt seinen Lauf. Genug Zeit zum Quatschen haben wir, denn der Computer, in den unsere Daten eingetragen werden müssen, stürzt ständig ab. Immerhin gibt es in Peru ein richtiges Computer-Programm der Behörde statt einer Excel-Liste. Sogar unsere Fingerabdrücke werden genommen und Fotos gemacht. Dann dürfen wir uns aussuchen, wie lange unsere Aufenthaltsgenehmigung gültig sein soll. Bis zu sechs Monate ist alles möglich. Wir wählen ganz bescheiden 90 Tage. Auch wenn es aktuell in den beiden südlichen Nachbarländern Bolivien und Chile politische Unruhen und Proteste gibt, sollte das genügend Zeit sein. Hoffen wir zumindest. Wir verabschieden uns vom fußballbegeisterten Grenzbeamten und nachdem uns der Zoll eine neue TIP ausgestellt hat, machen wir uns auf die ersten Kilometer durch Peru. Die Grenzübertritte mit einem ausländischen Fahrzeug verlaufen in Südamerika bisher deutlich effizienter und bürokratieärmer als noch in Zentralamerika. Vergnügungssteuerpflichtig werden sie wohl dennoch nicht mehr.

Die ersten Stunden in einem neuen Land fühlen sich immer etwas komisch an. Kaum ein Land in Südamerika hat einen tadellosen Ruf in Bezug auf seine Sicherheitslage und so muss man jedes Mal erst ein eigenes Gefühl für die Lage entwickeln. Man hat noch keine Erfahrungswerte und kann die Lage noch nicht richtig einschätzen. Man kennt nur die Dramatisierungen der Medien und muss Land und Leute erst selbst kennenlernen. So geht es uns auch heute in Peru, als wir nach einer halben Stunde im Land am Straßenrand Pause machen. Als wir gerade unsere Snacks zusammensuchen, kommt ein Typ um die Ecke. Argwöhnisch beobachtet er uns. „Ich hoffe, dass das, was er in der Hand hält, keine Waffe ist", denke ich still, sonst würde Peter sich nur wieder über meine Panikmache aufregen. Während ich meinen Apfel esse, behalte ich den Typ vorsichtshalber im Auge. Er kommt langsam näher. Und dann sehe ich es. „Frag nicht und fahr jetzt sofort los", instruiere ich Peter unmissverständlich, „der hat eine Machete in der Hand und kommt auf uns zu. Schnell!" Peter schmeißt den Motor an und ausnahmsweise entsteht keine Diskussion darüber, ob diese Reaktion übertrieben ist oder nicht. Vermutlich ist sie es, denn in dieser sehr ländlichen Gegend ist es bestimmt nicht unüblich, eine Machete für die Arbeit auf dem Feld mit sich rumzutragen. Doch es ist unser erster Tag. Dieser Peruaner soll lieber nicht unser erster (oder gar unser letzter) Bekannter im neuen Reiseland werden. Wir verschieben unser Mittagessen und preschen davon.

Der Typ mit der Machete holt uns nicht mehr ein, aber dafür können wir ein anderes Problem nicht länger ignorieren. Seit wir in Ecuador das letzte Mal getankt haben, läuft unser Motor nicht mehr rund. Es fing bereits beim Starten an der Tankstelle an. Seitdem ruckelt er beim Anlassen und Anfahren so sehr, dass wir – nicht nur ich – ihn ständig abwürgen und etliche Startversuche brauchen. Hat der Tankwart etwa minderwertigen oder gar den falschen Sprit eingefüllt? Peter reinigt den Luftfilter und für kurze Zeit scheint das Problem behoben. Doch die Freude ist von kurzer Dauer. Einen Tag und 200 Kilometer später ist in der Stadt Jaén also unser nächster Werkstattbesuch fällig.

In dem Betrieb geht es gemächlich zu. Als Peter nach einem Mechaniker fragt, muss dieser vom Lehrling erst einmal vom Schläfchen geweckt werden. Kurz drauf steht Peter gleich mit einer ganzen Horde Männern vor der geöffneten Motorhaube. Es wird wild diskutiert. Auch wenn wir uns oft ärgern, wenn wir zum Beispiel unterwegs wieder mal Leute sehen, die ihren Müll aus dem Autofenster in die Natur werfen, wenn Busse und Lkws eine tiefschwarze Rauchwolke hinter sich herziehen oder mal wieder alles unnötig in Plastik verpackt wird, muss man sagen, dass die Südamerikaner uns bei einem

Thema weit voraus sind: reparieren statt wegwerfen und neu kaufen. Überall sieht man Schuster, Schneider, Mechaniker, und andere Reparatur-Dienstleister. Und auch hier in der Werkstatt folgt man diesem Prinzip. Klar, auch in Deutschland geht man zum Mechaniker und entsorgt nicht gleich sein ganzes Auto, wenn es ein Problem gibt. Aber in Deutschland tauscht man meist direkt sämtliche Ersatzteile gegen kostspielige Original-Ersatzteile aus. Das steht in Lateinamerika für gewöhnlich nicht zur Debatte. Jedes kaputte Teil versucht man erstmal zu reparieren. Manchmal reicht sogar eine gründliche Säuberung, damit alles wieder rund läuft. So wird auch bei uns nun kurzerhand die Drosselklappe neu justiert und Zündkerzen sowie Benzinfilter gereinigt. Nach knapp 1,5 Stunden ist die Arbeit erledigt und wir können weiter – in Deutschland undenkbar.

„Das Gute an den ganzen Werkstattbesuchen ist", so erklärt Peter mir, „mittlerweile kenne ich alle Teile im Auto, die potenziell kaputt sein könnten. So lernt man auch." Da hat er Recht. Mir wäre es dennoch lieber, der Praxisanteil von Peters Kfz-Studiums wäre geringer, denn die Reparatur in der Werkstatt hat letztlich nicht wirklich viel verbessert. Im Gegenteil. Nun ruckelt der Wagen auch bei voller Fahrt und nicht nur beim Anfahren. Lediglich wenn man besonders hochtourig unterwegs ist, geht es etwas besser. Ob wir es so bis ins weitentfernte Amazonasgebiet schaffen?

Der Amazonas: Die Lunge der Welt

Wir verlassen Jaén und passieren spannende Wüstenlandschaften mit kleinen Palmenoasen. Geeignete Schlafplätze zu finden, gestaltet sich zunehmend schwieriger. Wir können die Sicherheitslage in dieser Region noch immer nicht richtig einschätzen und zudem regnet es regelmäßig ab dem späten Nachmittag in Strömen. Ungünstig, denn bevor wir in unserem kleinen Camper schlafen können, müssen wir erst jedes Mal das Gepäck vom Bett auf die Vordersitze umladen. Gekocht und gegessen wird ebenfalls draußen, denn sobald die Vordersitze einmal blockiert sind, bleiben nur noch Liegeplätze. Konnten wir in Bulli Bärtha bequem auf dem Bett aufrecht sitzen und picknicken, bleiben uns im neuen Camper nur wenige Zentimeter bis zur Decke. Im liegenden Zustand.

So sind wir auch heute froh, doch noch ein Hotel zu finden, um uns für die Nacht ins Trockene retten zu können. Auch am nächsten Morgen verlässt uns das Glück nicht, als wir uns den angeblich dritthöchsten Wasserfall der Welt anschauen wollen. Zwar laufen wir durch strömenden Dauerregen und entsprechend tiefen Matsch, doch genau als wir am spektakulären Wasserfall ankommen, strahlt plötzlich die Sonne als wäre sie nie weg gewesen. Pünktlich zum Rückweg regnet es wieder. Aber das ist egal – für den Rest des Tages steht nichts als Autofahren auf dem Programm.

Die restliche Strecke von lediglich 200 Kilometern kostet uns letztlich ganze fünf Stunden. Die Landstraße führt durch die Berge und ist entsprechend kurvig. Das ist für die lokalen Verkehrsteilnehmer jedoch noch längst kein Grund für übermäßige oder auch nur mäßige Vorsicht. Reisebusse fahren ständig und scheinbar lebensmüde im Gegenverkehr. Überholen unmöglich. In jeder Kurve müssen wir zudem damit rechnen, dass ein entgegenkommender Bus unsere Fahrbahn schneidet und wir abrupt zum Stehen kommen müssen. Ungünstig, da unser Motor ja nur noch bei durchgetretenem Gaspedal wie ein Kätzchen schnurrt. In der Folge fährt Peter wenig ökonomisch: hochtourig mit Vollgas und leicht gedrückter Bremse gleichzeitig. Unsere einzige Option. Die Fahrt dauert deutlich länger als vorhergesagt. Als wäre die Situation so schon nicht gefährlich genug, wird es irgendwann unweigerlich auch noch dunkel. In Äquatornähe passiert das irgendwie jedes Mal viel zu plötzlich und überraschend. Dachte man noch wenige Minuten zuvor: „So langsam setzt die Dämmerung ein", ist es einen Augenblick später schlagartig finster. Und damit meine ich wirklich stockfinster. Da es aber erst früher Abend ist, ist noch entsprechend viel auf den Straßen los. Tuk-Tuks, Mopeds, Fußgängern und Hunden gilt es ständig auszuweichen, ohne jemanden zu übersehen.

Vor allem die Mototaxis, wie man die Tuk-Tuks hier nennt, sind gewöhnungsbedürftig. Das Gute an ihnen: sie sind leicht zu überholen. Der Nachteil: die wenigsten fühlen sich auch nur ansatzweise dem Rechtsfahrgebot verpflichtet. Sie gurken kreuz und quer durch die Gegend und schlängeln sich insbesondere an Kreuzungen von sämtlichen Seiten und ungeachtet ihrer Umgebung an allem und jedem vorbei. Ohne zu schauen, biegen sie urplötzlich vor uns auf die Hauptstraße ein und zwingen uns dadurch wiederholt zur Vollbremsung. Zu alledem haben sie genügend Gottvertrauen, um selbst im Stockdunkeln die eigene Beleuchtung für überflüssig zu halten. Jedes deutsche Schulkind ist mit seinen Reflektoren am Tornister besser zu erkennen. Die Fußgänger sind nicht anders: Ständig taucht irgendwer urplötzlich aus der Dunkelheit auf und läuft todesmutig einfach auf die Straße. Wissen die Leute nicht, dass man sie kaum sehen kann? Und dass ein Auto so etwas wie einen Bremsweg hat? Offenbar nicht. Während Peter und ich mit voller Konzentration und Wachsamkeit versuchen, heile am Ziel anzukommen, setzt irgendwann auch noch strömender Regen ein. Spätestens jetzt wird die Fahrt zum absoluten Blindflug.

Völlig erschöpft kommen wir irgendwann unfallfrei an unserer gebuchten Unterkunft an. Es regnet noch immer in Strömen. Da wir keine Ahnung haben, wie wir unsere Sachen bei dem Wetter und dem rutschigen Matschboden unbeschadet ins Hotel bringen sollen, bestellen wir erstmal Essen, bevor wir unser Zimmer beziehen. Nichts ist gerade dringlicher als ein kühles Bier. Doch stattdessen taucht die Tochter der Besitzerin irgendwann mit einer Tasse heißem Wasser und einem Teebeutel auf. „Nein, nein. Wir hatten zwei Bier bestellt, keinen Tee." Cerveza. Té. Klingt in meinen Ohren nicht unbedingt zum Verwechseln ähnlich, aber gut. Cerveza ist ausverkauft, folgt kurz darauf die Begründung. Es gibt Tee oder gar nichts.

Allerdings ist im Hotel nicht nur das Bier aus, sondern auch das Wasser. Genauer gesagt Leitungswasser. Es regnet so stark, dass die Wasserversorgung ausgefallen ist. Das wirkt auf mich zwar ziemlich kontraintuitiv, aber es hat wohl mit dem schlammigen Grundwasser zu tun. Wir sind es durchaus gewohnt, nicht jeden Tag duschen zu können, aber ausgerechnet heute nach der Wanderung hätten wir wirklich gerne Matsch und Schweiß weggespült. Stattdessen bekommen wir einen Eimer mit schmuddeligem Regenwasser ins spärlich eingerichtete Zimmer gestellt. Damit kann man zumindest die Toilette abspülen. Zumindest bei Nummer 1. Die Abwesenheit eines Klodeckels in Kombination mit der mangelhaften Möglichkeit bei Nummer 2 ausreichend zu spülen, sorgt derweil für ein interessantes Raumklima. Wir könnten uns nun natürlich beschweren und unser Geld zurückverlangen, aber das tun wir nicht. Die Hotelbesitzer tun uns leid. Sie brauchen das Geld sicherlich und im Gegensatz zu uns, müssen sie wahrscheinlich häufiger ohne fließendes Wasser klarkommen. So lebt man im Norden Perus wohl eben. Und ist es nicht genau das, wonach alle Individualreisenden immer streben? Nach einem authentischen Erlebnis? Vor Ort so zu leben wie die Locals? Wir haken das ganze also dankbar als hoch-authentische interkulturelle Erfahrung ab.

Ohne weitere Zeit in unserem wasserlosen Hotelzimmer zu verschwenden, machen wir uns am nächsten Morgen auf den Weg nach Yurimaguas. Von hier aus legen die Boote ins „richtige" Amazonasgebiet ab. Laut Google Maps werden wir in vier bis fünf Stunden da sein. Die erste Verzögerung stellt sich allerdings rasch ein: eine Baustelle. Wir stehen so lange an der nur abwechselnd einspurig geöffneten Fahrbahn, dass ich vor lauter Langeweile anfange, kaputte Klamotten zu nähen. Auch andere Menschen sind produktiv. Neben den typischen Bauchladen-Verkäufern, die versuchen, Erfrischungsgetränke, Obst und Chips an den Mann zu bringen, ist an dieser Baustelle auch ein Sicherheitsdienst tätig. Ein Señor läuft mit einem T-Shirt mit dem Aufdruck „Seguridad" (dt.

Sicherheit) von Auto zu Auto. Auch bei uns macht er Halt und klopft trotz meines demonstrativen Desinteresses ans Fenster. Mir bleibt nichts anderes übrig, als die Scheibe herunterzukurbeln und schon trägt er sein nicht allzu überraschendes Anliegen vor. Er will Geld. Er sei Teil einer Gruppe, die sich hier um die Sicherheit kümmere. Dafür brauchen sie Geld, denn nur so, seien wir weiterhin sicher. Um uns Diskussionen zu ersparen, geben wir ihm 50 peruanische Cent, etwa 15 Euro-Cent. Überschwänglich bedankt der Sicherheitsmann sich mit Handschlag und zieht sichtlich zufrieden davon. Ob das Ganze eine clevere Masche war oder eine ehrliche Dienstleistung, lässt sich für uns schwer beurteilen, aber zumindest stößt uns im Laufe der Wartezeit tatsächlich nichts zu.

Während unserer Zwangspause in der Baustelle stellen wir mittels geschickter Dreisatzrechnung entsetzt fest, dass wir statt der gewohnten 12 Liter aktuell 17 Liter auf hundert Kilometern verbrauchen! Bei der seit neusten notwendigen Fahrweise, um den Motor nicht abzuwürgen, eigentlich kein Wunder. Und dennoch sind wir etwas schockiert.

Die Weiterfahrt nach der Baustelle verläuft, wie inzwischen gewohnt, ruckelig. Sobald Peter mal einen Moment lang nicht Vollgas gibt, ist der Motor kurz vorm Verrecken. Unpraktisch bei Serpentinen und ständigen Verkehrshindernissen, denen man bis zur nächsten Überholmöglichkeit langsam hinterher tuckern muss.

Nach ein paar Stunden erreichen wir die Stadt Tarapoto. Wir lassen uns fürs Mittagessen in einem Restaurant nieder und sind eigentlich jetzt schon so kaputt wie sonst abends um elf. Frischer Schweiß der Mittagshitze vermischt sich mit dem getrockneten von gestern. Wir sind völlig ausgelaugt von den nervenaufreibenden Fahrten, gepaart mit der Sorge um unseren Motor. Wie gerne hätte ich nun eine kalte Dusche! Zumindest gibt es im Restaurant einen Ventilator sowie ein paar Vitamine in Form eines frischen Smoothies. „Mach mal schneller, ich will schnell weiter“, drängelt Peter. Ich kann ihn verstehen. Auch wenn es eigentlich nicht mehr weit ist, müssen wir mit Verzögerungen planen und Fahren bei Dunkelheit ist in Peru wirklich die Höchststrafe.

Wir trinken noch schnell einen Kaffee und laufen mit gemischten Gefühlen zurück zum Camper, der am Straßenrand auf uns wartet. Der Gedanke, dass wir den Motor ruinieren könnten, wenn wir bis Lima weiter so hochtourig fahren, ist allgegenwärtig. Der erste Versuch, das Auto zur Weiterfahrt zu motivieren, endet erwartungsgemäß mit einem Fehlstart des Motors. Also noch einmal den Schlüssel im Zündschloss drehen. Auch dieses Mal will der Motor nicht starten. Und er zeigt sein Missfallen über unsere Ignoranz darüber deutlich: Rauch steigt plötzlich von unterhalb der Motorhaube empor. Mist! Das ist tendenziell selten ein gutes Zeichen, bestätigt mir auch Peters Gesichtsausdruck. Es ist einer von diesen Momenten, in denen man befürchtet, dass hier und jetzt alles vorbei sein könnte. Falls tatsächlich gerade eben der Motor zerstört wurde, wäre das vermutlich das Ende von unserem noch immer namenslosen Auto. Was dann? Peter sagt zwar nicht viel, aber seine Körpersprache zeigt, dass er einen ähnlichen Gedankengang hat.

Der französische Restaurant-Besitzer kriegt schließlich Wind von unserer Misere und kommt dazu. Kurzerhand verständigt er einen befreundeten Mechaniker, der wegen unserer Manövrierunfähigkeit kurz darauf an den Ort des Geschehens kommt. Wir schildern ihm die Situation und Peter und er fangen an, herumzuwerkeln. Ständig wird der Motor neu gestartet und irgendwas ausprobiert. Jedenfalls verballern die beiden dabei so viel Sprit im Standgas, wie man sonst nur für die Strecke Hamburg-München im Porsche verbraucht. Ich hingegen nutze die Zeit, um meine verhassten Näharbeiten fortzusetzen. Irgendwann haben die beiden dann zu Ende gespielt und auch Peters Laune hat sich leicht gebessert. „Wir haben weder Öl, noch sonstige Flüssigkeit verloren. Der Motor kann gar nicht kaputt sein! Javier hat ein Auslesegerät in seiner Werkstatt. Da fahren wir nun hin.“ Wir können also wieder fahren? Wie auch immer.

Wir folgen Mechaniker Javier also zu seiner Werkstatt. Dabei gilt es möglichst mit durchgedrücktem Gaspedal zu fahren, damit der Motor nicht unterwegs abwürgt. Im Stadtzentrum durchaus eine gewisse Herausforderung. Statt uns vorsichtig an nicht einsehbare Kreuzungen der engen Gassen heranzutasten, rasen wir wildhupend mit Vollgas durch und hoffen, dass mögliche Verkehrsteilnehmer von links und rechts dadurch ausreichend eingeschüchtert werden. Bremsen ist für uns gerade einfach nicht drin. Das Ganze erinnert durchaus etwas an „Alarm für Cobra 11“. Nur dass uns keine Lkw-Laderampen als Sprungschanzen zur Verfügung stehen und am Ende auch nicht alles in Flammen aufgeht. Durchaus zu unserer Erleichterung. Das Glück ist mit uns – niemand stirbt. Oder zumindest waren wir schnell genug, um es nicht mitzubekommen.

Den Rest des Nachmittags verbringen wir in Javiers Werkstatt. Das gehört nun mal auch zum Reisen dazu. Warten. Immer und immer wieder. Die Backpacker warten auf Busse und Züge. Die Tramper warten stundenlang darauf, dass jemand sich erbarmt und für sie anhält. Die Wanderer und Radfahrer darauf, dass der Regen endlich aufhört. Und die Autofahrer warten immer und immer wieder in Werkstätten und hoffen darauf, dass es doch noch weitergeht. Wenigstens stehen wir hier im Schatten, versuche ich mir die Situation schönzureden.

Stundenlang wird mit vier Mann herumgeschraubt und analysiert. Motor an. Motor aus. Und nochmal. Und nochmal. Zusehends verliert auch Peter die Geduld. „Warum machen die das? Es ist doch klar, was es ist. Das ist doch Zeitverschwendung“, wendet er sich erst an mich und anschließend an die vier Señores im Blaumann. Am Ende des Tages kommen die Mechaniker tatsächlich zur gleichen Diagnose wie die in Jaén: der Drosselklappensensor ist hinüber. Wer nicht weiß, was das ist, hier Peters Erläuterung (oder das, was ich mir davon gemerkt habe): „Der Drosselklappensensor misst wie stark du Gas gibst, also wie viel Benzin eingespritzt wird und je nachdem, wie viel das ist, strömt durch die Drosselklappe Luft und Sauerstoff zum Verbrennen ein." So oder so ähnlich. Ich habe keine Ahnung, der wievielte Sensor das ist, den wir auf dieser Reise bereits austauschen. Waren wir jemals schon mal in einer Werkstatt und das Problem lag nicht an einem kaputten Sensor? Bei mir als desinteressiertem Laien festigt sich jedenfalls der Verdacht, dass die Hauptaufgabe von Sensoren darin besteht, durch falsche Signale die einwandfreie Funktionsweise des Automobils zu sabotieren.

Wie auch immer; wir können nicht weiterfahren. Und das Ersatzteil ist natürlich, wie bereits in Jaén, auch nicht in Tarapoto verfügbar. Daher hatte Peter den Sensor gestern Abend online bestellt. Allerdings mangels anderer Versandadresse nach Lima, an den Bruder eines Freundes. Doch inzwischen steht außer Frage, dass eine solch weite Fahrt von mehreren Hundert bis Tausenden Kilometern nicht mehr drin ist. Javier ist sich hingegen sicher, dass er den neuen Sensor Montag bestellen und innerhalb einer Woche einbauen kann. Der neue Plan lautet daher wie folgt: Wir packen nun an Ort und Stelle schnell unsere sieben Sachen für den Dschungel und fahren morgen mit einem Bus weiter nach Yurimaguas. Von da an bleibt alles wie gehabt. Der Camper bleibt derweil in der Werkstatt stehen. Wir vertrauen den fremden Mechanikern also nicht nur unser Fahrzeug mitsamt Schlüsseln, sondern auch all unser darin befindliches Gepäck an, das wir nicht mit in den Regenwald nehmen wollen. Bisher hat sich Vertrauen auf unserer Reise immer bezahlt gemacht und ich hoffe, daran wird sich auch diesmal nichts ändern.

Peter und Javier tauschen WhatsApp-Nummern aus und wir halten das nächstbeste Mototaxi an, um uns zu einem Hotel zu fahren. „Eigentlich wäre das alles gar nicht so schlimm, wenn wir es von vorneherein so geplant hätten. So wird das Auto repariert, während wir es eh nicht brauchen, und wir sparen uns die Kosten fürs überwachte Parken", zeigt Peter Optimismus. Das stimmt. Aber im Moment bin ich einfach mit den Nerven zu sehr am Ende, um mir die Dinge schönzureden. Erst die dringend benötigte Dusche bewirkt einen Stimmungsumschwung. Glücklicherweise finden wir dann auch noch ein überraschend gutes Restaurant in Hotelnähe, sodass der Abend tatsächlich noch gerettet werden kann.

Mit dem Minibus geht es am nächsten Morgen nach Yurimaguas. Kaum am Busbahnhof angekommen, werden wir auch schon von einem Mototaxi-Fahrer abgegriffen, der uns zum Hotel fährt. „Zufällig" verkauft Taxifahrer Júlio César auch Amazonas-Touren und so schlagen wir nach kurzer Verhandlungsphase zu. Fünf Tage und vier Nächte im Dschungel. Morgen früh um 7 Uhr soll das Boot ablegen, das uns ins abgelegene Dorf Lagunas bringt, welches nur über den Wasserweg zu erreichen ist. Am Bootsanleger erfahren wir kurz darauf, dass das Boot morgen früher fährt. Heißt: um 3:30 Uhr müssen wir da sein. Die Freude darüber hält sich in Grenzen.

Bevor wir uns frühzeitig ins Bett legen, schauen wir noch schnell im örtlichen Krankenhaus vorbei. Mein Nagelbett ist seit ein paar Tagen entzündet und der Zustand hat sich spontan stark verschlechtert. Der Finger ist nicht nur rot und heftig angeschwollen, sondern pocht auch wie wild. Keine gute Startbedingung für eine Woche fernab der Zivilisation.

In dem Moment, in dem wir das Krankenhaus betreten, wechsle ich jedoch schlagartig meine Meinung über die Notwendigkeit einer Behandlung. Das Krankenhaus macht keinen besseren Eindruck als die durchschnittliche Bahnhofshalle in Deutschland. Es ist einer dieser Orte, an denen die Gefahr lauert, ihn deutlich kränker zu verlassen als man kam. Hier möchte ich mir das Nagelbett lieber nicht aufschneiden lassen. Doch zu spät. Während wir noch unschlüssig im Eingang herumstehen, hat man uns entdeckt und winkt uns freundlich und bestimmt herbei. Wir gehorchen. Widerwillig trage ich mein Anliegen vor und werde einen Tisch weiter zum *Consultorio*, also der ärztlichen Beratung, geschickt.

Ich erläutere mein Anliegen erneut. „Das ist alles?", vergewissert sich der junge Arzt. „Ähm, ja. Ich fahre morgen in den Amazonas und habe Angst, dass es schlimmer wird", schiebe ich nach. „Ok. Name?", fragt mein Gegenüber und schiebt mir Zettel und Stift zu. Ich schreibe meinen Namen auf und reiche den Notizblock zurück. Anstatt nun meinen Finger anzuschauen und gegebenenfalls die entzündete Stelle aufzuschneiden, wie es zuvor die Apotheken-Umschau empfahl, schreibt der vermeintliche Arzt einfach nur seine Verordnung auf den Block und reicht mir das Rezept. Sieben Tage Antibiotikum, je dreimal täglich, lautet sein Behandlungsplan. Dazu Schmerzmittel. Wohlgemerkt ohne den Finger auch nur einmal gesehen zu haben. Naja, ist vielleicht besser so. Auch der zweite Eindruck des Krankenhauses ist nicht besser als der erste und verspricht eher weitere Infektionen als Genesung. Wir besorgen also das Medikament und nehmen es für den Notfall mit. In meiner Medizintasche finde ich am Abend noch ein längst vergessenes, angebliches Wundermittel aus Afrika. Damit versuche ich es doch zuerst, bevor ich mir wegen einer kleinen Entzündung voreilig eine Woche Antibiotika-Dröhnung gebe.

Trotz Badens im bräunlich-schlammigen Fluss erholt sich mein Finger in den kommenden Tag ganz wunderbar. Dem afrikanischen Wundermittelchen sei Dank!

Am nächsten Morgen in Lagunas angekommen, werden wir tatsächlich am Anleger abgeholt. Wer weiß das schon so genau, wenn er bei seinem Taxifahrer eine Tour bucht und im Voraus bar bezahlt. Allerdings ist man in Lagunas etwas überrascht, was Júlio César alles in den Tour-Preis inkludiert hat: eine Hotel-Übernachtung und Essen in Lagunas. Die meisten Touristen starten direkt in den Dschungel wenn sie hier mit dem Boot ankommen. Wir sind jedoch total fertig von den letzten Tagen und brauchen eine Pause. Und fast noch wichtiger: heute Abend will Mechaniker Javier sich melden und uns mitteilen, ob er das Ersatzteil bestellen kann und wenn ja, zu welchem Preis. Damit er während unserer Abwesenheit weiter arbeiten kann, brauchen wir also heute Abend unbedingt Handy-Empfang, um ihm hoffentlich ein „Go" geben zu können.

Ein kurzes Telefonat zwischen Júlio César und Tour-Chefin Marita klärt die Lage schnell auf und so werden wir ins erstbeste Hotel gebracht. Das Zimmer ist einfach, aber sauber und zweckmäßig. Es gibt sogar eine Dusche mit fließendem Wasser. Keine Selbstverständlichkeit an einem Ort, der nicht mal ans Straßennetz angebunden ist. Den Rest des Tages tanken wir unsere Energiereserven für den Dschungel auf.

Da niemand mehr vorbeikommt um uns mitzuteilen, wann wir wo etwas zu Essen erhalten, machen wir uns am Abend selbst auf die Suche. Doch Marita ist nicht in ihrem Büro anzutreffen. Als wir jemanden nach ihr fragen und erklären, dass wir sie wegen des Abendessens suchen, werden wir von dem Fremden ohne Umschweife in ein Restaurant zwei Häuser weiter geführt. Authentischer für das vom Rest der Welt abgeschottete Dorf könnte unser Abendessen-Erlebnis kaum sein. Vor dem Haus, das man wohl treffender als Hütte bezeichnen würde, steht ein Holzkohlegrill. Von dem sollen wir wählen. Wir entscheiden uns für Fisch und Kochbanane. Etwas trocken, aber für die minimalistischen Verhältnisse kann man nicht meckern. Da der Klapptisch draußen bereits belegt ist, werden wir ins Innere der Hütte geführt. An einem großen Tisch mit Plastikstühlen sitzt bereits eine Familie aus dem Dorf. Sie wirken sehr überrascht darüber, Ausländer in diesem Ort zu sehen. Wobei sich unser Eindruck nach und nach festigt, dass dieses „Restaurant" letztlich das vorübergehend umfunktionierte Wohnzimmer der Grillmeisterin ist. Alles ist sehr einfach gehalten, aber irgendwie ist die mangels Elektrizität schummrige Atmosphäre auch ganz gemütlich. Auf dem Boden spielt ein Kind, dazwischen scharwenzelt eine Katze. Ich überlege, ob ich ihr heimlich Fischreste auf den Boden fallen lassen soll. Auch wenn der Boden nicht mehr als platt getrampelter Erdboden ist, entscheide mich aber doch dagegen. Schließlich weiß man nie, ob Katzen solche

Geschenke auch wirklich annehmen und immerhin scheint das hier jemandes Wohnzimmer zu sein. Bevor wir das „Restaurant" verlassen, erinnern Peter und ich vorsichtshalber nochmal daran, dass wir zu Maritas Touren gehören, immerhin wurden wir hier einfach von einem Wildfremden abgeliefert. Die Frau am Grill nickt und winkt uns zum Abschied. Scheint tatsächlich ein ausgemachtes Ding gewesen zu sein.

Tag 1 im Dschungel

Am nächsten Morgen geht es früh los. Unser Guide stellt sich uns als „Segundo" vor. Als ich ihm meinen Namen nenne, beginnt das in Südamerika typische Spielchen: „Svenja". „Esbenia?", „Svenja", „Esbenia?", „Svenja". „Esbenia?" Ich erlöse ich ihn und bestätige ihm mangels Erfolgsaussichten durch weiteres Üben, dass er es nun richtig ausspräche. Selbstverständlich vergisst Segundo den merkwürdigen Namen umgehend. Für die restliche Zeit wird er mich mit "Señora" ansprechen. Immerhin: Svenja - Señora. Vier von sechs Buchstaben stimmen überein. Eine solide Zweidrittelmehrheit. Peter bleibt Peter.

Zum Frühstück führt Segundo uns in die örtliche Markthalle. Es gibt Reis mit Ei und auf Wunsch dazu eine Frucht. Die allgemeinen Hygiene-Zustände würden bei jedem Prüfer des Gesundheitsamtes wohl Bluthochdruck verursachen. Vielleicht keine so schlechte Einstimmung auf die kommenden Tage. Danach kommt einem alles andere gleich halb so wild vor. Zwei Holländerinnen, die wir in den nächsten Tagen noch öfter sehen werden, frühstücken ein paar Tische weiter mit einem ähnlich tapferen Gesichtsausdruck. Anschließend geht es los.

Eine dreiviertelstündige Mototaxi-Fahrt später steigen wir endlich auf unseren Einbaum um und paddeln los. Bereits in den ersten Stunden sehen wir diverse Affenarten, bunte Papageien und andere Vögel, eine Schildkröte und sogar ein Faultier.

Nach ungefähr fünf Stunden auf dem Wasser kommen wir in unserem ersten Nachtlager an. Das Camp steht auf Stelzen im Fluss. Sieben andere Touristen sind bereits da. „Wir wollten gerade schwimmen gehen, kommt ihr mit?", werden wir von einer Argentinierin empfangen. Wir sind von der Hitze nassgeschwitzt, selbstverständlich ziehen wir uns schnellstmöglich um. Auch wenn ich nicht ganz davon überzeugt bin, in der braunen Brühe zu baden, die übrigens auch Piranhas und Krokodile ihr Zuhause nennen. Demensprechend zügig fällt meine Abkühlung aus. Segundo kocht in der Zwischenzeit ein spätes Mittagessen. Es gibt Spaghetti mit hartgekochten Eiern und Brot. Denn: „Spaghetti mögen die Touristen am liebsten", verrät Segundo uns mit verschwörerisch-wissendem Blick. Ansonsten wird das Essen in den kommenden Tagen vor allem zwei

Hauptbestandteile haben: Eier und Kochbananen. Pro Tag und Person kommen wir mindestens auf fünf Eier. Kein Wunder, ein ganzer Eimer muss leer werden. Weniger gut ausgestattet sind wir mit Gemüse und Früchten. Es gibt Tomaten und Zwiebeln als Gemüse, als Obst Bananen, Äpfel und Mandarinen. Da die bereits am ersten Tag so vergoren schmecken, dass sie bald als Schnaps durchgehen, werden die fünf Tage im Dschungel eher vitaminarm. Ab und zu tauschen wir bei anderen Gruppen mal gegen eine Maracuja oder bekommen ihre Ananasreste. Generell haben wir das Gefühl, dass die Guides im Laufe der Zeit untereinander immer stärkeren Lebensmittelhandel betreiben. Am dritten Tag bekommen wir plötzlich Fisch zum Mittagessen, obwohl wir nicht angeln waren. Dafür ist der Sack voller Brötchen, den wir seit Tagen im Boot mitschleppen, plötzlich deutlich kleiner. Man hilft sich halt im Dschungel.

Gegen Abend nimmt die Geräuschkulisse noch einmal deutlich zu. In der Dämmerung sind es die schwarz-gelben Vögel im Baum neben uns, die den Ton angeben. Danach übernehmen Grillen und andere Insekten mit lauten Zirpen. Hundemüde lassen wir uns in den Schlaf singen und zwitschern.

Tag 2 im Dschungel

Der zweite Tag im Dschungel beginnt gut. Bereits am frühen Vormittag sehen wir die Tiere, die für gewöhnlich erst viel tiefer flussabwärts zum Vorschein kommen: rosafarbene Flussdelfine. Zwischendurch begleiten sie uns immer wieder für ein kleines Stückchen, tauchen für den Bruchteil eines Moments aus dem Wasser und verschwinden ebenso schnell wieder. Es ist, als wollten sie uns ärgern. Als wüssten sie genau, dass wir sie unbedingt sehen möchten und als würden sie uns immer mal wieder kurz anlocken, indem sie ihren Rücken zeigen – nur um genauso blitzschnell wieder abzutauchen. Und dann kurz drauf wieder an anderer Stelle ein kleines Stück von sich preiszugeben. Für eine Show im Delfinarium qualifizieren sich diese Exemplare wohl eher nicht. Egal wie sehr ich lauere: bis der Auslöser der Kamera reagiert, sind die Delfine längst wieder unter Wasser. Aber das macht nichts, wir sind schließlich für das echte Erlebnis hier, nicht für die Bilder. Sonst könnten wir auch ja einfach eine Natur-Doku im Kino anschauen.

Ähnlich fotoscheu, wenngleich auf eine andere Weise, sind die Schildkröten. Auch die sind heute gut vertreten. An mindestens vierzig Exemplaren paddeln wir im Laufe des Vormittags vorbei – und bekommen nicht ein gutes Foto zustande. Sie sitzen fast ausschließlich auf aus dem Wasser ragenden Baumstumpfen. Sobald wir näher kommen, lassen sie sich starr ins Wasser plumpsen. „Ich glaube, weil sie auf den Baumstämmen sitzen, bemerken sie die Schwingungen im Wasser, wenn wir mit dem Boot kommen", analysiert Peter. Wie sie meist alle gleichzeitig, synchron ins Wasser fallen, hat etwas. Es ist, als würde jemand eine unbewegliche Porzellanfigur anstupsen, die dann in sich regungslos zur Seite kippt. Wenn ich an Hawaii oder Samoa zurückdenke, wo Meeresschildkröten um uns herum schwammen und für Unterwasser-Selfies posierten, wirken ihre Artverwandten hier im Süßwasser doch etwas bieder.

Am Nachmittag kommen wir im zweiten Camp an. Das Komfortniveau hat rapide abgenommen. Keine Dusche, kein Bett, kein fließendes Wasser oder Strom. Wer sich wieder frisch fühlen möchte, dem bleibt nichts anderes übrig, als in den Fluss zu springen. Wer nachts aufs Klo muss, zieht wegen der tödlich giftigen Schlangen, die jederzeit überall lauern können, Gummistiefel an. Wir und die anderen Gäste schlafen in einem auf Stelzen stehenden offenen Pavillon unter Moskitonetzen auf dem Boden. Hoffentlich zu hoch für ungebetene Gäste. Entsprechend unruhig fällt der Schlaf aus.

Tag 3 im Dschungel

Nach einem regenreichen Morgenspaziergang durch den dichten Dschungel paddeln wir am dritten Tag langsam zurück. Diesmal entgegen der Strömung des Flusses. Nach dem heftigen Regen vom Vormittag sind deutlich weniger Tiere unterwegs. Die Delfine sind wie vom Erdboden verschluckt, die meisten Schildkröten ebenso. Dafür sehen wir diverse Vögel und ein Faultier. Unser Nachtlager schlagen wir dort auf, wo es am Vortag Mittagessen gab. Es ist überraschend leer. Außer uns sind nur die zwei Holländerinnen – Marije und Caroline – mit ihren beiden Guides da. Wir verbarrikadieren uns aus leicht zu erratenden Gründen unter unserem Moskitonetz und nutzen den freien Nachmittag zum Lesen. Ganz in unsere Bücher vertieft, sind auf einmal entzückte Laute von Caroline zu vernehmen: „Kijk hier! Wat lief!" Ich drehe mich um und schließe mich instinktiv ihren Ahh- und Ohh-Rufen an.

Aus dem Wald kommt ihr Guide angelaufen und zwar mit einem Faultier auf dem Arm. Wo hat er das denn her? Beinahe lässt er es unterwegs fallen, hängt es schließlich aber doch zielsicher an den Holzpfahl der Wäscheleine. Ob das wilde Tier das so gerne mag? Ich bin hin und her gerissen zwischen ethischen Grundsätzen zum Umgang mit Wildtieren und dem Verlangen das süße Tierchen zu streicheln. Naja, nun hängt es sowieso erst mal hier und ich kann nicht viel dagegen tun. Also kann ich genauso gut hingehen und es aus der Nähe begutachten. Fotos ja, anfassen gibt's nicht. Das sehen Peter und die Holländerinnen genauso. Und das Faultier auch. Als Marije ihm für ein Foto doch etwas zu nah kommt, holt das Tier zur Ohrfeige aus. Bei den Krallen sicherlich etwas unangenehm. Aber zum Glück hat das Faultier ja nicht ohne Grund seinen Namen. Selbst ein Volltrunkener hätte noch ausreichend Zeit zu reagieren und dem Schlag ganz in Ruhe auszuweichen. Das Faultier bewegt sich in Zeitlupe.

Es stellt sich heraus, dass das Tierchen beim Fällen eines Baums von selbigen gestürzt ist. Zumindest lag es nach Angaben des Guides plötzlich da, als er gerade das Feuerholz für heute Abend organisiert hatte. – Ja, hier im Naturschutzgebiet werden zum Kochen Bäume gefällt. Nachdem unsere Foto-Session beendet ist, gehen wir davon aus, dass der Guide das arme Tier wieder auf irgendeinem Baum absetzt. Doch irgendwie passiert das nicht. Das Faultier hängt weiter faul am Pfahl. Nach einer Stunde merkt auch das Faultier, dass mit einem Lift zurück in den nur 15 Meter entfernten Wald nicht mehr zu rechnen ist. Unter den Blicken der Schaulustigen macht es sich also selbst auf den langen, beschwerlichen Heimweg. Wer seine Kamera noch nicht griffbereit hat, hat nun ausreichend Gelegenheit, noch einmal aufs Klo zu gehen oder sich einen Drink zu holen, bevor er sie hervorkramt. Denn auch Minuten später ist das Faultier gerade mal ein paar Meter weit gekommen.

„Hoffentlich läuft es nicht aus Versehen ins Klohäuschen!“, überlege ich laut. „Super Idee“, scheint sich das Tierchen daraufhin zu denken, macht einige Augenblicke später am ersten Pfosten des Treppengeländers Halt und beginnt zu klettern. In Zeitlupe, versteht sich. „Oh nein! Es denkt, das Geländer sei ein Baum!“, rufen alle aufgeregt durcheinander. Bedenken, wie und wo wir nun unsere Geschäfte verrichten sollen, wenn das Klohäuschen besetzt ist, vermischen sich mit Sorgen darüber, ob das Tier verhungern wird, wenn es irgendwann oben ankommt und feststellt, dass dieser zum Holzhaus mutierte Baum keine Blätter im Angebot hat. Auch das Faultier merkt, dass irgendwas komisch ist und hält inne. Es überlegt und überlegt und überlegt, bevor es irgendwann langsam zur nächsten Bewegung ansetzt. Das Tier entscheidet sich für den weiteren Weg nach vorn und damit direkt ins Klohäuschen. Oh je!

Eine halbe Stunde und eine volle Blase später versuche ich mein Glück und taste mich langsam in den Innenraum des Klohäuschens hervor. Kein Faultier zu sehen. Ich schaue mich um und finde das Tier an der Außenwand des Häuschens hängend. Sehr gut! Es ist wieder auf dem richtigen Weg! Wenn es so weiter macht, ist es in weniger als einer Stunde bzw. weniger als drei Metern wieder auf einem echten Baum. Von diesem enormen Tagesmarsch wird das Tier wohl noch seinen Enkeln berichten!

Am Abend ziehen wir nochmal los. Um Variation in unseren eher einseitigen Bananen-Eier-Speiseplan zu bringen, gehen wir mit Segundo angeln. Im Dunkeln, denn dann schlafen die Fische und man kann sie einfach mit einem Speer erlegen. Vom Kanu aus sehen wir Krokodile – zu erkennen an den orange reflektierenden Augen –, giftige Schlangen und einen ebenso giftigen Skorpion. Von Spinnen erst gar nicht zu reden. Dazu kommen als harmlosere Varianten ein nachtaktiver Affe, eine Ratte und etwas, das einer Maus oder einem Hamster ähnelt. Und wenigstens ein erlegter Fisch fürs morgige Mittagessen. Einfach mit dem Speer erlegen war doch nicht so einfach.

Tag 4 im Dschungel

Morgens starten wir erneut ein paar mehr oder weniger erfolgreiche Angelversuche, um unser Mittagessen aufzupeppen. Den Fisch von gestern Nacht hat Segundo bereits gefrühstückt. Um an eine angeblich besser geeignete Stelle zu gelangen, laufen wir eine halbe Stunde mit Gummistiefeln durch den Dschungel. Unterwegs bleibt Segundo plötzlich stehen und schlägt mit seiner Machete etwas von einem Baum, das wie kleine Kokos-nüsse an einem Strang aussieht. Die vermeintlichen Nüsse werden kurzerhand in zwei geteilt. In ihnen befindet sich eine Art Maden. Segundo pult die Viecher sorgsam heraus und sammelt sie auf einem Blatt, in das er sie anschließend einwickelt und in seiner Hosentasche verstaut. Fehlende Köder sind heute schon mal kein Problem. Wir haben ein ganz anderes, wie sich bald zeigen wird: Angel wie Schnur sind sehr kurz und die großen Fische tummeln sich einfach zu weit entfernt vom Ufer. Eine Stunde später steht fest: Das mit dem Fisch zum Mittagessen wird nichts mehr. Stattdessen gibt es Kochbanane und Ei.

Nach dem Mittagessen paddeln wir weiter zurück. Ziel für heute: das Camp, in dem wir auch die erste Nacht verbracht haben. Darauf freuen wir uns deshalb so sehr, denn es wartet Luxus auf uns. Das Camp hat eine Dusche mit gesammeltem Regenwasser, ein Waschbecken und einen Spiegel. Sogar Strom gibt es zwischendurch über einen Genera-tor. Außerdem gehören Betten zum Inventar, sodass man nicht auf dem Boden schlafen muss. Ein Traum!

Guide Segundo wird auf der Fahrt noch richtig redselig. Er, 43 Jahre alt, ist seit 20 Jahren verheiratet und hat sechs Kinder, eins davon allerdings leider verstorben. Manche seiner Kinder haben bereits eigene Kinder, er ist also Opa. Das Wissen über den Dschungel und die Tiere hat ihm sein Vater beigebracht. Um Guide zu werden, musste er dann nur noch einen dreimonatigen Kurs machen und eine Prüfung ablegen. Doch er erzählt uns nicht nur über sich selbst, sondern plaudert auch aus dem Dschungel-Tratsch-Nähkästchen: von einer Spanierin, die bei einer Nachtwanderung von einer hochgiftigen Schlange in den Fuß gebissen wurde, der sich glücklicherweise in einem – in diesem Fall lebensrettenden – Gummistiefel befand. Von einem Touristen, der während der Guide das Mittagessen kochte, im Wald verschwand und nie wieder auftauchte. Von einem Italiener und zwei Franzosen, die Alkohol und Drogen mit ins Reservat schmuggelten, sich wie Affen benahmen, von denen einer beim Schwimmen Wasser ins Ohr bekam, sie sich daraufhin auf den Kopf hauten und schließlich der Polizei übergeben wurden. Zugegebenermaßen, bei der letzten Geschichte waren unsere Spanischkenntnisse merklich am Limit.

Am Abend darf ich dann endlich den Satz in mein Büchlein notieren, auf den ich seit Tagen warte: „Bevor der Piranha mich frisst, fresse ich ihn." Denn genau das tun wir. Ok, die Situation ist weniger dramatisch, als mein hochkreativer Satz andeutet: Seit Tagen erwähne ich gegenüber Segundo mehr oder weniger beiläufig, dass ich unbedingt einen Piranha essen möchte. Doch leider haben wir kein Netz dabei, was bei dieser Fischart wohl die gängige Fangmethode ist. Normalerweise ist es eher Peter, der an bestimmten Orten unbedingt irgendwelche typischen Gerichte essen muss, aber diesmal habe ich es mir in den Kopf gesetzt, diesen als hochgefährlich und aggressiv geltenden Fisch zu verspeisen. Und heute Abend ist es soweit. Segundo hat ihn irgendeinem anderen Guide abgeluchst. Wir schauen uns unser Exemplar und vor allem sein Gebiss noch einmal gut an, bevor es auf dem Grill landet. So gefährlich sieht die angebliche Bestie gar nicht aus. Und auch ansonsten habe ich keine blutrünstigen Geschichten zu berichten. Und das obwohl wir drei Mal im Fluss gebadet haben. Doch ob gefährlich oder einfach nur ein aufgebauschter Mythos: der Piranha, der eine Stunde später auf unseren Tellern liegt, ist durchaus schmackhaft. Wir können den Amazonas-Dschungel am nächsten Tag beruhigt verlassen. Wir haben nun endlich alle "Must-Dos" und "Must-Sees" abgehakt. Und Segundo hat sich soeben ein höheres Trinkgeld gesichert.

Am Abend machen die schwarz-gelben Vögel wieder ordentlich Lärm, als wir tod-müde in die Betten fallen. Es ist die letzte Nacht im Dschungel und die vorletzte der gesamten Tour. An Tag 5 geht es nur noch die letzten Kilometer flussaufwärts in Richtung Lagunas.

Nach einer allerletzten Nacht in Lagunas, stehen wir pünktlich um kurz vor sieben am Bootsanleger, um die sechsstündige Bootsfahrt zurück nach Yurimaguas anzutreten. Das Boot fährt heute erst um 7 Uhr statt um 5 Uhr, hatte man Peter gestern beim Ticketkauf gesagt. Oder vielleicht auch erst 7:30 Uhr. Diese Information deckt sich mit der der Holländerinnen. Nur dass ihnen zusätzlich noch eine dritte Option mitgegeben wurde: vielleicht kommt das Boot auch schon um 6:30 Uhr. Falls das so wäre, solle sie ein Anruf im Hotel informieren. Die beiden würden dann wiederum bei uns an die Zimmertür klopfen.

Da niemand anruft oder klopft, stehen wir um 7 Uhr zu viert am Anleger. Dort stehen wir auch noch um 8 Uhr. Und selbst um 9 Uhr ist immer noch kein Boot in Sicht. Es gibt nettere Orte zum Warten. Mit weniger Müll, Bänken statt Bordsteinkanten zum Sitzen und weniger aufdringlichen Straßenhunden, denen man ihr hartes Leben schon von weitem ansieht. Langsam ist ganz Lagunas auf den Beinen und es wird wuselig. Ein Telefongespräch zwischen der Dame am Ticketschalter und dem Bootsführer lässt uns folgende Info aufschnappen: das Boot kommt nicht mehr. „Aber was soll ich denn nun machen? Ich habe zehn Tickets verkauft. Die Leute warten", hört man die Dame verzweifelt ins Handy sprechen. Wir können die genaue Antwort akustisch nicht verstehen, doch die Stimme am anderen Ende der Leitung klingt eher desinteressiert. Leicht verzweifelt blickt die Frau in die Runde, als sie das Gespräch beendet.

Eine Lösung ist allerdings schnell gefunden. Alle Tickets werden kurzerhand gegen die des Wettbewerbers umgetauscht. „Das Boot wurde gerade angerufen. Es ist schon ganz nah und kommt gleich", werden wir freudig über die neue Situation informiert. „Ganz nah" und „gleich da" sind in Südamerika erfahrungsgemäß mit viel Spielraum für Interpretation behaftet. Man könnte darunter verstehen, dass das Boot innerhalb der nächsten Viertelstunde eintrifft. Oder der nächsten halben. Oder, wie im realen Szenario, nach zwei weiteren Stunden.

Dass das Boot nun wirklich kommt, merkt man zuerst am plötzlichen Gewusel. Die Straßenverkäufer werden ganz nervös und laufen hektisch mit ihren Körben ans Ufer. Jeder will der Erste. Als das Boot endlich anlegt, ist kein Durchkommen. Aufgeregte, bisweilen verzweifelt wirkende Verkäufer blockieren jeglichen Zugang. Die Passagiere, die aussteigen wollen, schaffen es kaum von Bord, denn die Verkäufer haben bereits geentert und drängen unbeirrt ins schmale Bootsinnere. Wollen die alle mitfahren? Nein, die wollen nur ihre Snacks und Erfrischungsgetränke an die Passagiere verkaufen, die bereits seit Stunden unterwegs sind und für die Lagunas noch nicht Endstation bedeutet. Stünden wir selbst nicht vollbepackt mittendrin, gäbe die Szene sicherlich ein lustiges Bild ab. Die Innenarchitektur des Boots ähnelt der eines Flugzeugs. Ein schmaler Gang in der Mitte, links und rechts je zwei Sitzplätze, Kapazität für insgesamt 70 Passagiere. Normalerweise würde man nun von vorne nach hinten durchlaufen, bis man einen der wenigen noch freien Plätze findet, und sich setzen. Das wäre ein normaler, geordneter Einsteigeprozess. Doch es ist Stau. Schätzungsweise 30 verkaufstüchtige fliegende Händler blockieren den engen Gang. Dazwischen neue Passagiere auf der Suche nach Sitzplätzen.

Vier davon: Marije, Caroline, Peter und ich. Es gibt kein vor und kein zurück. Dazu kommen Hindernisse in Form von Fernsehern, die etwa auf Kopfhöhe ebenfalls mitten im Gang hängen.

Es läuft ein Westernstreifen, verstärkt durch externe Boxen in einer Lautstärke, die man sonst nur aus Wohnzimmern schwerhöriger Senioren kennt. Sehr schwerhöriger Senioren. Doch das Chaos hat seinen Höhepunkt noch nicht erreicht. Denn als alle Verkaufstransaktionen beendet sind, müssen die 30 Verkäufer mitsamt ihrer Waren wieder von Bord. Und zwar durch den Vordereingang. Hier stecken aber immer noch die auf ein Durchkommen wartenden Passagiere fest, konkret zum Beispiel wir. Es ist ein Quetschen, Schieben und Drängeln bis alle Verkäufer es endlich raus geschafft haben und man nun tatsächlich noch ein paar freie Sitze erspähen kann. Meiner direkt unter einer der Boxen. Das kann eine lange Fahrt werden...

Sollte das mit den Fernsehern nun nach einem modernen luxuriösen Boot klingen, war das mein Fehler. Der Seelenverkäufer ist gerade eben vertrauenswürdig genug, um damit einen teilweise mehrere Hundert Meter breiten Fluss zu durchfahren, der unter anderem Krokodile beheimatet. Von einer der oberen Handgepäckablagen hängt ein Huhn. Ich halte es für tot, aber später wird mir die Lebendigkeit von Marije und Caroline, die ein paar Plätze näher dran sitzen, bestätigt. „Es hat zwischendurch sogar ein Ei gelegt“, wissen sie zu berichten. Abgesehen von der Dauerbeschallung durch die Fernseher ist die Fahrt überraschend ok. Es ist weder stickig heiß, noch überklimatisiert. Irgendwann laufen sogar zwei Typen wie Stewardessen durch die Reihen. Jeder bekommt eine Packung Cracker und ein Pfirsichsaft-Trinkpäckchen. Das sind immerhin eine Packung Cracker und ein Trinkpäckchen mehr als bei Eurowings oder Ryanair.

Der Western-Film à la Winnetou ist zum Glück irgendwann vorbei. Aber nach dem Film ist vor dem Film, es geht natürlich direkt weiter. Die Wahl fällt auf „Tränen der Sonne“. Ein amerikanischer Actionfilm, in dem Held Bruce Willis andere Amerikaner aus dem Bürgerkriegs-verseuchten Nigeria befreit. Es wird viel gemetzelt. 80 Prozent der Zeit sieht man rohe Gewalt und Brutalität, pure Verzweiflung, Elend, Tod und Blut auf dem Bildschirm. Eingepackt in amerikanischen Helden-Epos und mit melodramatischer Musik untermalt. Ich überlege, ob der Film ab zwölf oder 16 Jahren freigegeben ist und tippe auf letzteres. Die neue Filmauswahl ist durchaus interessant vor dem Hintergrund, wie viele Kinder an Bord sind. Wer nicht gerade schläft, schaut allein schon wegen der Lautstärke automatisch mit. So wie zum Beispiel die drei Passagiere im Kindergartenalter vor mir. Gebannt starren sie auf den Bildschirm, wo seit zehn Minuten nur noch explodierende Handgranaten sowie davon zerfetzte Körper zu bestaunen sind. Daneben sitzen die Mamas und schauen mit. Ich muss bei Gelegenheit mal meine eigene Mama fragen, warum ich immer nur die Gummibärenbande oder Chip & Chap gucken durfte. In Peru ist man da wohl weniger streng.

Nach sechs langen Stunden kommen wir am Nachmittag endlich in Yurimaguas an. Nun heißt es nur noch einen Minibus oder sonstige Mitfahrgelegenheit zu finden, um weitere dreieinhalb Stunden bis nach Tarapoto zu fahren. Abgesehen von Frühstück und den Crackern haben wir noch nicht viel gegessen, aber dafür bleibt auch keine Zeit, wenn wir nicht riskieren wollen zu stranden. Statt eines Minibusses nehmen wir spontan für nur wenige Euros mehr zu viert ein Taxi. Der Fahrer verspricht, in nur zweieinhalb Stunden in Tarapoto zu sein. Das wäre eine Stunde schneller als der Bus. Und der hat auf der Hinfahrt schon wirklich nicht getrödelt... Ich glaube dem Mann also kein Wort. Zu viele extra schnelle Expressfahrten wurden mir in meinem Backpacker-Leben bereits versprochen und nicht ein einziges Mal gehalten. Doch diesmal soll ich mich irren. Der Fahrer hat sich ein Ziel gesetzt und das gilt es zu erreichen.

Die erste Stunde ist noch ok, es geht vorwiegend geradeaus bei mäßig viel Verkehr. Doch dann wird es irgendwann bergiger und damit starten die Serpentinen. Der Fahrer saust durch die Kurven als ginge es um Leben und Tod. Das ist durchaus metaphorisch UND wortwörtlich zu verstehen. Es gibt nur zwei Optionen: entweder wir kommen innerhalb der zugesagten zweieinhalb Stunden an oder nie. Dazwischen gibt es nichts. Ich merke, wie mein Gesicht die Farbe verliert und ich all meine Konzentration darauf verwenden muss, mich nicht zu übergeben. „Gut, dass wir nichts zu essen hatten“, merkt nun auch Marije mit zittriger Stimme an. Da man auf den hinteren Sitzen praktischerweise die lästigen Anschnallgurte entfernt hat, fliegen wir in jeder Kurve wie im Musik-Express auf der Kirmes wild hin und her. Obwohl wir so schnell sind, zieht sich die Fahrt. Kreidebleich, aber noch am Leben, steigen wir nach zwei Stunden und 25 Minuten in Tarapoto aus dem Auto.

Die Zivilisation hält allerdings nicht, was sie verspricht. Obwohl wir zurück in einer nennenswert großen Stadt mit hippen Restaurants und vielen Unterkünften sind, bleibt das Komfortlevel weit unterhalb der Erwartungen. Am ersten Abend ist noch alles fein und wir freuen uns über die Annehmlichkeiten eines bequemen Betts. Doch in der Nacht regnet es so stark, dass sowohl Strom, als auch Wasser ausfallen. Im ganzen Viertel ist die Versorgung unterbrochen. Die Mitarbeiter unseres Hostels tun ihr Allerbestes und statten sämtliche Zimmer mit Taschenlampen aus, stellen Kerzen im Flur auf und besorgen Wasserkanister fürs Bad. Der Hostel-Besitzer macht indes die Zuständigen kurz und klein. Ständig höre ich ihn mit dem Stromanbieter telefonieren. Interkulturelles Learning: Peruaner meckern inkompetente Hotline-Mitarbeiter genauso an, wie wir es in Deutschland tun. Sätze wie: „Das haben Sie schon vor ein paar Stunden versprochen und nichts ist passiert“, oder: „wofür zahle ich eigentlich?“, werden verärgert in den Hörer gebrüllt. Würden sie miteinander kein Spanisch sprechen, könnte das Gespräch so eins zu eins an einer beliebigen Hotline in Deutschland stattfinden.

Auch wenn in der Hostel-Küche mit Gas gekocht wird, machen Peter und ich uns lieber in das mit Strom versorgte Stadtzentrum auf, um dort Essen zu gehen. Die Mittagsangebote sind einfach unschlagbar! Selbstgekochte Nudeln mit Tomatensoße wären nicht günstiger, aber nur halb so lecker. Wir entdecken ein unscheinbares vegetarisches Restaurant, dessen Essen uns als eins der besten in Peru in Erinnerung bleiben wird. Für keine drei Euro erhalten wir ein köstliches Dreigänge-Menü inklusive Getränk.

Dass man hier das beste Mittagessen für kleines Geld bekommt, hat sich unter den Reisenden in Tarapoto bereits rumgesprochen. Am Nebentisch sitzt eine Frau, die ich als Deutsche verdächtige, da sie ständig auffällig unauffällig in unsere Richtung lauscht. Als Peter zur Toilette geht, spricht sie mich an. Im Handumdrehen hat sie mich in ein Gespräch verwickelt. In ein sehr esoterisches Gespräch. Ich erfahre, warum es in Tarapoto ein so überraschend gutes Angebot an Hostels und veganer Küche gibt. Scheinbar befinden wir uns nämlich mitten im spirituellen Zentrum Perus. Hippies und Sinnsuchende aus aller Welt kommen hierher, um Körper und Geist zu reinigen, mit der Vergangenheit Frieden zu schließen oder etwas über ihre Zukunft zu erfahren. Auch meine neue Bekanntschaft ist aus irgendeinem solchen Grund hier. Sie kommt gerade von einer Ayahuasca-Zeremonie im Dschungel, von der sie nun unaufgefordert und detailreich berichtet. Ayahuasca ist ein bräunlich-bitterer Tee, den Schamanen in Südamerika seit Jahrtausenden konsumieren, um ihren Geist zu öffnen und Visionen zu bekommen. Nun trinken ihn auch Esoteriker und erfahrungshungrige Backpacker bei den Zeremonien im Amazonas-Dschungel. So wie die Mitte-30-Jährige mit ihren Dreadlocks und der Pluderhose vor mir. Sie ist ganz begeistert, aber auch immer noch verwirrt, wie sie mir berichtet. Das merkt man. Auch wenn sie behauptet, in Peru zu leben, halte ich sie eher für eine Backpackerin, die halt irgendwann hier hängengeblieben ist. Sie versucht, uns für die vielen spirituellen Angebote in der Stadt zu begeistern. Noch bevor ich darauf eingehen oder sie fragen kann, ob es auch irgendwo Yoga gibt, verfällt sie jedoch in einen Monolog über energetische Schwingungen. Ich lerne, alle mir gesetzten Ziele unbedingt bis zum 20. April 2020 umsetzen zu müssen, da in dieser Zeit besonders viel Energie vorhanden sei. Wegen der Zahlenkombination im Datum und weil 2020 das Jahr des Mondes ist. Nach

April kommt noch Pluto vorbei. Der hat zwar auch viel Energie, aber wohl nicht so gute. Er macht viele auch wütend. Oder so ähnlich. „Gestern zum Beispiel war ganz viel Energie zu spüren. Heute auch, weil Vollmond ist. Der bringt immer viel Energie." Aha. Und wo ist diese Energie und warum in aller Welt schafft sie es nicht in den Strom-Kreislauf unseres Hostels? Oder noch viel wichtiger: in den Motor unseres Campervans?

Wir entkommen der Spirituellen schließlich und machen uns auf den Rückweg zum Hostel. Tatsächlich gibt es irgendwann im Laufe des Abends wieder Strom und Wasser. Ob der Mond oder der Kalender dafür verantwortlich sind oder einfach nur die Leitungen repariert wurden, bleibt unklar. Und so könnten wir bei unseren freundlichen Gastgebern noch ewig im gemütlichen Hostel chillen, wenn da nicht noch etwas wäre: unser Auto, das hoffentlich noch immer in der Werkstatt auf uns wartet. Und das hoffentlich in einem besseren Zustand als wir es zurückgelassen haben.

Als Peter am nächsten Morgen von der Werkstatt zurückkommt, fällt seit Fazit gemischt aus. Das Auto und sein Inhalt sind noch da und auch das benötigte Ersatzteil ist eingetroffen. Soweit die Habenseite. Das Ersatzteil auch einzubauen, hatte bisher allerdings wohl keine Priorität. „Ich musste richtig Druck machen, dabei sah es nicht so aus, als hätten die super viel anderes zu tun und außerdem hatten die ja bereits mehrere Tage Zeit", meckert Peter resignierend. „Wir haben nun verabredet, dass es bis morgen Mittag fertig sein soll. Mal gucken…"

Am nächsten Tag macht Peter sich erneut auf den Weg. Ich warte solange im Hostel, denn es macht wenig Sinn, unser ganzes Zeug im Mototaxi zur Werkstatt zu bugsieren, wenn wir nicht wissen, ob Javier diesmal Wort hält und unser Auto tatsächlich wieder fährt. Doch das tut er. Kurze Zeit später stehen Peter und unsere vier Räder wieder vor der Tür. „Also ganz in Ordnung ist der Wagen immer noch nicht. Er fährt erstmal wieder, aber wir müssen in Lima auf jeden Fall nochmal in die Werkstatt", lautet das durchwachsene Fazit. Hoffen wir das Beste!

Die Anden: Das Dach Südamerikas

Wir wagen uns schließlich mit unserem halbfitten Camper auf die lange Überfahrt über die Anden in Richtung Lima. Die Holländerinnen waren zuvor auf demselben Weg mit dem Bus gekommen. Beim Schwelgen in den Erinnerungen an die Fahrt wirkten sie nicht allzu wehmütig. Zwei Stunden fliegen klingen dagegen verlockend... Aber es nützt nichts und so machen wir uns nach einem letzten Mittagessen bei unserem neuen Lieblingsrestaurant auf den Weg. Die erste Stunde verläuft ohne besondere Vorkommnisse, doch schon bald werden wir in unserem Optimismus ausgebremst. Eine Schranke an einer Baustelle versperrt uns den Weg. Rasten die Autofahrer in Deutschland schon aus, wenn die mobilen Baustellenampeln ganze fünf Minuten lang Rot zeigen, so lernt man in Südamerika, was Geduld wirklich bedeutet. „Bis 16 Uhr geschlossen", steht auf einem Schild geschrieben. Das ist in zwei Stunden und bis dahin bleibt uns die Weiterfahrt verwehrt. Uns und den anderen Pechvögeln bleibt nichts anderes übrig als in der tropischen Mittagshitze Pause zu machen.

Um kurz vor vier kommt dann schlagartig Bewegung in die Sache. Hektik liegt in der Luft. Es ist wie kurz vor einem Autorennen. Alle bringen sich hochkonzentriert in Startposition. An ein Rennen erinnert auch die Staubwolke, die sich bildet, als die Schranke endlich geöffnet wird und alle Autofahrer wie die Irren losrasen. Nach diversen Versuchen springt auch unser Motor an und wir düsen dem Pulk mit Vollgas hinterher. Spätestens jetzt wird klar, dass der erneute Werkstattbesuch unser Problem immer noch nicht wirklich gelöst hat. Zum Glück sind die Polizisten an den regelmäßigen Kontrollposten mit ihren Handys beschäftigt und geben keinerlei Anzeichen, sich für die Einhaltung der Höchstgeschwindigkeit in dieser nicht enden-wollenden Baustelle zu interessieren. Dass wir uns noch immer in dieser befinden, wird uns regelmäßig bewusst, wenn scheinbar willkürlich zwischendurch abrupt ein paar Meter Straßenbelag fehlen.

Im Laufe der Fahrt verringert sich unsere Durchschnittsgeschwindigkeit stetig. Das hat ausnahmsweise wenig mit unserer Technik, sondern vielmehr mit den Straßengegebenheiten zu tun. Die Baustelle liegt hinter uns und nun fehlt der Asphalt durchgängig. Obwohl wir inzwischen im Schneckentempo unterwegs sind, verändert sich die Landschaft um uns herum stetig. Aus Palmen werden Bäume, aus tropischen Wäldern Berge. In solch einer Berglandschaft lassen wir uns am frühen Abend nieder. Es ist tatsächlich das erste Mal, dass wir in Südamerika richtig wildcampen. Und erst das zweite Mal, dass wir im Auto statt im Zelt schlafen. Oder im Hotel. An Ausreden waren wir bisher nicht verlegen: zu warm, zu kalt, zu regnerisch, zu unsicher. Oder es gab einfach keinen geeigneten Ort. Heute ist aber alles anders. Das Wetter ist perfekt, die Landschaft wunderschön und ein Hotel ist sowieso weit und breit nicht in Sicht. Wir bauen unser Lager mit Blick auf die Berge auf und kochen Abendessen. Um halb sieben wird es dunkel und so verkriechen wir uns ins Bett. Spätestens jetzt wird uns ein weiterer Grund, warum wir bisher so selten im Auto geschlafen haben, wieder bewusst: Nicht nur unsere steinharte Matratze könnte weicher sein, auch nach oben gäbe es Raum für Verbesserung. Im wahrsten Sinne des Wortes, denn bisher war das Schlafen in unserem Camper wie Probeliegen im eigenen Sarg. Schätzungsweise fünf oder sechs Zentimeter trennen in Rückenlage Nase und Autodach. Das sorgt nicht nur für einen heiteren Anblick beim allmorgendlichen Versuch, sich irgendwie aus der Seitentür herauszuschälen, sondern ist auch sonst nicht gerade praktisch oder gar bequem. Der Versuch im Bett noch etwas zu trinken, scheitert, sobald die Flasche nicht mehr randvoll ist und über einen bestimmten Winkel hinaus gekippt werden müsste.

„Warum hat der Vorbesitzer das Bett nur so hoch gebaut?", fragen Peter und ich uns immer wieder. Eine Antwortmöglichkeit drängt sich auf: die Aufbewahrungsboxen, die unter dem Bett lagern, sind ziemlich hoch. „Ich wette, der hat erst die Boxen gekauft und dann das Bett drum herum gebaut", scherze ich und merke während ich es ausspreche, dass genau das vermutlich stimmt. Und so liegt auch die Lösung auf der Hand. Wir müssen das Bett umbauen, wenn wir von nun an endlich wieder Vanlife machen und nicht Zeltcamper bleiben wollen. Peter und ich sind uns einig und so ist die Sache schnell beschlossen. Sobald wir irgendwo einen Akkuschrauber und eine Säge finden, wird aus unserem noch immer namenlosen Auto ein Camper gemacht, der diese Bezeichnung auch verdient.

Nach dem Frühstück geht es weiter. Bis zum Ziel liegen noch mehr Kilometer vor uns, als uns lieb ist. Wenigstens der Ausblick aus dem Fenster versüßt uns weiterhin die Fahrt. Aus Bergen mit Bäumen und Büschen werden Berge mit Gras. Die Kulisse erinnert an Irland. Irgendwann wird aus Irland eine kargere, mondartige Landschaft. Weniger grün, mehr braun. Doch auch das vergeht. Nach der Mondlandschaft landen wir in einer Umgebung, die an Indiana Jones-Filme erinnert. Rotbraune Schluchten an reißenden Flüssen – und selbst Palmen sind vereinzelt wieder Teil der Szenerie. Riesige Kakteen mit gelben Blüten und langen, dicken Stacheln wachsen entlang des Weges. „Sicherlich fühlen sich hier auch Skorpione und Schlangen wohl", überlegen wir zögerlich und beschließen, unser Nachtlager erst eine Vegetationszone weiter aufzuschlagen. Die stellt sich als Canyon-Landschaft ohne jeglichen Grüntupfer heraus. Eine Stunde später gibt es wieder Bäume, dann erneut nur noch Gras. Inzwischen befinden wir uns wieder weit oberhalb der Baumgrenze. Hoch = kalt, aber inzwischen ist es stockfinster und so schnell geht's nicht mehr ins Tal.

Wir isolieren die Autofenster mit Isomatten und springen dem Kältetod so tatsächlich von der Schippe. Spätestens beim Kochen wird klar: es wird eine unruhige Nacht auf über 4000 Metern werden. Die Luft ist nicht nur bitterkalt und vom Nieselregen feucht, sondern auch so dünn, dass das Wasser auf dem Gaskocher einfach nicht kochen will. Nach einer Dreiviertelstunde geben wir auf uns essen das wohl schlechteste Nudelgericht der Welt: eine geschmacklose Teigpampe mit Gemüse. Die Laune sinkt in einen Bereich, der ähnlich niedrig liegt, wie die Temperaturen. Auch unsere Körper bekommen die dünne Höhenluft zu spüren. Selbst im absoluten Ruhezustand atmen wir so schnell und schwer wie sonst nur beim Treppenrennen in den zehnten Stock. Es wird eine schlaflose Nacht.

So schreiten die Tage in der Einöde voran, ohne dass wir das Gefühl haben, bald am Ziel anzukommen. Abgesehen von der „Straße", die zwischenzeitlich kaum mehr als solche zu identifizieren ist, sorgen Verkehrsteilnehmer wie Schweine, Esel, Pferde, Kühe, Hunde und Schafe dafür, dass wir uns mit einer Durchschnittsgeschwindigkeit von gerade mal 30 km/h vorankämpfen. Ab und zu passieren wir die Dörfer der indigenen Bergvölker. Die meisten Häuser sind aus Lehm gebaut und die Menschen tragen traditionelle Kleidung. Was die Leute wohl über uns denken, wenn wir bequem mit unserem Geländewagen durch ihr Dorf fahren? Und sie selbst Strohballen und andere Güter auf dem Rücken von A nach B tragen?

Gut jedenfalls, dass wir zuvor genügend Lebensmittel eingekauft haben, denn von der Fülle an Obst und Gemüse, wie es sie in den Markthallen gab, ist hoch oben in den Anden nichts mehr zu spüren. Auch die Tankstellen sehen in dieser Region ein wenig anders aus als gewohnt und sind für den Laien schwer als solche zu erkennen. In einem stinknormalen Haus befindet sich hinter einer Haustür ein Zimmer, das an eine Werkstatt oder einen Stall erinnert. In diesem befinden sich mehrere Benzintanks. Durch die Tür wird dann fahrzeugabhängig entweder wie bei einer normalen Zapfsäule ein Schlauch verlegt oder alternativ die gewünschte Benzinmenge vom Behälter in einen großen Eimer abgefüllt und dann wiederum mittels eines Trichters in den Fahrzeugtank gekippt. Ist der Vorhang beendet, wird die Tür wieder verschlossen und nichts von außen erinnert mehr an eine Tankstelle.

Doch trotz Benzininfrastruktur wird es nach drei Tagen Fahrt durchs Niemandsland Zeit, dass wir wieder in eine nennenswerte Stadt kommen. Uns gehen die Ressourcen aus. Als erstes das Wasser, doch das lässt sich lösen. Es gibt genug kleine Gebirgsbäche, denen wir spontan Trinkwasserqualität attestieren und unsere Kanister auffüllen. Viel kritischer sind zwei weitere Engpässe. Zum einen geht uns das Gas zum Kochen aus. Bereits seit Wochen versuchen wir aufzustocken, aber kein Baumarkt oder noch so gut ausgestatteter Supermarkt hatte passende Kartuschen im Sortiment. Und noch dringlicher: die letzte Rolle Klopapier ist aufgebraucht. Noch genau vier Taschentücher trennen uns vom Super-Gau.

An Tag 4 ist es am frühen Nachmittag zum Glück dann endlich soweit. In der Ferne sehen wir Weiß. Schnee. Und der bedeckt die Dächer von etwas, das wir mit viel Wohlwollen als Stadt durchgehen lassen. Zumindest gibt es einen Tante-Emma-Laden, um das nötigste aufzustocken. Wir übernachten in der Zivilisationsoase, bevor es noch einmal richtig hoch nach oben geht...

An Tag 5 kommen wir endlich an unserem ersten Ziel in den Anden an: dem Huascarán Nationalpark. Wir erreichen den Bergkamm auf knapp 5000 Metern. Ein traumhafter Blick über die Bergregion eröffnet sich vor uns. Waren wir vor wenigen Tagen noch in den heißen Tropen, so liegen nun grüne Wiesen und schneebedeckte Gipfel vor uns. Den nötigen Farbklecks in der Kulisse verleihen türkisblaue Lagunen. Die Straße führt uns wieder ein paar Hundert Meter runter und damit unterhalb der Schneegrenze.

Nachdem wir unser Auto auf dem Campingplatz des Nationalparks abgestellt haben, geht es los. 15 Kilometer Wanderung bis auf 4604 Metern Höhe. Ziel: Die in der Region berühmte Laguna 69. Da wir seit Wochen vorwiegend im Auto oder Kanu sitzen und in diesen Höhen der Sauerstoffgehalt in der Luft sehr gering ist, wird das Vorhaben zu einer körperlich größeren Herausforderung als gedacht. Wir sind noch nicht mal einen Kilometer unterwegs, da würde ich am liebsten die erste Pause einlegen. Jeder Schritt ist eine Qual. Das Herz überschlägt sich fast vor Anstrengung und ich komme mir vor, als wäre ich 30 Jahre älter und 40 Kilogramm schwerer, als Personalausweis und Waage behaupten. Immer und immer wieder bezweifle ich, dass wir es ans Ziel schaffen werden. Dabei sind es nur 15 Kilometer! Nach etwa der Hälfte der Strecke, die vorwiegend bergauf verläuft, kommen uns die Tour-Gruppen entgegen, deren Busse wir bereits an der Straßen parken gesehen haben. Hunderte Menschen laufen auf uns zu. Auch wenn wir unseren Camper oft verfluchen könnten – in diesem Moment sind wir heilfroh, zeitlich so flexibel zu sein, dass wir den Weg nicht mit den Massen teilen müssen. Sobald sie an uns vorbei sind, teilen wir ihn wieder lediglich mit den vielen Kühen, die selbst mit zunehmender Höhe nicht weniger werden. Ein schöneres Leben als hier kann ein Rind wohl kaum haben: Freilaufend in der Herde und mitten in der Natur mit reichlich Gras und Sträuchern.

Nach einem letzten steilen Anstieg haben wir das scheinbar Unmögliche geschafft: vor uns erstreckt sich die türkis-blaue Lagune, im Hintergrund ragen schneebedeckte Berggipfel in noch höhere Höhen. Traumhaft! Und wie erhofft sind wir allein. Nur ein paar Vöglein leisten uns beim Picknick Gesellschaft. Und eine Kuh kommt kurz zum Baden in der Lagune vorbei, läuft dann aber doch schnell weiter, als sie uns entdeckt.

Der Rückweg geht erwartungsgemäß deutlich schneller, schließlich geht es von nun an nur noch bergab. Total erschöpft, aber glücklich kommen wir an unserem Camp an.

Das Glück über unser Comeback als Wanderer gepaart mit der spektakulären Natur wird jedoch schnell getrübt. Während wir es uns im Camp gemütlich machen, bekomme ich Kopfschmerzen. Erst nur leicht, aber ein Abwärtstrend ist schnell erkennbar. Und dann geht plötzlich alles ganz schnell. Ich merke, wie sich innerhalb von Minuten ein Migräne-artiger Schmerz einstellt. „Lass schnell essen, ich möchte mich hinlegen", bitte ich Peter. Ein paar Gabeln Nudeln später kann ich auch nichts anderes mehr. Ich krabbele in den Camper ins Bett. Es fühlt sich an, als ob mein ganzes Gehirn verkrampft. Und mir ist schlecht. Ist das einfach eine Migräne oder tatsächlich die berüchtigte Höhenkrankheit? „Trink mal was", reicht Peter mir die Wasserflasche. Ein bisschen mehr Wasser wäre bei der Anstrengung heute wohl wirklich nicht schlecht gewesen, denke ich zustimmend und nehme einen großen Schluck. Ich kann gerade noch schnell genug das Fenster runter kurbeln, bevor mein Körper das Wasser offenbar als Gift einstuft und sich vorsichtshalber entleert. So geht es die kommenden Stunden weiter. Die Höhenkrankheit, die wir inzwischen sicher als solche einstufen, hat mich voll im Griff. Mein Kopf ist ein einziger Krampf, ich weine und wälze mich vor Schmerzen. Um 22:51 Uhr startet Peter den Motor und damit meine Rettung. Eine halbe Stunde fahren wir durch die stockdunkle Nacht bergab. Vorbei an Landschaften, die bei Tageslicht sicherlich wunderschön anzuschauen gewesen wären, aber die Prioritäten lassen das nicht zu. Hauptsache nach unten. Ich vegetiere auf dem Beifahrersitz, während Peter sein Bestes gibt, im Dunklen nicht vom Weg abzukommen.

Irgendwann, mehrere Hundert Höhenmeter tiefer, finden wir eine Abzweigung und biegen ein. Es ist der Parkplatz einer Brauerei, die hier ihre Außenstelle für Tagestouristen hat. Mir geht es noch immer hundeelend, aber ich merke, wie die Krämpfe langsam nachlassen. Irgendwann schlafe ich tatsächlich ein. Als ich am nächsten Morgen aufwache, fühle ich mich, als hätte ich am Vorabend von den Produkten der Brauerei, an der wir campieren, regen Gebrauch gemacht. Mein Körper fühlt sich wie nach einer durchzechten Nacht ordentlich verkatert an. Doch sonst bin ich wieder fit. Más o menos, mehr oder weniger.

Um meinem Körper klarzumachen, wer die Hosen anhat und dass er sich in den Anden besser an hohe Höhen gewöhnen sollte, fahren wir noch am gleichen Tag zurück in die Berge. Diesmal zu einer anderen Lagune auf „nur" 4300 Metern Höhe. Die Höhenkrankheit sieht ein, dass sie nicht willkommen ist und bleibt von da an ein für alle Mal verschwunden. Glück gehabt!

Knapp eineinhalb Jahre ist es her, dass wir bei einer Flasche Rotwein unsere Reisewünsche und Träume auf Post-Its geschrieben und an eine Weltkarte an der Wand geklebt haben. Vieles davon haben wir seitdem erlebt, anderes ist noch offen. Zum Beispiel die Besteigung eines 5000er-Gipfels. Wunsch von Peter und hier in den Anden relativ einfach zu verwirklichen.

Vielleicht liegt es am höhenbedingten Sauerstoffmangel im Gehirn, aber irgendwie habe ich vor wenigen Stunden leichtsinnig einer Gletscherbesteigung zugestimmt. Die Tour ist gebucht und bezahlt. Ups... Aus der Sache komm ich wohl nicht mehr raus.

Am Vortag bin ich höchstnervös. Warum habe ich nur gesagt, dass ich mitkomme? Was, wenn ich wieder Höhenkrankheit bekomme? Oder mir meine Finger und Zehen vor Kälte absterben? Das tun sie im Winter ständig und da oben liegen Schnee und Eis. Was wenn ich nicht fit genug bin? Erst jetzt wird mir bewusst, dass von meinem Gelingen auch Peters Erfolg der Gipfel-Erklimmung abhängt. Wenn ich abbrechen muss, wird vielleicht die ganze Tour abgebrochen. Wenn ich es nicht schaffe, schafft es keiner. Damit bin ich wohl Risikofaktor Nummer 1, wenn Peter sein Ziel – den Gipfel – morgen erreichen will. Mist! Unruhig döse ich ein paar Stunden im Halbschlaf bis um 2:35 Uhr in der Früh der Wecker klingelt. Um 2:51 Uhr ist das Auto da, das uns um 3:00 Uhr abholen soll, und fängt an wild zu hupen.

Bevor die ganze Nachbarschaft aufwacht, steigen wir schnell ein. Meine Nackenstütze erweist sich als nützlichstes Mitbringsel des Tages, um bis zu unserer Ankunft am Fuß des Gletschers wenigstens ein bisschen Schlaf nachzutanken. Dort angekommen, gibt es erstmal Frühstück. Jeder bekommt ein Brötchen und eine Tasse Koka-Tee. Das sind die Blätter, aus denen auch Kokain hergestellt wird. Sie sind bekannt für ihre Wirkung gegen Höhenkrankheit. Und ganz nebenbei wärmt der warme Tee auch meine bereits grenzwertig frierenden Finger. Doch nicht nur die sind kalt. Mein ganzer Körper ist unkontrolliert am Zittern. Dabei sind wir noch nicht mal richtig gestartet. Vorsichtshalber ziehe ich eine weitere Fleece-Jacke über mein T-Shirt, meinen Ski-Rolli, meinen Fleece-Pulli und unter meine Winterjacke an. Es ist kein Gramm Stoff zu viel für die hier herrschenden Temperaturen. Nach einem kurzen Schock darüber, dass ich die schweren Schneeschuhe und Eispickel selbst den Berg hochschleppen muss, bis sie zum Einsatz kommen, schlappen wir endlich los. Wir, das sind Peter und ich, der Fahrer, der auch der Guide ist, und ein in Spanien lebender Peruaner, der gerade auf Heimatbesuch ist.

Wir starten auf einem holprigen Wanderweg über Felsen und Geröll. Nach einer Stunde gelangen wir an die Schneegrenze. Hier wechseln wir von Wanderschuhen in

Schneeschuhe mit Steigeisen. Außerdem werden wir mit einem Seil aneinandergebunden. Meter für Meter quälen wir uns steil bergauf. Bei jedem Schritt sacken wir bis zum Oberschenkel in den Schnee ein. Körperlich wie mental ist es wahnsinnig anstrengend und furchtbar kalt. Doch irgendwann ist das Ende in Sicht und gibt einen letzten neuen Energieschub. Mir zumindest. Der Peruaner hingegen gibt auf. Etwa 50 Meter vor dem Gipfel bleibt er auf einer Anhöhe sitzen. Der Guide knotet ihn aus unserer Seilkette und so laufen wir nur noch zu dritt die letzten Meter den Berg hinauf. Es tut mir leid für ihn und gleichzeitig bin ich überrascht, nicht das schwächste Glied der Kette gewesen zu sein.

Und dann sind wir plötzlich da. Wir haben es geschafft und stehen auf 5150 Metern über dem Meeresspiegel auf dem Gipfel des Nevado Mateo. Uns bleibt nur kurz Zeit, um das atemberaubende 360-Grad-Panorama der schneebedeckten Berge zu genießen, denn die Sonne zieht auf und lässt den Schnee schmelzen. Das bedeutet Lawinengefahr. Aus diesem Grund waren wir auch so unglaublich früh gestartet. Schnell die Eispickel für ein Erinnerungsfoto in die Höhe schwingen, dann geht es schon wieder bergab.

Beim Abstieg ist es der Peruaner, der uns immer wieder aufhält und nicht durch den Schnee kommt. „Beeilt euch, es wird bald gefährlich“, drängelt der Guide. Da wir immer noch aneinandergebunden sind, kommt ständig irgendjemand ins Schleudern. Ist der Vordermann zu schnell, wird man gezogen und fällt hin. Ist er zu langsam, stolpert man leicht über das Seil. Es dauert ein ganzes ein Weilchen, aber irgendwann kommen wir unbeschadet am Auto an. Kaum zu glauben: We did it! Noch unglaublicher: I did it!

Zurück in Huaraz machen wir uns wie beschlossen daran, unseren Camper zu optimieren. Peter findet eine Tischlerei, baut das Bett auseinander und lässt sämtliche Holzlatten zehn Zentimeter kürzen. Wie sagte bereits Neil Armstrong? „Es ist ein kleiner Schritt für einen Menschen, aber ein gewaltiger Sprung für die Menschheit." Nur ist es bei uns genau umgekehrt. Der Menschheit sind unsere neugewonnen zehn Zentimeter wohl recht egal, aber für Peter und mich bedeuten sie enorm viel neue Freiheit.

Unser Auto hat aber nicht nur eine mehr oder weniger neue Inneneinrichtung, sondern verdient sich auf der Weiterfahrt von Huaraz nach Lima auch endlich einen Namen: Angustia. Das ist laut Übersetzer-App die spanische Version für das englische Wort „Trouble“. Angesichts der Ereignisse der vergangenen Wochen ein treffender Name, der die Eigenschaften unseres Gefährts gut beschreibt.

So auch auf der Fahrt von Huaraz nach Lima, wo das hoffentlich rettende Ersatzteil auf uns wartet. Angustia springt im kalten Zustand gut an und tut auf den ersten Kilometern brav das, was man von einem Auto erwartet: fahren. Bis wir nach zwei Stunden Fahrt einen dummen Fehler begehen und leichtfertig an einem Verkaufsstand für hausgemachten Käse und Joghurt halten. Natürlich geht nichts mehr, als wir Minuten später weiter wollen. Die Abstände, in denen der Motor plötzlich ausgeht und nicht mehr erneut anspringen will, werden von nun an immer kürzer. Und bedingt durch etliche Baustellen auf der Strecke müssen wir oft halten. Auf der zweitägigen Überfahrt verlieren wir nicht nur mehrere Stunden Zeit und Nerven, sondern verpulvern auch unnötig viel Sprit. Angustia lässt einfach keine halbwegs sparsame Fahrweise zu. Irgendwann geht es dann endgültig nicht mehr weiter. Mit dem letzten Schwung rollen wir auf den breiten Fahrbahnrand einer Siedlung neben der Hauptstraße.

Während wir überlegen, ob wir uns nicht einfach bis Lima abschleppen lassen sollten, kommt wie aus dem nichts ein Mechaniker vorbei, um seine Dienste anzubieten. Peter reagiert genervt und versucht ihn abzuwimmeln. Die bisherigen Erfahrungen mit den Werkstätten, die im Endeffekt alle wenig verbessert, dafür aber umso mehr abkassiert haben, haben bei ihm nicht zur besten Meinung über Perus Kfz-Bastler geführt. Doch der Mechaniker lässt nicht locker und will sich unsere Angustia unbedingt ansehen. Und so hängen wir wenige Minuten später am Abschleppseil und werden von einem Geländewagen zur nahegelegenen Werkstatt gezogen.

Dort ist es das übliche Spielchen. Ich sitze im Auto und mache Notizen ins Reisetagebuch, während Peter mit einer Traube Mechanikern vor der geöffneten Motorhaube steht und in gebrochenem Spanisch über mögliche Probleme und Lösungen beratschlagt. Da ich sowieso nichts beitragen kann und Peters regelmäßiges resignierendes Stöhnen mich nur unnötig verunsichert, halte ich mich raus. Nach einer ausgiebigen Beratung der Männer vor der Motorhaube ist Mittagspause. Auch Peter und ich nutzen die Zeit, um in einem der Restaurants hier im Nirgendwo ein spottbilliges und dennoch leckeres Mittagsmenü zu verspeisen. Frisches Ceviche – ein typisch peruanisches Fischgericht – für weniger als zwei Euro pro Nase!

Danach geht es weiter mit der Problemanalyse. Peter bleibt misstrauisch und will lieber in die Werkstatt in Lima, die ihm sein peruanischer Freund empfohlen hatte. Doch der Mechaniker bleibt hartnäckig. Und überrascht: er stellt eine komplett neue Diagnose. Laut seiner Einschätzung ist das Problem nicht die Luftzuführung des Motors, wie man in Tarapoto und Jaén dachte, sondern die Zündspule soll der Übertäter sein. Immer noch skeptisch fährt Peter kurzerhand mit dem Mechaniker los, um von irgendwo ein Ersatzteil zu besorgen. Angustia und ich bleiben zurück. Keine Ahnung, wo genau die beiden hin sind, aber eine halbe Stunde später informiert mich die Push Notification der Banking-App über eine Kreditkartenzahlung in Höhe von 30 Euro. Wenig später trudeln die beiden samt der 30 Euro wertvollen Ware ein und das Getue unter der Motorhaube geht von vorne los. Peter ist ganz euphorisch, da die neue Zündspule tatsächlich deutliche optische Unterschiede zur alten aufweist. Dann das Wunder: Der Motor springt an. Eine halbe Stunde später sind wir startklar und problemfrei. All die Mechaniker-Arbeiten in Jaén und Tarapoto waren für die Katz. All die Zeit, Nerven und der zusätzliche Sprit umsonst verschwendet. „Ist doch gut. Jetzt fahren wir wenigstens wieder und das Auto ist heile", versuche ich Peter aufzuheitern, der sich irgendwie nicht so richtig zu freuen schient. „Die Freude ist fast geringer als die Wut auf diesen Typen in Tarapoto. Der hat sogar noch behauptet, er hätte die Zündspule geprüft und dass es das nicht wäre", resümiert Peter seinen Gefühlszustand. Ich kann ihn verstehen. Aber egal, wir können wieder fahren – und vor allem auch anhalten und dann problemlos wieder erneut anfahren. Und das ist doch die Hauptsache!

Zurück auf Null

Mit Ankunft in Lima sind wir wieder zurück auf null. Höhenmetertechnisch. Lima liegt am Meer und so können wir – vom Smog der Großstadt abgesehen – endlich wieder durchatmen und unsere Lungen mit Sauerstoff füllen. In Miraflores, dem modernen Stadtteil Limas, in dem wir uns ein Hostelzimmer nehmen, befinden wir uns plötzlich und unerwartet auch wieder in der Ersten Welt. Alles ist sauber und ordentlich. Auf den Straßen und in den Restaurants sieht man vor allem zur Mittagszeit nur schicke Business-Leute im Anzug auf dem Weg zum ebenso schicken Lunch. Zwischen ihnen komme ich mir in unseren alten, immer gleichen und leicht verwaschenen Klamotten ziemlich unpassend gekleidet vor.

Nach ein paar Tagen in der Metropole zieht es uns wieder in ruhigere Gefilde. Auch wenn wir theoretisch alle Zeit der Welt haben, hängt uns in der Praxis die anstehende Regenzeit in der Salzwüste Boliviens im Nacken. Und bis dahin gibt es noch eine Menge zu sehen und zu erleben. Zwar hat auch Lima Stadtstrände, doch wir wollen die ruhigeren Strände in der Natur erkunden. Und so geht es in den Paracas Nationalpark. Der kann sich sehen lassen: Wüste trifft direkt aufs Meer. Das komplette Panorama besteht aus Beige- und Blautönen. Es ist eine eigenartige Landschaft ganz ohne Grün. Und das Beste: Wir können endlich wieder so richtig campen! Nicht nur genießen wir unsere durch den Umbau neu gewonnene Freiheit im Campervan, sondern auch die Möglichkeit, endlich mal direkt am Strand übernachten zu können. Mit Meerblick!

An einem Aussichtspunkt treffen wir zwei Schweizer mit ihrem Bulli. Ganz begeistert darüber, nach langer Zeit mal wieder andere Campervan-Reisende zu treffen, ändern Peter und ich spontan unsere Pläne und campieren mit ihnen eine weitere Nacht am Strand. Mit dabei sind auch zwei Australier. Die vier kennen sich bereits seit einer Weile, Peter und ich gesellen uns neu dazu und so verbringen wir den Abend gemeinsam am Strand – dem bisher wohl schönsten Campingplatz unserer Südamerika-Reise. Trotz des kalten Winds wird es ein wunderschöner und lustiger Abend. Endlich wieder unter Leuten!

Am nächsten Tag machen wir gemeinsam mit den Schweizern Sandra und Christof einen Abstecher zu einer Oase inmitten von riesigen Sanddünen. Während wir am frühen Abend gerade unser Nachtlager in der Wüste aufbauen, kommen überraschend Skye und Nick, die Australier dazu: „We changed our plans." Gerade sitzen wir gemütlich bei Bier und Wein in unserem Wildcamp in den Dünen, als ein Streifenwagen um die Ecke biegt und hält. Ob alles ok ist, wollen die Polizisten wissen, weil nachts in den Dünen angeblich zwielichtige Gestalten abhängen. Wobei die Beschreibung eher nach gelangweilten Jugendlichen als nach echter Gefahr klingt. Dennoch kündigen die Polizisten an, in einer Stunde wiederzukommen, um nach dem Rechten zu sehen. Das soll uns recht sein. Immerhin gibt es in unserer App tatsächlich zwei Warnungen. Wobei keine davon letztlich aus erster Hand stammt und man auch nie weiß, was genau mit „Attacke" gemeint ist. „Attackieren" gehört erfahrungsgemäß zu den Begriffen, die viel Spielraum für Interpretation lassen.

Trotzdem sind wir ganz froh, als eine Stunde später wie versprochen der Streifenwagen vorbeischaut. Standesgemäß mit wild blinkendem Blaulicht. „Alles gut?", - „Ja danke, alles gut", bestätigen wir erneut. Doch statt wieder abzudrehen, braust der Polizeiwagen nun die Sanddünen hinauf und bleibt schließlich ein paar hundert Meter von uns entfernt obendrauf stehen. Für den Rest der Nacht. Mit Blaulicht. Ist das unser persönlicher Sicherheitsdienst? Zumindest sehen potenzielle Verbrecher nun schon von weitem, dass hier in den Dünen die Polizei über uns wacht. Ob die Polzisten uns wirklich tapfer beschützen wollen oder einfach nur selbst eine ruhige Kugel schieben wollen, bleibt offen. Genauso wie die Frage, wie die beiden es schaffen, von ihrem die ganze Nacht dauerblinkenden Blaulicht nicht wahnsinnig zu werden.

Am nächsten Morgen verabschieden Peter und ich uns schweren Herzens von unseren neuen Freunden. Leider fahren die vier genau in die entgegengesetzte Richtung wie wir. Während die anderen sich in Richtung Lima aufmachen, geht es für uns weiter zur nächsten Oase: Huacachina. Mitten in spektakulären Sanddünen eingebettet liegt der kleine, von Palmen gesäumte Ort. Das Klischee einer Wüstenoase könnte kaum treffender erfüllt sein. Wie abwechslungsreich Peru sich einmal mehr zeigt! Vom tropischen Regenwald in die schneebedeckten Berge, zum Strand und nun befinden wir uns plötzlich inmitten einer Wüste aus elegant geformten Sanddünen, wie man sie im Orient erwarten würde. Und schon bald soll es um uns herum schon wieder anders aussehen, denn es geht für Peter und mich zurück ins Inland.

Am ersten Abend der langen Überfahrt kommen wir passend zum Sonnenuntergang an einem eigentlich einsamen Wildcamping-Spot an. Umso überraschter sind wir, als dort bereits zwei Campervans stehen. Beide sind voll ausgestattet mit allem Drum und Dran. Unsere Angustia wirkt dagegen ganz schön mickrig. Wie wir wenig später erfahren, sind die beiden Pärchen aus den USA und Italien erfolgreiche YouTuber. Das klingt im ersten Moment spannend und erstrebenswert, bedeutet jedoch in der Realität, dass sie ständig damit beschäftigt sind, jeden Moment ihrer Reise zu einem Spektakel zu inszenieren und zu filmen. Es ist herrlich, sie dabei zu beobachten. Und es erinnert uns daran, warum wir mit den YouTube Videos ziemlich schnell wieder aufgehört haben. Wer auf YouTube wirklich groß werden will, muss das Ganze echt leben. Und das tun Peter und ich nicht wirklich. Die vier dafür umso mehr. Alles was sie tun, wird gekonnt in Szene gesetzt. Ob es das Pancake-Frühstück ist, das mit viel Trara aus der stylischen Campervan-Küche gereicht wird oder einfach nur ein morgendlicher Erkundungsspaziergang rund ums Camp, bei dem sie alles regelmäßig lautstark mit „amazing", „incredible", „absolutely awesome" und „legend" kommentieren. Eine Stunde später, als Peter und ich uns nach unserem reichlich unspektakulären und nicht allzu fotogenen Müsli vom Acker machen, filmen die vier immer noch, wie die Pancakes unter großen „Ah"- und „Oh"-Rufen aus dem Van gereicht werden. Klappe, die Hundertste. Entweder sie haben zuvor 100 Pfannenkuchen produziert oder das Essen ist längst kalt. Aber hier geht es schon lange nicht mehr um das eigene schöne Erlebnis, sondern nur noch darum, wie man das vermeintlich Erlebte für andere neiderregend inszenieren kann. Nein, eine solche Reise wollen Peter und ich nicht. Auch wenn wir selbst gern Fotos und Videos machen, machen wir den Trip in erster Linie immer noch für uns selbst. Und so fahren wir schließlich weiter – ungefilmt und nur für uns selbst.

Für die Überfahrt nach Cusco veranschlagen wir zwei bis drei Tage. Kleiner Spoiler: Das wird natürlich nicht annähernd ausreichen. Fünf Tage Fahrt durch die Berge werden es letztlich. Das liegt nicht zuletzt daran, dass wir nicht den direktesten Weg nehmen. Wir machen ein paar Umwege zu Sehenswürdigkeiten, die mehr oder weniger auf dem Weg liegen. Schließlich soll es sich ja lohnen, dass wir mit unserem Camper zu all den Orten fahren können, die Busreisenden und Backpackern verborgen bleiben. Es geht zu einem Fluss, der an die Wasserwelten von Mexiko und Zentralamerika erinnert. Ähnlich schlecht zugänglich wie Semuc Champey in Guatemala ist er jedenfalls, ähnlich wunderschön aber auch. Und diesmal schaffen wir es sogar ohne Reifenpanne. Apropos Panne: Ist „Angustia" überhaupt noch der passende Name für unseren Camper? Wir überlegen, ob wir unser Auto nochmal umtaufen und ihm einen schmeichelhafteren Namen geben sollen, entscheiden uns dann aber doch dagegen. Lieber nichts riskieren! Schließlich ist es auffällig, dass seit dem Tag der Taufe nichts mehr kaputt gegangen ist oder größere Sorgen bereitet hat. An der Stelle bin ich abergläubisch genug, es lieber beim Status Quo zu belassen.

Es sind allerdings nicht nur die schlechten Straßen, die uns Zeit und Nerven rauben, sondern auch deren Verbesserung. Die Überlandverbindung, die wir nehmen müssen, wird nämlich gerade neu ausgebaut. Das ist grundsätzlich eine gute Idee und irgendwann werden sicherlich viele vom schlaglochfreien Asphalt profitieren. Doch noch ist es mit den Vorteilen nicht so weit, denn der Straßenbau in diesem Teil von Peru folgt seiner ganz eigenen Logik. Sind wir es gewohnt, dass eine Straße im Baustellenbereich einspurig wird oder man mit Hilfe einer Ampel auf die Gegenfahrbahn ausweicht, hat man in dieser Region ein ganz eigenes System. Man sperrt die wichtige Verkehrsader einfach für den gesamten Tag komplett. In beide Richtungen, bis Feierabend auf der Baustelle ist. Und das Wichtigste: Um den Autofahrern nicht die Überraschung zu verderben, stellt man ein entsprechendes Hinweisschild erst direkt vor der Baustelle auf...

Peter und ich trudeln am Vormittag an der Baustelle ein und sollen nun bis 17 Uhr auf die Durchfahrt warten. Wir probieren ein paar Alternativrouten, doch sämtliche Feldwege enden früher oder später im Nirgendwo. Nach endloser Diskussion dürfen wir letztlich schon um 16 Uhr losfahren – als allererste über den frischen Teer. Das ist nett, doch bringt letztlich nicht viel. Es wird bald dunkel und so müssen wir wohl oder übel einen weiteren Tag Überlandfahrt einplanen.

Ähnlich geht es die folgenden Tage weiter. Elf Stunden Fahrzeit prognostiziert das Navi zwischenzeitlich für 105 Kilometer – und ausnahmsweise behält es mit seiner Prognose leider Recht. Im Schneckentempo kämpfen wir uns durch die wunderschöne, kurvenreiche Landschaft. Kakteen mit bunten Blüten, Kolibris, Alpakas und Vikunjas laufen uns über den Weg und sorgen dafür, dass keine Langeweile aufkommt. Sogar ein Viscacha bekommen wir zu Gesicht. Dieses Nagetier sieht aus wie ein Hase mit Schnurbart und Katzenschwanz. Einige Tage, faszinierende Naturkulissen sowie unterschiedlichste Vegetationszonen später kämpfen wir uns schließlich durch ein Labyrinth aus Einbahnstraßen und engen Gassen, bevor wir endlich an unserem Ziel in der Stadt Cusco ankommen. Cusco ist nicht nur bekannt dafür, das beste und dabei budgetfreundlichstes Essen Perus zu bieten, sondern ist vor allem auch Ausgangspunkt für eine noch viel ältere und sagenumwobene Stadt: Machu Picchu.

Im Reich der Inka

Nach ein paar Tagen Stadtleben in Cusco machen wir uns auf den Weg dorthin. Es geht zuerst ins abgelegene Dörfchen Hydroelectrica, wo wir Angustia über Nacht abstellen. Die letzten 13 Kilometer zum Machu Picchu-Dorf sind nur per Zug zu erreichen. Oder zu Fuß. Per pedes folgen Peter und ich den Schienen durch den Dschungel. Waren die Temperaturen in Cusco fast schon winterlich, sind wir plötzlich wieder am Rande des Amazonasgebiets. Entsprechend warm, schwül und grün ist es. Wir sind nicht die einzigen, die nicht in die maßlos überteuerte Zugfahrt investieren wollen. Die Schienen sind voll mit Backpackern. In den kommenden eineinhalb Stunden überholen Peter und ich an die 300 Leute. Niemand überholt uns. Wir sind selbst ein bisschen von unserer eigenen Fitness überrascht. Hat doch eigentlich Sport in den letzten Wochen eher wenig Platz in unserem Tagesablauf gefunden. Aber die Zeit hoch in den Anden hat sich bezahlt gemacht und war offenbar ein effektives Cardio-Training. Hatte sich mein Herz in den Bergen selbst beim ruhigen im Bett liegen überschlagen, merke ich nun im Dauerlauf kaum, dass ich überhaupt eins habe. Kein Pochen ist angesichts der sportlichen Anstrengung zu spüren. Und so kommen wir weit früher als gedacht in *Aguas Calientes* an.

Aguas Calientes ist der kleine Ort am Fuße von Machu Picchu. Dass er nur über Schienen und Wanderwege mit der Außenwelt verbunden ist, merkt man dem Ort nicht an. Trotz seiner Abgeschiedenheit gleicht er 1:1 der Hotel- und Fressmeile eines Freizeitparks und ist ebenso gut besucht. Alles ist wie geleckt und auch die Preise lassen uns vergessen, dass wir noch immer in Südamerika und nicht wirklich im Disneyland sind. Aber viel Zeit für Konsum haben wir sowieso nicht. Wir müssen früh ins Bett, denn schon um 4:10 Uhr klingelt der Wecker. Um spätestens 5 Uhr müssen wir los, damit wir pünktlich für unsere Einlasszeit um 6 Uhr am Eingang zur berühmten Ruinenstadt stehen. Da 5 Uhr morgens eine Zeit ist, die ich bevorzugt im liegenden Zustand verbringe, gönnen wir uns für die letzten Meter nach oben den Bus. Sitzen ist zumindest besser als laufen und holt noch mal eine halbe Stunde Halbschlaf für uns raus. Obwohl wir überpünktlich an der Haltestelle ankommen, reicht die Warteschlange bereits einige Hundert Meter. Lange Warten müssen wir dennoch nicht. Untypisch für Südamerika ist logistisch alles perfekt koordiniert. Bustickets wie Eintrittskarten zur Sehenswürdigkeit sind genauestens getimt. Wer seine reservierte Uhrzeit verpasst, kommt nicht mehr aufs Gelände. Der Besuch von Machu Picchu ist eben keine Spaßveranstaltung, sondern streng getaktet. Zum Glück hatten Peter und ich uns mental rechtzeitig auf Massentourismus eingestellt und so schockt uns das alles kaum.

Oben angekommen ist die Ungeduld der Wartenden regelrecht spürbar. Es ist nebelig und jeder hofft, dass es noch aufzieht. Von unseren Reisefreunden aus Paracas hatten wir diverse Tipps bekommen: Was mitnehmen, wo aufs Klos gehen (auf dem gesamten Gelände gibt es keine Toiletten, damit die Leute auf natürliche Weise gezwungen sind, nach einer gewissen Zeit das Gelände zu verlassen und man neue zahlende Touris nachschieben kann) und dass man nur in eine Richtung laufen darf. Um Punkt 6 Uhr öffnen schließlich die Tore. Das Gedrängel geht los. Jeder will der erste am Aussichtspunkt sein, um einen Blick von oben auf die noch menschenleere Ruinenstadt zu erhaschen. Doch die Ernüchterung lässt nicht lange auf sich warten: Der Nebel ist so stark, dass man außer einer weißen Wand aus Wasserdampf rein gar nichts erkennen kann. Nicht einmal Umrisse sind auszumachen. Wir könnten überall sein. Vollkommen enttäuscht setzen Peter und ich uns in eine Ecke und warten, dass irgendwas passiert, das uns optisch daran erinnert, an welch besonderem Ort wir uns befinden.

Eine Stunde später sitzen wir immer noch da. Langsam wird der Aufseher sauer. Man will offenbar nicht, dass wir uns hier länger als für ein paar Fotos aufhalten. Schließlich müssen jede Stunde 600 Menschen durch die Ruinen geschleust werden. Im Wissen über das Einbahnstraßensystem harren Peter, ich und ein paar andere Sturköpfe weiter aus. Alle paar Minuten macht der Aufpasser uns erneut darauf aufmerksam, dass wir weitergehen müssen, doch wir ignorieren ihn gekonnt. Wir haben vieles bis hierher toleriert. Die Menschenmassen, die astronomischen Preise für Tickets, Essen und Unterkünfte. Da gehe ich doch nun nicht einfach weiter und verpasse das Highlight, für das ich gekommen bin. Während wir da so sitzen und langsam selbst zweifeln, ob unsere Hoffnungen auf Besserung des Wetters gerechtfertigt sind, tönen mir die Lautsprecherdurchsagen von der Busfahrt durch den Kopf. „Fahren sie lieber wieder zeitnah mit dem Bus runter, um Warteschlangen zu vermeiden. Auch auf dem Weg nach unten können Sie tolle Fotos vom Wald machen", hatte man uns mehr als einmal empfohlen. Klar, warum schaue ich mir Machu Picchu überhaupt an und fahre nicht einfach nur Bus? Wobei in diesem Moment erscheint mir das als gar keine so schlechte Option. Gibt ja sowieso nichts zu sehen außer Nebel...

Irgendwann kommt wieder ein neuer Schwung Leute aus Richtung des Eingangs, der nächste Einlassschub. Neue enttäuschte Gesichter. Unter ihnen eine Gruppe Mädels, deren Stil man als „alternativ" beschreiben könnte. Sie setzen sich und beginnen, Mantras zu singen als würden sie Machu Picchu anbeten. Die Umstehenden werfen sich leicht amüsierte Blicke zu. Weniger amüsiert ist der Aufseher. Nach wenigen Minuten werden die drei unsanft vertrieben: „Weil diese Stelle nur für Fotos gedacht ist", lautet die Begründung. Wir schütteln den Kopf bei so viel Reglementierung.

Doch als wir das nächste Mal hinschauen, können wir unseren Augen kaum trauen! Das Unmögliche passiert: Erste Umrisse sind im Nebel zu erkennen, es klart langsam auf. Vorfreude und neue Hoffnung keimen auf. Mehr und mehr Leute kommen hinzu, was den Aufpasser erneut dazu veranlasst, all die zu vertreiben, die seiner Ansicht nach bereits zu lange am Aussichtspunkt stehen. Doch Peter, ich und drei andere Deutsche zeigen uns weiterhin unbeeindruckt und bestehen darauf, so lange zu bleiben, bis wir alles gesehen haben, wofür wir gekommen sind.

Und tatsächlich werden wir für unsere Hartnäckigkeit belohnt: Nach knapp 90 Minuten des Ausharrens im feuchten Nebel, verzieht sich dieser endlich komplett. Es ist wie im Theater, wenn sich der Vorhang langsam öffnet. Und das sich uns nun bietende Bühnenbild ist einfach phänomenal! Die sagenumwobene Inkastadt erscheint vor uns in voller Pracht. Wer nun immer noch schnell zurück in den Bus nach unten will, dem ist wirklich nicht mehr zu helfen. Wir bleiben noch eine ganze Weile auf dem Gelände bis wir irgendwann glücklich und zufrieden nach unten und an den Schienen entlang zurück zu unserer Angustia laufen.

Gegen Ende unseres Aufenthalts schafft Peru es, unsere persönliche Polizeikontrollen-Statistik zu versauen. Wurden wir bisher in sechs Wochen erst einmal angehalten, so passiert es auf der Rückfahrt von Machu Picchu gleich zweimal in nur einer Stunde. Doch alles bleibt harmlos. Der erste Polizist will noch nicht mal Peters Führerschein sehen. Er fragt nur, ob alles „tranquilo", also ruhig und ok, sei. Wir bejahen und schon dürfen wir weiterfahren. In der zweiten Kontrolle fällt der Smalltalk unwesentlich länger aus. Der Beamte möchte zwar ebenfalls keine Papiere sehen, will dafür aber wissen, woher wir kommen und wie uns die Region gefällt. Überschwänglich loben wir seine Heimat, woraufhin er uns eine gute Weiterfahrt wünscht. Wo sind sie nur, diese korrupten Beamten, vor denen man uns schon so oft gewarnt hat?

Wovor man hingegen tatsächlich nicht genug warnen kann, sind die Lastwagenfahrer. Es ist inzwischen dunkel und regnerisch, als wir die letzten Kilometer unserer Rückfahrt zurücklegen. Peter steuert durch die Serpentinen und im Scheitelpunkt der nächsten Kurve sehen wir plötzlich die Lichter: Scheinwerfer, die genau auf uns leuchten. Mitten in dieser so gar nicht einsehbaren Kurve kommt uns ein Lkw als Geisterfahrer entgegen. Es ist wie die typische Einstellung im Film, die immer für die Sekunden vor dem tödlichen Crash gewählt wird. Nur durch eine konsequente Vollbremsung schafft Peter es haarscharf, einem Frontalaufprall mit dem 20-Tonner zu entgehen. Unter Schock fahren wir weiter. Weit kann es nicht mehr sein!

Inzwischen ist es stockfinster und der Nebel ähnlich dicht wie heute Früh bei Machu Picchu. Ich verstehe, dass auch Peter müde ist und somit schnell ankommen will, doch unter diesen Umständen ist schnelles Fahren kein Garant für schnelles Ankommen. Oder dafür überhaupt jemals anzukommen. Und so fahren wir vorsichtig weiter durch die neblige Dunkelheit, stets in Alarmbereitschaft. Es dauert nicht lange und genau dieser Alarm wird erneut ausgelöst. Wieder leuchten grelle Scheinwerfer direkt in meine Augen. Zum zweiten Mal an diesem Abend kommt ein Geisterfahrer frontal auf uns zugerast. Nur handelt es sich diesmal nicht um eine enge Kurve. Der Lastwagen in unserer Spur befindet sich auf gerader Strecke. „Stopp! Stopp! Stopp!“, rufe ich reflexartig während Peter wieder einmal eine Vollbremsung hinlegt und den Geisterfahrer aus seinem Schlaf hupt. Vollkommen geschockt kommen wir wenige Meter voreinander zum Stehen.

„Ist der eingeschlafen? Oder besoffen?“, schießt es mir durch den Kopf. Und dann sehen wir auch den Grund für seinen Spurwechsel: auf der entgegenkommenden Fahrbahn, die für den Lkw gedacht wäre, liegt das Geröll eines Steinbruchs. Grund genug zum Ausweichen – sofern es der Gegenverkehr zulässt. Wie blöd kann man sein, so sein eigenes und das Leben anderer zu gefährden? Und warum kümmert die Polizei sich nicht lieber darum, die gefährliche Stelle zu sichern, anstatt Smalltalk in Pseudokontrollen zu halten? Unser Schutzengel ist jedenfalls heilfroh, endlich Feierabend machen zu können, als wir im nächsten Ort ein Zimmer für die Nacht beziehen.

Over the Rainbow

Ein paar Tage später kommen wir zu einer ernüchternden, wie belustigenden Erkenntnis: Peters Traum einer 5000er-Besteigung hätten wir deutlich leichter verwirklichen können. Wir sind bei den sogenannten Rainbow Mountains südlich von Cusco angekommen. Hier reiht sich 5000er an 5000er – die meisten vergleichsweise einfach zugänglich.

Zwar ziehen sich auch beim heutigen Aufstieg die letzten Kilometer bei begrenzter Sauerstoffzufuhr, aber zu den Strapazen über Schnee und Eis beim Mateo Gletscher ist die Aktion hier ein Kindergeburtstag. Bunt wie ein Kindergeburtstag sind auch die Regenbogenberge selbst. Leider spielt das Wetter nicht richtig mit. Wir sind zu spät dran, denn wie so oft zu dieser Uhrzeit ziehen auch heute Nachmittag Wolken auf. Irgendwann kommt auch noch Hagel dazu. Das lässt die Berge dann doch wieder etwas weniger bunt erscheinen. Überoptimistisch, dass sich das Wetter wieder bessern könnte, harren wir dennoch aus, bis wir irgendwann die letzten zwei Menschenseelen am Gipfel sind und einsehen müssen, dass hier und heute nichts mehr aufklaren wird. Aber die Enttäuschung ist verkraftbar, denn neben den offiziellen Rainbow Mountains gibt es noch die „alternativen Rainbow Mountains". Und die sind soeben auch Peters und meine Alternative für den morgigen Tag geworden. Damit wir auch sicher früh genug vor Aufziehen der Wolkendecke da sind, machen wir uns direkt auf den Weg dorthin.

„Eigentlich ganz idyllisch und auch noch windstill", befindet Peter unseren Wildcamping-Spot für die kommende Nacht. Wir stehen einsam und abgelegen abseits der Straße an einem Fluss. Um diese Uhrzeit ist kaum noch jemand zu erwarten, denn die bucklige Piste führt lediglich in ein kleines Bergdorf und zu den Rainbow Mountains, die wir morgen früh ansteuern wollen. Ein ruhiger Ort für die Nacht. Auf halber Strecke zum Ziel und mit 3.600 Metern nicht so hoch gelegen, dass wir mangels Sauerstoff nicht schlafen könnten, aber bereits weit genug oben, damit wir morgen früh genug da sein werden, bevor das Wetter wieder zuzieht.

Doch die Idylle nimmt ein jähes Ende. Nach einer ruhigen Nacht wache ich morgens durch Stimmengeräusche auf. Es ist bereits hell, aber Peter schläft noch. Komisch, sonst ist er doch immer so früh wach?! Da er eigentlich mich wecken wollte, wenn wir los müssen, schließe ich die Augen wieder. Nur keine Minute Schlaf vergeuden.

Aber was ist das für ein Trubel da draußen? Ich mache die Augen wieder auf und schaue aus dem Fenster. Was ist da los? Überall sehe ich Menschen, Kisten, Zeug. Es herrscht Gewusel. Parken wir etwa genau dort, wo die Tour-Busse halten und Einheimische ihnen Snacks und Souvenirs verkaufen? Stehen wir mitten im Verkaufsgetümmel? Egal, ich will weiter schlafen und bisher hat sich niemand beschwert. Also ziehe ich meine Schlafmaske wieder tief ins Gesicht. Doch irgendwas war komisch. Irgendwas beim Blick aus dem Fenster hat mich irritiert. Aber was? Schlaftrunken schaue ich doch noch einmal hinaus. Der Informationsaustausch zwischen meinen Augen und meinem Gehirn funktioniert im Halbschlaf noch etwas langsam, aber schließlich setzen sich die Puzzlestücke zusammen und mir wird klar, was ich da sehe. Das Bild ist surreal und absurd. Das da draußen ist kein Verkaufsstand.

„Peter, schnell! Wach auf! Neben uns ist ein Unfall passiert!", rüttele ich ihn wach. Ein Lkw liegt nur wenige Meter entfernt auf der Seite. Rundherum liegt seine Ladung auf dem Boden verteilt: Möbel, Lebensmittel, Getränke und – wie in ländlichen Regionen Perus üblich – menschliche Fracht. Für einige Momente starren Peter und ich nur ungläubig aus dem Fenster. Noch zu frisch aus dem Schlaf gerissen, um die Situation zu begreifen. „Wir müssen aussteigen und helfen!", komme ich irgendwann zur Besinnung. In Windeseile klettern wir aus dem Bett und laufen zur Unfallstelle rüber. Etwa 20 indigene Peruaner stehen, sitzen und liegen vor dem Lkw. „Tiene dolores?", habt ihr Schmerzen, sprechen wir die Leute an. Manche ja, andere nein. Zumindest erblicken wir keine Schwerverletzten. Viele weinen, alle stehen sichtlich unter Schock.

Aus dem Fahrzeug steigt Rauch empor. „Ist noch jemand im Wagen?", fragt Peter in die Runde. „Ja", lautet die schlichte Antwort. Die Leute scheinen zu geschockt um die daraus logische Konsequenz zu ziehen. Niemand tut etwas. Sie starren einfach weiter auf das verunglückte Fahrzeug. Peter klettert in den Laderaum hinein. Im Inneren herrscht Chaos. Möbel, Kisten und Säcke liegen verstreut herum. Wir befürchten das Schlimmste. Zwei der Umstehenden helfen Peter schließlich, eine ältere Dame aus dem Wrack zu ziehen. Sie war eingeklemmt und blutet am Auge. Auch sonst ist sie in schlechter Verfassung. Ein paar Frauen eilen mit wärmenden Decken zur Hilfe. „Mami! Mami!", hört man währenddessen aus dem Truck heraus. Es ist der Sohn der Dame. Auch er wird geborgen. Die kommenden Stunden ist er untröstlich und ruft immer wieder verzweifelt nach seiner Mami. Mit Anfang 20 ist er normalerweise wohl etwas zu alt dafür, doch im Moment ist alles anders. Er ist sichtlich überfordert mit der Situation.

So wie auch die Eltern der beiden Kinder, die lautstark weinen, ohne dass jemand sich um sie kümmert. Ich spreche sie an und versuche vorsichtig, sie zu trösten. Beide sind unverletzt, aber das Ganze ist zu viel zu sie. Sofort fällt das ältere Mädchen mir in die Arme und vergräbt ihr Gesicht tief in meinen Pullover. Ich versuche sie und ihr kleines Geschwisterkind, das gerade mal laufen kann, zu beruhigen. In der Zwischenzeit konnte eine weitere Person aus dem Lastwagen geborgen werden. Für eine Millisekunde erschrecke ich fürchterlich, als ich die Frau sehe, die Peter soeben befreit hat. Mit ihrem kreidebleichen Gesicht wirkt sie mehr tot als lebendig. Doch eine Schrecksekunde später wird mir klar, dass genau dieses weiße Gesicht Erklärung dafür ist, dass sie – obwohl sie im Lkw festklemmte – auf wundersame Weise unverletzt ist. Sie ist beim Sturz auf einem Mehlsack gelandet. Oder er auf ihr. Oder beides. Egal.

Alle Insassen des verunglückten Lastwagens sind nun befreit. Mit den beiden Kleinen auf dem Arm und an der Hand laufe ich umher und versuche den Verletzungsgrad der Einzelnen auszumachen. Neben der älteren Dame fällt mir vor allem eine junge Frau auf, die auf einem Stein sitzt und bitterlich weint. Irgendetwas muss ihr beim Aufprall in den Rücken gestoßen worden sein. Von den beiden und einem humpelnden Mann abgesehen, scheint niemand sonst ernsthaft verletzt zu sein. Selbst die verunglückte Ladung könnte schlimmer aussehen. Wenn man bedenkt, dass alle umringt von ungesicherter Fracht, ohne Anschnallgurt irgendwo auf oder im Lastwagen saßen, grenzt das fast an ein Wunder. Doch was nun? Die Leute stehen weiter planlos herum und auch die Kinder können sich einfach nicht beruhigen. Immer noch in Tränen, fängt das ältere Mädchen an, zerbrochene Eier einzusammeln, die verstreut auf der Wiese herumliegen. Es ist ein herzzerreißender Anblick. Ich frage mich in dem Moment, wie schlimm der materielle Schaden für die Betroffenen wirklich ist. Wie wirtschaftlich schlimm sind zerbrochene Eier und aufgeplatzte Mehlsäcke für die Indigenen hier in den Bergdörfern? Wird der Schaden durch irgendeine Versicherung ersetzt? Und wer ist eigentlich der verantwortliche Fahrer?

Nach und nach scheinen sich die Unfallopfer vom ersten Schock zu erholen. Doch was nun? Wir brauchen Hilfe. Allerdings gibt es hier oben in den Bergen keinen Handy-Empfang und in unserem umgebauten Camper ist maximal Platz für eine verletzte Person als Beifahrer. Während Peter und ich noch überlegen, wie schnell wir unser Auto kurzfristig zurückbauen und ausräumen können, damit alle Verletzten reinpassen, kommt ein Motorradfahrer um die Kurve. Sofort wird er zurückgeschickt, um Hilfe zu organisieren. Nur wenige Minuten später kommt aus gleicher Richtung ein Truck – ebenfalls voller Waren und Menschen auf der Ladefläche. Der verunglückte Lkw ist nicht zu übersehen und so eilen die Neuankömmlinge umgehend herbei. Doch so richtig kann niemand helfen.

Wir werden gebeten, unser Auto so umzuparken, dass der neue Lkw zwischen uns und den Büschen auf der Wiese hindurchkommt um das Wrack einfacher überholen zu können. „War das gestern schon?“, fragt Peter mich irritiert, als er gerade ins Auto steigen will und deutet auf unseren rechten Hinterreifen. Der Reifen ist platt. Wann ist das passiert? Dennoch rollen wir erstmal ein paar Meter nach hinten, um Platz zu machen. Als die Reifen in neuer Position zum Stehen kommen, wird der Übeltäter schnell ersichtlich: ein Nagel. Ausgerechnet hier und jetzt!

Währenddessen rangiert der zweite Lkw an uns vorbei und stellt sich vor den ersten. Doch anstatt die Verletzten einzuladen, wird nun in erster Linie Ladung umverteilt. Irgendwann steigen die meisten der gestrandeten Unfallopfer oben auf und der neue Lastwagen macht sich mit zusätzlicher Fracht und neuen Passagieren wieder auf den Weg bergauf. Die beiden Kinder und ihre Eltern sind ebenfalls dabei. Die Verletzten hingegen bleiben zurück. Ich interpretiere das als Zeichen, dass ein Krankenwagen auf dem Weg hierher sein muss. Oder warum sonst hätte man nicht zuerst die Verletzten nach unten gebracht?

Doch auch eine halbe Stunde später ist weder ein Arzt, noch ein Sanitäter in Sicht. Ein weiterer Truck und mehrere Motorräder haben uns mittlerweile passiert und unser einstig idyllischer Campingplatz ist zur Umleitung für die blockierte Straße geworden. Statt sattgrüner Wiese sieht man nur noch Reifenspuren auf braunem, matschigem Grund.

Die junge Frau mit der Rückenverletzung hat noch immer starke Schmerzen. Während Peter durch die Gegend läuft und Verbandszeug verteilt, krame ich nach Schmerztabletten. Ich weiß, normalerweise soll man als Ersthelfer keine Medikamente verabreichen, denn selbst Schmerzmittel können die Arbeit des Notarztes stark behindern. Doch hier und heute glaube ich inzwischen nicht mehr daran, dass in wenigen Minuten ein Notarzt zur Stelle sein wird. Wir bringen ihr Wasser und geben ihr genug Tabletten für die kommenden Tage mit. Sie weint immer noch. Kommt hier wirklich noch ein Arzt? Oder sollten wir sie doch lieber selbst nach unten fahren? Genau das werden wir nun auch von den umstehenden Leuten gefragt und so fangen Peter und ich an, unser Gepäck nun doch wieder aus dem Auto zu räumen, um Platz für die Verletzten zu schaffen. Im Kofferraum findet sich zudem ein Kompressor, um das Problem mit dem platten Reifen zu vertagen.

Doch plötzlich kommt tatsächlich noch ein anderes Auto laut hupend um die Ecke. Kein Krankenwagen, aber immerhin ein Pkw mit Platz für vier Personen. Die Frau mit den Rückenschmerzen und ihre Freundin steigen ein. Die ältere Dame einzuladen, gestaltet sich aufwendiger. Sie ist zu schwach um aufzustehen und muss auf den wenigen Metern bis zum Auto von allen Seiten gestützt werden. Der Humpelnde ergattert den letzten Platz und endlich geht es für sie alle in Richtung Krankenhaus. Das hoffe ich zumindest. Keine Ahnung, wie es hier um Ärzte und Geld für Behandlungen steht. Wie es für die Verletzten weitergeht, werden wir wohl nie erfahren. Nur eines ist sicher: Niemand will gerne einen Verkehrsunfall haben – aber erst Recht nicht in den Bergen Perus.

Irgendwann scheint das Wichtigste getan. Die Verletzten sind auf dem Weg nach unten, alle übrigen Unfallopfer fahren mit nachkommenden Lkws nach oben. Peter und ich setzen uns hinter das Auto um kurz zu frühstücken. Wir sind inzwischen seit zwei Stunden auf den Beinen und es ist gerade einmal 7 Uhr durch. Es stehen immer noch einige Leute rund um den Lkw und die übrige Ladung, doch inzwischen handelt es sich eher um Schaulustige aus dem Nachbardorf. „Möchte jemand von euch gleich mit uns nach oben fahren?“, biete ich an. Eine Frau willigt ein. Während Peter und ich das Auto erneut umpacken und überlegen, wie wir mich zusammen mit dem Gepäck hinten aufs Bett verfrachten, damit die Frau auf den Beifahrersitz kann, kommt ein Minibus angefahren. Auch er nimmt die Umleitung über unseren ehemaligen Schlafplatz. Schnell laufe ich hinterher und halte ihn an. Es sitzt genau ein Tourist hinten drin. „Entschuldigung. Kann die Dame da vorne bei euch mitfahren? Es gab einen Unfall und wir haben nur ein kleines Auto“, stammele ich auf Spanisch. Der Fahrer und der Guide wirken verunsichert, willigen aber schließlich ein. Gleich mehrere Leute und ein Teil der verunglückten Fracht kommen kurzerhand im Tour-Bus unter. Peter und ich sind erleichtert. Auf der unbefestigten Schotterpiste im Kofferraum liegend durch die Serpentinen, wäre mein Frühstück definitiv wieder zum Vorschein gekommen.

Auch wir packen wenigstens noch einen großen Sack Mehl und Getränke bei uns rein und liefern diese wie versprochen oben im Bergdorf ab. Auf der Fahrt haben wir natürlich nur ein Gesprächsthema: Wie konnte das passieren? „Es war eine gerade Strecke, kein Kurve, keine Schräglage der Straße, kein Gegenverkehr und auch wir selbst standen mehrere Meter abseits der Straße, waren also kein Verkehrshindernis oder so“, rätsele ich vor mich hin. „Meinst du der ist eingeschlafen?“ Immer wieder muss ich daran denken, was mir zwei Deutsche vor ein paar Tagen über ihre Anreise nach Machu Picchu erzählt haben. Von ihrem Minibus-Fahrer, der sich ständig selbst mit der flachen Hand auf die Wangen schlug, um wach zu bleiben. Und an die Geisterfahrer vor zwei Tagen auf unserer eigenen Rückfahrt. Abwegig wäre diese Theorie zumindest nicht.

Nach all der Aufregung am frühen Morgen, schauen wir uns anschließend tatsächlich noch die „alternativen" Rainbow Mountains an. Wir hatten hier ebenfalls mit regem Betrieb gerechnet, doch außer der Einmann-Tour von vorhin, einem weiteren Privat-Pkw und uns ist niemand da. Und auch das Wetter spielt heute deutlich besser mit als am Vortag. Wir machen eine kleine Wanderung entlang der einzelnen Aussichtspunkte und selbst der gestern noch so brummige Peter ist ganz begeistert von der Szenerie. Etliche verschiedene Farbfacetten zeigen sich entlang der Bergkulisse. Einziger Wehrmutstropfen: Die Rainbow Mountains sind erst seit einigen Jahren in all ihren Farben zu bestaunen. Zuvor waren die Berge schneebedeckt. Verantwortlich für die durch Oxidation entstandene Farbkulisse ist der Klimawandel, der den Schnee hat schmelzen lassen. Doch eine gute Nachricht gibt es auch: Ein Pärchen aus Cusco, das wir auf der Wanderung treffen, erzählt uns, dass das Gebiet vor nur drei Tagen zum Schutzgebiet erklärt wurde. Dieser Naturschutzstatus ist umso wichtiger, weil Großunternehmen Interesse bekundet hatten. Kein Wunder – wo der Boden so farbig ist, können Erdschätze nicht weit sein. Die sind nun aber erst einmal vor der Gier der Investoren geschützt.

Als wir zum Parkplatz zurückkehren, sind doch noch ein paar vereinzelte Tour-Busse angekommen. Peter und ich rätseln, ob sie auch den Schlenker über unseren Schlafplatz fahren mussten und wie lange der verunglückte Bus wohl noch die Straße blockieren wird. „Meinst du wir können an der gleichen Stelle Mittagspause machen oder ist das makaber?", überlegt Peter. „Wenn der Lkw und die Leute weg sind, ja. Sonst finde ich das unangebracht." Für Peter ist die Frage, ob der Lkw weg ist, hinfällig. Für ihn stellt sich nur die Frage, wie lange er noch da liegt. Er hat Recht. Wenn man überlegt, wie unkoordiniert der Krankentransport verlief und dass auch erst nach zwei Stunden mal ein Polizist kurz vorbeischaute, wird es vermutlich Monate dauern, bis die Straße wieder komplett frei ist. Und solange man drumherum fahren kann, gibt es ja auch keinen Grund zur Eile. Dennoch bin ich gespannt, als wir uns der Unfallstelle nähern. Und Peru überrascht!

Wir kommen um die Kurve und trauen unseren Augen nicht. Der verunglückte Lkw steht beinahe wieder aufrecht. Vor ihm befindet sich ein zweiter Lastwagen mit einem Kran auf der Ladefläche, der gerade dabei ist, ihn weiter aufrecht zu ziehen. Hektische Bewegungen und Rufe in unsere Richtung machen klar, dass wir schnell zurückfahren sollen. Wenn der ziehende Lkw es schafft, sich mit seinem Anhängsel bergauf in Bewegung zu setzen, darf niemand im Weg stehen. Wir setzen also zurück und parken außerhalb der Rangierzone, denn dran vorbei kommen wir momentan nicht. Als wir wenige Minuten später zu Fuß zurückkommen, steht der Unfallwagen bereits auf eigenen

Reifen. Wir sind beeindruckt. Natürlich ist alles voller Kratzer und Dellen, aber auf den ersten Blick sieht der verunfallte Lkw nicht viel anders aus als die anderen altersschwachen Wagen, die hier rumfahren. Doch fahren kann er noch nicht. Der Wagen hat sein Öl verloren. Stimmt, irgendwas hatte heute Morgen gequalmt. Vorbeifahren können wir auch immer noch nicht, denn die bisherige Umleitung über unseren Ex-Schlafplatz wird nun vom zweiten Lkw versperrt. Da es nichts mehr zu gucken gibt und wir sowieso Hunger haben, laufen wir zum Camper zurück, um ein verfrühtes Mittagspicknick einzulegen.

Eine halbe Stunde später schauen wir erneut um die Kurve, um den neusten Stand der Dinge zu erfahren. Doch da ist nichts mehr zu sehen. Die Menschen und Fahrzeuge sind weg. „Die haben den tatsächlich ans Laufen bekommen!", stellt Peter ungläubig das Offensichtliche fest. Damit hatten wir wirklich nicht gerechnet! Von unserem einst so idyllischen Camping-Spot ist ebenfalls nicht mehr viel übrig. Wo gestern noch sattgrüne Wiese war, ist nun nur noch brauner Matsch übrig. Und alles liegt voller Müll, ebenfalls leider typisch in Peru. Wir machen uns auf den Weg. Wenige Minuten später haben wir den Kranwagen eingeholt, kurz drauf dann den Unfallwagen. Er fährt tatsächlich wieder eigenständig durch die Gegend! Dafür, dass er gerade noch auf der Seite lag, ist der Fahrer ganz schön flott unterwegs... Wir können nur hoffen, dass die Genesung der Verletzten einen ähnlichen schnellen und unkomplizierten Verlauf nimmt!

Den Nagel aus dem Reifen zu entfernen und diesen zu flicken, ist eine Sache von wenigen Minuten und noch weniger Pesos. Dafür liegen noch umso mehr Kilometer vor uns. Wir müssen uns beeilen, wenn wir nicht im Dunkeln im als gefährlich geltenden Puno ankommen wollen. Und da winkt auch schon von weitem am Straßenrand der erste Polizist mit seiner Kelle. Hoffentlich dauert das nicht allzu lange! Tut es nicht, denn als wir näherkommen und bremsen, entscheidet er es sich spontan anders und macht hektische Handbewegungen, dass wir weiterfahren sollen. Wie schon vor ein paar Tagen verstärkt sich unser Eindruck, dass die Polizei in Peru uns partout vermeiden will. Als hätten sie die Dienstanweisung, Touristen in Ruhe zu lassen. Wie ich auch immer, soll uns nur recht sein.

Am späten Nachmittag kommen wir durch die wohl dreckigste Stadt, die ich je gesehen habe: Juliaca. Das Navi erlaubt sich mal wieder einen Streich und schickt uns mitten über eine für den heutigen Sonntagsmarkt gesperrte Straße. In dem Moment, in dem wir den Irrtum bemerken und auf den Markt einbiegen, ist es zum Umdrehen bereits zu spät. Quasi zeitgleich schließt sich die Lücke hinter uns mit Menschen. Von nun an gibt es kein Vor und kein Zurück mehr. Auch in den Augen der Markthändler kann ich kein Anzeichen von Freude erkennen, als sie ihre Auslagen wegräumen müssen, damit unser Camper sich durch die enge Gasse zwischen den Marktständen quetschen kann. Tomaten, Zwiebeln und Kartoffeln müssen zur Seite geräumt werden, anders passen wir nicht durch. Eine halbe Stunde lang kämpfen wir uns so über den Markt, der eigentlich nicht mal einen Kilometer ausmacht. Bei dem Schneckentempo haben wir ausreichend Zeit, die heruntergekommenen Häuserfassaden und Berge von Müll zu bestaunen. Regelmäßig klopft jemand zornig an unsere Scheiben und beschimpft uns für unseren Fauxpas. Aber was sollen wir tun? Und so schleichen wir uns Meter für Meter durch die unglaublich dreckige Stadt. Wenigstens erblickt die Polizei uns nicht. Sicherlich gibt es auch hier irgendein Sonntagsfahrverbot, von dem wir nichts wissen.

Völlig am Ende kommen wir abends in Puno an. Nach langer Suche finden wir schließlich ein Hotel mit ummauertem Parkplatz. Genau diesen Tipp hatten wir für Puno einmal zu oft gelesen, um ihn ignorieren zu können. Autoeinbrüche scheinen eher die Norm als die Ausnahme zu sein, wenn man den vielen Warnungen Glauben schenken mag. Schnell packen wir das Wichtigste aus und fallen todmüde ins Bett. Was für ein Tag!

Dass es einen Ort gibt, dessen Namen die Worte „Titi“ und „Kaka“ beinhaltet, hat mich schon als Kind belustigt. Und wenn ich so darüber nachdenke, finde ich das noch immer sehr amüsant. Grund genug, dem Titicacasee am nächsten Tag einen Besuch abzustatten. Schließlich hat der See nicht nur einen lustigen Namen, sondern ist auch Heimat von Kapitän Efraim Langstrumpf, Vater von Pippi.

Puno enttäuscht die Erwartungen dann allerdings. Ich hatte mir den Ort exotischer vorgestellt. Und als Hippiemekka. Denn die Sinnsuchende in Tarapoto hatte erzählt, dass der Titicacasee das neue spirituelle Zentrum der Welt sei. Statt Yoga Retreats und Reinkarnations-Workshops finde ich bei meiner Recherche zum Ort vor allem Warnungen anderer Reisender. Meist Raubüberfälle. Gut, dass wir hinter hohen Mauern parken und im Hotel schlafen. Tatsächlich erfahren wir eine Woche später zufällig davon, dass der Campervan der nervigen YouTuber, die wir kürzlich beim Wildcamping getroffen hatten, in Puno geknackt und ausgeräumt wurde. Um es mit den Worten eines anderen Puno-Reisenden zu sagen: „Puno hat eindeutig wenig Titi, aber viel Kaka zu bieten.“ Dem haben Peter und ich nichts hinzuzufügen. Und so behalten wir weniger Puno und den Titicacasee, als viel lieber die zahlreichen wirklich tollen Orte Perus in Erinnerung, als es am Tag drauf Zeit wird, dem Land Auf Wiedersehen zu sagen.

Maria und Pachamama

Der Grenzübertritt von Peru nach Bolivien verläuft überraschend unkompliziert. Unser Camper wird nicht durchsucht und unser Bargeld nicht gezählt. Dabei hatten wir extra unsere US-Dollar versteckt. Zu viele Geschichten hatten wir gehört, dass diese von den Zöllnern „gezählt" würden und die Summe der Geldscheine anschließend nicht selten von dem Betrag abweiche, den man in Erinnerung hatte... Doch nichts davon passiert. Denn „Bolivien ist ein Rechtsstaat", wie ich bei der Unterhaltung zwischen Grenzbeamten und einer Backpackerin aufschnappe, die ihn gerade zu bestechen versucht. Ich hoffe, das wissen auch all jene Polizisten, denen wir in den kommenden Wochen noch begegnen werden. Falls nicht, gibt der Zollbeamte uns extra einen Zettel mit, der hochoffiziell bestätigt, dass wir als Ausländer 30 Tage lang ohne Kfz-Versicherung fahren dürfen, denn die können wir erst in La Paz kaufen. Ohne das Schreiben wären wir bis dahin ein ideales Ziel für Polizisten auf der Suche nach Extraeinkommen.

Mit der Polizei haben wir es dann auch direkt als nächstes zu tun. Nach Immigration und Zoll werden wir für einen weiteren Bürokratieakt in die kleine Wache nebenan geschickt. Dort steht die Tür zwar weit offen, aber niemand ist da. Es ist Mittagszeit und man ist zu Tisch. Zum Glück dauert es nicht allzu lange bis die Herren satt sind und zurückkehren, um einen polizeilichen Stempel auf unsere nagelneue TIP zu setzen. Ich warte draußen, werde aber hellhörig, als von Geld gesprochen wird. Ich höre, wie Peter wahrheitsgemäß berichtet, unser restliches peruanisches Geld kurz vor der Grenze in Benzin investiert zu haben und wir bolivianisches Geld erst gleich von der Bank holen werden. Dass wir noch einige hundert US-Dollar im Auto versteckt haben, entfällt ihm leider spontan.

„Was wollte der?", frage ich neugierig, als Peter wenige Augenblicke später das Gebäude verlässt. „Da stand so ein Opferschrein. Der wollte, dass ich dort eine kleine Spende reinwerfe, aber leider hatte ich ja kein Geld", erklärt Peter. Mit dem Wissen um die vielen Geschichten rund um das angeblich so korrupte Bolivien und die niedrigen Polizistengehälter, drängt sich die Frage auf, wie leicht sich der Schrein mit den Opfergaben wohl öffnen lässt. Oder sind wir zu zynisch und der Mann wollte uns einfach nur Gutes? In Bolivien ist es nämlich nicht unüblich, Pachamama (Mutter Natur), diverse Marien und sonstige Heilige mit Opfergaben zu besänftigen oder um Schutz zu beten. Erst kürzlich hatte ich von einer halsbrecherischen Taxifahrt gelesen, bei der der risikofreudige Fahrer an einem Schrein anhielt um mittels ein paar Münzen als Opfergabe die schützende Maria für die Weiterfahrt milde zu stimmen. Das scheint in diesem Teil der Welt wohl logischer, als seine Fahrweise einfach den Straßenbedingungen anzupassen.

Dazu passt auch, was wir am nächsten Tag vor der Kirche in Copacabana beobachten: jeden Tag kann man zu einer bestimmten Uhrzeit vorfahren, um sein Auto vom Pfarrer segnen zu lassen. Dazu dekoriert man es üppig mit Blumen, die praktischerweise vor Ort käuflich erworben werden können, stellt sich zur rechten Uhrzeit mit seinem Fahrzeug vor der Kathedrale an und spendet am Ende der Zeremonie 10 Bolivianos (etwa 1,50 Euro) an die Kirche. Wir überlegen kurz, ob wir unserer wankelmütigen Angustia eine solche Segnung verpassen sollten, aber die Schlange ist lang und wir wollen weiter. Angustia bleibt daher vorerst Agnostikerin. Für Maria scheint das ok zu sein, zumindest verläuft die Weiterfahrt ohne Zwischenfälle. Erst als die Straße am Ufer des Titicacasees vorerst endet und es diesen für die Weiterfahrt zu überqueren gilt, beginnen wir zu zweifeln, ob wir nicht lieber jeglichen geistlichen Beistand hätten mitnehmen sollen. Doch es ist zu spät und so nehmen Angustia und wir auf der Fähre Platz. Wenn ich „Fähre" sage, dann meine ich in diesem Fall ein schwimmendes Stück Holz mit Motor und Platz für zwei Fahrzeuge sowie ein paar Fußgänger. Vielleicht hat das zweite Auto auf unserem „Schiff" eine Segnung, von der auch wir profitieren – jedenfalls kommen wir sicher auf der anderen Seite an. Dennoch steht fest: Die nächste Möglichkeit zur Autosegnung lassen wir uns nicht entgehen.

Doch erstmal müssen wir mit unserem Auto überhaupt irgendwo ankommen. Das gestaltet sich rund um die Millionenmetropole La Paz gar nicht so einfach. Hatten wir uns schon in Kolumbien und Teilen Perus über die rabiate Fahrweise der Einheimischen gewundert, schießt Bolivien den Vogel ab. Insbesondere im dichten, zähfließenden Stadtverkehr werden Spuren ohne Ankündigung nach Belieben gewechselt. Peter und ich konzentrieren uns voll darauf, rechtzeitig zu reagieren, wenn mal wieder ein Minibus unsere Anwesenheit im Straßenverkehr komplett ignoriert. Allgemein missachtet werden auch die Ampeln. Welche Farbe sie anzeigen, ist absolut irrelevant und macht praktisch keinen Unterschied. Wer kann, der fährt. Vorfahrt hat der, der sie sich nimmt. Dafür, dass sich die überwiegende Mehrheit der Bolivianer kein eigenes Auto leisten kann, sind die Straßen gut ausgelastet. Die App Maps.me behauptet, wir wären in zehn Minuten am Ziel. Google hingegen prophezeit 30 Minuten. In der Realität werden es 90 Minuten. Google mag zwar Autostaus gut erkennen und umfahren, Märkte hingegen sind dem Dienst weiterhin fremd. Wieder einmal befinden wir uns plötzlich mitten in einer Menschenmenge mit allerlei Waren links und rechts am Straßenrand. Wir kommen maximal im Schritttempo voran und jedes Mal wenn wir denken, es sei gleich vorbei, wird es an der nächsten Ecke nur noch ein bisschen schlimmer.

Während wir uns im Schneckentempo vorwärts kämpfen, haben wir genug Zeit, Menschen und Umgebung zu beobachten. Bereits in Peru waren uns die Trachten der indigenen Bevölkerung und vor allem die der Frauen aufgefallen. Doch Bolivien übertrumpft das Ganze nochmal bei Weitem. Die Frauen tragen nicht nur ausladende, farbenfrohe Röcke, sondern dazu auch Melone. Die Hüte kamen mit den spanischen Einwanderern und waren der Hit, um sich zur Oberschicht zu bekennen. Als irgendwann eine Lieferung in der falschen Farbe eintraf, die zunächst als unverkäuflich galt, wendete ein cleverer Hutverkäufer sein Schicksal mit einem Trick: Er schaffte es, den bolivianischen Damen den eigentlichen Herrenhut als angeblich neusten Trend aus Europa zu verkaufen. Dieser Trend hält bis heute an. Zumindest in Bolivien.

Boliviens Regierungssitz La Paz liegt in einem Talkessel. Der verhältnismäßig reiche Stadtkern befindet sich somit einige Hundert Meter tiefer als die weniger vornehmen Vororte wie beispielsweise El Alto, durch dessen Marktstraßen wir uns zuvor gekämpft haben. Dennoch hoch genug, um sich den Titel „Höchster Regierungssitz der Welt" zu schnappen. Trotz seiner großen Öl- und Gasvorkommen gilt Bolivien gemessen am BIP als ärmstes Land Südamerikas. Entsprechend groß ist der Kontrast zwischen Arm und Reich vor allem in Großstädten wie La Paz: Business-Menschen auf der einen Seite, auf der Straße arbeitende Schuhputzer auf der anderen. Meist verstecken sie ihre Gesichter mit Sturmhauben und Masken, um nicht erkannt zu werden. Generell erscheinen uns die Bolivianer bei weitem nicht so aufgeschlossen und fröhlich wie noch die lebensfrohen Kolumbianer. Bereits in Ecuador und Peru war uns das insbesondere bei den Andenbewohnern aufgefallen. Vielleicht haben sie im Laufe der Geschichte einfach schon zu viele schlechte Erfahrungen mit Weißen gemacht? Oder liegt es an den oft harschen Lebensbedingungen hoch oben in den Bergen?

Wieder einmal haben wir Glück mit unserem Timing, denn bis vor kurzem herrschten bürgerkriegsähnliche Zustände in La Paz. Als erster Präsident indigener Abstammung hatte Evo Morales die indigene Justiz mit der staatlichen gleichgestellt. Das gefiel zwar dem indigenen Teil der Bevölkerung, dem Rest jedoch nicht unbedingt. Zudem erleichtert es nicht gerade den Alltag und das Zusammenleben: Zu 36 Amtssprachen gesellen sich mit der Entscheidung nämlich auch 36 Möglichkeiten, geltendes Recht auszulegen. Doch von den Ausschreitungen, die nur wenige Wochen zuvor unseren Reiseverlauf noch stark beeinflusst hätten, ist nichts mehr zu spüren. Eigentlich ist es auch nur bedingt spektakulär, denn in den letzten 150 Jahren gab es etwa 200 (mal mehr und mal weniger erfolgreiche) Putschversuche. Statistisch gesehen also ein jährlich wiederkehrendes Spielchen.

In La Paz wird uns ein Phänomen, das wir bereits seit Ecuador beobachten, wieder einmal besonders deutlich vor Augen geführt: Geschäfte, die die gleiche Dienstleistung oder Ware anbieten, sind nicht über das Stadtgebiet verteilt, sondern befinden sich aneinandergereiht in derselben Straße. Das mag praktisch sein, wenn man bummeln möchte oder wenn man auf der Suche nach einem neuen Kleid ist und mehr Läden auch mehr Auswahl bedeuten. In diesem Fall handelt es sich allerdings um Schuster, Schneider, Schlüsseldienste und Friseure. In einer Gasse reiht sich Schuster an Schuster, in der nächsten Straße findet man nichts außer Friseuren. Sie alle bieten nicht nur die identische Dienstleistung, sondern rein zufällig auch die gleichen Preise an. Wer seinen Schlüssel nachmachen lassen möchte, hat die Qual der Wahl – sofern er sich in der Gasse mit den Schlüsselmachern befindet. Hält man sich hingegen am anderen Ende der Stadt auf, hat man Pech. Ein wirtschaftlich, wie logistisch interessantes Konzept, das uns nicht nur in La Paz auffällt.

Kurios geht es auch auf dem sogenannten Hexenmarkt zu. Dort gibt es alles zu kaufen, was sich opfern lässt, um die Geister gnädig zu stimmen. Lamaföten zum Beispiel. Richtig, tote Baby-Lamas. Lamaföten sind die ideale Opfergabe, wenn man gerade ein Haus baut. Eingegossen ins Fundament wirken sie gegen böse Geister und verhelfen dem Bewohner zu Glück im neuen Eigenheim. Für andere Gelegenheiten gibt es wiederum andere optimale Gaben und Hilfsmittel, um dem eigenen Schicksal nachzuhelfen. Wie bereits in Mexiko mögen auch die Götter in Bolivien gerne Coca-Cola. Ich verkneife mir die Frage, ob die besonders vielverehrte Pachamama (Mutter Natur) auch gerne Plastik mag, denn unseren Beobachtungen nach opfert man das unserer Mutter Natur sehr häufig entlang des Straßenrands: Nicht selten sehen Peter und ich unterwegs die „Opfergaben" aus den Fenstern fahrender Lkws fliegen...

Wir waren mit wenigen Erwartungen gekommen, doch schnell entpuppt sich La Paz für Peter und mich als verrückte Stadt mit etlichen Sehenswürdigkeiten und Kuriositäten. Ähnlich wie in Mexiko ist auch in Bolivien das Wrestling sehr beliebt. Anders als in Mexiko treten hier allerdings ausschließlich Frauen gegeneinander an: die sogenannten Cholitas. Ganz oben auf der Liste der Sehenswürdigkeiten landet bei uns allerdings die Seilbahn, die wie anderswo eine Straßenbahn die Stadtteile verbindet. Bei der Rundfahrt mit sämtlichen Linien können wir uns noch einmal gemütlich von oben den Markt und das zugehörige Verkehrschaos anschauen, durch das wir kürzlich gekommen waren. Auch heute werden anscheinend ein paar arme Fahrer von ihrem Navi verarscht.

Eine ganz besondere Sehenswürdigkeit ist der örtliche Knast San Pedro. Im Gegensatz zu anderen berühmten Gefängnissen wie Alcatraz oder die Pariser Bastille ist San Pedro noch in Betrieb und „bewohnt". Das Kittchen inmitten des Stadtzentrums von La Paz grenzt direkt an den beliebten und gleichnamigen Plaza San Pedro und funktioniert wie ein eigener, autonomer Stadtteil. Innerhalb der hohen Mauern gelten besondere Regeln. Ursprünglich für mehrere Hundert Menschen gebaut, leben hier inzwischen ein paar Tausend. Drogendealer, Verbrecher aller Art und Kleinkriminelle. Oft gemeinsam mit ihren Familien, die ihre – meist Männer und Väter – freiwillig in den Knast begleiten. Im Gegensatz zu ihren Männern dürfen die Angehörigen kommen und gehen, wie sie wollen. So können die Frauen zum Beispiel auf dem Markt Geld dazu verdienen. Oder noch lukrativer: Waren rein und raus schmuggeln. Kinder gehen morgens durch das Tor zur Freiheit in die nahe gelegene Schule, bevor sie am Nachmittag wieder hinter die hohen Mauern zu ihren Familien zurückkehren. Gefängniswärter gibt es kaum. San Pedro verwaltet sich selbst. In jedem Sektor wird ein Anführer gewählt, der seine eigenen Regeln macht. Die Knastzellen sind übrigens nicht umsonst – immerhin lebt man in bester Zentrumslage von La Paz. Generell ist der Eintritt in das Gefängnis nicht kostenlos. Neben seiner Freiheit zahlt man als Gefangener eine Art Eintrittsgebühr von umgerechnet etwa 270 US-Dollar. Wer kein Geld hat, um eine eigene Zelle zu kaufen, kann eine mieten. Im schlimmsten Fall lebt man innerhalb der Mauern auf der Straße. Obdachlos im Gefängnis. Wer hingegen mehr Startkapital mitbringt, lebt entsprechend luxuriöser. Wie in der echten Welt eben.

Dazu bieten sich den Insassen diverse Einkommensmöglichkeiten. So verdienen sich viele ihre Zellenmiete unter anderem als Küchenhilfen, mit Reparaturarbeiten, Haare schneiden oder auch als Betreiber eines Cafés. Die Marketingmöglichkeiten kommen dabei nicht zu kurz. Coca-Cola stattete San Pedro einst mit Tischen, Stühlen und Sonnenschirmen aus, wie wir bei einer Stadtführung erfahren. Im Gegenzug erhielt der Konzern die Exklusivrechte für Bewerbung und Verkauf seiner Produkte innerhalb der Mauern. Nicht einmal im Knast entkommt man also dem Kommerz. Das alleinige Monopol hat Coca-Cola in der Praxis dann trotz allem nicht. „Coke" gibt es in San Pedro nämlich nicht nur von Coca-Cola in der Flasche zu erwerben. Die Kokainproduktion soll innerhalb der Mauern nur so boomen. Angeblich beherbergt San Pedro ein paar der geschäftigsten Produktionsstätten des Landes. Praktisch, dass die Mehrheit der Insassen diesbezüglich einsitzt und damit gleich die notwendigen Skills mitbringt. Wärter akzeptieren angeblich Bestechungen, um das ein oder andere Päckchen mit mehlähnlicher Substanz der frei ein und ausgehenden Familienmitglieder zu übersehen...

Und dann ist da noch der Tourismus. Seit Anfang der 90er konnten abenteuerhungrige Touristen gegen ein „Trinkgeld“ an den Wärter durch das Tor nach San Pedro eintreten. Als ausländischer Insasse bot der wegen Drogenhandels verurteilte Thomas McFadden Führungen durch das Gefängnis an. Und nicht wenige Backpacker aus aller Welt wollten einen näheren Blick hinter die Mauern werfen. Theoretisch illegal, aber in der Praxis mit angeblich bis zu 50 Touren täglich sehr beliebt. Essentiell wichtig: Der Stempel des Wärters auf der Hand, der die Touristen eindeutig als solche markierte und somit vor allem als „Austrittskarte“ fungierte. Drinnen warteten schon der Guide und ein Bodyguard, um die Backpacker zu den Zellen, dem Café und einem Souvenirladen zu führen. Und für Interessierte natürlich zum Kokain. Es soll allerdings Wärter gegeben haben, die sich am Ende der Tour nicht mehr daran erinnern konnten, was der Stempel auf dem Arm des jeweiligen Backpackers zu bedeuten hatte. „Erst gegen Zahlung von 500 Dollar kam die Erinnerung zurück und wir zurück in die Freiheit“, schildert zumindest jemand sein Knast-Erlebnis in seinem Blog.

Peter ist direkt Feuer und Flamme und pocht auf eine Knast-Tour. Dass das Gefängnis ausgerechnet San Pedro, also „Heiliger Peter“ heißt, macht die Sache nicht weniger spannend für ihn. Und so bin ich mehr als froh, dass die Touren seit einigen Jahren nicht mehr stattfinden. Der Zugang ist für Touristen nicht mehr möglich. Peter ist enttäuscht, ich erleichtert. Immerhin sind viele der Bewohner letztlich Schwerverbrecher. Angeblich soll sogar das ganze Gefängnis bereits seit langem geschlossen werden, so erfahren wir es von einer Einheimischen (einheimisch in La Paz, nicht in San Pedro). Doch die Insassen protestierten – bisher offenbar erfolgreich. Klar, wer will schon in einen normalen Knast mit Regeln, Wärtern und ohne zuverlässiges Kokainlogistiksystem umziehen, wenn man in San Pedro doch alles hat, was man braucht?

Alles, was Peter und ich an diesem Nachmittag in La Paz sehen können, ist, dass der Knast noch immer in Betrieb ist und sich die Eingangstür tatsächlich auffällig häufig öffnet. Als ich näher reinlugen will, gibt mir ein Polizist mit Maschinengewehr im Anschlag jedoch recht deutlich zu verstehen, dass das wohl eher nicht gewünscht ist.

Weiße Weihnachten

Dass unser Hotel in La Paz keine weitere Nacht frei ist, werten wir als Zeichen, stattdessen weiterzuziehen. Wir wollen in die Salzwürste *Salar de Uyuni*. Daher sparen wir uns den Umweg zur berühmtberüchtigten *Carretera de la Muerte*. Todesstraßen, wie der Name übersetzt bedeutet, hatten wir auf unserer Reise bereits zur Genüge und zudem sitzt uns die Regenzeit im Nacken, die das Befahren der Wüste weitestgehend unmöglich machen würde. In wenigen Tagen wird sich herausstellen, dass das die genau richtige Entscheidung war, denn nur einen Tag nach unserem Verlassen der Salar der Uyuni wird der Regen einsetzen und binnen kürzester Zeit weite Teile unbefahrbar machen.

Trotz gewisser Warnungen wagen wir uns eigenständig in die Salzwüste. Erst vor wenigen Monaten hat unser Bekannter Darcy sich hier festgefahren und nicht nur einiges an Equipment, sondern auch ein gutes Sümmchen Geld für die Rettung verloren. Peter ist jedoch optimistisch, dass uns das nicht passieren wird und auch ich habe wenig Lust auf eine geführte Tour. Wozu haben wir schließlich Allradantrieb?

Doch bevor es losgeht, müssen wir nochmal richtig volltanken. Was so banal klingt, wird in Bolivien für ausländische Touristen regelmäßig zur Tortur. Denn damit Ausländer nicht vom stark subventionierten Spritpreis profitieren, gibt es neben dem offiziellen Preis, einen Ausländerpreis an den Tankstellen. Da das aber einen hochbürokratischen Akt bedeutet, hat nicht jeder Tankwart Lust auf ausländische Fahrzeuge. Das führt im schlimmsten Fall dazu, dass man kein Benzin bekommt. Oder im besten Fall, dass der Tankwart ein einheimisches Fantasie-Nummernschild auf der Quittung einträgt und man zum Schwarzmarktpreis tankt, der je nach Verhandlungskünsten irgendwo zwischen dem einheimischen und dem Ausländerpreis liegt. Eine Win-Win-Situation für ausländische Benzinkäufer wie uns und den Tankwart, der sich die Differenz in die eigene Tasche steckt. Vor der Salzwüste befüllen wir auf diese Weise nicht nur unseren Tank, sondern auch den Ersatzkanister randvoll, denn für die nächsten 600 Kilometer bis Chile war das die letzte in der Karte verzeichnete Tankstelle.

Dann geht es endlich ins weiße Nichts. Und das ist wirklich die treffendste Beschreibung. Alles, was wir sehen können, ist unendlich weites Weiß. Irgendwann geht es lediglich in das strahlende Blau des Himmels über. Der Ausblick ist ähnlich wie der auf hoher See, nur eben mit weißem Salz statt blauem Wasser. Nachdem wir am Eingang Fotos mit einer Salzstatue gemacht haben, fahren wir eine ganze Weile querfeldein durch die bizarre Wüste. Richtige Straßen gibt es nicht, aber man kann sich meist an den Reifenspuren der vorherigen Autofahrer orientieren.

Irgendwann ist dann doch wieder etwas in Sicht: die Isla Pescada – eine mit uralten dreizackigen Kakteen bewachsene Insel inmitten des Salzsees. Insel bedeutet in dem Fall nicht, dass Land von Wasser eingeschlossen wäre, sondern es ist eine Insel aus Stein und Erde inmitten von Salz. Wir finden ein halbwegs windstilles Plätzchen für die Nacht. Bereits während des Abendessens fallen mir merkwürdige Geräusche auf. Mit Einbruch der Dunkelheit, sehen wir dann die Blitze in der Ferne. Und ein komisches Leuchten. „Das Geräusch ist der Vulkan!“, wird mir einige Augenblicke später schlagartig bewusst. „Der bricht aus!“ Die Feststellung lässt Panik in mir aufkommen, Peter indessen kann sein Glück kaum fassen. Ich verkrieche mich in Angustia aka den Faraday'schen Käfig, während Fotomuffel Peter plötzlich beim Ablichten des Naturspektakels aufblüht. Ist das normal, dass der Vulkan Lava speit? Bricht der öfters aus? Sind wir hier sicher? Und was, wenn aus den Blitzen ein handfestes Gewitter wird, das zu uns zieht? Wenn es heftig regnet, sind wir geliefert und könnten gut und gerne wie Darcy enden. Auch jetzt, während ich diese Notizen mache, bläst der Wind so heftig, dass ich Sorge habe, unser Camper könnte umkippen. Auch wenn der Ort noch so schön ist, eine ruhige Nacht wird das nicht. „Der Wind hat voll gedreht“, bestätigt nun auch Peter, der endlich mit seinen Aufnahmen fertig ist und Mühe hat, in den Camper zu klettern, ohne von der Autotür erschlagen zu werden. Mangels Alternativen beschließen wir, vorerst abzuwarten und den Motor erst dann anzuwerfen, wenn der erste Lavastrom in unsere Richtung geflossen kommt.

Die Welt ist noch in ihren Fugen, als wir am nächsten Morgen aufwachen. Keine Lava ist an uns herangeflossen und auch der Wind hat sich gelegt. Strahlender Sonnenschein sorgt dafür, dass die erste Amtshandlung des Tages das Aufsetzen einer Sonnenbrille ist, denn die Reflektion des Salzes kann andernfalls bis zur Erblindung führen. Wir machen die obligatorischen Fotos, die jeder Tourist in der Salzwüste schießt. Denn durch die Abwesenheit von Referenzgegenständen in der Landschaft, ist die Salar de Uyuni der perfekte Ort für optische Täuschungen. So schrumpft Angustia kurzfristig auf die Größe eines Spielzeugautos, das vom überdimensional großen Peter zerstampft wird. Mit Besuch der Isla Pescada und besagtem Foto-Shooting wäre jede geführte Tour nun auch an ihrem Ende angelangt. Doch Peter und ich wollen tiefer ins weiße Nichts.

Mit jedem Meter, den wir uns von der viel besuchten Insel entfernen, wird es um uns herum einsamer. Wie ein Fremdkörper bewegen wir uns im scheinbar leeren Raum. Um uns herum ist nichts als funkelndes Weiß. Lediglich der strahlendblaue Himmel hebt sich am Horizont davon ab. Je tiefer wir in die Wüste fahren, umso surrealer wirkt alles. Wir fahren querfeldein. Nur noch gelegentlich geben Spuren vorheriger Autofahrer Aufschluss darüber, wo die Salzkruste dick und fest genug zum Befahren ist. Es gibt einfach nichts als scheinbar endlose Weite. Die Stille der Wüste ist fast schon hörbar. Abgesehen von den gelegentlichen kakteenbewachsenen Inseln fehlt es einfach an Landschaft oder Gegenständen, die den Schall reflektieren könnten. Zumindest glaube ich, dass das der Grund ist, denn von Physik habe ich nach wie vor keine Ahnung. Nur das Knirschen im Salz ist, wenn wir aussteigen, bei jedem Schritt zu vernehmen. Und so verlieren wir jegliches Gefühl für Raum und Zeit. Und für die Himmelsrichtungen. Es gibt einfach rein gar nichts, an dem man sich orientieren könnte und auch der Sonnenstand ist keine große Hilfe. Ohne GPS wären wir aufgeschmissen. Nur mit dessen Hilfe finden wir am Nachmittag eine weitere Kakteeninsel.

Im Gegensatz zur Isla Pescada ist diese Insel mit dem Auto befahrbar – zumindest wenn man die richtige Zufahrtsstelle wählt, denn grundsätzlich gilt: je näher man den Inseln kommt, desto instabiler wird der Salzboden. Die Gefahr, sich hier fernab der Zivilisation festzufahren, ist sehr real. Die Folgen wollen wir uns lieber nicht so genau ausmalen. Und so sind wir extravorsichtig, als wir mutterseelenallein unser Camp auf der Insel aufschlagen.

Es ist der 24. Dezember, Heilig Abend. Unser Weihnachtsfestmahl fällt bescheiden aus. Es gibt Nudeln mit Zucchini, Tomaten und Käse. Geschmacklich verfeinert mit frischem Salz direkt vom Boden, auf dem wir stehen. Zu allem Übel haben wir es total verballert, rechtzeitig unsere Bier- und Weinvorräte aufzustocken und so sitzen wir am Heiligen Abend auf dem Trockenen. Egal, auch wenn das Salz optisch durchaus als Schnee durchgehen würde – Weihnachtsstimmung kommt sowieso nicht auf. Und andere mussten heute vor 2019 Jahren immerhin hochschwanger in einem zugigen Stall übernachten. Peter und ich haben wenigstens unseren Camper. Und im Gegensatz zu Freunden und Familie in Deutschland eine weiße Weihnacht, die sich sehen lassen kann!

Auf den letzten Metern bleiben wir am nächsten Morgen dann fast doch noch im Salz stecken. Der sonst so harte Untergrund wird plötzlich weich und matschig. Um den Allradantrieb anzustellen, müssten wir langsamer fahren. Doch das erscheint uns definitiv risikobehafteter und viel Zeit zum Abwägen bleibt nicht. Also rasen wir wie die Irren über die Offroad-Salzmatsch-Piste. Schlagartig wirkt die Warnung in unserem Reiseführer vor den Unfallgefahren bei den Salzwüsten-Touren einen Tick weniger albern auf uns. Wenn wir jetzt bremsen müssen, haben wir ein gewaltiges Problem, denn leider haben wir noch immer kein funktionierendes ABS. Während der folgenden fünf Minuten, erleide ich gefühlt zehn Herzinfarkte. Bis wir dann endlich das rettende Tor zum Ausgang und damit auf eine Straße aus hartem Teer erreichen.

Wir suchen die erste Autowaschanlage auf, denn das wichtigste To-Do ist, die beinah zentimeterdicke Salzkruste von Lack und Unterboden zu entfernen. Auch wir selbst haben nichts dagegen, bei der Hitze ein paar Spritzer aus dem Wasserschlauch abzubekommen.

Mit Verlassen der Salzwüste ändert sich die Szenerie dramatisch. Sie erscheint uns nicht minder surreal, aber eben nicht mehr schneeweiß und das Gefühl für Entfernungen und Größenverhältnisse kehrt ebenfalls zurück. Wir steuern auf die sogenannte *Lagunas Route* zu. Eine Piste im Nirgendwo an der Grenze zu Chile. Farbenfrohe Lagunen und unzählige Flamingos werden versprochen. Und genau so ist es dann auch irgendwann. Unendlich viele Flamingos stolzieren auf der Suche nach Futter durch die bunt schimmernden Gewässer. Tagelang fahren wir durch solche Landschaften. Immer wieder geht es dabei stundenlang über unbefestigte Wellblechpisten. Wir werden so stark durchgeschüttelt, dass nicht mal unser Plastikgeschirr überlebt. Die Landschaft ist so karg und skurril, wir fühlen uns wie auf einem anderen Planeten. Zwischendurch erstrecken sich immer wieder Lagunen in den unterschiedlichsten Farben. An der buntesten von ihnen, der Laguna Colorada, schlagen wir unser Nachtlager auf.

Auf über 4000 Metern schaffen wir es kaum, etwas Warmes zu Essen zu machen. Das Nudelwasser will einfach nicht kochen. Durch den niedrigen Sauerstoffgehalt der Luft, bekommt der Gaskocher einfach nicht genug Power. Ich kann den Kocher gut verstehen, auch Peter und ich sind ständig aus der Puste. Doch gerade deshalb würde eine stärkende Mahlzeit jetzt guttun. Und auch, um uns von innen zu wärmen. Denn so schön die Kulisse ist – Wind und Kälte sind wieder mal unerbittlich.

Pedro Super Mecánico

Der Kälte können wir am nächsten Tag zumindest zwischenzeitlich entkommen. Denn dank vulkanischer Aktivitäten gibt es unterwegs heiße Quellen. Wir lassen uns nicht zweimal bitten und hüpfen schnell ins warme Wasser. Wie im Infinity Pool eines Luxushotels überblicken wir eine farbenprächtige Lagune voller Flamingos. Der inzwischen aufgestockte Biervorrat macht die Sache perfekt. „Das war ein schöner Abschluss für

Bolivien", bestätigen wir uns gegenseitig als wir zwei Stunden später zurück in den Camper steigen, um die letzten Kilometer bis zur chilenischen Grenze weiterzufahren.

Aber was ist das? Der Motor springt zwar normal an, hat aber irgendwie keine Power. Trotz durchgedrückten Gaspedals werden wir immer langsamer. Zum Glück sind nur wenige Hundert Meter entfernt weitere heiße Quellen und daneben ein paar Pensionen, in denen die geführten Touren absteigen. Wir schaffen es noch so gerade eben, dort hinzurollen. Peter kontrolliert die üblichen Verdächtigen, kann aber nichts Außergewöhnliches feststellen. Auch bei den Unterkünften weiß niemand Rat. Selbst die Locals haben weder WiFi, noch Handyempfang und sind somit genauso von der Außenwelt abgeschnitten wie wir. Dafür versichert man uns, dass heute Abend und morgen früh etliche Touren hier anhalten werden und die Fahrer viel technisches Know-how haben. Macht Sinn, schließlich sind sie während ihrer Touren durch diese Gegend genauso auf sich gestellt wie wir.

Tatsächlich hält nach einer Weile das erste Auto und der Fahrer, der ohne Touristen unterwegs ist, wirft einen Blick auf Angustia. Da diese inzwischen gar nicht mehr anspringt, tippt er auf die Benzinpumpe oder einen verstopften Filter. Auch Fahrer und Hobby-Mechaniker Nr. 2 und Nr. 3 vermuten, dass unser Problem etwas mit der Benzinzufuhr zu tun haben muss. Und so liegt Peter kurz darauf unter Angustia und reinigt den Filter. Die gute Nachricht: der Filter ist anschließend sauber. Die schlechte Nachricht: die Reinigung hat nichts verändert. Nach wie vor löst das Drehen des Schlüssels im Zündschloss nicht mehr als ein erbärmliches Husten des Motors aus.

Eine Panne auf einer Schotterpiste in den Bergen zu haben, ist ungünstig. Um nicht zu sagen: richtig blöd. Wir befinden uns im Niemandsland auf 4400 Metern. Keine Werkstatt weit und breit. Und selbst wenn, dann hätte sie vermutlich kaum das passende Ersatzteil parat. „Wir müssen jemanden finden, der uns abschleppt. Wir haben doch ein Seil dabei", schlage ich vor, um Peter aufzumuntern. „Wie soll das gehen? Wir müssen ständig rauf und runter. Bergauf – ok. Aber wir müssen auch insgesamt 2000 Höhenmeter bergab", wendet Peter ein, „Willst du stundenlang mit angezogener Handbremse über die Wellblechpisten den Berg runterrollen?". Selten habe ich Peter so niedergeschlagen gesehen.

Es ist inzwischen klar, dass wir hier oben übernachten müssen und so fragt Peter bei einem der Restaurants, wann es Abendessen gibt. Abgesehen von Müsli sind unsere eigenen Vorräte erschöpft. Zunächst heißt es, dass sie heute nichts haben. Aber dann ist glücklicherweise doch noch eine Gemüsesuppe im Programm, die wir entweder jetzt oder um 20 Uhr bekommen könnten. Dazwischen will das Personal selbst in den heißen Quellen baden. Nachvollziehbar. Punkt acht stehen wir also wieder auf der Matte und freuen uns über die warme Mahlzeit. Noch besser: wir sind eingeladen. Jeder hat von unserer Panne mitbekommen und so geht die Suppe freundlicherweise aufs Haus.

Nach einer für 4400 Höhenmeter überraschend ruhigen Nacht wachen wir hoffnungsvoll auf. Ein Dutzend Tourenwagen parkt bereits um uns herum. Während ihre Teilnehmer baden, schauen wenig später Fahrer Nr. 4 und Nr. 5 unter unsere Motorhaube. Es ist langsam wie ein Assessment-Center. Jeder darf mal gucken und seine Diagnose abgeben. Nur leider hat weiterhin bisher niemand die Aufgabe bestanden. Immerhin finden diese beiden heraus, dass unser Benzin bis zum Motor ankommt. Damit können nun zwar einige Ursachen ausgeschlossen werden, aber am Problem selbst ändert das trotzdem nichts. „Die Touristen werden nun alle zur Grenze nach Chile gebracht. Danach kommen viele der Fahrer wieder und haben genug Zeit, um euch abzuschleppen", versichert uns einer der beiden. Nach und nach verschwinden die Geländewagen, nur Peter und ich bleiben zurück. Peter probiert weiterhin dies und das – ohne Erfolg. Wenn wir den Motor nicht gestartet bekommen, wird auch das Abschleppen mittels Seil schwierig – so ganz ohne Bremskraftverstärker im Gebirge. Aber selbst wenn es klappt – was dann? Weiter als bis zur Grenze kann uns niemand bringen. Denn dort wechseln auch die Tourenteilnehmer von einem bolivianischen Wagen in ein chilenisches Fahrzeug mit einem neuen, chilenischen Fahrer. Was würde dann mit uns passieren? Was würde der Zoll sagen? Würde man unsere Angustia in dem Zustand überhaupt nach Chile reinlassen?

Zwischendurch kommen immer wieder vereinzelte Touren-Nachzügler vorbei und inzwischen wirft mindestens der siebte Fahrer einen Blick unter unsere Motorhaube. Schnell gesellt sich Nr. 8 dazu so wird erneut über mögliche Ursachen philosophiert. Je mehr Fahrer bereits Dinge versucht haben, desto so anstrengender wird es, die Situation zu erklären und aufzuzählen, was alles definitiv nicht das Problem sein kann. Mit jedem missglückten Startversuch wird zudem die Batterie schwächer. Nach einer Weile verabschieden sich auch die aktuellen Hobby-Mechaniker wieder, da sie ihre Tour weiterfahren müssen. In dem Moment entdeckt Peter etwas: eine Schraube. Aber wo gehört die hin? Plötzlich geht alles ganz schnell. Das Puzzle in Peters Kopf setzt sich in wenigen Augenblicken zusammen. Die Zündspule! Die Zündspule ist für das Anspringen des Motors zuständig. „Der Typ hat damals beim Einbauen der neuen Zündspule eine Schraube fallen lassen und dann einfach eine andere genommen", sprudelt es wie bei einem Flashback aus Peter heraus.

Schnell entfernt er die Abdeckung und wirft den Motor an, sodass sich die Zündspule etwas dreht. Der Motor macht wie immer ein Geräusch, springt aber letztlich nicht an. Doch die Zündspule dreht sich ausreichend weit und genau das ist das Ziel. Peter wiederholt das Spielchen bis sie wie ein Glücksrad an der richtigen Stelle stoppt. Genau die Stelle, in der eigentlich eine Schraube stecken sollte, ist leer. Die frisch gefundene Schraube in Peters Hand passt. Wir haben eine Schraube locker! Aufgeregt dreht Peter sie fest. Der Moment der Wahrheit ist gekommen. Alle Augen – also meine, denn die Guides sind längst mit ihren Touren weg – sind auf Peter gerichtet, als er erneut den Schlüssel im Zündschloss dreht. Es ist wie der alles entscheidende Moment einer Quiz-Show. Hat der Kandidat auf das richtige Pferd gesetzt? Er hat! Der Motor startet. Und zwar richtig. Nicht nur das erbärmliche Geratter ist zu hören, sondern der Motor zündet. Angustia fährt!

Mein Eindruck, dass der laufende Motor ein endgültig gutes Zeichen ist, wird durch Peters Reaktion bekräftigt. Wie ein Verrückter springt er im Kreis. So voller Endorphine habe ich ihn erst einmal erlebt und da wurde Deutschland gerade Fußball-Weltmeister. Damals sprang er ebenfalls unkontrolliert und mit einem leicht ungläubigen, aber seligen Blick durch die Gegend und rief nur noch: „Ja! Ja! Jaaa!" Genauso wie jetzt eben. Nur, dass diesmal er selbst Weltmeister geworden ist. Zwar nicht im Fußball, aber egal. Bevor ich wirklich erfahre, was die Lösung des technischen Problems war, höre ich lange Zeit nur lautes, jubelndes „Yeah, man! Ich bin der Beste! Ich hab' es repariert! Ja! Ja! Ja! Ich bin der Beste! Whoop Whoop!"

Im Nachhinein ergibt alles Sinn. Die langsame Verschlechterung des Zustands, da die Schraube sich nach und nach immer weiter gelöst hat, bis sie irgendwann ganz draußen war. Anfangs konnten wir noch langsam fahren, bis sich die Zündspule dann völlig verdreht hat.

Mit seiner Reparatur – quasi der „zündenden Idee" – reiht Peter sich jedenfalls in die Top 5 der fähigsten Mechaniker unserer Reise ein, denn das Problem ist fortan tatsächlich verschwunden. Wir fahren zwar noch immer mit einem gewissen Argwohn, aber letztlich wie eine Eins. Zumal wir nun wissen, wie man das Problem löst, sollte es noch einmal auftreten (Spoiler: Die Schraube wird sich in den kommenden Wochen noch einige Male lösen, aber das ist kein Drama mehr). Erstmal fahren wir wieder. Dank Pedro Super Mecánico! Und damit verlassen wir 50 Kilometer später dann auch endlich Bolivien.

CHI L(L)E(N)

Der Grenzposten befindet sich auf 5020 Metern. Bei den Rainbow Mountains hatten wir bereits festgestellt, dass eine 5000er-Besteigung nicht zwingend über Schnee und Eis führen muss. Hätte ich allerdings gewusst, dass ich einen 5000er sogar einfach mit dem Auto befahren kann, hätte ich mir am Mateo Gletscher einige Strapazen ersparen können.

In Chile geht es erst mal rapide bergab mit uns. Und zwar im positivsten Sinne. Wir lassen die enormen Höhenmeter hinter uns und so können wir endlich mal wieder ruhig schlafen – mit einem Ruhepuls, bei dem sich das Herz vor lauter Pumpen nicht überschlägt. Auch der Abenteuerfaktor nimmt rapide ab. Doch auch das meinen wir nach den letzten Wochen diesmal tatsächlich positiv. Das Leben ist in Chile so angenehm und einfach wie lange nicht mehr und beinah wie in Europa. Na, sagen wir im warmen Südeuropa, denn die heiße Atacama Wüste hat doch eher wenig mit Deutschland gemeinsam. Dennoch: Chile gilt als sicher und es gibt wieder alles im Supermarkt zu kaufen, was man sich wünscht. Die Menschen sind uns kulturell wie wirtschaftlich ähnlicher, was Gespräche mit Einheimischen vereinfacht. Was wollen wir mehr?

In der Atacama Wüste wird unsere Hauptbeschäftigung das Baden. Typisch Wüste eben. Wir planschen in Salzseen, auf denen man wie im Toten Meer treiben und dabei ein Buch lesen kann. Als hätte man unter sich eine unsichtbare Luftmatratze. So erscheint es zumindest auf unseren Fotos. Ganz so entspannt ist es in der Realität dann nicht, denn die Seen sind nicht nur eisig kalt, sondern der enorme Salzgehalt ist auch extrem unangenehm auf der Haut. Wunderschön ist es dennoch. Und etwas, das uns auf dieser Reise bereits ein paar Mal an dafür prädestinierten Orten verwehrt wurde, wird endlich Wirklichkeit: Wir schauen den unendlich scheinenden Sternenhimmel durch Teleskope an, denn die dunkle Atacama Wüste ist weltweit einer der besten Plätze dafür.

Dann ist das Jahr auch schon rum. Silvester feiern wir mit anderen Overlandern gemeinsam auf einem Campingplatz in *San Pedro de Atacama.* Johannes aus Hamburg, zwei Belgier und ein Pärchen aus der Schweiz sind mit von der Partie und so wird der Jahreswechsel in der Wüste deutlich ausgelassener als der ein Jahr zuvor im Dschungel. Die ersten Tage des neuen Jahres starten wir entspannt in einem schicken Business-Hotel am Strand der ansonsten unspektakulären Stadt Antofagasta. Für kurze Zeit verschwindet das Vanlife ganz tief im Hinterkopf und wir lassen es uns in der westlich orientierten Welt einfach nur gut gehen.

Doch auch zurück im Camper geht es in Chile nicht weniger relaxt zu. Peter und ich campieren ein paar Nächte im Pan de Azúcar Nationalpark direkt an der Pazifikküste. Wieder einmal trifft die Wüste direkt aufs Meer. Und wir stehen mit unserem Camper mitten drin. Das Leben kann so schön sein! Und Vanlife soll in Chile überall so entspannt und einfach sein... Doch Peter und ich haben andere Pläne. Wir haben uns endlich ein finales Ziel für unsere Reise überlegt, Zeit und Ort stehen fest: Karneval in Rio de Janeiro. Und so biegen wir irgendwann links ab und überqueren ein letztes Mal die Anden auf dem Weg in Richtung Atlantikküste.

Siesta all Day long

Der Grenzübertritt zwischen Chile und Argentinien hat seine Besonderheiten. Statt direkt nacheinander zu stehen, trennen die beiden jeweiligen Grenzposten locker 100 Kilometer. Ein kurzes hin und herlaufen, weil man in Chile den Ausreisestempel vergessen hat, ist nicht drin. Wobei es einem bei der Fahrt zwischen den Kontrollhäuschen zumindest nicht langweilig wird, denn dazwischen gibt es noch einige Sehenswürdigkeiten zu bestaunen. Nachdem wir zwar offiziell aus Chile ausgereist, aber immer noch im Land sind, passieren wir Berge und Vulkane, Schluchten, einen Wasserfall und die Laguna Verde, deren Name übersetzt „grüner See" bedeutet. Hier war eindeutig Farbenblindheit im Spiel. Die Grüne Lagune ist einer der blauesten Seen, den ich je gesehen habe. Das Ufer allerdings auch als eines der windigsten, sodass wir uns beim besten Willen nicht zum Baden in den Thermalquellen überwinden können. Vor lauter Gegenwind bekomme ich noch nicht mal die Autotür geöffnet und muss auf der anderen Seite rausklettern. Aber so oder so: die Landschaft zwischen den Grenzen ist einfach nur phänomenal!

Dann sind wir irgendwann in Argentinien und lassen die Anden ein für alle Mal hinter uns. Wir sind so erleichtert darüber, dass die dünne Höhenluft der Vergangenheit angehört, dass wir das Gefühl haben, von nun an würde alles ganz einfach. Länder, die in vielerlei Hinsicht dem europäischen Standard ähneln, liegen vor uns, während plötzliches im Schlaf nach Luft schnappen schnell nur noch eine vage Erinnerung aus ferner Vergangenheit ist. Auch die Landschaft wird endlich wieder grüner. Auf unter 4000 Metern wächst es sich einfach besser. Wir fühlen uns ein bisschen wie in Südeuropa: überall gibt es Wein, Oliven und frischen Ziegenkäse.

Doch nicht nur die Agrarprodukte sind vergleichbar, auch die Gepflogenheiten ähneln sich. Die Argentinier sind ein nachtaktives Volk. Das merken wir nicht nur daran, dass die meisten Restaurants abends erst um 20 oder sogar 21 Uhr öffnen, sondern auch auf den Campingplätzen. Die ganze Nacht läuft Musik bei voller Lautstärke. Gerne bis 4 oder 5 Uhr morgens – oder manchmal auch ganze ohne Ende. Jeden Tag. Montag, Dienstag, Samstag – ganz egal. Ohne Rücksicht auf die, die möglicherweise schlafen wollen. Doch außer Peter und mir scheint das auch niemand zu sein. Die Argentinier sind hellwach und in Dauerpartylaune, niemanden scheint die Musik je zu stören. Und so halten auch wir uns zurück. Wir sind schließlich nur Gäste im Land. Wenngleich schlaflose Gäste.

Auch wenn Argentinien für südamerikanische Verhältnisse ein ähnlich reiches und westlich geprägtes Land wie Chile ist, gibt es finanzielle Schwierigkeiten. Zumindest für uns. Denn Geld am Automaten abzuholen, war uns bisher nicht möglich. Egal, wie oft wir es probieren, unsere Karten werden einfach nicht akzeptiert. Außerdem wissen wir von früheren Erfahrungen und von anderen Reisenden von den horrenden Gebühren bei der Bargeldbeschaffung für Ausländer. Selbst wenn ein Automat tatsächlich mal ausländische Karten annimmt, dann ist der Höchstbetrag von 80 Euro gering und die Gebühr mit vier bis acht Euro pro Transaktion hoch. Da man mit 80 Euro aber nur bedingt weit kommt, ist man schnell bei einem dreistelligen Betrag an Bankgebühren angelangt. Zusätzlich zu etwaigen Gebühren der eigenen Bank daheim. Doch auch mit der Kreditkarte zu zahlen, ist keine wirkliche Lösung. Denn zumindest bei Tankstellen – wo unser meistes Geld hinwandert – ist das nur selten möglich. Auch Restaurants und Geschäfte erheben gerne einen Aufschlag von 10 Prozent, wenn man mit Karte zahlen will. Doch es gibt unter Reisenden ein paar Geheimtipps, um in Argentinien möglichst günstig an sein Geld zu kommen:

Tipp 1: Ins Casino gehen. Dort mit der Kreditkarte Spiel-Chips kaufen und die wiederum gegen argentinisches Bargeld zurücktauschen.

Tipp 2: Ein Konto bei Western Union einrichten, sich selbst Geld hinschicken und zum attraktiven Wechselkurs in Argentinischen Pesos auszahlen lassen. Das kostet zwar ebenfalls eine Gebühr, die ist aber um einiges günstiger als die der Geldautomaten.

Tipp 3: US-Dollar mitnehmen und inoffiziell auf der Straße tauschen, wo man angeblich bis zu doppelt so viele Argentinische Pesos zurückbekommt wie in der Bank.

Das klingt natürlich in der Theorie super und wir kommen uns extra schlau vor, mit unseren Tricks die Geldpolitik der argentinischen Regierung an der Nase herumzuführen. Doch so leicht ist es dann auch wieder nicht. Weder sehen wir ein Casino, noch begegnet uns auf den Straßen des verschlafenen Nordens ein illegaler Geldwechsler. Lediglich Aufkleber von Western Union sehen wir immer wieder an kleinen Läden und

Postfilialen. Um wenigstens erst mal tanken und essen zu können, tauschen wir auf dem ersten Campingplatz ein paar US-Dollar bei einem Argentinier, mit dem wir zufällig ins Gespräch kommen. Er ist kein professioneller Geldwechsler, aber für Argentinier sind stabile Währungen wie der US-Dollar eine der wenigen Möglichkeiten, ihre Ersparnisse vor der stetigen Inflation ihrer eigenen Währung zu schützen. Und so nimmt der Argentinier nur zu gerne unsere 100 Dollar entgegen und bietet immer wieder an, noch mehr zu tauschen. Doch der Kurs, den er uns bietet, ist mit 58 Pesos für einen Dollar eher schlecht. Hat Peter doch rausgefunden, dass wir mit der Western Union Variante 85 Pesos für einen Dollar erhalten. Und so macht er die Überweisung fertig, damit wir sie im nächsten Ort bei der Post abheben können. So der Plan.

Überflüssig zu sagen, dass die Realität anders aussieht. Als wir am frühen Nachmittag ankommen, ist Postfiliale Nummer 1 zwecks Siesta bis 17:30 Uhr geschlossen. Typisch in Nordargentinien. Ab mittags gleicht jedes Dorf bis zum frühen Abend einer Geisterstadt. Bei der Hitze in der staubigen Kakteen-Landschaft kommen wir uns vor wie in einem Westernfilm während der berühmten „Ruhe vor dem Sturm". Kaum jemand ist auf den Straßen. Alle Fenster sind verrammelt. Jeden Moment kann ein Duell losgehen, vor dem sich die Bewohner bereits in Sicherheit gebracht haben. Nur Peter und ich laufen nichtsahnend durch die Gegend. Auf der Suche nach Essen, das man mit Karte bezahlen kann. Selbst die Supermärkte öffnen erst wieder um halb sechs. Und so stehen wir im nächsten Ort pünktlich um 17:30 Uhr bei der Post. Die öffnet tatsächlich gerade wieder, doch nach 20 Minuten Schlange stehen erklärt man Peter, dass man hier leider nur Beträge bis 15.000 Pesos rausgeben könne. Peters Überweisung an sich selbst beträgt aber 42.505 Pesos (500 Euro). Nur einen Teilbetrag davon abzuholen, ist nicht möglich. Mission vorerst gescheitert.

Auf der Weiterfahrt kommen wir an diversen weiteren Schaufenstern mit Western Union-Aufklebern vorbei. Doch wo Western Union drauf steht, ist noch lange nicht Western Union drin. Generell wirken einige Geschäfte, als wäre hier schon länger nichts mehr drin gewesen. So ist am nächsten Tag auch bei Versuch Nr. 3 die Filiale geschlossen. Dem Anschein nach wird sie selbst um 17:30 Uhr auch nicht wieder öffnen. Die nächste ist geöffnet, zahlt aber auch nur maximal 15.000 Pesos aus. Die danach ist wieder ohne ersichtlichen Grund geschlossen. Dabei ist gerade noch nicht einmal Siesta-Zeit. Der nächste Versuch scheitert daran, dass das IT-System gerade nicht funktioniert, die übernächste Filiale hat gerade irgendein Formular nicht vorrätig. Und bei einer Filiale im Örtchen Cafayate sind leider keine internationalen Transfers möglich. Was für ein guter Geheimtipp die Geldbeschaffung über Western Union doch war!

Doch irgendwann, Tage später wird das scheinbar Unmögliche möglich: Ein kleiner, unscheinbarer Laden, der vorwiegend Babywindeln und ähnliche Drogerieartikel im Angebot hat, ist 1) geöffnet und 2) in der Lage internationale Transfers von 3) mehr als 15.000 Pesos zu tätigen. Halleluja! „Der hatte nur kleine Scheine“, erklärt Peter mir, als er kurz drauf mit einer Plastiktüte voller Banknoten, die summiert 42.505 Pesos minus einen Haufen Gebühren ergeben, auf der Matte steht. Die Tüte voller Geld in kleinen Scheinen erinnert an Lösegeldübergaben im Krimi. Doch ich will Peter die Geschichte mit dem Babywindel-Laden einfach mal glauben. Sollte einer von uns spontan entführt werden, wären wir nun jedenfalls vorbereitet.

In Nord-Argentinien ist es zwar schön, aber irgendwie haben wir dennoch einen Durchhänger und wissen die Landschaft nicht mehr so richtig zu schätzen. Wir sind reisesatt. Es ist wie beim All-you-can-eat-Buffet. Egal, wie lecker das Essen – irgendwann geht nichts mehr rein. Du musst erst mal in Ruhe verdauen, bevor du dein Lieblingsessen wieder genießen kannst. Und so geht es uns gerade mit dem Reisen. Wir sind absolut vollgefuttert und es ist kein Platz mehr für Dessert. Oder eben für eine weitere Landschaft. Vielleicht ist es dazu auch die Kombination aus argentinischer Hitze und daraus resultierendem Schlafmangel, aber wir brauchen eine Pause. Die bunten Hügel im charmanten Örtchen Purmamarca reißen unseren Tiefpunkt nochmal kurzfristig hoch, aber dennoch beschließen wir am nächsten Tag, dass es Zeit wird, weiterzuziehen und unser Ziel Rio de Janeiro langsam, aber sicher anzusteuern. Und so treten wir die lange Fahrt nach Osten an. Um nach Brasilien zu kommen, müssen wir durch Paraguay. Müssen nicht, aber wollen. Denn selbst wenn wir etwas erlebnismüde sind: Wann sonst kommen wir je wieder nach Paraguay?

Wenn man die Überfahrt in einem Wort zusammenfassen müsste, wäre es ganz sicher „geradeaus“. Etwas ausführlicher klingt unser Fazit in etwa so: Tag 1: Wir schmelzen trotz Klimaanlage im Auto dahin. Einen schattigen Ort zum Mittagessen zu finden, erweist sich als schwierig, korrigiere: unmöglich. Tag 2: Es wird vor lauter Gewitterwolken kaum hell. Einen trockenen Ort zum Mittagessen zu finden, erweist sich als schwierig, korrigiere: unmöglich.

Die Straße nach Paraguay verläuft wirklich schnurstracks geradeaus und bietet entsprechend wenig Abwechslung. Ab und zu sehen wir mal eine Polizeikontrolle, denn die Straße ist nicht nur der direkteste Weg nach Paraguay, sondern gerüchteweise auch eine beliebte Schmugglerroute. Das ist dann aber auch schon das größte Highlight. Wenigstens kann man schlaglochfrei und schnell fahren. Sogar die Landschaft wird wieder richtig saftig grün. Kurz vor der Grenze geraten wir in die erste Polizeikontrolle seit langem, bei der wir nicht einfach durchgewinkt, sondern gebeten werden, ranzufahren. Wir zeigen ihnen unsere Reisepässe, dann geht es zum Endspurt nach Paraguay.

Fake-Florida

Es gibt einen Grund, warum man selten hört, dass jemand nach Paraguay in den Urlaub fährt. In dem kleinen Binnenland ist einfach nicht viel los. Selbst die berühmten Iguazú-Wasserfälle im Dreiländereck schlängeln sich lediglich durch Brasilien und Argentinien, während Paraguay nur ein Staudamm bleibt. Zugegeben, ein sehr gewaltiger Staudamm, der es immerhin auf die Liste der *Architektonischen Weltwunder der Moderne* geschafft hat. Doch abgesehen von dieser Ingenieurskunst gibt es im Land kaum ein Highlight, das es nicht auch so ähnlich woanders gäbe. Keine aufregenden Metropolen, atemberaubenden Naturwunder oder einzigartigen Events ziehen Touristen ins Land. Dafür werden umso mehr Auswanderer von der Sonne über Paraguay angezogen. Vor allem aus Deutschland und der Schweiz. Zumindest vor ein paar Jahrzehnten muss es einen regelrechten Ansturm gegeben haben, denn die Mehrheit der hier lebenden Schweizer und Deutschen hat inzwischen so langsam das Rentenalter erreicht. Auswanderer in unserem Alter begegnen uns hingegen nicht. Viele der älteren Semester betreiben vor Ort deutsche Biergärten oder wahlweise Hotels und Campingplätze. Die tragen dann Namen wie „Westfalia Camping“ oder „Biergarten Bavaria“. Sehr kreativ.

Auch Peter und ich finden unser Zuhause für ein paar Tage auf solch einem Campingplatz. Auf die Frage, warum es sie ausgerechnet nach Paraguay verschlagen hat, erklärt uns die deutsche Besitzerin: „Wir haben damals eine Werbeanzeige gesehen, da stand: ‚Wie Florida, nur günstiger‘ - Das hat uns überzeugt.“ Und ohne Meer, füge ich gedanklich hinzu. Dennoch muss ich zugeben, dass man als Rentner sicherlich ein schlechteres Leben führen kann als hier in Paraguay. Zumindest solange es einem gesundheitlich gut geht und man ausreichend Kohle hat.

Entsprechend der Größe dieser zahlungskräftigen Minderheit finden sich viele deutsche und schweizerische Produkte in den hiesigen Supermarktregalen und vor allem auf dem Wochenmarkt. Nürnberger Würstchen, Sauerteigbrot, Löwensenf, Currywurst-Ketchup und Schweizer Fondue-Käse beherrschen das Angebot an den Ständen. Im Essbereich des Marktes hat eine Gruppe Deutschsprachiger einen regelrechten Stammtisch eingerichtet. Selbstverständlich gibt es deutsches Bier zur Wurst. Auch Maggi-Tütensuppen, Schauma-Shampoo sowie diverse Kosmetikprodukte der ehemaligen Schlecker-Eigenmarke hat irgendein heimwehkranker Deutscher in Massen importiert. Wenn ich allerdings überlege, wie viele Jahre Schlecker bereits pleite ist, scheint das Geschäft damit wohl doch nicht ganz so gut zu laufen.

Auf unserem Campingplatz sind noch zwei weitere Overlander-Pärchen. Ein Schweizer Rentner-Paar – seit zweieinhalb Jahren in Südamerika unterwegs – und zwei Privatiers aus Deutschland. Obwohl das Paar gerade einmal Anfang 50 ist, sind sie bereits seit zehn Jahren auf Reisen in Südamerika. Ohne zu arbeiten. Auch wenn wir uns nett unterhalten, merken wir schnell, dass die vier nochmal ein ganz anderer Schlag Reisende sind als wir selbst. Was macht man zehn Jahre lang in Südamerika? Also ohne Job, ohne Aufgabe, ohne festes Umfeld und damit auch ohne Freunde? Die Auswanderer hier in Paraguay haben ja die anderen Auswanderer (und theoretisch auch die Paraguayer, aber tendenziell scheinen die Europäer doch eher unter sich zu bleiben), aber die Dauerreisenden sind ja immer unterwegs. Wenngleich mit deutlich reduzierter Reisegeschwindigkeit als Peter und ich. Und so können die Dauerreisenden es nur schwer nachvollziehen, als es Peter und mich nach „nur" drei Tagen auf dem Campingplatz bereits weiterzieht. Auch wenn wir uns abgesehen von der Hauptstadt Asunción und dem Itaipu-Damm nicht viel angesehen haben, reicht uns die kurze Zeit in Paraguay. Wir wollen endlich nach Brasilien!

Der große Moment ist gekommen: der letzte Grenzübertritt! Das letzte Mal hoffen, dass alles gut geht und niemand auf dumme Ideen kommt. Auch wenn die Grenzen in Südamerika gegenüber denen in Zentralamerika das reinste Kinderspiel sind, ist es doch immer wieder ein Akt, der nur bei wenigen Menschen Vorfreude weckt. Wir gehören nicht dazu. Paraguay verlassen wir ohne besondere Vorkommnisse und fahren über eine Brücke nach Brasilien. Wieder einmal ist eine natürliche Grenze auch die politische. Auf der anderen Seite weiß dann zunächst keiner so recht, was er mit uns anfangen soll. Einreisestempel geben, klar. Aber dass Autofahrer auch noch eine *Temporary Import Permit* haben wollen, kommt wohl nicht so häufig vor. Als wir endlich den zuständigen Zoll gefunden haben, versuchen wir den Clou: Nicht nur Peter und mich, sondern zudem Senhor Merkel namentlich in unsere TIP aufzunehmen. Aber der Reihe nach:

Bereits vor ein paar Wochen haben Peter und ich entschieden, dass unser Südamerika-Trip pünktlich zum Karneval in Rio de Janeiro seinen Höhepunkt wie auch sein Ende finden soll. Daher hatten wir bereits vor Wochen unter das Facebook-Inserat eines anderen Reisenden kommentiert, dass auch wir bald ein Auto zum Verkauf stehen hätten. Daraufhin hatten sich Björn und Amelie aus Deutschland bei uns gemeldet. Ein paar Telefonate später war der Deal beschlossene Sache. Auch sie wollen zum Karneval nach Rio kommen und dort ihre Reise starten. Zur richtigen Zeit am richtigen Ort. Nur eine Sache fehlt Rio, um wirklich der perfekte Ort für die Autoübergabe zu sein: eine Landesgrenze. Das Problem ist das gleiche, wie auch schon beim Kauf von Angustia: Es gibt einfachere Dinge als ein in den USA zugelassenes Auto halbwegs legal in Südamerika zu verkaufen. Daher empfiehlt es sich, die Fahrzeugübergabe zwischen zwei Grenzen stattfinden zu lassen. So kann der Vorbesitzer seine TIP canceln und das Auto verlässt legal das Land. Der neue Besitzer wechselt dann die Nummernschilder im Niemandsland und beantragt bei der Einreise einfach eine neue TIP mit den neuen Papieren auf seinen Namen. Eine rechtliche Grauzone, aber gängige Praxis unter Reisenden in Lateinamerika.

Da Google Maps 914 Kilometer und 16 Stunden und 43 Minuten für die Fahrt von Rio de Janeiro bis zur nächsten Landesgrenze mit Uruguay kalkuliert, wäre eine Alternativlösung von uns allen präferiert. In Kolumbien ging es ja schließlich auch, die TIP der Kiwis auf Peter und mich zu erweitern. Angeblich sei das in Brasilien jedoch anders, hatte uns die Schwarmintelligenz des Südamerika-Overlanding-Forums verraten. Doch letztlich hatte auch niemand Erfahrungen aus erster Hand zu berichten. Und so versuchen wir es heute trotzdem und stehen voller Optimismus vor dem brasilianischen Zollbeamten.

Zum Glück sind die südamerikanischen Systeme nicht mit denen der USA gekoppelt und so merkt niemand, dass das Nummernschild BQL-4053 längst nicht mehr zum Nissan auf dem Parkplatz gehört. Denn strenggenommen (und auch weniger strenggenommen) sind unsere Fahrzeugpapiere gar nicht mehr gültig. Angustia ist längst verkauft und um genug Zeitpuffer beim langwierigen Ummelde-Prozess zu haben, bereits per Vollmacht in Washington auf ihre zukünftigen Besitzer umgeschrieben. Von alldem weiß man an der Grenze aber nichts. Peter bekommt problemlos seine TIP. „Und unser Freund? Der würde auch gerne mit dem Auto fahren", versuchen wir es vorsichtig. „Ja, das kann er. Peter muss einfach nur dabei sein", erklärt der freundliche Beamte. Soweit nichts Neues. „Ach so. Aber unser Freund will sich das Auto auch mal alleine ausleihen und ohne Peter fahren. Können wir ihn nicht mit auf die TIP schreiben?", schieben wir hinterher. Praktischerweise haben wir sogar eine Kopie von Reisepass und Führerschein unseres Freundes dabei. Doch wie erwartet reicht das nicht, denn unser Freund ist ja noch nicht nach Brasilien eingereist und hat folglich noch keinen Einreisestempel im Pass. Wir zeigen uns betrübt. Der Beamte überlegt hin und her. Es hilft bei der Klärung der Sache nicht, dass er nur Portugiesisch spricht. Haben wir uns doch gerade erst mühsam Spanisch angeeignet! Aber irgendwie verständigen wir uns mit Händen und Füßen auf „Spanogiesisch". Er ist sichtlich bemüht, unser Anliegen zu lösen und schaut sich die Kopie der Dokumente nochmal genau an. Dann scheint ihm plötzlich ein Licht aufzugehen.

„Merkel will mit dem Auto fahren?", bei dem Namen in Kombination mit Deutschland klingelt es offenbar. Er fordert die bereits ausgestellten Papiere von uns zurück. Die Tatsache, dass Merkel noch nicht nach Brasilien eingereist ist, scheint plötzlich irrelevant. Der Beamte verschwindet in sein Büro. Als er wenig später zurückkommt, überreicht er uns fast schon ein bisschen feierlich eine zweite Temporary Import Permit. Ausgestellt für Senhor Merkel. Zufall? Oder wollte er nicht riskieren, für diplomatische Verstimmungen verantwortlich zu sein? Egal, besser hätte es nicht laufen können! Vor Polizeikontrollen und der Ausreise müssen sich unsere Käufer nun dank des pragmatischen Zollbeamten nicht mehr fürchten. Ich bin froh, dass wir den Camper nicht einfach leichtfertig an irgendwen mit Namen Meier oder Müller verkauft haben. Alle Probleme auf einen Schlag gelöst, dank eines einflussreichen Nachnamens. Sollte jemals ein Reidelbach als Kanzler kandidieren, meine Stimme hätte er.

Bunt, bunter, Brasilien

Unser erstes Ziel in Brasilien ist die Grenzstadt Foz de Iguazú – bekannt wegen der gleichnamigen Wasserfälle und einer Reihe weiterer Attraktionen, die sich dazugesellt haben, um von den Besuchermassen etwas abzubekommen. Wir steigen auf einem Campingplatz im Grünen ab. Vom gefährlichen Brasilien ist bisher nichts zu spüren. Die größte Gefahr lauert darin, in unserem Camp von einer vom Baum herabfallenden Mango erschlagen zu werden. Mit großer Regelmäßigkeit passieren die heimtückischen Angriffe, bescheren uns aber wenigstens ein vitaminreiches Frühstück.

Die Iguazú-Wasserfälle gehören zu den *sieben Weltwundern der Natur*. Dementsprechend kann man sie nicht unbedingt als Geheimtipp bezeichnen. Doch trotz der vielen Touristen sowie der totalen Kommerzialisierung des Nationalparks, erweisen sie sich als wunderschön und ihrer Auszeichnung würdig. Der Wanderweg steigert sich von kleinen Wasserfällen am Anfang bis hin zu einem gigantischen Naturspektakel. Von Minute zu

Minute wird die Kulisse beeindruckender. Am Ende stehen wir staunend auf einem Holzsteg direkt vor den tosenden Wassermassen. Millionen Liter donnern jede Sekunde in die Tiefe. Sogar Peter, der sonst kaum für Fotos zu erwärmen ist, ist plötzlich vom Eifer gepackt, das Schauspiel für die Ewigkeit festzuhalten. „Lass uns mal bitte noch ein Bild zusammen machen, hier steht gerade niemand im Weg", bitte ich ihn etwas irritiert von seiner plötzlichen Fotomanie, für die er inzwischen sogar am Boden liegt, um den optimalen Winkel zu erwischen. Als er wieder aus seiner Hocke aufsteht, schreit er plötzlich laut auf. „Mich hat etwas gebissen!", mit schmerzverzerrtem Gesicht fasst Peter sich an den Oberarm. Blanke Panik ist in seinem Blick zu erkennen. „Zeig mal her!" Tatsächlich steckt noch ein Stachel in der Innenseite seines Oberarms. Vorsichtig ziehe ich ihn heraus. „Das war eine Spinne. Eine Spinne hat mich gebissen!", ist Peter sich auf einmal ganz sicher. „Meine Muskeln fühlen sich auch ganz komisch an. So gelockert", stellt er immer panischer werdend fest. Schon möglich, dass am Holzgeländer, durch das Peter fotografiert hatte, eine Spinne am Balken saß und nur auf ihr nächstes Opfer gelauert hat.

„Schnell! Wir müssen das einem Ranger zeigen!" Wir hechten los. An einem Fotostand finden wir schließlich eine Parkangestellte, die Englisch spricht und unser Anliegen versteht. Sie ist sichtlich alarmiert, als wir ihr unser Problem erläutern. Immerhin beheimatet Brasilien gleich eine ganze Reihe hochgiftiger Artenvertreter. Nicht wenige davon mit dem Potenzial, einen erwachsenen Menschen innerhalb kürzester Zeit ins Jenseits zu befördern. Ohne zu zögern, eskortiert die Frau uns zu einem Aufzug, der auf eine höher gelegene Ebene der Aussichtsplattform führt, und übergibt uns an einen Kollegen. Dieser führt uns an der Warteschlange für den Aufzug vorbei und direkt in den nächsten Lift nach oben. Dort wartet bereits der über Funk angeforderte Mitarbeiter Nummer 3 und bringt uns zur Straße, wo bereits ein Krankenwagen parat steht. Peter ist mittlerweile fast ein bisschen euphorisch, denn die heftigen Rückenschmerzen, die ihn bis gerade eben noch plagten, sind seit dem Biss wie von Zauberhand verschwunden. Das Gift scheint zu wirken. Das ist nicht gut.

Im Krankenwagen, der für genau solche Fälle auf Abruf bereitsteht, empfangen uns zwei Sanitäter, die sogar ganz froh darüber wirken, endlich mal wieder etwas zu tun zu haben. Fachmännisch inspizieren sie Peters Oberarm, der inzwischen ziemlich rot und angeschwollen ist. „Abby?", fragt der Sanitäter seine Kollegin. Auch die schaut nun nochmal genauer hin. „Abby", bestätigt sie ihrem Kollegen mit einem Kopfnicken. Abby? Wer oder was ist Abby? „Abby, no spider", erklären sie nun an uns gewandt. Die Sanitäterin macht ein Summ-Geräusch. „Ah! A bee, no spider. Are you really sure?", macht es bei mir Klick. Die beiden wirken sehr sicher und fast schon ein bisschen belustigt. Erst jetzt fällt uns ein, dass ein Stachel in Peters Arm steckte. Im Allgemeinen haben Spinnen eher selten Stachel. Bienen hingegen schon – das spricht wohl für die Bienentheorie. Ich bin erleichtert.

Peter versucht derweil seine Ehre zu retten und erzählt den Sanitätern in dramatischer Weise, wie heftig allergisch er letzten Sommer auf einen Bienenstich reagiert hat. Das stimmt sogar. „Wobei wir auch da den Übeltäter nicht wirklich gesehen haben. Vielleicht war das letzten Sommer ja sogar wirklich eine Spinne!", ärgere ich ihn. Normalerweise stellt er mich gerne als Panikmännchen dar. Diese Gelegenheit, ihn für seine Drama-Performance aufzuziehen, kann ich mir daher unmöglich entgehen lassen. Zu Peters Verteidigung: Vor wenigen Tagen hatte er sich ausführlich über die diversen Giftspinnen der Region informiert, nachdem eine – nach seinen Angaben – tellergroße Tarantel durch unser Camp spaziert war. Ein bisschen Alarmzustand ist da wohl erlaubt.

Trotz Nicht-Spinnenbiss wird Peter noch kurz behandelt und bekommt einen mit Salbe beschmierten Verband sowie eine Tüte Eis zum Kühlen der Einstichstelle. Am Ende werden noch unsere persönlichen Daten erhoben und nachdem Peters Bienenstich in die Unfallstatistik des Iguazú Parks eingeht, dürfen wir wieder gehen. Schließlich wollten wir ja eigentlich gerade ein Foto von uns vor den Wasserfällen machen, als die heimtückische Attacke passierte. Also zurück zum Aussichtspunkt auf dem Steg. Die Wirkung des Gifts scheint indessen nachzulassen: kaum sind wir zurück bei den Wasserfällen, klagt Peter wieder über Rückenschmerzen. Wo sind nur die Bienen mit ihrem lähmenden Gift hin, wenn man sie braucht?

Die Iguazú Wasserfälle befinden sich nicht nur an der Grenze zu Argentinien, sie sind die Grenze. Dementsprechend kann man die Fälle nicht nur von brasilianischer, sondern auch von argentinischer Seite aus bewundern. Und so entpuppt sich unser letzter Grenzübertritt nachträglich doch nur als vorvorletzter, denn es geht am nächsten Morgen noch einmal nach Argentinien – und abends wieder zurück. Hatten wir in Brasilien den Panoramablick, eröffnet sich uns in Argentinien die Nahaufnahme. Statt wie in Brasilien unten vom Steg, bewundern wir heute die Wassermassen von oben beim Sturz in die Tiefe. Die Sichtung eines freilebenden Tukans aus nächster Nähe macht unseren Ausflug zu diesem Weltwunder perfekt.

Zwei lange Auto-Tage später kommen wir an der Küste an. Genauer gesagt auf der Insel Santa Catarina. Wie schon in Chile fühlt sich auch das Leben an der Küste Brasiliens wieder so leicht an. Überall gibt es Campingplätze, vollausgestattete Supermärkte, leckeres Essen und Postkartenstrände. Brasilien ist bunt. Bunte Blumen, noch buntere Früchte. Gelber Sand, blaues Meer, grüner Regenwald dahinter. Graue Mauern werden von farbenfroher Streetart geziert. Brasilien erscheint uns bunt und lebensfroh und entwickelt sich daher spontan zu meinem Favoriten in Südamerika.

Und noch mehr fällt uns direkt auf. Jeder, wirklich jeder(!) in Brasilien trägt am Strand ein knappes Bikini-Tanga-Höschen. Das Bemerkenswerte: so ziemlich jeder kann es sich auch leisten. Die Körper der meisten Brasilianer*innen (das möchte ich an dieser Stelle ausdrücklich gendern) sind von oben bis unten durchtrainiert. Caipirinhas sind allgegenwärtig, doch Sport ebenso. Kaum jemand liegt nur am Strand herum, fast immer wird trainiert oder gegen einen Ball gekickt. Auch der Gang zum Plastischen Chirurgen scheint in Brasilien kaum ungewöhnlicher als der ins Fitnessstudio oder zum Friseur. Es ist wirklich erstaunlich: In keinem anderen Land der Welt habe ich jemals so viel Körperkult und Silikon gesehen. Mit meinem Bikini, der große Teile meines Pos bedeckt, komme ich mir jedenfalls auf einmal ziemlich prüde vor.

Peter und ich finden einen ruhigen Campingplatz in den Dünen und genießen die letzten Vanlife-Wochen auf Santa Catarina und in etlichen weiteren Küstenorten auf dem Weg nach Norden. Bis wir irgendwann an unserem Endziel der Reise ankommen: Rio de Janeiro. In Rio haben wir uns für einen Monat ein Apartment gemietet. Nicht nur, weil das Vanlife in einer Millionenmetropole seine Tücken hat, sondern auch, weil der Campervan nicht mehr lange unser Eigen sein wird. Genauer gesagt, ist er das bereits nicht mehr. Und so räumen wir ein allerletztes Mal alles Hab und Gut aus unserer Angustia und machen es uns in einem kleinen Apartment mit Meerblick gemütlich.

Rio de Janeiro begrüßt uns für brasilianische Verhältnisse ungewohnt grau und trist. Tagelang regnet es in Strömen. Doch irgendwann reißt die Wolkendecke endlich auf und auch Rio erweist sich als so bunt und vielfältig, wie wir es vom Land bisher gewohnt sind. Wir erkunden die Copacabana, das Stadtviertel Lapa mit den bunten Mosaiktreppen des Künstlers Selarón, den Botanischen Garten und gehen Samba tanzen. Rio hat einfach unendlich viel zu bieten! Nur ausgerechnet die Christusstatue, eines der sieben Weltwunder der Moderne haut Peter und mich nicht so recht vom Hocker.

Umso mehr beeindruckt mich das grandiose Streetart-Kunstwerk *Mural das Etnias*, das anlässlich der Olympischen Spiele erstellt wurde und die Gesichter der Urvölker der fünf Kontinente zeigt – angelehnt an die fünf olympischen Ringe. Und zwar im Hafen Rio de Janeiros. Geschichtlich gesehen ein dunkler Ort, denn genau dort kamen einst, nach wochenlanger Reise auf hoher See, die meisten Sklaven aus Afrika an. Je nach Schätzung insgesamt ein oder sogar zwei Millionen Verschleppte. Nicht zuletzt wegen dieser meist schwarzen Sklaven und der weißen Kolonialherren hat Rio bis heute unterschiedlichste kulturelle und ethnische Einflüsse. Und trotz dieser vielen Unterschiede gab und gibt es in Brasilien verhältnismäßig wenig ethnische Konflikte.

Bei einem brasilianischen Kochkurs erzählt Köchin Simone uns ihre interessante Theorie dazu: Sie glaubt, dass die Entdecker und Kolonialherren Brasiliens deshalb so freundlich von den Indigenen aufgenommen wurden, weil es in Brasilien keinen Winter gibt. Das ganze Jahr über wachsen Früchte und Gemüse – es gibt immer genug für alle. Im Gegensatz dazu haben Völker in Ländern mit einem harten Winter nichts zu verschenken. Lebensmittel- und Ressourcenknappheit sind daher Simones Theorie nach ein Hauptgrund, warum es beispielsweise in den Andenländern blutige Dispute gegeben hat, als die Europäer kamen und sich niederließen. In Brasilien hingegen war jeder stets willkommen gewesen, weshalb sich die verschiedenen Ethnien von Beginn an wild vermischt haben und sich Brasilien heute so vielfältig präsentiert. Macht tatsächlich irgendwie Sinn. Wer für den harten Winter genügend Vorräte braucht, hat möglicherweise weniger Lust auf Fremde, die ebenfalls hungrig auf die wenigen Lebensmittel sind. „Beim brasilianischen Klima hingegen wachsen die Früchte so schnell, dass wir uns keine Sorgen machen müssen“, schließt Simone ihre Erläuterungen. Das können wir bestätigen. Nachdem es mehrere Tage bei ansonsten tropischem Klima durchgeregnet hat, ist auch der Schimmelpilz in unserem Apartment gut gewachsen. Sämtliche Dinge im Kleiderschrank sind, wie damals in Samoa, verschimmelt: Rucksäcke, Jacken, Schuhe. Die Luftfeuchtigkeit bringt wirklich alles zum Wachsen. Leckere Früchte wären uns beim nächsten Mal allerdings lieber.

Samba Samba die ganze Nacht

Zwar haben wir mit Rio geografisch unser Ziel erreicht, aber erst nach einer Woche ist es auch zeitlich soweit: die Hochphase des Karnevals beginnt. Plötzlich sind Peter und ich Teil einer ganzen Party-Crew: Autokäufer Amelie und Björn, zwei ehemalige Arbeitskolleginnen und eine Bekannte von der Uni sind ebenfalls pünktlich zum Karneval nach Rio gereist und finden sich nun mehr oder weniger zufällig zusammen. Dazu kommen und gehen etliche Partybekanntschaften. Straßenkarneval in Rio unterscheidet sich nicht wesentlich von Straßenkarneval in Köln. Auch in Rio wird schon morgens ordentlich getankt und mindestens genauso viel mit Fremden geknutscht. Die Temperaturen machen jedoch einen entscheidenden Unterschied und so gilt inoffiziell der Kostüm-Dresscode: „Nackt mit Glitzer“. Und statt des Rheins und der Altstadt hat man den sonnigen Sandstrand – ein weiterer Pluspunkt für Brasilien. Darüber hinaus ist Rios Karneval aber vor allem für eins berühmt: die großen Sambaparaden. Und irgendwie hat es sich ergeben, dass ich genau davon Teil sein werde.

Ich tanze bei der Tanzschule *Renascer de Jacarepaguá* in der großen Sambaparade mit. Über eine Portugiesisch-Sprachschule bin ich zufällig daran gekommen. Mehrere andere Sprachschüler sowie Autokäuferin Amelie sind ebenfalls als spontane Nachzügler dabei. Viele Infos zu unserem Einsatz haben wir vorab nicht. Wir sollen einfach Samba tanzen, singen und fröhlich sein, wird uns am Vorabend gesagt. „Wenn ihr den Text vergesst, bewegt einfach eure Lippen, sonst bekommt die Sambaschule Punktabzug“, bläut man uns ein.

Dann bekommen wir unsere Kostüme. Unsere gigantischen Kostüme. So riesig, dass meins die komplette Rückbank im Taxi belegt und die Autotür nur zugeht, wenn ich es umknicke. Ich selbst muss vorne sitzen. „Wie soll das denn in die Wohnung passen?“, stellt Peter schockiert fest, als ich vor der Tür stehe. Und tatsächlich – nur mit einer geschickten Drehung und viel Fingerspitzengefühl passt das Schulterteil irgendwie durch den Türrahmen. Wenn ich es anziehe, kann ich nur sehr behutsam aufrecht gehen, weil die Federn an die Decke stoßen. Wie soll das Kostüm es je heil bis zur Parade schaffen?

Doch das ist nicht die einzige Herausforderung. Beim Probeanziehen fällt schnell auf, dass das Kostüm nicht nur an sich riesig ist, sondern auch für mich im Speziellen. In den Jumpsuit passe ich locker doppelt rein. Vielleicht sogar dreimal. Statt individueller Größen wurden Einheitsgrößen geliefert. Und ganz offenbar hat es an Material nicht gemangelt – man hat sich für XXL entschieden. Selbst Peter rutscht mein goldener Gürtel von den Hüften und sobald ich die Arme nicht hochhalte, fallen mir die Handgelenksmanschetten ohne jeglichen Widerstand runter. Sicherheitshalber prüfe ich nochmal, ob sie vielleicht doch für eine andere Körperstelle gedacht sind, aber nein – sie sind für die Handgelenke gemacht. Bei mir passen gleich zwei Oberarme gleichzeitig rein.

Die Ankündigung, dass unser Auftritt weltweit im Fernsehen zu sehen sein wird, sorgt dafür, dass insbesondere die Kleinen und Schlanken unserer Gruppe extra früh am Treffpunkt erscheinen, wo bereits Sicherheitsnadeln, Tacker und Klebstoff bereit liegen, um passend zu machen, was bisher einfach nicht passen will. Die Klettverschlüsse hätten die Kostümdesigner sich sparen können, denn sämtliche Mädels werden nun stattdessen in die übergroßen Unisex-Kostüme reingetackert, geklammert und geklebt. Sicherheitsnadeln und Bastelkleber sind das heißbegehrte Gut des Abends.

Dann geht es mit der ganzen Mannschaft zum Sambadromo, wo die Parade stattfindet. Die erste Hürde ist die Fahrt mit der Metro, denn unsere Kostüme sind zu hoch, um stehend in die U-Bahn zu passen. Mehr oder weniger heil kommt unsere Gruppe schließlich am Sambadromo an. Wie auch meine Tanzschule, haben auffällig viele Sambagruppen religiöse Themen gewählt. Gefühlt hat jeder Zweite der imposanten Wagen irgendwo einen überdimensionalen Jesus am Kreuz verbaut. Ich verstehe zwar nur bedingt viel von dem portugiesischen Liedtext, den ich die kommende Dreiviertelstunde fröhlich mitsingen soll, aber klar ist, dass wir immer wieder den Herrn und die Jungfrau Maria besingen und um Heilung bitten. So oder so ähnlich. Es ist faszinierend, wie die Brasilianer Katholizismus und sexy Kostüme, die gerade mal Nippel und Scham bedecken, miteinander kombinieren können.

Die Parade dauert fast die ganze Nacht. Wir sind die vorletzte Gruppe und so ist es bereits knapp 3 Uhr, als sich die Teilnehmer unserer Tanzschule im abgesperrten Bereich vor dem Eingang des Sambadromos formieren. Jeder muss seine persönlichen Gegenstände wie Handy, Schlüssel oder Regenschirm unter seinem Kostüm festbinden, was bei manchen für merkwürdige Buckel sorgt. Verantwortliche der Tanzschule laufen nun durch die Reihen und kontrollieren alles mit strengem Blick. Von der brasilianischen Unbeschwertheit ist in diesem Moment nichts mehr zu spüren. Samba und Karneval sind bitterer Ernst. Die Tanzschule will sich keine Patzer – und damit Punktabzug bei der Jury – erlauben. Und so fliegen die ersten Tänzer aus der Parade. Ein paar Leute hatten ihre Turnschläppchen gegen eigene Flip-Flops ausgetauscht. Ein No-Go. Und zwar ein nicht korrigierbares, denn die Schläppchen liegen längst im Mülleimer der Metro. Unsere Parade schrumpft spontan um fünf Leute. Dann wird es ernst. Unser Lied „Eu que te benzo deus que te cura“ ertönt und es geht los ins Scheinwerferlicht.

Eine Dreiviertelstunde lang tanzt unsere Gruppe sich heiter durch das Stadion. Unser Lied spielt dabei in Dauerschleife. Nach etwa zehn Minuten bemerke ich ein komisches Gefühl am kleinen Zeh. Unauffällig schaue ich runter, als ich mein Kostüm das nächste Mal zurechtzuppeln muss. Die Sohle meiner Turnschläppchen hat sich im Dauernieselregen gelöst. Mein kleiner Zeh lugt bereits heraus. Ich versuche mir nichts anmerken zu lassen und hoffe, dass meine Füße ausreichend verdeckt werden. Endlich mal ein Vorteil der zu langen Schlaghose, schließlich passieren wir gleich die Zone mit den Reportern und Kameras. Hoffentlich leisten die vielen Sicherheitsnadeln bessere Dienste, andernfalls stehe ich gleich nackig da. Bis dahin heißt es, weiter singen, tanzen und dem Publikum strahlend freudig zuwinken. Es macht wirklich wahnsinnig Spaß!

Am Ende der Parade angelangt, haben meine Schuhe sich quasi komplett aufgelöst und finden ihren einzig verdienten Platz in der Mülltonne. So wie übrigens auch etliche Kostüme. Es ist unglaublich! „Bitte werft eure Kostüme nicht achtlos in den Müll, falls ihr sie nicht behalten wollt. Es steckt eine Menge Arbeit und Mühe in jedem einzelnen“, hieß es noch bei der Ausgabe. Das hat man den „echten“ Sambatänzern wohl nicht gesagt. Die überwältigende Mehrheit zieht ihr Kostüm an Ort und Stelle aus und wirft es ohne mit der Wimper zu zucken in den extra bereitstehenden Müllcontainer. Ich kann es nicht fassen! Die spektakulärsten Kostüme landen einfach so in der Tonne. Die Müllfahrzeuge sind im Dauereinsatz, um Platz für die nachfolgenden Stücke zu machen. Schnell stibitzen Amelie und ich uns ein paar Accessoires, bevor Peter und Björn uns finden und wir uns völlig erschöpft auf den Heimweg machen. Was für ein langer, aber wahnsinnig toller Abend!

Ciao Angustia, ciao Brasil

Nachdem der Karneval ein paar Tage und etliche Feiern später vorbei ist, holen Björn und Amelie den Camper bei uns ab. Peter und ich sind erleichtert. Nicht, dass er vor unserer Haustür in Rio noch geklaut oder aufgebrochen wird. Hatte ich beim Bulli-Bärtha-Verkauf noch bitterlich geweint, als die neuen Besitzer mit unserem Zuhause davonfuhren, so ist mir der Verkauf von Angustia diesmal relativ gleichgültig. Eine emotionale Bindung haben wir zu unserem Südamerika-Gefährt nie richtig aufgebaut. Wahrscheinlich liegt das auch daran, dass wir Angustia anders als Bärtha nicht mit viel Liebe selbst ausgebaut haben. Einzig die Tatsache, dass ich meine Wäsche nun zu Fuß zum Waschsalon schleppen muss, lässt mich nostalgisch an unser Auto zurückdenken.

Die letzten Tage und Wochen in Rio verbringen Peter und ich also als Fußgänger. Wir genießen den Strand vor unserer Haustür und erkunden die Sehenswürdigkeiten und Stadtviertel, in denen wir noch nicht gewesen sind. So klappern wir etliche Aussichtpunkte ab, besteigen den Zuckerhut und besuchen ein Fußballspiel im Maracana Stadion, wo Deutschland bei der WM 2014 das legendäre 7:1 gegen Brasilien gespielt hat. Und wir machen eine Tour in eine der vielen Favelas, die berüchtigten Armutsviertel Brasiliens.

Das Wort *Favela* ist ursprünglich der Name einer Kletterpflanze und entstand, weil sich die Viertel wie solche immer weiter die Hügel hochgezogen haben. Peter und ich überlegen lange, ob wir eine solche Tour machen sollen, denn einfach nur „Armut anglotzen“ wollen wir unbedingt vermeiden. Und unnötige Gefahr ebenfalls. Nach langer Recherche und Abwägen des Risikos entscheiden wir uns dennoch dafür.

Mit einem örtlichen Guide geht es zu Fuß in die Favela Santa Marta. „Die wirklich gefährlichen Favelas sind die Armenviertel im Norden von Rio, zum Beispiel auf dem Weg zum internationalen Flughafen. In Santa Marta, Rocinha und Vidigal ist man Gringos gewohnt“, erklärt unser Guide, der ebenfalls hierher stammt. Tatsächlich haben wir nicht den Eindruck, gerade einen sonderlich gefährlichen Ort zu besuchen. Zumindest nicht gefährlicher als Rio allgemein ist. Die Menschen wirken freundlich und scheinen sich darüber zu freuen, dass Touristen sich für ihr Viertel interessieren und Geld bringen. Letztlich also nicht viel anders, als bei jeder anderen Stadtviertel-Tour. Damit das Geld nicht nur bei den Guides ankommt, besuchen wir Shops mit selbstgemachten Souvenirs, ein Café sowie eine Kita mit Spendenbox. Alles lokal betrieben. Wie schon die Comuna 13 in Medellín hat auch dieses Viertel einen starken Wandel zum Positiven erfahren. Nicht zuletzt dank Michael Jackson.

Der King of Pop drehte 1996 nämlich sein Musikvideo zum Welthit „They don't care about us" in Santa Marta. Selbstverständlich nur mit ausdrücklicher Genehmigung des lokalen Drogenbosses, der ihm freundlicherweise für seinen Aufenthalt einen Leibwächter zur Seite stellte. Wenn man sich wundert, warum ein weißer Popstar in diesem Zusammenhang das Wort „wir“ benutzt, darf man nicht vergessen, dass auch Michael Jackson als Schwarzer geboren wurde und seine Haut operieren ließ. Mit Michael Jackson kamen jedenfalls die internationalen Medien und so stand die brasilianische Regierung plötzlich unter Druck, die Lebensbedingungen in den Favelas zu verbessern. In Santa Marta wurde eine Standseilbahn erbaut, sodass die Bewohner nicht mehr alles zu Fuß den steilen Hang hochschleppen müssen. Seitdem wird auch der Müll der Bewohner abgeholt, wobei ich persönlich das dem Anschein nach für ein Gerücht halte. Die WM 2014 sowie die Olympiade 2016 und die damit verbundene weltweite Aufmerksamkeit auf Brasilien brachten einen weiteren Sprung nach vorn. In einer groß angelegten Polizeiaktion wurde Santa Marta als erste Favela „befriedet“ und weitestgehend von Drogen und Bandenkriminalität „gesäubert“. Außerdem gibt es seitdem kostenloses WLAN für alle. Pünktlich zu den sportlichen Großevents wurde Santa Marta sogar zur offiziellen Sehenswürdigkeit von Rio de Janeiro erklärt.

Und mit dieser Sehenswürdigkeit ist auch für Peter und mich nach einem Monat in Rio das Sightseeing vorbei. Bei einem letzten Sonnenuntergang auf einem Felsen mit Blick über die Stadt verabschieden wir uns wehmütig von Brasilien. Wir hatten eine wahrhaft tolle Zeit!

Eine Seefahrt, die ist lustig

Wir schreiben Montag, den 09. März 2020. Ab heute gehören Peter und ich offiziell zu den Menschen, über die wir uns normalerweise lustig machen: Kreuzfahrt-Touristen. Wir haben uns entschieden, den Atlantik mit dem Schiff zu überqueren statt zu fliegen. Mal was anderes. Grundsätzlich stehen dafür drei Optionen zur Wahl: Segelschiff, Con-tainerschiff oder Kreuzfahrtüberführung. Nummer 1 scheidet wegen Peters Seeuntauglichkeit schnell aus. Auch bei der Recherche nach einem Containerschiff finden wir nichts Passendes. Dafür stoßen wir auf ein Kreuzfahrtschiff, welches am Ende der Südamerika-Saison für den Frühling nach Europa überführt werden soll. Und vor dem stehen wir nun im Hafen Rios.

Doch blicken wir zuerst ein paar Tage zurück: Es ist März 2020, die Zeit des großen Aufruhrs wegen des neuartigen Corona-Virus. Bereits einige Tage vor unserer Abreise erhalten wir eine Email von der Kreuzfahrtgesellschaft, die uns über die verschärften Sicherheitsmaßnahmen wegen eben dieses Virus aufklärt: Bei jedem Betreten des Schiffs soll mit Wärmebildkameras die Körpertemperatur der Passagiere gemessen werden. Menschen mit mehr als 38 Grad Fieber, Schüttelfrost, Husten oder Atembeschwerden dürfen erst gar nicht an Bord. Außerdem soll das gesamte Schiff ständig desinfiziert werden und Personen, die kürzlich in China, Hongkong oder Macau gewesen sind, dürfen sowieso schon mal grundsätzlich nicht mit. Während ich die neuen Regeln lese, komme ich mir vor wie in einer Science-Fiction-Utopie. Die totale Überwachung und Bevormundung basierend auf Statistiken und Wahrscheinlichkeiten. Jeder steht unter Generalverdacht. Nicht nur habe ich Angst, mich in den kommenden Tagen bis zur Abreise versehentlich an einer Klimaanlage zu erkälten und damit zu disqualifizieren. Ich will mir auch gar nicht ausmalen, was passiert, wenn man sich im Bordrestaurant beim Trinken mal kräftig verschluckt...

Tatsächlich hat Karneval wie üblich und trotz der im Vergleich zum Rheinland hohen Temperaturen, auch in Rio seine Spuren bei uns hinterlassen. Das obligatorische

Kratzen im Hals gepaart mit etwas Schnupfen setzte auch dieses Jahr pünktlich an Aschermittwoch ein. Zudem hustet Peter ab und zu. An sich nicht wild, doch in Corona-Zeiten könnte uns so eine leichte After-Karnevals-Erkältung schnell zum Verhängnis werden und unsere Pläne durchkreuzen. Daher kurieren wir uns in den Tagen vor der Abfahrt nicht nur ordentlich aus, sondern halten uns auch von möglichen Infektionsherden aka Touristen, die frisch aus Europa angekommen sind, möglichst fern.

Und so stehen wir schließlich am Montagvormittag mehr oder weniger topfit und schwer beladen mit Rucksäcken, Koffern, Taschen sowie meinem Sambakostüm am Kreuzfahrt-Terminal. Mit ziemlicher Überforderung, denn die Check-In-Prozedur bei Kreuzfahrten ist uns bisher eher wenig vertraut. Ich laufe auf eine Menschenschlange zu und visiere ein Pärchen an, das so aussieht, als würden sie das hier öfters machen. Fachmännisch informieren sie mich über den Ablauf. „Als erstes müssen Sie da vorne Ihre Koffer abgeben", erklären mir die beiden Deutschen und schicken uns zum Nachbargebäude. Dort wird uns unser Aufgabegepäck schon mal abgenommen. Bleiben die Unmengen an Handgepäck sowie die Frage, was mit unseren „verbotenen Gegenständen" passieren soll. An Bord des Schiffs sind nämlich so einige Dinge nicht erlaubt, die Bestandteil unserer Ausrüstung sind: zwei Taschenmesser, ein Campingkocher, unsere Drohne und ein Geschenk von meinem Opa: ein Messer, das ihm zufolge das schärfste Messer der Welt ist. Ich drängele mich ans vordere Ende der Warteschlange und frage die Security, was zu tun ist. Schulterzucken, gefolgt von einer Frage auf Portugiesisch ins Walkie-Talkie.

Kurze Zeit später kommt die Person vom anderen Ende des Funkgeräts auf mich zugelaufen. Ich schildere ihr die Situation. „Am besten, Sie lassen die verbotenen Gegenstände einfach hier", schlägt die freundliche Hostess nach kurzem Überlegen vor und deutet auf einen Abfalleimer. Ich lasse den Vorschlag kurz sacken, entscheide mich dann aber doch dagegen, unsere Drohne im nächsten Mülleimer zu entsorgen. Offenbar weiß diese Frau auch nicht, dass unser Messer nicht irgendeins, sondern das schärfste der Welt ist. „Das sind eher wertvolle Gegenstände", versuche ich zu erklären. „Haben Sie denn jemanden, der während ihrer Kreuzfahrt darauf aufpassen könnte?" „Äh, nein. Deshalb hatten wir ja vorab eine Email geschrieben, woraufhin uns bestätigt wurde, dass wir die Sachen beim Check-In abgeben können und sie dann in Frankreich zurückbekommen werden", bringe ich sie auf den neusten Stand und zeige ihr die Email.

Mit Hilfe einer Übersetzer-App liest sie die Bestätigung jemandem per Walkie-Talkie auf Portugiesisch vor, der offenbar mehr Entscheidungsbefugnis hat als sie selbst. Doch auch nach Beratung mit ihrer Chefin ist lediglich klar, dass dank der Email eine

Lösung gefunden werden muss. Wie genau diese Lösung aussieht, weiß allerdings niemand. Sind wir tatsächlich die ersten Passagiere, die etwas dabei haben, das auf der langen Liste der verbotenen Gegenstände steht? Auf der wirklich sehr langen Liste. Nach einer weiteren Walkie-Talkie Diskussion auf Portugiesisch bittet die Hostess mich, zu warten. Der Head of Security werde gleich kommen, um mir meine gefährlichen Gegenstände abzunehmen.

Eine Stunde später stehen wir immer noch wie bestellt und nicht abgeholt an derselben Stelle und warten auf den ominösen Sicherheitsmann. „Wann kommt der denn? Ich muss schon die ganze Zeit Husten und kann das nicht mehr lange unterdrücken", drängelt Peter ungeduldig. Auch das noch! Ich selbst habe inzwischen Sorge, dass die pralle Mittagssonne meinen Körper so stark aufwärmen könnte, dass ich nicht durch die angekündigte Fieberkontrolle komme. Meine Haut ist schon ganz warm. Wie warm wird man bei 40 Grad in der Sonne?

Sporadisch kommen immer mal wieder diverse Angestellte vorbei, um sich zu erkundigen, ob wir die Leute mit der Drohne sind. Allerdings nur um uns dann gut zuzureden, dass ganz bald eine Lösung gefunden sein wird. Dann verschwinden sie jedes Mal wieder schnell. Irgendwann ist es dann tatsächlich so weit. Eine Hostess erklärt uns freudestrahlend, dass wir nun durch den Security-Check eskortiert würden. Sie nimmt die Tüte mit den Gegenständen, die wir bereits streberhaft zur Abgabe vorbereitet hatten, an sich und begleitet uns zu besagter Kontrolle. Es ist die gleiche Prozedur, die man vom Flughafen kennt. Taschen aufs Röntgenband stellen, während man selbst durch den Metalldetektor-Rahmen läuft. Nur, dass wir gerade einen Freifahrtschein erhalten haben, alles mit an Bord zu nehmen. Dadurch, dass die Hostess erklärt, dass wir im Besitz einer Sondergenehmigung für die Mitnahme verbotener Gegenstände seien, schaut sich niemand auch nur irgendetwas von uns an. Das wäre der perfekte Moment gewesen, um unbemerkt kiloweise heiße Ware von Brasilien nach Europa zu schmuggeln. Aber wir waren nicht vorbereitet und so geht es für uns ohne den Deal unseres Lebens, dafür aber unschuldig und reinen Gewissens weiter. Am Ende der Sicherheitsprüfung wartet schließlich Justin auf uns. Er muss der so oft angekündigte Head of Security sein. Justin erklärt uns mit ernster Miene, dass er die Tüte nun an sich nehmen wird, wir aber auf Anfrage jederzeit Zugriff darauf bekommen könnten. Hä? Ich dachte, die Gegenstände seien gefährlich und verboten? Egal. Wir versichern ihm, dass das nicht notwendig sein wird und es absolut ausreicht, wenn wir die Sachen beim Aussteigen zurückbekommen.

Dann dürfen wir endlich einchecken. Ich frage mich, wann denn nun eigentlich die Fiebermessung stattfindet? So langsam läuft mein Körper dank Klimaanlage wieder auf Normaltemperatur, ich wäre also bereit. Doch außer einem Zettel, auf dem wir ankreuzen, uns nicht krank zu fühlen und auch nicht in China gewesen zu sein, findet keine der groß angekündigten Gesundheitskontrollen mehr statt. Zumindest merken wir nichts davon. Aber vielleicht nutzt man ja einfach ein unsichtbares High-Tech-Fieberthermometer oder so. Dafür zeigen wir beim Einsteigen unsere Dokumente bestimmt zehn Mal vor. Beim elften Mal werden die Pässe dann einkassiert. Im Tausch dafür erhalten wir eine Cruise Card. Ich warte kurz ab. „Und unsere Pässe?", frage ich irritiert. „Die behalten wir bis zu Ihrer Ausschiffung in Europa", erklärt die Dame, während sie unsere Dokumente zu denen der anderen Passagiere in einen Karteikasten sortiert. Von nun an gibt es ohne Reisepässe also kein Entkommen mehr für uns.

Durch das lange Hin und Her mit der Drohne ist es inzwischen so spät, dass wir bei Betreten des Schiffs direkt auf unsere Kabine gehen können und unsere Sachen nicht erst zwischenlagern müssen. Und die Kabine kann sich durchaus sehen lassen! Von Schimmel und unangenehmen Gerüchen wie noch heute Morgen in unserem Apartment in Rio kann keine Rede sein. Dafür ein riesiges Bett mit weicher Matratze, ausreichend vielen Kissen verschiedener Härtegrade und das Wichtigste: ein Balkon! Bereits vor ein paar Wochen hatte man uns mitgeteilt, dass wir ein kostenloses Upgrade auf eine Balkonkabine erhalten. Ein Traum!

Du weißt, dass du zurück in der Zivilisation angekommen bist, wenn an der Toilette ein Aufkleber mit dem Hinweis angebracht ist, Klopapier bitte in die Toilette und NICHT in den Mülleimer zu werfen. 200 Euro Strafe drohen bei Zuwiderhandlung. Nach sechs Monaten Mülleimer-Pflicht wird die Umstellung eine ganz schöne Herausforderung sein. Ein wahres First-World-Problem.

Wir richten uns schnell häuslich ein und schicken erste Neid erregende Fotos an Daheimgebliebene, bevor wir uns mit Blick auf Rio de Janeiro über das „Welcome-Buffet" hermachen. Wir haben noch nicht ganz Platz genommen, da geht es schon los: „Hallo, haben Sie bereits ein Getränke-Paket gebucht?", legt der erste Mitarbeiter los und stellt uns seine unschlagbaren Angebote vor, die es selbstverständlich nur heute, hier und jetzt in Rio gibt. Für schlappe 35 US-Dollar pro Tag und Person sind Soft-Drinks, Bier und Wein bis 5 Euro inklusive. „Wir überlegen uns das, erstmal würden wir gerne essen", lehnen wir höflich ab. Drei Gabeln im Mund später steht der nächste mit seiner Schautafel am Tisch. Wir lehnen erneut ab. „Excuse me", ertönt es keine zwei Minuten später von der Seite. „Nein, danke", antworten wir inzwischen instinktiv. Insgesamt sieben Mal werden wir zwecks Verkaufsgesprächs beim Mittagessen unterbrochen. Der Druck, Provision zu erzielen, scheint hoch. „Ich hoffe, das ist nicht repräsentativ für die nächsten drei Wochen. Ich find das schon ziemlich aufdringlich, oder?“, frage ich Peter. „Absolut, hat was von Kaffeefahrt“, stimmt er zu. Wir kaufen übrigens kein Getränkepaket mehr, sondern entscheiden uns für eine Abrechnung nach Verbrauch. Ein Blick in die Karte lässt uns zu folgender messerscharfer Analyse kommen: Ein Bier kostet 5 Dollar, ein Glas Wein ist ab 3,60 zu haben. Das bedeutet im Umkehrschluss, dass wir täglich mindestens sieben Biere konsumieren müssen, damit sich das Paket finanziell lohnt. Sieben mal 0,4 Liter macht fast drei Liter Bier. Jeden Tag. 18 Tage lang durchgehend. Das würde die Stimmung auf jeden Fall dauerhaft oben halten. Die Leberwerte allerdings auch.

Von den Getränkepaketverkäufern unbemerkt, schleichen wir uns nach dem Essen aus dem Restaurant und machen einen ersten Rundgang, um uns auf dem riesigen Dampfer zurecht zu finden. Auf der Suche nach dem Fitnessstudio landen wir im Spa-Bereich. Es stellt sich heraus, dass man hier durch muss, um in den Fitnessbereich zu gelangen. Smart, denn strategisch günstig hat man alle paar Meter freundliche Hostessen positioniert, die einen geschickt in ein Verkaufsgespräch über Spa-Anwendungen verwickeln, bevor man die Frage nach dem Fitnessstudio stellen kann.

Und so finden wir uns wenige Minuten später auf einem bequemen Sofa wieder und lassen uns zu den Sauna- und Massage-Optionen beraten. Wenn wir hier und jetzt sofort buchen, will man uns nämlich einen ganz besonderen Rabatt geben, versichert uns die verkaufstüchtige Hostess: 50 Minuten Massage kosten dann nur noch schlappe 89 US-Dollar. Also zumindest, wenn wir gleich sechs davon buchen. Wir packen unsere besten schauspielerischen Leistungen aus, als wir staunend versichern, dass das wirklich ein ganz tolles Angebot sei und versprechen, es uns zu überlegen. „Das Angebot ist nur noch bis heute Abend gültig!“, schwört die Verkäuferin uns ein, bevor wir es schaffen zu entkommen und uns der Buchungszettel leider in den erstbesten Mülleimer fällt. Peter und mir reicht der Jacuzzi an Deck und den gehen wir nun erstmal testen, bevor wir uns doch noch versehentlich etwas aufschwatzen lassen.

Wenig später ist es auch schon Zeit fürs Abendessen. Es gibt nämlich feste Tischzeiten. Da uns 21:30 Uhr doch recht spät vorkam, haben wir uns für 19 Uhr vormerken lassen. Bis 19:15 Uhr haben wir Zeit, im Restaurant aufzutauchen. Andernfalls wird uns der Einlass verwehrt und wir dürfen erst zur zweiten Tischzeit wiederkommen. Harte Sitten – eine Kreuzfahrt ist eben keine Spaßveranstaltung. Am Restauranteingang empfangen uns gleich vier Kellner. Einer ist extra dafür abgestellt, um uns Desinfektionsmittel auf die Hände zu spritzen, ein anderer führt uns anschließend zu dem Tisch, an dem wir die kommenden 18 Tage dinieren werden. Das Restaurant macht einen schicken ersten

Eindruck. Zum Glück kann ich mit meinem schwarzen Kleid die Flip-Flops kompensieren, die offenbar nicht gängiger Dresscode sind. Peter trumpft mit einer neuen kurzen Hose, die weder Flecken noch Löcher hat. Dennoch wirken wir irgendwie deplatziert. Spätestens in dem Moment, als wir an unserem Tisch ankommen.

An dem Rundtisch sitzen bereits vier andere Gäste. Unsere Tischnachbarn für die Reise. Die vier Deutschrussen sind etwa Ende 50 und gehören dem ersten Eindruck nach zu den Menschen, für die Lachen nicht zwingend und notwendigerweise zum Leben dazugehört. Sie haben aber auch bereits eine Menge durchgemacht. Als sie heute Morgen mit Verspätung aus Europa in Rio ankamen, landeten nur zwei von vier Koffern mit ihnen. Der Rest blieb ohne sie am Drehkreuz in Portugal zurück. Ich kann die Koffer verstehen, hätte ich an ihrer Stelle auch so gemacht. „Ich hab' noch nicht mal mehr ein Parfüm", klagt eine der Damen ihr Leid. Ich will ihr lieber keinen weiteren Schock zumuten und verschweige, dass ich bereits seit einigen Monaten ohne Parfüm reisen muss.

„Gibt es denn ein Budget, damit ihr euch neue Kleidung kaufen könnt? Hier an Bord gibt es doch einige Boutiquen", versuche ich die Stimmung aufzuhellen. „Ja, aber hier bekommen wir ja nicht solche Qualitätskleidung, wie wir sonst tragen. Wir haben richtig qualitativ hochwertige Kleidung in unseren Koffern. Nicht einfach irgendwas", werde ich aufgeklärt. Ach so. Die Abneigung gegen die Läden an Bord kann ich nach unserer Erkundungstour gut nachvollziehen, wenngleich aus anderen Gründen. Das Abendessen gestaltet sich jedenfalls etwas steif. Wahrscheinlich wären wir umgekehrt auch nicht die erste Wahl als Tischnachbarn gewesen.

Am zweiten Abend sind unsere Tischnachbarn schon besser drauf. Sie haben sichtlich von ihrem Getränkepaket Gebrauch gemacht und sind positiv überrascht, dass ihre Koffer tatsächlich kurz vor Ablegen in Santos nachgeliefert wurden. Endlich wieder Parfüm und Qualitätskleidung! Sogar erste Witze werden gemacht! Eigentlich sind sie ja doch echt nett. Ich selbst habe meinen Eindruck von gestern Abend vorsichtshalber überkompensiert und das Outfit gewählt, das eigentlich erst fürs Captain's Dinner vorgesehen war. Absolute Qualitätskleidung selbstverständlich.

Als der Kellner kommt, um unsere Getränkebestellung aufzunehmen, sorgen wir erneut für Aufsehen. „Auf der Weinkarte sind nur Flaschenpreise aufgeführt. Was kostet ein Glas Wein?", erkundigt Peter sich höflich. „Das ist kein Problem. Ein Glas Wein ist in Ihrem Getränkepaket enthalten.", will der Kellner ihn beruhigen. „Wir haben kein Getränkepaket gebucht", erkläre ich. Totenstille. Man kann den Kellner förmlich denken hören. Kein Getränkepaket gebucht? Was meint die Frau damit? Geht das überhaupt?

Ein Kollege wird geholt. Er erkundigt sich erneut nach unserer Frage, dann stellt sich auch bei ihm der ungläubige Gesichtsausdruck ein. Das Fehlen eines Getränkepakets auf unserer Seite des Tischs sorgt für Verwirrung. Niemand weiß Rat als es darum geht, was ein Glas Wein denn wohl kosten könnte. Auch unsere Tischnachbarn sind an der Frage interessiert, denn ihr Getränkepaket inkludiert nur Drinks bis 5 Euro, was schon kompliziert genug ist, da an Bord nur in US-Dollar abgerechnet wird. Es dauert eine kurze Weile und erfordert das Einbeziehen von drei weiteren Angestellten, aber eine Viertelstunde später erhalten wir eine druckfrische DIN-A4 Seite mit den Preisen pro Glas. Fachmännisch bestellen wir den Sauvignon Blanc eines ganz bestimmten renommierten Weinguts, welcher rein zufällig auch der günstigste Weißwein ist.

Die Weinbestellung ist nur eins von vielen Details, die offenbaren, dass die ganze Kreuzfahrtgeschichte nur wenig mit der Eleganz des ZDF-Traumschiffs zu tun hat. Zumindest liegt von nun an regelmäßig eine Extraseite mit Weinpreisen pro Glas für mich und Peter am Tisch bereit. So viel auf der Haben-Seite. Auch in Hinsicht auf die Kleiderordnung hätten wir uns unsere Sorgen sparen können. Wochenlang erhielten wir regelmäßig Tipps ins Email-Postfach, wann man uns welche Garderobe empfiehlt und was wir für die Gala-Abende und das Captain's Dinner einpacken sollen. Von schicken Cocktailkleidern für die Damen und Anzügen mit Krawatten für die Herren war die Rede. Voller Sorge mussten wir feststellen, dass nichts davon Bestandteil unseres Gepäcks ist. „Da haben wir den Schlamassel!", dachten wir zumindest und hatten extra High-Heels und Krawatte organisiert. Nur um nun festzustellen, dass wir uns den ganzen Aufwand hätten schenken können. Wer keinen Anzug hat, geht einfach ins weniger schicke Buffet-Restaurant. Da kann man nicht nur problemlos in T-Shirt und kurzer Hose aufkreuzen, sondern darf sogar kommen und gehen, wann man will. Die pure Narrenfreiheit!

Weltuntergang Episode 1

Wenige Tage später: Maceió, Brasilien. Die Welt steht vor ihrem Untergang. So scheint es zumindest. Wir sind mitten im wahrgewordenen Science-Fiction-Apokalypse-Streifen: „Corona – Die Menschheit kämpft ums Überleben". Noch sind wir Statisten, doch unser Dasein auf dem Kreuzfahrtschiff hat das Potenzial, uns schon bald zu Hauptdarstellern zu befördern. Aber der Reihe nach. Eigentlich hatten wir gedacht, mit Ankunft in Rio de Janeiro seien Abenteuer und Ungewissheit erstmal passé. Einen Monat Stadtleben in einem gemütlichen Apartment, dann drei Wochen lang entspannte Langeweile auf dem Schiff nach Europa. So der Plan.

Doch mit genau dieser Entspannung ist es spätestens seit Einlaufen in den Hafen von Maceió im Norden Brasiliens vorbei. Bereits am Vortag erhielten wir die Info, dass sich die Corona-Lage in Italien so zugespitzt hat, dass unser Endziel nicht mehr Genua, sondern Marseille lautet. Gut, das war absehbar und betrifft uns nicht. Peter und ich wären sowieso in Frankreich ausgestiegen. Doch als wir in Maceió einlaufen, scheint es, als hätte sich die Welt in den letzten 36 Stunden, die wir ohne Internet auf hoher See verbracht haben, deutlich schneller gedreht als gewöhnlich. Am Anleger warten bereits Journalisten und Kamerateams, ein medizinisches Zelt wurde aufgebaut und Krankenwagen sowie Menschen mit grell leuchtenden Warnwesten stehen am Pier bereit. Im krassen Kontrast dazu tanzt und trommelt daneben ein fröhliches Empfangs-Komitee, das jedes Klischee über brasilianische Kultur und Ureinwohner erfüllt und uns Kreuzfahrtgäste willkommen heißen soll. Doch auch die fröhlichen Gesänge können nicht über die merkwürdige Stimmung hinwegtäuschen.

Unser Schiff ist so geparkt, dass Peter und ich von unserem Balkon aus beste Logenplätze haben, um das Geschehen zu beobachten. „Ich glaub ich will lieber nicht von Bord“, teile ich Peter mit, „ich hab‘ irgendwie das Gefühl, hier ist was im Busch. In der kurzen Zeit kann man eh nicht viel machen. Ich bleib lieber auf der Kabine.“ Da Peters einziger Plan für den Landgang gewesen ist, billiges Bier an Bord zu schmuggeln, lässt er sich schnell überzeugen. So beobachten wir vom Balkon aus weiter das Geschehen. Doch eigentlich passiert wenig. Nur sehr vereinzelt gehen Menschen an Land. Jedes Mal stürzen sich die Kamera-Teams wie wilde Tiere auf sie. Auf dem Gang ertönt indessen regelmäßig die Durchsage, dass sich die Ausschiffung noch etwas verzögere. Beim Mittagessen erfahren wir dann, dass die am Morgen noch lautstark angepriesenen Ausflüge und Transfers allesamt spontan abgesagt werden.

Am frühen Nachmittag hat noch immer kaum jemand das Schiff verlassen. Nur etliche Koffer haben es von Bord geschafft und warten am Pier auf ihre Besitzer. So wie ein Dutzend Reisebusse, das bereits seit Stunden mit laufendem Motor bereitsteht. Offenbar verlassen heute viele Passagiere das Schiff. Hatten so viele Brasilianer nur ein paar Tage Kreuzfahrt entlang ihrer eigenen Küste gebucht? Oder hatten sie alle die Fahrt bis nach Genua gebucht und brechen nun stattdessen die Reise komplett ab? Ist Corona etwa auch in Brasilien angekommen? Was ist hier los? Ein Tag auf hoher See und damit ohne

Kontakt zur Außenwelt hat gereicht, dass sich das Weltgeschehen so rasant verändert hat, dass wir nicht mehr hinterherkommen.

Zum Glück hat die Engländerin vom Nachbarbalkon keine Kosten und Mühen gescheut und einen dreistelligen Euro-Betrag in ein WLAN-Paket auf hoher See investiert. Sie klärt uns auf: „Die Situation in Italien ist eskaliert. Die Grenzen sind dicht. Mehrere Länder Südamerikas haben angekündigt, Europa-Rückkehrer zwei Wochen lang in Quarantäne zu stecken. Daher brechen die Brasilianer ihre Reise nun ab." Das macht Sinn. Wobei: Bisher sehe ich weiterhin nur Koffer das Schiff verlassen. Passagiere folgen nur sehr vereinzelt. Die brasilianische Folklore-Gruppe tanzt indessen unbeirrt am Pier weiter.

Je länger ich der Engländerin zuhöre, umso mehr bekomme ich es mit der Angst zu tun. Offenbar hat auch sie sich an Bord genug gelangweilt, dass sie nichts Besseres zu tun wusste, als sich diverse Corona-Horrorszenarien auszudenken und in den buntesten Farben auszumalen. „Ich bin den ganzen Tag mit meinen Töchtern in Kontakt. Sie machen sich Sorgen um mich, weil ich schon über 70 bin", erzählt die deutlich jünger wirkende Dame, die mit ihrer Freundin auf dieser Reise ist. Ich will sie beruhigen, dass das Schiff bestimmt sehr sicher ist, doch ich komme einfach nicht zu Wort. „Die Stadt, in der ich lebe, ist eine Universitätsstadt. Da studieren extrem viele Chinesen. Das gibt mir zu denken, da viele zum Neujahrsfest nach Hause gereist und anschließend nach England zurückgekehrt sind. Die hat niemand getestet und viele haben gehustet. Vielleicht hab' ich das Virus ja schon längst?", sorgt sie sich.

Auch wenn ich ihre Theorie für unwahrscheinlich halte, mache ich lieber spontan einen Schritt nach hinten. „Das gefährliche an dem Virus gegenüber einer gewöhnlichen Grippe ist ja", fährt die Engländerin nun fast flüsternd fort und beugt sich über die Balkonbrüstung noch näher zu mir rüber, „dass es so hochansteckend ist. Das sorgt mich." Ich scheine sehr gesund zu wirken, wenn man mir trotz dieses Wissens über das Killervirus so auf die Pelle rückt. So sehr ich mich über das entgegengebrachte Vertrauen freue, desto schlechter fühle ich mich mit Fortschreiten des Gesprächs. Die Frau macht mir mit ihren Schreckensszenarien Angst. Ein schwer zu beschreibendes, ungutes Gefühl macht sich in mir breit. Ich verabschiede mich daher bei der nächsten Gelegenheit nach drinnen. Von Bord zu gehen ist für heute endgültig vom Tisch. Zu groß ist das Risiko möglicher Komplikationen, wenn wir wieder zurück aufs Schiff wollen. Außerdem ist auch noch Freitag der 13., wie mir unsere Nachbarin ebenfalls mitteilt. Das erste Mal in meinem Leben ziehe ich in Betracht, dass an diesem Aberglauben etwas dran sein könnte.

Im Laufe des Nachmittags verlassen tatsächlich Hunderte Brasilianer das Schiff. Bleibt die Frage, wie es für den Rest von uns weitergeht. Die Gerüchteküche brodelt. Überall schnappen wir Gesprächsfetzen auf, was als nächstes passieren wird. Wilde Spekulationen machen die Runde: Macht ganz Europa dicht? Werden wir überhaupt nach Europa übersetzen? Oder wird die Reise hier und jetzt abgebrochen und wir müssen nach Hause fliegen?

Als der Kapitän zur angekündigten Abfahrtzeit keine Anstalten macht, abzulegen, fangen auch Peter und ich langsam zu zweifeln an. Die Crew ist keine große Hilfe. Auf die Frage, ob unsere Überfahrt wie geplant stattfindet, bleibt die eher vage Antwort des Tages: „Ich habe bisher nichts Gegenteiliges gehört." Nicht nur, um den Sonnenuntergang zu genießen, sondern vor allem um nicht zu verpassen, ob und wann es losgeht, platziere ich mich strategisch günstig an Deck im Jacuzzi. Und tatsächlich ertönt kurz nach Einbruch der Dunkelheit endlich das ersehnte Signal zur Abfahrt. Die MSC Fantasia setzt sich in Bewegung. Wenn nun nichts mehr schiefgeht, sehen wir gerade für eine ganze Woche das letzte Mal Land. Oder vielleicht auch länger, wenn die Corona-Krise sich in dem Tempo weiterentwickelt. Ciao Brasil! Adios Latinoamérica!

Auf dem Atlantik

Das Leben auf dem Atlantik erweist sich als latent langweilig, aber äußerst entspannt. Genau was wir wollten. Es ist erstaunlich, wie schnell sich die von der Corona-Panik angespannten Nerven wieder beruhigen, sobald man kein Internet mehr hat, um die neusten Horrormeldungen zu empfangen. Digital Detox at it's Best.

Ein paar Tage lang gebe ich dem Animationsprogramm eine Chance und erhalte einen Vorgeschmack darauf, wie ich mir das Unterhaltungsprogramm im Altenheim einmal vorzustellen habe. Es beginnt mit Stretching am Morgen. Am Ende der Session fühle ich mich in etwa genauso gedehnt, wie wenn ich im Supermarkt etwas aus dem oberen Regal nehmen möchte und danach nochmal etwas von ganz unten. Der Yoga-Kurs ist gut gemeint und findet im Gegensatz zu Aerobic nicht am Pool vor den Augen der sich betrinkenden Herren statt, sondern in einem Raum mit Blick auf die weite See. Allerdings ist man auch hier bemüht, dass niemand an sein Limit gebracht wird. Lediglich die Tanzkurse unter Anleitung eines brasilianischen Pärchens stechen positiv hervor. Ansonsten gibt es noch diverse Quiz und lustige Spiele am Pool. Beispiel (nicht ausgedacht): Weinkorken werfen mit dem Ziel, einen drei Meter entfernten Eimer zu treffen. Bei der Mehrheit unserer Mitreisenden sorgt das den Teilnehmerzahlen nach zu urteilen für eine halbe Stunde Extra-Spaß. Kein Wunder, denn bei den Preisen für die glücklichen Gewinner lässt die Reederei sich nicht lumpen. Wer trifft, erhält ein nagelneues MSC-Schlüsselband.

Beim „Spa Doctor" bietet man währenddessen kostenlose Beratungsseminare über Hyaluron-Behandlungen an, die man praktischerweise direkt im Anschluss durchführen lassen kann (das ist dann allerdings nicht mehr ganz so kostenlos). Wer auf Shopping steht, für den findet als Teil des heutigen Unterhaltungsprogramms in der Effy Boutique auf Deck 6 das Event „Schmuck unter 1000 US-Dollar" statt. Peter und ich entscheiden uns lieber für die Dauerbelagerung des Jacuzzis.

Das Highlight des Tages ist, wenn am späten Abend die Post kommt. Jeden Abend wird das Tagesprogramm für den kommenden Tag druckfrisch und in Muttersprache auf die Kabine geliefert. Darin werden wir nicht nur über die geplanten Aktivitäten informiert, sondern lernen auch täglich neue, spannende Weisheiten. Eine Auswahl: „Man kann die Welt vergrößern, indem man einfach in eine neue Richtung segelt" (Allen Curnow) oder auch: „Wenn wir zurück zum Meer gehen, sei es um zu segeln oder zu beobachten – wir kehren zurück, woher wir gekommen sind." Ich hoffe Zitatgeber John F. Kennedy behält Recht und wir kommen trotz Corona zurück in das Europa, aus dem wir vor Monaten gekommen sind. Für das nächste Programmheft hätte ich übrigens noch ein Zitat von Peter beizusteuern, der resigniert folgende Erkenntnis zum Besten gibt: „Wenn wir während unserer monatelagen Auszeit nicht bereits geistig verblödet sind, dann spätestens jetzt während der zweieinhalb Wochen Kreuzfahrt." Dem ist nichts hinzuzufügen.

Mitten auf dem Atlantik werden wir plötzlich und unliebsam aus unserer entspannten Langeweile gerissen. Die Ereignisse überschlagen sich förmlich. Der Tag beginnt zunächst wie gewöhnlich: Aufwachen, Blick aufs Meer, kein Land in Sicht. Frühstück, Nickerchen, immer noch kein Land in Sicht. Soweit der Alltag auf hoher See, wo ein Tag dem anderen gleicht. Eigentlich wollen Peter und ich nur schnell zum Mittagessen, aber als wir die Kabine verlassen, laufen wir unseren redseligen englischen Nachbarinnen direkt in die Arme. Der Anfang vom Ende unserer Abgeschiedenheit vom Rest der Welt. „Gut, dass wir das Essen als Ausrede haben, schnell zu fliehen", zische ich Peter zu. Ob er es noch hören kann, weiß ich nicht, denn unsere Nachbarinnen fangen direkt an zu schnattern: „Habt ihr schon das Neuste erfahren?" Äh nein, wir haben immer noch kein Internet. „Das WiFi ist für alle freigeschaltet. Man kann das Tagespaket für null Dollar kaufen.“, informieren die beiden uns sichtlich stolz über ihre Entdeckung. Das Internet ist freigeschaltet? Das ist ja praktisch! Aber warum? Als die beiden gerade tief Luft holen, um zu einem ausführlichen Referat über die neusten und schlimmsten Corona-News anzusetzen, können wir gerade noch rechtzeitig intervenieren und uns zu Tisch entschuldigen. Wir bedanken uns brav für die Info und verschwinden, bevor sie wortreich reagieren können.

Im Restaurant angekommen und mit Pizza versorgt, loggen wir uns direkt ein. Tatsächlich. Das WiFi-Tagespaket ist für null US-Dollar zu erwerben. Peter und ich schlagen zu. Mit der erfolgreichen Herstellung der WLAN-Verbindung sind Entspannung und innere Ruhe schlagartig dahin. Unsere Handys gehen bei der Vielzahl ungelesener Nachrichten und Push Notifications in den Dauervibrationsmodus über. Etliche reißerische Corona-Eilmeldungen prasseln ungefiltert auf uns ein und verursachen wieder diese unbestimmte innere Anspannung. Das Internet bestätigt das Gegenteil von dem, was man uns noch gestern an der Rezeption weismachen wollte. Wir werden Teneriffa wohl nicht mehr ansteuern. Der Hafen ist dicht. Das ist keine gute Nachricht.

Nach dem Mittagessen machen wir einen kleinen Spaziergang über das Schiff. Nicht nur die Pizza, sondern in erster Linie die neusten Nachrichten gilt es zu verdauen. Vielleicht sollten sich auch die Reiseleiter mal ins WLAN einloggen, denn als wir am Buchungsschalter vorbeikommen, werden noch eifrig Landausflüge für die kanarische Insel angepriesen. Auch das Tagesprogramm verspricht unbeirrt: „Nächster Hafen: Teneriffa“. Erst als wir an der Rezeption vorbeikommen, merken wir, dass etwas nicht stimmen kann. Die Warteschlange reicht bis zu den Aufzügen. Kein gutes Zeichen. Das letzte Mal warteten so viele Leute, als die Brasilianer ihre Reise abbrechen wollten. Außerdem haben fast alle einen Zettel in der Hand. Ich frage bei einer der Wartenden nach. „Haben Sie die Information noch nicht bekommen? Unsere Reise wird abgebrochen“, erklärt mir die Frau mit Tränen in den Augen. Eine entsprechende Information wurde wohl soeben mit der Hauspost geliefert. Peter und ich brechen unseren Verdauungsspaziergang ab und machen uns auf direktem Weg zurück zur Kabine. Dort ist die Post auch bei uns eingetroffen.

„Leider haben wir aufgrund der gegenwärtigen Situation in Bezug auf Covid-19 keine andere Wahl, als direkt nach Lissabon, Portugal, zu segeln, ohne weitere Häfen zu besuchen“, schreibt uns der Kapitän, „da sich dieser Gesundheitsnotstand ständig weiterentwickelt, haben die Behörden aller Länder unserer Reiseroute ihre Häfen bereits für

Kreuzfahrtschiffe geschlossen. (...) Der Hafen von Lissabon wird unser endgültiges Ziel sein und alle Gäste müssen aussteigen. (...)".

Nicht mehr Genua, nicht mehr Marseille, sondern Lissabon ist unser nächstes und letztes Ziel. Wir fahren nicht mehr nach Madeira und auch nirgendwo anders hin, sondern „segeln" direkt nach Lissabon. Und wir müssen uns um einen Flug kümmern. Das erklärt, warum man uns plötzlich das sonst so teure WLAN-Paket schenkt.

Zurück in der Lobby herrschen noch immer Unruhe und Gewusel. Unsere spontane Idee, erstmal in Lissabon zu bleiben und die Sache in Ruhe auszusitzen, verpufft. „Ohne eine gültige Flugbuchung lassen die Behörden niemanden von Bord", erklärt uns die Dame von der Gästebetreuung. Auch eine Fahrt mit dem Zug oder einem Mietwagen sei nicht möglich. Wir müssen zwingend einen Flug ins Heimatland buchen, den portugiesischen Behörden die Flugdaten mitteilen und werden dann ohne Umwege zum Flughafen gebracht. „Auch ein Stopp beim Bäcker oder in der Apotheke sind nicht erlaubt", verleiht die Rezeptionistin ihren Erläuterungen Nachdruck. Was ist mit der EU passiert, während wir auf hoher See waren? Wo ist die Freizügigkeit geblieben und was wurde aus der Schengen-Zone?

Erstmal rufen wir bei der Buchungsplattform an, über die wir unsere Überfahrt gebucht haben. Die gute Nachricht: Tatsächlich dürfen wir mitten auf dem Atlantik kostenlos so lange wie nötig nach Deutschland telefonieren. Die schlechte Nachricht (unglaublich aber war): Auf dem Atlantik ist die Telefonverbindung nur semi-gut. Peter versteht kein Wort. Nur so viel wird klar: Der Anbieter, bei dem wir gebucht haben, behauptet, lediglich Vermittler zu sein und verweist uns an eine andere Agentur, die unser eigentlicher Vertragspartner sei. Diese wiederum wimmelt uns direkt mit der Ausrede ab, keinen Einfluss auf die Reiseroute zu haben. Hier ist wohl nichts zu holen.

Während Peter immer wieder die gleichen Fragen ins Telefon brüllt, ohne dass ihn jemand am anderen Ende der Leitung versteht, nehme ich mich einem älteren Ehepaar aus Deutschland an. Wie viele andere verstehen sie nämlich kein Wort Englisch und umgekehrt an der Rezeption niemand Deutsch. Obwohl ein Großteil der Passagiere aus Deutschland kommt, scheint außer dem Typen, der die Durchsagen macht, und einer deutschsprachigen Hostess niemand dieser Sprache mächtig zu sein. Dass das bei dem tendenziell betagteren Publikum kein idealer Kundenservice ist, rächt sich spätestens in Krisensituationen wie dieser. Viele sind mit der Situation vollkommen überfordert. Und typisch Deutsch sind nicht wenige stinksauer darüber, dass kein deutschsprachiger Reiseleiter parat steht. Spontan springe ich als Service-Personal ein und dolmetsche. Schnell wird klar: Für viele der älteren Menschen ist die Nachricht ein viel größerer Schock als für Peter und mich. Alle sorgfältig mit einem Reiseveranstalter geschmiedeten Pläne nun spontan und von unterwegs ändern zu müssen, erscheint für viele wie eine Herkules-Aufgabe. Auch Peter und ich könnten uns schöneres vorstellen, doch immer wieder improvisieren und umdisponieren zu müssen, sind wir mehr als gewohnt. Allerdings lässt sich im Moment sowieso nicht viel regeln. Das WiFi ist hemmungslos überlastet, als Hunderte Menschen gleichzeitig versuchen, ihre Reiseveranstalter und Familien von irgendwo mitten auf dem Atlantik zu kontaktieren. Die einzig sinnvolle Option, die wir momentan haben, ist den Schock bei einem kühlen Bier an der Bar sacken zu lassen.

Den Rest des Abends überlegen Peter und ich hin und her, was wir nun tun sollen. Die Anweisung ist theoretisch zwar klar, aber wer sagt denn, dass die sich nicht noch fünf Mal ändert? Bis Lissabon dauert es noch eine Woche. Eine Woche, in der noch viel passieren kann. Sollte auch nur eine einzige Person an Bord in Corona-Verdacht geraten, dürfen wir das Schiff sicherlich nicht pünktlich verlassen. Macht es da wirklich Sinn, einen Flug zu buchen? Andererseits: Wenn wir jetzt nicht buchen, wer weiß, in welche astronomischen Höhen die Ticketpreise mit zunehmender Zeit und Hysterie noch steigen? Gerne würden wir das klären, aber auch am späten Abend gibt das Internet nicht mehr her als zuvor. Die Seite der Lufthansa lädt maximal das Logo. Wenigstens funktioniert WhatsApp einigermaßen, sodass mein Bruder einspringt und sämtliche in Frage kommenden Flugverbindungen checkt. Wir entscheiden uns schließlich doch dafür, einen Flug zu buchen. Beziehungsweise betrauen wir das familiäre Reisebüro mit konstantem Internetzugang mit dieser Aufgabe. So können wir die Sache gedanklich abhaken und die restlichen Tage wieder genießen.

Laut Infobrief haben wir von Dienstag bis Donnerstag Zeit, das Schiff zu verlassen. Dienstag ist der erste Tag, da herrscht sicherlich noch viel Chaos. Donnerstag ist vielleicht zu sehr auf den letzten Drücker, falls doch etwas schief geht. Und so bucht mein Bruder uns auf einen Flug am Mittwochmittag von Lissabon nach Köln. Brav gebe ich diese Info an die Rezeption weiter und wiege mich in der trügerischen Sicherheit, dass nun wieder alles in Ordnung sei. Unser Plan, nicht mehr so viel zu fliegen, ist hiermit jedenfalls deutlich früher gescheitert als gedacht.

Mit der Flugbuchung meldet sich ein altbekanntes Problem zurück, von dem wir eigentlich geglaubt hatten, es überwunden zu haben: Was machen wir mit unserem vielen Übergepäck? Hämisch grinsen uns unsere Taschen, Koffer und Rucksäcke an. Das Schiff hatte uns großzügig 100 Kilogramm erlaubt. Wie wird Eurowings das sehen? Doch natürlich sind unsere First World Problems lächerlich im Vergleich zu den Sorgen, die die

Crew haben muss. Jeder Mitarbeiter hat auf seinem Namensschild auch sein Herkunftsland gut sichtbar vermerkt. Da steht in vielen Fällen „Indonesien", „Philippinen" oder „Honduras". Auch „Madagaskar" hatte ich mal gesehen. Ich lehne mich wohl nicht allzu weit aus dem Fenster, wenn ich davon ausgehe, dass weder Indonesien oder die Philippinen, noch Honduras oder Madagaskar Rettungsflieger für ihre Staatsbürger um die Welt schicken werden. „Ich hab' keine Ahnung, was passiert", ist auch Kabinensteward Josés Antwort dazu. Honduranischer Staatsbürger.

Und dann wären da ja noch all die anderen Reisenden. All diejenigen, die nicht wie wir am Ende, sondern am Anfang ihrer Reise stehen. Die gerade voller Tatendrang nach langem Sparen und Planen erst aufgebrochen sind. Auch wenn es für Peter und mich persönlich besser gewesen wäre, wenn die Lage sich erst zwei Wochen später zugespitzt hätte (oder am besten einfach gar nicht), sind wir froh, dass das Virus nicht schon früher ausgebrochen ist. Wir haben unser Ziel: Karneval in Rio" erreicht und können uns daher wohl wirklich nicht beklagen. Ich möchte nicht mit den Leuten tauschen, die gerade erst ins vermeintlich große Abenteuer gestartet sind. Oder in den Schuhen von Björn und Amelie stecken, die unser Auto gekauft haben und nun bei geschlossenen Grenzen in Uruguay feststecken. Peter und ich hatten bisher echt absolutes Glück im Unglück!

Während in Deutschland die Menschen Nudeln und Klopapier hamstern, überlegt man offenbar auch hoch auf dem Atlantik, mit welchen Mitteln man die Passagiere zu Hamsterkäufen anregen kann. Wie ernst die Lage ist, wird spätestens bei einem Blick ins heutige Bordprogramm deutlich. Drastischer Preisverfall in der Effy Boutique! Heute gibt es bereits „Schmuck unter 600 US-Dollar". Gut, dass Peter und ich nicht voreilig bei 1000 Dollar zugeschlagen haben!

Die allgemeine Stimmung an Bord wird in den Tagen nach Bekanntwerden des vorzeitigen Reiseabbruchs nicht besser. Seitdem alle Internet haben, sieht man nur noch selten jemanden ohne Handy in der Hand. Die, die erst seit Kurzem kostenloses WiFi haben, scheinen sich in aller Ausführlichkeit über jede Corona-Neuigkeit zu informieren, die sie bisher verpasst haben. Diejenigen, die bereits zuvor für viel Geld Internet gekauft hatten, sind sauer, dass das WiFi wegen der vielen neuen Nutzer kaum noch funktioniert. Beide Fälle tragen nicht zu einer allgemein heiteren Laune bei. Viel ist nicht mehr nötig, damit die Stimmung endgültig kippt. Allein deshalb, ist zu hoffen, dass wir keinen Corona-Verdachtsfall mehr bekommen. Wenn unser Schiff wirklich in Quarantäne gesteckt würde, wäre es nur eine Frage der Zeit, bis der Erste ausrastet.

Auf dem Schiff lernen wir eine amerikanische Familie kennen, mit denen wir ab und zu small-talken. Als Peter und ich eines Mittags gerade das Restaurant in Richtung Jacuzzi verlassen wollen, treffen wir Taylor und Rob, dic Mittc 40-jährigen Eltern. Wir bleiben kurz an ihrem Tisch stehen, um uns gegenseitig über den Stand unserer Flugbuchungen zu updaten. Während bei Peter und mir dank der Hilfe unserer Geschwister alles unter Dach und Fach ist, sieht die Situation bei den in Uruguay lebenden Amerikanern auch Tage später noch ganz anders aus. Die Uruguayische Botschaft hatte ihnen am Telefon eindringlich geraten, keinen Flug nach Uruguay zu buchen, da der internationale Flughafen bereits geschlossen sei. Stattdessen sollten sie nach Sao Paulo in Brasilien fliegen, von wo aus man sie dann mit einem Militär-Rettungsflieger abholen würde. Allerding stößt diese Variante bei den portugiesischen Behörden nicht auf Gefallen, denn die wollen jeden in sein Heimatland verfrachten. Und das ist offenbar als das Land definiert, dessen Nationalität man hat. Nicht das, in dem man lebt. Bei Taylor und Rob trotz festem Wohnsitz in Südamerika also die USA. Und da wollen sie auf keinen Fall hin. „Die USA werden auf jeden Fall der nächste Hotspot", prophezeit Taylor und wird damit Recht behalten. Wir überlegen gemeinsam hin und her, was sie nun tun könnten und machen uns über die Unsinnigkeit dieser Regel lustig. Und so kann ich auch gar nicht mehr genau rekonstruieren, wie es dazu kommt, dass das Gespräch plötzlich eine ganz andere Richtung einschlägt. Eine, die mir nicht gefällt.

Es ist irgendein Kommentar von Taylor zu Angela Merkel, der das Gespräch auf unser Heimatland lenkt. „Habt ihr von den Tunneln gehört, die unter Deutschland gegraben werden?", fragt Taylor scheinbar beiläufig. Tunnel unter Deutschland? Meint sie die U-Bahn? Ich bin verwirrt. Taylor führt weiter aus. Ganz Deutschland sei heimlich untertunnelt worden. Diese Tunnel würden von ausgewählten jungen, männlichen Muslimen mit einem besonders niedrigen IQ bewohnt. Durchgängig würden sie mit Deutschen-feindlichen Aussagen beschallt und trainiert, selbige zu töten. Geduldet von Merkel und Co.

So in etwa zumindest die Verschwörungstheorie zur neuen Weltordnung. Untermauert durch den Erfahrungsbericht einer angeblichen Whistleblowerin – eine beteiligte Ingenieurin –, die auf ihrem Sterbebett alles gestanden haben soll. Die Whistleblowerin liefert auch gleich „handfeste Beweise" für die Richtigkeit ihrer Geschichte. Mein Lieblingsbeweis: Die Mehrwertsteuererhöhung im Jahr 2006, die nur dazu gedient haben soll, die gestiegenen Projektkosten zu decken. Dass der Völkermord übrigens bereits 2017 stattfinden sollte und damit bereits drei Jahre überfällig ist, scheint hingegen niemanden zu irritieren. Vielleicht mal wieder Zeit für eine Steuererhöhung?

Ich selbst bin jedenfalls mehr als irritiert darüber, in welche Richtung sich unser einst harmloses Gespräch entwickelt hat. „Naja, es gibt halt immer viele Verschwörungstheorien. Bei 9/11 gibt es die ja auch. So ist es halt", ist mein naiver und kläglich scheiternder Versuch, das Thema zu beenden. Dass ich es mit dieser Bemerkung nur schlimmer gemacht habe, wird uns während Taylors viertelstündigen Vortrags über sämtliche Verschwörungstheorien bewusst, der nun auf uns einprasselt. „Zumindest gibt es auf diesem Schiff kein 5G, deshalb haben wir uns für diese Kreuzfahrt entschieden", beendet sie irgendwann ihr Referat. Noch verstehen Peter und ich nicht, was genau Taylor damit meint. Ihr Blick verrät, dass sie nun die Frage nach dem Warum erwartet. Doch wir haben dazugelernt und halten uns zurück. Wer weiß, was sonst noch folgt. Ich für meinen Teil bin von den vielen unerwarteten Informationen schon verstört genug. Wir tun also, was wir schon längst hätten tun sollen, und flüchten endlich zum Jacuzzi.

Hinweis: Peter und ich möchten in keiner Weise an der Verbreitung fragwürdiger und demokratiegefährdender Verschwörungstheorien teilhaben. Dennoch möchten wir diese Begegnung mit unseren Reisebekannten nicht einfach aussparen. Daher der Hinweis: Ausführliche Analysen der Verschwörungstheorie rund um die angeblichen Tunnel-Systeme findest zu z.B. unter: https://www.psiram.com/de/index.php/Austeja_Emilija_Dominykas_Verschwörung sowie http://falschmeldung.info/blog/2017/01/04/armageddon-html/

Land in Sicht!

Nachdem Peter und ich uns gerade erst von der Information über unsere längst überfällige Ermordung erholt haben, ereilt uns am Abend noch eine Durchsage. In sämtlichen Sprachen werden wir über Lautsprecher darüber informiert, dass wir morgen doch in Teneriffa halten werden. Und zwar wegen „bereits vor Corona geplanter Bunker-Arbeiten". Was? Wir haben einen Bunker an Bord? Wird der renoviert? Müssen wir da wegen Corona rein? Oder ist „bunkern" bereits Corona-Slang? Kaufen wir auf Teneriffa vielleicht massenweise Klopapier? Fragen über Fragen.

Die Bunker-Arbeiten stellen sich am nächsten Morgen als Tanken heraus. Macht Sinn. Nach sechs Tagen auf hoher See könnte man mal wieder Sprit brauchen. Und vielleicht ein paar frische Lebensmittel. Wir selbst dürfen nicht von Bord gehen und so liegen Peter und ich mal wieder im Whirlpool und schauen uns die Insel zumindest aus der

Ferne an. Endlich Land in Sicht nach einer Woche Blau in sämtlichen Blickrichtungen! Schöner wäre es zwar, dieses Land auch betreten zu dürfen, aber man kann eben nicht immer alles haben. Am Nachmittag ist es dann auch schon wieder vorbei mit dem Land. Die Bunkerarbeiten sind abgeschlossen und so lassen wir die Kanaren hinter uns und stechen erneut in See: auf unsere letzte Etappe mit direktem Kurs auf Lissabon.

Im heutigen Bordprogramm lernen wir: „Die Gelassenheit des Meeres wird nur durch ihren salzigen Kuss erreicht.“ Wer auch immer das Meer sonst küsst, hat dies heute wohl versäumt. Das Meer ist plötzlich so ganz und gar nicht mehr gelassen. Ausgerechnet jetzt, wo wir uns in Küstennähe befinden, laufen die Wellen des Atlantiks zur Hochform auf. Noch einmal werden wir daran erinnert, dass es eine sehr kluge Entscheidung war, die Überfahrt nicht mit einem Segelboot gewagt zu haben. Der Besuch im Restaurant entwickelt sich zu einer unterhaltsamen Live-Darbietung von „Dinner for One“. Selbst ohne Tigerfell stolpern die Kellner wie Buttler James nur so durch die Gegend. Kein guter Abend für Rotwein. Wenigstens lachen die Leute mal wieder! Zumindest die, die nicht kreidebleich und starr geradeaus blicken oder sich bei der letzten Welle das Himbeer-Dessert übers Hemd gekippt haben. Ich hätte eine Idee fürs Unterhaltungsprogramm: Wer seinen Teller ohne Verluste vom Buffet bis zum Tisch balancieren kann, gewinnt eins der begehrten MSC-Schlüsselbänder!

Peter und ich überstehen das Abendessen unbeschadet. Es ist unsere letzte Nacht auf hoher See, morgen früh erreichen wir Lissabon. Zumindest hoffe ich das bei dem Wellengang. Regelmäßig werden wir durch plötzliche Erschütterungen erschreckt, die mich jedes Mal instinktiv an die Titanic denken lassen. Doch zum Sorgen machen bleibt keine Zeit. Wir sind hinlänglich damit beschäftigt, uns darauf zu konzentrieren, dass das Abendessen im Magen bleibt. Ich kann nur hoffen, dass der Kapitän eine ähnlich hohe Konzentration für unseren Kurs nach Lissabon aufbringt.

Das tut er offenbar und so stellen wir beim Aufwachen am nächsten Morgen erleichtert fest, dass weder das Schiff, noch die Welt untergegangen ist. Wir haben Lissabon erreicht und steuern geradewegs unter der berühmten roten Hängebrücke *Ponte 25 de Abril* hindurch. Brücken – Symbol für Verbindungen. Allerdings nicht für uns. Wir Schiffspassagiere bleiben trotz Erreichen des Hafens vorerst strikt von der restlichen Welt getrennt. Die Freiheit, die Peter und ich fast zwei Jahre genießen konnten, findet in Portugal ein jähes Ende. Noch nie haben wir uns so unfrei, bevormundet und vor allem vorverurteilt gefühlt. Trotz Zwischenfällen wie damals an der US-Grenze in Montana, waren wir wohl noch nie so sehr in unserer Reisefreiheit eingeschränkt wie in diesem

Moment. Wir ankern direkt vor Lissabon mit bestem Blick auf die historische Altstadt. Doch anschauen dürfen wir sie uns nicht. Nur aus sicherer Entfernung vom Schiff aus.

MSC beweist mal wieder Humor: „Das kleine historische Zentrum zeichnet sich durch die gepflasterte(n) Straßen aus, die leicht zu Fuß oder mit kleinen Straßenbahnen und Standseilbahnen zu erreichen sind", heißt es in unserer heutigen Kabinen-Post. Die Notwendigkeit eines Fernglases wird nicht erwähnt. Um die Langeweile perfekt zu machen, hat man das Animationsprogramm runtergefahren, den Pools das Wasser abgelassen und schon mal begonnen, diese neu zu streichen. Shops und Casinos bleiben von nun an geschlossen. Dumm für alle, die noch nicht vom „Schmuck-unter-600-US-Dollar"-Angebot Gebrauch machen konnten. Unsere Tischnachbarn sind jedenfalls höchst verstimmt darüber, dass sie keine Gelegenheit mehr hatten, Souvenirs zu erwerben.

Während wir sehnsüchtig auf Lissabon blicken, das so nah und doch so fern vor uns liegt, ist für die portugiesischen Staatsbürger nicht nur Land in Sicht, sondern sie dürfen auch als einzige von Bord und den Boden ihrer Heimat betreten. Zumindest irgendwann, so interpretieren wir die Lautsprecher-Durchsage am Vormittag: „Wir haben noch nicht die Autorisation von den portugiesischen Autoritäten für die Ausschiffung der Passagiere, die autorisiert sind, in Portugal auszuschiffen". Ah ja...

Doch nicht nur in Portugal herrscht Ausnahmezustand. In Deutschland gilt seit heute das sogenannte Kontaktverbot. Auf dem Kreuzfahrtschiff scheinen wir bisher von solchen Maßnahmen ganz offensichtlich ausgenommen zu sein. Während es auf dem Festland drunter und drüber geht und jeder sich verbarrikadiert, läuft bei uns alles wie gewohnt weiter. Selbst Klopapier haben wir in Hülle und Fülle. Die Passagiere tummeln sich dicht gedrängt am Buffet und nur vereinzelt hält man sich daran, benutze Gläser nicht erneut am Wasserspender aufzufüllen. Viren und Bakterien werden bereitwillig mit den anderen Passagieren geteilt. Da hilft dann auch das gut gemeinte Desinfektionsspray am Eingang nicht mehr. Nein, Angst an Corona zu erkranken, ist hier definitiv kein Thema. Oder um es in den Worten eines Mitpassagiers (der aus Altersgründen sicherlich zur Risikogruppe gehört) auszudrücken: „Das Virus fängt im Kopf an!" – Na dann kann uns tatsächlich ja nicht viel passieren, denn seinen Kopf schaltet hier offenbar kaum jemand ein...

Corona on Board

Auch der zweite Tag in Lissabon beginnt kaum spektakulärer als der erste. Man meint es immer noch ernst mit unserem schwimmenden goldenen Käfig und lässt weiterhin niemanden vom Schiff. Nur die Portugiesen sind seit gestern Nachmittag tatsächlich weg. Und so sitze ich gerade auf dem Balkon unserer Kabine als plötzlich eine Durchsage über den Lautsprecher ertönt: „Wir möchten Sie darüber informieren, dass in Kürze ein Gast wegen eines medizinischen Notfalls von Bord gehen muss. Gemäß Protokoll wird der Gast zur weiteren Untersuchung in ein medizinisches Institut gebracht. Vielen Dank für Ihre Aufmerksamkeit." Es folgt das gleiche auf Französisch, Englisch, Spanisch, Italienisch und Portugiesisch. Das war's? Keine weitere Info, was das nun in der Konsequenz bedeutet? Die Tatsache, dass die Durchsage nicht nur in den öffentlichen Bereichen hörbar war, sondern bis auf die Kabinen gesendet wurde, lässt nichts Gutes vermuten. Bisher hat man das nur bei Durchsagen von enorm hoher Wichtigkeit getan. Also eigentlich immer nur dann, wenn wir gerade mal wieder Feueralarm oder Havarie geübt haben. Warum nun ausgerechnet diese Info?

Wie zu erwarten brodelt die Gerüchteküche innerhalb kürzester Zeit über. Auch ich will wissen, was los ist, und finde Peter auf dem Sonnendeck. Er weiß nicht mehr als ich. So reihen wir uns zu den zahlreichen Schaulustigen an der Reling ein. Falls man mit der Durchsage allgemeine Unruhe und Sensationslust auslösen wollte, hat man das bei der sowieso schon angespannten Situation definitiv erreicht. Alle stellen sich nur noch eine Frage: Corona-Notfall, ja oder nein? Noch ist unten am Pier nichts Außergewöhnliches zu erkennen, nur allgemeine Hektik. Peter und ich treffen auf den 18-jährigen Sohn der Verschwörungstheoretiker. Er glaubt zu wissen, dass einer der Portugiesen, die gestern von Bord gegangen sind, positiv auf Corona getestet wurde. Angeblich läuft die Nachricht bereits im portugiesischen Fernsehen. Auch ein Slowake, mit dem wir wenig später ins Gespräch kommen, will dies von seinem Botschafter erfahren haben. Nur auf dem Schiff weiß niemand irgendwas.

Schließlich treffen ein Krankenwagen und die Polizei ein. Sang und klanglos. Ohne die Durchsage zuvor, hätte es vermutlich kaum jemand bemerkt, schließlich bewacht die Polizei unser Schiff sowieso rund um die Uhr. Könnte ja jemand heimlich runterklettern. Dann passiert lange Zeit nichts. Wir sehen weder, dass jemand ins Krankenhaus gefahren wird, noch dass die Sanitäter das Schiff betreten. Zwar steht eine Person im Seuchenschutzanzug auf der Laderampe, aber so richtig tut sich nichts. Ein Patient ist nirgends zu erspähen. Nur ein Fernseh-Team kommt aufgeregt angelaufen. „Guck mal, wie nett. Die warten noch auf die Kamera", fasst Peter die kuriose Situation trocken zusammen. Nach über einer Stunde ohne erkennbaren Fortschritt wird es uns Gaffern in der schwächelnden Abendsonne zu kalt und wir gehen rein. Was wirklich passiert ist und ob der medizinische Notfall mit Corona zu tun hatte oder nicht, erfahren wir nicht mehr.

Dafür erfahren wir etwas anderes mit Gewissheit, als wir nur wenige Stunden später vom Abendessen auf unsere Kabine zurückkehren. Wieder einmal ertönt das akustische Signal, mit dem eine Lautsprecherdurchsage angekündigt wird. Das Signal und die Durchsage sind wieder bis in die Kabinen hörbar. Wieder kein gutes Zeichen. Diesmal meldet sich der Kapitän höchstpersönlich zu Wort. Ein noch schlechteres Zeichen; bisher hat er nur ein oder zweimal selbst etwas zum Besten gegeben. Er bestätigt, was bereits seit Stunden gemunkelt wird: „(...) one of our guests who disembarked yesterday has been confirmed tested positive for COVID-19. (...) We are working hard to facilitate your disembarkation which will happen starting from tomorrow morning to either your final destination or to an international European hub. (...). We will communicate your individual travel plan via separate communication. (...). All guests that will not receive in their cabin a disembarkation letter this evening, will be updated by noon tomorrow. (...)"

Zusammengefasst für alle, deren Englisch noch schlechter ist, als das des Kapitäns: Einer der Portugiesen, die am Vortag das Schiff verlassen durften, wurde positiv auf das Corona-Virus getestet. Man sei bemüht, uns ab morgen die Ausschiffung zu ermöglichen. Heute Abend soll dazu eine personalisierte Information auf die Kabine gebracht werden. Oder morgen früh. Spätestens aber am Mittag. Außerdem sollen Gesundheitsprüfungen durchgeführt werden. Und das Wichtigste: Niemand darf mehr seine Kabine verlassen. Essen und Getränke werden auf Anfrage aufs Zimmer gebracht. Gut zu wissen, dass man nicht plant, uns in unserem schwimmenden Gefängnis verhungern zu lassen. Dennoch hätte ich eine Bitte für die kommenden Tage im Kabinenarrest: Wenn es nicht zu viele Umstände macht, können wir dann bitte neben dem ARD – wo wahlweise Corona-News in Dauerschleife oder das für die Gehirnzellen nicht weniger bedrohliche „Sturm der Liebe"-Serienprogramm läuft – einen weiteren Fernsehsender freigeschaltet bekommen? Jetzt, wo es nicht mal mehr Weinkorkenwettwerfen an Deck gibt, wäre das eine super Sache!

Auch wenn die Nachricht des Kapitäns nicht ganz unerwartet kommt, ist sie dennoch ein Schock. Das Schlimmste ist eingetreten. Wobei, noch nicht ganz. Es klang so, als ob alle die, die negativ getestet werden, vom Schiff und damit nach Hause dürfen. Doch das erfordert zunächst einmal, dass man auch negativ auf das Virus getestet wird.

„Das Besondere an dem Virus ist, wie leicht es übertragen wird", höre ich die Worte der englischen Kabinennachbarin förmlich in meinem Kopf. Was, wenn sich doch mehr Leute angesteckt haben? Was passiert mit den Passagieren, die positiv sind?

Kurz vor Mitternacht klopft es an unserer Tür. Es ist Steward José. Er trägt plötzlich eine Atemschutzmaske und wirkt am Ende seiner Kräfte. Leider hat auch er nicht mehr Informationen als wir. Er bringt uns das, was der Kapitän bereits durchgesagt hat, in Schriftform. Zusammen mit Kofferbändern für unser Gepäck. Den groß angekündigten individuellen Reiseplan hat er allerdings noch nicht für uns parat. „Und was passiert nun mit dir?", will ich wissen. „Keine Ahnung", antwortet der Honduraner erschöpft. Dann schimpft er noch ein bisschen über die Reederei und das unglaublich schlechte Informations-Management. Allein weil man mit ihm so herrlich über seinen Arbeitgeber lästern kann, hat er sich ein fettes Trinkgeld verdient. Und weil er in dieser schwierigen Situation sicherlich jeden Cent gebrauchen kann.

Die Nacht verläuft unruhig. Und das nicht nur wegen der aufwühlenden Nachricht des Abends. Ständig sind Geräusche vom Gang zu hören. Irgendwer läuft immer auf und ab, Koffer rollen hin und her. Gegen 4 Uhr wache ich erneut kurz auf, als gerade ein Zettel mit zwei braunen Aufklebern sowie weiteren Kofferbändern unter unserer Tür durchgeschoben wird. Auf dem Papier sind lediglich Abholuhrzeiten für verschiedene Farbgruppen vermerkt. Ein Datum steht nicht dabei. Ein individueller Reiseplan ebenfalls nicht. „Naja, wir haben ja noch einen Tag Zeit", denke ich, lege die Infos beiseite und versuche weiterzuschlafen.

Im Halbschlaf bekomme ich mit, wie jemand Frühstück liefert und Peter irgendwas von „ganz schön früh" murmelt. Als ich eine gefühlte Ewigkeit später endgültig aufwache, ist es tatsächlich erst halb neun. „Die kamen schon um 7 Uhr", wundert Peter sich. Allerdings hat das Frühstück eher wenig mit dem gemeinsam, was wir am Vorabend bestellt hatten und Wurst esse ich nun mal nicht. Genervt rufe ich den Room Service an, um etwas zu bestellen, das ich mag. So hatte der Kapitän es ja schließlich angekündigt. Der Ruf geht nicht durch, die Anzeige am Telefon zeigt: „Außer Betrieb". Ein Anruf bei der Rezeption verdeutlicht, dass es nicht an unserem Telefon liegt. Die Rezeption ist zwar noch in Betrieb, aber die Leitung ständig besetzt. Laut Bandansage kann man jedoch einen Rückruf anfordern. Das tue ich. Tatsächlich klingelt es nur wenige Sekunden später, nur ist leider niemand am Telefon, als ich den Hörer abnehme. Wir wiederholen das Spielchen noch ein paar Mal, bis mir einfällt, dass irgendwo in unserem Gepäck noch ein Rest Müsli zu finden sein muss.

Während ich gerade dabei bin, mich in meine schlechte Laune hineinzusteigern, trifft um Punkt 10:08 Uhr die Hiobsbotschaft im Email-Postfach ein: „Ihr Flug EW603 wurde leider annulliert." Damit wissen wir nun auch, warum der Online-Check-In zuvor nicht funktionierte. Hektisch recherchiert Peter unsere Optionen. Die App verkündet stolz, dass wir auf Freitag umbuchen könnten. Früheste Option. Verdammt! Bis spätestens Donnerstag müssen wir das Schiff verlassen haben. Das wiederum ist nur in Verbindung mit einem gebuchten Flug möglich. Wir wiegen unsere Optionen ab. Einfach mal auf Freitag umbuchen? Nichts sagen, uns wie geplant von Bord bringen lassen und dann am Flughafen weiterschauen? Alles nicht ideal. Die Rezeption geht immer noch nicht als Telefon. Wir suchen Steward José und lassen uns die Erlaubnis geben, trotz Kabinenarrests persönlich zur Rezeption zu gehen, um das Thema zu klären. Dort angekommen stellen wir fest, dass wir scheinbar die einzigen sind, die sich brav an den Kabinenarrest halten. Überall in der Lounge sitzen Passagiere herum und am Empfang wartet eine ewig lange Schlange. Peter und ich reihen uns ein.

Aufgeregt teilen wir unser Problem mit, als wir endlich an der Reihe sind: „Unser Flug für morgen wurde gecancelt. Der früheste Ersatzflug ginge allerdings erst Freitag. Was sollen wir tun?" Die Reaktion der Empfangsdame fällt anders aus als erwartet. „Wieso morgen? Sie müssen sowieso heute von Bord. Der Kapitän hat doch gestern eine Durchsage gemacht", raunt sie uns schroff an. Entgeistert schauen wir sie an. Bisher war immer von Flügen „ab" morgen die Rede. Wir studieren noch einmal den letzten Brief des Kapitäns. Da steht eindeutig „ab morgen" und nicht, dass wir heute schon das Schiff verlassen müssten. Das Schreiben endet mit den Worten: „Wir hoffen, dass diese Information verständlich war." Naja, die Hoffnung stirbt ja bekanntlich zuletzt. Die Dame namens Ivana, die in Sachen Freundlichkeit nichts mit Kollege José gemeinsam hat, will davon jedenfalls nichts wissen. Uncharmant besteht sie darauf, dass man uns informiert hätte und wir umgehend packen müssen, um gleich in einen Flieger zu steigen.

Ich gebe auf und wechsle den Gesprächspartner, sobald ein anderer Schalter frei wird. Auch dieser Rezeptionist bestätigt uns (diesmal in freundlich), dass wir für einen Rettungsflug heute um 16 Uhr eingeplant seien. Ob wir noch nicht unsere Reisepässe abgeholt, das Bordguthaben beglichen und unser Gepäck abgegeben hätten? Gepäck abgegeben? Wir haben noch nicht mal ansatzweise gepackt, da wir bis vor 20 Minuten fest davon ausgegangen sind, MORGEN auszuschiffen und MORGEN zu fliegen. Im Gegensatz zu Kollegin Ivana schafft es dieser Rezeptionist, uns einigermaßen zu beruhigen: „Beeilen Sie sich einfach. Noch ist genug Zeit" Das kann auch nur jemand sagen, der nicht weiß, wie viel Gepäck wir dabei haben...

Während ich hektisch unsere Klamotten in Taschen und Koffer stopfe, stürmt Peter los, um die Formalitäten zu regeln. Mit unseren Reisepässen, Lunch-Paketen sowie Mundschutz und Einweghandschuhen steht er kurz drauf wieder in der Kabine. Wie angewiesen stellen wir unser Gepäck vor die Tür und José verspricht, sich darum zu kümmern.

Als wir auch nach einer halben Stunde nicht wie versprochen angerufen oder gar abgeholt werden, machen wir uns eigenständig zur Lobby auf. Scheinbar interessiert es ja sowieso niemanden, ob man auf der Kabine bleibt oder nicht. Ich jedenfalls traue hier niemandem mehr, dass man für irgendetwas rechtzeitig Bescheid bekommt. Den angekündigten Reiseplan haben wir nämlich immer noch nicht erhalten. Weder gestern Abend, noch heute „bis spätestens 12 Uhr". Inzwischen ist es 13 Uhr und wenn wir wirklich um 16 Uhr einen Flieger nehmen sollen, wird es doch langsam mal Zeit oder nicht?

In der Lobby tummeln sich zumindest genügend weitere Passagiere aus Deutschland, denen man das gleiche erzählt hat. Nämlich, dass irgendein ominöser Flieger sie um 16 Uhr mitnähme. Mehr weiß niemand. Viele haben ebenfalls gar keine Info bekommen, andere berichten, nachts um eins einen Anruf erhalten zu haben: „Die sagten uns am Telefon, dass wir direkt aufstehen und packen müssen, da wir um 4 Uhr in der Früh zum Flughafen gebracht würden. Seit heute Nacht um 3 Uhr warten wir nun." Vielleicht hat es Peter und mich vergleichsweise gar nicht so schlecht getroffen, als man vergessen hat, uns mitten in der Nacht über unsere Abreise zu informieren? „Gegen 8 Uhr ging es irgendwann los", führt die Frau weiter aus, „wir wurden aufgerufen und durften das Schiff verlassen. Unten wurden dann alle Namen auf einer zweiten Liste erneut kontrolliert. Doch auf der zweiten Liste standen wir plötzlich nicht mehr drauf und durften deshalb nicht in den Bus zum Flughafen steigen. Wir mussten wieder zurück aufs Schiff. Jetzt sitzen wir immer noch hier, aber unsere Koffer sind weg." Unsere neue Bekanntschaft deutet auf eine andere Frau in der Runde: „Ihr Mann stand auf der zweiten Liste und ist bereits losgeflogen. Sie selbst stand nicht drauf und sitzt nun alleine hier." Die andere Frau nickt bestätigend und mit resigniertem Blick. „Jetzt sollen wir alle mit dem Flieger am Nachmittag mit." Spoiler: Rückblickend kann ich jetzt schon verraten, dass das mit dem Flug am Nachmittag erneut für niemanden aus der Gruppe klappen wird.

Die kommenden Stunden plätschern dahin. Alle warten darauf, dass etwas passiert. Jeder Passagier hat inzwischen einen farbigen Sticker auf seinem Shirt kleben. Wie beim Kindergartenausflug, damit keiner verloren geht. Zwischendurch keimt immer wieder Hoffnung auf, wenn das Signal für eine Durchsage ertönt. Nur um kurz drauf der

Ernüchterung zu weichen, da es sich doch wieder nur um die Passagiere mit den grünen oder gelben Aufklebern handelt. Wir Deutschen sind allerdings die Braunen. Ein Schelm, wer dabei Böses denkt! Lediglich eine Durchsage am frühen Nachmittag ist tatsächlich von Brisanz und allgemeinem Interesse: Wer nicht mit einem Charterflug fliegt, sondern einen gewöhnlichen Linienflug gebucht hat, darf von nun an nicht mehr von Bord. Neue Regel der portugiesischen Behörden. An den Gesichtern der Umstehenden ist unschwer zu erkennen, wer in Besitz eines soeben wertlos gewordenen Linienflugtickets ist.

Zum Beispiel unsere amerikanischen Freunde aus Uruguay. Wir treffen Taylor in der Lounge. Sie hätte längst weg sein müssen. „Wir durften trotz gebuchter Flüge nicht vom Schiff. Außerdem hat die Freundin meines Sohnes eine Mandelentzündung und heftige Schmerzen. Die Bordapotheke verkauft aber keine Medikamente mehr und das Medical Center ist seit Stunden nicht erreichbar. Ich hab‘ schon Ibuprofen gegeben, aber es bringt nichts“, berichtet sie verzweifelt. Leider haben auch Peter und ich keine anderen Schmerzmittel zur Hand und so sucht Taylor weiter nach Hilfe, während wir ihren Mann Rob mit Tablet und Dokumenten bewaffnet zwischen Rezeption und Lounge hin und her pendeln sehen, um die gescheiterte Rückreise irgendwie zu retten. Ob das Medical Center wirklich mit Corona-Tests beschäftigt ist, bezweifle ich inzwischen allerdings. Immerhin gab es bei uns statt einer Untersuchung nur ein vom Schiffsarzt unterschriebenes Blanko-Formular, in das wir unseren einwandfreien, Corona-losen Gesundheitszustand selbst per Kreuzchen an der richtigen Stelle bestätigen konnten. Fein säuberlich mit Stempel und Unterschrift ärztlich attestiert.

Wir warten also weiter. In regelmäßigen Abständen kommt einer der vielen Deutschen mit der Info von der Rezeption zurück, dass die Braunen längst mit der Ausschiffung dran seien und es höchste Zeit für uns würde. Jedes Mal laufen alle hektisch mit Sack und Pack die Treppe hoch zum Ausgang. Nur um dort wiederum gesagt zu bekommen, dass die Gelben doch noch nicht durch seien und die Braunen wieder zurück nach unten müssen. Bei jeder weiteren Wiederholung wird die Stimmung gereizter und die Nerven dünner. „Kennen Sie Ralf Benkö?“, quatscht mich ein älterer Mann der aufmüpfigeren Sorte von der Seite an. Irritiert darüber, worauf er wohl hinaus will, oute ich mich als Laie und verneine. „Das ist doch der RTL-Urlaubsretter! Den habe ich kontaktiert, dass wir hier festsitzen, aber es kam keine Rückmeldung. Das hätten mal mehr von uns machen sollen.“ Aus Mangel an Ideen, was man auf so etwas antwortet, nicke ich nur. Eine andere Passagierin reagiert gekonnter: „Hätten Sie das mal früher erzählt! Dann hätte wir alle mitgemacht und auch bei RTL angerufen!“ Oh je! Ich kann wirklich nur noch hoffen, bald hier weg zu kommen!

Wieder einmal ertönt das Lautsprechersignal. Endlich sind tatsächlich die braunen Deutschen dran. Umgehend bildet sich eine Schlange vorm Ausgang. Es wird wuselig, die allgemeine Anspannung ist spürbar. Von Minute zu Minute drängeln die Leute stärker, obwohl es noch gar nicht begonnen hat. Inzwischen ist es nach 16 Uhr, wir sollten also eigentlich längst in der Luft sein.

Kurz drauf tut sich etwas. Eine Dame mit MSC-Anstecknadel am Blazer setzt sich mit einem Stapel Papier zu einem Vertreter der portugiesischen Behörden an den Tisch. Das sind sie wohl, die ominösen Listen. Das Gedrängel nimmt noch einmal zu, jeder will der Erste sein. Mindestens zehn Arme strecken den beiden gleichzeitig ihre Bordkarten entgegen. Die erste Karte wird entgegengenommen und die MSC-Dame gleicht die Kabinennummer mit ihrer Liste ab. „Nein, leider nicht“, lautet die überraschende Antwort. Immerhin hatte dieser Gast zuvor die Info bekommen, für den Flug gebucht zu sein. „Gerd, wir stehen nicht drauf!“, realisiert die Kartenbesitzerin schockiert. Nun kommt zum Gedrängel nach vorne der Versuch der beiden, sich selbst und ihr Gepäck wieder nach hinten zurückzuschieben. Die nächste Karte, das gleiche Spiel. „Leider auch nicht“, heißt es erneut. Doch dieser Mann gibt sich nicht so schnell geschlagen. Er rastet aus. Kurz bin ich nicht sicher, ob er gleich zuschlägt. Aber es bleibt bei einem emotionalen Wutausbruch und Drohgebärden. „Money, money. You always want money. But you no bring us airport. But money you want!“ Oder so ähnlich. Die Message wird trotz des limitierten Wortschatzes deutlich. Das bringt ihm aber nichts – außer den Verlust von Respekt und Würde. Harsch wird der wütende Mann aufgefordert, sich zu beruhigen und zurück in die Lobby geschickt. Unter Protest beugt er sich schließlich seinem Schicksal. Für den Rest von uns geht es weiter.

Tatsächlich dürfen diesmal gleich zwei Paare hintereinander von Bord gehen. Die danach werden wieder abgewiesen. Dann sind Peter und ich an der Reihe. Zitternd gebe ich unsere Bordkarten zum Abgleich mit der Liste ab. Bitte. Bitte. Bitte. Und das Unmögliche passiert: Peter und Svenja Reidelbach stehen auf der Liste. Nun nur noch schnell die Stirn vor ein Temperaturmessgerät halten und wir dürfen die Gangway runter. Aber nicht zu früh freuen – unten wartet die zweite Liste. An dieser waren heute Morgen schon viele gescheitert, die auf der ersten Liste noch vermerkt waren. Doch es passiert wieder: Kabine 12175, Peter und Svenja Reidelbach. Jemand heißt uns willkommen und schiebt uns umgehend in einen der bereitstehenden Busse, wo wir alle weit entfernt voneinander Platz nehmen sollen. Nicht mal Peter und ich dürfen nebenaneinander sitzen.

Im Bus werden wir erneut mit einer uns bereits bekannten, aber immer noch genauso unsinnigen Regel konfrontiert. Der Regel, dass jeder Passagier in das Land reisen muss, dessen Staatsbürgerschaft er innehat. Eine Dame um die 70 Jahre sitzt mit uns im Bus. Während alle anderen wild darüber spekulieren, was uns in Deutschland wohl erwartet und ob wir eigenständig mit der Bahn nach Hause reisen dürfen oder gesammelt in Quarantäne gesteckt werden, hat die Frau ein ganz anderes Problem: „Ich habe gar kein zuhause in Deutschland, wo ich hin kann. Ich lebe seit 25 Jahren in Australien. Aber die portugiesischen Behörden haben darauf bestanden, dass ich nach Deutschland fliege", klagt sie ihr Leid. Oh Mann! Mir fehlen die Worte bei so viel Unsinnigkeit.

Etwa 20 Minuten dauert es, bis unser Bus sich endlich in Bewegung setzt. Zumindest für 400 Meter, denn dann stoppt uns die Polizei und das Warten geht weiter. Mit der Zeit wird klar, dass wir auf weitere Busse warten, die wir nun als Kolonne anführen. Wobei wir nur der erste unter den fünf Bussen sind. Wirklich angeführt wird unser Trupp von mehreren Polizeifahrzeugen: Ein Polizeiauto, ein Bulli und sechs Motorräder pro Bus eskortieren uns quer durch Lissabon. Die Motorräder preschen voraus und sperren kurzfristig jede Kreuzung, sobald sich unser Trupp nähert. Wir fahren über jede rote Ampel, achten keine Vorfahrt. So muss es sich anfühlen, ein wichtiger Politiker oder Superstar zu sein. Also ein Superstar, der die Pest hat und den man so schnell wie möglich loswerden will.

Eine Viertelstunde später ist das Flughafengelände in Sicht. Wir werden langsamer, ein Tor öffnet sich und wir passieren den Hintereingang des Rollfelds, wo bereits ein Follow-Me-Wagen auf uns wartet. Das sind die Autos, denen die Flugzeuge normalerweise hinterherfahren, um ihre zugewiesene Parkposition zu finden. Heute folgt unser Bus umzingelt von der Polizei dem kleinen Fahrzeug quer über das Vorfeld bis zu unserem Flieger. Ich fühle mich wie in einem Polit-Thriller, in dem die wichtigen Menschen direkt vors Flugzeug gefahren werden. Eine Maschine der polnischen Enter Air wartet bereits auf uns. In diesem Moment spontan unsere neue Lieblings-Airline.

Vom Bus geht es direkt die Treppe hoch in den Flieger. Ohne Check-In, ohne Sicherheitskontrollen, ohne Tickets. Koffer und Taschen werden zeitgleich verladen. Alles kommt ohne Zögern mit, egal wieviel und wie schwer. Sogar mein sperriges Samba-Kostüm findet seinen Weg an Bord und wird sicher verstaut. Alle anderen Passagiere machen ebenfalls, was sie wollen. Unter anderem erspähe ich einen riesigen Hartschalen-Koffer, der neben seinem Besitzer platziert gleich den kompletten Nachbarsitz einnimmt. Die gewöhnlichen Handgepäcksmaße sind locker um 300 Prozent überschritten. Niemanden interessiert es. Da hätte auch einer, der nicht auf der Liste stand, sitzen können. An sein Aufgabegepäck kommt man vor Abflug übrigens nicht mehr dran. Das hat zur

Folge, dass Peter und ich schwerbewaffnet im Flieger sitzen. Unsere konfiszierten Gegenstände – die Drohne, der Campingkocher und die Messer – wurden uns wie geplant erst mit Verlassen des Schiffs ausgehändigt und befinden sich nun in meiner Handtasche unter dem Vordersitz. Inklusive des schärfsten Messers der Welt! Heute ist einfach alles egal.

Im Flieger herrscht freie Platzwahl. Hier gelten die strengen Abstandsregeln aus dem Bus nicht mehr, alle dürfen nun wieder dicht and dicht sitzen. Es stellt sich heraus, dass wir uns auch nicht wie angenommen in einem Rettungsflieger der Bundesregierung befinden, sondern in einem von MSC gecharterten Flugzeug. Sicherheitshalber frage ich die Stewardess, wohin genau wir eigentlich fliegen. „Ahm Frankfurt?", schaut sie fragend ihren Kollegen an. Er bestätigt. Das ist gut. Frankfurt ist Deutschland. Von dort fahren Züge nach Dortmund. Hoffentlich. Die dürfen wir sogar kostenlos benutzen, wie wir wenig später erfahren.

Dann heben wir ab. Die portugiesischen Behörden können aufatmen. Sie sind uns los. Als der Flieger seine Runde über Lissabon dreht, werfen wir einen letzten Blick von oben auf die MSC Fantasia. Zweieinhalb Stunden später landen wir sicher in Frankfurt am Main. Deutschland.

Not the Good Old Germany

In Frankfurt kommt zunächst das Gesundheitsamt an Bord und klärt uns über Corona auf. Es ist nichts, das wir nicht schon wüssten: Mindestens ein Mitpassagier wurde positiv getestet, nun stehen alle unter Verdacht. Die Stewardess hatte bereits angekündigt, dass man bei jedem die Temperatur messen würde. Fieber wird in Frankfurt allerdings wohl mit einem unsichtbaren Thermometer gemessen. Während die zwei Gesundheitsbeamten durch die Reihen gehen, soll man sich einfach freiwillig melden, wenn man Symptome hat oder sich schlecht fühlt. Entweder der Corona-Infizierte war wirklich ein Einzelfall oder die Leute lügen wie gedruckt. Niemand meldet sich und so dürfen alle gehen. Ich erkundige mich noch, ob wir wirklich nach Hause dürfen – immerhin wohnen wir im gleichen Haus wie mein Opa und der ist 89 Jahre alt. „Abstand halten, Bad und Küche nur nacheinander benutzen. Morgen das Gesundheitsamt vor Ort anrufen", lautet die Anweisung. Das war es dann. Keine weiteren Kontrollen, jeder darf frei loslaufen.

Peter und ich schnappen uns unsere sieben Sachen, was bei unserem Handgepäck wortwörtlich hinkommt, und betreten nach sechs Monaten wieder deutschen Boden. Doch vom guten alten Schland kann keine Rede sein.

An der Gepäckausgabe ist nichts los. Außer unserem Flieger wartet niemand sonst auf seine Koffer. Wir nehmen unsere Sachen zügig vom Band, jedoch verrät ein Blick auf die Uhr, dass der letzte Zug für heute den Bahnhof soeben verlassen hat. Was nun? Was sagen die Corona-Regeln? Darf man über Nacht am Flughafen warten? Also vor allem wir als „Risikogebietsrückkehrer"? Da auch die Polizei nichts dazu sagen kann, nehmen wir erstmal den Skytrain zum Bahnhofsterminal. Der erste Zug am Morgen kommt schon um 3:19 Uhr und so suchen wir uns statt eines Hotels ein lauschiges Plätzchen im Terminal. Sogar ein Bäcker hat um Mitternacht noch geöffnet. Mit Brezeln und Bier stoßen wir auf unsere unglaubliche, aber irgendwie doch geglückte Heimreise an.

Dann kommt auch schon der Zug. Wir haben Glück und ein ganzes Abteil ist frei. So können wir uns lang ausstrecken und haben bis zur Ankunft in Dortmund unsere Ruhe. Lediglich in Düsseldorf kommt tatsächlich ein Schaffner vorbei. Wir erklären ihm, dass wir vom Corona-infizierten Schiff gerettet wurden und man uns gesagt hat, dass unser Flugticket auch für den Zug gilt. „Haben Sie denn ein Ticket vom Schiff?", fragt er scheinbar aus Gewohnheit. Ich will gerade in meiner Tasche kramen, da wird dem Schaffner offenbar die Tragweite der Information bewusst und er erinnert sich, in welcher Zeit wir gerade leben. „Ne, ne, lassen Sie mal! Tschüss und verschlafen Sie ihren Ausstieg nicht", trällert er und ist blitzartig verschwunden, bevor wir ihm einen schönen Tag wünschen können. Gut für uns, denn in diesem Moment fällt uns auf, dass man uns tatsächlich nie ein Flugticket ausgehändigt hat.

„Hi Opa, kennst du uns noch?", stehen wir am frühen Morgen mit Maske in seinem Schlafzimmer. Er kennt uns noch. Und er kann es kaum glauben, dass wir wirklich zurück sind. Ob alle anderen das glauben, bleibt ungewiss, denn wir dürfen vorerst niemanden sehen. Nicht nur in Portugal, sondern auch in Deutschland herrscht Corona-Ausnahmezustand. Niemand holt uns vom Bahnhof ab, niemand nimmt uns in den Arm. Noch nicht mal mein Opa, denn zuerst müssen wir zum Corona-Test. Selbst Wochen nach unserer Ankunft haben wir Freunde und die meisten Familienmitglieder nur auf Skype-Bildschirmen gesehen. Nur mit meinem Opa wohnen wir erstmal weiterhin zusammen.

Bereits beim Verlassen des Schiffs war klar, dass wir großes Glück hatten. Bei weitem nicht alle Passagiere konnten das Schiff so schnell und einfach verlassen und wurden wie wir kostenlos nach Hause gebracht (Danke an MSC an dieser Stelle!). Da wir zu den Ersten gehörten, die von Bord durften, bekommen wir nicht mehr mit, wie viele nach uns noch an den mächtigen und ständig falschen Listen scheitern. Was ist mit dem Paar aus Dortmund, das in der Lounge neben uns wartete? Oder der Frau aus Berlin? Im Flieger habe ich sie nicht mehr gesehen. Genauso wenig wie eine Gruppe in der Lobby, denen ebenfalls ein Platz im Flugzeug nach Hause zugesichert worden war. Und was ist aus unseren Tischnachbarn geworden? Wenigstens das nette ältere Ehepaar, denen wir zuvor mit unseren Englischkenntnissen behilflich sein konnten, hat es mit in den Flieger geschafft. Alle anderen sind wohl an den Listen gescheitert. Später erfahren wir, dass einige noch tagelang in Kabinenquarantäne ausharren mussten. Ohne Wechselunterhose – denn im Gegensatz zu seinen Besitzern war das Gepäck an keiner Liste gescheitert und längst nach Deutschland mitgeflogen... Was für ein Glück Peter und ich doch hatten!

Auch von unseren amerikanischen Verschwörungstheoretikern gibt es News. Nachdem Taylor mir bereits weitreichende Infos zu den angeblichen Tunneln mit den vermeintlichen radikalmuslimischen Deutschen-Mördern geschickt hatte, erreicht mich nun eine Informationsflut an Corona-Verschwörungstheorien. Laut Taylors Quellen ist Corona nämlich kein Virus, sondern lediglich die Immunreaktion des menschlichen Körpers auf den Funkstandard 5G. Logisch, denn irgendein Kreuzfahrtschiff mit 5G-Ausstattung hatte wohl besonders viele Corona-Tote. Entschuldigung, 5G-Tote natürlich. „There has been a lot of excellent research shared about 5G poisoning the cells of the body", erläutert sie und fügt ihrer Nachricht gleich mehrere Links und Audiodateien hinzu, in denen angebliche Experten „auspacken". Meine vorsichtigen Versuche, Taylor mitzuteilen, dass ich 5G zwar sicherlich nicht für sonderlich gesund, aber eben auch nicht für den Auslöser oder Überträger von Corona halte, scheitern kläglich. Ich erhalte einfach nur noch mehr „Beweismaterial". Also ignoriere ich fortan jeglichen 5G-Kommentar und antworte nur noch auf die Nachrichten, in denen es um ihre Rückreise geht. Denn nachdem die Familie auf Drängen der Behörden einen Rückflug nach Südamerika gebucht hatte, durften sie ja letztlich nicht von Bord, um diesen auch anzutreten. Gefangen im Kabinenarrest weigerten sich die fünf, einen weiteren Langstreckenflug zu astronomisch hohen Corona-Rettungspreisen zu buchen. „Nach ein paar Tagen ohne Fortschritt haben wir unsere letzte Trumpfkarte gespielt und offiziell mitgeteilt, dass wir uns von heute Abend an als internationale Geiseln verstehen, die gegen ihren Willen auf dem Schiff festgehalten werden." Innerhalb kürzester Zeit wurden die fünf plötzlich kostenlos nach

Brasilien ausgeflogen, wo sie wiederum ein Militärflieger in Empfang nahm und nach Uruguay brachte, erzählt Taylor mir. „International Kidnapping“, scheint das Zauberwort zu sein, das muss ich mir merken.

Mein Bild von Taylor ist immer noch konfus. Auf der einen Seite die smarte Business-Frau, die geschickt einen kostenlosen Rückflug aushandelt, auf der anderen Seite Verschwörungstheoretikerin vom Feinsten. Als wir einige Wochen später nochmal Kontakt haben, sind Taylors Corona-Theorien übrigens selbstverständlich auf den neuesten Stand der Verschwörungswissenschaft angepasst. Kein Wort mehr von 5G, dafür umso mehr über Zwangsimpfungen mit Chip, Corona-Patente und Bill Gates. Auch als Verschwörungstheoretiker geht man eben mit dem Trend der Zeit.

Während Corona für viele Paare zu viel Nähe in der häuslichen Quarantäne bedeutet, haben Peter und ich nach dem Leben im Campervan zuhause endlich mal wieder mehr Freiraum voneinander. Manchmal sehen wir uns stundenlang nicht, wenn einer im Garten ist und der andere im Haus. Während der Reise eine Seltenheit. Dennoch schlägt uns die Situation aufs Gemüt.

„Als Reisende sind wir es doch gewohnt, ständig umzuplanen und zu improvisieren“, schreibt mir ein Bekannter. Ja, das stimmt. Wie oft war unser Camper unterwegs kaputt und wir dachten, diesmal wäre es wirklich das Ende? Wie oft gab es Probleme bei der Einreise in ein neues Land? Wie oft war das Wetter nicht so wie gewünscht? Und irgendwie haben wir es immer geschafft. Und dennoch war eines anders. Wir konnten die Situation verlassen. Es stand uns jedes Mal frei, das Auto einfach zurückzulassen oder zu verkaufen beziehungsweise an der Grenze umzudrehen und woanders hinzufahren. Oder dem schlechten Wetter zu entfliehen. An einen anderen Ort, wo es sonniger, wärmer, kälter oder weniger regnerisch ist. Aber nun in der Corona-Zeit ist genau das nicht mehr gegeben. Es gibt kein woanders, kein „besser“, wo wir mal eben schnell hin entfliehen könnten. Wir können nicht zur Ablenkung ins Kino oder Freunde treffen. Die Freiheit ist eingeschränkter als je zuvor und stärker, als wir es jemals kannten. Und so überlegen Peter und ich, wie wir die Zeit am besten nutzen können, um uns von unserer gestohlenen Freiheit abzulenken.

Die Lösung: Wir tun so gut es geht das, was wir auch ohne Corona getan hätten und kaufen mal wieder einen Campervan. Unter den verschärften Bedingungen gar nicht so einfach, aber da dem örtlichen Gesundheitsamt keine Regel einfällt, die uns verbietet von NRW nach Rheinland-Pfalz zu fahren, und Mietwagenfirmen zum Glück geöffnet haben, buchen wir spontan einen kleinen Flitzer und machen uns auf den Weg nach Trier.

Dort wartet bereits Dennis mit seinem VW Crafter. „Meiner Freundin ist der zu groß“, erklärt er uns. Für Peter und mich hingegen ist er genau richtig und so schlagen wir nach kurzer Probefahrt zu. Während ich den Mietwagen zurücksteuere, fährt Peter ein paar Umwege und sammelt auf eBay gefundene Dinge wie ein Bettgestell und Solarpanele ein. Am nächsten Tag startet der Umbau. Zum Glück hat mein Opa nicht nur ein großes Haus, sondern auch ein riesiges Grundstück, auf dem wir in Ruhe am Camper schrauben können. Für die nächsten sechs Wochen bekomme ich Peter nicht mehr zu Gesicht.

Mit Fortschreiten des Camper-Ausbaus häuft sich auf Instagram sowie im Freundes- und Bekanntenkreis die Frage: „Wohin geht es als nächstes?“ Das wiederum ruft bei mir im Kopf die Frage: „Woher soll ich das wissen?“, hervor. Die Frage kommt mir total absurd vor, alles ist zeitlich doch noch so weit weg. Es ist, als ob jemand von mir wissen will, ob ich Mittwochmittag in drei Wochen mehr Lust auf Sushi oder Pizza habe. Was haben wir davon, nun einen Plan zu schmieden, wenn wir jederzeit damit rechnen müssen, dass die gerade erst eingesetzten Lockerungen jederzeit zurückgenommen werden könnten? Und überhaupt – ist es nicht das, was überall immer zum glücklich sein propagiert wird? Im Moment zu leben statt in den Erinnerungen der Vergangenheit oder in den Plänen der Zukunft? Vor allem, wenn diese Zukunft momentan so unberechenbar ist? Schließlich lautet der Titel dieses Buch nicht umsonst: „Kein Ziel ist das Ziel“. Also bleibe ich bei einem mürrischen „Das weiß ich doch jetzt noch nicht!“, kombiniert mit einem Smiley, damit es nicht zu patzig klingt.

Irgendwann wird die Zukunft dann tatsächlich zur Gegenwart. Der Campervan ist fertig und die meisten Corona-Beschränkungen aufgehoben. Es geht wieder los! Wenngleich im deutlich kleineren Stil als in den Monaten und Jahren zuvor. Dafür wie gewohnt ohne größeren Plan.

Die Grenzübertritte in Europa sind so einfach, dass wir es kaum glauben können. Wer nicht auf die Beschilderung achtet, merkt gar nicht, dass er plötzlich die Grenze nach Österreich übertritt. Keine Immigration, kein Zoll, keine Temporary Import Permit. Einfach durchfahren. Nach Lateinamerika kommt uns das ziemlich sensationell vor. Lediglich Liechtenstein führt als Zollunion mit der Schweiz stichprobenartige Kontrollen durch. Doch der Grenzbeamte ist entweder gnädig oder hat eine sehr schlechte Menschenkenntnis, als er unseren ordentlich mit Bier und Wein beladenen Campervan freundlich durchwinkt. Doch nicht nur das Schengener Abkommen ist Grund zur Freude für Peter und mich. Wir entdecken unseren Heimatkontinent mit ganz anderen Augen.

Europa hat so viel zu bieten: Berge, Wälder, Seen, Meer und Kultur. Sogar Canyons. Mussten wir erst um die halbe Welt reisen um zu merken, dass die Welt bei uns ist?

Unterwegs treffen wir auch viele Reisebekanntschaften wieder: Johannes aus Chile, Lena aus Brasilien, Dajana aus Guatemala, Natalia und Flo aus Kolumbien, Caro und Flo aus Albanien und Sandra und Christof aus Peru. Und Autokäufer Amelie und Björn, die es irgendwann ebenfalls nach langer Corona-Zeit in Uruguay wieder nach Deutschland geschafft haben. Ihre Reise verlief anders als geplant, aber nicht weniger schön. Sie kennen sich nun bestens in Uruguay aus. Und unsere Angustia steuert nun ein Holländer durch Südamerika. Selbst Bulli Bärtha ist noch in Betrieb. Nicht mehr mit den Engländern, sondern inzwischen zurück in Mexiko mit zwei deutschen Besitzern, wie wir durch Zufall erfahren.

Und wir? Was kommt als nächstes? Erstmal steht weiterhin Europa auf dem Plan. Das macht nicht nur Sinn, weil wir gerade erst den Campervan gekauft und mit viel Liebe umgebaut haben. Auch die Corona-Pandemie lässt Fernreisen gerade nicht im üblichen Licht erscheinen. Aber die Zukunft ist ja hoffentlich noch lang und ein paar Ziele von der anfänglichen Liste sind noch offen. Neue Ideen sind auch dazugekommen. Doch eins nach dem anderen.

Und unser Fazit zu unserer Reise? Das fällt trotz des merkwürdigen Endes mehr als positiv aus! Unsere Campervans haben bis zum Ende durchgehalten. Wir hatten keine schwereren Krankheiten wie Malaria oder Dengue. Wir wurden kein einziges Mal bestohlen oder ausgeraubt. Und das, obwohl wir im berüchtigten Zentralamerika mit dem Bulli unterwegs waren. Dafür wurden wir unterwegs stets freundlich empfangen und uns wurde oft geholfen. Wir haben die atemberaubendsten Landschaften gesehen und traumhafte Momente erlebt, die wir nie vergessen werden. Allerdings haben wir dabei auch keine Erleuchtung gehabt, was wir nun, zurück in Deutschland, als nächstes machen sollen. Weiter zu reisen kann ja kein Dauerzustand sein. Wir haben viele Wünsche und Ideen, aber wenig ist konkret. Nicht zuletzt wegen der stark eingeschränkten Möglichkeiten in Zeiten der Pandemie. Aber das ist in Ordnung. Denn wie schon auf unserer Reise ist auch im sonstigen Leben der Weg das Ziel. Und Umwege haben sich in den letzten zwei Jahren stets als viel lohnender erwiesen als der direkte Weg über die Schnellstraße. Daher vorfolgen wir unsere vielen Ideen – aber planen mindestens genauso viele Umwege ein. Der Weg ist das Ziel. Kein Ziel ist das Ziel.

Danke, Thank you, Gracias, Obrigado

Zum Schluss möchten wir uns noch bedanken. Bei allen, die uns vor, während oder nach der Reise unterstützt und geholfen haben. Danke an unsere Familie und Freunde, die uns bei der Durchführung der Reise unterstützt haben – sei es beim Auszug aus unserer Wohnung, durch Inpflegenahme unserer Pflanzen, Beherbergung oder Kontrolle der Post. Danke vor allem an Heidrun, Klaus & Kerstin, Hendrik, Conny, Jill, Christian & Sarah, Yvonne & Tobi, Sarah & Philip, Ellen, Claudia und ganz besonders Opa Helmut.

Danke an die vielen Bekanntschaften unterwegs, die uns geholfen haben, uns bei sich haben übernachten lassen oder uns einfach nur eine schöne Zeit beschert haben. Insbesondere seien hier Elena, Chris, Hugo & Familie, Hayley & Timmy, Oscar, Eitan, Alvin, Rob, Gemma & Jude, Aaron, Daniel, Marilu & Familie, Pierce, Alex, Natalia & Flo, José und Luis genannt – sowie viele weitere entlang des langen Weges.

Danke an Boris, Carla, Christo, Daniel und Dennis, die mich beim Veröffentlichungsprozess von ihren eigenen Erfahrungen haben profitieren lassen.

Danke an alle, die mich beim Schreiben und Korrigieren dieses Buches unterstützt haben – ganz besonders Katja, Heidrun, Klaus, Lena, Michael und allen voran Peter.

Und zuletzt danke an dich, dass du dieses Buch bis zum Ende gelesen hast. Ich hoffe, es hat dir gefallen und dich das ein oder andere Mal zum Lachen oder Reisepläne schmieden gebracht! Wenn es dir gefallen hat, dann gib es gerne weiter und natürlich würde ich mich riesig über eine Rezension auf Amazon und Co. freuen!

Bis dahin & safe travels,

Peter & Svenja

Fotos sowie unsere Reiseroute im Überblick findest du auf unserer Website:

www.work-travel-balance.de/bilder-zum-buch

Ebenfalls erschienen: unser Ratgeber: „Vanlife in Amerika"

ISBN: 9783753102436 (Taschenbuch) & ISBN: 9783753100975 (eBook)

Printed in Poland
by Amazon Fulfillment
Poland Sp. z o.o., Wrocław

86219354R00261